점점 강화되는 공무원 면접,
기존 방식으로 ~~합격할 수 없습니다.~~

최신 출제 경향을 반영한 제대로 반영합니다.

KB093673

01 면접 전 알아야 할
핵심 개요
- 공무원 면접은 어떻게 진행되는가
- 면접관이 원하는 지원자는 어떠한 사람인가

02 면접관이 원하는
자기기술서
작성 요령
- 각자의 특성에 맞는 다양한 자기기술서 소재 마련
- 자기기술서 작성 요령 및 유형별 대응 전략

03 풍부한
기출·예상 예제
- 개인발표문 / 주제발표 / 후속질문까지 개인발표 주제 완벽 대비
- 실제 토의 / 합의 도출 등 집단토의의 모든 영역 대비

04 완벽해질 때까지
반복 피드백
- 집단 피드백과 카메라 테스트를 통한 체계적인 피드백
- 여러 번의 반복 연습으로 실전 면접 마스터

2020

해커스공무원

면접 마스터

해커스공무원

조철현

약력

제52회 행정고등고시 합격
한양대학교 정책학과 박사 과정

현 | 해커스공무원 행정학, 면접 강의
전 | 법무부 보호법제과 사무관
전 | 법무부 법무연수원 교수요원
전 | 행정고등고시 출제 검토위원
전 | 국가직공무원 공채, 경채 면접위원

저서

해커스공무원 면접마스터, 해커스패스
해커스공무원 쉬운 행정학, 해커스패스
해커스공무원 해설이 상세한 기출문제집 쉬운 행정학, 해커스패스

서문

공무원 면접이 과거 다소 형식적인 절차였던 반면, 최근에는 응시생들의 인성·가치관·능력 등을 종합적·실질적으로 평가하고자 하는 채용 절차로써 그 중요성이 높아지고 있습니다. 실제로 국가직 일반행정직렬을 기준으로 최종 합격자 대비 130% 정도, 서울시나 일부 직렬의 경우 최종 합격자 대비 150% 이상을 필기시험에서 선발하였는데, 이는 필기합격자 10명 중 3~4명은 면접에서 탈락한다는 것을 의미합니다.

이와 같이 중요해진 면접에 대비하는 가장 효과적인 방법은 코칭 받은 공무원 면접의 핵심전략을 끊임없이 연습하는 것입니다. 「2020 해커스공무원 면접마스터」는 수험생 여러분들이 실제 공무원 면접 상황과 유사한 환경에서 꾸준히 시뮬레이션할 수 있도록 다음과 같은 특징을 가지고 있습니다.

첫째, 각 지역별·직렬별 최신 이슈 및 상식을 한 권에 정리하였습니다.
각 지역에 대한 기본 지식과 지역 현안, 직렬별 전공지식뿐만 아니라 부처별 현안까지 공무원 면접과 관련한 최신 자료를 한 권에 정리하였습니다. 이를 통해 미리 준비하지 않으면 면접에서 답변하기 어려운 다양한 유형의 상황과 질문에 빈틈 없이 대비할 수 있습니다.

둘째, 실제 면접사례를 분석한 다양한 자료와 후기를 수록하였습니다.
공무원 면접의 기출질문과 그에 따른 예시 답안, 답변 방향 등을 제시함으로써, 사전에 예상질문별 자신의 대답을 일목요연하게 정리할 수 있습니다. 또한, 교재 말미에 수록된 면접후기를 통해 다소 막연하게 느껴질 수 있는 실제 면접장의 분위기를 미리 예상하고, 보다 철저하게 대비할 수 있습니다.

더불어, 공무원 시험 전문 사이트인 해커스공무원(gosi.Hackers.com)에서 교재 관련 궁금한 점을 나눌 수 있습니다. 부디 「2020 해커스공무원 면접마스터」와 함께 공무원 시험 최종 합격을 향해 한걸음 더 나아가시기를 바랍니다.

조철현

목차

Part 1 면접 일반

Chapter 1 면접 개요

Chapter 2 면접의 기본

Part 2 면접의 유형

Chapter 1 개별면접(개별질문)

Chapter 2 자기기술서

Chapter 3 PT면접(5분 발표, 개인발표)

Chapter 4 집단토의

Part 3 정책 이슈 · 상식

Chpater 1 정책 이슈

Chapter 2 상식

Part 4 지역별 · 직렬별 면접 자료

부록

01 다양한 구성요소를 통해 빠르게 준비하는 공무원 면접의 모든 것!

[해커스공무원 면접마스터]는 2019년 면접 내용까지 반영한 공무원 면접 대비 교재입니다. 최근 공무원 면접의 중요도와 변별력이 높아지고 있는 만큼, 풍부한 내용과 다양한 구성요소를 통해 공무원 면접을 효율적으로 대비할 수 있도록 구성하였습니다.

Q&A 예시

기출 및 예상질문에 대한 예시답변과 면접관의 시각에서 분석한 질문 의도 및 답변 방향, 후속질문을 코멘트 형식으로 제시하여 다양한 질문 유형의 대비가 가능합니다.

TIP

면접 준비 시 또는 실제 시험장에서 답변을 할 때 유의 사항과 같은 저자의 추가 설명을 TIP을 통해 확인할 수 있습니다.

MEMO

교재에 제시된 예시답변을 참고하여 교재 곳곳에 자신의 경험과 생각을 정리·기록할 수 있습니다.

plus +

본문에 설명된 내용 외에도 추가적으로 알아두면 면접에 도움이 될 만한 내용들을 모아 plus+에 정리하여 공무원 관련 이슈를 한눈에 파악할 수 있습니다.

02 풍부한 자료로 공무원 면접의 A부터 Z까지 빠짐 없이 확인!

공무원 면접에 철저히 대비할 수 있도록 유형별, 지역별·직렬별 면접 자료 및 모의면접 리스트와 면접후기 등 풍부한 자료를 수록하였습니다. 이를 바탕으로 자신에게 필요한 면접 정보들을 선별·취합하여 면접을 효과적으로 준비하기 바랍니다.

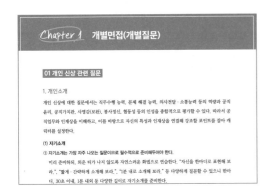

개별질문, 자기기술서, PT면접, 집단토의 등 면접 유형별 내용 수록

공무원 면접에서 실시되는 모든 면접 유형의 내용을 담아 면접의 개요부터 질문 대응방법, 기출 및 예상문제까지 체계적으로 연습할 수 있도록 구성하였습니다. 이를 통해 각자 준비하는 직렬과 급수에 집중하여 완벽하게 면접을 준비할 수 있습니다.

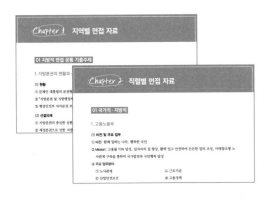

지역별·직렬별 면접 자료 수록

지역별·직렬별(부처별) 기출문제를 바탕으로 각 지역의 기본 지식, 지역 현안, 주요 직렬의 전공 지식, 주요 부처의 현안 등과 같은 다양한 면접 자료를 수록하였습니다. 자칫 짧은 준비 기간 탓에 놓치기 쉬운 내용까지 수록하여 빈틈 없이 면접을 준비할 수 있습니다.

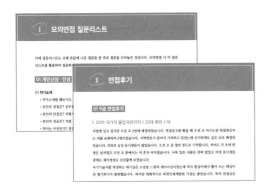

모의 면접 질문리스트와 면접후기 수록

효과적인 면접 준비를 위해 본문에 흩어져 있는 예상 면접 질문들을 하나로 모아 '모의면접 질문리스트'에 수록하였습니다. 또한, 다양한 부처와 직렬의 최신 면접후기를 수록하여 미리 머리 속으로 면접장의 분위기를 예상·대비할 수 있습니다.

공무원 면접 가이드

01 국가직 7급 면접진행절차

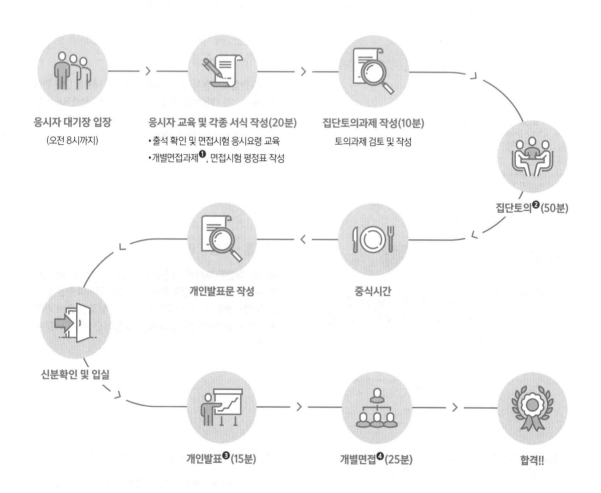

응시자 대기장 입장
(오전 8시까지)

응시자 교육 및 각종 서식 작성(20분)
• 출석 확인 및 면접시험 응시요령 교육
• 개별면접과제❶, 면접시험 평정표 작성

집단토의과제 작성(10분)
토의과제 검토 및 작성

집단토의❷(50분)

개인발표문 작성

중식시간

신분확인 및 입실

개인발표❸(15분)

개별면접❹(25분)

합격!!

개별면접과제(자기기술서)❶ » 자세한 내용 126p

면접에서 활용하기 위해 작성되는 기초자료로, 면접관들은 개별면접과제(자기기술서)를 면접자료로 활용합니다. 보통 질문지는 1장으로 배포되고 2~3개의 질문이 주어지며, 작성시간이 경과하면 바로 제출해야 합니다.

집단토의❷ » 자세한 내용 200p

면접 당일 주어진 논제에 대해 토의하고, 이를 통해 결론을 도출하는 면접방식입니다. 주로 면접에서 첫 순서로 집단토의가 진행되므로, 집단토의에서 남긴 인상이 이후 면접 순서에도 영향을 미칠 수 있습니다.

* 사이버국가고시센터(gosi.kr) 공고 내용을 기준으로 하였으며, 대기 시간이 소요될 수 있습니다.
* 서울시/지방직 시험의 경우 지역에 따라 인·적성검사 및 사전 자기소개서를 제출해야 하는 경우가 있으므로,
반드시 사전에 면접시험 공고 확인이 필요합니다.

02 국가직 9급 면접진행절차

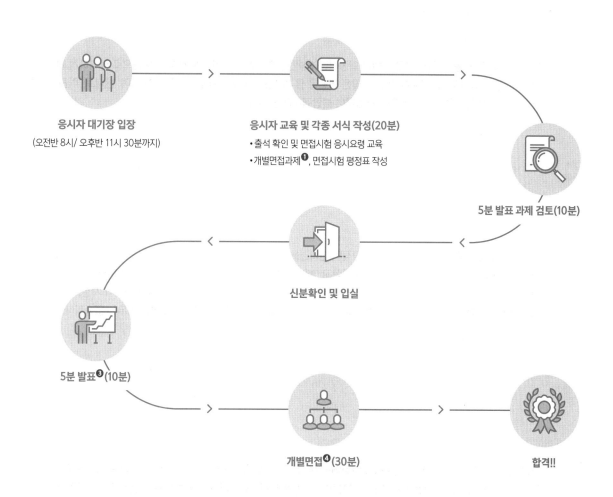

응시자 대기장 입장
(오전반 8시/ 오후반 11시 30분까지)

응시자 교육 및 각종 서식 작성(20분)
• 출석 확인 및 면접시험 응시요령 교육
• 개별면접과제❶, 면접시험 평정표 작성

5분 발표 과제 검토(10분)

신분확인 및 입실

5분 발표❸(10분)

개별면접❹(30분)

합격!!

5분 발표(PT면접, 개인발표, 주제발표)❸ » 자세한 내용 162p

면접장에서 문제와 자료가 주어지고, 이를 참조하여 발표문을 작성한 뒤 발표하는 면접 형식입니다. 발표 후 발표 내용에 대한 질의응답이 이어지므로 후속 질문까지 염두에 두어 발표문을 작성하는 연습이 필요합니다.

개별면접(개별질문)❹ » 자세한 내용 62p

개별면접은 크게 개인 신상, 공직관, 상황판단 및 문제해결형, 평정요소별 질문으로 이루어져 있습니다. 공무원 면접 시험의 5가지 평정요소와 자신의 특징을 연결지어 준비한다면 보다 수월하게 대응할 수 있습니다.

공무원 면접 Q&A

01 자주하는 질문 Q&A

Q. 면접점수가 동일할 경우, 어떻게 합격·불합격을 판단하나요?

A. 면접시험 결과 '보통' 등급을 맞은 인원은 최종선발예정인원에 달할 때까지 필기시험 성적 순으로 합격하게 됩니다. 반면, 면접시험 결과 '우수' 등급을 맞은 인원은 필기시험 성적에 상관없이 합격하게 되며, 반대로 '미흡' 등급을 맞은 인원은 필기시험 성적에 관계없이 불합격하게 됩니다.

Q. 필기시험 성적, 병역 이행 여부, 공무원 재직 사실, 낮은 연령 등의 이유로 면접시험에서 불이익을 받는 경우는 없나요?

A. 현재 공무원 면접시험은 시험위원에게 부정적인 선입견을 줄 수 있는 정보를 일체 제공하지 않는 블라인드 면접 방식을 기반으로 하고 있습니다. 따라서, 출신학교·병역 이행 여부·공무원 재직 사실 등의 정보를 별도로 수집하거나 관리하고 있지 않습니다. 그러므로 위에서 언급된 사항들은 공직자로 갖추어야 할 인성이나 자질, 직무 역량 등을 평가하는 데 직접적인 연관성이 없으므로 이로 인해 면접시험에서 불이익을 받는 경우는 없습니다.

Q. 제가 어떤 평가요소에서 낮은 평가를 받았는지, 면접위원이 평가한 평정표 자료를 확인하고 싶은데 방법이 있나요?

A. 면접위원의 평가 행위는 고도의 전문성과 양심에 따른 재량행위로서, 다의적인 평가기준과 면접위원의 주관적인 판단 사이의 정합성을 따지는 것은 바람직하지 않습니다. 따라서, 「공공기관의 정보공개에 관한 법률」 제9조 제1항 제5호의 규정에 따라, 면접시험 위원의 평가결과(면접시험 평정표)는 비공개 대상정보로 관리하고 있습니다.

> 제9조 【비공개 대상 정보】 ① 공공기관이 보유·관리하는 정보는 공개 대상이 된다. 다만, 다음 각 호의 어느 하나에 해당하는 정보는 공개하지 아니할 수 있다.
>
> 5. 감사·감독·검사·시험·규제·입찰계약·기술개발·인사관리에 관한 사항이나 의사결정 과정 또는 내부검토 과정에 있는 사항 등으로서 공개될 경우 업무의 공정한 수행이나 연구·개발에 현저한 지장을 초래한다고 인정할 만한 상당한 이유가 있는 정보. 다만, 의사결정 과정 또는 내부검토 과정을 이유로 비공개할 경우에는 의사결정 과정 및 내부검토 과정이 종료되면 제10조에 따른 청구인에게 이를 통지하여야 한다.

02 면접관의 숨은 의도 파악하기

Q. 면접관 질문의 의도를 파악하기 너무 어려워요, 질문을 하는 숨은 뜻이 따로 있을까요?

A. 최근 공무원 면접시험은 방식이 다양해지고 심층 면접을 통한 평가가 이루어지기 때문에 많은 지원자들이 면접시험에 대한 부담감을 느끼고 있습니다. 지원자들은 면접관 질문의 진의를 제대로 파악한 후, 오른쪽에 기재된 면접시험의 5가지 평정요소를 항상 염두에 두어 또렷하고 명확하게 대답하는 것이 중요합니다. 아래에 제시된 면접에서 자주 묻는 질문의 예시와 그 의도, 답변 방향 등을 참고하여 자신만의 답변 템플릿을 만들어 나가기 바랍니다.

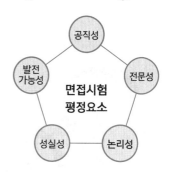

Q1. 공무원에 지원한 동기는 무엇인가요?

질문 의도 공무원이라는 꿈을 이루기 위해 어떤 노력을 했는지, 정말 공직에 대한 뜻이 있는지 등을 묻는 질문으로 성실성, 전문성, 발전가능성의 평정요소 중심으로 평가될 수 있습니다.

답변 방향 지원한 직렬의 업무와 관련된 구체적인 경험과 노력을 함께 제시하는 것이 좋습니다.

Q2. 본인의 장점과 단점은 무엇인가요?

질문 의도 과연 이 사람이 우리 조직에 잘 어울릴 수 있는 사람인지를 묻는 질문으로 공직성과 전문성의 평정요소 위주로 평가될 수 있습니다.

답변 방향 최대한 위의 5가지 평정요소와 관련된 장점과 단점을 준비하여 공무원으로서 적합한 인재라는 것을 어필하면 좋습니다. 단, 이때 단점은 극복 가능한 단점을 제시하는 것이 바람직하며, 과거 또는 현재에 이 단점을 어떻게 극복했는지(또는 극복하고자 어떤 노력을 하고 있는지) 등을 함께 덧붙입니다.

Q3. 입사 후 포부를 말씀해주세요.

질문 의도 우리 조직에 무엇을 기여할 수 있는지, 어떤 목표를 가지고 성장할 것인지 묻는 질문으로 발전가능성과 전문성의 평정요소 중심으로 평가될 수 있습니다.

답변 방향 자신이 지원한 직렬에서 필요한 업무 관련 지식은 무엇인지 조사하여 어떤 전문가가 될 것인지 구체적으로 답변합니다.

Part 1

면접 일반

Chapter 1 면접 개요

01 면접운영

1. 면접관

전·현직 공무원, 기업체 임직원, 인사컨설팅 전문가 등 면접위원 후보자 풀을 두어 여기서 온·오프라인을 통해 면접위원 교육과정을 이수한 자 중에서 면접위원을 위촉한다.

면접시험장에는 2~3명의 면접관이 들어온다. 국가공무원 임용시험 업무처리 지침에 "면접시험을 통해 공직자로서 기본자세에 대한 심층적인 검증이 가능하도록 면접조별로 공직가치 검증을 주로 담당할 면접위원을 1명 이상 포함하여 면접위원을 구성해야 한다."고 규정되어 있으므로 현직 공무원이 1명 이상 참석하고, 외부인사가 1~2명 참석한다.

2. 면접일 이전 유의사항

(1) 응시일정 확인

응시자마다 응시일정(면접시험일)이 다르므로 공고문에서 본인의 응시일정을 확인해야 한다.

(2) 인·적성검사 및 실기시험 일정 확인

일부 지역의 경우 면접일 이전 지정된 일시에 지정된 장소에서 인·적성검사를 실시한다. 불참 시 면접시험에 응시할 수 없으며 불합격 처리되므로 유의해야 한다. 인·적성검사일에 제출해야 하는 서류도 공고문에서 확인하여 준비해 가야 한다. 인·적성검사 결과는 면접시험 시 참고자료로 활용된다.

교정직의 경우 지정된 일시에 실기시험(체력검사)을 실시하고, 실기시험 합격자에 한하여 면접시험을 실시한다.

(3) 서류 제출

공고문을 참조해 면접시험 등록기간에 인터넷 원서접수센터를 통해 응시에 필요한 자격증 정보를 등록하고 증빙서류 등을 등기우편으로 제출한다. 제출 서류는 지역별로 차이가 있고 가산점 관련 자격증 또는 특정 직렬의 필수 자격증이나 증명서 등 증빙서류의 사본을 제출해야 하는 경우도 있으므로 공고문을 자세히 확인한다.

지정된 마감일을 초과하지 않도록 유의하고, 우편으로 제출한 서류는 우편물 도착 여부를 확인해야 한다. 일부 지역(주로 인·적성검사를 시행하는 지역)의 경우 우편접수가 불가능하므로 방문 접수한다.

> 📝**MEMO** 공고문 확인사항 기록
>
> 1. 인·적성검사: 실시 여부 (O/X)
>
>   ① 일시: 2020.   .   .
>
>   ② 장소:
>
> 2. 실기시험: 실시 여부 (O/X)
>
>   ① 일시: 2020.   .   .
>
>   ② 장소:
>
> 3. 면접시험
>
>   ① 일시: 2020.   .   .
>
>   ② 장소:
>
> 4. 제출서류의 마감일 및 제출방법
>
>   ① 마감일: 2020.   .   .
>
>   ② 제출방법: (방문/우편)
>
>   ③ 주소:
>
>   ④ 제출서류
>
>   •
>
>   •

3. 면접일 당일 유의사항

(1) 준비물 지참

응시표, 신분증, 필기구(검정볼펜)를 지참해야 한다.

(2) 전자·통신기기 소지 금지

응시자 교육시간에 전자·통신기기(휴대전화, 태블릿 PC, 스마트시계, 스마트밴드, MP3 플레이어, 이어폰 등)를 수거한 후부터 면접이 끝날 때까지 일체의 전자·통신기기의 소지가 금지된다.

(3) 사전 준비자료 참고 불가

자기기술서, 5분 발표 등에서 개인이 준비한 자료 등을 참고할 수 없고, 당일 제시된 주제문과 질문지만을 활용하여 작성·발표해야 한다.

(4) 외부 출입 금지

입장 후부터 면접이 끝날 때까지 외부 출입 및 흡연이 금지되므로 흡연자의 경우 적응 연습이 필요하다.

02 각 시행처별 면접 진행절차

1. 국가직 면접 진행절차

(1) 국가직 9급

(2019년 기준)

면접 절차	내용	장소
응시자 교육 및 각종 서식 작성	• 출석 확인 및 면접시험 응시요령 교육 • 개별면접과제(자기기술서) 작성(시험당일 배부)(20분) • 면접시험 평정표(2매) 작성	응시자 대기실
⇩		
5분 발표 과제 검토	조별 응시 순서에 따라 별도의 장소에서 5분 발표 과제 검토(10분)	발표문 검토장
⇩		
신분확인	시험관리관에게 응시표와 신분증을 제출한 후 본인 여부 확인	면접장
⇩		
입실	면접시험 평정표를 본인 기준 오른쪽 면접위원에게 제출한 뒤, 좌석에 착석 (※ 5분 발표 질문지는 본인이 소지하고 발표에 활용)	면접실
⇩		
면접	• 5분 발표 및 후속 질의 · 응답(10분 내외) • 개별면접(30분 내외)	면접실

① 사전에 자기소개서를 제출하지 않는다.

② 면접관은 2명이 참석한다.

③ 공고문을 세심하게 확인한다. 과거 면접(2017년)에서는 공고문에 당일 개별면접에서 중점적으로 평가할 내용이 진한 글씨체로 표시되었다. 그리고 실제 면접에서도 개별면접과제(자기기술서) 주제와 질문 등에서 공고한 내용이 중점적으로 출제되기도 하였다.

④ 국가직 9급 면접은 개별면접과제(자기기술서), 5분 발표가 모두 포함되어 9급 면접 중에서 면접시간이 가장 길고 면접 난이도 또한 높다.

⑤ 20분간 개별면접과제(자기기술서)를 작성하고 10분간 5분 발표 과제를 검토한다. 면접 순서에 따라 대기 후 면접장에 입실하여 5분 발표를 진행한다. 이때 5분 발표 질문지와 메모 내용을 면접관에게 제출하지는 않는다.

⑥ 발표 후에 후속질문과 개별면접이 이어서 진행된다.

(2) 국가직 7급

(2019년 기준)

면접 절차	내용	장소
면접조 및 조내순번 확인	• 지정된 면접시험 당일 07:20부터 확인 가능 • 본인 해당정보 확인 후 명찰을 작성하여 왼쪽 가슴에 착용하고 지정된 자리에 착석	응시자 대기장 입구
⇩		
응시자 교육 및 각종 서식 작성	• 출석 확인 및 면접시험 응시요령 교육 • 면접시험 평정표(3매) 작성 • 개별면접과제(자기기술서) 작성(20분)	응시자 대기장
⇩		
집단토의면접	• 토의과제 검토 · 작성(10분) • 집단토의면접 실시(50분)	면접실
⇩		
점심시간	응시자 대기장에서 점심식사	응시자 대기장
⇩		
개인발표 및 개별면접	• 각 조별 응시순서에 따라 개인발표문(4매) 검토 · 작성(30분) • 시험관리관에게 응시표와 신분증을 제출한 후 본인 여부 확인	발표문 작성장, 면접장
	• 개인발표문(3매), 면접시험 평정표(3매)를 중앙 면접위원에게 제출한 뒤, 좌석에 착석 (※ 개인발표문 원본은 본인이 소지하고 발표에 활용) • 개인발표(8분 내외) 및 후속 질의 · 응답(7분 내외) • 개별면접(25분 내외)	면접실

① 사전에 자기소개서를 제출하지 않는다.

② 면접관은 3명이 참석한다.

③ 국가직 7급 면접은 개별면접과제(자기기술서), 집단토의, 개인발표가 모두 포함되어 7급 면접 중에서 면접시간이 가장 길고 면접 난이도 또한 높다.

④ 응시자교육이 끝나면 20분간 개별면접과제(자기기술서)를 작성한다. 그리고 집단토의 장소로 이동해서 10분간 토의과제를 검토하고 50분간 토의를 한다. 토의가 끝나면 점심시간이 주어진다. 점심식사 후에는 30분간 개인발표 과제를 검토하고 발표문을 작성한다. 8분 내외의 개인발표가 끝나면 이에 대한 후속질문과 개별면접이 진행된다. 개인발표를 포함한 면접시간은 40분이다.

⑤ 면접시간이 길기 때문에 점심시간이 있다. 이때 외부출입은 불가능하므로 도시락을 지참해야 한다.

2. 지방직 면접 진행절차

지방직의 면접방식은 국가직이나 서울시의 면접방식에 비해 각 지방자치단체별로 바뀔 가능성이 크다. 5분 스피치, 집단토의 등이 면접 직전 혹은 당일에 공지되는 경우도 있으므로 해당 지방자치단체의 면접시험 공고문 확인과 함께 종합적인 대비가 필요하다.

(1) 지방직 9급

(2019년 기준)

구분	면접 전		면접 당일		비고
	자소서	인·적성	자술서	토의(토론)	
경기		인성	○	△	자원봉사활동 리포트 제출
인천	△	인·적성 (시청)		△	(일부 구) 5분 스피치, 집단토의, 자기소개서 제출
광주	자소서		○		
대구	자소서	인성	○	30분	
대전	자술서	인성			자기기술서 사전 제출
부산	자소서				
세종	자소서	인성			이력서 별도 제출
울산	자소서				
강원	자소서				
경남	자소서				
경북	자소서			30분	
전남	자소서	인·적성			
전북	자소서				
충남	자소서	인·적성			권장 지정도서에 대한 발표
충북	자소서		○		
제주	자소서				

* △: 일부 구에서만 진행
* 지방직은 면접제도가 수시로 바뀌므로 면접시험 공고문 반드시 확인 필요

① **자기소개서 사전 제출**: 경기·인천을 제외한 모든 지역은 여전히 자기소개서를 사전에 제출한다. 대전은 자기기술서를 사전에 제출한다. 인천의 일부 구에서도 자기소개서를 제출한다.

② **인·적성검사**: 경기·세종·대전은 인성검사, 인천·대구·충남·전남은 인·적성검사를 실시한다.

③ **면접 당일 자기기술서**: 경기·광주·대구·충북은 면접 당일 자기기술서를 작성해 제출한다.

④ **5분 발표**: 5분 발표가 없는 지역이 대부분이지만, 인천의 일부 구에서 시행하기도 한다.

⑤ **집단토의**: 경기·대구·경북·인천의 일부 구는 9급에서도 집단토의(토론)를 시행한다. 토의시간은 10~30분으로 7급에 비해 짧다.

⑥ **개별면접시간**: 지역마다 차이가 있지만 면접시간은 10~20분 정도로 국가직이나 서울시보다는 비교적 짧다.

---

plus ＋ 지방직 7·9급 지역별 특이사항

1. 경기

① 응시원서접수 마감일 기준 최근 2년 이내의 자원봉사 실적이 있는 경우, 자원봉사 시간 및 자원봉사활동 리포트를 등록하고 인성검사 당일에 봉사 실적 인증서·확인서 원본을 제출해야 한다(필수사항이 아닌 선택사항임).

② 헌혈도 자원봉사 실적으로 제출 가능하다(응시원서접수 마감일 기준 최근 2년 이내 기간 동안 헌혈자 본인에 한해서만 유효하며 1회당 4시간/연간 최대 20시간 인정).

③ 면접 시 면접위원이 봉사내용(리포트 및 확인서) 검토와 질의·답변을 통해 자원봉사활동 실적의 진정성 등을 확인하고 공무원으로서의 정신자세와 종합하여 평가 및 반영한다.

2. 인천

① 구에 따라 면접 운영방식이 상이하므로 구청 홈페이지에서 공고문을 확인해야 한다.

② 일부 구에서만 자기소개서 제출, 인성검사 또는 인·적성검사, 5분 스피치 또는 집단토의가 시행된다.

③ 예고 없이 면접방식이 변경되거나 면접 직전에 공지되는 경우도 있고, 5분 스피치나 집단토의 등이 예고 없이 진행되는 경우도 있으므로 종합적인 대비가 필요하다.

3. 세종: 자기소개서 외에도 이력서를 제출해야 한다.

4. 충남: 독서 소양 능력 평가를 위한 지정도서 목록을 공고하고, 면접에서 읽은 도서에 대한 독서발표 및 관련 내용을 토대로 한 면접질문이 있다.

(2) 지방직 7급

(2019년 기준)

구분	면접 전		면접 당일			비고
	자소서	인·적성	자술서	PT면접	토의(토론)	
경기		인성	○		토론(10인 1조/50분 이상)	자원봉사활동 리포트 제출
인천		인·적성			토론(30분)	(일부 구) 자기소개서 제출
광주	자소서	인성	○			
대구		인·적성		○	토론	
대전	자술서	인성			토의	자기기술서 사전 제출
부산	자소서					
세종	자소서	인성				이력서 별도 제출
울산	자소서					
강원	자소서					
경남	자소서					
경북	자소서				토론(30분)	
전남	자소서	인성			토론	
전북	자소서					
충남	자소서	인·적성				권장 지정도서에 대한 발표
충북	자소서					
제주	자소서					

* 지방직은 면접제도가 수시로 바뀌므로 면접시험 공고문 반드시 확인 필요

① **자기소개서 사전 제출:** 경기·인천·대구를 제외한 지역은 여전히 자기소개서를 사전에 제출한다. 대전은 자기기술서를 사전에 제출한다. 인천의 일부 구에서도 자기소개서를 제출한다.

② **인·적성검사:** 경기·광주·대전·세종·전남은 인성검사를, 인천·대구·충남은 인·적성검사를 실시한다.

③ **면접 당일 자기기술서:** 경기·광주·대구·충북은 면접 당일 자기기술서를 작성해 제출하도록 한다.

④ **집단토의(토론):** 경기에서는 10인 1조로 한 조당 인원이 많고, 이에 따라 토의시간도 50분 이상으로 길다. 인천·대구·대전·경북·전남에서도 집단토의가 진행되고, 더 많은 지역으로 확대되고 있다. 지역마다 토의 또는 토론으로 명칭은 다르지만 논의방식이나 주제는 차이가 없다.

⑤ **개별면접시간:** 지역마다 차이가 있지만 면접시간은 20~25분 정도로 국가직이나 서울시보다는 비교적 짧다.

3. 서울시 면접 진행절차

(1) 서울시 9급

(2019년 기준)

면접 절차	내용
응시자 교육 및 각종 서식 작성	• 출석 확인 및 면접시험 응시요령 교육 • 면접시험 평정표(3매) 작성
⇩	
5분 스피치 질문지 검토	면접순서에 따라 자료검토실로 이동. 시험 당일 제시되는 5분 스피치 질문지 검토(15분) (※ 발표자료 작성은 별도로 없으며, 필요한 경우 질문지 여백을 활용하여 메모)
⇩	
신분확인	신분증, 면접시험 응시표를 제출한 후 본인 여부 확인
⇩	
입실	면접시험 평정표(3매)를 중앙의 면접위원에게 제출한 뒤 본인 좌석에 착석 (※ 5분 스피치 질문지는 본인이 소지하고 발표에 활용)
⇩	
면접	• 5분 스피치(5분): 5분 발표 • 개별면접(20분): 5분 스피치 후속 질의·응답 및 5개 평정요소와 관련된 질문·답변

① 2017년부터 사전에 제출하던 자기소개서가 폐지되었다. 블라인드 면접의 취지를 살리기 위한 조치로 해석된다. 다만, 이를 보완하기 위해 5분 스피치를 포함한 개별면접 전반에서 개인의 경험에 대한 질문이 증가하였다.

② 면접관은 3명이 참석한다.

③ 2016년부터 영어면접이 폐지되고 5분 스피치가 신설되었다.

④ 서울시 9급 면접은 국가직 9급 면접과는 다르게 자기기술서를 작성하지 않는다.

⑤ 응시자 교육이 끝나면 15분간 5분 스피치 질문지를 검토하고 대기한 후에 5분 스피치를 진행한다. 이때 5분 스피치 질문지와 메모 내용을 면접관에게 제출하지 않고 발표에 활용한다.

⑥ 발표 후에 후속질문과 개별면접이 이어서 진행된다.

(2) 서울시 7급

(2019년 기준)

면접 절차	내용
응시자 교육 및 각종 서식 작성	• 출석 확인 및 면접시험 응시요령 교육 • 면접시험 평정표(3매) 작성
⇩	
토론면접	• 조별로 토론면접장으로 이동하여, 시험 당일 제시되는 과제 검토(10분) • 응시생 간 상호 자유 토론(45분) ※ 장애인 구분모집은 토론면접을 시행하지 않고 바로 주제발표와 개별면접을 진행
⇩	
대기	본인의 면접순서에 따라 대기시간 발생
⇩	
주제발표 및 개별면접	• 면접순서에 따라 자료작성실로 이동. 시험 당일 제시되는 주제발표 과제문 검토 및 발표문 작성(20분) • 응시표, 신분증을 제출한 후 본인 여부 확인 • 면접시험 평정표(3매)와 주제발표문(사본 3매)을 중앙에 있는 면접위원에게 제출한 뒤, 본인 좌석에 착석 (※ 개인발표문 원본은 본인이 소지하고 발표에 활용) • 주제발표(10분 내외): 5분 이내 발표 후 후속 질의 • 개별면접(약 20분): 5개 평정요소와 관련된 질문 · 답변

① 2017년부터 사전에 제출하던 자기소개서가 폐지되었다. 블라인드 면접의 취지를 살리기 위한 조치로 해석된다.

② 면접관은 3명이 참석한다.

③ 2016년부터 영어면접이 폐지되고 집단토론이 도입되었다.

④ 서울시 7급 면접은 국가직 9급 면접과는 다르게 자기기술서를 작성하지 않는다.

⑤ 응시자교육이 끝나면 토론면접장으로 이동한다. 10분간 토론과제를 검토한 뒤 45분간 자유롭게 토론한다. 토론 후에는 20분간 주제발표 과제문을 검토하고 발표문을 작성한다. 국가직에 비해 발표과제자료의 분량도 적고 발표시간도 짧다. 5분 이내로 개인발표가 끝나면 이에 대한 후속질문과 개별면접이 진행된다. 개인발표를 포함한 면접시간은 30분이다.

03 평정요소와 합격자 결정방법

1. 공무원 면접의 평정요소

< 공무원 면접 평정표 >

평정요소	위원평정		
	상	중	하
가. 공무원으로서의 정신자세			
나. 전문지식과 그 응용능력			
다. 의사표현의 정확성과 논리성			
라. 예의 · 품행 및 성실성			
마. 창의력 · 의지력 및 발전가능성			
계	개	개	개
위원서명	성명		(서명)

(1) 공무원으로서의 정신자세

공직자로서의 국가관, 공직관, 윤리관 등의 공직가치를 통해 심층적으로 검증한다.

(2) 전문지식과 그 응용능력

국가 및 지방자치단체의 주요 정책 이슈, 현안 등과 상식을 통해 평가될 수 있다.

> **TIP**
>
> • 각 부처별 업무내용, 추진정책, 중점과제를 숙지하고 답변을 준비한다.
> • 행정학적 지식이나 직렬별 전문지식을 퀴즈형태로 물어볼 가능성도 있으므로 대비해야 한다.

(3) 의사표현의 정확성과 논리성

면접 전반에서 평가될 수 있으며, 특히 5분 발표(스피치) 또는 집단토의(토론)에서의 답변으로 평가될 수 있다.

(4) 예의 · 품행 및 성실성

경어를 사용하고 바른 자세로 앉는 등 면접에 임하는 태도를 통해 평가될 수 있다.

(5) 창의력 · 의지력 및 발전가능성

과거 경험 또는 특정 상황에서의 대처방식 등에 대한 답변으로 평가될 수 있다.

< 공무원 면접 평정요소 관련 면접 대비 요령 >

1. '공무원으로서의 정신자세' 관련

   ① **공무원 마인드 내면화:** 평소 생활할 때에도 '내가 공무원이라면~'이라는 마인드로 모든 사안에 접근한다. 국민이 기대하는 공무원상을 염두에 두면서 그러한 공무원의 특성이나 행동이 무엇인지 항상 생각한다.

   * 숙지해야 할 공직규정
     - 공무원 선서
     - 공직가치 체계도와 각 공직가치별 행동준칙
     - 헌법, 「국가공무원법」, 「부패방지 및 국민권익위원회의 설치와 운영에 관한 법률」, 「공직자윤리법」에 의거한 공무원의 의무
     - 「공무원 행동강령」
     - 공무원 헌장과 실천강령

   ② **봉사활동:** 공무원에게 봉사정신은 매우 중요한 자세이므로, 면접에서 봉사활동 경험을 묻는 경우가 많다. 수험생활 이전에 봉사활동 경험이 있다면 좋겠지만, 그렇지 않은 경우 수험생활 중에 봉사활동을 병행하는 것은 현실적으로 어렵기 때문에 봉사활동 경험이 없다면 필기 합격 후 작은 봉사활동이라도 수행해 보는 것도 좋다. 면접을 위해 준비했다는 느낌을 줄 가능성도 있다. 하지만 면접에서 불리할 것을 알면서도 아무것도 하지 않는 지원자보다는 면접을 위해 봉사활동을 찾아서 하는 지원자가 더 적극적인 지원자로 평가될 것이다.

2. '전문 지식과 그 응용능력' 관련

   ① **근무기관 청사 및 온라인 홈페이지 방문:** 자신의 직렬에서 근무하게 될 부처 또는 근무를 희망하는 부처에 방문해 분위기를 체험해보는 것은 좋은 경험이 된다. 이때 일부 기관은 온라인을 통해 방문신청을 받기도 하므로 먼저 기관의 홈페이지에 방문하여 확인해보는 것이 좋다. 공공기관 방문 여부는 면접에서 빈출되는 질문이고, 출제되지 않더라도 답변에서 적절히 활용하면 지원동기가 강하고 적극적인 지원자라는 인상을 줄 수 있다. 시간이나 거리상 청사에 직접 방문하기 어려운 경우 기관의 홈페이지를 참조해서 답변할 수도 있다.

   ② **지원직렬의 업무와 희망업무 숙지:** 지원직렬의 업무를 알고 있는지 여부를 묻는 질문도 자주 묻는 질문 중 하나이다. 지원직렬과 희망부서에서 추진 중인 정책을 알아보고, 자신이 추진하고 싶은 정책도 생각해 본다. 지원직렬 관련 부처, 희망부처의 홈페이지의 기관소개 메뉴에서 조직도를 참고하여 조직의 부서와 업무분야, 업무내용 등을 확인한다.

   * 활용 사이트
     - 정책브리핑(http://www.korea.kr)
     - 청와대 정책자료(http://www.president.go.kr)
     - 정책신문(http://www.govtv.kr)

2. 합격자 결정방법

(1) 평정

「지방공무원 임용령」 제44조 제3항의 5가지 평정요소인 공무원으로서의 정신자세, 전문지식과 그 응용능력, 의사표현의 정확성과 논리성, 예의·품행 및 성실성, 창의력·의지력 및 발전가능성을 각각 '상', '중', '하'로 평정한다.

(2) 판정등급

① 우수: 위원의 과반수가 5개 평정요소 모두를 '상'으로 평정한 경우

② 미흡: 위원의 과반수가 5개 평정요소 중 2개 항목 이상을 '하'로 평정한 경우 또는 위원의 과반수가 어느 하나의 동일 평정요소에 대하여 '하'로 평정한 경우

③ 보통: '우수'와 '미흡' 외의 경우

(3) 최종합격자 결정 기준

각 면접관의 평가내용을 종합한 평정결과(판정등급: 우수, 보통, 미흡)와 필기시험 성적에 따라 최종합격자를 결정한다.

① 우수: 필기시험 성적순위에 관계없이 합격

② 미흡: 필기시험 성적순위에 관계없이 불합격

③ 보통: '우수' 등급 응시자 수를 포함하여 선발예정인원까지 필기시험 성적순으로 합격

> **TIP**
> • '우수' 등급은 필기시험 점수가 다소 낮더라도 역전을 노려볼 수 있다.
> • '미흡' 등급은 필기시험 점수가 충분하더라도 불합격할 수 있다.

(4) 추가면접 실시

① '우수' 등급 응시자 수가 선발예정인원을 초과하는 경우: '우수' 등급 응시자에 대하여 추가면접 실시

② '미흡' 등급 응시자 수가 탈락예정인원을 초과하는 경우: '미흡' 등급 응시자에 대하여 추가면접 실시

③ 추가면접 대상자 통보: 최종합격자 발표일 전 홈페이지에 공고하고 개별 통보한다.

④ 추가면접 실시 결과: 최초 면접시험과 같은 등급을 받은 응시자는 그 등급으로 최종 면접시험의 등급을 받은 것으로 보고, 다른 등급을 받은 응시자는 '보통' 등급을 받은 것으로 본다.

Chapter 2 면접의 기본

01 면접 복장과 용모

1. 복장

격식을 차린 복장, 단정하고 부드러움을 연출하는 복장, 튀지 않는 무난한 스타일로 조직에서 조화를 이룰 수 있다는 이미지를 어필한다.

> **TIP**
> - 공무원 면접시험 응시요령 안내에는 "면접복장은 본인의 역량을 편하게 발휘할 수 있는 단정한 평상복 옷차림을 권장합니다."라고 공고하고 있다. 그러나 이 문구에 따라 캐주얼룩과 운동화를 착용하고 면접장에 간다면 곧 당황하게 될 것이다. 면접에 정장차림을 하지 않고 면접에 임하는 지원자는 거의 없고 면접관 또한 '당연히' 정장차림일 것을 예상하고 있기 때문에 매우 눈에 띄는 지원자가 될 것이다.
> - 복장이 눈에 띄거나 튄다는 것은 좋은 의미가 아니다. 공무원은 조직 안에서 조화를 이루며 주어진 업무를 순응적으로 성실히 수행하는 사람이기 때문에, 눈에 띄는 복장을 착용하면 잘 조화되지 못하거나 반항적인 사람으로 비칠 수 있다. 실제로 면접관들의 대다수가 '단정하지 않은 스타일의 지원자'를 비호감 면접자로 꼽고 있다.

(1) 의상

과하게 광택이 나는 소재는 피하고 진한 회색, 검정색, 남색 등 짙은 색의 투피스 정장과 흰색이나 아이보리, 하늘색 등 밝은 색 셔츠가 가장 무난하다. 옷차림이 어색하고 불편해서 계속 신경 쓰인다면 불편함이 표정과 자세에 드러날 수 있으므로, 잘 맞는 사이즈의 불편하지 않은 의상을 고른다. 새로 샀다면 면접 전에 착용해 보고 몸에 익숙하게 해둔다.

① 남성

    ㉠ 정장재킷은 투 버튼이 좋으며, 적당한 폭의 튀지 않는 무늬의 넥타이를 착용한다.

    ㉡ 검정색, 감색 등 어두운 단색의 목이 긴 양말이 적당하다. 너무 짧거나 밝은 색 양말은 피하는 것이 좋다.

    ㉢ 나이가 많거나 보수적인 성향의 면접관의 경우 캐주얼정장을 착용한 지원자를 "성의 없다."라고 평가할 가능성이 크다.

② 여성

    ㉠ 바지정장보다는 치마정장이 예의를 갖춘 느낌을 준다. 치마길이는 무릎 정도로, 너무 짧지 않은 스커트를 착용한다.

ⓒ 원피스는 정장느낌에서 너무 벗어나거나 무늬가 있는 것은 피하고, 짙은 색의 재킷을 걸친다.

ⓒ 나이가 많은 면접관 중에서는 스타킹을 착용하지 않으면 복장이 불량하다고 생각하는 경우가 많으므로 날씨가 덥더라도 살색 또는 커피색 계통의 스타킹을 착용한다.

(2) 신발

① 너무 뾰족하지 않은 검정색 정장구두가 적당하다.

② 굽이 너무 많이 닳지 않았는지, 청결상태가 양호한지 체크한다.

③ 남성: 끈을 묶는 정장구두가 정석이다. 로퍼는 엄밀한 의미의 정장구두가 아니므로 피하는 것이 좋다.

④ 여성: 굽이 너무 높은 구두, 샌들형이나 앞뒤가 트인 구두는 피한다.

2. 용모

(1) 헤어

남성과 여성 모두 귀가 드러나게 하여 답답하게 보이지 않도록 연출한다. 염색이나 탈색한 모발은 검정색으로 다시 염색한다.

① 남성

ㄱ 머리가 너무 길면 깔끔하게 자른다.

ㄴ 이마가 1/3 이상 드러나도록 스타일링하고 왁스나 스프레이로 고정한다.

② 여성

ㄱ 긴 머리는 단정하게 묶거나 머리망을 씌워 정리한다.

ㄴ 앞머리가 있는 경우, 신경이 쓰여서 자주 만지지 않도록 깔끔하게 스타일링한다.

(2) 메이크업

① 남성: 남성이 메이크업을 하는 것을 좋지 않게 보는 사람들이 많으므로 메이크업을 하지 않는 것이 좋다. 메이크업을 하더라도 티가 나지 않도록 주의한다.

② 여성: 여성은 메이크업을 하는 것이 좋지만, 지나치게 화려한 메이크업은 피한다.

(3) 액세서리

종교적인 의미의 액세서리는 하지 않는 것이 안전하다. 면접관이 나와 같은 종교를 가지고 있다는 보장도 없고, 면접 장소에서 종교를 드러내는 것을 부정적으로 볼 가능성도 있다.

① 남성: 시계 외의 액세서리는 피한다. 남성이 귀걸이 등을 한다면 반항적인 이미지로 보이기 쉽다.

② 여성: 지나치게 화려한 액세서리는 피하고, 단아한 것을 고른다.

02 면접에 임하는 자세

1. 면접 과정에 따른 태도

(1) 대기시간

① 복장이 흐트러지지 않았는지 점검하고 표정이 이완되도록 긴장을 풀고 표정관리를 한다.

② 대기시간을 활용해 자기기술서, 발표내용 등을 환기하고 속으로 연습한다. 또한 자기기술서나 발표내용에 따른 후속질문을 예상해보고 이에 대한 답변을 정리한다.

③ 큰소리로 떠들거나 웃는 등의 눈에 띄는 행동은 삼간다.

(2) 입실

① 호명하면 또렷하게 대답하고 면접실로 가서 2~3회 노크하고 문을 조용히 열고 들어간다. 문을 닫을 때는 면접관에게 엉덩이를 보이지 않은 채로 닫는다.

② 문을 닫음과 동시에 가벼운 목례를 한 후, 입실해서 정식 인사(가슴을 내밀듯이 하고 허리부터 굽혀 인사하는 것)를 한다.

③ 인사 후 바른 자세로 서 있다가 앉으라는 지시에 따라 앉는다. 인사 전에 면접관이 앉으라고 하더라도 꼭 정식 인사를 한 뒤에 앉아야 한다.

④ 어깨와 가슴을 곧게 펴고 의자에 깊숙이 들여 앉는다. 남성은 무릎을 약간 벌리고 여자는 붙인다. 양손은 무릎 위에 가지런히 놓는다. 다리는 꼬거나 교차하지 않도록 주의한다.

(3) 면접

① 목소리는 작은 것보다 큰 것이 좋다.

작은 목소리로 답변하면 자신감이 없어 보이고 답변내용이 잘 전달되지 않으므로 조금은 큰 목소리로 답변한다. 그러나 목소리를 크게 하려다가 소리를 지르거나 공격적인 어조가 되지 않도록 주의한다.

② 질문이 끝나면 2~3초간 생각을 정리한 뒤 답변한다.

급히 답변을 하려다 보면 실수하기 쉬우며, 질문이 끝난 듯 하지만 면접관이 다른 질문을 덧붙일 수도 있기 때문이다.

③ 더듬거리거나 웅얼대지 말고 또렷하고 자신 있게 답변한다.

자신이 더듬거리거나 웅얼대는 것을 의식하지 못하는 지원자들도 많기 때문에 면접준비 시 자신의 답변 모습을 녹화·녹음하거나, 모의면접 스터디를 하는 것이 필요하다. 이러한 버릇을 알게 되었다면 의식적으로 교정하도록 노력해야 한다.

④ 면접관이 부정적인 태도를 보이더라도 침착한 자세로 성실하게 답변해야 한다.

면접관이 무관심한 태도를 보이거나 인상을 쓰는 등 부정적인 태도를 보일 수 있다. 이는 지원자가 어떻게 대처하는지, 이에 동요하지 않고 감정절제를 잘 하는지 등을 살펴보기 위한 것이므로 당황하지 말아야 한다.

⑤ 면접관과 시선을 마주쳐야 한다.

면접관이 질문할 때는 질문한 면접관을 바라보고, 답변할 때는 다른 면접관에게도 골고루 시선을 분배한다. 대답이 끝나면 면접관의 목 위 적당한 위치에 시선을 고정한다. 힐끗거리거나 두리번거리면 산만하게 보이므로 주의해야 한다.

⑥ 미소를 지으며 적절한 제스처를 사용한다.

미소를 짓되, 이빨을 드러내고 웃거나 폭소를 터뜨리는 것은 좋지 않다. 또한 제스처를 사용하면 답변을 강조할 수 있지만, 지나치게 사용하면 산만하게 보일 수 있다. 스터디원의 피드백과 동영상 촬영을 활용하여 자신의 제스처가 적당한 정도인지 파악하고, 과하다면 교정해야 한다.

(4) 퇴실

① 면접이 끝나면 "감사합니다. 잘 부탁드립니다." 등으로 정중히 인사한 후 의자를 가다듬고 퇴실한다.

② 입실할 때와 마찬가지로 자신의 엉덩이는 면접관에게 보이지 않도록 한다. 나갈 때까지 예의 바른 태도와 침착성을 유지한다.

③ 작은 행동에서도 됨됨이가 드러난다. 퇴실하면서 머리만지는 등의 흐트러진 모습을 보이지 않고 끝까지 바른 자세로 퇴장한다. 문을 닫은 후에도 한숨을 쉬거나 불만을 내뱉지 않도록 주의해야 한다.

2. 면접관을 편안하게 하는 태도

(1) 질문 경청

질문이 시작되면 침착하게 면접관을 바라보며 주의 깊게 청취한다. 마음이 급해 면접관의 질문 도중에 답변하는 경우가 적지 않은데, 면접관의 질문 도중에 끼어드는 것은 면접관을 매우 불쾌하게 할 수 있다. 그러므로 면접관의 질문이 끝날 때까지 침착하게 경청해야 한다.

(2) 요지 파악

① 질문의 의도를 제대로 파악하여 대답해야 한다. 면접자는 또렷하고 명확하게 답변해야 하지만, 면접관은 늘 명확하게 질문하지는 않는다. 질문의 의도나 내용을 잘 이해할 수 없거나 질문이 두루뭉술해서 답변의 방향을 찾기 어렵다면 면접관에게 질문의 요지를 공손하게 질문하거나 자신이 이해한 내용이 맞는지를 되묻는다.

② 질문마다 계속해서 요지를 알아듣지 못하여 다시 질문하게 되면 이해력이 부족하거나 면접관의 질문에 집중하지 않는다는 평가를 받을 수 있다. 따라서 질문의 요지를 제대로 파악하는 연습을 해야 한다.

(3) 두괄식으로 간략히 답변

① 결론을 먼저 말하고 부수적인 설명을 덧붙이는 두괄식 형태로 답변한다. 불필요한 부수적인 설명을 중언부언하면 면접관은 말의 요지를 파악하느라 머리를 써야 하므로 피곤해진다. 면접관이 답변 내용을 파악하기 힘들다면 지원자가 의사를 잘 전달하지 못하는 사람이라고 평가할 것이다.

② 질문과 크게 상관없는 내용까지 길고 장황하게 대답하면 면접관은 지루하게 느낀다. 또한 질문하지 않은 것까지 답변하면 오히려 질문의 요지를 잘 파악하지 못하는 사람으로 비춰지므로 질문한 내용에 대해서만 간략히 답변한다.

③ 간략히 답변하라고 해서 단답형으로 답변하라는 것은 절대 아니다. "이런 경험이 있는가? 이런 것을 들어봤는가?"라는 질문에 "아니오.", "없습니다." 등의 단답형으로 답변하면 면접관은 다음 말을 기다릴 것이고, 정적이 흐르는 불편한 분위기가 될 수 있다. 단답형 대답은 절대로 피하고 "경험해보지는 못했지만, 들어본 적은 있습니다.", "들어본 적은 없습니다만, 앞으로 관심을 가지고 알아보겠습니다." 등으로 최선을 다해서 대답하려는 모습을 보여준다.

(4) 적당한 속도와 음량

긴장한 상태에서 말이 빨라지는 지원자들이 많은데, 말이 너무 빠르면 알아듣기 어렵고 산만한 인상을 준다. 또한 목소리가 너무 작아도 잘 알아듣기 어렵다. 따라서 면접관들이 크게 노력을 기울이지 않아도 잘 들리도록 적당한 속도와 음량을 유지할 필요가 있다.

(5) 자신감 있는 태도

논리정연하면서 설득력 있게 자신감을 가지고 대답한다. 일단 대답한 내용에는 자신감 있는 태도를 보여야 한다. 혀를 내밀거나, 머리를 긁거나, 고개를 숙이거나 위를 보는 행동은 금물이다. 부담스러운 질문에도 우물거리지 않고 자신감 있게 대답한다.

(6) 완벽한 경어 사용

유행어나 은어, 비속어는 절대 사용하지 않아야 하고, 경어 사용을 습관화하기 위해 평소에 윗사람들과 대화하는 등 연습을 해두어야 한다.

3. 위기 대처 방법과 주의사항

(1) 위기 대처 방법

위기 상황에서 어떻게 대응하느냐에 따라 합격이 결정된다. 어떤 상황에도 당황하지 말고 평정심을 유지해야 한다.

① **모르는 질문일 경우**: 모르는 질문에 대해 답변을 5~10초 정도 생각해 본 뒤, 생각이 나지 않으면 "잠시 생각해 보고 답변 드리겠습니다."라고 대답하며 시간을 번다. 답변이 생각나지 않는다면 시간을 너무 오래 끌지는 않는다. 생각해도 모르겠으면 "죄송합니다만 그 부분은 제가 미처 생각하지 못한 부분이어서 답변이 떠오르지 않습니다. 차후에 더 고민해보도록 하겠습니다.", "지금 당장은 잘 모르지만 앞으로 더욱 노력하겠습니다." 등으로 솔직하고 명료하게 답변한다. 이때 자신감 있는 목소리를 잃지 않도록 주의한다. 답변이 어렵다고 해서 작은 목소리로 말한다면 부정적으로 보인다.

모른다고 절대 침묵해서는 안 된다. 묵묵부답으로 면접관을 하염없이 기다리게 하면 '미흡'을 받기 십상이다. 모르면서 아는 체 하거나 엉터리로 답변하는 것도 절대 금물이다. 어설프게 답변하면 꼬리를 무는 압박질문을 받아서 더 곤란한 상황이 된다.

② **질문의 요지를 파악하지 못한 경우**: 정중하게 "다시 한 번 말씀해주시겠습니까?"라고 요청하면 된다. 그러나 너무 습관적으로 되물으면 집중력이 부족하게 보여 감점 요인이 되므로 자제해야 한다. 그러므로 스터디를 통해서 질문의 요지를 명확하게 파악하는 연습이 필요하다.

③ **부족한 점을 지적받는 경우**: 위축되지 말고 부족한 부분을 인정한다. 이와 함께 구체적인 보완책을 설득력 있게 제시하면 오히려 플러스 요인이 될 수 있다.

④ **프라이버시를 침해하는 등 민감한 질문일 경우**: 평정심을 잃고 화를 내거나 공격적으로 따지지 않는다.

(2) 주의사항

① **평소 어투 점검**: 사적인 용어나 속어 및 은어, 인터넷 용어 등을 사용하지 않도록 각별히 주의하고, 부정적인 언어를 남발하지 않도록 한다. 평소 언행을 체크해보고 바람직하지 않은 어투가 무의식중에 나오지 않도록 교정해야 한다. 말투의 문제점을 스스로 발견하기는 어려우므로 주위 사람들의 의견을 들어보는 것이 좋다. 최근에는 인터넷의 영향으로 각종 줄임말들이 많은데, 보통 나이가 많은 면접관들은 줄임말의 의미를 알지 못하고, 안다고 해도 면접에서 줄임말을 사용하는 것을 예의가 없다고 평가할 수 있기 때문이다.

② **불명확한 표현 금물**: 끝말을 흐리거나 '~인 것 같습니다.' 등의 불명확한 표현은 금물이다. 답변하려는 내용이 정확하지 않아서 자신이 없더라도 '~라고 알고 있습니다.', '~라고 생각합니다.' 등으로 당당하고 자신감 있게 자신의 의사를 표현한다.

③ **완벽한 경어 사용:** 공무원 면접장에서 경어 사용은 매우 중요한 요소이다. 경어를 제대로 사용하지 않으면 예의 점수에서 감점이다. 먼저 '~요.', '~해요.'와 같은 '해요체'는 반말에 '요'를 붙인 형태로 격식 있는 표현이 아니다. '~습니다.'와 같이 사용해야 한다. 질문도 마찬가지로 '~습니까?'의 형태로 해야 한다. 면접관을 지칭할 때는 '있다'가 아니라 '계시다'라는 표현으로 지칭해야 하며, '면접관님이'가 아니라 '면접관님께서'라고 해야 한다. '면접관님이 여쭤본 내용은 ~'에서 '여쭙다'라는 표현은 아랫사람이 윗사람에게 물어볼 때 쓰는 표현이므로 자기 자신을 높이는 표현이 된다. 따라서 '면접관님께서 물어본 내용은 ~'이라고 해야 한다. 본인이 윗사람에게 물어보는 내용을 답할 때는 '여쭙다'라는 표현을 사용하는 것이 맞기 때문에 "상관에게 여쭈어 보겠습니다."라는 표현은 문제가 없다.

④ **구어체 자제:** 격식을 차려야 하는 면접에서는 구어체 사용을 자제해야 한다. '~구요', '~잖아요', '~거든요' 등은 구어체이므로 면접에서는 바람직하지 않다.

⑤ **불필요한 추임새 교정:** '저어...', '음...'과 같은 불필요한 추임새는 교정해야 한다. 모든 말의 앞에 '솔직히 말씀드려서' 등의 말머리를 반복하여 덧붙이는 경우도 있는데, 이러한 추임새도 교정해야 한다.

⑥ **무의식적 버릇 교정:** 고개를 끄덕이는 버릇, 한숨, 다리떨기, 손 만지작거리기, 입술 깨물기 등의 버릇이 있다면 교정한다. 이러한 버릇들은 본인 스스로 알기 힘든 경우가 많은데, 친구들이나 주위 사람들에게 물어본 뒤 교정한다.

⑦ **자신이 기재한 내용 숙지:** 이력서, 자기소개서, 자기기술서에 기재한 내용은 반드시 충분히 숙지하고 후속 답변을 준비해야 한다. 자신이 기재한 내용도 잘 모른다면 당연히 감점의 요인이 된다. 이를 위해 면접 대기시간에 자신이 기재한 내용을 환기시키는 시간을 가진다.

⑧ **모범답안 외우기 지양:** 모범답안을 그대로 외우는 경우 답변 내용과 인위적인 답변태도에서 외운 표시가 난다. 많은 지원자들이 같은 질문에 뻔한 모범답안으로 답변하는 경우가 많기 때문에 면접관은 해당 답변의 진정성을 의심할 것이다. 자신만의 신념이 담긴 차별화된 답변을 준비해야 한다.

⑨ **같은 질문에도 성의 있는 답변:** 면접관이 이미 답변한 질문과 같은 질문을 다시 하더라도 "아까 말씀드렸는데요?" 등의 표현은 삼간다. 면접관이 다음 질문을 생각하거나 자기기술서 등에 신경을 기울이다 보면 다른 면접관의 질문과 나의 답변을 놓칠 수도 있다. 재차 질문을 해도 예를 갖춰서 대답해야 한다. 백 번 똑같은 것을 물어도 백 번 모두 성실히 대답한다는 마음가짐이 중요하다.

⑩ **거짓말 금물:** 무리해서 자신을 잘 보이고자 하면 실패한다. 경험을 묻는 질문에서 거짓말을 하거나 지어내는 경우가 많은데, 심한 과장이나 거짓말은 허풍스러운 인상을 준다. 면접관은 경험에 대한 후속질문에서 사실 여부를 검증하기 위한 질문을 던진다. 사실이 아니라면 이러한 질문에 제대로 답변하지 못할 것이고, 거짓말임이 드러나 감점되기 쉽다.

< 면접에서 많이 하는 실수 >

1. **면접 대기장소에서 큰소리로 웃고 떠드는 등 눈에 띄는 행동**: 면접 대기장소에서의 태도가 부정적인 이미지를 형성할 수 있다. 면접을 위해 건물에 들어가는 순간부터 면접 실전이라는 생각으로 임해야 한다.

2. **면접관의 말을 끊는 경우**: 면접관의 질문에 너무 다급하게 답변하려 하면 면접관의 말이 끝나기 전에 답변하는 실수를 할 수 있다. 면접관의 말을 끝까지 경청하여 질문이 완전히 끝났는지 확인해야 한다.

3. **다리를 떨거나 손이나 머리 등을 만지작거리는 등의 산만한 태도**: 산만한 태도로 답변하면 면접관은 지원자의 이야기에 집중할 수 없다. 평소에 안 좋은 습관이 있는 경우도 있지만 그렇지 않은 경우에도 긴장하면서 산만한 행동을 하기 쉽다. 본인이 이러한 태도를 스스로 알아채지 못하는 경우가 많으므로 스터디원의 조언이나 녹화 등을 통해 점검해야 한다.

4. **질문하지도 않은 말을 꺼내고, 이미 답변한 말에 사족을 붙인다거나 너무 장황하게 말을 늘어놓는 경우**: 말을 너무 많이 하거나 장황하게 설명하면 면접관이 지치게 된다. 핵심만 간략하고 구체적으로 답변하는 연습이 필요하다.

5. **전 직장에 대한 험담을 하는 경우**: 사회생활 경험이 있는 경우, 면접관이 퇴사 이유 등을 질문할 수 있는데, 전 직장에 대한 험담을 늘어놓으면 불만이 많은 사람이라는 인상을 줄 수 있기 때문에 주의해야 한다. 전 직장에 대한 불만은 아쉬움 정도로 완곡하게 표현하고 공무원을 희망하게 된 이유를 중심으로 답변한다.

6. **감정을 절제하지 못하고 폭소를 터트리거나 우는 경우**: 감정조절이 힘들면, 조직이나 업무에 적응하지 못할 가능성이 높다고 보여질 수 있으므로 주의한다.

7. **면접이 끝났다고 문 앞이나 문 밖에서 태도가 흐트러지는 경우**: 면접장 밖에서의 소리나 태도도 면접관에게 전해진다. 면접이 끝났다고 해도 긴장을 풀지 말고 건물을 나설 때까지 침착한 태도를 유지한다.

버릇 점검용 체크리스트

※ 수행 정도에 따라 '평가란'에 ○, △, × 표시하시오.

말투, 말버릇	평가란
경어를 알맞게 사용하고 있는가? 경어가 아닌 어휘를 사용하지는 않는가?	
속어, 은어, 인터넷용어, 줄임말을 사용하지는 않는가?	
불명확한 표현(끝말 흐리기, '~인 것 같다' 등)을 사용하지는 않는가?	
불필요한 추임새('저어..', '그..', '음..' 등)를 사용하지는 않는가?	
반복적으로 같은 말('솔직히', '저는' 등)을 사용하고 있지는 않은가?	
일상적 구어체('~구요', '~잖아요', '~거든요' 등)를 사용하고 있지는 않은가?	
말 끝에 한숨을 쉬는 버릇은 없는가?	
말 중간에 끼어드는 습관이 있지는 않은가?	

기타 지적사항:

앉는 자세	평가란
다리를 꼬는 습관은 없는가?	
비스듬히 앉거나 구부정한 자세로 앉지는 않는가?	
팔걸이에 팔을 걸치는 습관은 없는가?	

기타 지적사항:

습관	평가란
시선처리는 안정적인가?(두리번거리거나 힐끗거리기, 눈동자 굴리기 등)	
코끝이나 머리, 손 등을 만지작거리지는 않는가?	
다리를 떨거나 팔짱을 끼는 등의 불량한 태도를 보이지는 않는가?	
혀를 내밀거나 입술을 깨무는 습관은 없는가?	
말하면서 고개를 끄덕이는 습관은 없는가?	

기타 지적사항:

태도 점검용 체크리스트

※ 수행 정도에 따라 '평가란'에 ○, △, × 표시하시오.

입실	평가란
입실 시 바르게 정식 인사를 하는가?	
인사 후 바로 착석하지 않고 면접관의 지시를 기다리는가?	

기타 지적사항:

면접	평가란
힐끗거리거나 두리번거리지는 않는가?	
면접관과 시선을 맞추는가?	
표정은 어둡거나 어색하지 않은가? 자연스러운 미소를 띠고 있는가?	
제스처가 과하지는 않은가?	
질문 후 너무 급하게 답변하지 않는가?	
질문을 경청하는 태도로 임하는가?	
질문의 요지를 잘 이해하고 답변하는가?	
중언부언 하지 않고 두괄식으로 간략히 답변하는가?	
단답형으로 답변하지 않는가?	
더듬거리며 답변하지 않는가?	
웅얼거리거나 명확하지 않게 답변하지 않는가?	

기타 지적사항:

퇴실	평가란
퇴실 시까지 태도를 잘 유지하는가?	
퇴실 시 바르게 인사를 하는가?	

기타 지적사항:

03 면접에서 활용되는 경험

블라인드 면접의 특성상 면접관은 사전에 지원자의 역량을 알기 어려우므로 경험에 바탕을 둔 질문을 하게 된다. 면접관은 지원자의 경험을 통해 지원자의 가치관과 인성, 문제해결력 등 다양한 역량을 파악할 수 있다. 매년 자기기술서에 지원자의 과거 경험을 묻는 문제가 출제되고 있으며, 개별면접의 경우에도 경험을 묻는 질문이 많고, 경험을 구체적으로 물어보지 않더라도 경험 위주로 답변하면 자신의 역량이나 차별점을 어필할 수 있다. 따라서 다양한 경험을 생각해 두면 자기기술서에서 활용될 뿐 아니라 면접장에서 여러 가지 질문들에 매우 유용하게 활용할 수 있다.

1. 경험 정리 및 기록

(1) 자신의 판단과 노력을 통해 어려움을 극복하거나 좋은 결과를 일구어냈던 사례 5~6가지 이상을 정리해 본다. 그 과정에서 내가 발휘했던 행동의 특징들은 어떤 것이 있었는지 생각하고 경험 기록 노트에 기록한다.

(2) 개인의 경험뿐 아니라 단체 · 조직 · 집단을 통해 성공한 경험들을 모두 생각해 본다.

> **TIP**
> • 공직생활은 혼자 진행하는 업무가 아니라 조직 내 업무이므로 알바 경험, 동아리 및 대학생활 경험 등 다른 사람이 등장하는 상황 속에서 벌어진 경험이 중요하다.
> • 조직이나 집단을 통해 성공한 사례는 자신의 역할과 행동이 분명하게 주도적이었던 것이어야 한다.

(3) 실패한 경험에 대해서도 최소 2~3가지 정도 정리해 본다. 실패한 원인을 분석하고, 그 상황이 반복된다면 어떻게 할 것인지 대처방안도 생각해 본다.

```
< 정리해 두어야 할 경험 >

1. 봉사정신을 발휘해 남을 돕거나 사회에 헌신한 경험
2. 협력을 통해 성공적으로 일을 수행한 경험
3. 어려움을 이겨내고 성과를 이룬 경험
4. 조직에서 의견대립이 있는 경우 중재를 통해 갈등을 해소한 경험
5. 긍정적인 행동으로 타인의 모범이 된 경험
6. 자신의 역량을 발휘하여 성공적으로 일을 수행한 경험
7. 자신의 실수로 조직에 어려움을 끼친 경험과 그 상황에서의 대처
8. 다른 사람의 도움을 받아 어려운 문제를 해결한 경험
```

2. 경험에 의미 부여

(1) 경험을 통해 느낀 점, 자기성장, 자신에게 미친 영향, 공무원 지원동기에 미친 영향, 인생관에 미친 영향, 경험을 통해 얻은 아이디어 등을 활용하여 경험에 의미를 부여한다.

(2) 특이한 경험을 찾으려고만 노력할 필요는 없다. 흔하고 사소한 경험이라도 그 경험을 통해 자기성장이 이루어지거나 자신만의 철학을 갖게 되었다면 차별화된 경험이 될 수 있다.

(3) 완벽한 성공으로 포장할 필요는 없다. 완벽히 성공한 에피소드가 아니라고 하더라도 아쉬운 부분을 개선할 방향을 제시하면 충분히 가능성 있는 지원자로 보일 수 있다.

> **TIP**
> • 경험에서 공무원의 공직가치나 평정표상의 평가요소, 직무관련성 등과의 연관성을 생각해본다.
> • 공무원이 되고자 하는 꿈, 희망, 지원동기와 연계되어 일관성 있는 설명이 가능한 경험이면 더 좋다.

📝 **MEMO 경험 정리(조직 · 집단에서의 경험을 중심으로)**

1. 봉사 · 헌신 경험

---

2. 성공 · 문제 해결 경험

---

3. 협동 · 소통 경험

---

4. 창의성 발휘 경험

---

5. 실패 극복 경험

경험 기록 노트

※ 경험 기록 예시를 보고 본인의 경험을 기록해보시오.

구분	예시	경험 1	경험 2
상황 배경 및 개요	백화점 아르바이트		
구체적 업무 (또는 활동, 역할)	주차장 안내		
초점이 되는 장면	한 손에는 짐이, 한 손에는 아이의 손을 잡고 있어 손이 불편한 고객 발견		
나의 역할 (또는 행동)	출입문 열어드리기		
관련 인물	고객		
사건의 성과 및 영향	백화점 홈페이지에 올라와 그 달의 친절사원으로 뽑힘		
의미 부여 (느낀 점 등)	자신이 맡은 일에 최선을 다한 나의 작은 배려가 다른 사람에게 도움이 드릴 수 있다는 점을 느꼈고, 이후 더욱 열심히 봉사하게 됨		
공무원과의 연결고리	주민들에게 언제나 필요한 사람이 될 수 있도록 봉사정신과 노력하는 자세를 가지고 살고자 함		

구분	경험 3	경험 4	경험 5
상황 배경 및 개요			
구체적 업무 (또는 활동, 역할)			
초점이 되는 장면			
나의 역할 (또는 행동)			
관련 인물			
사건의 성과 및 영향			
의미 부여 (느낀 점 등)			
공무원과의 연결고리			

04 자기소개서

1. 자기소개서의 중요성

(1) 국가직과 서울시 등 일부 지방직에서는 블라인드 면접의 취지를 살리기 위해 자기소개서를 폐지하기도 했지만 법원행정직, 국회사무직과 다수의 지방직에서는 여전히 중요한 면접 자료로 활용되고 있다.

(2) 블라인드 면접에서 지원동기와 포부, 대인관계, 조직 적응력, 성격, 장래성 등을 평가하기 위해 자기소개서의 중요성이 높아졌다.

(3) 자기소개서를 작성하는 과정에서 자신의 성격과 장·단점, 경험과 역량 등을 성찰해 보게 된다. 자신에 대한 성찰을 글로 옮기는 과정에서 자기소개 외의 면접질문에도 잘 답변할 수 있는 내공이 쌓인다.

2. 자기소개서 작성방법

(1) 주제 방향 결정

① 먼저 자기 자신에 대해서 성찰하여 내가 어떤 사람인지 파악한다.

> **⊹ TIP**
>
> 주위사람들의 나에 대한 평가나 조언을 참고하면 내가 어떤 사람인지 파악하는 데 도움이 된다.

② 본인의 장점이나 특성 중에 공무원으로 적합하다는 것을 어필할 수 있는 장점이나 특성을 강조하여 문제해결력이 뛰어난 사람, 배려를 잘하는 사람, 도전적이고 창의적인 사람 등으로 본인만의 캐릭터를 설정한다.

< 자기 자신에 대한 성찰을 위한 질문 >

1. 나는 누구인가?
2. 내 성격은 어떠한가?
3. 나는 어떤 장·단점이 있는가?
4. 나의 가치관은 무엇인가?
5. 내가 잘 발휘할 수 있는 역량은 무엇인가?
6. 공무원에서 활용할 수 있는 나의 경험이나 경력은 무엇인가?
7. 내가 공무원이 되고자 하는 이유는 무엇인가?
8. 나는 어떤 공무원이 되고 싶은가?

---

(2) 개요 작성

각 항목별 주제를 한 문장으로 정리한다.

① 한 문장으로 정리하면 주제가 더욱 명확해지며, 글머리에 소제목으로 활용할 수 있다.

② 한 항목에 여러 가지 내용이 들어간다면 가독성을 높이기 위해 넘버링을 해도 좋다.

> **TIP**
> - 자신의 모든 장점을 다 보여주려는 자기소개는 산만한 느낌을 줄 뿐 아니라 하나의 장점도 제대로 어필할 수 없다.
> - 특별히 강조하고 싶은 장점이나 역량을 강조하는 것이 더 강한 인상을 줄 수 있다.
> - 강조할 장점·역량과 관련된 구체적인 경험을 제시하고, 이 경험이 나에게 미친 영향이나 느낀 점이 공무원 지원 동기 또는 직무 적합성과 자연스럽게 연결되도록 한다.

(3) 본문 작성

개요에 따라 부연 설명을 하는 등 자신만의 스토리가 드러나도록 본문을 작성한다. 인터넷이나 면접교재의 예제를 베끼는 것은 절대 금물이다.

① 가독성을 높일 수 있도록 한다.

　㉠ 면접관은 수많은 자기소개서를 읽어야 하므로 내용을 파악하기 쉽게 작성해야 한다.

　㉡ 두괄식으로 간결하게 작성한다. 결론이나 핵심내용을 먼저 간략히 제시하고 경험이나 실례를 덧붙이는 방식으로 작성한다.

　㉢ 문장의 호흡이 너무 길지 않게 한다. 한 문장에 접속사를 여러 번 사용하여 긴 문장으로 작성하면 내용을 이해하기도 어렵고 가독성이 떨어진다. 너무 긴 문장은 중간을 끊어 완결하고 접속사로 연결한다.

> **TIP**
> - 글머리에 핵심을 요약한 소제목을 달아 관심을 유발하는 것도 좋은 방법이다.
> - 중요 내용은 굵은 글씨로 강조해도 좋다.

② 경험을 활용하여 스토리를 작성한다.

　㉠ 구체적 사례나 경험을 활용하여 스토리로 엮는다.

　㉡ 유년기나 중·고등학교 시절의 경험보다 충분히 주도성을 가질 수 있는 성인기 이후의 경험을 활용하는 것이 좋다.

　㉢ 경험의 도입부에는 언제, 어디서, 무엇을 했는지 간략히 제시하고, 그 경험에 대한 구체적인 설명을 덧붙인다.

ⓔ 경험에서 얻은 성과도 포함되어야 한다. 경험에서 얻은 성과가 있을 때 그 경험을 유의미한 경험 이라고 할 수 있을 것이다. 성과라는 것은 반드시 점수나 금액 등 숫자로 나타나는 것이 아니어도 좋다. 주위의 평판이나 가치관의 변화 등도 성과로 제시할 수 있다. 예를 들어 "저는 배려심이 많고 성실합니다."라고만 기술한다면 그 답변의 신빙성이 높지 않다. 추상적이고 듣기 좋은 멋진 말들이 가득하다고 해도 그것을 검증할 방법도 없다. 배려심과 성실함을 보여줄 수 있는 구체적인 사례와 주위의 평가 등을 덧붙여야 신뢰도가 생기고 설득력이 높아진다.

③ 삶에 대해 긍정적이고 열정적인 자세가 드러나도록 작성한다.

ⓐ 극적인 효과를 위해 성장과정 등에 불쌍하고 우울한 내용을 담아 소설을 써서는 안 된다.

ⓑ 성장과정에서 어려움을 겪었더라도 극복과정 위주로 밝게 기술한다.

ⓒ '할 수 없다고 생각되었지만', '어려울 것이지만', '귀가 따갑게', '짜증났지만' 등의 부정적인 표현은 삼간다.

④ 거짓인 내용은 절대 기술하지 않는다.

ⓐ 경험에 대해서는 이 경험이 본인의 경험에 기반을 둔 '사실'인지 확인하는 질문이 주어진다. 여기서 제대로 답변하지 못해 거짓말인 것이 들통난다면 더 큰 감점의 요인이 된다.

ⓑ 거짓말을 할 것이라면 그 내용에 대한 구체적인 후속질문이나 보충질문이 들어올 것을 염두에 두고서 구체적으로 완벽하게 준비해야 한다. 그러나 현실적으로 완벽한 후속질문에 대비한 구체적인 거짓말을 마련하는 것이 쉽지 않으므로 거짓말은 자제해야 한다.

ⓒ 거짓은 금물이지만, 실제로 겪은 경험을 잘 포장하는 것은 좋다. 같은 경험이라도 어떻게 포장하느냐에 따라 다른 스토리가 될 수 있다.

⑤ 자신만의 자기소개서를 작성한다.

ⓐ 인터넷이나 책에 나온 자기소개서는 이미 많은 사람들이 보고 인용했을 것이다. 이를 베낀다면 비슷비슷한 자기소개서가 되기 쉽다.

ⓑ 자신만의 스토리가 담긴 자기소개서가 좋은 인상을 줄 수 있다. 자신만의 색깔과 장점, 남들과의 차별점 등이 잘 드러나도록 작성한다.

⑥ 종교편향적인 태도가 드러나지 않도록 주의한다.

자기소개서에서 종교색을 나타내는 것은 바람직하지 않고, 면접관이 본인과 같은 종교일 것이라는 보장도 없다.

⑦ 주위 사람들의 조언을 참고한다.

　자기소개서에 작성할 내용이 잘 생각나지 않으면 주위 사람들의 조언을 구한다. 자신의 장·단점, 역량 등은 자기 스스로 잘 알기 어렵다. 또한 자기소개서를 객관적인 입장에서 작성해야 신뢰를 얻을 수 있다. 따라서 주위 사람들의 평가나 조언을 참조해 작성한다.

⑧ 본인이 작성한 내용을 반드시 숙지한다.

　자신이 자기소개서에 작성한 내용을 기억하지 못한다면 자기소개서의 진정성을 의심받게 되고, 아무리 잘 쓴 자기소개서라고 해도 감점될 가능성이 높다. 또한 자기소개서에 적은 내용과 면접질문에 대한 답변에 일관성이 없다면 거짓으로 임하고 있다는 평가를 받을 것이다.

(4) 퇴고

잘못된 부분이 없는지 살펴본다. 숲을 보고 나무를 보듯이 문장의 전체 구조를 살펴보고, 세부내용도 세심하게 체크한다.

< 퇴고 시 체크 항목 >

1. 글의 구성과 내용의 배분이 매끄러운가?
2. 문장 사이의 논리의 모순이 없는가?
3. 같은 말을 반복하고 있지는 않은가?
4. 연결어가 제대로 삽입되었는가?
5. 결론이 끝까지 내려지고 끝을 맺었는가?
6. 오타는 없는가?
7. 맞춤법과 띄어쓰기는 정확한가?
8. 비문법적인 표현은 없는가? 주어와 서술어가 알맞게 호응하는가?
9. 너무 복잡하거나 긴 호흡으로 쓰지는 않았는가?

---

3. 자기소개서 항목별 작성

(1) 성장과정

성장과정에서의 중요한 사건이나 자신의 장점과 역량, 직무관련 전문성 향상 등이 잘 드러나는 경험 등을 중점적으로 기술한다. 성장과정을 자서전처럼 시간순으로 나열하면 공무원에 적합한 인·적성, 직무능력 등이 잘 드러나지 않는다. 성장과정에서 공무원에 적합한 성격, 전문성, 역량 등이 형성되었거나 공무원이라는 장래희망을 가지게 된 동기 등을 중점적으로 기술한다.

☀ TIP

- 가정배경, 부모님의 교육철학, 가훈 등은 장황하게 늘어놓지 말고 간략하게 요약하면서도 핵심을 잘 제시해야 한다. '~한 아버지와 ~한 어머니 밑에서 성실하게 초등학교~ 중학교~ 고등학교~ 대학교~'와 같은 내용은 누구나 복사해서 붙여넣은 것처럼 비슷한 내용이라 이 부분이 길어지면 매우 지루하다.
- 상투적인 부분은 간략하게 기술하고, 자신만의 장점이나 차별화된 점을 보여줄 수 있는 특별한 경험이나 성장과정의 한 장면을 일화형식으로 기술하면 강한 인상을 줄 수 있다.

✎ 예시 '성장과정' 작성례

어렸을 적부터 '잘'이 아니라 '바르게'라는 신념을 심어주신 부모님 덕택에 "바르게 잘 자랐다."라는 말을 많이 들었습니다. "한 방울 한 방울 떨어지는 물은 언젠가는 큰 대야에 가득 차게 된다."라는 말씀을 자주 하신 아버지께서는 저에게 끊임없는 노력의 대가가 어떠한 것인지를 몸소 보여주셨습니다. 한없이 부드럽지만 현명하신 어머니께서는 공부가 힘들어 포기하고 싶을 때 포근한 안식처가 되어주셨습니다.

Comment | 바르게 살고자 하는 자신의 신념을 주위 사람들의 평가와 함께 제시하여 신뢰도를 높였다. 격언을 활용해 자신에게 영향을 미친 부모님의 가치관을 지루하지 않게 제시하였다.

🗒 MEMO 나의 성장과정

(2) 학교생활, 과외활동 및 봉사활동

① 학교생활에서 있었던 모든 것을 열거하려고 하지 말고 몇 가지 인상적인 경험이나 구체적으로 얻은 교훈이나 성과를 중점적으로 기술한다. 공무원의 업무는 조직 내 업무이므로 조직적합성이 중요하다. 그러므로 리더십과 협동심을 발휘한 측면을 어필하는 것이 좋다.

② 동아리활동·봉사활동의 경우, 활동을 했다는 자체보다 그 활동에서 자신이 어떤 역할을 맡아 구체적으로 어떤 일을 했는지 잘 드러나게 기술한다. 특히 지원부서나 공직과 연관성이 있는 활동이라면 그것을 밝히는 것이 좋다.

③ 봉사활동의 경우, 봉사활동 내용이나 시간보다 봉사를 하면서 가진 마음과 봉사를 통해 얻은 교훈이 더 중요하다. 봉사할 때 가진 봉사정신, 봉사활동이 자신에게 미친 영향이나 활동 후의 변화점 등에 중점을 두고 기술한다.

④ 봉사활동을 통해 가지게 된 사회문제에 대한 문제의식 또는 문제의식을 바탕으로 사회문제를 해결하고자 하는 의지가 드러나면 더 적극적인 지원자로 보일 수 있다.

⑤ 특별하고 거창한 활동 사항이 없더라도, 사소한 경험을 구체적으로 적고 그 경험에서 얻은 깨달음이 잘 드러나면 된다.

> ✏️ **예시** '봉사활동' 작성례
>
> 저는 인도를 여행 중에 캘커타라는 도시에서 한 달간 봉사를 한 경험이 있습니다. 마더하우스에서 지적장애와 신체적 장애를 앓고 있는 아이들을 보살피는 일이었습니다. 오랜 시간이 지났지만 아이들의 눈빛이 떠오를 때마다 '이 세상에 나를 필요로 하는 사람은 많이 있구나.'라는 생각을 하였습니다. 제가 농촌지도사가 된다면 저를 필요로 하는 상사, 동료, 농민 분들에게 먼저 다가가는 지도사가 되겠습니다. 또한 독단적인 태도를 지양하고 서로 간의 조화와 협력을 통하여 업무할 것입니다.
>
> **Comment ㅣ** 단순히 봉사활동 내용을 기술하는 데에서 그치지 않고 봉사활동을 통해 느낀 점과 공직에 입직해서의 포부로까지 연결한다.

📝 **MEMO** 나의 봉사활동

(3) 성격의 장·단점과 생활신조

① 장점

  ㉠ 장점은 직무적합성이나 공직적합성, 조직적합성과 관련성을 보여주는 것을 선택한다. 해당 장
    점을 공직에서 어떻게 활용할 것인지를 덧붙이면 더욱 적극적인 지원자라는 인상을 줄 수 있다.

  ㉡ 여러 가지 장점들을 단순히 나열하면 진정성 있게 와닿지 않고 신뢰하기 어렵다. 자신만의 차별
    화된 장점을 생각해보고 한두 가지의 장점이라도 잘 드러나는 성공사례 등의 경험담이나 주위의
    평가와 같은 구체적인 사례를 함께 제시한다.

✏️ 예시 '성격의 장점' 작성례

저는 원하는 것을 포기하지 않고 끝까지 성취하는 모습 때문에 독하다는 말을 자주 듣습니다. 어린 시절 피아노 치는
것을 좋아했지만 선생님께서 제 손이 작고 손가락이 짧아서 피아노를 치기에는 불리하다는 말씀을 항상 하셨습니다.
하지만 저는 잘할 수 있다는 것을 보여주고 싶었습니다. 그래서 두 달여 동안 신문사가 주최하는 대회에 참가할 곡을
매일 연습했습니다. 그래서 결국 하나도 틀리지 않고 끝까지 연주하여 입상을 했습니다. 그 이후로 포기하지 않고 열
심히 노력하면 해낼 수 있다는 자신감을 갖게 되었습니다. 이러한 점이 공직에 입직하여 자기계발에 매진하여 전문성
을 키우고 성과를 내는 데 긍정적인 영향을 미칠 것이라고 생각합니다.

> **Comment ㅣ** 주위의 평가와 구체적인 경험을 제시하여 신뢰도와 흥미를 높인다. 이 경험을 통해 발전시킨 성격이 공직생활에
> 어떤 긍정적인 영향을 줄 것인지까지 자연스럽게 연결된다.

📑 MEMO 성격의 장점(구체적 경험 포함)

---

② 단점

  ㉠ 솔직하게 대답하되, 해당 직무나 공직과의 부적합성을 보여주는 너무 치명적인 단점은 피한다.

  ㉡ 단점은 간단하게 이야기하고, 이를 극복하기 위한 노력과 의지에 초점을 맞추어 답한다. 실제로
    현재 진행 중인 노력이나 노력을 통해 얻은 긍정적인 변화 등을 함께 제시하면 더 좋다.

  ㉢ 겸손함이 지나쳐 자조적인 분위기로 기술하거나, 변명하는 듯한 내용이 되지 않도록 주의한다.

> **📝 예시** **'성격의 단점' 작성례**
>
> 저의 단점은 조금 내성적인 성격이라는 것입니다. 하지만 저는 오래전부터 저의 이러한 내성적인 성격이 사회생활을 할 때 불리하게 작용할 수 있을 거라 생각하고 이를 극복하기 위하여 지금까지 많이 노력해 왔습니다. 대학 수업시간 이면 기회가 있을 때마다 적극적으로 발표를 하여 많은 사람들 앞에 서는 경험을 하였고, 학과 내의 토론 소모임에도 활발히 참여하여 저의 생각을 논리적으로 전달할 수 있는 능력을 길러왔습니다.
>
> > **Comment** ㅣ 단점 그 자체에 초점을 맞추지 않고 단점을 극복하기 위한 구체적인 노력을 제시하면 의지가 강한 지원자라는 인상을 줄 수 있다.

📝 **MEMO** **성격의 단점(극복방안 포함)**

----

③ 생활신조 · 좌우명

　㉠ 자신의 성격의 장 · 단점과 연관이 있는 생활신조를 제시한다.

　㉡ 생활신조 또는 좌우명은 공직과 연관성이 높고 공직에서 활용할 수 있는 것이 좋다. 공무원 공직 가치 중에서 자신의 성격과 잘 부합하는 것이 어떤 것인지, 이러한 공직가치를 잘 실현할 수 있는 생활신조에는 어떤 것이 있을지 고민해 본다.

💡 **TIP**

시의 한 소절처럼 문학적이고 멋진 생활신조 · 좌우명을 제시할 필요는 없다. 평범한 생활신조라도 자신의 신념을 잘 드러낼 수 있는 경험이나 사례를 함께 제시하면 충분하다.

📝 **MEMO** **생활신조**

----

(4) 특기, 적성 및 관심분야

① 특기, 적성

    ㉠ 전문성 · 직무적합성 등을 확인할 수 있는 항목으로, 지원직렬 · 부서의 업무내용 등을 미리 숙지하고 작성하면 준비된 지원자라는 인상을 줄 수 있다.

    ㉡ 업무에 필요한 전문성 관련 경험, 자격증이나 점수 등의 구체적인 성과가 있다면 제시한다. 관련 전문성이 없다면 특기 · 적성을 통해 공직에서 필요한 성격을 어필할 수 있다.

📝 **예시** '적성' 작성례

저는 타인과 원만히 조화를 이루는 것에 자신이 있습니다. 2016년 전국체전 자원봉사를 할 때 20여 명의 자원봉사자 분들과 한 경기장으로 배정을 받았는데 막상 가보니 저를 제외한 다른 분들은 단체로 지원을 하여 서로가 매우 잘 알고 계셨습니다. 그러나 저는 금방 그 분들과 친하게 어울려 화기애애한 분위기 속에서 봉사를 마칠 수 있었고 현재까지도 그분들과 연락하며 관계를 유지하고 있습니다.

Comment | 타인과 원만히 조화를 이루는 적성은 조직에서 직무를 수행하는 데 꼭 필요하고, 민원인과 주민을 대할 때에도 잘 활용될 수 있다. 적성을 잘 보여주는 단체에서의 활동경험을 함께 제시한 부분도 좋다.

📋 **MEMO** 특기, 적성(업무전문성 · 적합성 어필)

---

② 관심분야

    ㉠ 지원직렬 또는 희망부서의 업무, 관련 현안 및 이슈 등을 파악한다. 이 가운데 본인이 잘 알고 있거나, 본인의 전문성 · 관심과 연결되어 업무를 잘 수행할 수 있는 분야를 관심분야로 선택한다. 현안 및 이슈와 관련해서 발전 · 개선해야 할 점을 제시하고, 본인이 이를 위해 어떤 역할을 하고 싶은지 포부를 드러낸다.

    ㉡ 관심분야에 대해서는 실제로 관심을 가지고 있는지, 관심도가 어느 정도인지를 확인하기 위한 후속질문이 있을 수 있으므로 대비해야 한다.

📝 예시 '관심분야' 작성례

- **수출**: 수출에 대해 전문적으로 배운 것은 아니지만 뉴스에서 본 식량자원에 대한 기사가 관심을 가지는 계기가 되었습니다. 식량자원이 고갈된다는 것은 곧 우리나라의 식량안보가 위험해지는 것과 같다는 기사를 보고 FTA와 우리나라 수출 농산품에 대해서 관심이 생겼습니다.

- **관광레저**: 최근에 농촌체험이 관광레저 사업으로 떠오르고 있습니다. 저는 제 다양한 농촌체험 경험을 바탕으로 홍성군의 관광레저 상품을 개발하여 관광지로서 홍성군의 위상을 우리나라뿐만 아니라 전 세계에 널리 알려 홍성군의 발전에 이바지하고 싶습니다.

> Comment ┃ 전반적으로 직렬관련 현업을 잘 파악하고 이와 관련된 내용을 제시했다. 관광레저에 대해서는 업무에 도움이 되는 관련 경험과 향후 입직 시 비전과 포부를 함께 드러내어 좋은 답변이다. 관심이 있다고 밝힌 FTA에 대해서는 FTA의 개념 및 현황, 개정방향에 대한 의견 등 후속질문이 있을 수 있으니 대비해야 한다. 자신이 관심 있는 분야에 대해서 잘 모르고 있다면 진정성을 의심받을 것이다. 관광레저 또한 구체적으로 어떤 관광 상품을 개발하고 싶은지에 대한 아이디어가 있는지 후속질문이 나올 수 있으므로 이에 대비해야 한다.

📋 MEMO 관심분야

1. 지원직렬의 현업

----

2. 지원직렬과 관련된 관심분야

----

3. 입직 시 비전 · 포부

---

(5) 지원동기 및 포부

① **지원동기**: 지원동기 및 포부는 면접에서 가장 중요한 항목이라고 할 수 있다. 지원동기에는 구체성이 있어야 한다. 결정적인 사건이나 경험 속에서 지원동기를 끌어내면 더 설득력을 높일 수 있다.

"어린 시절부터 꿈이었다." 등의 막연하고 진부한 동기 대신에 성장과정에서 겪은 사건을 통해 장래 희망에 더 확신을 가지게 된 구체적인 사례와, 그 꿈을 이루기 위해 어떤 노력을 했는지, 지금 하고 있는 노력은 어떤 것이 있는지 등을 근거로 제시한다. 자신의 성격이나 전공, 경력 등의 역량과 연계하여 설명해도 좋다.

< 지원동기로 활용할 수 있는 경험 >

1. **주위의 공무원을 접한 경험**: 공무원으로 재직 중인 친인척·지인 또는 민원인으로 공공기관에 방문하여 만난 공무원과 관련된 경험을 활용한다. 주위 공무원을 통해 공직에 관심을 가지게 된 경험, 고마움이나 감동을 느낀 경험을 활용한다.

2. **언론이나 독서 등을 통해 공직자를 접한 경험**: 언론에서 보도되는 모범 공직자의 행동, 공직자가 저술한 신문 사설이나 저서 등에 드러난 신념 등을 통해 감명을 받은 경험 등을 활용한다. 국내 현직 공무원 외에도 외국의 공직자나 역사 속 공직자와 관련된 경험을 활용해도 좋다.

3. **봉사활동 또는 업무에서 보람을 느낀 경험**: 봉사활동, 아르바이트 등에서 봉사정신을 발휘하며 보람을 느낀 경험 등을 활용한다. 공익을 위해 봉사하는 공무원으로서 보람을 느끼고 싶다는 지원동기로 연결할 수 있다. 봉사활동이나 업무에서 발휘한 전문성 등의 역량이 있다면 공무원이 되어서 잘 발휘하고 싶다는 포부를 밝힌다.

4. **지원한 지역과 관련된 경험**: 지방직 면접에서는 지원지역에 대한 관심도를 점검하려는 경향이 강하다. 지원한 지역과 관련된 경험이 있다면 경험과 함께 지원지역에 대한 애정을 드러내고, 이에 따라 지원지역에 도움이 되고 싶다는 동기를 밝힌다.

5. **지원한 직렬과 관련된 경험**: 전문성이 요구되는 특수 직렬의 경우, 관련 전공·자격증 등이 있다면 활용할 수 있다. 전공이나 자격증 공부를 하는 과정에서 공무원의 업무를 알게 되면서 관심을 가지게 된 경험을 제시하고, 이때 갖추게 된 전문성을 입직 후 현업에서 발휘하고 싶다는 포부로 연결한다.

📝 예시 '지원동기' 작성례

저는 대학시절 이후 서비스직(호텔리어)에 종사하다가, 대학시절 수학을 가르치던 경험을 살려 사교육에 종사하게 되었습니다. 학생들의 성적이 오를 때는 보람도 있었지만 학생들과의 소통보다 성적향상이라는 성과만 요구하는 사교육 시장에 점차 회의감이 들기 시작하였습니다.

그 무렵, 현직으로 공직에 계신 지인께 농촌지도사라는 직업의 힘든 점에 대한 이야기를 듣게 되었습니다. 이 경험은 공무원이라는 직업이 무작정 딱딱하고 정적이어서 제 성격과 맞지 않을 것이라는 저의 편견을 깨는 계기가 되었습니다. 지인은 농민과의 소통, 교육, 시골생활 등을 힘들어했지만, 저는 이러한 일들을 좋아하며, 잘할 수 있는 일이라고 생각했습니다. 저는 학창시절부터 친구들의 고민을 들으며 서로 소통할 수 있는 방법을 찾아왔습니다. 또 여행을 좋아하시는 아버지의 영향으로 방학마다 가족여행을 다녔는데, 이때 만든 행복한 추억들로 인해 시골생활을 동경하게 되었습니다. 이러한 점에서 농촌지도사가 저의 천직이라는 생각이 들었고 주저 없이 준비하게 되었습니다.

> **Comment |** 공무원 재직 중인 지인과 대화한 구체적인 경험을 제시하여 직렬의 업무를 잘 파악하고 있을 것이라는 인상을 준다. 또한 이 직렬의 업무에 적합한 자신의 성격을 드러내 직무적합성과 함께 강한 지원동기를 엿볼 수 있다.

② 포부

　㉠ 지원한 분야에 대한 자신감과 애정을 확실히 보여주고, 막연한 포부보다는 목표성취와 자기계발을 위해 어떠한 계획이나 각오를 가지고 있는지 구체적이고 확고한 포부를 밝히는 것이 중요하다. 지원동기, 가치관 또는 장점과 연결시켜 작성하면 좋다. 어떤 분야에서 어떤 성과를 낼 것인지, 자신의 분야에서 전문가가 되기 위해 어떠한 노력을 할 것인지 구체적인 포부를 제시한다. 알고 있는 서비스 · 정책을 발전시키거나 개선을 추진하고 싶은 부분이 있다면 활용해도 좋다.

　㉡ '뽑아만 주신다면', '맡겨만 주신다면', '항상 최선을 다하는' 등의 표현은 다른 지원자들도 많이 사용하는 진부한 표현이다. 두루뭉술하고 진부한 표현 대신 구체적인 계획 등을 포함하여 자신의 열정을 나타낼 수 있는 표현으로 기술한다.

　㉢ 터무니없는 포부나 자기계발 계획을 제시하는 것은 좋지 않다. 자만하는 사람 또는 비현실적인 사람, 가식적이고 허풍스러운 사람으로 보여 신뢰감을 떨어뜨린다. 현실적이고 실현가능한 내용을 담아야 한다.

✎ **예시** '포부' 작성례

저는 주어진 업무에만 집중하는 소극적인 공무원이 되기보다는 다양한 업무를 스스로 찾아 배워나가면서 보다 의미 있는 공직자로 성장해 나가고 싶습니다. 항상 제 자신을 낮추고, 지속적인 자기계발을 통하여 스스로 발전하는 제 자신을 만들어갈 것입니다.

빠르게 바뀌고 있는 세상에 대응하기 위해 공무원 역시 자신의 업무에 대한 전문성을 키워야 하므로 직무 관련 법령과 업무 편람을 열심히 공부하고 관련분야의 독서를 많이 하겠습니다. 그리고 상관이나 동료들께 궁금한 점이 있으면 확실히 알 때까지 여쭤보겠습니다. 그 외에도 점점 국제화되고 있는 현실에 발맞춰 영어공부를 꾸준히 하도록 하겠습니다. 현재의 제 모습이 아니라 앞으로도 끊임없이 발전해 나갈 제 모습을 지켜봐 주시기 바랍니다. 현명한 일원으로서 철저한 책임감과 봉사정신으로 보다 국민의 입장에서 생각하고 더 효율성 있는 업무성과를 위해 항상 최선을 다하는 공무원이 되겠습니다.

Comment ㅣ "열심히 하겠다.", "성실히 하겠다." 등의 두루뭉술한 포부보다는 구체적으로 고민해 본 적이 있다는 것을 알 수 있도록 구체적인 계획으로 준비한다. 전문성 계발 계획 등은 자신의 희망업무 · 직렬과 관련해 필요한 지식 · 자격증 등을 미리 생각해 둔다. 직렬 · 부처와 관련 없이 무작정 '영어공부'를 계획으로 제시하는 경우가 많은데, 영어가 크게 필요하지 않은 직렬 · 부처도 있으므로 전문성을 위해 꼭 필요한 자기계발 계획을 제시하는 것이 좋다.

(6) 자기소개서 예시

성장과정

주말에 '아침밥은 꼭 함께 먹기', '가족과 함께 모여 일주일 마무리하기'는 늘 함께하는 것을 좋아하는 저희 가족에게 가장 달콤한 시간입니다. 평일에는 각자 바빠서 시간을 내지 못해도, 그 시간만큼은 가족 서로에게 집중하고 있습니다.

서로의 고충을 들어주고, 조언도 해주는 시간이니만큼 달콤한 말도, 살벌한 말도 오고갑니다. 잘한 일은 서로 칭찬해주고 함께 기뻐하지만, 때로는 객관적이고 이성적인 촌철살인도 이어집니다. 결국은 웃음으로 마무리되곤 하는데, 제가 다른 사람의 이야기를 잘 들어주고 내 일처럼 공감하고 이해해주는 성격은 가족과의 대화로 다져진 것 같습니다.

학교생활 및 봉사활동

대학에서 일본어를 전공한 저는 일본어 회화능력을 바탕으로 일본인 관광객들에게 길안내를 해주곤 했습니다.

일본 유학 시절 초기에 길을 잃었을 때 어느 일본인 아주머니께서 친절하게 10분이 넘는 거리를 걸어 역까지 안내해주셨습니다. 일본에 대한 좋은 이미지를 형성하는 데에 그 아주머니의 친절이 컸다는 것을 깨닫고, 한국에 돌아와 저도 외국인들에게 친절을 베풀어야겠다는 마음을 먹었습니다. 그래서 관광지 주변에서 헤매는 외국인 관광객들을 보면 선뜻 나서서 길안내를 해주면서 보람을 느꼈으며, 그 중 한 일본인 노부부께서는 제게 주소를 물어보시고는 일본에 돌아가서 소포로 먹을 것을 보내주신 적도 있습니다. 작은 것일지라도 남을 위해 봉사한다는 것, 작은 친절을 베푼다는 것이 상대방에게는 큰 도움이 될 수 있다는 것을 몸소 느끼게 한 경험이었습니다.

성격의 장·단점

저의 장점은 타인을 돕는 것을 주저하지 않는다는 것입니다. 주변 분들이 저에게 도움을 요청하시는 경우 제가 정말 도와드릴 수 없는 상황이 아니라면 '제가 누군가에게 도움이 될 수 있는 쓸모 있는 사람이다'는 생각으로 언제나 즐거운 마음으로 도와드립니다.

과거에 중원구에 있는 중원노인종합복지관에서 자원봉사를 했던 경험이 있습니다. 활동을 하면서 '어르신들에게 문자메시지 전송하는 방법을 알려드리면 어떨까?'라는 생각이 들어 전송방법을 알려드린 일이 기억에 남았습니다. 저에게는 당연한 일인데 손주나 자녀들에게 메시지를 보내며 너무 행복해하시고 손주나 자녀들로부터 답장이 왔다고 다른 분들에게 자랑하셨습니다.

행복해하시는 어르신들을 보면서 저에게는 별것 아닌 일이지만 다른 사람에게 큰 기쁨을 줄 수 있다는 것을 배울 수 있었던 경험이었습니다.

저의 단점은 여러 사람 앞에 서는 것을 두려워한다는 것입니다. 그러나 학교생활에서는 물론이고 사회생활을 할 때도 여러 사람 앞에 서는 일은 반드시 있을 것이라고 생각하여 이를 극복하기 위해 프레젠테이션 동아리에서 활동했습니다. 일주일에 2번 다양한 주제로 프레젠테이션을 하고 그것에 대해서 다른 동아리원들이 피드백을 해주었고, 동아리 활동 후로 단점을 많이 극복할 수 있었습니다.

인생관

저의 좌우명은 '먼저 웃자'입니다. 저로 인해 상대방이 웃을 수 있다는 것은 굉장히 행복한 일입니다. 먼저 웃는 얼굴을 하면 상대방도 따라 웃게 되고 덩달아 기분이 좋아지기 때문입니다. 하지만 제 좌우명인 '먼저 웃자'에는 다른 의미도 있습니다. 그것은 남보다 먼저 시작하고 남보다 많이 노력하여 먼저 목표를 달성하여 웃을 수 있는 사람이 되자는 것입니다.

지원동기 및 포부

어려서부터 교육자가 되는 것이 꿈이었기 때문에 교육대학원에 진학하였고 그 곳에서 제게 딱 맞는 교육공무원이라는 직업을 알게 되었습니다. 대학원 학비를 충당하기 위해 조교를 하면서 남을 위해 앞에 서는 리더보다 뒤에서 묵묵히 조력하는 것을 좋아하는 제 성격에 교육공무원이 적격이라는 생각을 하였습니다.

진정한 교육을 위해서는 훌륭한 교사의 가르침도 필요하지만, 그러한 교육환경을 만들어가도록 노력하는 교육공무원의 역할도 상당히 중요하다고 생각합니다. 다양한 교육 프로그램을 기획하고 지원하는 것뿐만 아니라 상담자 역할까지 도맡는 친근한 교육공무원이 되고 싶습니다.

4. 자기소개서 관련 후속질문 예시

성장과정

• 가족 구성원이 많아서 좋은 점은 무엇인가?
• 가훈은 무엇인가? 부모님과 관계는 어떠한가?
• 왜 이 전공을 택했는가?
• 전공이 업무에 어떤 도움을 줄 수 있는가?
• 회장 · 조장을 맡게 된 이유는 무엇인가?

학교생활, 과외활동 및 봉사활동

• 봉사활동 시기와 장소를 구체적으로 말해보시오.
• 구체적 활동 내용은 무엇이었는가?
• 해당 봉사활동을 왜 하게 되었는가? 계기가 있는가?
• 봉사활동 과정에서 가지게 된 문제의식은 없었는가? 해당 문제를 해결하기 위해 제안 · 추진하고 싶은 정책이 있는가?
• 봉사활동 활성화 방안은 무엇인가?
• 그 외에 다른 봉사활동 경험은 무엇인가?
• 면접을 위해 급하게 봉사활동을 한 것이 아닌가?
• 해당 활동을 통해 배운 점, 느낀 점은 무엇인가?
• 그 분야에 관심을 가지고 활동한 계기는 무엇인가?
• 구체적인 본인의 역할 · 업무는 무엇이었는가?
• 사회생활 경험이 있는데 왜 그만두었는가?
• 활동 중 기억에 남는 일은 무엇인가?
• 활동 중 어려웠던 일은 무엇인가?
• 활동 중 다른 구성원과 갈등 상황은 없었는가?

성격의 장 · 단점

• 남들이 자신을 어떻게 평가하는가?
• 그 성격이 잘 드러나는 에피소드가 있는가?
• 성격의 장점을 발휘한 경험이 있는가?
• 성격의 장점을 공직에서 어떻게 활용할 것인가?

- ~한 장점이 있다면 ~한(단점) 경향이 있지는 않은가?
  - 리더십이 있다고 했는데, 독단적이거나 권위적인 것은 아닌가?
  - 규칙을 잘 지킨다고 했는데, 융통성이 없지는 않은가?
- 장점과 관련된 본인만의 노하우가 있는가?
  - 소통력이 장점이라고 했는데, 소통을 잘 하는 본인만의 노하우가 있는가?
  - 대인관계가 좋다고 했는데, 대인관계를 잘 유지하는 노하우가 있는가?
- 단점을 어떻게 개선·극복할 것인가?
- 단점을 극복하기 위한 노력을 하고 있는가?

특기, 적성 및 관심분야

- 특기나 적성이 공직에서 어떻게 활용될 수 있는가?
- 해당 분야에서 문제점이나 개선되어야 할 점은 무엇인가?
- 해당 분야의 발전을 위해 필요한 것은 무엇인가?
- 해당 분야와 관련하여 추진하고 싶은 정책은 무엇인가?

지원동기 및 포부

- 희망부서와 이유는 무엇인가?
- 희망부서를 배치받지 못할 경우 그 다음 희망부서는 어디인가? 이유는 무엇인가?
- 5년 후·10년 후·15년 후 자신의 모습을 말해보시오.
- 어디까지 승진하고 싶은가?
- 목표를 이루기 위해서 하고 있는 노력이 있는가?
- 목표를 이루는 데 도움이 될 역량이 있는가?

📋**MEMO** 본인의 자기소개서에 따른 후속질문 예상

----

05 인 · 적성검사

1. 인성검사

(1) 인성검사의 개념

인성검사는 대개 주변 환경이나 성장 과정 중에서 축적된 성품이나 대인관계, 문제해결 능력 등을 측정하는 것으로서 지원자의 성격이 채용하는 기관의 인재상과 맞는지를 평가하는 것이다. 인성검사는 면접 자료뿐만 아니라 인사 자료로써 활용되는데, 합격 이후에도 보존되며 승진이나 승격, 이동 등의 경우에 참고될 수 있다. 따라서 인성검사가 합격 이후에도 큰 영향력을 행사할 수 있다는 점을 명심하고 성실하게 임하도록 한다.

(2) 인성검사의 평가항목

① 성격 유형: 사회성, 대인관계, 활동성, 창의성, 협동성 등

② 조직적합도: 법규 준수, 정서적 불안정성, 감정의 통제, 무책임, 충동, 인내, 위해 가능성 등

③ 일관성 · 신뢰성: 인성검사 답변의 일관성 정도와 신뢰도

(3) 인성검사의 유형

① '예' 또는 '아니오'를 선택하는 유형

② '매우 그렇다.'에서 '전혀 그렇지 않다.'까지의 선택지 중 자신의 정도를 선택하는 유형

(4) 인성검사 공략법

① 솔직하게 응답한다.

성격을 위장하여 합격하기 쉬운 성격의 적성 결과가 나오도록 답하는 것은 의미가 없다. 문제의 수가 너무 많고 그 안에 '라이 스케일'이라고 불리는 거짓된 태도를 체크하는 질문들이 교묘하게 섞여 있어, 전문가 수준이 아니라면 거짓말로 일관성 있게 답하기는 어렵다. 작위적인 답을 하면 특기사항에 '자신을 좋게 보이고자 하는 경향이 강하다.' 등과 같은 의견이 첨부되어 오히려 감점 요인이 될 수 있다. 따라서 정직한 마음으로 솔직하게 응답하는 것이 좋다. 솔직하게 응답하는 것을 지나치게 의식하게 되면 자신을 잘 보이고자 하는 심리 외에 역으로 자신을 필요 이상으로 비하하고자 하는 심리가 작용할 수도 있다. 이 경우는 역시 라이 스케일에 의하여 점검 받게 될 수 있으므로 주의한다.

② 성의 있게 응답한다.

문항의 수가 많아 심리적 혼란 상태에 빠져서 '에라 모르겠다'는 식으로 대다수 문항에 '그저 그렇다.'에 표시해버리는 지원자도 있다. 이것은 무응답률(무해답 수의 비율)이라고 하여, 거짓의 척도와 마찬가지로 수험자의 응답태도 항목에서 체크되므로 성의 있고 성실하게 답변해야 한다.

③ 특정 성격을 강조할 필요는 없다.

외향적이고 리더십이 있는, 창의적인, 정직한 등이 모범적인 성격이라고 규정하고 이러한 성격을 과장하여 보여주려고 할 필요는 없다. 공직사회에서는 다양한 개성을 가진 다양한 인재가 필요하다. 외향적이고 리더십이 강한 사람도 필요하지만, 내성적이어도 상관의 지시를 묵묵히 수행하는 사람도 필요하다. 또한 창의적이고 새로운 제안을 거침없이 하는 사람도 필요하지만 그 의견을 따라 성실하게 직무를 수행하는 사람도 필요하기 때문에, 특정 성격을 스스로 규정하고 그에 따라 모범적으로 답하는 것은 좋지 않다.

④ 직관적으로 응답한다.

성의 있게 답변하라고 해서 한 문항에 너무 몰입하여 오랜 시간을 끌지는 말아야 한다. 앞서 말했다시피 문항의 수가 많아 시간이 부족해서 모든 문항에 답할 수 없는 일이 생기면 안 되기 때문이다. 무응답률도 평가 척도 중에 하나이기 때문에 무응답이 10개 이상으로 많으면 지원자가 머리를 써서 작위적으로 응답했다고 나타난다. 문항별로 너무 오래 고민하면 인위적인 답변이 될 가능성도 높으므로 직관적으로 평소 자신의 모습 그대로 체크하는 것이 좋다.

⑤ 마지막 문항까지 최선을 다해 응답한다.

문항 앞부분과 뒷부분의 비슷한 질문에 대한 답변 정도가 달라진다면 일관성 문제가 생길 수 있기 때문에 처음과 같이 마지막 문항까지 같은 태도로 최선을 다해 임하도록 한다.

⑥ '비교적' 일관성 있게 응답한다.

일부러 일관성이 있게 답해야 한다는 것에 집착할 필요는 없다. 자신이 솔직하게 답하는 것이 가장 좋다. 사람은 기계가 아니라서, 일관성이 100%에 가깝다면 오히려 그것이 인위적인 답으로 보일 수 있다. 문항별로 자신이 느끼는 솔직한 응답이 가장 좋다.

⑦ 극단적인 응답은 피한다.

'한 번도 거짓말을 한 적이 없다.', '절대로 남에게 피해를 끼치지 않는다.' 등 이런 항목들에서 무조건 '예'로만 답한다면 오히려 조직적합성에서 나쁜 결과가 나타날 수 있다. 절대로, 한 번도, 하루도 빠짐없이 등의 극단적인 질문에 대해서는 적당히 융통성이 있는 답변이 필요하다.

⑧ 인성검사 전날의 컨디션을 잘 조절한다.

인성검사 전날 지나친 음주나 운동, 흡연 등으로 인하여 심신이 피로한 경우에 불안정한 심리상태로 좋지 않은 인성검사의 결과를 얻을 수 있기 때문에 컨디션 조절이 필요하다.

(5) 인성검사의 활용

① 인성검사 결과는 면접 시에 중요한 참고자료이다. 정서적인 측면의 결과를 기초로, 지원자가 합격하여 직무를 수행하게 될 경우 어떠한 적응스타일을 보일 것인가에 대하여 추측이 가능하다. 이는 업무뿐만 아니라 상관·동료들과의 인간관계에서 어떠한 접근방식을 보일 것인가에 대한 평가가 될 수도 있다. 의욕적 측면의 결과는 공직자로서 지원자가 얼마나 커다란 목표를 가지고 있는가, 활력이 넘치며 활동적으로 일을 추진해 나갈 수 있는가에 대한 이미지를 추측할 수 있다. 행동적 측면과 성격유형의 결과는 지원자가 합격한 후 조직에서 어떤 행동적 특징을 나타내고, 어떤 장점을 가지고 있는지 등에 대한 평가가 가능하다.

② 면접관은 인성검사를 통한 평가와 추측들을 토대로 지원자의 어떤 부분을 재확인할 것인지 생각할 것이다. 이에 대해 지원자들은 나름대로의 결과예측을 염두에 두는 준비가 필요하다. 자신의 성격을 정직하게 파악하고 점수가 높거나 낮게 나올 것으로 예상되는 부분에서 단점은 보완하고 장점은 어필할 수 있는 답변을 준비해 두는 것이 좋다. 이 부분은 가족이나 친구, 스터디원 등에게 사전 점검을 받아 질문을 예상해 보는 것도 도움이 된다. 또한 인성검사의 특이사항을 면접에서 확인한다. 특정 항목의 점수가 과도하게 높거나 낮은 경우, 자기소개서나 인성검사의 결과와 실제 면접에서의 모습이 차이가 크다면 이를 질문으로 확인할 수 있다.

💬 Q&A 예시

Q. 거짓말을 어떻게 생각하나요?
A. 나쁘다고 생각합니다.
Q. 인성검사에서는 답변의 일관성이 매우 낮다고 나타났는데, 왜 그렇다고 생각하죠?

Q. 평소 성격이 외향적인 편인가요?
A. 그렇습니다. 사교성이 좋고 리더십이 있다는 평가를 받습니다.
Q. 인성검사에는 내향적인 성격이라고 나왔는데, 어떤 것이 맞는 건가요?

Q. 평소에 불안감을 가지고 있나요?
A. 그렇지 않습니다.
Q. 인성검사에서는 불안감이 과하다고 나타났는데, 거짓말을 하신 건가요?

2. 적성검사

(1) 적성검사의 개념

적성검사란 특정한 직무의 수행능력이나 수학능력이 어느 정도인지 평가하는 것이다. 직무능력의 경우 어떠한 지시에 대하여 한 번에 바로 착수할 수 있는가, 여러 번 반복해줘야 직무를 수행할 수 있는가, 수학능력은 학습한 내용을 얼마나 빠르고 효율적으로 소화해 내는가를 판별할 수 있다. 즉 직무수행능력이 낮아 힘든 사람들을 판단하려는 것이 시험의 목적이다.

(2) 적성검사의 평가항목

① 논리: 언어력, 수리력

② 분석: 자료해석능력, 상황판단능력

(3) 적성검사 공략법

적성검사는 일정한 점수나 기준 이상을 받게 되면 패스(Pass), 그렇지 않으면 패일(Fail)을 얻게 된다. 따라서 만점이 목표가 아니라 정해진 시간 안에 최대한 많은 문제를 맞혀서 합격선을 넘기는 것이 중요하다.

Part 2

면접의 유형

Chapter 1   개별면접(개별질문)

01 개인 신상 관련 질문

1. 개인소개

개인 신상에 대한 질문에서는 직무수행 능력, 문제해결 능력, 의사전달 및 소통능력 등의 역량과 공직윤리, 공직가치관, 사명감(보완), 봉사정신, 협동성 등의 인성을 종합적으로 평가할 수 있다. 따라서 공직업무와 인재상을 이해하고, 이를 바탕으로 자신의 특성과 인재상을 연결하여 강조할 포인트를 잡아 캐릭터를 설정한다.

(1) 자기소개

① 자기소개는 가장 자주 나오는 질문이므로 필수적으로 준비해두어야 한다.

미리 준비하되, 외운 티가 나지 않도록 자연스러운 화법으로 연습한다. "자신을 한마디로 표현해 보라.", "짧고 간략하게 소개해 보라.", "1분 내로 소개해 보라." 등 다양하게 질문할 수 있으니 한마디, 30초 이내, 1분 내외 등 다양한 길이로 자기소개를 준비한다.

② 자기소개는 지루하게 늘어지지 않도록 유의한다.

지루하지 않은 화법으로 면접관의 흥미와 관심을 유도한다. 즉, 강조하고자 하는 핵심내용을 먼저 말하고, 면접관이 궁금해할 만한 내용을 포함시켜 후속질문을 유도한다.

③ 공직과 연관되는 내용을 어필하는 것이 좋다.

자신의 과거 · 현재 · 미래를 포함하고, 공직과 연관되는 자신의 장점, 가치관, 역량 등을 보여주는 내용을 담는다. 지원하는 직렬이나 직렬과 관련된 자격증, 경험, 경력, 성과 등이 있다면 적극적으로 어필한다.

④ 가족관계 등에 대해서 너무 길게 말하지 않는다.

면접관은 지원자의 가족이 아닌 지원자가 어떤 사람인지 궁금해한다. 또 가족에 대해 너무 자세하게 소개하면 블라인드 면접의 취지에 벗어나기도 한다.

⑤ 성장과정을 경험이나 사례를 통해 이야기한다.

성장과정을 나열식으로 늘어놓기보다 자신의 장점 · 역량 등을 보여줄 수 있는 인상적인 경험이나 사례를 활용해 스토리를 엮으면 관심을 유발할 수 있다. 경험을 통해 얻은 교훈이나 성과를 지원동기와 자연스럽게 연결하면 매끄러운 답변이 된다.

💬 **Q&A 예시**

Q. 자기소개를 해보시오.

A. 저는 공직자인 아버지와 전업주부인 어머니의 2남매 중 차남으로 ○○에서 태어났습니다. 어렸을 때부터 늘 성실함을 바탕으로 한 보람의 중요성을 강조하신 아버지의 영향으로 공무원의 꿈을 가지게 되었습니다. 대학시절 농촌지원 봉사단체에서 활동하면서 '봉사'와 '보람'을 알게 되었고 국민을 위해 봉사하고 그에 대해 보람을 느끼는 공무원이 되어야겠다는 확신을 가지게 되었습니다. 앞으로는 더 많은 국민들의 어려움을 해결해 드리기 위해 공무원으로서의 전문성을 계발하려는 각오를 가지고 있습니다. 감사합니다.

Comment ㅣ 가정배경과 경험을 통해 봉사와 보람을 중시하는 가치관을 가지게 되었고, 이 가치관이 공무원 지원동기에 영향을 미치는 과정, 향후 각오까지 매끄럽게 이어진다.

후속질문 ㅣ 전문성을 계발하려는 구체적인 계획이 있는가?

💬 **Q&A**

Q. 자기소개를 해보시오.

A.

----

(2) 장·단점

① 장점

㉠ 지원 직렬·업무나 공무원에게 필요한 공직가치관 등과 연결시킬 수 있는 장점이 적절하다.

㉡ 장점의 근거가 되는 객관적 사실이나 수치, 타인의 객관적 평판, 구체적 에피소드 등을 제시하여 자신의 성격이 공직에서 어떻게 활용될 것인지 유추할 수 있도록 한다.

② 단점

㉠ 해당 직무나 공직과의 부적합성을 보여주는 치명적인 단점은 피하고, 극복할 수 있는 단점을 제시한다. 그렇다고 '장점 같은 단점', '장점이자 단점' 등의 단점을 제시한다면 자기 단점을 스스로 파악하지 못하는 지원자라는 인상을 줄 수 있다.

㉡ 단점의 개선·극복방안을 묻는 후속질문이 나올 가능성이 높다. 이때에는 자기 단점을 솔직하게 인정하되 단점 자체보다는 단점을 보완하는 내용에 초점을 맞춘다. 또한 개선에 대한 의지와 개선을 위해 노력하고 있다는 근거를 제시하면 의지가 강하고 적극적인 사람으로 보인다.

Q&A 예시

Q. 본인의 성격은 어떠한가?

A. 저는 사람들과 어울리는 것을 좋아해서 정감 있다는 말을 많이 듣습니다. 또한 정해진 목표는 꼭 이루고 마는 적극적인 성격도 있고, 주변에 어려운 사람들을 보면 그냥 지나치지 못하는 정적인 면도 강하고, 공감 능력도 뛰어난 편입니다.

> **Comment ㅣ** 정감 있음, 적극적임, 공감 능력 있음 등 일관성조차 없는 장점들을 단순히 나열했다. 자신의 성격을 스스로 분석하는 데 그쳐서 신뢰하기 어렵고, 흥미유발도 되지 않는다.

> **후속질문 ㅣ** 성격을 보여줄 수 있는 경험·사례는 없는가?

Q. 본인의 장점은 무엇인가?

A. 저의 장점은 상대를 배려하고 친화력이 좋아 다른 사람과 쉽게 친해지는 성격이라고 생각합니다. 대학생 시절 초등학교 아이들을 대상으로 독서치료 봉사를 한 경험이 있습니다. 그 아이들 중에는 학급에서 왕따인 아이와 그 아이를 왕따 시키는 주범인 아이가 함께 있었습니다. 저는 아이들을 화해시키고 바른 길로 인도해주고 싶었습니다. 그래서 저는 마음의 문을 열 때까지 기다리며 함께 친해질 수 있도록 노력하였습니다. 결국 저는 두 아이들이 가슴 속에 담고 있는 이야기를 듣고 중재할 수 있었고 제가 봉사를 마칠 때쯤에는 두 아이들이 서로의 집에도 놀러 가는 절친한 모습을 볼 수 있었습니다.

Q. 장점을 공직사회에서 어떻게 발휘할 것인가?

A. 어려움을 겪는 민원인을 배려하는 마음으로 소통할 것입니다. 그리고 당장 해결에 어려움이 있더라도 포기하지 않고 해결방안을 적극적으로 모색하여 국민들의 신뢰와 만족도를 높이는 공무원이 되겠습니다.

Q. 본인의 단점을 말해보시오.

A. 저의 단점은 아침잠이 많다는 것입니다. 하지만 이것을 극복하기 위해 일정한 시간에 취침하는 저만의 규칙을 만들었고, 침대와 책상, 문 앞까지 3단계의 알람을 맞추는 습관을 들였습니다. 이러한 노력의 결과 6개월간 새벽 6시에 출근해야 하는 아르바이트를 하는 동안 한 번의 지각이나 결근 없이 수행할 수 있었습니다. 공직에 입직해서도 제 단점이 근태불량으로 이어지지 않도록 지속적으로 노력하겠습니다.

> **Comment ㅣ** 아침잠이 많은 것은 극복이 가능한 단점이다. 그리고 단점을 극복하기 위한 노력과 결과를 근거로 제시하여 의지력이 강한 지원자라는 점을 잘 어필했다.

Q. 본인의 단점을 말해보시오.

A. 저의 단점은 욱하는 성격입니다. 이로 인해 주위 사람들과 다투는 경우가 적지 않았습니다. 하지만 이를 극복하기 위해서 하고 싶은 말을 미리 종이에 적어두고 생각을 정리한 뒤 말하는 습관을 들였습니다. 그 후로 주위 사람들과의 갈등을 줄일 수 있었습니다.

> **Comment ㅣ** '욱하는 성격'과 이로 인한 주위 사람들과의 갈등과 다툼은 상사, 동료와 함께 협업을 이루어야 하는 공무원 조직에서는 너무 치명적인 단점이다. '욱하는 성격' 대신 '직설적으로 말하는 것' 등으로 순화시킬 필요가 있고, 잦은 다툼은 제시할 필요가 없다. 반면, 극복을 위한 방법은 잘 제시하였으나, '갈등'을 직접적으로 언급하지 않기 위해 "갈등을 줄일 수 있었다."는 표현 대신 "더 원활하게 의사소통을 할 수 있게 되었다." 정도로 마무리한다.

Q&A

Q. 본인의 장점은 무엇인가?(관련 경험 포함)

A.

Q. 본인의 단점은 무엇인가?(극복방안, 극복을 위한 노력 등 포함)

A.

----

(3) 인생관 · 직업관, 좌우명, 생활신조

① 면접에 앞서 자신의 가치관 · 인생관 · 직업관을 먼저 정리해두고, 사전에 정리한 본인의 가치관을 세 뇌시켜 모든 답변에서 일관성 있는 답변을 한다.

② 좌우명 또는 생활신조는 공직과 연관성이 높고 공직에서 활용할 수 있는 것이 좋다. 그리고 공무원 공직가치 중에서 자신의 성격과 잘 부합하는 것이 어떤 것인지, 이러한 공직가치를 잘 실현할 수 있 는 생활신조는 어떤 것이 있을지 고민해 본다.

③ 생활신조를 공직에서 어떻게 실천할 것인지, 입직 후 자신의 가치관을 어떻게 실현할 것인지 등 구 체적인 내용을 묻는 후속질문에 대비한다.

Q. 좌우명이나 생활신조가 있다면?

A. "남을 행복하게 하는 것은 향수를 뿌리는 것과 같다. 뿌리는 자에게도 그 향이 묻어나기 때문이다." 이 구절은 제가 항상 가슴 한켠에 담고 살아가는 탈무드의 한 구절입니다. 남을 행복하게 하는 것이 힘든 일이지만 제가 남에게 친절을 베풀었다는 것만으로도 뿌듯해지고 웃으며 감사를 표현해준다면 그 뿌듯함은 배가 될 것입니다. 때문에 저는 항상 남에게 친절하게 대하고자 노력하고 있습니다.

Comment | 생활신조를 통하여 친절한 태도를 엿볼 수 있다. 이러한 부분을 재확인하기 위해 관련 경험 등 후속질문이 있을 수 있다.

후속질문 | 친절하게 민원에 응대하는데도 계속해서 나쁜 감정을 드러내는 민원인에게 어떻게 대처할 것인가?

(4) 취미

① 취미를 통해 지원자의 성격이나 대인관계를 간접적으로 가늠해 볼 수 있으며, 스트레스를 관리하는 능력을 확인할 수 있다. 자신의 장점(사교성, 진취성, 적극성, 자기계발 등)을 잘 드러낼 수 있는 취미를 제시한다.

② 독서, 운동 등 너무 판에 박히고 두루뭉술한 취미보다는 '인문학 도서 읽기', '사회인 야구' 등과 같이 구체적인 취미를 제시하고, 취미를 통해 얻는 자기발전 등을 함께 제시하는 것이 좋다.

Q. 취미가 있다면 무엇인가?

A. 저의 취미는 야간산행입니다. 사람들과 팀을 이루어 등반하는 동안 다양한 이야기를 나누는 것을 좋아합니다. 또 정상에 올라서는 성취감과 호연지기를 느낄 수 있습니다.

Comment | 야간산행이라는 취미를 통하여 원만한 대인관계, 성취감을 중시하는 가치관 등을 엿볼 수 있다.

Q. 스트레스 해소법은 무엇인가?

A.

Q. 주말은 어떻게 보내는가?

A.

----

(5) 대인관계

① 대인관계 유형

ⓐ 대인관계가 원만한지, 대인관계에서 주도적인 성격인지, 따르는 성격인지 등 대인관계에서의 성격유형을 파악하려는 질문이다.

ⓑ 공무원 조직에는 특정 성격유형을 필요로 하는 것은 아니다. 따라서 특정 유형의 성격을 어필하려고 거짓말을 하는 것보다 자신의 대인관계를 진솔하게 답변하는 것이 좋다. 다만, 대인관계가 원만하지 않을 것으로 예상될 수 있는 답변은 피한다.

> **📝 관련 질문**
>
> • 대인관계는 좋은 편인가?
> • 본인은 설득을 잘 하는 편인가? 잘 당하는 편인가?
> • 리더십 유형은? 주도하는 편인가? 아니면 따르는 편인가?

② 대인관계 관리

ⓐ 대인관계를 관리하는 방법을 묻는 질문은 단독 질문으로 출제되거나, 대인관계 유형에 대한 후속 질문으로도 출제된다.

ⓑ 대인관계에서 문제를 겪었던 경험을 떠올려보고 해당 경험에서 자신의 대처방법과 아쉬운 점을 생각해 본 후, 경험 등을 참조해 자신만의 답변을 준비한다.

> **💬 Q&A 예시**
>
> **Q.** 대인관계가 좋은 편인가? 대인관계를 잘 유지하는 자신만의 방법이 있는가?
>
> **A.** 저는 잘 웃고 긍정적인 성격으로 주변의 분위기를 밝게 만드는 성격입니다. 잘 웃어서 하회탈이라는 별명도 있으며 주위 사람들과도 잘 어울립니다. 또한 저는 주변의 사람들을 칭찬하는 편입니다. 제가 그 사람을 칭찬하면 나중에 그 칭찬이 돌고 돌아 그 사람에게 전달이 되어 좋은 관계를 형성하는 데 도움이 된다고 생각합니다.
>
> **Comment |** 별명을 활용하여 원만한 대인관계를 잘 어필했다. 경험이나 평판 등을 활용하였으며, 대인관계를 잘 유지하는 방법과 그 이유를 매끄럽게 잘 제시했다.
>
> **Q.** 갈등을 해결하는 자신만의 방법이 있는가?
>
> **A.** 갈등이 있는 경우, 조율에 앞서 갈등의 원인을 파악하는 것이 중요하다고 생각합니다. 이를 위해서는 갈등 당사자들과의 소통을 통해 요구사항과 불만사항을 경청하고, 반영할 수 있는 부분과 타협점을 모색하려고 합니다.
>
> **Comment |** 갈등을 해결하는 데 있어서는 원인파악과 소통 등의 태도가 좋다. 실제로 그와 같은 방법으로 갈등을 해결한 경험이 있는지에 대한 후속질문이 예상되므로 대비해야 한다.

💬 **Q&A**

Q. 대인관계를 잘 유지하는 자신만의 방법은 무엇인가?

A.
_____

_____

_____

_____

Q. 타인을 설득하는 자신만의 방법은 무엇인가?

A.
_____

_____

_____

_____

_____

📝 **MEMO** 대인관계 및 관리방법 및 관련 경험

_____

_____

_____

_____

_____

_____

(6) 전문성

블라인드 면접에서는 전공이나 경력 등 지원자의 전문성을 알 수 있는 기초자료가 없다. 따라서 면접 전반에서 질문을 통해 전문성을 확인하려는 경향이 강해졌다. 따라서 지원직렬 또는 희망부서의 직무에 활용할 수 있는 전문성이 있다면 미리 정리해둔다.

예 전공, 외국어능력, 자격증, 업무경험이나 경력, 관련법 등 지식, 교육프로그램 이수 등

> **💬 Q&A 예시**
>
> **Q.** 전문성을 계발하기 위해 현재 하고 있는 활동 또는 활동계획이 있는가?
>
> **A.** 전문성을 계발할 수 있는 가장 좋은 방법은 관련 자격 취득과 경험이라고 생각합니다. 공직자가 된 후에 좋은 기회가 허락된다면 대기환경기사 자격을 획득하고 싶습니다. 더 나아가 토양환경기사, 자연생태복원기사 등 환경 관련 다른 분야의 자격증도 취득하여 환경 분야 전반에 전문지식을 습득한 환경직 공무원이 되고 싶습니다.

> **💬 Q&A**
>
> **Q.** 본인의 전공은 무엇인가?
>
> **A.**
> _____
> _____
> _____
> _____
>
> **Q.** 전문성을 계발하기 위해 현재 하고 있는 활동 또는 활동계획이 있는가?
>
> **A.**
> _____
> _____
> _____
> _____

(7) 기타

① 최근 독서

　㉠ 책 한권을 선정하여 그 내용과 도서를 통해 얻은 교훈이나 영향 등을 생각해 두어야 한다.

　㉡ 자기계발서는 피한다. 자기계발서를 읽는 것이 문제가 되지는 않겠지만 감명 깊게 읽은 책이나 좋아하는 책으로 선택한다면 자기주도성을 의심받을 수가 있다. 중년 이상의 면접관들은 젊은 시절에 자기계발서를 읽은 세대가 아니다. 자기계발서를 읽는다는 것 자체가 자기 스스로 삶의 방향이나 목표를 잡지 못하고, 자신만의 주관 없이 다른 사람이 시키는 대로 하는 의존적이고 독립적이지 못한 사람이라는 인상을 줄 수도 있다.

ⓒ 정치적 성향이 너무 강한 저자이거나 정치적 인물인 저자의 책, 또는 내용 자체가 정치적으로 편향된 시각으로 저술된 책은 피해야 한다. 운이 좋게 그 성향이 면접관 전원과 딱 맞을 수도 있겠지만 그렇지 않을 가능성이 더 높다.

ⓓ 가장 좋은 도서는 공직과 연결고리가 있는 도서이다. 공직 생활과의 접목점이 있는지 물어보는 후속질문을 받을 수 있기 때문이다. 현대의 공직관련 도서는 현 정치인이 저술한 도서가 많으므로, 고전 중에서 공직관·국가관을 보여줄 수 있는 도서가 안전하다. 반드시 고전에서 찾으려고 할 필요는 없지만 앞서 말한 종류의 도서만 피하면 된다.

💬 Q&A 예시

Q. 최근에 읽은 책의 줄거리와 소감을 말해보시오.

A. '고구려'라는 책입니다. 고구려 15대 왕이었던 미천왕의 이야기부터 시작되는 고구려의 이야기입니다.

선비족과 낙랑, 고구려와의 세력싸움에서 벌어지는 전쟁사도 재미있었지만 을불이라는 인물이 고구려의 미천왕으로 추대되는 과정에서 다양한 사람들을 자기세력으로 만들었고 위기가 닥쳤을 때 자기의 계책으로 위기를 모면하기도 하지만 주변 사람들의 도움으로 위기를 넘기는 과정들이 인상 깊었습니다.

저도 공직자가 되어 업무를 처리하다 보면 어려움을 겪는 경우가 있을 것입니다. 평소에 주변 동료들, 상급자들과 좋은 관계를 유지해서 제가 그분들에게 도움이 되기도 하고 제가 도움을 받기도 할 수 있는 대인관계가 원활한 공직자가 되고 싶습니다.

💬 Q&A

Q. 최근에 읽은 책의 줄거리와 소감을 말해보시오.

A.

Q. 읽은 책에서 공직생활과 접목할 수 있는 점이 있는가? 그 책이 나에게 미친 영향은 무엇이라고 생각하는가?

A.

---

② 존경하는 인물

　　㉠ 존경하는 인물을 묻는 가장 큰 이유는 그 사람의 가치관이나 생각을 엿볼 수 있기 때문이다. 그러므로 공직 가치관에 적합한 삶을 살아온 인물을 제시한다. 역사 속 공직자 또는 자신의 직렬이나 지역의 자랑스러운 공무원상 수상자를 찾아서 준비해도 된다.

　　㉡ 그를 존경하는 분명한 이유와 나에게 미친 영향 등을 공직 가치관과 연계하여 답변한다. 현재 정치적 성향이 강하거나 정치와 관련된 인물, 평판에 논란이 있는 인물은 피한다.

　　㉢ 존경하는 인물로 부모님을 제시하지 않는다. 대한민국에 부모님을 존경하지 않는 사람은 없다. 결국 부모님 이외의 인물은 존경해본 적이 없거나 다른 인물에 대한 지식이 없는 사람으로 비춰질 수 있다.

💬 Q&A 예시

Q. 존경하는 인물은 누구인가?

A. 제가 존경하는 인물은 세종대왕입니다. 워낙 훌륭하신 왕이셔서 많은 업적이 있지만 그 중에서도 저는 특히 세종대왕께서 새로운 세금 제도를 시행하기 위해서 하셨던 일이 놀라웠습니다. 왕께서 좋은 제도라고 생각하는 것을 시행하시기 전에 먼저 신하들에게 뜻을 물었고 신하들이 반대하자 백성들에게 설문조사를 실시했습니다. 왕이라는 위치에서 자기의 뜻을 밀어붙일 수 있었음에도 그렇게 하지 않고 신하와 백성에게까지 의견을 물어 일을 신중하게 진행했었다는 사실이 인상 깊었습니다.

세종대왕이 하셨던 것처럼 저도 공직자로서 맡은 임무를 수행할 때 상급자 또는 주변 동료의 의견을 물어보며 일을 진행하고, 근무기간이 길어져서 조금 더 많은 권한을 갖게 됐을 때에도 저보다 경험이 적은 주무관의 의견도 참고해서 일을 진행하는 신중한 공직자가 되겠습니다.

💬 Q&A

Q. 존경하는 인물은 누구인가? 그 인물이 본인에게 미친 영향은 무엇인가?

A.

----

③ 수험생활

ㄱ 수험생활에서 힘들었던 점을 신파극처럼 답변하다가 눈물을 쏟는 경우가 적지 않다. 따라서 어려움을 극복한 방법과 성공요인 등 긍정적인 내용을 중심으로 답변한다.

ㄴ 수험기간이 길었더라도 원인을 정확하게 분석하여 제시하고, 문제점을 찾아 해결을 위해 노력하여 결국 필기 합격에 이르렀음을 강조한다면 적극적이고 문제해결력이 있는 사람으로 보일 수 있다.

💬 Q&A

Q. 수험기간 동안에 어려웠던 점은 무엇인가?
A.
_____
_____
_____
_____

Q. 그 어려움을 어떻게 극복했는가?
A.
_____
_____
_____
_____

Q. 수험생활에서 시간 관리는 어떻게 했는가?
A.
_____
_____
_____
_____

Q. 수험기간은 얼마나 되는가?
A.
_____
_____
_____
_____

Q. 수험기간이 길었던 이유는 무엇인 것 같은가?
A.
_____
_____
_____
_____

2. 지원동기와 비전

(1) 지원동기

① 지원동기에는 구체성이 있어야 한다.

결정적인 사건이나 경험 속에서 지원동기를 끌어내면 더 설득력이 있다. "어린 시절부터 꿈이었다." 등의 막연하고 진부한 동기 대신에 성장과정에서 겪은 사건을 통해 장래희망에 더 확신을 가지게 되었다는 구체적인 사례와 함께 그 꿈을 이루기 위해 어떤 노력을 했는지, 지금 하고 있는 노력은 어떤 것이 있는지 등을 근거로 제시한다. 자신의 성격이나 경력 등의 역량과 연계하여 설명해도 좋다.

② 직렬의 특수성을 고려하여 지원동기를 답변하는 것이 좋다.

특수 직렬의 경우, 해당 직렬에 지원한 동기를 묻는 질문도 빈출된다. 이러한 경우 공직 자체에 대한 동기보다는 직렬의 전문성, 경력 또는 경험 등 직렬의 특수성을 고려해 답변하는 것이 좋다.

< 지원동기로 활용할 수 있는 경험 >

1. **공무원으로 재직 중인 지인과 관련된 경험**: 공무원으로 재직 중인 친인척 또는 지인이나, 민원인으로 공공기관에 방문하여 만난 공무원과 관련된 경험을 활용한다. 주위 공무원을 통해 공직에 관심을 가지게 된 경험, 고마움이나 감동을 느낀 경험을 활용해도 좋다.

2. **지원한 지역 또는 직렬과 관련된 경험**: 지원한 지역이나 직렬에 대한 애정을 드러내거나, 전문성이 요구되는 특수한 직렬의 경우에는 전공이나 자격증 공부를 하면서 관심을 가지게 된 동기를 밝힌다.

3. **언론이나 책을 통해 공직자를 접한 경험**: 언론에 보도된 모범 공직자의 이야기나 책을 통해 공직자를 접한 경험을 활용한다. 국내의 현직 공무원 외에도 외국의 공직자나 역사 속 공직자와 관련된 동기를 이야기해도 좋다.

4. **봉사활동 또는 업무에서 보람을 느낀 경험**: 봉사활동이나 아르바이트에서 봉사정신을 발휘하여 보람을 느낀 경험을 활용한다. 공익을 위해 봉사하는 공무원으로 보람을 느끼고 싶다는 지원동기로 연결할 수 있다.

💬 Q&A 예시

Q. 공무원을 지원한 이유에 대해 말해보시오.

A. 저는 서울시와 서울시민들의 도움으로 대학 교육을 받을 수 있었고, 또 지금의 자리에 올 수 있었습니다. 때문에 대학을 진학한 후 지난 수년간 항상 제가 받은 도움을 어떻게 하면 갚을 수 있을까를 고민하였습니다. 또 행정학도로서 제가 쌓은 지식을 바탕으로 사람들을 위한 정책을 세우고, 집행할 수 있는 기회를 가질 수 있기를 소망하였습니다. 공무원이 된다는 것은 직접 시민들과 소통하고 다양한 업무를 경험할 수 있는 기회이며, 시민을 위한 정책을 세우고 집행함으로써 봉사할 수 있는 길이라고 생각되어 서울시 공무원에 지원하게 되었습니다.

Comment | 지원한 지역과의 관련성을 밝혀 지역에 대한 애정을 드러내고 전공과 지원동기를 연계하였다. 지방직의 경우 국가직이 아닌 지방직에 지원한 동기 또는 타 지역이 아닌 해당 지역에 지원한 동기를 묻기도 한다. 이때에도 지원한 지역에 대한 관심 또는 애정을 지원동기로 활용하면 수월하게 답변할 수 있다.

Q. 친구가 대기업에서 돈도 잘 벌고 잘나간다면 본인의 기분은 어떻겠는가?

A. 우선 친구를 축하해 주겠습니다. 하지만 사람에게는 저마다의 꿈과 가치가 있습니다. 저는 공무원으로서의 사명감과 훌륭히 공직을 수행하리라는 뜻을 가지고 이 길을 택했기 때문에 친구가 단지 돈을 잘 벌고 잘나간다 하여 흔들리거나 부러워하지는 않을 것입니다.

> **Comment |** 공무원 지원동기의 진정성과 각오를 알아보고자 하는 질문이다. 따라서 본인의 가치관을 보여주어야 한다. 공무원의 직업적 특성(청렴, 봉사, 희생)을 상기하고, 물질적인 행복보다는 가치 있는 삶을 추구하는 본인의 가치관을 보여준다. 돈이 주는 만족보다는 국민의 행복 증진과 주민에게 봉사하며 더불어 살아가는 공직자로서의 삶에 대한 강한 동기를 표현해야 한다.

Q. 사기업에 비해 낮은 공무원의 보수에 대해 어떻게 생각하는가? 높여야 한다고 생각하는가?

A. 생계를 유지하기 어렵거나 다른 직업에 비해 박탈감이 높아 업무 동기가 약화될 만큼이라면 보수 수준을 늘리는 것도 업무 효율을 높인다는 점에서 고려할 만하다고 생각합니다. 그러나 그 정도로 어렵거나 박탈감을 느끼는 경우가 아니라면 공무원으로서 국민의 세금부담도 고려해야 하기 때문에 어느 정도 부족함이 있는 부분은 감수하는 것이 옳다고 생각합니다.

> **Comment |** 공직에 임하는 각오를 묻는 질문으로, 복지, 보수, 처우에 관하며 민감하게 반응하지 말아야 한다. 공무원의 다양한 복지혜택과 공직자로서의 자긍심, 보람 등의 만족감 등을 고려했을 때 공무원의 보수가 낮지 않다고 볼 수 있다. 또한 공무원의 급여는 대기업에 비해 낮지만, 국민 전체 평균에 비해서는 높은 수준이다.

Q. 세무직에 지원한 동기는 무엇인가?

A. 모든 국민을 대상으로 봉사를 한다는 것은 어린 시절부터의 제 꿈이었습니다. 특히 세무직에서 국민을 위해서 봉사하는 것은 자부심이 크다고 생각합니다. 대학교 1학년 때부터 세무직 공무원이 되고자 하여 지원하게 되었습니다.

> **Comment |** 특정 직렬에 지원한 동기를 질문하는 경우도 많다. 세무직의 지원동기를 물어보는 것은 단순히 공무원이 되고 싶은 이유가 아니라 '세무직'이라는 특정 직렬에 지원한 동기를 요구하는 것이다. 그런데 '자부심'이라는 두루뭉술하고 식상한 동기 외에 뚜렷한 동기가 보이지 않는다. 대학교 1학년 때부터 지망했다면, 어떤 계기로 지망하게 되었는지, 그 이후로 세무직 공무원이 되기 위해 어떤 노력을 해왔는지, 세무직 공무원으로서 전문성을 높이기 위해 어떤 노력을 하고 있는지 등의 구체적인 내용이 뒷받침되어야 한다.

Q. 방재직에 지원한 동기는 무엇인가?

A. 전에 근무하던 직장에서 안전 분야 근무를 시작으로 방재직 공무원에 관심을 가지게 되었습니다. 회사 생활을 할 당시 기업들의 안전 관련 의식이 부족하다고 느꼈고 공직에 입직하여 그러한 점을 개선하기 위하여 퇴사를 하고 공직에 지원하게 되었습니다.

> **Comment |** 특정 직렬과 관련된 자신의 경험과 경력, 그리고 방재직에서 안전 관련 의식 제고를 위해 노력하겠다는 포부도 엿볼 수 있다.

Q&A

Q. 공무원이 되고자 결정한 시기와 구체적인 동기는 무엇인가?

A.
_____

_____

_____

_____

_____

Q. 다른 직렬이 아닌 ○○직 공무원에 지원한 동기는 무엇인가?

A.
_____

_____

_____

_____

_____

_____

(2) 포부와 향후계획

① 지원 분야에 대한 자신감과 애정을 확실하게 보여주고, 목표성취와 자기계발을 위해 어떠한 계획이나 각오를 가지고 있는지 구체적이고 확고한 포부를 밝히는 것이 중요하다. 어떤 분야에서 어떤 성과를 낼 것인지, 자신의 분야에서 전문가가 되기 위해 어떠한 노력을 할 것인지 등 구체적인 포부를 제시한다. 알고 있는 서비스 · 정책을 발전시키거나 개선을 추진하고 싶은 부분이 있다면 이를 활용해도 좋다.

② '뽑아만 주신다면', '맡겨만 주신다면', '항상 최선을 다하는' 등의 표현은 다른 지원자들도 많이 사용하는 진부할 수 있는 표현이다. 따라서 두루뭉술하고 진부한 표현 대신 구체적인 계획 등을 포함해 자신의 열정을 나타낼 수 있는 표현으로 답변한다.

Q&A 예시

Q. 합격한다면 앞으로의 근무 각오와 포부를 말해보시오.

A. 제가 공무원이 된다면 항상 국민들을 존중하는 마음을 가지고, 크고 작은 일에 모두 최선을 다하겠습니다. 그리고 행정인으로서의 전문성을 갖추기 위해 노력하고, 조직 내에서는 항상 규범을 준수하고 솔선수범하는 자세를 잊지 않겠습니다.

> **Comment |** "전문성을 갖추기 위해 노력한다."고 했지만, 이를 위하여 구체적으로 어떤 노력을 할 것인지 제시하지 않으면 지루하고 식상한 포부가 된다. 막연히 좋은 공무원이 되겠다는 답변보다는 직렬과 관련하여 구체적인 비전과 계획을 보여주는 것이 좋다. 수행해보고 싶은 직무나 추진하고 싶은 정책 등을 구체적으로 제시하면 준비된 지원자라는 느낌을 줄 수 있을 것이다.

후속질문 | 행정인으로서 전문성을 갖추기 위해 어떤 노력을 할 것인가?

Q. 10년 후 자신의 모습은? 어디까지 진급을 희망하는가?

A. 저는 10년 뒤 5급 사무관으로 승진하고 싶습니다. 일반적으로 9급 공무원이 5급 공무원으로 승진하려면 27년 이상 걸리는 것으로 알고 있습니다. 하지만 공무원 특별승진제도에서 승진소요 최저연수가 폐지되고, 역량이 검증되면 더 빠르게 승진할 수 있는 것으로 알고 있습니다. 해당 급수로 승진하는 것 자체가 목표라기보다, 성과를 인정받아야만 승진할 수 있는 특별승진을 통해 승진한다면 제가 공익과 우리 시에 기여했다는 보람을 느낄 것입니다. 이를 위해서 학습동아리 활동을 통해 선배 공무원들의 조언을 얻어 우리 시 발전을 위한 방안을 고민해 볼 것입니다. 또한 부서에 주어진 다양한 과제를 해결하고, 업무관련 경진대회에 도전해 보는 등의 노력을 지속적으로 할 것입니다.

> **Comment |** 어디까지 진급을 희망하는지에 대한 질문도 적지 않게 나온다. 공무원 직급과 승진체계에 대한 이해가 있는지, 공무원 사회에 대한 관심도와 입직 시 포부를 확인하고자 하는 의도가 담겨있다. 대체로 이런 질문에서 너무 겸손한 답변을 하면 면접관으로부터 "겨우 그 정도 포부인가?"라는 피드백을 받는 경우가 많다. 물론 터무니없이 무조건 높이 승진하겠다고 답변한다면 역효과가 나겠지만, 구체적인 계획을 함께 제시하면 포부가 강하다는 인상을 줄 수 있을 것이다.

후속질문 | 장기적인 목표는 무엇인가? 목표달성을 위해 어떻게 노력할 것인가?

Q. 자신이 추진하고 싶은 정책은 무엇인가?

A. 지금 서울시에서 진행하고 있는 정책 중 두꺼비 하우징이라는 것을 들어보았습니다. 은평구에서 실시하고 있는 것으로, 기존에 주거지에 있던 사람들을 다른 곳으로 보내지 않고 생활환경을 개선하는 좋은 면이 있다고 생각합니다. 따라서 이 두꺼비 하우징 정책을 다른 지역에도 확산시키고 싶습니다.

> **Comment |** 공무원 면접에서는 정책에 대한 관심도와 의지를 평가한다. 그러므로 국가 정책이나 현안에 대해서 잘 알아보고 미리 준비해야 답변할 수 있다.

💬 Q&A

Q. 입직 후 국가(혹은 지방자치단체)에 어떻게 기여할 것인가?

A.

Q. 입직 후 장기적인 목표는 무엇인가? 목표달성을 위해 어떻게 노력할 것인가?

A.

Q. 입직 후 추진하고 싶은 정책이 있는가?

A.

----

(3) 희망부서와 업무 및 관심분야

① 먼저 지원 부처(청)의 역할 및 업무를 확인한다. 해당 부처의 추진정책, 중점과제, 최근 이슈 등을 알아보고, 희망부서 설정에 참조한다. 업무와 관련된 이슈가 언론에 많이 알려진 부서를 희망부서로 선택할 경우 이야기의 재료가 많아 답변을 준비하기 수월한 반면 많은 지원자가 비슷한 내용으로 답변할 위험이 있다. 따라서 해당 부서업무와 관련하여 어필할 수 있는 역량이나 창의적인 정책대안 등이 없다면 다른 부서를 생각해본다.

② 근무부처가 정해진 직렬이나 부처별 구분모집의 경우 해당 부처 홈페이지의 조직도에서 부서별 담당업무를 참조한다. 지방직의 경우 해당 시·군·구청 혹은 동 주민센터에 근무하게 되는 경우가 많으므로 시·군·구청 혹은 동 주민센터의 조직도를 참조한다.

③ 관심 있는 업무 또는 본인의 역량(경험 · 커리어, 성격, 자격증 등)과 관련한 업무를 담당하는 부서를 희망부서로 설정하고, 해당 부서의 정책과 업무를 상세히 조사한다. 해당 부서에서 본인이 어떤 역할을 할지, 추진 · 개선하고 싶은 정책은 무엇인지 고민해본다.

④ 전문성이 필요한 업무를 희망업무로 제시한 경우 해당 업무를 수행하기 위한 전문성 · 역량이 있는지 등을 묻는 후속질문이 나올 수 있다. 관심분야에 대해서는 실제로 관심을 가지고 있는지, 관심도가 어느 정도인지 등을 확인하기 위한 후속질문에 대비해야 한다.

💬 Q&A 예시

Q. 근무를 희망하는 부서는 어디인가?

A. 제가 예전에 임금 체불을 당한 적이 있었습니다. 그때 근로감독관분이 체당금 제도에 대해 알려주셔서 1년 반 만에 임금을 받을 수 있었는데, 그때부터 저처럼 어려움을 겪는 분들에게 도움이 되고 싶다는 생각을 갖게 되어 근로개선지도과를 희망하게 되었습니다.

Comment ㅣ 실제 경험을 제시하여 관심을 가지게 된 동기가 뚜렷하게 보인다. 또한 희망부서의 업무를 잘 이해하고 있을 것이라는 인상을 준다.

후속질문 ㅣ 근로개선지도과에서 하는 업무는 구체적으로 어떤 것들이 있는가?

Q. 희망 업무는 무엇인가?

A. 미등기상속토지 관리실태를 조사해보고 싶습니다. 제가 있는 지방자치단체만 해도 재산세 체납건수의 10% 정도가 미등기상속토지로 인한 것입니다. 전체 세수에서 차지하는 비중은 낮지만 건수로는 상당한 비중이라고 생각합니다. 이런 상황은 다른 지방자치단체도 마찬가지일 것입니다. 토지 상속에서 상속자를 찾지 못하면 과세 제외를 하든지 아니면 일단 부과한 후 결손처분을 해야 합니다. 따라서 저는 상속인을 찾을 수 있는데도 과세 제외 또는 결손처분한 건은 없는지, 상속인을 잘 찾을 수 있는 방법은 없는지 조사해 세수확보에 기여하고 싶습니다.

Comment ㅣ 희망업무와 관련하여 구체적인 수치를 제시하여 업무에 대해 관심을 가지고 알아보았다는 인상을 준다. 어떤 부분에 집중해 업무할 것인지 구체적으로 제시하여 전문성을 세수확보에 기여하고 싶다는 포부를 밝힘을 통하여 국가관을 엿볼 수 있다.

후속질문 ㅣ 미등기상속토지 관리 실태 조사를 위해 어떤 전문성이 필요하겠는가? 본인은 그러한 전문성을 갖추고 있는가? 아니면 전문성 계발 계획이 있는가?

Q. ○○도에서 하는 정책 중 관심 있는 정책이 있는가?

A. 저는 창업을 지원하는 업무를 하고 싶습니다. 실제 ○○도에서도 창업을 지원하는 '스타트업 캠퍼스' 정책을 운영하고 있습니다. 이는 고용문제 해결에도 도움이 될 것 같습니다. 제가 이공계 출신이라서 과학쪽 발전을 이끄는 창업 관련 업무를 하고 싶습니다.

후속질문 ㅣ 이와 관련하여 본인은 어떠한 능력이 있는가?
　　　　　 A. 창업을 지원할 때는 특허나 디자인과 같은 법률적인 접근도 필요합니다. 저는 지식재산에 대한 관심이 많아 한국발명진흥회에서 주최하는 지식재산능력시험에 응시하여 실제로 대학생 부문 성적우수상을 받은 적도 있습니다. 이 과정에서 습득한 지식들을 활용하여 창업지원에 기여하고 싶습니다.

Q. 희망부서에서 근무할 수 없다면 어떻게 하겠는가? 기피 부서에 발령된다면 어떻게 하겠는가?

A. 공무원의 업무는 서로 유기체처럼 연결되어 있다고 생각합니다. 당장에 마음에 드는 부서로 발령되지 못하더라도 다양한 업무를 수행하다 보면 경험과 노하우가 쌓여 언젠가 희망부서에 발령되었을 때 더 잘 수행해 낼 수 있는 밑거름이 될 것입니다.

> **Comment ㅣ** 입직 후 희망부서로 발령될 확률보다 그렇지 않을 확률이 더 높다. 그러므로 희망부서에 발령되지 않는다고 해도 적극적으로 업무를 수행할 것이라는 포부를 보인다.

💬 Q&A

Q. 근무를 희망하는 부서와 하고 싶은 업무는 무엇인가?

A.

Q. 희망 업무와 관련하여 본인은 어떠한 능력을 갖추고 있는가?

A.

Q. 근무를 희망하는 부서의 주요 정책을 말해보시오.

A.

Q. 추진하고 싶은 정책이나 관심 있는 정책이 있는가?

A.

3. 지원자의 경험

직접적인 '경험'을 묻는 질문은 방관자적인 입장에서 '목격'한 경험을 요구하는 것이 아니다. 지원자가 주도적인 역할을 했던 경험을 제시하고, 그 역할이 잘 드러나도록 답변한다. 더불어 경험을 통해 얻은 성과나 교훈, 자기발전이나 느낀 점 등을 함께 답변한다.

(1) 봉사활동 경험

① 꼭 어려운 사람을 돕는 활동만이 봉사활동인 것은 아니다. 환경, 지역사회 발전 등에 기여하는 활동도 봉사활동으로 볼 수 있으므로 다양한 활동 경험을 생각해 본다.

② 긴 봉사활동 시간보다 봉사를 하면서 가진 마음과 봉사를 통해 얻은 교훈이 중요하다. 어떤 마음으로 봉사를 했는지, 봉사를 하면서 느낀 점이나 얻은 교훈을 제시하도록 한다. '봉사활동'이라는 이름으로 행해지는 것만이 봉사인 것은 아니므로, 일상생활에서 소소하게 남을 도운 작은 경험도 잘 활용하면 좋은 봉사활동 경험이 될 수 있다.

③ 봉사활동을 통해 느끼게 된 문제의식이나, 이 문제의식을 바탕으로 사회문제를 해결하고자 하는 의지가 드러난다면 더 적극적인 지원자로 보일 수 있다.

💬Q&A 예시

Q. 봉사활동 경험이 있는가?

A. 결식아동 공부방에서 봉사를 한 적이 있었습니다. 어느 날 공부방 아이 중 어떤 아이의 생일이었습니다. 그래서 제가 받고 싶은 선물을 물어보자 아이는 돈이라고 대답했습니다. 제가 그 나이 또래의 아이들이 원할 것이라고 생각했던 장난감 같은 것과는 너무 달랐기에 당황했던 기억이 납니다. 결국 제 생각은 그 아이의 입장이나 시선과 달랐던 것입니다. 그 말을 듣고 공부방 아이들보다 상대적으로 경제적 혜택을 받으며 편하게 자라온 제 성장과정이 생각났습니다. 이 일을 계기로 저는 혜택을 받은 자가 사회에 돌려주는 일에 대해 생각하면서 공익을 위한 행위에 대해 의무감이 생기게 되었고, 한 가지 시각에서만 바라보는 것이 아니라 사회적 약자의 입장에서 세상을 바라보는 시각도 배우게 되었습니다.

> **Comment |** 단순히 어떤 봉사를 몇 시간 했다는 내용이 아니라 봉사활동 중에 겪은 구체적인 사건을 제시해 신뢰도를 높였다. 또 그 경험을 통해 느끼게 된 문제의식이 공무원 지원동기로 자연스럽게 이어진다.

---

(2) 성공 · 문제 해결 경험

① 성공에 이르는 과정에서 발휘한 역량이 잘 드러날 수 있는 사례를 제시한다.

② 문제 해결 경험은 공직자라면 어떻게 했을지 염두에 두고 구체적인 방법과 절차를 구성한다.

③ 성공 · 문제 해결 경험은 거짓말을 할 가능성이 높아 구체적인 내용을 검증하는 후속질문이 나올 수 있으니 철저히 대비해야 한다.

(3) 조직에서 협동·소통 경험, 갈등·오해 해결 경험

① 친화력·적응력·리더십·소통력·조정력 등 다양한 역량을 파악할 수 있는 질문이다. 회사나 단체 등의 거창한 조직일 필요는 없다. 동아리, 스터디, 과제프로젝트, 군대 등의 조직으로도 충분하다. 큰 조직에서의 경험이 중요한 것이 아니라 특정 상황에서 조직 내 본인의 역할과 행동, 발휘한 능력이 중요하다.

② 본인의 역할과 행동을 제시할 때는 "최선을 다했다.", "부드럽게 이야기 했다.", "열심히 설득했다." 등으로 두루뭉술하게 이야기하지 말고, 어떤 노력을 했는지, 어떤 방식으로 소통했는지, 어떤 해결책이나 협상책을 제시했는지 등 설득의 전략을 구체적으로 제시하여 본인의 역량을 잘 어필한다. 또 자신이 그렇게 행동했을 때 나타난 성과까지 덧붙이고, 이를 통해 얻은 교훈 등도 함께 준비한다.

(4) 창의성 발휘 경험

① '창의성'이라는 단어를 너무 거창하게 생각할 필요는 없으며, 관점의 전환 능력도 창의성으로 볼 수 있다. 문제를 조금 다르게 접근해서 문제를 해결한 정도의 사례를 제시하여도 창의성을 충분히 어필할 수 있다.

② 창의적인 방안을 찾아 문제를 해결했을 때의 결과와 성과를 구체적으로 제시한다. 그리고 해결을 통해 느낀 점이나 자기발전을 이룬 점 등이 후속질문으로 나올 수 있으므로 준비해 둔다.

> **💬 Q&A 예시**
>
> **Q.** 창의적으로 문제를 해결한 경험이 있는가?
>
> **A.** 군대 행정병 근무시절에 실제 TO는 2명인 업무였으나 제가 일을 할 때는 저 한 명만 배치를 받아 업무 부담이 과중했습니다. 매일 일과시간 후 야근에 시달리다가 아이디어를 내서 체크리스트를 만들어 부처에 배부했더니 매일 일일이 전 부처를 돌면서 확인해야 했던 일을 보고만 받고 처리하고, 문제가 생기면 그때만 직접 가서 일을 처리하면 되어 업무 부담이 많이 경감되었습니다.

(5) 좌절·실패 극복 경험

① 실패는 다음 성공을 위한 밑거름이 되는 경험이다. 실패 경험을 통해 지원자의 단점이나 문제점을 파악하려는 것이 아니라, 실패를 통해 배울 수 있는 사람인지, 실패를 반복하지 않을 수 있도록 원인을 찾아낼 수 있는지, 실패를 극복하는 능력과 의사가 있는지 등을 파악할 수 있는 질문이다. 따라서 실패의 원인이 무엇이었는지 정확하게 분석하여 제시하고, 실패를 극복하기 위해 어떤 노력이나 조치를 했는지를 제시한다. 이때 실패를 극복하는 데 있어서 자신의 노력과 의지가 드러나야 한다.

② 실패를 통해 얻은 교훈을 제시하고 비슷한 상황을 다시 겪을 때의 대처방향도 준비한다.

(6) 실수 · 만회 경험

① 실수에 대한 질문은 실수 그 자체를 통해 지원자의 문제점이나 약점을 알아보려는 것이 아니다. 오히려 실수를 인정하고 사과하는 모습, 책임감 있게 실수를 만회하는 모습, 최선을 다해 실수에 대해 책임지는 모습 등에 대하여 답변함으로써 책임감을 보여줄 수 있는 기회가 된다.

② 이에 대한 답변으로 도를 넘지 않는 정도의 잘못을 선정하고, 잘못 그 자체에 초점을 두기보다 잘못이나 실수를 인정하고 어떻게 고쳤는지, 고쳐서 이로운 점, 교훈점 등을 강조한다.

(7) 원칙 위반 경험

① 원칙 위반 경험은 준법정신 등을 평가하려는 질문이다. 원칙을 위반한 경험이 전혀 없다고 답변한다면 정직하지 못하거나 융통성이 없는 지원자라는 평가를 받을 수 있으므로, 부득이한 상황에서 치명적이지 않은 원칙 위반 경험을 선정하여 답변한다.

② 원칙 위반 경험에 대한 반성과 원칙 준수에 대한 의지 등을 보여주고, 자신의 위반 상황을 통해 위반의 원인을 분석하고 이를 방지할 수 있는 방안을 제시하는 것이 좋다.

(8) 의사 결정 경험

의사 결정 과정에서 어떠한 기준으로 의사를 결정했는지를 확인하려는 질문으로, 그 기준을 명확하게 제시해야 한다.

(9) 희생 경험

희생 경험과 함께 조직 전체에 이익을 가져오고자 하는 당시의 마음가짐 등을 이야기한다. 희생을 통해 얻은 조직 전체의 이익이 결과적으로 자신에게도 이익으로 돌아온 경험을 제시하고, 앞으로도 조직 전체를 위해 기꺼이 희생하겠다는 포부와 자연스럽게 연결되도록 답변한다.

(10) 리더십 발휘 경험

① 리더로서의 역할을 한 경험 등에서 리더십은 강압적이거나 카리스마적 리더십보다는 부드러운 리더십이 더 유리하다. 실제로 조직에서는 다양한 유형의 리더가 필요하다. 그러나 짧은 면접상황에서 리더로서의 역량을 평가하는 것은 한계가 있으므로, 조직에 잘 융화되는 사회성이 잘 드러나도록 답변해야 한다.

② 조직이 나아갈 방향에 대해서는 주도적이고 명확하게 제시하되, 목표를 이루어가는 과정에서는 조직원들을 독려하고 갈등을 중재하거나 솔선수범하는 등의 부드러운 리더십을 보인 사례를 이야기하는 것이 좋다.

02 공직관 관련 질문

1. 공직가치

(1) 공직가치와 행동준칙

분류	공직가치	행동준칙
국가관	애국심	우리 역사와 헌법가치를 올바로 인식하고 국가에 대한 자긍심을 가진다.
	민주성	국민이 자유롭게 참여하고 의견을 이야기할 수 있도록 하여 공개행정을 실천한다.
	다양성	글로벌 시대의 다양한 생각과 문화를 존중하고 인류의 평화와 공영(共榮)에 기여한다.
공직관	책임성	맡은 업무에 대하여 높은 수준의 전문성을 유지하며 어떠한 압력에도 굴하지 않고 소신 있게 처리한다.
	투명성	국민의 알 권리를 존중하며, 공공정보를 적극적으로 개방하고 공유한다.
	공정성	모든 업무는 신중히 검토하고 행정절차에 따라 공정하게 처리한다.
윤리관	청렴성	공직자의 청렴이 국민신뢰의 기본임을 이해한다.
	도덕성	준법정신을 생활화하고 공중도덕을 준수한다.
	공익성	봉사활동과 기부 등을 통해 생활 속에서 국민에 대한 봉사자로서의 역할을 다한다.

(2) 공직가치 관련 질문

공직자로서 중요하다고 생각하는 덕목, 공직가치를 묻는 질문에서 공직가치나 덕목을 나열하듯 답변하면 '뻔한 이야기는 하지 말라'는 식의 반응을 보이는 경우가 많다. 따라서 다음의 사항을 중심으로 답변을 준비한다.

① 한 가지라도 진정성 있게 제시해야 한다. 이때 경험, 독서, 존경하는 공직자, 언론, 주위의 인식 등과 함께 해당 공직가치의 의미와 중요성을 밝히고 자신의 포부 등을 제시한다. 발전에 대한 의지가 강한 지원자로 비춰질 수 있도록 국민들이 원하는 공무원이 되기 위해 어떻게 노력할 것인지에 대한 구체적인 포부를 덧붙이는 것도 좋은 답변이 된다. 또한 행정 업무 아르바이트 경험이나 본인이 직접 공공기관의 서비스를 받아 본 경험, 주변에 있는 공무원을 보고 느낀 점 등의 경험도 생각해 보고 이를 공직가치와 연계하여 구체적인 내용을 준비해 두는 것이 필요하다.

② 공직가치 관련 질문에는 해당 공직가치를 실현하기 위한 방안 또는 지원자가 해당 가치를 갖추고 있는지 등을 묻는 후속질문이 나올 가능성이 높다. 따라서 공직가치와 공직가치의 구체적인 실현방안 등을 함께 정리해두면 수월하게 답변할 수 있을 것이다.

- 가장 중요하다고 생각하는 공직가치는 무엇인가? 그 이유는 무엇인가?
- 공무원에게 책임성(또는 다른 공직가치)이 가지는 의미는 무엇인가?
- 공무원에게 투명성(또는 다른 공직가치)이 왜 중요한가?
- 국민들이 원하는 공무원상은 무엇이라고 생각하는가?
- 공무원 중에서 롤 모델이 있는가?
- 저런 공무원은 되지 말아야겠다고 느낀 경험이 있는가?
- 본인은 해당 공직가치를 갖춘 사람인가? 그것을 알 수 있는 사례가 있는가?
- 해당 공직가치를 실현하기 위한 방안은 무엇인가? 해당 공직가치를 어떻게 실천할 것인가?

💬 **Q&A 예시**

Q. 공직을 수행하는 데 가장 중요한 가치는 무엇이라고 생각하는가?

A. 청렴은 공무원이 갖추어야 할 제1덕목으로 매우 중요합니다. 청렴을 바탕으로 직무를 수행하지 않으면 법을 위반하거나 불합리한 차별을 하게 될 수 있으므로 책임성, 공평성 등 다른 가치마저 훼손하기 쉽기 때문입니다. 저는 국민들을 위해 봉사하고 헌신하는 마음으로 청렴한 조직문화 정착을 위해 노력하여 서울시 공무원으로서 최고의 영예인 청백리상을 수상하고 싶습니다.

> Comment ㅣ 단순히 공직가치를 제시하는 것에서 더 나아가 공직가치를 실현하겠다는 포부를 함께 밝히면서 진정성이 드러나도록 답변한다.

Q. 주위에 본받고 싶은 공무원을 본 적이 있는가?

A. 제가 다니는 학교는 공립이어서 기숙사를 관리하시는 분도 공무원이십니다. 그 중 한 분이 최근 학교 신문에 소개되셨습니다. 그분은 국제학사라는 내·외국인 공용 기숙사를 담당하고 계시는데 처음 그곳을 담당하셨을 때 외국인들과 언어소통이 잘 되지 않아 곤란을 많이 겪으셨다고 합니다. 그래서 점심시간과 업무를 마친 후 여가시간을 활용하여 어학 능력을 키우기 위해 노력하셨고, 그 후 불과 6개월이 지난 지금은 국제학사의 중국인 친구들과 일상적인 대화를 나눌 수 있을 정도가 되셨다고 합니다. 연세가 높으심에도 불구하고 맡은 업무를 잘 해내기 위해 자신의 여가시간을 활용하여 공부한 그분의 열정을 본받고 싶습니다.

> Comment ㅣ 본받고 싶은 공무원에 대한 사례를 통하여 공무원이 된 후 전문성을 키우기 위해 적극적으로 노력하고자 하는 지원자의 각오를 잘 알 수 있다. 미리 생각해 두지 않으면 즉석에서 답하기 어려운 질문이다. 따라서 전·현직 공무원인 지인이나 친척 또는 공공기관에 방문해서 겪은 공무원 등이 있다면 면접 전에 이러한 질문에 대비할 수 있는 구체적인 내용을 준비해둔다.

2. 공직규정

(1) 공무원 헌장 및 실천 강령

공직가치, 공무원 헌장, 실천 강령 등을 필기시험 준비하듯 암기하는 것은 불필요하다. 공직규정을 숙지하여 공무원이 가져야 할 자세를 갖추고, 면접의 상황에서 공직규정에 어긋나지 않는 방향으로 답변할 수 있도록 이를 이해하고 체득해야 한다.

< 공무원 헌장 및 실천 강령 >

전문
우리는 자랑스러운 대한민국의 공무원이다.
우리는 헌법이 지향하는 가치를 실현하며 국가에 헌신하고 국민에게 봉사한다.
우리는 국민의 안녕과 행복을 추구하고 조국의 평화통일과 지속 가능한 발전에 기여한다.
이에 굳은 각오와 다짐으로 다음을 실천한다.

하나. 공익을 우선시하며 투명하고 공정하게 맡은 바 책임을 다한다.
부당한 압력을 거부하고 사사로운 이익에 얽매이지 않는다.
정보를 개방하고 공유하여 업무를 투명하게 처리한다.
절차를 성실하게 준수하고 공명정대하게 업무에 임한다.

하나. 창의성과 전문성을 바탕으로 업무를 적극적으로 수행한다.
창의적 사고와 도전정신으로 변화와 혁신을 선도한다.
주인 의식을 가지고 능동적인 자세로 업무에 전념한다.
끊임없는 자기계발을 통해 능력과 자질을 높인다.

하나. 우리 사회의 다양성을 존중하고 국민과 함께 하는 민주 행정을 구현한다.
서로 다른 입장과 의견이 있음을 인정하고 배려한다.
특혜와 차별을 철폐하고 균등한 기회를 보장한다.
자유로운 참여를 통해 국민과 소통하고 협력한다.

하나. 청렴을 생활화하고 규범과 건전한 상식에 따라 행동한다.
직무의 내외를 불문하고 금품이나 향응을 받지 않는다.
나눔과 봉사를 실천하고 타인의 모범이 되도록 한다.
공무원으로서의 명예와 품위를 소중히 여기고 지킨다.

---

(2) 공무원의 의무

① 공무원의 의무와 공직가치: 개별면접에서 공무원의 의무에 대해서 그 자체를 질문하기도 하지만, 상황에 대한 대처를 묻는 질문에서 간접적으로 공무원의 의무를 확인하는 경우도 있다. 따라서 공무원의 의무를 잘 숙지하고 상황에 대한 대처를 묻는 질문에서 공무원의 의무를 벗어나지 않도록 답변해야 한다.

< 공무원의 의무와 관련한 공직가치 >

공무원의 의무(근거가 되는 법)	공직가치
자유민주주의, 복지, 인류공영 이념(헌법 전문)	애국심 다양성
공무원은 국민 전체에 대한 봉사자(헌법 제7조)	헌신성 책임성
정치적 중립 의무(헌법 제7조) 종교중립 의무(「국가공무원법」 제59조의2) 친절·공정 의무(「국가공무원법」 제59조) 정치 운동의 금지(「국가공무원법」 제65조) 집단 행위의 금지(「국가공무원법」 제66조)	공평성 책임성
비밀 엄수 의무(「국가공무원법」 제60조) 청렴 의무(「국가공무원법」 제61조, 부패방지법 제7조) 업무상 비밀이용 금지(부패방지법 제7조의2) 공직자 재산등록 및 공개 의무(「공직자윤리법」 제3조, 제10조) 퇴직공직자 취업제한 의무(「공직자윤리법」 제17조) 부패 행위 신고 의무(부패방지법 제56조) 선물 신고의 의무(「공직자윤리법」 제15조) 이해 충돌 방지의 의무(「공직자윤리법」 제2조의2)	청렴성 정직성 투명성
성실의 의무(「국가공무원법」 제56조) 법령 준수 의무(「국가공무원법」 제56조) 복종 의무(「국가공무원법」 제57조) 직장 이탈 금지(「국가공무원법」 제58조) 공무원의 품위 유지 의무(「국가공무원법」 제63조) 영리업무 및 겸직 금지 의무(「국가공무원법」 제64조)	전문성 책임성

참고 부패방지법 – 「부패방지 및 국민권익위원회의 설치와 운영에 관한 법률」의 약칭으로 부패방지권익위법이라고도 함

② 공무원 의무의 근거조항 및 관련 질문

　　㉠ 자유민주주의, 복지, 인류공영 이념(헌법 전문): 유구한 역사와 전통에 빛나는 우리 대한국민은 3·1
　　　운동으로 건립된 대한민국임시정부의 법통과 불의에 항거한 4·19민주이념을 계승하고, 조국의
　　　민주개혁과 평화적 통일의 사명에 입각하여 정의·인도와 동포애로써 민족의 단결을 공고히 하
　　　고, 모든 사회적 폐습과 불의를 타파하며, 자율과 조화를 바탕으로 자유민주적 기본질서를 더욱
　　　확고히 하여 정치·경제·사회·문화의 모든 영역에 있어서 각인의 기회를 균등히 하고, 능력을
　　　최고도로 발휘하게 하며, 자유와 권리에 따르는 책임과 의무를 완수하게 하여, 안으로는 국민생활
　　　의 균등한 향상을 기하고 밖으로는 항구적인 세계평화와 인류공영에 이바지함으로써 우리들과 우
　　　리들의 자손의 안전과 자유와 행복을 영원히 확보할 것을 다짐하면서 1948년 7월 12일에 제정되
　　　고 8차에 걸쳐 개정된 헌법을 이제 국회의 의결을 거쳐 국민투표에 의하여 개정한다.

💬 Q&A 예시

Q. 헌법에서 '자유민주적 기본질서를 공고히 한다.'의 의미는 무엇인가?

A. 민주주의는 시민 스스로 다스리는 동시에 다스림을 받는다는 원리입니다. 대의제하에서 시민참여가 보장되지 않는다면 그
들의 의사가 반영되지 않은 정책 결정으로 민주적 기본질서를 훼손할 수 있습니다. 따라서 공직자로서 시민의 의견이 반
영되도록 시민참여를 활성화하고 시민과 소통하기 위한 적극적인 노력을 할 것입니다.

　　㉡ 국민 전체에 대한 봉사자, 정치적 중립 의무(직업공무원제)(헌법 제7조)

　　　• 공무원은 국민전체에 대한 봉사자이며, 국민에 대하여 책임을 진다(제1항).

　　　• 공무원의 신분과 정치적 중립성은 법률이 정하는 바에 의하여 보장된다(제2항).

💬 Q&A 예시

Q. 사기업과 공무원의 차이점은 무엇인가?

A. 사기업은 기업의 오너에 대한 봉사자로서 기업의 이윤 증진에 책임이 있다면, 공무원은 국민 전체에 대한 봉사자로서 공
익을 증진시켜야 할 책임이 있습니다. 따라서 공무원은 사회 구조적 문제점에도 관심을 가져 국민 전체의 생활이 나아질
수 있도록 적극적인 행정을 수행해야 합니다.

> **Comment |** 사기업과 공무원의 가장 큰 차이점인 '국민 전체에 대한 봉사자', '국민에 대한 책임'을 잘 이해하고 있다는 점
> 을 어필하고, 국민과 공익을 위하여 어떤 자세로 임해야 할지 덧붙인다.

Q. 직업공무원제도의 취지는 무엇인가?

A. 우리나라에서 직업공무원제도의 도입 취지는 공적 과제들을 올바르고 효율적으로 수행하기 위한 '대국민 봉사의 효율'을
위해 공무원들의 정치적 중립과 신분을 보장해 주는 제도입니다. 단순히 공무원의 신분보장을 위한 제도가 아니라, 국민봉
사를 위한 제도로 도입된 것이므로 공무원은 국민을 위해 봉사하는 자세로 공직에 임해야 합니다.

ⓒ 종교중립 의무(「국가공무원법」 제59조의2): 공무원은 종교에 따른 차별 없이 직무를 수행하여야 한다.

ⓔ 친절 · 공정 의무(「국가공무원법」 제59조): 공무원은 국민 전체의 봉사자로서 친절하고 공정하게 직무를 수행하여야 한다.

💬 Q&A 예시

Q. 공무원으로서 가장 중요하다고 생각하는 덕목은 무엇인가?

A. 청렴, 성실, 전문성 등 다른 중요한 덕목들이 있겠지만 저는 그 중 공무원의 의무이기도 한 친절이 가장 중요하다고 생각합니다. 서류를 발급받을 일이 있어 관공서를 방문했을 때, 담당 공무원 분께서 웃으면서 인사로 맞아주셨고 업무를 보는 내내 미소를 잃지 않으시고 친절하게 일을 처리해 주셨습니다. 그때 모습이 몇 년이 지난 지금도 저에겐 좋은 이미지로 남아있습니다. 공무원으로서 내적인 가치 역시 중요하겠지만 국민을 상대하는 직업인 만큼 국민들에게 좋은 인상을 남길 수 있는 친절함을 간과해서는 안 될 것입니다.

> **Comment ㅣ** 관공서를 방문한 자신의 경험을 활용하여 '친절'이라는 덕목의 중요성에 대해 답변했다. 여러 가지 덕목들을 단순히 열거하듯 답변하는 것보다 한 가지 덕목이라도 진정성 있게 답변하는 것이 필요하다.

💬 Q&A

Q. 공무원의 의무 중 가장 중요하다고 생각하는 것은 무엇인가? 그 이유는?

A.

ⓕ 정치 운동의 금지(「국가공무원법」 제65조)

- 공무원은 정당이나 그 밖의 정치단체의 결성에 관여하거나 이에 가입할 수 없다(제1항).
- 공무원은 선거에서 특정 정당 또는 특정인을 지지 또는 반대하기 위한 다음의 행위를 하여서는 아니 된다(제2항).
  - 투표를 하거나 하지 아니하도록 권유 운동을 하는 것
  - 서명 운동을 기도(企圖) · 주재(主宰)하거나 권유하는 것
  - 문서나 도서를 공공시설 등에 게시하거나 게시하게 하는 것
  - 기부금을 모집 또는 모집하게 하거나 공공자금을 이용 또는 이용하게 하는 것
  - 타인에게 정당이나 그 밖의 정치단체에 가입하게 하거나 가입하지 아니하도록 권유 운동을 하는 것

- 공무원은 다른 공무원에게 제1항과 제2항에 위배되는 행위를 하도록 요구하거나 정치적 행위에 대한 보상 또는 보복으로서 이익 또는 불이익을 약속하여서는 아니 된다(제3항).
ⓑ 집단 행위의 금지(노동권 제한)(「국가공무원법」 제66조): 공무원은 노동운동이나 그 밖에 공무 외의 일을 위한 집단 행위를 하여서는 아니 된다. 다만, 사실상 노무에 종사하는 공무원은 예외로 한다.

---

plus⁺ 공무원단체의 노동 3권

1. **단결권**: 근무환경을 개선·향상시키기 위하여 단체를 구성할 수 있는 권리로 헌법과 법률이 정하는 바에 의하여 공무원단체를 구성할 수 있다. 2009년 전국 공무원 노동조합(전공노)은 해직공무원이 노조에 가입해 있다는 이유로 법외노조로 규정되었고 이후, 여러 차례 노동부에 설립신고서를 냈으나 승인되지 않았다. 전공노의 설립신고를 수용하기로 약속한 문재인 대통령이 당선된 후 협의를 거쳐 2018년 3월 29일에 설립신고증을 받으며 합법노조로 인정받았다. 이후 공무원노조 측은 「공무원의 노동조합 설립 및 운영 등에 관한 법률」상 직급기준 등 노조 가입범위가 제한되어 있다며 단결권 확대를 촉구하였으며 이에 대한 개정안이 발의되어 현재 국회에서 논의 중에 있다(2019년 3월 기준).

2. **단체교섭권**: 공무원에게 영향을 미치게 될 중요한 인사행정상의 문제 등을 개선·해결하는 방안에 관하여 고위관리층과 공무원조합이 단체적으로 교섭하는 권리이다. 이에 대해 공무원노조 측은 단체교섭의 대상 및 교섭창구가 제한되어 있어 실질적인 단체교섭권이 보장되지 않는다며 「공무원의 노동조합 설립 및 운영 등에 관한 법률」 개정을 촉구하고 있다.

3. **단체행동권**: 단체교섭이 곤란할 때 공무원단체의 존립과 목적활동을 실력으로 관철하려는 투쟁적 실력행사로 공무원 단체행동권의 허용은 공공의 이익에 대한 침해가 매우 클 우려가 있기 때문에 제한된다. 단체적으로 또는 조합을 통한 정치활동을 할 수 없으며, 파업·태업과 그 밖에 업무의 정상적인 운영을 저해하는 일체의 쟁의행위도 할 수 없다.

💬Q&A 예시

Q. 공무원의 노동권 제한에 대해서 어떻게 생각하는가?

A. 단체행동권은 노동자의 권리 보호를 위해 필요하지만, 단체행동권의 행사가 공익을 침해하고 국민들에게 피해를 줄 수도 있다는 문제점이 있습니다. 그러므로 국민에 대한 봉사자인 공무원이 단체행동으로 국민들에게 피해를 주는 것은 옳지 않다고 생각합니다. 또한 공익을 위해 제공되는 공공서비스는 대체할 기업이 없어서 파업 등의 단체행동으로 공익에 주는 피해가 너무 클 우려가 있기 때문에 단체행동권에 대해서는 부분적으로 제한이 필요하다고 생각합니다.

Q. 공무원 노조에 대한 생각은 어떠한가?

A. 공무원 역시 근로자이기 때문에 근로자의 의사를 집중하고 대변할 수 있는 노조는 필요한 단체라고 생각합니다. 하지만 공무원 노조의 이기주의로 인해 여론의 지탄을 받는 부분이 있습니다. 따라서 공무원 노조의 활동이 극단으로 치닫지 않고, 스스로의 이기주의에 빠져 공익을 크게 저해하지 않는다는 가정하에 계속적으로 이어져야 한다고 생각합니다.

Comment ㅣ 공무원의 노조 활동은 민감한 사항이다. 찬성과 반대 그 어느 쪽이 답이라고 할 수 없기 때문에 중도적인 입장을 논리적으로 전개하면 된다.

Ⓐ 비밀 엄수 의무(「국가공무원법」 제60조): 공무원은 재직 중은 물론 퇴직 후에도 직무상 알게 된 비밀을 엄수(嚴守)하여야 한다.

◎ 청렴의무(「국가공무원법」 제61조, 부패방지법 제7조)

   • 공무원은 직무와 관련하여 직접적이든 간접적이든 사례 · 증여 또는 향응을 주거나 받을 수 없다(「국가공무원법」 제61조 제1항).

   • 공무원은 직무상의 관계가 있든 없든 그 소속 상관에게 증여하거나 소속 공무원으로부터 증여를 받아서는 아니 된다(「국가공무원법」 제61조 제2항).

   • 공직자는 법령을 준수하고 친절하고 공정하게 집무하여야 하며 일체의 부패행위와 품위를 손상하는 행위를 하여서는 아니 된다(부패방지법 제7조).

Ⓐ 업무상 비밀이용 금지(부패방지법 제7조의2): 공직자는 업무처리 중 알게 된 비밀을 이용하여 재물 또는 재산상의 이익을 취득하거나 제3자로 하여금 취득하게 하여서는 아니 된다.

Ⓐ 공직자 재산등록 및 공개 의무(「공직자윤리법」 제3조): 다음(생략)의 어느 하나에 해당하는 공직자(주로 고위공직자)는 이 법에서 정하는 바에 따라 재산을 등록하여야 한다.

💬Q&A

Q. 공직자 재산등록제도에 대해서 어떻게 생각하는가?

A.

ⓒ **퇴직공직자 취업제한 의무(「공직자윤리법」 제17조):** 등록의무자는 퇴직일부터 3년간 퇴직 전 5년 동안 소속하였던 부서 또는 기관의 업무와 밀접한 관련성이 있는 다음(생략)의 어느 하나에 해당하는 기관에 취업할 수 없다. 다만, 관할 공직자윤리위원회의 승인을 받은 때에는 그러하지 아니하다.

---

plus ➕ 공직자 재산등록제도와 취업제한제도

1. **공직자 재산등록제도:** 재산을 등록해둠으로써 공직자들이 재임 기간에 직위를 이용하여 부당하게 재산을 늘리는 것을 방지하고 공무집행의 공정성을 확보하여 국민에 대한 봉사자로서 공직윤리를 확립하기 위한 제도이다. 이들의 재산 형성 과정을 직ㆍ간접적으로 검증함으로써 공직자의 도덕성과 자질을 높이는 효과도 있다.

2. **공직자 취업제한제도:** 퇴직공직자 취업제한제도는 퇴직예정 공직자가 퇴직 후 취업을 목적으로 특정업체에 특혜를 주는 등의 부정한 유착 고리를 사전에 차단하고, 사기업체 등에 취업한 후 퇴직 전에 근무하였던 기관이 부당한 영향력을 행사할 가능성을 배제함으로써 공무집행의 공정성과 공직윤리를 확립하기 위한 제도이다.

3. **공직자 재산등록 및 공개 의무 및 퇴직공직자 취업제한제도에 대한 헌법소원:** 헌법재판소는 금융감독원 간부 A씨 등 두 명이 「공직자윤리법」 제3조, 제17조 등에 대해 제기한 헌법소원심판에서 재판관 전원 일치된 의견으로 합헌 결정을 내렸다.

   ① **「공직자윤리법」 제3조 관련**
   - 주장: 제3조(공직자 재산등록 및 공개 의무)가 생활의 비밀과 자유를 침해한다.
   - 판결: 재산등록 조항은 사전에 금융감독원 직원의 비리유혹을 억제하고 업무집행의 투명성과 청렴성을 확보하기 위한 것으로 입법 목적이 정당하다. 금융감독원 특성상 소속 직원의 금융기관에 대한 실질적인 영향력과 비리 개연성이 클 수 있다는 점을 고려할 때 재산관계에 한정해 사생활을 공개함으로써 달성할 수 있는 공익이 중대하다.

   ② **「공직자윤리법」 제17조 관련**
   - 주장: 제17조(퇴직공직자 취업제한제도)가 직업선택의 자유와 평등권을 침해한다.
   - 판결: 금융감독원 직원이 재직 중 특정 업체에 특혜를 부여하거나 기밀이나 정보를 이용하여 재직했던 부서에 부당한 영향력을 행사할 가능성을 사전에 방지함으로써 건전한 금융질서를 확보하려는 것으로 입법목적이 정당하다. 퇴직 후 2년이 경과하면 제한 없이 재취업이 허용되고 예외적으로 공직자윤리위원회의 승인을 얻어 취업할 수 있다. 이 조항은 피해의 최소성 원칙에 위반되지 않고 공익의 중대함을 고려할 때 직업선택의 자유를 침해하지 않는다.

ⓔ 부패행위 신고 의무(부패방지법 제56조): 공직자는 그 직무를 행함에 있어 다른 공직자가 부패행위를 한 사실을 알게 되었거나 부패행위를 강요 또는 제의받은 경우에는 지체 없이 이를 수사기관·감사원 또는 위원회에 신고하여야 한다.

💬 Q&A 예시

Q. 공직에 입직한 후 적응에 어려움을 가지고 있었을 때 동료인 K의 도움으로 조직에 적응할 수 있게 되었다. 이러한 상황에서 K가 한 납품업체로부터 금품을 받는 것을 목격하게 되었다. 당신은 어떻게 행동하겠는가?

A. 먼저 동료가 납품업체로부터 부당한 금품을 받은 것이 맞는지 사실 확인을 하고, 부당한 경우라면 먼저 동료에게 자수하도록 설득할 것입니다. 설득해도 자수하지 않는다면 동료를 위해서라도 부득이하게 신고하겠습니다.

Q. 당신이 K와 정말 친한 사이라면? 생명의 은인이어도 그렇게 하겠는가?

A. 아무리 친하더라도 오히려 그를 위해서 신고해야 한다고 생각합니다. 다만, 처벌을 최소화할 수 있도록 도울 수 있는 방안이 있을지 찾아보겠습니다.

Comment ㅣ 신고하지 않겠다는 답변을 유도하기 위한 압박질문이 이어지더라도 강직한 태도를 보여야 한다. 다만, 의무대로 신고하되 도울 수 있는 방법을 모색하는 등으로 보완할 수 있다.

ⓜ 선물 신고의 의무(「공직자윤리법」 제15조): 공무원 또는 공직유관단체의 임직원은 외국으로부터 선물을 받거나 그 직무와 관련하여 외국인(외국단체를 포함한다)에게 선물을 받으면 지체 없이 소속 기관·단체의 장에게 신고하고 그 선물을 인도하여야 한다.

ⓢ 이해 충돌 방지의 의무(「공직자윤리법」 제2조의2)

- 국가 또는 지방자치단체는 공직자가 수행하는 직무가 공직자의 재산상 이해와 관련되어 공정한 직무수행이 어려운 상황이 일어나지 아니하도록 노력하여야 한다(제1항).

- 공직자는 자신이 수행하는 직무가 자신의 재산상 이해와 관련되어 공정한 직무수행이 어려운 상황이 일어나지 아니하도록 직무수행의 적정성을 확보하여 공익을 우선으로 성실하게 직무를 수행하여야 한다(제2항).

- 공직자는 공직을 이용하여 사적 이익을 추구하거나 개인이나 기관·단체에 부정한 특혜를 주어서는 아니 되며, 재직 중 취득한 정보를 부당하게 사적으로 이용하거나 타인으로 하여금 부당하게 사용하게 하여서는 아니 된다(제3항).

Q&A

Q. 당신이 계약담당자인데 친척의 회사가 입찰에 참가했다. 친척이 입찰에 도움을 달라고 부탁하는 상황이라면 어떻게 할 것인가?

A.

㉮ 성실의무, 법령 준수 의무(「국가공무원법」 제56조): 모든 공무원은 법령을 준수하며 성실히 직무를 수행하여야 한다.

Q&A 예시

Q. 형편이 어려운 노인이 위법한 행위를 저질렀고 과태료를 부과해야 하는 상황이라면 어떻게 할 것인가?

A. 법령을 준수해야 한다고 생각하기 때문에 과태료를 부과하겠습니다. 다만, 분할납부 등 현재의 어려움을 최소화할 수 있는 방안을 모색해 보겠습니다. 추가로 노인분이 받으실 수 있는 복지혜택이 있는지 알아보고 도움을 드리겠습니다.

Q. 불합리한 법령으로 딱한 민원인이 손해를 보거나 도움을 받지 못한다면 어떻게 하겠는가?

A. 불합리한 법령이라도 일단 법령대로 처리하고 추후 법령 개선을 위해 노력하겠습니다.

Comment | 어떤 상황에서도 법령을 어긴다는 답변을 해서는 안 된다. 법령대로 처리하되, 합법적인 방법으로 보완하거나 추후 법령을 개선하는 방식으로 답변한다.

㉯ 복종 의무(「국가공무원법」 제57조): 공무원은 직무를 수행할 때 소속 상관의 직무상 명령에 복종하여야 한다.

Q&A 예시

Q. 상관이 완전히 엉뚱한 명령을 한다면 따를 것인가?

A. 저는 길지 않은 삶을 살았지만, 그럼에도 경험을 통해 느낀 것이 있다면 바로 제가 아무리 엉뚱하다고 생각할지라도 저보다 오랜 세월을 경험하신 분들에게는 제가 쉽게 이해하지 못할 인생의 깊이와 삶의 방법이 있다는 것입니다. 따라서 처음에는 위법행위가 아니라면 상사분의 뜻을 따르겠습니다. 그리고 추후에 기회가 된다면 다른 뜻이 있으셨는지 한번 여쭈어 보겠습니다.

Comment | 불법적인 지시가 아니라면 그 지시에 따른다고 답변하며, 경험이 많은 상관이 지시를 하는 데 분명한 이유가 있을 것이라고 신뢰하는 모습을 보여야 한다.

ⓒ 직장 이탈 금지(「국가공무원법」 제58조): 공무원은 소속 상관의 허가 또는 정당한 사유가 없으면 직장을 이탈하지 못한다.

Q&A 예시

Q. 미취학 자녀 때문에 급히 집에 꼭 가봐야 할 상황이 생긴다면 어떻게 하겠는가?

A. 정말 부득이한 상황이라면, 절차에 따라 조퇴기안에 결재를 받고 집으로 가겠습니다. 아주 급한 상황이라면 결재가 완료되지 않았더라도 상관에게 사정을 소명 후 구두로 허락을 받겠습니다. 그리고 추후 급한 상황에 대한 증빙자료를 상관에게 제출하도록 하겠습니다.

Comment ㅣ 부득이한 경우로 직장을 이탈할 경우에도 상관의 허가를 받은 뒤 절차를 준수하고 이탈한다는 점을 분명히 밝힌다.

Q. 동료가 근무시간에 직장 외부에서 사적으로 지인을 만나는 모습을 목격했다면 어떻게 하겠는가?

A. 직장 외부에서 개인시간을 보내는 것은 직장 이탈 금지 의무에도 어긋나고, 외부인이 볼 경우 공무원 조직에 대한 신뢰도와 평판에 문제가 생길 수도 있습니다. 따라서 업무 위치로 돌아오도록 동료를 설득 · 유도하겠습니다.

ⓓ 공무원의 품위 유지 의무(「국가공무원법」 제63조): 공무원은 직무의 내외를 불문하고 그 품위가 손상되는 행위를 하여서는 아니 된다.

TIP

품위를 훼손할 가능성이 있는 지원자라는 인상을 주지 않도록 불량해 보이는 복장을 입거나 태도를 취하지 않도록 주의해야 한다. 특히 품위를 손상할 수 있는 비어 등의 언행은 교정해야 하며, 법이나 규정 위반의 경험을 묻더라도 성(性)과 관련된 위반, 음주운전, 도박, 폭행 등 품위를 훼손하는 경험을 이야기해서는 안 된다.

plus⁺ 공무원의 품위 유지 의무 VS 공무원의 사생활 보호

공무원은 국민의 신뢰를 바탕으로 일하므로, 일반인보다 엄격하고 신중한 품행이 요구된다. 하지만 공무원의 품행을 법으로 규율하는 사례를 다른 국가에서는 찾아보기 어렵다. 국민 개개인의 기본권이 강조되는 사회 분위기 속에서 공무원의 품위 유지 의무에 대해서도 개인의 사생활을 존중해야 한다는 목소리도 제기되고 있다.

＊인사혁신처 입장: 사생활을 최대한 존중하되 일반 국민에게 알려져 공직 신뢰에 악영향을 끼쳤다면 상응한 징계를 내린다는 것이 인사혁신처의 일관된 잣대이다.

ⓔ 영리업무 및 겸직 금지 의무(「국가공무원법」 제64조): 공무원은 공무 외에 영리를 목적으로 하는 업무에 종사하지 못하며 소속 기관장의 허가 없이 다른 직무를 겸할 수 없다.

③ 「공무원 행동강령」 중 공무원의 공정한 직무수행

　㉠ 공정한 직무수행을 해치는 지시에 대한 처리(제4조)

　　• 공무원은 상급자가 자기 또는 타인의 부당한 이익을 위하여 공정한 직무수행을 현저하게 해치는 지시를 하였을 때에는 그 사유를 그 상급자에게 소명하고 지시에 따르지 아니하거나 「공무원 행동강령」에 관한 업무를 담당하는 공무원(이하 '행동강령책임관'이라 한다)과 상담할 수 있다.

　　• 지시를 이행하지 아니하였는데도 같은 지시가 반복될 때에는 즉시 행동강령책임관과 상담하여야 한다.

💬 Q&A 예시

Q. 물품구매와 관련하여 상관이 알고 있는 지인의 업체를 선정하라고 지시한다면 어떻게 하겠는가?

A. 먼저 해당 업체와 다른 업체들의 가격·품질을 객관적인 기준으로 비교하겠습니다. 그 지인의 업체가 다른 업체에 비해 우수하다면 해당 업체를 선정하고, 다른 업체가 더 우수하다면 상관에게 공손히 지시에 따르기 어렵다는 의사를 밝히겠습니다.

Q. 거부의사를 밝혔음에도 계속해서 지시한다면 어떻게 할 것인가?

A. 결과적으로 감사나 고발 등을 통해 문제가 제기될 경우 조직전체는 물론 상관 또한 피해를 받게 될 것이라는 점을 들어 다시 한 번 설득하겠습니다. 설득에도 끝까지 뜻을 굽히지 않는다면 부득이 행동강령책임관과 상담을 하겠습니다.

> **Comment ｜** 공무원은 직무를 수행할 때 소속 상관의 직무상 명령에 복종하여야 한다는 복종의 의무가 있지만, 친분을 이유로 특혜를 주는 것은 공정한 직무수행을 현저하게 해치는 지시로 볼 수 있다. 「공직자윤리법」 제2조의2에 명시된 '공직을 이용하여 사적 이익을 추구하거나 개인이나 기관·단체에 부정한 특혜를 주어서는 아니 된다.'는 내용에도 위반되는 것이다. 그러나 업체 선정 과정에서 상관과 친분이 있다는 이유만으로 배제할 필요도 없기 때문에 먼저 다른 업체와 가격·품질 등을 객관적으로 따져보고 우수하다면 거래업체로 선정할 수 있으며 그렇지 않다면 상급자를 공손히 설득하고 그 지시에 따르지 않아야 한다. 같은 지시가 계속 반복된다면 즉시 행동강령책임관과 상담해야 한다. 이는 행동강령책임관과 '상담할 수 있다.'가 아닌 '상담하여야 한다.'라는 강행규정이므로 반드시 행동강령책임관과 상담을 해야 한다.

　㉡ 사적 이해관계의 신고 등(제5조): 공무원은 다음의 어느 하나에 해당하는 경우에는 소속 기관의 장에게 해당 사실을 서면(전자문서를 포함)으로 신고하여야 한다. 다만, 공무원이 중앙행정기관의 장 등이 정하는 단순 민원업무를 수행하는 경우에는 그러하지 아니하다.

　　• 공무원 자신이 직무관련자인 경우

　　• 공무원의 4촌 이내의 친족(「민법」 제767조에 따른 친족을 말한다)이 직무관련자인 경우

　　• 공무원 자신이 2년 이내에 재직하였던 법인·단체가 직무관련자인 경우

　　• 공무원 자신 또는 그 가족(「민법」 제779조에 따른 가족을 말한다)이 임직원 또는 사외이사로 재직하고 있는 법인·단체가 직무관련자인 경우

- 공무원 자신 또는 그 가족이 직무관련자를 대리하거나 직무관련자에게 고문·자문 등을 제공하거나 해당 대리·고문·자문 등의 업무를 하는 법인·단체에 소속되어 있는 경우
- 공무원 자신 또는 그의 가족이 중앙행정기관의 장 등이 정하는 일정 비율 이상의 주식·지분, 자본금 등을 소유하고 있는 법인·단체(특수관계사업자)가 직무관련자인 경우
- 그 밖에 중앙행정기관의 장 등이 공정한 직무수행이 어려운 관계에 있다고 판단하여 정하는 자가 직무관련자인 경우

ⓒ 특혜의 배제(제6조): 공무원은 직무를 수행할 때 지연·혈연·학연·종교 등을 이유로 특정인에게 특혜를 주거나 특정인을 차별하여서는 아니 된다.

💬 Q&A 예시

Q. 당신은 대학 등급 평가 담당업무를 하고 있는 주무관이다. 당신의 배우자는 A대학 관련자인데 A대학 관계자와 배우자 모두 당신에게 A대학에게 좋은 등급을 달라고 요청한다. 어떻게 하겠는가?

A. 현실적으로 가장 가까운 사람인 배우자의 요청을 거절하기 어렵기 때문에 직무의 회피 여부를 상관과 상의하겠습니다. 상담 결과 회피하는 것이 적절하다는 결론이 나온다면 직무를 다른 동료에게 인수인계 하겠습니다. 배우자에게는 업무개편으로 부득이하게 직무가 변경되었다고 선의의 거짓말을 하여 배우자와의 갈등을 피하겠습니다.

> **Comment** | 배우자가 관련자인 경우는 「공무원 행동강령」 제5조에서 규정하는 '4촌 이내의 친족이 직무관련자인 경우'에 해당한다. 따라서 그 직무의 회피 여부를 상급자나 행동강령책임관과 상담해야 한다.

Q. 직무회피가 어려운 상황이라면 어떻게 하겠는가?

A. 원칙에 따라 공정한 평가를 하겠다고 청탁거절 의사를 밝히겠습니다. 배우자가 서운해 하겠지만, 감사로 인해 강한 징계를 받은 주위 사례를 들려주며 가정의 미래를 위한 것이라고 설득하겠습니다.

> **Comment** | 대학 관련자가 좋은 등급을 달라고 요청하는 것은 공공기관이 실시하는 각종 평가·판정업무에 개입하는 것이므로 부정청탁에 해당한다. 또한 「공무원 행동강령」 제6조에서 규정하는 '~특정인에게 특혜를 주거나 특정인을 차별하여서는 아니 된다.'는 조항에도 어긋난다. 따라서 원칙에 따라 공정한 평가를 하겠다고 청탁거절 의사를 밝히고, 상관이 예의주시하고 있다든가 감사에서 문제될 가능성이 크다든가 하는 부득이한 사정을 소명할 것이라는 쪽으로 답변한다. 또한 추후 좋지 않은 평가에 대하여 항의하더라도 객관적인 평가 요소와 평가가 낮은 이유를 합리적으로 설명하고 좋은 평가를 받기 위하여 보완해야 할 점 등을 안내할 것이라는 점도 포함하여 답변하는 것이 좋다.

ⓔ 예산의 목적 외 사용 금지(제7조): 공무원은 여비, 업무추진비 등 공무 활동을 위한 예산을 목적 외의 용도로 사용하여 소속 기관에 재산상 손해를 입혀서는 아니 된다.

> ### 💬Q&A 예시
>
> **Q.** 상관이 초과근무를 하지 않으면서 초과근무수당을 받기 위해 수기대장에 허위로 기재하라고 지시한다. 이러한 경우 어떻게 할 것인가?
>
> **A.** 초과근무수당 역시 공무 활동을 위한 예산이므로 이를 목적 외의 용도로 사용하여 소속 기관에 재산상 손해를 가하는 행위라고 볼 수 있습니다. 따라서 이러한 지시는 따를 수 없습니다. 초과근무수당 부정수급이 사회적으로 이슈화되어서 감사의 대상이 되기 쉽고, 이 경우 상관에게도 피해가 갈 것으로 우려가 된다는 말로 상관을 설득하겠습니다. 상관이 계속해서 지시한다면 행동강령책임관과 상담하겠습니다.
>
> **Q.** 신고한다면 자신에게 불이익이 있을텐데 이를 감수할 것인가?
>
> **A.** 행동강령책임관이 신고에 따른 불이익을 받지 않도록 비밀을 유지해 줄 것이라 신뢰합니다. 따라서 저에게 직접적인 불이익이 있을 것이라고 생각하지 않습니다. 당장에 불이익이 있다고 하더라도, 결국에는 조직전체를 위한 행동이었음을 알아주실 것이라고 생각합니다.

ⓔ 인사 청탁 등의 금지(제9조)

- 공무원은 자신의 임용 · 승진 · 전보 등 인사에 부당한 영향을 미치기 위하여 타인으로 하여금 인사업무 담당자에게 청탁을 하도록 해서는 아니 된다(제1항).

- 공무원은 직위를 이용하여 다른 공무원의 임용 · 승진 · 전보 등 인사에 부당하게 개입해서는 아니 된다(제2항).

> ### 💬Q&A 예시
>
> **Q.** 당신은 K부처의 인사담당 주무관이다. 다른 부처의 국장님이 당신 부처에 있는 직원의 승진을 도와달라고 부탁하였다. 해당 직원은 업무역량은 높으나 다른 직원 간의 관계가 좋지 않은 사람이다. 당신은 어떻게 행동하겠는가?
>
> **A.** 먼저 인사업무를 공정하게 처리하겠다는 의지를 밝히겠습니다. 그리고 국장님의 부탁을 배제하고 원칙과 객관적인 기준에 따라서 적격자인지 엄격하게 판단할 것입니다. 거절에도 불구하고 국장님의 청탁이 계속된다면 불가피하게 내부 신고를 하겠습니다.

④ 「공무원 행동강령」 중 부당이득의 수수 금지 등

ⓐ 이권 개입 등의 금지(제10조): 공무원은 자신의 직위를 직접 이용하여 부당한 이익을 얻거나 타인이 부당한 이익을 얻도록 해서는 아니 된다.

ⓑ 알선 · 청탁 등의 금지(제11조): 공무원은 자기 또는 타인의 부당한 이익을 위하여 다른 공직자의 공정한 직무수행을 해치는 알선 · 청탁 등을 해서는 아니 된다.

ⓒ 직무 관련 정보를 이용한 거래 등의 제한(제12조): 공무원은 직무수행 중 알게 된 정보를 이용하여 유가증권, 부동산 등과 관련된 재산상 거래 또는 투자를 하거나 타인에게 그러한 정보를 제공하여 재산상 거래 또는 투자를 돕는 행위를 해서는 아니 된다.

Q&A 예시

Q. 당신의 상관이 업무관련 정보를 누설하는 것으로 의심되는 통화를 한 사실을 목격하였다. 당신은 어떻게 할 것인가?

A. 업무관련 정보를 누설하는 행위는 「국가공무원법」에 규정된 '비밀엄수의 의무'와 「공무원 행동강령」에 규정된 '이권개입 등의 금지', '직무 관련 정보를 이용한 거래 등의 제한'에 위반될 가능성이 있습니다. 먼저 어떤 정보를 누설한 것인지 사실을 확인해야 합니다. 정보를 이용하여 재산상 이익을 취하거나 제3자가 취하게 한 것이 분명하다면 기관장이나 행동강령책임관과 상담하겠습니다.

ⓓ 공용물의 사적 사용·수익의 금지(제13조): 공무원은 관용 차량·선박·항공기 등 공용물과 예산의 사용으로 제공되는 항공마일리지, 적립 포인트 등 부가서비스를 정당한 사유 없이 사적인 용도로 사용·수익해서는 아니 된다.

Q&A 예시

Q. 상급자가 업무용 승용차량을 출·퇴근 용도로 사용하고, 업무용으로 지급된 유류를 개인차량에 급유하고 있다는 사실을 알게 되었다. 당신은 어떻게 하겠는가?

A. 업무용 승용차량은 공용물이고, 유류비는 예산으로 볼 수 있습니다. 공용물과 예산을 사적 용도로 사용·수익하는 것은 금지되어 있는 것으로 알고 있습니다. 업무용 차량의 사적 이용을 멈추도록 설득하고 그래도 계속된다면 불가피하게 신고하겠습니다.

ⓔ 금품 등의 수수 금지(제14조)

- 공무원은 직무 관련 여부 및 기부·후원·증여 등 그 명목에 관계없이 동일인으로부터 1회에 100만 원 또는 매 회계연도에 300만 원을 초과하는 금품 등을 받거나 요구 또는 약속해서는 아니 된다(제1항).
- 공무원은 직무와 관련하여 대가성 여부를 불문하고 1회에 100만 원 또는 매 회계연도에 300만 원 이하의 금품 등을 받거나 요구 또는 약속해서는 아니 된다(제2항).
- 외부강의 등에 관한 사례금 또는 다음의 어느 하나에 해당하는 금품 등은 수수(收受)를 금지하는 금품 등에 해당하지 아니한다(제3항).
  - 중앙행정기관의 장 등이 소속 공무원이나 파견 공무원에게 지급하거나 상급자가 위로·격려·포상 등의 목적으로 하급자에게 제공하는 금품 등

- 원활한 직무수행 또는 사교·의례 또는 부조의 목적으로 제공되는 음식물·경조사비·선물 등으로서 중앙행정기관의 장 등이 정하는 가액 범위 안의 금품 등

- 사적 거래(증여는 제외한다)로 인한 채무의 이행 등 정당한 권원(權原)에 의하여 제공되는 금품 등

- 공무원의 친족(「민법」 제777조에 따른 친족을 말한다)이 제공하는 금품 등

- 공무원과 관련된 직원상조회·동호인회·동창회·향우회·친목회·종교단체·사회단체 등이 정하는 기준에 따라 구성원에게 제공하는 금품 등 및 그 소속 구성원 등 공무원과 특별히 장기적·지속적인 친분관계를 맺고 있는 자가 질병·재난 등으로 어려운 처지에 있는 공무원에게 제공하는 금품 등

- 공무원의 직무와 관련된 공식적인 행사에서 주최자가 참석자에게 통상적인 범위에서 일률적으로 제공하는 교통, 숙박, 음식물 등의 금품 등

- 불특정 다수인에게 배포하기 위한 기념품 또는 홍보용품 등이나 경연·추첨을 통하여 받는 보상 또는 상품 등

- 그 밖에 사회상규(社會常規)에 따라 허용되는 금품 등

- 공무원은 특별히 장기적·지속적인 친분관계를 맺고 있는 자가 직무관련자 또는 직무관련공무원으로서 금품 등을 제공한 경우에는 그 수수 사실을 소속 기관의 장에게 신고하여야 한다(제4항).

- 공무원은 자신의 배우자나 직계 존속·비속이 자신의 직무와 관련하여 공무원이 받는 것이 금지되는 금품 등(이하 '수수 금지 금품 등'이라 한다)을 받거나 요구하거나 제공받기로 약속하지 아니하도록 하여야 한다(제5항).

- 공무원은 다른 공무원에게 또는 그 공무원의 배우자나 직계 존속·비속에게 수수 금지 금품 등을 제공하거나 그 제공의 약속 또는 의사표시를 해서는 아니 된다(제6항).

⑤ 「부정청탁 및 금품등 수수의 금지에 관한 법률」(김영란법, 공식 약칭 – 청탁금지법)

  ㉠ 대상: 공직자를 비롯해 언론인·사립학교 교직원 등

  ㉡ 주요 내용

- 직무 관련성이나 대가성에 상관없이 1회 100만 원(연간 300만 원)을 초과하는 금품을 수수하면 형사처벌한다.

- 직무 관련자에게 1회 100만 원(연간 300만 원) 이하의 금품을 받았다면 대가성이 입증되지 않더라도 과태료를 부과한다.

- 금품과 향응을 받은 공직자뿐만 아니라 부정청탁을 한 사람에게도 과태료를 부과한다.
- 공직자는 배우자가 금품을 받은 사실을 알면 즉시 신고해야 하며, 신고 의무를 어길 시에는 형사처벌 또는 과태료를 부과한다.

ⓒ 부정청탁의 의의
- 사건의 수사 · 재판 등에 개입
- 특정인의 계약 선정 또는 탈락에 개입
- 불법 인허가 · 면허 등 처리
- 법령을 위반한 행정처분 · 형벌부과의 감경 · 면제
- 채용 · 승진 등 인사에 개입
- 행정지도 · 단속 등의 대상 배제, 위법사항 묵인
- 공공기관이 실시하는 각종 평가 · 판정업무에 개입
- 보조금 · 지원금 등의 배정 · 지원, 투자 등에 개입
- 입찰 · 경매 등에 관한 직무상 비밀누설

ⓔ 금품 수수의 의의
- 동일인으로부터 1회 100만 원 또는 매 회계연도 300만 원을 초과하는 금품 등 수수
- 직무와 관련하여 1회 100만 원 이하 금품 등 수수
- 배우자가 수수 금지 금품 등을 수수
- 외부강의 시 대통령령으로 정하는 금액을 초과하는 사례금 수수

ⓜ 예외적으로 허용하는 금품(제8조 제3항): 외부강의 등에 관한 사례금 또는 다음의 어느 하나에 해당하는 금품 등의 경우에는 수수를 금지하는 금품 등에 해당하지 아니한다.
- 공공기관이 소속 공직자 등이나 파견 공직자 등에게 지급하거나 상급 공직자 등이 위로 · 격려 · 포상 등의 목적으로 하급 공직자 등에게 제공하는 금품 등
- 원활한 직무수행 · 사교 · 의례 · 부조 목적으로 제공하는 대통령령으로 정하는 가액 범위 안의 금품 등
- 정당한 권원에 의하여 제공되는 금품 등
- 공직자 등의 친족이 제공하는 금품 등
- 공직자 등과 관련된 단체 등이 정하는 기준에 따라 구성원에게 제공하는 금품 및 장기적 · 지속적인 친분관계를 맺고 있는 자가 질병 · 재난 등으로 어려운 처지에 있는 공직자 등에게 제공하는 금품 등

- 직무관련 공식행사에서 주최자가 통상적인 범위에서 일률적으로 제공하는 교통, 숙박, 음식물 등의 금품 등
- 불특정 다수인에게 배포하기 위한 기념품 또는 홍보용품 등이나 경연·추첨을 통하여 받는 보상 또는 상품 등
- 그 밖에 다른 법령·기준 또는 사회상규에 따라 허용되는 금품 등

---

plus ➕ 예외적으로 허용되는 금품 관련

1. 청탁금지법 제8조 제3항 제2호의 대통령령으로 정하는 가액 범위 안 금품은 다음과 같다.
   ① 음식물: 3만 원
   ② 선물: 5만 원
   ③ 경조사비: 5만 원(단, 축의금·조의금을 대신하는 화환·조화는 10만 원)
   ④ 농수산물 및 농수산가공품 선물: 10만 원
2. '원활한 직무수행·사교·의례·부조 목적'과 '사회상규에 따라 허용되는 금품'이 어느 정도인지가 기준이 모호해 논란이 있다. 아직 충분한 판례가 누적되지 않았으므로 최대한 주의하고 받지 않는 것이 좋다.
3. 농축수산업 보호를 위해 선물에서 농수산물·농수산가공품 선물비를 분리하여 10만 원으로 개정하였으나, 타 업종 종사자들과의 형평성 논란이 있다.

💬 Q&A 예시

Q. 민원인이 감사의 표시로 음료수를 준다면 어떻게 할 것인가?

A. 먼저 감사하다는 인사를 건네고, 그럼에도 불구하고 규정상 받을 수 없다고 정중히 거절하겠습니다.

> **Comment |** 민원인과 민원담당자는 직무관련성이 있어 작은 금액의 향응도 문제가 될 소지가 있다. 실제로 김영란법이 시행된 이후 캔커피를 받은 교수가 고발을 당하기도 했다. 그리고 이에 대해 원활한 직무수행, 사교·의례, 부조라는 목적에 해당하지 않기 때문에 청탁금지법 위반이라는 유권해석이 나온 바 있다. 따라서 먼저 감사를 표하고, 법규상의 어려움을 설명드리면서 민원인의 기분이 상하지 않도록 정중히 거절할 것이라고 답변한다.

> **후속질문 |** 그래도 한사코 주신다면 어떻게 할 것인가? 그냥 놓고 갔다면 어떻게 할 것인가?

Q. 직무관련자가 외부에서 함께 차·식사를 하자고 요청할 경우 어떻게 할 것인가?

A. 일부 지방자치단체 등에서 외부인 방문 시 활용할 수 있는 청렴식권제를 시행하고 있는 것으로 알고 있습니다. 제가 근무하는 곳에서 시행하고 있다면, 청렴식권제를 활용하여 구내식당에서 식사할 것을 제안해 볼 것입니다. 시행하고 있지 않다면 각자 식사를 하거나 함께 식사 후 더치페이를 하겠습니다.

> **Comment |** 부득이한 경우 외부에서 함께 식사 후 직무관련자가 식대를 부담하려고 한다면 이를 거절하기가 곤란하고, 불필요한 오해를 받을 수도 있다. 따라서 직무관련성이 있다면 최대한 내부에서 식사할 것을 유도하고 부득이하게 외부에서 식사하더라도 식대는 각자 부담하는 방향으로 답변을 준비한다.

- 김영란법을 어떻게 생각하는가?
- 김영란법이 왜 필요하다고 생각하는가?
- 김영란법에서 개선이 필요한 점은 어떤 것이 있겠는가?

plus +「부정청탁 및 금품 등 수수의 금지에 관한 법률」(김영란법)에 대한 찬반 양론

찬성	반대
우리나라 특유의 정 문화 때문에 접대와 뇌물의 경계가 모호하다. 뇌물수수 · 비리와 같은 한국의 접대문화를 근절하기 위한 강력한 법이 필요하다.	서로 간 감사와 예의를 표시하는 미풍양속이 저해될 수 있다.
직무의 공공성이 인정되는 경우에는 확대하는 것이 바람직하다.	적용대상이 지나치게 넓고, 모든 공직자에게 일괄적으로 적용되므로 법의 실효성이 낮다. 사립학교 교직원과 언론사 등 민간영역을 침범하고 언론의 자율성을 저해할 우려가 있다.
장기적으로 우리사회가 더 투명하고 공정해진다면 사회 전체의 이익이 증가되어 사회 구성원 모두에게 혜택이 돌아갈 것이므로 김영란법에 의해 발생되는 손실보다 득이 더 크다.	농 · 축 · 수산업, 외식업, 화훼농가 등이 타격을 입고 내수가 위축된다.
아무런 논란의 여지가 없을 정도로 완벽하게 규정하는 것은 입법 기술상으로도 불가능하고 바람직하지도 않다. 통상 일반인의 법감정에 의할 경우 해당 법률의 입법목적이나 내용 등이 건전한 상식에 비추어 정형화될 수 있으면 충분하다.	'원활한 직무수행 · 사교 · 의례 · 부조의 목적으로', '사회상규에 따라' 등 부정청탁의 개념이 모호하여 민원에 대한 복지부동을 초래할 우려가 있다. 이는 모호해 형벌의 명확성 원칙에도 위배된다.
식사 1인 3만 원, 선물 5만 원의 기준이 비상식적인 것은 아니다. 일반적으로 그 정도 가격으로 충분히 식사와 접대, 선물 마련을 할 수 있다.	금액 기준이 지나치게 낮다.

3. 기타 공직 관련 질문

(1) 공직문제 개선

① **공직부패**: 공직사회가 지속적인 자정(自淨) 노력에도 불구하고 공직부패 관련 논란이 끊임없이 제기되고 있다. 이로 인해 공무원과 공직사회에 대한 이미지가 실추되고 부정적 인식과 불신이 팽배해지고 있다. 이에 따라 면접에서 공직부패에 대한 질문이 빈출되고 있다. 해당 질문에 대해서는 공직부패에 대한 경각심과 청렴을 지키고자 하는 의지를 보이되, 공무원 조직에 대한 과도한 비판은 피하는 것이 좋다.

㉠ 공직부패의 원인

- **절차의 복잡성**: 절차가 복잡하고 까다로워서 이를 생략·회피하는 수단으로 뇌물을 제공
- **관 주도의 경제발전**: 권력과 기업 간의 밀착
- **박봉**: 민간부문에 비해 상대적으로 낮은 공무원의 보수체계
- **통제력의 미약**: 행정에 대한 내재적·외재적 통제 수단이 제대로 마련되어 있지 않거나 그 작동이 원활하지 않은 경우
- **전통적인 가치관**: 관존민비의 사상, 공무원 윤리의식 결핍, 1차 집단을 중시하는 생활방식, 정(情)을 강조하는 풍조

㉡ 공직부패의 역기능

- **사회기강의 해이**: 행정부패가 만연되면 사회기강이 해이해지고 행정에 대한 불신이 가중되어 국가 발전을 저해할 뿐만 아니라 국가의 존립까지 위태롭게 함
- **가진 자 위주의 봉사**: 정부와 이익집단 간 밀착·특혜관계는 국민에 대한 공평한 봉사를 저해함
- **공무원 간의 갈등 조장**: 행정부패가 만연될 경우 공직은 이권의 정도에 따라 등급화되고, 공무원은 요직으로 전보되기 위하여 암투와 경쟁을 벌이면서 관료조직의 분위기를 해침
- **인플레이션 조장**: 부패로 쉽게 번 돈은 쉽게 쓰여져 사치풍조와 인플레이션을 조장함
- **행정비의 인상과 국고의 손실**: 부패는 부실공사와 사고수습과 피해복구 과정에서 행정비를 인상시킴과 동시에 대형참사를 유발할 수 있음

㉢ 대책

- 복잡한 행정절차 간소화
- 관 주도의 국가발전 지양
- 공무원의 보수 현실화
- 내적·외적 통제 강화, 내부고발자 보호장치 강화
- 공무원 의식 변화와 자발적 노력

---

plus+ 청렴 관련 법·제도

1. **법**: 「공직자윤리법」, 부패방지법, 「부정청탁 및 금품 등 수수의 금지에 관한 법률」(김영란법), 「공익신고자 보호법」
2. **국가청렴권익위원회**: 부패의 발생을 예방하고 부패행위를 효율적으로 규제하며 고충민원의 처리와 부패·고충민원을 유발하는 불합리한 행정제도를 개선하기 위한 중앙행정기관
3. **시민감사 옴부즈만**: 독립된 신분이 보장된 시민감사 옴부즈만이 시정의 공정성·투명성 감시
4. **클린신고센터**: 공무원 및 직무관련자와 금품, 향응, 선물을 주고받거나 그런 의사를 표시한 경우를 알았을 때 등 공무원 부조리, 행동강령 위반 등 내부 부조리 신고
5. **청렴식권제**: 계약 및 인허가 등 업무 관련 민원인이나 직무관련자가 함께 중식을 할 경우 구내식당에서 함께 식사할 수 있도록 식권 제공, 직무관련자와 외부식당 이용 시 발생할 수 있는 식사비 대납

Q&A 예시

Q. 공무원에 대한 부정적 인식의 원인과 개선방안을 말해보시오.

A. 공무원의 친절도 · 청렴도와 민원서비스가 개선 중임에도 불구하고, 일부 고위공직자들의 비리 · 갑질 사실이 부각되어 언론에 노출되므로 공무원 사회 전체의 이미지가 실추되었습니다. 공무원에 대한 불신이 심화되면 국민들의 정책 순응도가 낮아지고, 결국 사회혼란을 가져올 수 있으므로 언론의 자극적인 기사는 자제가 필요하다고 생각합니다. 또한 공무원 자체적으로 개선된 친절도 · 청렴도에 대한 적극적인 홍보가 필요합니다. 공무원에 대한 부정적 인식이 공무원 사회 전반의 청렴도 · 친절도보다 특정 인물의 비리 · 갑질 사실에 더 큰 영향을 받는 것처럼 모범적인 공무원의 선행 등을 구체적으로 알리는 것이 공무원에 대한 부정적 인식을 개선하는 데 효과적일 것입니다.

Q. 언론에서 자주 기사화되고 있는 공무원 비리에 대해 어떻게 생각하는가?

A. 공무원이 비리를 저지르는 것은 분명 잘못된 일입니다. 비리 문제를 강력히 엄벌하여 더 이상 그런 일이 벌어지지 않도록 해야 합니다. 하지만 대부분의 공무원들이 청렴하게 공직을 수행하고 있음에도 소수의 비리 공직자를 공직자 전부가 부패한 것처럼 매도하여 보도하는 것 역시 옳지 않다고 생각합니다. 공무원은 무엇보다도 국민의 신뢰가 필요한 직업인데, 이러한 기사가 자주 나간다면 국민들이 공무원을 신뢰하기 어렵게 될 것이고, 결과적으로 정책 순응도가 떨어지게 될 것입니다. 또한 이를 위해 공무원 스스로도 인식 개선을 위해 노력해야 한다고 생각합니다. 저 또한 올바른 윤리관을 갖추고, 공무원의 신뢰도를 높일 수 있는 캠페인 등의 방안을 고민해 보도록 하겠습니다.

> **Comment Ⅰ** 지원자는 공직에 대한 믿음과 확신을 보여주어야 한다. 따라서 자신이 속하게 될 공직 조직에 대한 강한 비판은 피하고, 방지책이나 해결방안 등을 제시하거나 청렴에 대한 각오를 보여주는 것이 좋다.

Q. 공직부패의 개선방안은 무엇인가?

A. 현재 공무원들을 대상으로 주기적으로 공직부패의 인식 개선과 규정의 이해를 위한 연수 등 교육을 하고 있는 것으로 알고 있습니다. 그러나 인식 개선을 위한 노력에도 불구하고 공직부패가 근절되지 않고 있습니다. 인식 개선과 더불어 청렴 마일리지 제도 등 인센티브를 제공하고 부패공직자가 충분히 책임을 느낄 수 있도록 징계기준을 강화하는 것도 필요하다고 생각합니다.

② **공무원 과로사회:** 각종 부처, 지방자치단체 공무원이 지나친 초과근무를 하고 있는 것으로 나타나고 있다. 특히 서울시 공무원이 잦은 초과근무 등의 고된 업무로 투신자살한 사건이 발생하면서 문제가 제기되었다.

㉠ **문제점:** 삶의 질 저하, 일자리 부족, 과다 수당으로 인한 세금 낭비 등

㉡ **과제**
  • 초과근무수당을 임금 보전책으로 여기는 노동 문화 개선
  • 업무를 효율화하는 등 만성화된 초과근무 개선
  • 너무 적은 기본급 등 불합리한 부분 등의 개선을 통한 제도 정상화
  • 인력 증원
  • 실제 근무시간 확인

ⓒ 대책: 국가공무원 복무규정을 개정하는 등 제도 차원에서 노력을 기울이고 있다.

- 임신에서 출산 시까지 전 기간 동안 근무시간을 1일 2시간 단축할 수 있도록 함
- 자녀돌봄휴가(자녀 입학식 등 학교 공식 행사, 어린이집 교사와의 상담, 병원진료) 확대 시행
- 연가저축기간을 5년에서 10년으로 확대
- 초과근무시간 적립 후 필요시 연가로 활용하는 초과근무 저축휴가제를 도입

③ **부처 간 칸막이**: 문재인 대통령은 국가재정전략회의에서 정부를 비효율적으로 만드는 가장 큰 원인이 부처 간 칸막이라며 협업의 필요성을 강조했다.

ⓐ **필요성**: 부처 간 나누어진 행정으로 중복 또는 누락 등의 부작용이 나타나며, 부처 간 칸막이로 빚어진 엇박자와 비효율은 예산낭비로 이어진다. 4차 산업혁명 시대에는 국가 미래전략 수립에 '칸막이 없는 협업'이 필수적이다.

- **사회보장급여 중복수급**: 중복으로 수급된 사례가 3만 건이나 되고, 낭비된 세금은 최대 142억 원에 달함
- **식품·의약품 등의 위해성 평가**: 식품의약품안전처, 환경부, 산업통상자원부 등 여러 부처가 나누어 검사·관리하기 때문에 통합 위해성 평가가 이루어지지 못한다. 이로 인해 가습기살균제, 살충제 계란 등의 문제가 발생함
- **에너지정책**: 국토교통부와 환경부가 함께하여 산업정책과 환경정책의 결합이 필요
- **4차 산업혁명**: 4차 산업혁명에서 진흥과 규제 등 각 분야에서 협업이 필요

ⓑ **정부대책**

- 「**데이터기반행정 활성화에 관한 법률**」: 중앙부처, 지방자치단체, 공공기관 등의 데이터를 공유해 행정효율성의 제고를 추구하는 법안으로, 다른 기관이 보유한 데이터가 필요한 기관은 데이터를 요청할 수 있음. 요청받은 기관은 국가기밀을 누설하거나 중대한 이익을 크게 해치지 않는 한 기본 데이터를 공유해야 함
- **국가데이터맵**: 각 부처와 기관이 생산한 데이터를 자유롭게 공유할 수 있도록 행정안전부에서 운영하는 범정부데이터 플랫폼
- **공공빅데이터센터**: 각종 빅데이터를 분석해 주요 의사결정의 밑바탕이 되는 자료를 제공하는 기관으로, 문재인 정부 국정과제로 설치 추진 중

(2) 공무원 관련 이슈

① **공무원 연금개혁**: 공무원 연금 기여율을 9%로 인상하고, 연금 지급률을 단계적으로 인하한다. 또한 공무원 연금 지급 개시 연령을 60세에서 65세로 단계적으로 연장하는 등 더 내고 덜 받고 늦게 받는 재정안정화 조치가 시행된다.

　㉠ 찬성 입장

　　• 과거 시도된 공무원 연금개혁은 공무원 관련 이해관계자들이 주도하여 제대로 진행되지 못했고 국민의 신뢰가 상실되는 결과를 불러왔다. 따라서 이번 개혁을 통해 합리적이고 투명한 연금을 정립해야 한다.

　　• 공무원 연금의 적자를 국민이 내는 세금으로 메우고 있는데 이는 국민혈세를 낭비하는 것이다.

　　• 공무원의 연봉이 민간기업 대비 낮다고 주장하는데, 실제 국민 대다수가 종사하는 일반 중소기업의 연봉이 공무원 월급보다 적은 경우가 많다.

　㉡ 반대 입장

　　• 공무원 연금은 국민연금에 비해 기본적으로 더 많은 보험료를 지불한다. 덜 내고 더 받는 것이 아니라 낸 만큼 받는다는 것이 올바른 해석이다. 기본적으로 공무원들은 민간기업과 대비하여 연봉과 퇴직금이 현저히 낮기 때문에 이에 대한 보상으로서의 연금은 당연한 권리이다.

　　• 공무원의 사기진작과 건전하고 윤리적인 공무수행에 악영향을 미친다. 이미 개혁의 추진으로 상당수 공무원들의 명예퇴직과 공무원 지원기피현상이 드러나고 있다.

② **공무원 정년연장**: 공무원 연금 수령나이가 60세에서 65세로 연장되면 공무원이 60세에 정년퇴직하더라도, 연금 수령나이까지 경제적 취약시기에 소득의 손실기간 5년이 발생한다. 따라서 고용노동부는 2018년부터 단계적으로 상향되는 국민연금 수급 개시 연령과 보조를 맞추기 위해 정년을 65세로 연장하기 위한 가이드라인을 마련할 계획을 발표했다. 이에 공무원 정년연장에 대한 찬반 양론이 맞서고 있다.

　㉠ **찬성 입장**: 심각한 고령화문제를 완화하기 위해서는 정년연장이 필요하다. 일본 등 일부 선진국에서도 정년을 연장하려는 움직임이 있다.

　㉡ 반대 입장

　　• 정년연장으로 인해 인사적체가 발생하면 신규 일자리가 창출되기 어렵고 청년실업이 심화될 수 있다.

　　• 고용기간 연장에 따른 총 인건비가 증가하면 정부의 재정부담이 과도해지고 이는 세금부담으로 이어질 것이다.

03 상황판단·문제해결형 질문

상황판단·문제해결형 질문은 주어진 가상의 상황에서 지원자의 대처방식을 묻는 질문이다. 상황판단·문제해결형 질문을 통해 문제 분석력, 논리적 사고력, 문제해결능력을 종합적으로 평가한다. 매년 자기기술서 주제로 출제되고 있으며, 개별면접 질문으로 출제되기도 한다.

1. 접근방법

(1) 기준 설정

문제해결에 있어서 어떤 가치를 중요하게 생각했는지, 어떤 원칙을 중요하게 생각했는지 등의 기준을 설정한다. 기준이 명확해야 문제해결의 방향을 정할 수 있고, 왜 그렇게 행동했는지에 대한 후속질문에 문제해결의 기준을 명확히 답할 수 있다.

(2) 행동

그 기준에 따라 어떤 행동을 할지 구체적인 내용을 생각해본다. 이때 두루뭉술한 해결방안보다는 구체적인 대책을 생각해야 한다. 또한 공직가치, 공직규정에 부합하는 방향으로 대책을 모색해야 한다.

(3) 보완

세상에 완벽한 해결방안은 없기 때문에 면접관이 '이런 문제가 발생한다면?', '이런 이유로 잘 해결되지 않는다면?' 등 압박형 후속질문을 제시할 수 있다. 따라서 그 해결방안을 선택했을 때 발생할 수 있는 문제나 부작용, 그 방안을 실행하는 데 있어서 예상되는 어려움 등에 대한 보완점을 생각해 본다.

2. 공직가치·인성 관련 상황

(1) 공직관, 공무원의 자세를 평가하는 질문

① 상관·동료의 부당한 지시 또는 행위

　㉠ 상관의 지시: 위계서열이 중요한 조직이므로 상관에게 거역한다거나 공격적으로 맞서는 식의 답변은 피한다. 「국가공무원법」 제57조 복종의 의무에는 "공무원은 직무를 수행할 때 소속 상관의 직무상 명령에 복종하여야 한다."는 규정이 있으므로, 위법이 아닌 비합리적이거나 부당한 행위라도 최대한 지시대로 이행하고 지시한 사항을 완수한 후 부드럽게 이의를 제기하거나 보완책을 제안하겠다는 답변이 가장 적절하다.

다만, 공정한 직무수행을 해치는 지시의 경우에는 「공무원 행동강령」 제4조 "공무원은 상급자가 자기 또는 타인의 부당한 이익을 위하여 공정한 직무수행을 현저하게 해치는 지시를 하였을 때에는 그 사유를 그 상급자에게 소명하고 지시에 따르지 아니하거나 행동강령책임관과 상담을 할 수 있다."에 따라 공손히 사유를 소명하고 지시에 따르지 않거나, 명백하게 위법한 지시를 하는 경우 상관과 나 모두에게 피해가 돌아올 것이라고 설득하고 지시에 따르지 않을 것이라 답변한다. 그리고 합법적인 테두리에서 융통성을 발휘하여 보완하는 방식을 제안하는 것이 바람직하다. 그래도 고집을 꺾지 않는다면, 상관의 상급자 또는 소속기관의 장 등과 상의한다고 답변한다.

💬 Q&A 예시

Q. 상관이 부당한 명령을 내렸다면 어떻게 할 것인가? 상관과 나의 의견이 다르다면?

A. 상관님은 분명 저보다 더 오랜 경험을 가지고 계실 것입니다. 제가 생각하기에 명령이 부당하게 느껴질 수도 있겠지만, 명백하게 위법한 명령이 아니라면 상관님의 경험과 식견을 믿고 우선 명령을 따르겠습니다. 그 뒤에 저의 생각이나 의견을 상관님께 여쭈어 보도록 하겠습니다.

> **Comment ㅣ** 공무원은 위계서열이 중요한 조직이므로 상사에게 거역한다는 식의 답변은 피한다. 수많은 현장 경험을 통해 나온 상관의 업무처리 방식이 쉽게 이해가 되지 않고 상관과 의견이 다를지라도 지속적으로 자문을 구하고 배우려는 자세로 답변한다.

Q. 상사나 동료가 일을 하지 않고도 시간 외 수당을 받기 위해 야근한 것으로 처리해 달라고 한다면 어떻게 할 것인가?

A. 실제로 야근을 한 것이 아니라면 분명히 거절의 의사를 전하겠습니다. 공무원이 받는 보수는 모두 국민의 세금을 재원으로 하는 것이기 때문입니다. 항상 청렴해야 하는 공무원이 국민의 세금을 부당하게 쓰는 것은 공직관에 어긋나는 일이라 생각합니다.

> **Comment ㅣ** 아무리 막역한 동료라고 해도 청렴과 관련된 사항에 관해서는 강직한 모습을 보인다. 부탁을 들어주는 방향으로 유인하는 추가질문이 들어오더라도 흔들리지 말고 일관된 태도를 보여야 한다.

후속질문 ㅣ 조직 분위기가 나빠지지 않겠는가?

Q. 상급자가 나보다 늦게 들어왔지만 파견복귀자라는 이유로 승진대상에서 내가 아닌 파견복귀자를 선택한 경우 어떻게 할 것인가?

A. 저는 우리나라 정부조직의 근무성적평정이 매우 객관적이고 공정하다고 생각합니다. 제 입장에서는 매우 서운하겠지만 상급자께서 그렇게 결정하셨다면 상급자 입장에서는 객관적으로 판단하셨을 것이므로 아쉽지만 받아들이겠습니다. 그렇다 하더라도 아쉬운 건 어쩔 수 없기 때문에 동기들과 술 한 잔 하면서 풀겠습니다.

ⓒ **상관·동료의 불법을 목격:** 불법행위를 시정하도록 상관을 설득하고 그래도 안 되면 다른 상관에게 도움을 청하는 등 내부적으로 해결하려는 노력이 우선되어야 한다. 다만, 그 뒤에도 해결이 어렵고 외부고발이 불가피할 경우라면 외부고발을 하는 방향으로 답변한다.

외부고발은 언론에 의해 크게 조명될 가능성이 높은데, 공무원의 불법이 언론에 알려질 경우 공무원 조직 전체에 대한 신뢰도가 하락할 수 있기 때문에 외부고발은 최후의 방법이 되어야 한다.

💬 Q&A 예시

Q. 상사나 동료가 위법하게 금품을 수수하는 것을 목격했다면 어떻게 할 것인가?

A. 제가 만약 위법하게 금품을 수수하는 상사나 동료를 보았다면 일단 그 상사나 동료를 찾아가서 제가 그러한 현장을 보았다는 사실을 말한 뒤, 그러한 일이 잘못되었다는 점을 인식시키고 스스로 상급자 또는 감사기관에 위법한 일을 저질렀음을 알리도록 설득하겠습니다. 하지만 만약 그 상사나 동료가 저의 설득에 끝내 응하지 않는다면 그때는 제가 상급자 또는 행동강령책임관 등에게 위법 사실을 신고하도록 하겠습니다.

> **Comment |** 상관의 위법한 행위에 대해 바로잡으려는 마음가짐을 가지되, 조직 내부의 잘못을 바로 외부에 고발하기보다는 자체적으로 극복하게끔 노력하는 것이 우선되어야 함을 기준으로 답변한다.

Q. 본인이 속해 있는 과의 선배들이 시간 외 근무를 실제로 하지 않았음에도, 개인별 인사시스템 아이디와 비밀번호를 공유한 후 순번을 정해 야간과 휴일 근무시간을 대리 등록하여 최대 월지급액을 받는 방식으로 시간 외 근무수당을 부당하게 수령하는 것을 알게 되었다면 어떻게 대처할 것인가?

A. 먼저 부당한 행위를 중단할 것을 설득하겠습니다. 설득에도 불구하고 부정이 계속된다면 행동강령책임관 또는 공직자비리 신고센터에 신고하겠습니다.

---

② 본인의 위반행위 직면

　㉠ **외부인의 선물이나 청탁:** 사소한 선물이나 편의일지라도 업무와 관련될 수 있다면 정중히 거절한다는 답변을 해야 한다. 특히 민원인과 민원담당자는 직무관련성이 있으므로 소액의 선물도 거절해야 한다.

　㉡ **공직 지위를 이용해 본인이 이익을 볼 수 있는 상황:** 직위를 이용해 부당한 이익을 얻는 것은 「공무원 행동강령」에 어긋나는 행위이다. 사소한 이익이라도 함정에 넘어가지 말고 공익을 생각해야 한다. 따라서 어떤 부분에서 공익을 해칠 수 있는지를 근거로 제시하고 그렇기 때문에 당장의 이익을 포기하겠다고 답변한다. 또한 장기적으로 공익이 사적 이익과 상충되지만은 않는다는 것을 상기한다.

　㉢ **가족이나 가까운 친척의 불법·청탁:** 가까운 가족을 고발하는 것은 비현실적이므로 규정을 알리고 청탁을 거절하거나 불법을 시정하도록 설득한다고 답변한다. 그리고 합법적인 테두리에서 도움을 줄 수 있는 방법을 생각해서 제시한다.

Q. 친인척이나 친구가 업무와 관련하여 부당한 요구를 해 온다면 어떻게 할 것인가?

A. 공과 사를 구분하는 것은 매우 중요합니다. 친한 친구나 친인척이 비록 위법하지는 않더라도 무언가를 바라고 특혜를 준다면 이것은 다른 국민, 민원인들을 차별하는 일이 될 것입니다. 친구나 친인척이 섭섭해 할 수도 있겠지만, 저의 입장을 분명히 밝히고 거절하는 것이 바람직하다고 생각합니다.

Comment ㅣ 청렴과 관련된 질문에는 강직하게 답변한다. 면접관이 '가정형편이 어려운', '평소 은혜를 입은' 등의 수식어를 붙여 부당한 요구를 들어준다는 식의 답변을 유도할 수도 있다. 이런 경우에도 업무와 관련된 청탁은 거절하고, 업무 외적 부분에서 도울 수 있는 방법을 찾는 방향으로 답변한다.

후속질문 ㅣ 만약 그 친구나 친인척이 굉장히 사정이 어려워서 도움이 꼭 필요한 상황이라면?

ⓔ 업무 수행 중의 잘못 또는 실수: 업무 수행 중의 잘못이나 실수는 인지한 즉시 인정하고 책임지며, 추후 비슷한 잘못을 하지 않도록 배우는 기회로 삼는 자세를 보여야 한다.

Q. 공무원은 업무 중 실수로 인해 변상을 해야 하거나, 처벌을 받게 될 수도 있다. 이러한 경우 어떻게 할 것인가?

A. 공무원이 징계를 받거나 변상을 하는 경우란 위법하거나 중대한 과실, 고의인 경우라고 알고 있습니다. 질문하신 상황이라면 저의 잘못이 클 것입니다. 오해나 특별한 사정이 있다면 상사님께 말씀드리고 조언을 얻겠지만, 그런 경우가 아니라면 처벌을 받아들이고 반성하여 교훈으로 삼고, 다시 그런 실수를 반복하지 않도록 노력하겠습니다.

Comment ㅣ 실수는 겸허히 인정하고 책임지겠다는 자세를 보인다.

③ 공과 사가 겹치는 사례: 공적인 것을 중요시하는 것을 기본 원칙과 기준으로 삼아 해결한다. 하지만 개인생활, 사적 인간관계 등을 전적으로 배제하면 가식적이거나 대인관계능력, 융통성 등이 부족해 보일 수 있다. 공무원으로서의 사명감과 공직수행을 우선시하겠다는 자세를 취하되, 사적인 영역에 대한 보완점도 제시한다. 또한 업무와 관련이 없는 사적인 장소나 상황에서 따로 양해를 구하는 등 자신의 업무 때문에 주변 사람들이 입는 피해, 불편도 고려하는 모습을 보여야 한다.

Q. 공적인 일과 사적인 일 중 중요시되는 것은 무엇인가?

A. 물론 사람인 이상 사적인 생활을 전부 포기할 수는 없다고 생각합니다. 하지만 저는 공무원으로서 당연히 공익을 우선순위에 두고 일하겠습니다. 그 뒤에 퇴근 후 시간을 잘 활용하고 틈틈이 시간을 쪼개어 쓴다면 자기계발도 하고 휴식도 취할 수 있다고 생각합니다.

Q. 공적인 일과 개인사가 겹친다면 어떻게 할 것인가?

A. 국민에게 봉사하는 공무원으로서 공적인 일을 우선시하는 것이 당연하다고 생각합니다. 나에게 주어진 공적인 일에 대하여 마지막까지 책임감을 갖고 수행해야 한다는 사명감으로 업무를 처리해 나가겠습니다. 공적인 일과 개인적인 일이 겹치는 경우가 발생하게 된다면, 각각의 일의 중요도를 파악한 후 개인적인 일을 뒤로 미루어야 할 경우라면 향후 문제가 생기지 않도록 조치하겠습니다. 만일 개인적인 일이 집안의 우환이나 급박한 사고로 인한 불가피한 경우라면, 직속 상사와 상담을 통해 공적인 업무에 차질이 생기지 않는 범위에서 처리해 나가겠습니다.

Q. 당신은 신입 공무원이다. 휴가를 맞이하여 해외여행 계획을 세웠다. 비행기 티켓은 물론 숙박지 및 여행지 예약을 다 끝낸 상황이다. 그런데 당신의 부처에 갑작스런 감사가 발생하였다. 어떻게 할 것인가?

A. 부처 업무에 차질이 생기지 않도록 해야 합니다. 감사준비를 위한 급한 업무가 생길 것을 예상하면서도 여행을 떠난다면 마음이 불편해서 제대로 여행을 즐길 수 없을 것입니다. 따라서 저는 휴가를 취소하고 감사를 준비할 것입니다.

후속질문 l 여행 취소로 인한 금전적 손실은 어떻게 할 것인가? 휴가를 통한 재충전은 필요하지 않은가?

(2) 조직융화, 갈등관리력을 평가하는 질문

① 조직 내 불합리한 관행: 불합리하다고 하더라도 갑자기 관행을 뒤집는 방식은 팀워크를 해칠 수 있으므로 바람직하지 않다. 먼저 상관과의 상의를 거치고 구성원들의 동조를 이끌어 협동을 통해 관행을 개선해 나가는 방안이 좋다.

② 갈등 해결

　㉠ 본인과 상관 · 동료의 갈등: 갈등의 원인을 파악하는 것이 첫 번째이다. 원인을 상대방에게서만 찾지 않고, 상대방이 그렇게 행동하게 된 것에 자신의 잘못이 있지 않은가 성찰하는 태도가 필요하다. 특히 상관과의 갈등이라면 예의에 어긋나지 않도록 해결해야 하며, 동료와의 갈등에서는 상관의 조언을 구하거나 도움을 받는 것도 좋다. 하지만 상관에게 고자질하는 방식으로 팀워크를 해치지 않도록 주의해야 한다.

💬 Q&A 예시

Q. 당신이 기안을 제출하면 항상 상관이 제대로 보지도 않고 승인해주지 않는다면 어떻게 할 것인가?

A. 제출한 기안의 부족한 점을 파악하는 것이 우선입니다. 그 뒤에 상관과의 의사소통이 필요하다고 생각합니다. 먼저 제가 작성한 기안에 잘못된 점은 없었는지 검토를 하고 보완하겠습니다. 수정된 기안도 승인해주지 않는다면 상관에게 면담을 요청해서 기안의 문제점이 무엇인지 예의를 갖추어 정중히 여쭙고 의견을 들을 것입니다. 그 다음 청취된 의견과 상관의 선호도를 고려하여 새로운 기안을 수립할 것입니다.

ⓒ 다른 구성원들의 갈등: 본인의 갈등과 마찬가지로 갈등의 원인과 쟁점을 파악하는 것이 첫 번째이다. 그 후 다른 구성원들의 갈등에서는 제3자적 중재자의 역할을 해야함을 기준으로 접근한다. 한쪽에 치우친 입장으로 갈등에 참여할 경우 갈등이 본질을 이탈해 편 가르기로 변질되어 이전보다 심화될 가능성이 있다.

💬 Q&A 예시

Q. 당신은 신임 주무관으로서 팀원들과 프로젝트의 성공을 위하여 열심히 일하고 있다. 그런데 팀원들 중 두 명의 빈번한 의견충돌 및 대립으로 인하여 프로젝트의 진행에 있어서 어려움을 겪고 있다. 어떻게 행동하겠는가?

A. 의견충돌과 대립을 해결하기 위해서는 소통을 통한 조직의 조화가 중요합니다. 먼저 의견에 대해서 구체화하여 나누는 시간을 가질 것입니다. 서로의 의견을 정확히 파악해야 중심쟁점과 타협점을 찾을 수 있다고 생각합니다. 의견파악 후 나의 의견을 충분히 설득할 것입니다. 그럼에도 불구하고 다수가 나와 다른 의견이라면 다수의 의견을 따르겠습니다.

ⓒ 동료의 직무태만: 동료와 소통과 대화를 통해 업무에서의 어려움을 밝히고 협조를 요청하며, 그래도 잘 해결되지 않는다면 상호 간의 겪는 어려움을 파악하고 이를 반영하여 업무분담 방안을 모색하여야 한다. 그 후에 상관에게 업무를 재조정하거나 업무분장 기준을 명확하게 해줄 것을 요청할 것이라 답변한다. 또한 업무조정, 업무분장에 있어서 대화나 회의 등을 통해 합의된 규칙을 마련하여 팀워크의 저해를 막을 수 있다.

💬 Q&A 예시

Q. 당신은 주위로부터 업무능력을 인정받고 있다. 상급자는 당신의 업무능력을 신뢰하고 자주 일을 맡기는 편이다. 그에 반해 다른 동료직원은 일을 제한된 기일 내에 처리를 하지 못하는 편이다. 이런 상황에서 상급자가 본인에게만 업무를 과중하게 지시한다면 어떻게 하겠는가?

A. 제가 주관적으로 느꼈을 가능성도 있으므로 실제로 저의 업무량이 객관적으로 과중한지 체크하는 것이 우선되어야 합니다. 실제로 업무량이 과중하다면 동료와 대화를 통해 상호 간 업무에서 어려움을 겪는 부분을 파악할 것입니다. 동료가 잘 하는 부분과 내가 잘 하는 부분을 반영한 보완적인 업무분담 방안을 모색하고, 동료와 협의하겠습니다. 협의가 잘 된다면 상관에게 협의된 업무분담 방안대로 업무지시를 해줄 것을 요청할 것입니다.

Q. 동료들이 업무를 소홀히 하여 나에게 과중한 업무가 주어진다. 업무를 성실히 해줄 것을 요청했는데도 불구하고 계속 업무를 소홀히 한다면 상관에게 보고할 것인가?

A. 상관에게 직접 보고한다면 서로에 대한 신뢰가 깨지고 팀워크가 무너질 가능성이 있습니다. 직접 보고하기보다는 상관에게 팀원들의 업무분장을 확실히 해 줄 것을 요청할 것입니다.

후속질문 ㅣ 업무분장이 되었는데도 나에게 일을 떠넘긴다면 어떻게 하겠는가?

ⓔ **구성원들의 반발**: 충분한 설명과 설득, 참여적 의사결정, 토론·면담 등을 활용하여 구성원들의 요구사항을 파악하고, 반영 가능한 부분이 있다면 최대한 반영하여 대책을 모색할 것이라 답변한다.

(3) 봉사정신, 친절도를 평가하는 질문(민원대응)

① **기본 자세**: 민원인과 의사소통이 원활하게 이루어지지 않아도 화를 내지 않고 미소를 지으며 경청하고 공감하여 민원인의 흥분을 누그러뜨린 후 설득한다고 답변한다. 당장 들어줄 수 없는 요구라 하더라도 민원인의 의견에 경청해야 한다는 점이 중요하다. 민원인에게 끝까지 평정심을 잃지 않고 유연하게 대처할 수 있음을 강조한다.

> **💬 Q&A 예시**
>
> **Q.** 민원인이 부당한 요구를 하거나 트집을 잡는다면 어떻게 하겠는가?
> **A.** 저는 아르바이트를 하면서 부당한 요구를 하거나 트집을 잡는 고객들을 많이 접해 보았습니다. 이때 고객들의 요구사항 또는 불만사항을 경청하고 공감하며, 최대한 고객의 요구를 들어드리기 위해 노력하는 모습을 보여드렸습니다. 불가능하더라도 요구를 들어드릴 수 없음에 대해 진심으로 죄송한 마음을 표현하였습니다. 그 결과 불만을 가진 손님들이 마음을 돌려 웃는 얼굴로 가셨습니다. 공직에 입직해서도 민원인들에게 귀 기울이고 노력하는 자세로 불만을 풀어드릴 수 있도록 노력하겠습니다.

㉠ **고성·폭력·기물파손**: 고성을 지르는 민원인의 경우 먼저 다른 민원인이 놀라지 않도록 가벼운 목례를 하고 목소리를 낮추어 민원인 스스로 목소리가 크다는 사실을 인지하도록 하고, 계속해서 언성을 높인다면 상담실 등으로 장소를 옮겨 다른 민원인에게 방해가 되지 않게 하겠다고 답변한다. 이때 폭력이나 기물파손 등의 행위는 안전이 문제될 수 있으므로 단호한 태도를 견지할 것이라는 점을 보여야 한다. 안전요원을 호출하고 폭행이나 기물파손이 계속될 경우 경찰을 부르겠다고 고지하며, 더불어 후속절차를 위해 현장기록을 증거로 남기는 방향으로 답변한다.

㉡ **법이나 규정에 위반되는 부탁**: 침착하게 경청하고 민원인에게 규정을 설명드린 후, 그래도 설득이 되지 않으면 상관의 도움을 구하는 방향으로 답변한다. 민원인이 딱한 사정이라고 하더라도 법과 원칙에 위배되는 판단과 처분을 하지 않으며, 법규를 잘 설명드리고 부탁을 들어드릴 수 없음을 이해·설득시킨다는 점에 중점을 둔다. 단, 추후 도움을 드리겠다거나 다음에 오라는 등의 말로 기대감을 높이지 않는다. 적법하고 현실적인 대안이 있다면 이를 제시하는 적극적인 태도를 보이는 것이 좋다. 불합리한 법규를 지적하는 경우에도 일단 원칙대로 처리한 후 상관에게 질의해 보고 타당성이 있다면 상부에 추후 개선을 건의하는 방향으로 접근한다.

Q&A 예시

Q. 민원인이 위법한 요구를 한다면 어떻게 하겠는가?

A. 우선 민원인의 요구를 경청하여 진정 원하는 바를 파악한 후에 민원인의 요구가 법적으로 어떠한 점에서 위법한지 그 법적 근거를 차근차근 설명해드리겠습니다. 대신 민원인이 원하는 결과를 구할 수 있는 다른 방법이 있는지도 알아보겠습니다.

> **Comment |** 중요한 점은 민원인의 의견에 경청해야 한다는 점이다. 경청한다 하더라도 분명하지 않은 태도로 희망고문을 하지 않아야 하며, 들어드릴 수 없다는 점을 우선적으로 분명히 밝혀야 한다. 다만, 당장 들어줄 수 없는 요구라고 하더라도, 비슷하거나 같은 결과를 낼 수 있는 다른 방안을 모색해 보는 적극적인 태도를 보여주어야 한다.

ⓒ 기관장 면담을 요구: 다급하거나 불가피한 상황이 있는 것이 아니라면, 업무담당자인 자신을 통한 해결이 더 직접적이고 빠른 해결방안임을 알려드리며 설득한다. 그래도 요구가 계속된다면 중간 관리자와의 면담을 안내한다. 그럼에도 불구하고 계속 기관장과의 면담을 요구한다면 이메일 주소나 게시판 등 간접적인 소통 통로를 알려드린다는 방향으로 답변한다. 민원인과 기관장의 면담이 원칙적으로 불가능한 것은 아니므로, 모든 노력을 했음에도 민원인이 뜻을 굽히지 않으면 기관장과 면담을 검토한다고 답변한다.

② 보완: "전문서적이나 교육 등을 통하여 커뮤니케이션을 위한 방법 등을 습득하여 활용할 수 있는 역량을 제고하기 위하여 노력하겠다." 등은 어느 상황에서도 보완책으로 덧붙이기 좋다.

Q&A 예시

Q. 본인이 일하는 동사무소에 할머니가 친근감을 표하며 매일 방문해 업무에 지장을 주고 있다. 다른 동료들도 좋아하지 않는 눈치이다. 업무를 택하겠는가? 아니면 할머니를 택하겠는가?

A. 일단은 성실히 면담에 임하겠습니다. 그러나 면담이 장시간 계속되면 업무시간에는 대응해 드릴 수 없음을 설명드리고 면담을 종료할 것입니다. 다만, 점심시간에 따로 시간을 내서 할머니를 만난다거나 주말에 약속을 잡고 할머니를 만나겠습니다.

Q. 개인의 점심시간을 할애하면서 계속 할머니를 응대할 수 있는가?

A. 갑자기 멀리하기보다는 시간을 두고 공직업무 특성상 계속 대응할 수 없음을 조심스럽게 말씀드리면서 조금씩 거리를 둘 것입니다.

> **Comment |** 행정안전부의 특이민원 응대 가이드라인에는 행정업무와 무관한 민원이라도 일단은 공감·경청하는 등 성실히 응대하라는 지침이 있으므로 가이드라인을 참고하여 답변하는 것이 좋다. 다만, 30분 이상 장시간 지속될 경우 상담이 곤란한 점을 설명한 후 응대를 종료해야 함도 행정안전부 특이민원 응대 가이드라인에 제시되어 있다.

plus+ 행정안전부 특이민원 유형별 응대 가이드라인

민원인 폭언(욕설, 협박, 모욕, 성희롱) 시

- 1단계: 자제요청 및 법적 조치 고지(3회 이상)
- 2단계: 사전 고지에도 폭언 등 지속 시 응대 중지, 감사 부서 통보 및 기관 차원의 법적 대응 여부 결정
- 3단계: 법적 대응 결정에 대한 민원인 의견 제출 공문 발송
- 4단계: 필요 시 행정기관이 주체가 되어 법적 조치 실행

민원인의 폭행 시

- 1단계: 부서장 책임하에 안전요원과 동료 직원들이 폭행을 제지하고 추가 피해 방지를 위해 적극 협력
- 2단계: 다른 민원인들을 대피시키고 신속히 경찰에 신고

허위 민원 신청

감사 부서 통보 및 조사 후 법적 조치. 단, 법적 조치에 앞서 해당 민원인에게 의견 제출 기회 제공

반복적인 민원 신청

- 1단계: 행정기관으로부터 수용불가 취지의 답변을 받았음에도 같은 내용의 민원을 또 다시(2차) 제기하는 경우에는 민원처리부서의 장이 1차 답변 내용의 적절성을 다시 한 번 더 확인하고, 여전히 수용곤란으로 판단될 경우 민원인에게 그 사유를 충분히 설명하는 등 적극 대처. 단, 2회 이상 처리결과 통지 절차 반드시 이행
- 2단계: 민원인에게 신청민원에 대해 수용불가 사유를 설명했음에도 같은 내용의 민원을 또 다시(3차) 제출하는 경우 1, 2차 답변자의 차상급자 결재를 받아 종결처리 가능(「민원 처리에 관한 법률」 제23조)
- 심의·조정이 필요한 경우: 반복되는 민원 가운데 민원 해소 및 방지를 위해 민원내용의 재검토가 필요하다고 판단되는 경우에는 민원조정 위원회에 상정, 심의·조정

기타(행정업무와 무관한 주장 등)

- 1단계: 공감, 경청하는 등 성실히 응대
- 2단계: 통화 및 면담시간이 장시간(30분 이상) 계속되면 상담이 곤란함을 설명한 후 응대 종료

(4) 의사결정, 문제해결력을 평가하는 질문

① 대상 선정이 필요한 상황: 인사 대상자 선정, 거래 업체 선정, 지원 대상 업체 선정 등의 의사결정문제에 대하여 주관적인 결정으로 해결하는 것은 공정성에 문제가 될 수 있기 때문에 객관적인 기준을 마련하여 결정하는 해결방식이 바람직하다. 따라서 대상 선정에 있어서 중요한 측면을 점수화하는 등 기준을 만들고, 가능한 객관적 기준으로 평가한 후 선정하며, 상황에 따라서는 선정기준 또는 규칙 등을 정할 때 관련 이해관계자를 참여하게 하고 의견을 반영하여 반발을 최소화할 수 있도록 하겠다고 답변한다.

Q. A주무관과 B주무관이 있다. A주무관은 연공서열이 높고 B주무관은 업무능력과 리더십이 뛰어나다. A주무관과 B주무관은 모두 평판이 좋다. 표창이 승진에 영향을 줄 때 표창 대상자로 누구를 선택할 것인가?

A. 주관적인 평가는 반발의 가능성이 있으므로 객관적인 규칙을 마련하겠습니다. 연공서열과 업무능력 및 리더십 측면을 항목별로 나누어 점수화하고 중요도에 따라 배점을 나누어 전반적인 평가를 하는 평정표를 제작하고 규칙으로 삼겠습니다. 업무능력과 리더십 측면에 더 높은 배점을 두고 점수는 객관적 기준으로 부여할 것입니다. 이 규칙에 따라 결과적으로는 B주무관을 선택할 것입니다.

후속질문 ㅣ 객관성이 확보가 되는가? 규칙이 공정하지 않다고 반발한다면 어떻게 하겠는가?

② **대상 재선정 여부를 결정하는 상황:** 대상 재선정 여부를 결정하는 사안에는 신중하게 접근해야 한다. 이미 공고한 결정을 번복한다면 정부·지방자치단체에 대한 신뢰도에 문제가 생길 수 있기 때문에 재선정보다는 다른 방법으로 보완하는 방향으로 접근하는 것이 좋다. 그러나 선정과정에서 중대한 과실로 인해 국민의 권리가 침해된 경우에는 재선정을 통해 침해된 권리를 회복할 수 있도록 해야 하며, 이때 재선정 사유에 대한 충분한 설명으로 반발을 최소화하려는 노력을 보여주는 것이 필요하다.

③ **업무가 겹칠 때 우선순위를 결정하는 상황:** 무조건 상관의 업무를 먼저 처리한다고 답변하면 안 되며, 융통성 있게 답변해야 한다. 상관에게 양해를 구한 뒤 긴박하고 중요한 일을 우선 처리하겠다고 답변하며, 상관의 업무는 초과업무 등을 활용하여 최선을 다해 기한 내에 완수하도록 노력하겠다는 모습을 보여준다.

Q. 본인은 인·허가 업무 담당자이다. 본인의 인·허가 업무가 바쁜 것을 알고도 상관이 보고서를 작성하여 제출하라고 지시할 경우 어떻게 할 것인가?

A. 업무가 중요하지만 상사에 대한 순응과 예의도 중요합니다. 보고서와 인·허가 업무 중 중요도와 처리기일의 임박을 고려하여 우선순위를 정할 것입니다. 업무가 중요하다면 상사에게 양해를 구하고 업무처리를 끝낸 뒤 언제까지 보고서를 제출할 것인지 약속드리겠습니다.

후속질문 ㅣ 상사가 지금 당장 하라고 한다면 어떻게 하겠는가?

④ 예산이 부족한 상황: 홍보 등을 통한 투자유치, 상위부서에 예산편성 요청 등 예산 확보 방안을 제시한다. 이때 직거래나 행정간소화 등 비용절감 방안도 고려해 본다. 다른 기관이나 부처의 정책과 연계하면 예산을 확보하고 비용을 절감하는 두 가지 효과를 기할 수 있다는 점도 기억해두면 좋다.

⑤ 업무에 대해 잘 모르는 상황: 업무처리 과정에서 잘 모르는 것이 있거나 어떤 프로젝트에 대해 문외한이라면 혼자서 해결하기 위한 노력을 제시하기보다 상관 또는 전임자에게 조언을 구한다는 답변이 조직에 잘 융화되는 사람으로 평가된다. 실제 업무에서 혼자 해결해 보려고 하다가 일을 그르치는 경우가 많기 때문에, 현직에 있는 면접관은 상관에게 먼저 조언을 구하거나 보고하고 업무를 처리하는 사람을 선호한다. 상관이나 선배의 도움을 받아 그 업무에 적응하기 위해 최선의 노력을 다하겠다는 의지를 드러내는 것이 좋다.

⑥ 재량권 발휘가 가능한 상황: 재량권을 발휘할 수 있지만, 기준 없이 재량권이 남용되지 않도록 신중을 기하는 방향으로 답변해야 한다. 자의적인 판단만으로 재량권을 발휘하지 않도록 주의해야 하며, 상관의 조언을 구하고 회의 등을 통해 재량권 발휘가 적절한 상황인지 합의하거나 본부에 질의하는 등의 노력을 보이는 것이 필요하다.

⑦ 사고 · 실수에 대처: 사고의 원인조사가 우선적으로 이루어져야 한다는 방향으로 답변해야 한다. 그리고 즉각적인 해명과 사과, 책임자 처벌이 뒤따라야 시민들의 비난을 최소화할 수 있고 엄격한 관리 시스템 구축, 매뉴얼 보완 등 재발방지를 위한 노력이 뒤따라야 한다고 답변한다. 보완으로는 개선된 정책 · 제도를 홍보하는 등 훼손된 이미지 제고를 위한 노력을 덧붙인다.

3. 딜레마 상황

공무원 면접은 짧은 시간 동안 지원자의 역량을 평가해야 하기 때문에 면접관은 지원자가 윤리 문제를 해결하는 과정을 보면서 가치관과 논리력 모두를 평가한다. 문제해결력과 함께 올바른 가치관도 공직자에게 꼭 필요한 요소이기 때문이다. 그 중에서 어떤 가치를 더 우선할 것인가를 선택할 때는 왜 그런 선택을 하는지에 대한 기준이 논리적이고 명확해야 한다. 딜레마 문제가 쉽지 않은 이유는 양쪽 다 배제하기 어려운 가치를 내포하고 있기 때문이다. 어느 쪽을 택한다고 해도 그에 대한 압박질문을 받게 될 것이므로, 선택에 대한 보완점도 생각해야 한다.

(1) 쟁점이 되는 가치 파악

먼저 질문에서 의미하는 바가 무엇인지 정확히 알아야 하며, 각 선택지에 따르는 가치가 무엇인지 파악한다. 경제적 이익과 법령 준수, 효율성과 형평성, 공익과 개인의 권리 등으로 다투고 있는 가치를 분석하고 자신이 중요하게 생각하는 가치를 선택하여 선택의 기준으로 삼는다.

(2) 기준에 따른 선택과 근거 제시

선택한 가치에 따른 선택과 그 이유를 구체적으로 설명한다. 이때 기대되는 효과 등을 근거로 함께 제시하는 것이 좋다.

(3) 예상문제와 보완점

딜레마 문제는 각 선택지가 모두 배제하기 어려운 가치를 내포하고 있기 때문에 한 가지만을 선택한다면 다른 가치를 배제함으로 인한 문제점이 생길 것이다. 따라서 그 문제에 대한 보완점을 함께 생각해보고 압박성 추가질문에 대비해야 한다.

💬 Q&A 예시

Q. 당신이 근무하는 지방자치단체에서 학생들을 위해 장학금을 지원하려고 한다. 장학금 재원이 일정하다는 전제하에 성적순으로 학생들에게 장학금을 지원하는 방법과 가계가 곤란한 순서대로 지원하는 방법 중 하나를 선택해야 한다면 어느 것을 선택할 것인가?

A1. (중요시하는 가치가 동기부여의 효과성인 경우) 성적장학금을 지급하지 않는다면 학업에 있어서 동기부여가 감소할 것입니다. 따라서 저는 성적순 지원을 선택하겠습니다. 대신 가계가 더 곤란한 학생에게는 장학재단 등을 연결해 주는 사업을 추진하겠습니다.

A2. (중요시하는 가치가 사회적 형평성인 경우) 형편이 여유로운 학생의 경우, 공부에 할애할 시간이 상대적으로 많을 것이고 이는 성적향상으로 이어질 것입니다. 따라서 성적순으로 장학금을 지원한다면 부익부 빈익빈 현상이 지속될 것입니다. 장학금의 취지는 더 많은 학생에게 균등한 교육의 기회를 제공한다는 것인데 상위층 자녀들은 국가의 보조가 없더라도 교육을 중단하는 등의 문제는 대체로 없으므로, 가계가 곤란한 학생에게 지원하는 것이 장학금 본래의 취지를 잘 살리는 것이라고 생각합니다. 따라서 저는 가계가 곤란한 순서대로 지원을 하겠습니다. 다만, 성적이 우수한 학생들에게는 교육프로그램이나 인턴기회 등의 인센티브를 제공하는 방식으로 보완하겠습니다.

Q. 일 잘하는데 괴팍한 상사와 일 못하는데 착한 상사 중 어떤 사람과 일하고 싶은가?

A. 착한 상사와 편한 공직생활을 할 수는 있겠지만 일을 못한다면 배울 것이 적을 것이고, 저의 발전에 좋은 영향을 주지 못할 것이라고 생각합니다. 따라서 저는 일은 잘하시지만 괴팍한 상사와 일을 하고 싶습니다. 저는 일단 어떤 성격이든 그에 맞춰 일하는 것을 잘 합니다. 성격을 잘 맞추는 제가 괴팍한 상급자와 일하는 것이 좋다고 생각합니다. 또한 저 스스로도 일의 욕심이 많기 때문에 상급자께 잘 맞추면서 일하면 배우는 것도 많을 것이라 생각합니다.

Q. 기한 내에 조금 부족한 보고서를 제출하는 것과 기간이 지나고 완벽한 보고서를 제출하는 것 중 본인이라면 어느 것을 택하겠는가?

A. 조금 부족하더라도 기간 내에 보고서를 제출하는 것을 택하겠습니다. 기한 내에 제출한다는 것은 저의 신뢰도와 관련이 있다고 생각합니다. 아무리 완벽한 보고서를 제출한다고 하더라도 기한이 지났다면 이미 신뢰도에서 감점이 될 것이라고 생각합니다. 먼저 기한 내에 제출한 뒤 보완사항을 추가하는 방식으로 진행하겠습니다.

---

4. 공공갈등 상황

공공갈등은 행정기관이 정책을 추진하는 과정에서 발생하는 이해관계의 충돌을 말한다. 갈등이 증폭되면 사업지체로 인한 경제적 손실 등 사회적 비용이 증가하고 공공에 대한 불신이 확대되므로 갈등을 원만하게 해결해야 한다. 따라서 이를 해결하는 능력도 공무원에게 필요한 요소이다. 공공갈등을 해결하는 질문을 통해 이해대립의 원인을 정확히 규명해내는 능력, 지원자의 평소 사회적 관심도, 충돌하는 당사자들을 조정하는 조정력 등의 종합적인 문제해결능력을 평가할 수 있다.

(1) 공공갈등의 심화 원인

① 집단 갈등: 갈등의 이해관계자 수가 많은 만큼 갈등 양상이 복잡하게 나타나고 이해를 조정하는 데 어려움이 따른다.

② 소통의 부재: 정부나 지방자치단체 주도의 권위주의적인 결정과정은 시민들의 참여와 성찰적 합의를 제한하기 때문에 정책을 둘러싸고 격렬한 갈등이 빈번하게 발생하고 있는 실정이다. 정부 및 지방자치단체의 미흡한 소통 노력, 공익사업이기 때문에 반대해도 소용이 없다는 행정편의적인 태도로 대응하는 것도 공공갈등이 심화되는 이유이다.

③ 갈등의 정치화: 지역주민이 아닌 외부단체들이 개입하면서 극한 대결 양상으로 전개되며, 일부 이념적 단체들이 갈등의 본질을 왜곡한다. 지나친 정치쟁점화가 되는 것을 방지하기 위해서는 갈등의 본질에 대한 공익적·중립적 접근과 이해 당사자들에 대한 배려와 존중이 선행되어야 한다.

④ 정부부처 중심의 협의체: 각 부처마다 갈등관리기구가 있지만 정부부처 중심으로 되어 있어 실질적으로 갈등을 해결하기 어렵다. 따라서 실질적 주체나 전문가의 참여가 필요하다.

⑤ 중립적인 중재기구 부재: 현재 갈등관리심의위원회가 있으나 제대로 운영이 되고 있지 않다는 지적이 많다. 그리고 갈등관리심의위원회는 정부 부처 중심으로 되어 있는데, 정부가 갈등의 이해 당사자가 되는 경우가 많다.

(2) 해결방안

① 정보공개 및 원활한 의사소통: 주민들에게 정확한 정보를 제공하고 투명하게 공개하여 신뢰를 확보해야 한다. 이행사업의 목적과 입지선정에 대한 확고한 당위성, 충분한 설득이 필요하므로, 주민설명회, 간담회, 공공토론회 등을 통해 끈질기게 대화하고 설득하여 의견을 충분히 수렴할 수 있도록 노력한다.

> **예** 부천시의 노점상 정책: 부천 마루광장 노점 관련 전담부서를 설치하고 적정 수 노점허가를 통해 신규 노점을 효과적으로 차단하는 노점 잠정 허용구역제를 도입했다. 더불어 부천지역 4개 노점상과 단체 등과 함께 4년여 동안 200회 이상 머리를 맞대고 상생방안을 모색했다. 이견과 갈등, 대립이 있었지만 전국 최초로 지방자치단체와 노점상 간 공동 업무협약을 체결하고, 노점상이 규격과 수량을 줄이는 데 합의했다.

② **갈등조정 협의체 구축:** 갈등관리기구는 실질적인 주체나 전문가가 참여하는 협의체로 구성해야 한다. 특히 초기 구성되는 협의회 안에 지역주민이나 시민사회단체 등 공공사업에 영향을 받는 지역이해관련자들도 반드시 참여시켜야 한다.

> **예** 2004년 경기 시화호 간척지 개발 사업: 부처와 주변 3개 지방자치단체, 지역주민, 시민단체, 전문가 등이 참여하는 협의회를 구성해 합의점을 도출했다.

③ **정치화 지양:** 지나치게 정치쟁점화하거나 이념대결로 몰고 가서는 안 된다.

④ **중립적 중재기구 마련:** 공신력 있고 중립적인 중재기구가 필요하다. 정부 주도가 아닌 독립적인 기구를 구성하여 전문성과 중립성을 유지해야 한다.

⑤ **갈등조정 전문가 양성:** 갈등조정에 비전문가인 부처의 정책 담당자 위주로 갈등 관련 협의회를 구성해 갈등 해소를 담당하게 하는 경우가 많으므로 이를 개선해야 한다.

> **예** 서울시의 갈등조정담당관 제도: 서울시는 9명의 갈등조정담당관으로 구성된 갈등관리전담부서에서 지역 사회의 고질적인 갈등 문제를 해결하고 있다.

⑥ **공공갈등관리 역량강화 교육:** 공공갈등관리에 대한 전문성을 키우는 교육이 이루어지도록 한다. 공무원들이 "대화를 통하여 갈등을 예방할 수 있다."라는 인식을 가질 수 있도록 정부의 적극적인 교육이 필요하다.

⑦ **적절한 보상과 인센티브 제공:** 혐오시설에 대해서는 직접보상을 해주거나 세금감면, 일자리 제공 등의 간접보상 등 구체적인 방안이 필요하다. 그러나 국가예산은 국민의 세금이므로 무분별하게 지원할 수 없고, 모든 반대에 대해 보상할 수는 없으므로 신중하게 고민해야 한다.

⑧ **환경영향평가 개선:** 현재 우리나라 환경영향평가는 사업시행자가 주도하기 때문에 주민들이 신뢰하기 어렵다. 그러므로 민간전문가와 일반인이 함께 참여하도록 이를 개선해야 한다.

(3) 접근방법

① 먼저 충돌하고 있는 권리와 가치에 대한 정확한 접근이 필요하다.

모호하게 '공익'으로만 파악하는 것이 아니라 왜 이 정책이 필요한지, 어떤 공익적 가치가 있는지, 어떤 권리가 제한되는지 구체적으로 파악한다.

② 문제해결의 기준을 정립한다.

공익과 권리 어느 한쪽에 치우치지 않아야 한다. 상대방의 입장을 듣고 법규상 가능한 범위 안에서 피해를 줄일 수 있는 방법을 함께 찾아보는 중재자적 역할이 필요하다. 주민들의 반대와 갈등심화의 이유를 생각해 보고 이를 완화할 수 있는 방안을 제시한다.

③ 공공갈등 해결 과정에서는 소통이 가장 중요하다.

소통을 통해 주민들의 의견을 충분히 듣고 검토하되, 주민들의 요구를 무조건적으로 수용하는 것은 지양해야 한다. 근거법령을 정확히 이해하고 법령에 어긋나지 않는 범위 내에서 해결책을 찾아내는 것이 첨예한 공공갈등 속에서 공무원에게 요구되는 역할이다. 주민 등 이해당사자들에게는 복잡한 법령을 구체적으로 이해하기 쉽게 설명하여 이해시키고 설득을 해야 한다.

④ 갈등 해결 과정에서 공무원으로서 본인의 역할이 잘 드러나야 한다.

해결 과정에서 본인이 어떤 역할을 할 것인가를 구체적으로 답변한다.

💬Q&A 예시

Q. 원자력 발전소나 핵폐기물 처리시설과 같은 국책사업을 시행하게 되면 이를 반대하는 지역 주민과의 사회적 갈등이 극심해진다. 이러한 사회적 갈등을 해결할 수 있는 방법은 무엇인가?

A. 먼저 후보지 선정의 기준과 환경영향평가 등의 정보를 투명하게 공개해야 합니다. 그리고 부지 선정을 결정하기 전 주민 참여를 활성화하고 간담회와 토론회 등을 통해 주민들의 우려사항이나 요구사항을 파악해야 합니다. 갈등이 심화되었을 때는 전문성과 중립성이 있는 중립적 중재기구가 나서야 한다고 생각합니다. 이를 위해 중재기구 마련을 법제화할 필요가 있습니다.

Q. 사드부지 확정으로 논란인 이유는 무엇인가? 해당 시·군 공무원이라면 갈등을 어떻게 해결할 것인가?

A1. 충돌하고 있는 권리와 가치는 주민들의 재산권·환경권과 국가안보입니다. 주민들의 권리를 함부로 침해할 수는 없지만 북한이 핵 보유를 포기하지 않는 상황에서 국가보호를 위한 방어수단이 필요하기 때문에 사드 배치가 불가피하다고 생각합니다. 갈등이 심화된 것은 성주 부지에 대한 환경영향평가가 끝나기도 전에 성주 주민의 반대를 무시하고 사드 장비부터 먼저 반입하는 등 절차를 지키지 않고 소통에 대한 노력도 없었기 때문입니다.

A2. 소통의 노력이 부족했으므로, 주민설명회·간담회·공공토론회 등을 추진하여 끈질기게 대화와 설득을 하겠습니다. 이 과정에서 주민들의 의견을 수렴하여 주민반대를 완화할 수 있는 방안을 모색할 것입니다. 절차적인 정당성을 확보하기 위해서는 주민들이 받아들일 수 있는 환경영향평가가 선행되어야 합니다. 민간전문가와 일반 주민이 함께 참여한 환경영향평가를 한다면 정부주도의 환경영향평가보다 신뢰할 것입니다. 따라서 담당자에게 환경영향평가를 개선해서 다시 진행할 수 있도록 건의할 것입니다.

04 평정요소별 예상질문

1. 공무원으로서의 정신자세

공무원으로서의 정신자세에 대한 질문은 국가관, 공직관, 윤리관을 평가하는 것이다. 공직가치와 의무 등을 숙지하고 공직자의 자세와 공무원이 가져야 할 태도를 지닌 지원자, 국가와 국민을 위해 일할 수 있는 준비가 되어 있는 지원자라는 것을 확실하게 보여주어야 한다.

💬 **Q&A 예시**

Q. 공무원의 장단점은 무엇이라고 생각하는가?

A. 공무원은 사기업 사원에 비해 강한 의무와 행동제약이 있다는 점이 단점이 될 수 있습니다. 그런데 이러한 의무와 제약은 국민에 대한 봉사자라는 공무원의 신분상 제약입니다. 따라서 공익을 위해 봉사한다는 보람과 자부심을 느낄 수 있고, 더불어 신분이 보장된다는 장점이 있습니다.

> **Comment |** 공무원의 단점에 공무원의 의무를 언급하여 공무원에게 높은 수준의 윤리가 요구된다는 것을 잘 이해하고 있다는 인상을 준다. 공무원의 단점에 대해서는 공격적으로 말하지 않도록 해야 하고, 장점을 부각시켜 답변한다. 낮은 급여 등의 근로조건 등은 민감한 주제이므로, 이에 대한 언급은 피한다.

Q. 퇴근시간이 되고 본인의 업무가 없는데 상관이 남아 있는 경우에 어떻게 할 것인가?

A. 먼저 상관께 도와드릴 일이나 맡기실 일이 없는지 여쭈어 보겠습니다. 제 도움으로 업무를 빨리 끝낼 수 있다면 초과근무를 해서 업무를 처리하겠습니다. 하지만 제가 할 일이 없는 상황이라면 인사를 드리고 퇴근하겠습니다. 초과근무수당은 국민의 혈세이므로 함부로 낭비되면 안 된다고 생각하기 때문입니다.

> **Comment |** 국민의 세금 부담을 생각한다면 불필요한 시간 외 근무 역시 줄여야 할 대상이다. 현 정부에서는 일가양립을 위해 근무시간 총량제 등을 통하여 공무원의 근무시간을 단축하고 과도한 초과근무를 근절하겠다는 의지를 보이고 있다. 업무가 없음에도 상사가 퇴근할 때까지 퇴근하지 않고 끝까지 남겠다는 식의 답변은 이제 더 이상 정답이 아니다.

💬 **Q&A**

Q. 공무원에 지원한 이유는 무엇인가?

A.

관련 질문

- 본인의 어떤 점이 공직에 잘 어울린다고 생각하는가?
- 앞으로 공직을 어떻게 수행할 것인가?
- 주위에 공무원이 되도록 영향을 준 사람이 있는가?
- 주변에서 모범이 될 만한 공무원을 본 적이 있는가?
- 합격한다면 앞으로의 근무 각오는 무엇인가?
- 공무원이 되면 어떻게 자기계발을 할 것인가?
- 바람직한 공무원으로서의 자세란 무엇이라고 생각하는가?
- 변화하는 세상에 대응하는 공무원으로서의 바람직한 자세란 무엇이라고 생각하는가?
- 본인의 복장이나 헤어스타일을 두고 상사가 지적한다면 어떻게 하겠는가?
- 민원인이 부당한 요구를 하거나 트집을 잡는다면 어떻게 하겠는가?
- 친인척이나 친구가 업무와 관련하여 특혜를 요구하거나 부당한 요구를 해 온다면 어떻게 하겠는가?
- 친구가 대기업에서 돈도 잘 벌고 잘나간다면 기분이 어떻겠는가?
- 공무원의 보수가 사기업에 비해 낮다는 것에 대해 어떻게 생각하는가?
- 공무원으로서 가장 중요하다고 생각하는 덕목은 무엇이라고 생각하는가?
- 공직생활과 개인생활(또는 가족) 중 중요시되는 것은 무엇이라고 생각하는가?
- 휴일에 업무와 관련된 사항으로 상사로부터 출근 명령이 떨어진다면 어떻게 하겠는가?
- 업무 중 실수로 변상을 하거나 징계 또는 처벌을 받게 되었다면 어떻게 하겠는가?

2. 전문지식과 그 응용능력

(1) 현안

최근의 국가현안, 지원한 지역의 현안 등을 질문한다. 부처별 구분모집을 하는 경우에도 해당 부처의 추진정책과 중점과제 등을 질문하므로 이에 대한 대비가 필요하다. 현안에 대한 질문에서는 현안의 주요 내용을 잘 알고 있는지, 그 이슈에 대한 지원자의 생각은 어떠한지 등을 평가한다. 따라서 사회적 이슈에 대해서는 한쪽으로 치우치지 않은 균형 잡힌 시각이 유리하므로, 다양한 쟁점을 균형 있게 살펴보고 자신의 입장을 정리해야 한다.

(2) 현업

지원한 직렬, 부처의 업무내용을 잘 알고 있는지를 질문한다. 실제 업무상황에서의 상황 대처방식을 묻는 질문이 출제되기도 한다. 현업에 대한 질문에서는 그 업무와 관련한 전문성(전공, 자격증 등)을 갖추고 있는지, 적합한 자질이 있는지 등을 평가한다. 따라서 먼저 직렬 또는 부처의 업무를 파악하는 것이 중요하며, 업무와 관련되어 자신이 갖춘 전문성을 정리해 둔다.

(3) 전공 관련 지식

행정학 관련 질문이나 직렬 관련 전공 지식에 대해서도 질문한다. 현행 9급 필기시험에서 행정학을 선택하는 것이 필수는 아니지만 공직생활과 직·간접적으로 연관된 학문이므로, 면접장에서 행정학을 전공했는지 직접적으로 묻는 경우도 있고, 직접적으로 묻지 않더라도 행정학적 지식을 체크하는 경우도 있다. 그러므로 실제 업무에서 활용되는 행정학적 지식은 숙지해 두어야 한다. 특수직렬의 경우 해당 직렬과 관련된 전공 지식을 묻는 질문이 많다. 예를 들어 세무직 면접에서는 세법·회계학과 연관된 질문이 다수 출제되고, 관세직 면접에서는 무역·관세법과 연관된 질문이 다수 출제된다. 따라서 전공 지식 중 실무에서 활용가능성이 높은 주요 내용은 숙지해 둔다. 아는 내용이라도 이것을 말로 옮기는 것은 어려우므로, 필기시험에서 공부한 지식을 말로 풀어낼 수 있도록 연습해야 한다.

> **✏️ 관련 질문**
>
> • 관료제의 병리현상과 탈관료제에 대해 설명해 보시오.
> • 행정개혁의 성공요건은 무엇인가?
> • EITC는 무엇의 약자인가?
> • 물가가 오를 때 기업에 유리한 재고자산 평가방법은 무엇인가?
> • 긴급체포의 요건은 무엇인가?
> • 교육의 3요소는 무엇인가?

3. 의사발표의 정확성과 논리성

면접 과정 전반에서 의사발표의 정확성과 논리성이 평가되며 5분 발표, PT면접, 집단토의 등의 면접이 진행된다면 그 과정에서 의사표현력이 가장 많이 평가될 것이다. 전반적으로 답변할 때 핵심을 먼저 간략하게 답변하고 후속질문에 따라 부연설명을 덧붙인다. 따라서 여러 주제와 질문들에 대해 논리적이고 명확하게 답변하는 연습을 많이 하는 것이 좋으며, 중언부언 길게 답변하는 경향이 있다면 이를 교정해야 한다.

4. 예의·품행 및 성실성

예의·품행은 복장이나 면접에 임하는 태도 등에서도 평가될 수 있는 부분이므로 복장과 태도에도 주의해야 한다. 특히 경어 사용에 유의하고, 인사나 앉는 자세 등에도 신경을 쓴다. 경험 또는 상황형 질문에서도 예의·품행 및 성실성이 평가될 수 있다. 성실성을 어필할 수 있는 경험이 있다면 준비해 둔다. 상관이 등장하는 상황이라면 공손한 태도를 보이고, 어떤 상황에 주어지더라도 성실하게 최선을 다해 직무를 수행할 것이라는 의지를 어필한다.

📝 관련 질문

- 본인이 성실하다고 생각하는가? 왜 그렇게 생각하는가?
- 야근을 하게 되거나 주말에 출근하게 된다면 어떻겠는가?
- 원하지 않는 부서로 발령이 나거나 원하지 않는 업무를 맡게 된다면 어떻게 하겠는가?

5. 창의력·의지력 및 발전가능성

(1) 경험

성공적으로 어떤 일을 수행한 경험, 문제를 해결한 경험, 단점을 극복한 경험 등 경험에서 창의력 또는 의지력이 발휘되는 경우가 있다. 이러한 경험에 대한 질문을 통해 공직생활을 하면서 여러 가지 위기에 직면했을 때 잘 극복할 수 있는 역량을 가지고 있는지 엿볼 수 있다. 경험에서 느낀 점이나 교훈, 앞으로의 각오 등을 제시하면서 발전가능성을 어필하는 것이 좋다.

(2) 상황

상황에 대한 대처방식을 묻는 질문은 자기기술서 과제 등에서 창의적인 대처를 한 경험이나, 상황해결에 대한 강한 의지를 드러낼 수 있다.

(3) 대책 제시

사회문제에 대한 대책을 제시해보라는 질문 또는 PT과제가 출제되기도 한다. 사회문제에 대한 대책은 배경지식 없이 생각해내기가 어려우므로, 현재 이슈가 되는 사회문제에 대한 해결방안·대책 등을 미리 고민해 본다.

(4) 자기계발 계획

자기계발 계획을 통해서도 의지력 및 발전가능성을 가늠해 볼 수 있다. 지원한 직렬 또는 부서의 업무에 필요한 전문성 등을 알아보고 이를 계발하기 위한 구체적인 계획을 제시할 수 있도록 준비한다.

📝 관련 질문

- 입직 후 전문성을 키우기 위한 자기계발 계획이 있는가?
- 어려운 일에 부딪혔을 때 문제를 해결한 경험을 이야기해 보시오.
- 좌절을 극복한 경험이 있다면 이야기해 보시오.
- 창의성을 발휘해서 일을 해결한 경험이 있는가?
- 공직에 들어오고 10년 뒤 자신의 모습은 어떨 것인가?
- 장기적인 인생의 목표는 무엇인가?

Chapter 2 자기기술서

01 자기기술서 개요

1. 자기기술서의 개념 및 중요성

(1) 개념

자기기술서는 면접에서 활용하기 위해 작성하는 기초자료이다. 응시지역마다 사전조사서, 자기기술서, 개별면접과제 등의 명칭으로 각각 다르게 공고되나 과제의 내용과 양식은 동일하다.

(2) 중요성

국가직에서 서울, 경기 등으로 자기소개서를 제출하지 않는 지역이 확대되고 있다. 자기소개서가 없다면 지원동기와 포부, 대인관계, 조직 적응력, 성격, 장래성 등을 심층적으로 알기 어렵기 때문에 이러한 항목들을 평가하기 위한 자기기술서가 중요하다.

2. 자기기술서 진행방식

(1) 진행방식

20분간(지역마다 상이) 질문지를 검토하고 자기기술서를 작성한다. 자기기술서 과제는 지원자의 과거 경험, 가상의 상황에서의 대처방식 등을 묻는 형식으로 출제된다. 질문지는 1장으로 되어 있고, 2~3개의 질문이 주어진다. 작성시간이 경과하면 바로 제출하고, 면접관들은 자기기술서를 면접 참고자료로 활용한다. 개별면접에서 자기기술서에 대한 질문이 주어진다.

(2) 작성용지

작성용지는 A4 용지 크기이고 면접관의 인원 수에 맞게 배부할 수 있도록 용지 아래에 먹지가 있다. 서울 등 일부 지역에서는 먹지를 사용하지 않고 복사해서 면접관에게 배부한다.

(3) 주의사항

자기기술서 작성 시 미리 준비한 자료를 참고할 수는 없다. 연필이나 수정테이프 사용은 불가능하며, 두 줄 횡선 긋기로 수정한다.

3. 자기기술서의 유형

(1) 경험형

지원자의 과거 경험과 그 경험에서의 대처방식 등을 묻는 과제가 자주 출제된다. 개인적인 경험보다는 조직에서의 경험을 묻는 경우가 더 많다.

(2) 상황형

가상의 상황을 제시하고 그 상황에서 지원자가 어떻게 대처할 것인지 묻는 과제가 빈출된다. 대부분은 공무원이 되었을 때 업무에서 겪을 수 있는 상황이고, 지원자가 공무원으로서 어떻게 대처할 것인가를 묻는다.

(3) 직무전문형

2017년 면접에서 응시분야나 희망부처 · 부서와 관련된 경험 또는 노력, 전문성 등을 물어보는 과제가 다수 출제되었다.

(4) 공직형

이례적으로 2015년 면접에서 공직가치, 공무원의 자세와 자질 등에 대한 과제가 출제되었다.

02 자기기술서 실전

1. 자기기술서 대응방법

(1) 가독성 제고

면접 순서에 따라 다르겠지만, 면접관들은 많은 지원자들을 보면서 지쳐있는 경우가 많다. 게다가 자기기술서는 지원자가 발표하는 것이 아니라 면접관들이 직접 읽어야 하기 때문에, 가독성이 떨어질 경우 면접관의 피로감을 더욱 유발할 수 있다. 이런 부정적 감정은 면접 전반에서 편견으로 작용할 가능성이 있으므로, 최대한 가독성을 높인다는 생각으로 작성한다.

① 두괄식으로 핵심만 작성: 결론이나 핵심내용을 먼저 간략히 쓰고, 경험이나 실례를 덧붙인다. 너무 장황하고 길게 작성하기보다는 핵심만 간략하게 작성하고, 자기기술서 관련 질문에 대한 응답으로 보충하는 것이 좋다. 너무 자세하게 적으면 물어볼 것이 없어지므로 면접 시 응답으로 보충할 수 있도록 한다.

② 성의 있고 깔끔하게 작성: 자기기술서를 작성하는 용지 아래에 먹지가 있어 이것이 면접관에게 전달된다. 따라서 꾹꾹 눌러 써야 면접관이 편하게 볼 수 있다. 내용이 작성용지를 초과할 만큼 긴 것은 좋지 않지만, 성실하게 채우지 않으면 성의가 없어 보이므로 칸의 3분의 2 이상은 채운다. 글씨를 흘려 쓰거나 글씨크기가 너무 작으면 글을 읽는 사람에 대한 배려가 부족하다는 평가를 받을 수 있으므로 적당한 글씨크기로 또박또박 작성한다.

③ 단락 구분: 각 질문별로 '서론 – 본론 – 결론'의 3단으로 단락을 나눈다. 3단으로 구성하면 글의 요지가 잘 드러나고 읽기 쉬우며, 성의도 있어 보인다. 그러나 3단 구분에 집착할 필요는 없다. 문제의 유형이나 내용에 따라 유연하게 구성하되, 내용에 맞게 단락을 나눈다.

④ 자신 있는 내용에 대한 질문 유도: 자신이 어필하고 싶은 핵심은 아주 간략하게 요약하거나 밑줄 등으로 강조해서 궁금증을 유발한다. 다만, 밑줄이 너무 많으면 어떤 것이 중요한지 모호해지고 산만하게 보이므로, 과하지 않아야 한다. 자신 있는 부분은 살짝 추상적으로 작성하고 나머지 부분은 구체적으로 작성하는 것도 면접관의 호기심과 궁금증을 일으키는 방법이다.

(2) 시간 관리

① 시간안배: 시간이 부족해서 다 기술하지 못할 수도 있으므로, 시간을 잘 보면서 작성해야 한다. 기술하는 시간뿐만 아니라 기술한 내용을 검토하고 수정하는 시간도 계산해 두어야 한다. 또한 자기기술서 내용을 바탕으로 한 후속질문에 대비하기 위해서는 자신이 기술한 내용을 잘 숙지하고 있어야 하므로, 내용을 숙지할 시간도 약간 남겨두는 것이 좋다.

② 수거 후 메모 및 환기: 자기기술서를 다 기술하고 수거해 간 뒤에도 질문내용과 자신이 작성한 내용을 기억할 수 있도록 메모하고, 대기 중에 적은 내용을 망각하지 않도록 한다. 자기기술서 내용을 구두로 설명해 달라고 요청하는 면접관도 있고, 자기기술서 관련 후속질문도 적지 않다. 이때 작성한 내용이 생각이 나지 않아 더듬거리거나 기술한 내용과 다른 답변을 하는 경우 면접관은 "자신이 작성한 내용 정도는 알고 있어야 하지 않겠는가?"라며 부정적인 반응을 보인다. 따라서 자기기술서를 수거한 후와 대기시간까지 긴장의 끈을 놓지 않고 기술한 내용을 환기해 본다면 면접에서 훨씬 더 침착하게 대처할 수 있다.

③ 후속질문 대비: 자기기술서에 따른 후속질문을 예상해보고, 어떻게 응답할지 미리 생각해 본다.

2. 과제 유형별 대응

(1) 경험형 과제

가장 빈번하게 출제되는 과제로, 과거 경험에 대한 질문을 묻는 경험형 질문은 문제나 위기상황에서의 대처방식이나 경험의 결과, 경험을 바탕으로 얻은 교훈 등을 묻는다. 경험형 과제의 질문내용은 기출문제에서 크게 벗어나지 않으므로, 기출을 활용하여 대비한다.

① 대응순서

㉠ 주제에 맞는 경험을 생각한다.

㉡ 그 상황에서 나의 행동을 구체적으로 생각해 본다.

㉢ 그 결과가 어떠했는지 생각해 본다.

㉣ 그 경험을 통해 얻은 교훈이 무엇이었는지, 자기발전이 되거나 현재 나의 삶의 방식에 미친 영향은 무엇인지 등을 생각해 본다.

② 대응방법

㉠ **과제를 정확하게 파악**: 먼저 과제를 꼼꼼히 읽고, 요구하는 내용을 파악한다. 과제에서 요구하는 요소는 모두 포함되어야 하지만 사족을 너무 많이 달지 않도록 주의한다. 불필요하고 사소한 내용까지 포함하여 너무 길게 작성하면 오히려 강조해야 할 중심내용을 파악하기 어렵다.

㉡ **구체적인 자신의 행동 제시**: 면접관이 알고 싶은 것은 경험의 배경이 아니라 지원자의 역할과 행동이므로 자신의 행동을 구체적으로 작성한다. 자신의 행동을 "노력했다.", "설득했다." 등으로 추상적으로 기술하면 "구체적으로 어떤 노력을 했는가?", "설득의 방법은 무엇이었는가?" 등의 후속질문이 나오는 경우가 많다.

㉢ **구체적인 결과 제시**: 행동에 따른 결과는 구체적인 성과가 드러나도록 제시한다. "성공적으로 수행했다." 등의 두루뭉술한 결과를 제시하면, "왜 성공적이라고 생각했는가?", "어떤 점이 성공적이었는가?" 등의 후속질문이 나올 가능성이 높다. 수상, 점수, 매출 등 구체적인 성과가 있다면 제시하고, 그렇지 않다면 주위의 평가 또는 이전과 구분되는 구체적 변화 등을 제시한다.

㉣ **거짓은 금물**: 본인의 경험으로 솔직하게 답변해야 한다. 경험형 과제에 대해서는 이 경험이 본인의 경험에 기반을 둔 것인지 확인하는 후속질문이 나오는 경우가 많다. 여기서 제대로 답변하지 못한다면 큰 감점요인이 될 수 있다.

③ 경험형 과제 구성

㉠ **배경**: 시기, 단체, 등장인물, 나의 업무 등을 제시한다.

㉡ **초점이 되는 상황**: 과제 요구사항에 맞는 상황을 제시한다.

㉢ **해당 상황에서의 자신의 행동 · 생각**: 상황에서 자신의 생각과 행동을 구체적으로 제시한다. 자신이 어떻게 행동했는지 여부가 구체적이지 않을 경우 압박을 받을 수 있다.

㉣ **성과 · 결과**: '성공', '문제해결' 등의 긍정적 결과를 신뢰할 수 있도록 구체적인 성과를 제시한다.

㉤ **느낀 점 · 교훈 · 나에게 미친 영향**: 느낀 점 등을 제시하여 경험으로부터 배울 수 있는 지원자라는 발전가능성을 어필한다. 공직에서 해당 경험을 어떻게 활용할 것인지 포부를 밝혀도 좋다.

[질문]

자신이 속한 집단, 단체를 위해 희생하여 좋은 결과를 얻은 경험을 기술하시오.

▶ 서론

① **배경**: 실제 모형을 제작해야 해서 완성에 시간이 많이 소요되는 팀 과제에서 팀장을 맡음

② **상황**: 팀원들의 시간을 모두 맞추기가 상당히 어려워 작업 수행에 어려움을 겪음

▶ 본론

③ **행동 · 생각**: 팀장으로서 책임감을 느끼고 희생을 해서라도 과제를 성공적으로 수행해야겠다고 생각함
  • "시간 나는 대로 혼자라도 와서 만들어보겠고 올 때는 단체 채팅방에 이야기할 테니 시간되는 사람은 같이 와서 했으면 좋겠다."고 제안함
  • 강의가 없는 시간에는 대부분 작업실에서 과제를 제작함
  • 참여하는 팀원에게 사비를 들여 음료수를 사주는 등 모두 힘을 내서 완성하자고 독려함

④ **성과 · 결과**: 처음에는 참여하지 않았던 팀원들도 점점 참여하게 되었고 마감일에 맞춰 작품을 완성하여 좋은 성적을 받았음

▶ 결론

⑤ **느낀 점 · 교훈**
  • 리더 역할의 중요성을 깨달음. 리더가 노력하는 모습을 보고 구성원들이 따라와 주었다고 생각함
  • 희생은 결국 다른 구성원을 변화시키고 나와 집단 전체에 긍정적인 영향을 준다는 것을 깨달음. 입직 후에 도 조직에 어려운 일이 생긴다면 솔선수범하여 적극적으로 해결하려고 노력할 것이고, 다른 구성원들의 참 여를 이끌어낼 것임

(2) 상황형 과제

경험형 과제와 함께 가장 빈번하게 출제되는 유형으로, 가상의 상황을 제시한 후 지원자가 이를 어떻게 대처할 것인가를 묻는 형태이다. 공직에서 어떤 상황이 닥쳤을 때 얼마나 현명하게 대처하고, 공직자로 서 적절한 해결방안을 도출해 내는지 파악하려는 것이다.

① 대응순서

ㄱ. **주어진 상황의 이해와 원인 파악**: 먼저 상황을 정확히 이해하고 진단해야 한다. 충돌하고 있는 쟁 점이 무엇인지, 문제의 원인이 무엇인지 등을 파악한다. 문제의 원인에 따라 해결할 방향이 결정 될 수 있다.

ㄴ. **문제해결의 기준 고려**: 문제해결을 위한 윤리적 원칙이나 중요시할 가치 등의 기준을 정한다면 해 결책의 방향이 더욱 뚜렷해진다.

ㄷ. **해결책 모색과 결과 예측**: 기준에 따른 해결책을 모색하고, 그에 따른 결과를 예측한다. 긍정적인 결과와 부정적인 결과, 장 · 단점을 모두 예측해야 한다.

ㄹ. **해결책 도출과 보완책 모색**: 가장 긍정적인 결과가 예측되는 해결책을 선택하고, 단점을 보완할 수 있는 보완책을 모색한다.

② 대응방법

    ㉠ 모든 상황에서 "내가 공무원이라면?"을 가정해야 한다. 즉, 공무원의 마인드를 탑재하고 공익을 추구하는 방향으로 대응한다.

    ㉡ 공직가치와 「공무원 행동강령」, 공무원 관련 법 등 법규를 잘 숙지해 두고, 그에 부합하는 방향으로 답변해야 한다.

    ㉢ 원칙을 중시하되, 예상되는 현실적인 문제점에 대한 보완점도 함께 제시하는 융통성 있는 답변을 하는 것이 좋다.

    ㉣ 전문성이 요구되는 특수직렬의 경우 직렬과 관련된 상황이 제시되기도 한다. 따라서 직렬의 현업에서 활용되는 법·제도 등을 숙지해야 한다.

③ 상황형 과제 구성

    ㉠ **상황판단**: 상황에서 문제가 되고 있는 것은 무엇인지, 충돌하는 가치는 무엇인지, 상황의 해결이 어려운 이유가 무엇인지 등 상황을 분석한 내용을 제시한다.

    ㉡ **문제해결 기준**: 어떠한 가치를 중요하게 생각할지, 어떤 원칙에 따라 문제를 해결할지 등의 기준을 제시하여 문제해결의 방향을 설정한다.

    ㉢ **구체적인 행동**: 제시한 기준에 따라 어떠한 행동을 할지 생각해본다. 두루뭉술한 대책을 제시하는 것보다는 구체적인 대책을 제시해야 한다. 대책에 구체성이 없는 경우 압박질문을 받을 가능성이 매우 크다.

    ㉣ **보완**: 모든 측면에서 완벽한 대책은 존재하지 않는다. 그 대책을 선택했을 때 발생할 수 있는 문제와 그에 대한 해결방안도 보완책으로 제시한다. 본인이 알고 있는 문제점은 면접관이 더 잘 알 수 있기 때문에 후속질문에서 질문할 것이다. 따라서 예상 가능한 문제를 숨기려 한다면 더 곤란한 압박상황에 처할 수 있다.

📝 **예시** **상황형 과제 구성 예시**

[질문]
당신은 A시청의 직원이다. A시에서는 상습 정체를 해소하기 위해 지하차도 B도로를 건설하기로 결정했다. 그런데 지하차도의 환기구가 주거 및 초등학교 시설에 근접해 있다. 그래서 주민들과 학부모들은 각종 유해물질이 배출되어 주민들과 어린이들의 건강을 크게 해친다며 강력하게 반발하고 있다. 그 뒤에 이루어진 주민 간담회 후 대다수의 주민들은 환경영향평가에 의문을 제기하고 추후 계속 논의를 해야 한다는 입장이었으나, 시에서는 환경영향평가에 문제가 없다며 주민 동의 없이 공사를 강행하게 되었다. 이에 주민과 학부모들은 반대추진위원회를 구성하고 시청에 모여 집회를 하고 있다. 당신은 어떻게 이 상황을 해결할 것인지 기술하시오.

▶ 서론
① 상황판단
• 주민들의 환경권과 교통 정체 해소의 필요성이 충돌하고 있음
• 주민의 반대를 무시하고 공사를 강행함. 소통에 대한 노력이 없었음

- 정부 주도의 환경영향평가로 주민·민간의 참여가 없거나 미약했기 때문에 주민들이 환경영향평가를 신뢰하지 못할 것임
② **문제해결 기준**: 주민들의 권리를 함부로 침해할 수는 없음. 하지만 상습 정체는 많은 시민들의 불편을 초래하므로 지하차도의 건설은 불가피함
▶ **본론**
③ **구체적인 행동**
- 소통에 대한 노력이 부족했으므로 주민설명회, 간담회, 공공토론회 등을 추진하여 끈질기게 대화와 설득을 하겠음. 이 과정에서 주민들의 의견을 충분히 수렴하여 오염물질을 최소화하는 방안을 마련해 주민반대를 완화하고 주민을 설득할 것임
- 주민들이 받아들일 수 있는 환경영향평가가 선행되어야 함. 민간전문가와 일반 주민이 함께 참여하여 환경영향평가를 진행한다면 정부 주도의 환경영향평가보다 신뢰할 것임. 따라서 담당자에게 환경영향평가의 방식을 개선해서 다시 진행할 수 있도록 건의하겠음
▶ **결론**
④ **보완**
- 나는 담당자로서 이 모든 과정을 기록하고 절차에 문제가 없도록 조정할 것임
- 해결방안에 대한 주민과 학부모의 동의를 얻어낸 이후에도 이를 지킬 수 있도록 감독하는 주민대표를 선정하여 공사과정에 참여하도록 할 것임

(3) 직무전문형 과제

희망부서와 직무전문성에 대한 질문은 자기기술서가 아니더라도 빈출되는 질문이고, 면접 당락에 큰 영향을 미치는 요소이므로 대비해두어야 한다.

① **자신의 직렬, 희망부처·부서에서 요구되는 전문성 파악**: 직렬 관련 부처나 지원한 지방자치단체의 홈페이지에서 업무를 파악한다. 소개 페이지를 통하여 해당 부처 또는 지방자치단체의 전반적 업무를 파악하고, 조직도를 참조해 부서별 세부 업무를 알아본다.

② **자신의 직렬, 희망부처·부서와 관련된 정책과 현안 파악**: 희망부처 공식 홈페이지의 정책홍보와 주요 뉴스, 정책브리핑 페이지, 포털사이트 뉴스 등을 참조해서 부처·부서 관련 정책 또는 현안을 파악해 두어야 한다. 주요 내용을 파악했다면 해당 정책의 개선점이나 그 정책을 추진하는 데 있어서 자신이 어떤 역할을 할지 등을 고민해 본다.

③ **전문성과 관련된 준비, 노력, 활동**: 앞서 희망직렬 및 희망부처·부서에서 요구되는 전문성을 파악했다면, 그와 관련해 내가 해온 노력과 활동, 관련 전공 등을 생각해 본다. 이때 자격증, 아르바이트 경험, 사회생활 경험, 과외활동 경험 등을 다양하게 생각해 본다.

④ **전문성 관련 에피소드**: 경험에서 전문성을 잘 발휘한 구체적인 에피소드를 생각해 본다. 특별한 에피소드가 없더라도 지어내지는 말고 사소한 경험이라도 이를 연결지어 준비한다.

(4) 공직형 과제

2015년에는 면접 전반에서 '공직'에 방점을 둔 질문이나 과제가 많았으며, 이와 같은 경향에 따라 자기기술서도 공직가치, 공무원의 자세 등을 묻는 공직형 과제가 출제되었다. 공직형 과제는 평이한 난이도로 출제되어 개별면접에서의 공직 관련 질문에 대비하는 수준으로 준비하면 큰 어려움 없이 해결할 수 있다. 공직가치, 공직관 등을 잘 숙지해 두고, 그 중요성과 의미를 생각해 두면 충분히 대응할 수 있다.

3. 자기기술서 후속질문

(1) 공통질문

자기기술서를 직접 읽지 않고 내용을 브리핑해보라는 면접관이 다수 있다. 또한 기술한 내용에 대해 물어볼 수 있으므로, 자신이 작성한 자기기술서의 내용을 숙지하고 있어야 잘 대응할 수 있다.

- 자기기술서에 기술한 내용을 간략하게 말해보시오.
- 왜 이런 주제를 선정한 것 같은가? 질문의 요지가 무엇이라고 생각하는가?
- 기술한 내용이 주제에 부합한다고 생각하는가? 주제와 어긋나지 않는가?

(2) 경험형 과제 후속질문

① **배경**: 배경에 대한 상세한 질문은 경험의 진위여부를 확인하고 상황에 대한 이해를 높이기 위함이다.

- 그 활동을 한 것은 언제였는가? 시기와 기간은?
- 활동이 이루어지던 장소는 어디였는가?
- 조직규모 · 인원 수는 어느 정도였는가?
- 조직운영 방식은 어땠는가?
- 정확히 어떤 업무였는가?
- 동료와의 관계는 어떠했는가? 동료 간 교류는 어떻게 이루어졌는가?

② **상황과 행동**: 상황과 그 상황에서의 지원자의 행동에 대한 구체적인 설명을 요구하는 질문은 지원자의 행동을 통해 지원자의 가치관과 상황판단력, 문제해결력 등을 심층적으로 파악해 보기 위한 것이다. 자기기술서에 지원자의 행동을 두루뭉술하게 기술했다면 면접관이 이에 대한 구체적인 내용을 질문할 가능성이 크다.

- 문제해결 과정을 더 자세히 설명해 보라.
- 경험에서 본인의 구체적인 역할과 행동은 무엇이었는가?
- 구체적으로 어떤 방법으로 어떻게 노력한 것인가?
- 성공요인은 무엇이라고 생각하는가?
- 왜 그렇게 행동했는가? 행동의 기준 · 우선순위는 무엇이었는가?
- 그 상황에서 어떤 점이 가장 어려웠는가?
- 다른 방법은 없었는가?

③ **결과:** 결과에 대한 질문은 그 경험을 통한 지원자의 발전, 앞으로의 발전가능성 등을 종합적으로 파악하기 위한 것이다.

- 해결 후 경과가 어떠했는가? 잘 유지되었는가? 문제가 재발하지는 않았는가?
- 다른 문제가 발생하지는 않았는가? 파생되는 문제는 어떻게 해결했는가?
- 그 사건이 조직에 미친 다른 긍정적인 영향이 있는가?
- 경험을 통해 느낀 점이나 배운 점은 무엇인가?
- 경험에서 아쉬운 부분은 무엇인가? 같은 일을 또 겪게 된다면 어떻게 하겠는가?

④ **공직과의 연결점:** 공직과 연결점에 대한 질문을 통해 경험에서 얻은 교훈, 역량 등을 공직에 어떻게 활용할 것인지, 공직에서 어떻게 업무를 수행할 것인지를 엿볼 수 있다.

- 공직에서 주제와 관련된 상황이 발생하면 어떻게 대처할 것인가?
- 그 경험에서 공직에 적용할 수 있는 부분이 있는가? 그 경험이 공직에 어떤 영향을 주겠는가?

⑤ **추가 경험:** 자기기술서에 제시한 경험이 빈약하거나 경험의 진위여부가 의심되는 경우, 경험에 등장하는 조직 · 집단이 흥미로운 경우 등 다양한 이유로 자기기술서에 작성한 경험 외에 다른 경험을 추가로 질문하는 경우가 있다.

- 자기기술서에 기술한 경험 외에 주제와 관련된 다른 경험 · 사례가 있는가?
- 그 조직 · 집단에서 겪은 경험 중 기억에 남는 다른 경험은 무엇이 있는가?
- 그 조직 · 집단에서 또 다른 상황(문제, 갈등, 기억에 남는 사건, 힘든 점 등)은 없었는가?
- 그 조직 · 집단 외에 다른 조직 · 집단에서의 활동경험은 없었는가?

(3) 상황형 과제 후속질문

① **상황판단:** 문제해결에 있어서 원인파악이 우선되어야 하므로 문제의 원인을 정확하게 파악하고 있는지 등을 묻는다.

- 왜 이런 문제가 발생했다고 생각하는가, 문제의 원인이 무엇인가?
- 이해관계자는 누구인가?

② **대처**: 상황에 대한 대처방안이 두루뭉술한 경우 구체성을 요구하는 압박질문이 나오는 경우가 많다. 문제해결의 기준 등을 통해 지원자의 사고과정을 평가하며, 해당 방안을 실행하기 위한 반발해소, 예산확보 등 선결과제가 있는 경우에는 이에 대한 대책을 추가적으로 질문하기도 한다.

- 구체적으로 어떻게 규제할 것인가?
- 구체적으로 어떻게 시스템을 개선할 것인가?
- 그렇게 대처하는 이유는 무엇인가? 기준 · 우선순위는?
- 다른 방법, 더 좋은 방법은 무엇이라고 생각하는가?
- 예산은 어떻게 확보할 것인가?
- 대책의 실행은 어느 부처에서 담당할 수 있다고 생각하는가?
- 상급자가 반대한다면 어떻게 하겠는가?
- 상관이 자리를 비운 상태라면 어떻게 하겠는가?

③ **결과에서 파생되는 문제**: 아무리 좋은 대책이라도 완전무결할 수는 없기 때문에 대책을 실행하고 나서 예상되는 문제, 부작용 등에 대해서 잘 파악하고 있는지, 어떻게 해결할 것인지 등을 질문한다. 파생되는 문제에 대한 대책까지 잘 답변한다면 문제해결력에서 높은 평가를 받을 것이다.

- 그렇게 대처할 경우 예상되는 결과는 무엇인가?
- 예상되는 부작용이나 문제점은?
- 문제가 해결되지 않는다면? 다른 문제가 추가적으로 발생한다면 어떻게 해결할 것인가?
- 반발은 어떻게 해소할 것인가?
- 잘못될 경우 본인이 큰 책임을 져야 하는데 어떻게 하겠는가?
- 그 대책을 실행하느라 조직의 업무가 과중해진다면 어떻게 하겠는가?

④ **심화된 상황**: 지원자를 압박하기 위해 상황을 심화시켜 질문을 제시하는 경우가 있다. 압박에 휘둘려서 급히 논지를 바꾸지 말고, 논지는 유지하되 보완하는 방안을 제시하는 것이 좋다.

- 정말 급박한 사안이라면 어떻게 하겠는가?
- 가족이나 은인의 부탁이라도 거절할 것인가?
- 간곡하게 부탁해도 거절할 것인가? 사이가 멀어진다면 어떻게 하겠는가?
- 정말 불쌍한 민원인이라면 어떻게 하겠는가?
- 아무리 말해도 설득이 되지 않고, 인신공격을 한다면 어떻게 하겠는가?

03 자기기술서 기출 및 예상문제

1. 자기기술서 기출문제

(1) 경험형 기출문제

2019 국가직 7급

- [일반행정직] 친분이 없거나 적은 사람과 협력한 경험에 대해 그 당시 상황과 협력과정, 결과를 상세히 기술하시오.
- [세무직] 조직에서 나의 의견이 다수의 의견과 달랐던 경험과 그때 본인의 행동을 기술하시오.
- [외무영사직/관세직/인사조직] 맡은 일을 소홀히 하여 곤경에 빠진 경험을 기술하시오.
- [고용노동부/외무영사직] 자신의 일을 나태하게 해서 문제가 생긴 경험과 그 결과를 기술하시오.

2019 국가직 9급

- [세무직] 익숙하지 않은 일을 맡아서 수행하게 된 경험에 대해 당시의 상황, 나의 행동 그리고 결과를 기술하시오.
- [우정직] 조직이나 단체에서 기한엄수와 완결성의 문제가 충돌했던 경험에 대해 당시 상황과 대처, 그에 따른 결과를 기술하시오.
- [출입국관리직/마약수사직] 타인이 자신을 오해하여 곤란했던 경험을 쓰고, 대처방법과 그 결과를 기술하시오.
- [보호직] 타인의 실패 경험을 도와주었던 경험과 그 결과를 기술하시오.
- [관세직] 조직 내에서 동료가 실수했는데 대신 해결해 준 경험과 그 결과를 기술하시오.

2019 경기 9급

- [이천] 공직사회에 직·간접적으로 관여한 경험을 기술하고, 해당 경험에서 느낀 공직사회의 장단점과 앞으로의 포부는?
- [이천] 선배가 일을 다 떠넘길 때 타인의 도움 없이 어떻게 해결할 것인가?
- [과천] 살면서 경험한 가장 큰 실수 또는 잘못과 해결했던 방법을 기술하시오.
- [용인, 사회복지직] 사회복지직 공무원이 되기까지 본인이 경험한 도전이나 과제를 쓰고 어떻게 극복했는지 구체적으로 기술하시오.

2019 국회직 8급

- 기존의 제도나 방식의 문제점을 발견하고 이를 보완하여 성과를 낸 경험에 대해서 기술하시오.
- 자신의 가치관과 성격을 형성한 사건에 대해 기술하시오.
- 강하게 반대하는 상대방을 설득하여 문제를 해결했던 경험에 대해 기술하시오.
- 새로운 환경에 적응하기 위해 노력했던 경험에 대해 기술하시오.

2019 9급 지역인재

[일반행정직] 살면서 가장 힘들었던 경험과 극복방안을 기술하시오.

2018 국가직 7급

- 곤란한 부탁을 받은 경험과 본인의 대처를 기술하시오.
- [기계직/화공직] 조직에서 차별을 받은 경험과 그에 대한 본인의 대처를 구체적으로 기술하시오.
- [선거행정직] 동료가 업무에 대하여 협조하지 않았던 경험과 본인의 대처를 기술하시오.

2018 국가직 9급

- [일반행정직] 자신의 시간을 희생하면서 어떠한 일을 한 경험을 쓰고, 그에 대한 대처방법 및 결과를 기술하시오.
- [선거행정직] 남들이 신경쓰지 않는 사소한 일에 신경을 써서 위기나 어려움에서 벗어난 경험을 기술하시오.
- [세무직] 조직의 관행이나 기존의 규칙과 다른 방법으로 일을 진행한 경험에 대해 기술하시오.
  - 기존의 관행과 다른 방법
  - 그 일을 수행함에 있어서 본인의 역할
- [우정직] 도움이 필요한 다수와 1인(혹은 소수) 중 1인(소수)을 택한 경험과 선택할 때의 기준에 대하여 기술하시오.
- [검찰직] 문제를 스스로 발견하고 상대방을 설득하여 긍정적 결과를 도출한 경험을 기술하시오.
- [출입국관리직] 남들이 신경쓰지 않는 것을 자신이 발견해서 문제를 해결한 경험을 기술하시오.
- [임업직] 독단적 리더 밑에서 일한 경험을 기술하시오.
  - 리더의 업무스타일은 어떠하였는가?
  - 이에 대하여 자신은 어떻게 대처하였는가?

2018 경기 9급

- [남양주] 자신만의 장점과 그 장점을 살린 경험에 대하여 기술하시오.
- [광명] 자신의 작은 아이디어로 모두를 행복하게 만든 경험을 기술하시오.
- [파주] 자신에게 주어진 가장 어렵거나, 도전적인 과제는 무엇이었고, 그것을 어떻게 극복했는지에 대한 경험을 기술하시오.
- [용인] 자신의 생활신조를 적고, 생활신조가 용인시 공무원이 되는 것에 어떠한 영향을 미쳤는지를 기술하시오. 또 생활신조 때문에 이익을 보거나 낭패를 본 경험을 서술하시오.

2018 대구 9급

살아오면서 어려운 일을 겪은 경험과 그것을 극복한 방법을 기술하시오.

2018 서울 9급 – 5분 스피치

어떠한 일에 대하여 일가치감을 느낀 경험 또는 못 느낀 경험에 대하여 발표하시오.

2017 국가직 7급 추가채용

최근 가장 힘들었던 의사결정에 대해 기술하시오.

– 힘들었던 의사결정

– 왜 힘들었는지 그 이유

2017 국가직 9급 추가채용

• 다른 사람과 협력을 통해 일을 처리한 경험에 대해 기술하시오.

• 다른 사람의 위법행위를 보고 해결한 경험에 대해 기술하시오.

• 자신이 속한 집단, 단체를 위해 희생하여 좋은 결과를 얻은 경험을 기술하시오.

2017 국가직 7급

• 무임승차하는 조원을 설득한 경험에 대해 기술하시오.

• 급박하게 일을 처리해야 했던 경험에 대해 구체적으로 기술하시오.

– 당시 본인이 맡은 임무 및 역할

– 일을 처리하면서 어려웠던 점

• 단기간에 두 가지 이상의 일을 처리한 경험과 어떻게 대처했는지 구체적으로 쓰시오.

– 당시의 상황과 역할

– 어떤 일을 어떻게 처리했는지

2017 경기 7급

자신이 노력한 것을 타인의 공로로 돌린 경험에 대해 기술하시오.

2016 국가직 9급

• 조직이나 프로젝트 수행 중 전문지식이나 역량을 발휘한 경험에 대해 기술하시오.

– 규칙이나 규정을 위반한 상황

– 그 상황에서 자신의 대처

• 조직이나 단체생활에서 위기나 어려움을 극복하고 목표를 달성한 경험에 대해 기술하시오.

– 자신이 겪은 위기 또는 어려움

– 그것을 극복하기 위한 자신의 노력

– 노력의 결과 또는 달성한 것

• 조직이나 단체생활에서 다양한 의견을 수렴하여 의사결정을 했던 경험에 대해 기술하시오.

• 조직에서 자신의 노력을 알아주지 않아서 안타까웠던 경험에 대해 기술하시오.

• 규칙 · 제도 등이 신설되거나 변경되어 곤란했던 경험에 대해 기술하시오.

• 열심히 노력했는데 결과가 좋지 않았거나 실패한 경험에 대해 기술하시오.

• 조직이나 단체에서 다른 사람이 기피하는 일을 스스로 나서서 한 경험에 대해 기술하시오.

• 다른 사람의 의견을 받아들여 업무의 방식을 바꾼 경험에 대해 기술하시오.

• 공공의 이익이 가족의 이익이나 사익과 상충했을 때 대처한 경험에 대해 기술하시오.

- 조직원의 반대에도 불구하고 소신을 지켜 성과를 낸 경험에 대해 기술하시오.
- 직장이나 조직에서 차별대우를 받았으나 극복한 경험에 대해 기술하시오.
- 자기가 하기 싫은 일을 어쩔 수 없이 떠맡은 경험에 대해 기술하시오.
- 두 가지 이상의 일을 한꺼번에 처리해야 했던 경험에 대해 기술하시오.
- 자신의 장점을 발휘해 문제를 해결한 경험에 대해 기술하시오.

2016 국가직 7급

- 상당한 노력과 시간 투자했는데 실패해서 대처한 경험에 대해 기술하시오.
  - 상당한 시간과 노력을 투자했다고 생각한 이유
  - 실패한 상황에서 대처했을 때 가장 어려웠던 점
- 프로젝트를 진행하던 도중 상황이 갑자기 바뀌어 전면적인 수정이 불가피했던 경험에 대해 기술하시오.
  - 그 상황을 대처하기 위한 자신의 구체적인 노력
  - 그 결과
- 남에게 부정적인 평가를 받아본 경험에 대해 기술하시오.
  - 당시의 상황
  - 그 상황에서 자신의 행동과 그 결과
- 조직이나 모임에서 좌절한 경험에 대해 기술하시오.
- 협업 시 조직에 부정적인 영향을 미친 판단이나 행동을 했던 경험을 기술하시오.
  - 판단이나 행동, 그 결과
  - 그 상황에서 자신의 대처
- 타인이 의견 대립으로 갈등을 겪을 때 대처한 경험에 대해 기술하시오.
  - 당시의 상황
  - 그 상황에서 자신의 대처
- 조직이나 단체에서 리더십을 발휘한 경험에 대해 기술하시오.
- 조직이나 단체에서 부정적인 선입견이나 편견을 받은 경험에 대해 기술하시오.
- 조직에서 일이 해결되지 않을 때 주도적으로 해결한 경험에 대해 기술하시오.
- 조직에서 자기 잘못을 인정하지 않는 조직원과 같이 일을 해 본 경험에 대해 기술하시오.
- 조직에서 남들과 협동해서 문제를 해결한 경험에 대해 기술하시오.
- 비협조적인 사람과 협업하다 혼자 일을 마무리해야 했던 경험에 대해 기술하시오.
- 조직 내에서 새로운 관점을 적용하여 문제를 해결한 경험에 대해 기술하시오.
- 낯선 문화, 환경, 조직에서 어려움을 극복한 경험에 대해 기술하시오.
- 타인의 잘못을 지적하여 문제를 해결한 경험에 대해 기술하시오.
- 조직이나 단체에서 구성원으로서 리더를 설득해 성공적으로 수행한 경험에 대해 기술하시오.
- 다른 사람이 자신에게 불만을 토로하여 억울했던 경험에 대해 기술하시오.
- 동료, 친구, 후배가 힘든 경험이 있을 때 상담을 해주거나 도움을 준 경험에 대해 기술하시오.

- 조직이나 집단에 공헌을 했지만 그 공로를 타인이 대신 인정받은 경험에 대해 기술하시오.
- 리더가 부재하게 된 경우 그 역할을 대신 맡게 된 경험에 대해 기술하시오.
- 본인이 희생해서 사회적 약자를 도운 경험에 대해 기술하시오.

2015 국가직 9급

- 자신이 희생하여 남을 도왔던 경험에 대해 기술하시오.
- 선배나 후배로부터 위법하거나 부당한 요구를 받았을 때 대처했던 경험에 대해 기술하시오.
- 사소한 일로 많은 사람에게 이익을 준 경험에 대해 기술하시오.
- 학교동아리 등 조직 또는 집단에서 갈등을 겪은 경험에 대해 기술하시오.
- 재화를 구매하거나 서비스를 받으면서 부당한 처우를 받은 경험에 대해 기술하시오.
- 다른 사람의 분쟁을 해결한 경험에 대해 기술하시오.
- 자신이 주도적으로 일을 추진했을 때 결과가 좋지 않았던 경험과 자신이 어떻게 대처했는지 기술하시오.
  - 구체적으로 자신이 추진했던 일과 그 결과
  - 그 상황을 극복하기 위해 자신이 한 행동
- 조직 내에서 반대의견을 설득한 경험에 대해 기술하시오.
- 규칙이나 규정을 위반했지만 특별히 처벌을 받지 않았던 상황에서 자신이 어떻게 대처했는지에 대해 기술하시오.

2014 국가직 7급

- 내가 다른 사람에게 도움을 줬는데 결과적으로 나에게 이익이 된 경험에 대해 기술하시오.
- 친구와 사소한 것으로 오해나 갈등이 생긴 것을 해결한 경험에 대해 기술하시오.
- 사적 친분보다 규칙이나 원칙을 중시한 경험에 대해 기술하시오.
- 창의성을 발휘해 일을 성공적으로 처리한 경험에 대해 기술하시오.
- 한꺼번에 두 가지 업무를 진행해야 했던 경험에 대해 기술하시오.
- 예상하지 못한 문제가 발생하여 어떤 일을 수행하기 어려운 상황에서 대처한 경험에 대해 기술하시오.
- 자신의 의견이 친구나 다른 사람에게 수용되지 않았던 상황에서 대처한 경험에 대해 기술하시오.
- 본인의 독창적인 아이디어를 제안하여 문제를 성공적으로 처리한 경험에 대해 기술하시오.
- 규칙이나 법을 어겨서 결과적으로 좋은 결과를 얻은 경험에 대해 기술하시오.
- 부탁을 받지는 않았지만 자진해서 타인을 도와서 좋은 관계를 유지한 경험에 대해 기술하시오.
- 스스로를 위해 한 일이 의도치 않게 남에게 도움이 된 경험에 대해 기술하시오.

(2) 상황형 기출문제

2019 국가직 7급

- [일반행정직/우정직] 귀하는 중소기업을 지원하는 원스톱 서비스 담당 주무관이다. '찾아가는 원스톱 서비스'는 10인 이하 기업에 세제 지원, 규제 상담 등을 제공하는 서비스이다. 기존에 지원을 받고 있는 기업은 만족도가 높고, 지원에서 제외된 기업은 선정기준에 불만을 제기하며 사업을 확대할 것을 요구하고 있다. 그러나 유관부처는 사업 확대가 자신들의 성과와 무관하고 예산과 인력이 부족하다며 협조를 하지 않고 있다. 이러한 상황에서 귀하의 대처방안은?

- [세무직] 본인은 A부처 주무관이다. 현재 고액체납자 명단을 A부처 홈페이지에 공개하고 있는데, 그 효과가 미흡하다는 지적이 많다. 이에 따라 A부처는 고액체납자 명단을 SNS와 대형 포털 등에 공개하는 정책을 도입하는 것을 고려 중에 있다. 이에 B시민단체는 개인정보 유출과 마녀사냥 등 추가적인 피해를 우려하며 반대하고 있다. 반면 C시민단체는 고액체납자 명단공개의 실효성을 확보해야 한다고 주장하며 찬성한다. 당신은 어떻게 할 것인가?

- [외무영사직/관세직] 난민들이 급증하여 국제협약에 따라 신청일로부터 6개월이 지나도 심사가 종료되지 않으면 합법취업이 가능하다. 그런데 신청일로부터 6개월 동안 심사가 지연되면 합법적으로 취업을 할 수 없으므로 생계안정보조금을 지원하는 법을 입법 추진 중이다. 일부 시민단체와 국민들은 사회취약계층에 대한 역차별이라고 반발하는 상황이다. 당신은 어떻게 할 것인가?

- [인사조직] 당신은 유통산업 담당 주무관이다. 전통시장 상인 및 일부 정치인은 전통시장을 활성화하고 근로조건을 개선하기 위해 대형마트에 대한 의무휴업 및 영업규제를 복합쇼핑몰까지 확대하여야 한다고 주장한다. 하지만 복합쇼핑몰 관계자와 지방자치단체는 복합쇼핑몰과 전통시장의 인과관계가 불분명하고 지역경제 침체를 우려하며 반대하고 있다. 어떻게 하겠는가?

- [고용노동부] 당신은 주무관 A이다. 현재 대형마트 격주 일요일 규제를 통해 시장 상인들의 반응이 우호적인 상태이다. 시장 상인들은 대형마트와 더불어 종합쇼핑몰 격주 일요일 규제를 요구하고 있다. 그와 반대로 지방자치단체와 종합쇼핑몰 측은 지역경제의 침체를 우려하며 반대하는 입장이다. 공생을 하기 위해서 당신은 어떻게 할 것인가?

- [관세직] 당신은 세관감사부처의 주무관 A이다. 최근 해외 직구한 것을 한국에서 되파는 일이 증가했다. 부서장은 이것이 위법이라는 것을 모르는 사람을 위해 행정지도를 하자고 하는데, 상인과 이해관계자는 형평성을 들어 반대하고 있는 상황이다. 당신은 어떻게 할 것인가?

2019 국가직 9급

- [세무직] 당신은 사업자등록증을 발급하는 담당 주무관이다. 미성년자가 사업자등록증을 신청하였는데, 미성년자 부모의 체납실적과 여러 정황 등을 토대로 사업자등록의 실질은 아버지가 사업을 운영하는 것으로 판단하여 등록증을 발급하지 않으려고 하였다. 반면 상사는 사업계획서 등 형식적 요건을 갖췄으므로 사업자등록증을 발급해주어야 한다고 했다. 이러한 상황에서 당신은 어떻게 할 것인가?

- [우정직] 당신은 우체국 금융업무 주무관이다. 우체국이 타 은행과의 차별성을 두고자 우수고객전용상담실을 만들었다. 하지만 하루에 우수고객은 1~2명 정도 이를 이용한다. 일반고객은 대기인원이 많아 불편함을 겪고 있으며, 일반고객이 우수고객전용상담실을 개방해달라고 민원을 제기한 상태이다. 그러나 우수고객은 이를 반대한다. 당신은 어떻게 하겠는가?
- [출입국관리직/마약수사직] 당신은 일반수사 주무관인데 선임자 B와 열차를 타고 출장을 가던 도중 외국인 승객 C가 다른 승객과 시비가 붙은 것을 발견하고, 이를 말리던 도중 C의 팔에서 주사자국과 흉터를 발견했다. 또한 C는 횡설수설하며 몸을 제대로 가누지 못하는 상황이다. 당신은 적극적으로 조치를 취하자는 입장이지만 선임관은 민원, 소송제기, 부정적 언론보도의 가능성을 우려하여 단순 의심만으로는 수사를 진행할 수 없다며 이를 자제할 것을 지시했다. 이 경우 어떻게 대처할 것인가?

2019 서울 9급 - 5분 발표

서울시 공무원으로서 재직 중에 알게 된 시민의 정보가 범죄와 관련되어 있는 경우 또는 내부 동료가 범죄에 연루되어 있을 경우 어떻게 대처할 것인가?

2019 경기

[안성] 공무원이 되어서 어렵고 힘든 일을 겪을 수 있는데 이때 어떻게 대처할 것인가?

2019 9급 지역인재

[일반행정직] 당신은 취업지원센터 A부서의 주무관이다. 최근 주민들이 지하철역에 취업상담소를 설치해야 한다고 요구한다. 취업상담소를 법적으로 꼭 설치해야 하는 것은 아니지만 설치할 경우 관련 지역 취업률이 증가하고 좋은 영향을 끼칠 것이라 예상된다. 하지만 취업상담소로 파견 근무가 불가피하여 A부서로 부터 인력을 파견해 운영해야 한다. 이로 인해 A부서의 업무량이 증가해 동료들이 반발이 예상된다. 이 상황에서 본인은 어떻게 할 것인가?

2018 국가직 7급

- [관세직] 당신은 수출입검사 주무관이다. 현재 검사는 선별적으로 시행 중이고 선별기준은 비공개 중이지만 수출입 업체들이 통관지체와 창고비용 등으로 선별기준을 공개해 달라고 요구 중이다. 그러나 부서원들은 밀수 등 악용 우려 때문에 기준 공개에 반대 중인데 본인은 어떻게 해결할 것인가?
- [출관직] 아세안 국가 10개국과 무사증협정을 체결하려 한다. 제노포비아 확산으로 여론이 좋지 않은데 이를 어떻게 해결할 것인가?
- 교통체증이 심한 지역 주민들이 도로 확장을 해달라고 계속해서 민원을 제기하는 상황에서 이를 실행하려고 하자 환경단체에서 환경보존을 이유로 반대하는 경우 어떻게 대처할 것인가?
- [기계직/화공직] 본인은 리모델링 담당 주무관이다. 노후 건물에 대한 천장배관공사 중에 분진이 심하게 발생하여 기관의 동료들이 불만을 제기하는 상황이다. 보강공사를 할 경우 시간과 추가적인 예산이 소요된다. 이러할 경우 어떻게 대처할 것인가?
- [선거관리직] 본인은 선거관리위원회 주무관이다. 공무원의 정치참여에 대한 일부 허용안을 검토 중인데, 시민단체에서 반대하고 있는 상황이다. 이에 대하여 어떻게 대처할 것인가?

- [일반행정직] 본인은 관광정책 담당 주무관이다. 1인 인터넷 여행사를 설립하고자 하는 경우가 많아지고 있는 상황인데, 기존 여행사협회가 사무실 규모, 자본금 규모, 보험가입 여부 등의 설립요건 완화에 반대하는 상황이다. 기존 여행사협회와 1인 여행사를 설립하고자 하는 자의 갈등에 어떻게 대처할 것인가?

- [세무직] 본인은 세무서 주무관이다. 민원인이 근로장려금 신청기한(5월까지 신청, 9월에 지급)이 지나 추후 신청(6.1.~ 6.30.)하게 된 상황이다. 추후 신청할 경우 원래 지급액의 90%만 지급하게 되어 있다. 그런데 민원인은 세무서에서 제대로 공지해주지 않아서 원래 기한에 신청하지 못하였다며, 원래의 지급액 100% 전부를 요구하고 있는 상황이다. 어떻게 대처할 것인가?

- [우정직] 본인은 우편사업 주무관이다. 우편사업 적자로 인하여 우편비용 인상이 불가피하여 우정사업본부에서는 우편요금을 인상하기로 결정하였다. 도시지역 사람들은 도서산간지역이 적자의 원인이므로 그들에게 15%를 인상하여야 한다는 입장이고, 도서산간지역 사람들은 모두 공평하게 부담하여 전체적으로 5% 인상하여야 한다는 입장이다. 이 상황에서 어떻게 대처할 것인가?

- [검찰직] 본인은 검찰 수사관으로 상황실 근무 중이다. 벌금 미납자가 보호자의 도움으로 벌금을 완납, 노역장에서 석방되어야 하는 상황이다. 그런데 이 사람은 눈동자도 풀리고, 팔에 주사자국도 보인다. 마약을 투약한 것으로 강력히 의심되는 상황이지만, 강제체포 요건에 해당하는지는 고민이 필요하다. 어떻게 대처할 것인가?

- [임업직] 본인은 산림 담당 주무관이다. 벌채 보호구역에서 솎아내기 사업이 실시되었고, 인근 지역 주민들은 솎아내기 사업의 산물을 무상으로 가져갈 수 있도록 허가를 요청하였다. 하지만 관련 법률에 위반될 소지가 있고, 그 산물을 사적으로 매각할 우려도 있다. 만약, 사업의 산물을 방치한다면 산불의 위험이 있고 식물 성장에도 방해가 된다. 이러한 산물 처리에 대한 법적 근거는 완비되지 않은 상황이라면, 당신은 어떻게 대처할 것인가?

- [전산직] 본인은 전산 담당 주무관으로서 노후 시스템을 대처할 새 시스템 개발을 상급자로부터 지시 받았다. 그러나 이를 위한 예산이 70%밖에 확보되지 않은 상황이다. 이 상태로 개발을 진행할 시 시스템 완성도 등의 문제로 인하여 기존 구성원들이 불편과 어려움을 겪을 것으로 우려된다. 따라서 기존의 노후 시스템을 업그레이드하는 방안을 고려하여 보았으나, 기존 시스템 업그레이드를 진행할 시 외부 감사에서 문제가 될 수 있다는 상급자의 지적이 있었다. 당신은 어떻게 대처할 것인가?

기존에 오전과 저녁 출퇴근 시간대에만 운영되었던 카풀서비스 업체에서 다양한 소비자층을 고려해 낮에도 서비스를 이용할 수 있도록 하겠다고 나섰다. 이에 택시회사에서는 출퇴근 시간 외 카풀서비스에 대한 규제를 해달라며 민원을 제기하는 상황이다. 하지만 출퇴근 시간에 대한 명확한 규정이 없어 규제가 어렵다. 택시업계와 카풀서비스가 서로 영업이익을 주장하며 대립하는 상황에서 당신은 담당 주무관으로서 카풀서비스 시간을 규제할 것인가?

- 당신은 수출 관련 보조금을 직접 관리하는 지원정책 주무관이다. 규정상 기존 기업만 수혜를 받고 신규 기업은 수혜를 받지 못하고 있다. 그래서 새로운 선정 기준을 마련하고자 하는데 기존 기업들이 반발하는 상황이다. 당신은 어떻게 대처할 것인가?
- [관세직] B기업은 A제품을 수입하는 회사이다. 기존에 A제품에 대해 관세율 5%를 적용했다. 그러나 최근 A제품에 일부 기능이 추가되었고, 주무관인 당신은 A제품에 새로운 관세율(10%)을 적용해야 한다고 생각한다. 하지만 관련 규정이 불명확하기 때문에 B기업 사장은 이를 근거로 A제품에 기존에 적용되었던 관세율을 유지해야 한다고 주장한다. 당신은 어떻게 대처하겠는가?

- 당신은 근무 중인 부처에서 보안유출사고를 막기 위해 전 직원 스마트폰에 원격통제 프로그램 설치를 추진하고 있다. 직원들은 사생활 침해로 반발하는 상황이다. 이러한 상황에서 어떻게 대처하겠는가?
- [세무직/회계직/감사직] 모범납세기업 선정과정에서 시스템상 오류로 인해 이미 신청하였음에도 심사 과정에서 제외시킨 기업이 있다. 제외된 기업들은 재선정 절차를 요구하는 상황이다. 하지만 재선정 시 기존에 선정된 업체들이 탈락할 수도 있다. 어떻게 할 것인가?
- [검찰직/출입국관리직/교정직] 당신은 불법체류자 단속 공무원이다. 소상공인 농어민들은 불법체류자 고용이 어쩔 수 없는 상황이라 하고, 이를 단속할 경우 경영이 어려워져 단속하지 말 것을 요구하고 있다. 반면, 지역주민들과 청년들은 불법체류자로 인해 일자리를 뺏기고 사회범죄도 발생하고 있는 상황이라 단속을 요구하고 있다. 어떻게 대처하겠는가?
- [방재안전직] 본인은 A부처의 주무관이다. 국도가 신설되면서 A부처에서 관리하던 기존 도로를 규정상 지방자치단체 업무로 이관해야한다. 하지만 지방자치단체가 인력과 예산 문제로 차일피일 일을 미루고 있다. 그런데 기존 도로의 안전 문제로 민원이 많이 발생하고 상관은 빨리 일을 처리하라고 재촉을 한다. 어떻게 하겠는가?
- [화공직] 당신은 주무관이다. 태양전지 A가 성능 등 여러 면에서 장기적으로 바람직하여 그동안 보급해오고 있었는데, 연내에 보급률을 3%에서 5%로 올리기 위해 부서장이 가격면에서만 경쟁력이 있는 B를 보급하라고 지시하는 상황이다. 당신은 어떻게 대처할 것인가?

- 본인은 보조금 대상자 선정을 담당하는 주무관이다. 지난해 업무가 많아 업무를 기계적으로 처리했다. 그런데 보조금 대상자인 업체가 지난해 낸 보고서가 기준 미달인 것을 최근에 발견했다. 당신은 어떻게 대처할 것인가?
- 본인이 근무 중인 A과는 업무가 많아 피로도가 높은 상태이다. 그런데 B과로부터 새로운 업무를 담당해달라는 요청을 받았다. 그런데 이 업무를 검토해보니 C과와 관련성이 높은 업무였다. 이 업무를 맡을 경우 A과의 업무 재조정이 필요하고, 이를 방치하면 A과와 C과 직원 사이의 갈등이 예상된다. 당신은 이런 상황에서 어떻게 할 것인가?

- 본인은 A과에서 등급판정을 담당하는 주무관이다. 등급판정 기준에 해당하는 사유는 개인정보 보호를 위해 비공개 정보로 지정되어 있다. 그런데 용역업체가 시스템을 수정하던 중 등급판정 사유의 일부가 인터넷에 공개되었다. 이로 인해 관련 정보가 공개된 대상자들이 민원을 제기하는 상황이다. 당신은 어떻게 대처할 것인가?

- 본인은 보상 담당 주무관이다. 보상 대상자 선정에서 탈락된 민원인이 관련 법령 기준이 모호하다며 재량권 발동을 요구하는 상황이다. 격렬하게 화를 내면서 기관장과의 만남을 요구한다. 민원인은 이성적인 대화가 불가능한 상황이다. 이런 상황에 어떻게 할 것인가?

- 본인은 A부처 교육 담당 주무관이다. 기관장으로부터 B부처를 대상으로 독후감 작성 · 발표, 세미나 참여 등의 인문교양 프로젝트를 수행하라는 지시를 받았다. 그런데 A부처는 바쁜 현장업무로 인해 과중한 업무에 시달리고 있다. 모든 직원이 참여해야 하지만 A부처 직원들은 과도한 업무량과 야근 등을 이유로 이에 반대하고 있다. 당신은 어떻게 할 것인가?

- [출입국관리직/마약수사직] 본인은 A부처의 단속을 담당하는 주무관이다. 현장단속 시 사전 서면보고가 원칙이지만 긴급한 상황에서는 관행적으로 사전보고를 하지 않고 단속하기도 했는데 이에 대해서 내부고발이 들어왔다. 이것을 감사할 경우 업무 효율성 및 사기 저하, 내부고발자의 신분노출 등의 우려가 있다. 이런 상황에서 어떻게 할 것인가?

- [시설직/농업직] 본인은 지방국토관리청의 주무관이다. A지역은 전력이 부족해 ○○시는 송전탑 설치를 위해서 B지역 내의 하천에 점용허가를 신청한 상황이다. 그런데 B지역 주민들은 안전상의 이유로 격렬히 반대하고 있다. 상관은 과거 사례와 민원을 이유로 점용허가 신청을 반려하라고 지시했다. 하지만 점용허가 자체가 법에 저촉되는 상황은 아니다. 이런 상황에서 당신은 어떻게 할 것인가?

- [선거직] 본인은 선거관리위원회 담당관이다. A후보자가 법정 선거비용을 초과해 선거비용을 지출한 혐의로 제보를 받아 선거법 위반 여부를 조사하고 있었다. A후보자와 B후보자는 치열하게 선거운동 중인데 조사 사실이 밝혀질 경우 파장이 클 것으로 예상된다. 그런데 같은 제보를 받은 C신문사가 취재 요청을 해왔다. 이런 상황에 어떻게 대처할 것인가?

- [선거직] 본인은 선거관리위원회에서 근무 중이다. 개표 직전에 투표함 봉인에서 경미한 훼손을 발견했다. 실무지침상 훼손을 발견하면 위원회에 보고해야 한다. 위원회에 보고하면 투표함을 검사하는 과정에서 개표가 지연되거나 선거일정에 차질이 생길 우려가 있다. 당신은 어떻게 대처할 것인가?

- [관세직] 본인은 여행객의 휴대품 검사를 담당하는 주무관이다. 동료가 지인의 부탁을 받고 검사를 눈감아주고 사례를 받는 것을 알게 되었다. 이를 알리면 조직에 대한 신뢰가 낮아지고 조직의 분위기가 나빠질 우려가 있다. 이런 상황에서 어떻게 할 것인가?

- [관세직] 본인은 A세관에서 단속업무를 담당하는 주무관이다. 여행자가 국내 면세점에서 고가의 시계를 구입한 기록이 있으나 소지하고 있지는 않았다. 여행객은 외국에 있는 지인에게 주고 왔다고 주장했다. 진위 여부를 밝히고자 협조를 요청했으나 반발하며 상급자와 면담을 요구하는 상황이다. 당신은 어떻게 할 것인가?

- [통계직] 본인은 통계분석 주무관이다. 최근 지난해 통계데이터를 이용해 체감물가지수를 발표했다. 이에 대해 외부 연구기관이나 관련 기관에서는 실제와 동떨어진 통계라고 비판하는 상황이다. 당신은 어떻게 대처할 것인가?

- [통계직] 본인은 복지 관련 통계조사원이다. 사회적 약자를 지원하는 정책을 수립하기 위해 소득과 거주지를 확인해야 한다. 하지만 대상자들이 사생활 침해를 이유로 응답을 거부하고 있다. 정확한 통계 조사를 위해서는 응답을 받아야 하고 그렇지 않으면 부정확한 통계정보가 나오는 상황이다. 당신은 어떻게 대처할 것인가?

- [전산직] 본인은 모 부처 전산 주무관이다. 기관장이 전산시스템을 개선하라고 지시했다. A부서는 노후화 시스템 교체, B부서는 프로그래밍 SW 업그레이드, C부서는 정보보안 프로그램 개선을 요구했다. 모든 부서의 요구를 들어줄 경우 행정시스템이 개선되어 효율성은 높아지겠지만 예산이 한정되어 전부 들어주기는 힘든 상황이다. 당신은 어떻게 대처할 것인가?

- [전산직] 본인은 데이터 보안 담당관이다. 상관이 각 기관의 데이터 보안 프로그램 표준화 방안을 마련하라고 지시했다. 그런데 각 기관들이 기관별 특성으로 인해 표준화가 어렵다며 반대하는 상황이다. 당신은 어떻게 할 것인가?

- [공업직] 본인은 발전시설 주무관이다. 발전시설이 안전사고로 인해 고장이 났고 상관은 즉각 조치하라고 지시하였다. 기존에 납품하는 A업체는 부품의 구매비용이 비싸고 조치되는데 시간이 많이 소요된다. 그런데 B업체가 자사의 부품을 구매할 것을 요청한다. B업체는 독과점 업체이지만 부품 가격이 싸고 빠르게 복구할 수 있다. 당신은 어떻게 할 것인가?

- [공업직] 본인은 장비구매를 담당하는 주무관이다. 현재 오염물질 측정소 30개소가 운영 중인데 기존 근무인력을 대체할 오염물질 측정장비를 도입하려고 한다. 비용이나 효율 측면에서는 우수하겠지만 측정소 직원들이 반대하는 상황이다. 당신은 어떻게 대처할 것인가?

- [세무직] 본인은 A세무서 담당자이다. 양도소득세를 내지 않아 가산세가 부과된 납세자 B가 찾아와 자신은 세무 관련 지식을 몰랐으니 양도소득세만 내고 가산세를 내지 않겠다고 주장했다. 자신의 주장이 받아들여지지 않자 화를 내며 세무서장을 만나겠다고 한다. 이런 상황에서 어떻게 할 것인가?

- [세무직] 본인은 체납관리자이다. 체납자 A는 여러 번의 독촉에도 불구하고 체납액을 납부하지 않아 압류 처분이 내려질 예정이다. A의 압류 가능한 재산은 B사와의 매출채권이다. 그것을 압류하는 경우 B사와의 거래가 중단되어 경영이 악화될 수 있는 상황이다. 당신은 어떻게 대처할 것인가?

- [검찰직] 본인은 검찰 민원 담당 주무관이다. 한 민원인이 몇 년 전에 고소를 했는데 수사기관의 업무처리 지연으로 공소시효가 완성되었다. 이에 대해 민원인이 격앙된 상태로 수사기관과 경찰청을 고소하겠다며 기관장 면담을 요구하는 상황이다. 당신은 어떻게 대처할 것인가?

- [검찰직] 본인은 검찰수사관이다. 갑과 을 쌍방이 모두 피해자임을 주장하며 고소한 폭행사건을 조사 중이다. 그런데 유일한 목격자인 병은 경찰조서 제출 후 행방불명된 상태이다. 그의 증언 외에 다른 증거는 없으며, 상급자는 무죄가 되지 않도록 철저하게 수사하라고 지시했다. 그러나 동료 A가 이 사건 수사에 비협조적인 태도로 방해를 하는 상황이라면 당신은 어떻게 할 것인가?

- [보호직] 본인은 소년원에서 근무하는 주무관이다. 소년원에서 보호소년 A와 B가 소년원을 탈출했다가 다시 들어왔다. 그런데 B만 규정 위반으로 인한 처분을 받았다. B는 규정이 명확하지 않다며 처분에 반발했다. 이에 담당 주무관인 C는 동료 주무관들에게 관련 규정을 수정하자고 제안하였지만 주무관들은 현행대로 내버려두고 하는 상황이다. 당신은 어떻게 할 것인가?
- [보호직] 본인은 소년원 주무관이다. 소년보호 대상인 청소년이 동료 주무관에게 위해를 가하려 하자, 당신이 전기충격기를 사용해 저지했다. 하지만 이 청소년은 이 처치가 법령 위반이라며 거세게 항의하는 상황이다. 당신은 어떻게 대처하겠는가?
- [교정직] 본인은 구치소 민원실 접견 담당자이다. 수용자 갑을 면회하기 위해 고령의 아버지 을이 방문했다. 1회의 접견이 끝났지만 을은 다음날 미국으로 떠나야 하고 건강상의 이유로 다시 돌아오지 못할 것 같다며 추가 접견을 요구한다. 하지만 구치소의 접견은 1일 1회로 규정되어 있다. 당신은 어떻게 할 것인가?
- [교정직] 본인은 교도소 보안과 소속의 교도관이다. 10년 모범수로 가석방 심사 대상자인 수용자 갑이 경미한 징벌행위를 하였다. 징벌을 받으면 갑은 가석방 심사가 취소된다. 당신은 어떻게 할 것인가?

2016 국가직 9급

- 본인은 인허가 담당 주무관이다. 내일까지 처리해야 하는 허가업무가 있는데 상관이 시급한 안건의 보고서를 내일까지 제출하라고 한다. 최선을 다해도 기한 내에 두 가지를 모두 할 수는 없는 상황이다. 당신은 어떻게 할 것인가?
- 본인은 미취학 자녀가 있다. 자녀로 인한 사정이 생겨서 퇴근해야 하는데 상사는 초과근무를 해서라도 일을 마치고 가라는 입장이다. 이런 상황에서 어떻게 할 것인가?
- 당신은 부서장으로부터 2년간 감사한 것의 결과를 토대로 개선안을 보고하라는 지시를 받았다. 전면 개선과 부분개선 중에 하나를 선택해야 한다. 전면적으로 개선할 경우 나의 업무 효율성이 증대될 수 있으나 조직원들은 업무에 혼란을 느끼게 된다. 부분적으로 개선하면 조직원들의 업무에 혼란은 없으나 향후에 본인이 승진이나 성과평가에서 불이익을 받을 수 있다. 당신은 어떤 선택을 할 것인가?
- 당신은 인허가 업무를 담당하는 주무관이다. 현재 인허가 업무는 '담당자 → 검토자 → 결재자'순으로 결재하고 있다. 검토자를 거치는 것은 법률상 근거가 있거나 필수인 것은 아니지만 기관의 관행으로 이루어져 왔다. 이런 과정은 업무처리 속도가 느린 대신 신뢰성이 확보된다. 이런 상황에서 불필요한 규제에 대한 업무처리 속도가 느리다는 불만 민원이 제기되었다. 당신은 어떻게 할 것인가?
- 당신은 사회적기업을 지원·육성하는 부서의 물품구매 담당자이다. 예전부터 거래해오던 사회적기업 A와 계속 거래할 경우 필요한 예산 내에서 물품을 모두 구매할 수 있다. 일반기업 S와 거래할 경우 예산을 절감할 수 있고 현재 진행 중인 부서 및 개인평가에서도 좋은 평가를 받을 수 있다. 당신은 어떤 기업과 거래할 것인가?
- 당신이 근무하는 부처에서 다른 지역에 연수원을 짓고 있다. 상관 A는 동료 B와 당신 중 한 사람을 그곳으로 전보를 보내려고 한다. B는 어린아이가 있어 꺼리고 당신은 편찮으신 부모님을 모시고 있어 꺼리는 상황이다. 당신은 어떻게 하겠는가? 그 이유는 무엇인가?

- [고용노동직] 본인은 모 부처의 예산 담당 주무관이다. 청년고용 증진을 위해 중소기업에 10억 원의 보조금을 지급하려고 한다. 엄격한 기준으로 평가한 결과 A, B 두 기업이 동일한 점수를 획득하였다. 한 기업에 보조금을 지급할 경우 전체 고용률이 20%, 두 기업에 나누어 지급할 경우 전체 고용률이 17%이다. 당신은 어떻게 할 것인가?

- [고용노동직] 본인은 모 부처의 고용지원 담당 주무관이다. 대학생 취업준비생을 대상으로 3년간 1차 취업지원금 사업을 진행했지만 취업율이 올라가지 않는 답보상태이다. 그런데 다음 3년간 2차 사업 추진 여부에 대해 B상관에게 보고해야 한다. 당신은 어떻게 할 것인가?

- [출입국관리직/마약수사직] 당신은 A검찰청 수사관이다. 마약 밀매에 관한 증거를 입수하였으나 증거가 불충분한 상황이다. 이에 상관이 함정수사를 지시하였다. 당신은 어떻게 대처할 것인가? 그 이유는 무엇인가?

- [철도직] 당신은 철도경찰관이다. 열차 내에 탑승하여 순찰업무 중 수면 중인 여성 A의 특정 신체부위를 몰래카메라로 촬영하고 있는 남성을 발견하였다. 당신은 어떻게 대처할 것인가?

- [선거직] 당신은 불법선거운동 조사를 담당하는 공무원이다. 당신의 근무지역에 입후보한 A가 퇴직 축하연에서 주민들에게 식사류를 제공하는 등 기부행위를 했다는 의혹에 대한 민원이 접수되어 조사하던 중이었다. 그런데 A와 친인척인 상관이 위법한 행위는 아니라며 조사를 중지하라고 명령했다. 당신은 어떻게 행동할 것인가?

- [선거직] 본인은 불법선거 담당 공무원이다. 당신의 대학교 지도교수였던 A교수님이 교육감 선거에 출마하였는데 대학선배인 중앙부처 공무원 B가 졸업생 20여 명과 사은회를 가진 사실을 알게 되었다. 선관위 공무원으로서 어떻게 하겠는가?

- [교정직] 당신은 A교도소 직원이다. 평소에 교도소 직원에 불만이 있던 수형자가 만기출소가 얼마 남지 않았으니 특별대우를 해달라고 요구했다. 그러면서 자신의 요구를 들어주지 않으면 만기 출소 후 찾아와서 가만 두지 않겠다고 엄포를 두었다. 당신은 어떻게 할 것인가?

- [교정직] 본인은 교도소에 근무하는 교도관이다. 수형자인 A의 면회를 온 상급부서 고위공무원 B가 당신에게 A의 편의를 봐달라고 부탁한다. 당신은 어떻게 대처할 것인가? 그 이유는 무엇인가?

- [검찰직] 당신은 검찰 사무직 수사관이다. 중요한 범죄를 수사 중에 수집된 증거를 확인하는데 수사과정상의 경미한 위법의 여지가 발견되었다. 그런데 이 증거는 유죄를 입증할 수 있는 결정적인 단서가 될 수도 있다. 이런 상황에서 어떻게 대처할 것인가?

- [보호직] 당신은 보호관찰을 담당하는 보호직 공무원이다. 보호관찰 대상자 B가 집행유예 취소사유인 '재범 가능하거나 재범 충동을 느낄 만한 지역 출입금지' 조항을 위반했다. 하지만 사정을 알고 보니 생계를 위한 것이었다. 이 경우 당신은 어떻게 할 것인가?

- [전산직] 당신은 보안분석관으로 직무를 수행하던 중 다른 직무를 맡게 되어 후임에게 인수인계를 마쳤다. 개인적인 사정으로 한 달간 휴가 중인데 전 업무를 인수인계 받았던 후임이 업무를 수행하지 못하는 상황이 발생하였다. 상관인 보안통제 담당관은 당신에게 복귀하여 해당 업무를 수행할 것을 요구하였다. 당신은 어떻게 대처할 것인가? 그 이유는 무엇인가?

- [전산직] 당신이 근무 중인 부서에서는 A업체의 프로그램을 5년 동안 무료로 사용해 오고 있다. 그런데 A업체가 정책을 변경하면서 해당 프로그램을 유료화한다고 통보했다. 이를 위해 책정된 예산이 없는 상태이고, 자체적으로 프로그램을 개발하려면 1년 이상의 시간과 더 많은 예산이 소요된다. 그리고 팀원들은 A프로그램이 익숙하다며 그대로 사용하기를 원하고 있다. 당신은 어떻게 대처할 것인가?
- [시설직] A봉사단체에서 저소득층 노인들에게 도시락을 배달하는 봉사를 하기 위해 도로점용 임시 허가를 받아 가건물을 설치하였다. 하지만 미관을 해치고 통행에 불편을 준다는 등의 이유로 지역주민으로부터 지속적으로 민원이 제기된다. 당신은 어떻게 하겠는가?
- [임업직] 당신은 산림청 공무원이다. A시는 벌목으로 인해 나무들이 많이 훼손되어 녹화사업을 추진하고 있다. 당신의 선임자는 사업에 필요한 소나무를 러시아산으로 5,000그루를 구입하였는데, 지방자치단체와 주민들이 국내산 소나무가 아니라고 반발하는 상황이다. 다시 국내산 소나무를 구입하면 예산이 많이 소요된다. 당신은 어떻게 할 것인가?
- [방재안전직] 당신은 안전관리 담당 주무관이다. 규정상 안전관리를 담당하는 TF는 2인 1조로 주 2회 운영되었다. 팀장은 이것이 비효율적이고 무사고로 10년간 운영되었다며 1인 1조로 주 1회 운영하라고 지시한다. 당신은 어떻게 할 것인가?

2016 국가직 7급

- 당신은 A부처 주무관이다. 온라인 민원포털 구축을 하는데 사업의 효과성에 대한 사업타당성 용역 조사가 반드시 필요하다고 판단했다. 그런데 예산이 부족해서 건의가 받아들여지지 않았다. 이런 상황에서 당신은 어떤 과정을 거쳐 어떻게 대처할 것인가?
- 당신은 A부처 주무관이다. 신년 직원 워크숍 계획에 앞서 전자설문조사를 실시하고 있는데, 참여율이 저조한 것을 조사마감 3일 전에 알게 됐다. 그런데 여건상 조사기간을 연장할 수는 없다. 이런 상황에서 당신은 어떻게 대처할 것인가?
- [관세직] 당신은 A부처 주무관이다. 농식품 수입검역조치와 관련해서 여건의 변화로 기존 규정의 변화가 필요하다. 그런데 규정이 완비될 때까지는 상당한 시간이 소요되어 국내 수입업체의 피해가 예상된다. 당신은 어떻게 할 것인가?
- [공업직] 당신은 A부처 주무관이다. 공사현장에서 발생하는 분진과 소음에 대한 민원이 많이 제기된다. 현장조사를 해보니 법적 기준을 초과하지 않는데 주민들은 계속 항의하는 상황이다. 당신은 어떻게 할 것인가?

2015 국가직 9급

- 당신은 모 부처 주무관이다. 공직사회에서 업무능력 향상을 위해 학업을 계속하고 있고, 주 2회 수업참여를 위해 업무시간을 할애해서 2시간 먼저 퇴근해야 한다. 그런데 상관이 학업이 업무에 방해된다고 불만을 드러내는 상황이다. 이런 경우 당신은 어떻게 행동할 것인가? 그 이유는 무엇인가?
- 당신은 모 부처의 인사업무 담당자이다. 과거 함께 업무를 했던 A국장이 나에게 7급 승진명부에 올라있는 타 부처의 B주무관의 승진을 위해 힘써달라고 부탁했다. A국장은 업무능력도 뛰어나고 직원들 사이에서 평판도 좋지만, B주무관은 업무능력은 높으나 인간관계가 좋지 않다. 이런 경우 당신은 어떻게 할 것인가? 그 이유는 무엇인가?

- 당신은 대학평가를 담당하고 있는 주무관이다. 나의 배우자는 A대학에 근무하는데, 번번이 승진심사에서 탈락하여 오랫동안 힘들어 하는 상황이다. 그런데 A대학 관계자와 배우자가 나에게 대학평가에서 좋은 등급을 달라고 요청했다. A대학의 평가를 잘 처리한다면 배우자가 승진될 수도 있다. 당신은 어떻게 할 것인가?

- 당신은 계약을 담당하는 주무관이다. 평소 대인관계가 좋은 B과장은 직무상 정보를 이용해서 자기 배우자를 통해 사적 이익을 취한다는 의혹을 받고 있다. 그런데 우연히 B과장이 누군가와 전화하면서 중요한 계약정보를 유출하는 것을 듣게 되었다. 당신은 어떻게 대처하겠는가?

- [통계직] 당신은 통계청에서 부동산 가격 통계를 담당하는 주무관이다. 부동산 공시지가에 대한 잘못된 통계를 언론사에 제공하여 부서 전체가 책임을 졌고, 당신은 감봉 징계를 받았다. 그런데 이 일이 이익단체의 압력을 받은 직속 상관이 의도적으로 잘못된 통계를 내보냈기 때문에 생긴 일이라는 사실을 나중에 알게 되었다. 상관의 부정한 행위를 공개한다면 징계가 철회되고 명예회복을 할 수 있지만 조직에 피해가 갈 수도 있다. 이런 상황에서 당신은 어떻게 행동할 것인가?

- [교정직] 당신은 교정직 공무원이다. 언론에 알려진 제소자 A는 가석방 출소를 앞두고 있다. 일반 제소자는 교도소 정문으로 걸어서 출소하는 것이 원칙이지만, 상관은 언론을 피하여 조용히 가석방하기 위해 허가받지 않은 차량을 이용해 후문으로 석방하라고 지시한다. 당신은 어떻게 할 것인가?

- [교정직] 당신은 교정시설에 근무하는 주무관이다. 지난 주에 입소한 B가 변호인 접견 제도를 악용하여 변호사 대기실에서 장시간 휴식을 취하고 있다. 당신은 어떻게 대처할 것인가? 그 이유는?

- [검찰직] 당신은 검찰수사관이다. 그런데 변호사인 친척이 매년 상품권을 선물한다. 당신은 어떻게 할 것인가?

- [검찰직] 당신은 검찰수사관으로 근무 중이다. 친한 동창 A가 연루된 사건을 수사하게 되었는데, A가 수사와 관련된 정보를 알려달라고 부탁하는 상황이다. 당신은 어떻게 할 것인가? 그 이유는 무엇인가?

- [공업직] 당신은 관급계약을 담당하는 주무관이다. 상관이 자신의 지인이 운영하는 업체와 계약을 맺으라고 지시한다. 당신은 어떻게 할 것인가?

- [시설직] 당신은 시설설비를 감독하는 주무관이다. 설비점검 중 교체된 전등이 규격에 맞지 않는 불량품인 것을 알게 되었다. 납품 담당자는 나의 절친한 동기인 A주무관으로, 해당 업체로부터 리베이트를 받은 것으로 의심되는 상황이다. 당신은 어떻게 할 것인가?

- [건축직] 당신은 건축 인허가를 담당하는 주무관이다. 당신의 친척이 어느 지역에 시설물을 세우려고 한다. 해당 지역에 시설물을 건축하는 것은 법적으로 아무런 문제가 없다. 그런데 지역 주민들은 주변 교육환경 등을 내세우며 반발하고 있다. 당신은 어떻게 할 것인가?

2015 국가직 7급

- A건설사가 시공 중인 주민센터를 점검하던 중 품질이 저조한 자재를 사용한 것이 밝혀졌다. 다른 자재로 보완이 불가능하고 그대로 시공할 경우 내구연한이 절반으로 줄어드는 상황이다. 건물을 철거하고 다시 시공한다면 건축회사가 부도위기에 처하고, A건설사는 지역경제 영향력이 커서 지역경제가 악화될 수도 있다. 담당 주무관으로서 당신은 어떻게 할 것인가?

- 당신은 구청에서 사회복지를 담당하는 공무원이다. 공무를 수행하는 중 말씀을 들어드리고 도와드리면서 친해진 A할머니가 있었다. A할머니는 업무시간에 당신이 근무하는 구청으로 찾아오셨고, 이것이 반복되면서 당신의 업무에 지장이 생기고 동료들도 싫어하는 분위기이다. 이런 상황에서 당신은 어떻게 대처할 것인가?

- 당신은 A지역의 산불진화 담당자이다. 혼자 당직을 서는 중 산불이 발생했다. 동료들에게 비상연락을 취했지만 연락이 되지 않고, 소방헬기를 요청했지만 이곳까지 헬기가 오는 데에 20분이 소요된다고 한다. 그런데 인근에 있는 B지역과 C지역에도 산불이 번질 위험이 있는 상황이다. 이런 상황에서 당신은 어떻게 할 것인가?

- 당신은 A도의 급식 담당 주무관이다. 수입농산물로 농민들이 어려움을 겪는 상황에서 지역경제 활성화를 위해 로컬푸드 사업을 추진 중이다. 이 사업에 대해 지역주민들의 공감대가 형성되어 있지만 예산이 부족하고, A도의 농산물은 품질에 비해 가격이 높은 편이다. 담당 주무관으로서 이 문제를 구체적으로 어떻게 해결할 것인가?

- 당신의 동기인 고향친구 A가 인사담당자로 신규채용을 담당하고 있다. 최종 후보 3명 중 공정한 절차를 거쳐 1명을 선발했다. 그런데 공교롭게도 최종 합격자가 나의 사촌동생이었다. 이 사실을 알게 된 면접탈락자는 내가 인사담당자의 친구이기 때문에 내 사촌동생이 합격하고 자신이 탈락했다며 이의를 제기하는 상황이다. 당신은 어떻게 할 것인가?

- 당신은 주민센터 민원서류를 발급하는 담당 주무관이다. 바깥 날씨는 영하 2도인데, 실내는 온풍기를 가동해 정부 규정(18~21℃)에 맞게 실내온도를 19.2℃로 유지하고 있었다. 서류를 발급받으러 온 민원인 A가 날씨가 춥다고 온풍기를 더 틀어달라고 요청했다. 그런데 다른 민원인 B는 땀을 흘리며 들어와 덥다며 온풍기를 꺼달라고 했다. 이것이 싸움으로 이어져 두 민원인 사이에 고성과 욕설이 오가는 상황이다. 때마침 전산장애로 민원서류 발급이 정상화되는 데 1시간 정도 소요될 것으로 예상되는데, 이때 당신은 민원인들을 어떻게 응대할 것인가?

- 당신은 교육 담당 주무관으로, 1년 정도를 근무해 담당 사무에 대해서 잘 알고 있다. 2개월 후 2주간 외부 교육을 받으러 가기로 과장님에게 구두 승낙을 받아놓았다. 그런데 직속상관이 K과장으로 바뀌었다. K과장은 실무를 중시하며 외부 교육에 대해서는 인식이 좋지 않아 교육으로 인한 업무 공백을 우려한다. 이런 상황에서 당신은 어떻게 대처할 것인가?

2015 국가직 7급 지역인재

당신은 기업 환수 관련 담당 주무관으로 기업 환수에 관하여 일정수준의 재량권을 가지고 있다. A기업은 기술력이 우수하지만 환수를 당한다면 향후 평가에 지장을 주어 지원이 끊겨 경영에 어려움을 겪을 수 있다. 이런 상황에서 당신은 어떻게 할 것인가?

2014 국가직 9급

- 당신은 공무원이 된 후 업무상 알게 된 민간인과 친분을 쌓았고, 소소한 선물을 주고받기도 했다. 그러던 중 이러한 것이 잘못된 것 같다는 생각이 들었다. 당신은 어떻게 할 것인가?

Chapter 2 자기기술서 **151**

- 당신은 모 구청 건축과에서 신축건물 준공허가를 담당하는 공무원이다. 지역 내 학교에서 개학에 임박한 시기에 새 교사를 짓고 준공허가신청을 했다. 허가규정을 검토한 결과 일부 설비가 미비한 점이 있어 허가를 반려했다. 그런데 학교 측에서는 미비한 사항을 추후에 보완하겠다며 일단 준공허가를 해달라고 요청한다. 상관은 결정적 하자가 아니므로 재량으로 허가해 주어도 된다고 한다. 이런 상황에서 당신은 어떻게 대처할 것인가?

- 당신은 B동 주민센터에서 근무하는 공무원이다. 오후 늦은 시간에 장애인인 A씨가 휠체어를 타고 찾아와서 현재 배우자로 되어있는 세대주를 본인 앞으로 변경해달라고 요청을 한다. 그런데 세대주를 변경하려면 기존 세대주인 배우자의 신분증이 필요한데 A씨는 이를 모르고 내방했다. 신분증 없이는 불가하다고 말하자 A씨는 부인이 일하는 중이라 당장 올 수 없고, 본인은 장애 때문에 주민센터 문을 닫기 전에 집에 다녀오기는 힘들다고 격하게 항의를 하고있다. 반드시 오늘 중으로 세대주가 바뀐 서류가 필요하므로 부인 신분증 사본은 내일 이메일로 보내주겠다며 바로 처리해 달라고 요구한다. 이런 상황에서 당신이라면 어떻게 할 것인가?

- 당신은 친분이 있는 A주무관과 업무를 분담해서 함께 처리했다. A주무관이 타 기관으로 인사발령 난후 그가 업무와 관련해 금품을 수수하는 비리를 저지른 것을 알게 되었다. 이를 감사실에 보고하는 경우 나도 책임을 져야 하는 상황이라면 당신은 어떻게 할 것인가?

- A시에서 경력자 1명을 뽑는 공개채용시험에서 필기시험을 거쳐 3명의 후보자를 선발했다. 당신은 인사담당자로 최종 면접시험의 면접위원으로 참여했는데, 면접장에서 친구의 아들이 필기성적 1위로 면접대상자로 선발되었음을 알게 되었다. 규정에 따라 당신의 재량으로 합격시킬 수 있는 상황이다. 당신은 어떻게 할 것인가?

(3) 직무전문형 기출문제

2018 경기 9급

[남양주] 지역 및 직렬과 관련된 자신만의 장점을 기술하시오.

2018 대구 9급

초고령사회로 진입하면서 노인의 고독사가 증가하고 있다. 고독사를 줄일 수 있는 방안을 제시하시오.

2017 국가직 9급

지원 부처나 부서 또는 관심 있는 정책은 무엇이고 본인이 이를 위해서 했던 교내외 활동을 자세하게 기술하시오(교과목 수강, 교양 활동, 봉사 활동, 동아리 활동, 회사, 인턴, 어학연수 등 모두 가능).

2017 국가직 9급 경력채용

응시분야 관련 교과목 수강, 각종 활동 등 해당 분야의 직무수행능력 및 전문성 함양을 위해 평소 준비한 노력과 경험 등에 대해 기술하시오.

2017 국가직 7급 지역인재

본인이 지원하고 싶은 부서와 그 부서가 진행하고 있는 정책에 대해서 알고 있는 것을 서술하고, 그 부서에 들어가기 위해 본인이 한 노력에 대해서 기술하시오.
– 본인이 지원하고자 하는 부서와 정책
– 본인이 한 다양한 노력

2015 국가직 7급

- 공직자로서 국가에 헌신과 충성을 실천할 수 있는 방안을 기술하시오.
- 국제화시대에 글로벌 경쟁력을 갖추기 위해 대한민국 공무원에게 요구되는 자질을 기술하시오.
- 헌법에서 자유민주주의와 직업공무원제를 보장하고 있는 이유와, 이에 담긴 헌법가치에 합당한 공무원으로서의 자세를 기술하시오.
- 공무원 신조 중 '직무에는 창의와 책임을'에 담긴 공직가치를 구체적으로 실천할 수 있는 방안을 기술하시오.
- 우리 역사 속에서 본받을 만한 공직자와 그를 통해 본받을 만한 공직가치를 기술하시오.
- 살기 좋은 대한민국을 만들기 위한 공무원의 자세를 기술하시오.
- 공무원 복무신조 중 '국민에게 정직과 봉사를'이라는 조항에 대한 공무원의 자세를 기술하시오.
- 정부혁신에 대처하는 공무원의 자세를 기술하시오.

💬 Q&A 예시

Q. 모범납세기업 선정과정에서 시스템상 오류로 이미 신청하였음에도 심사과정에서 제외시킨 기업이 있다. 제외된 기업들은 재선정 절차를 요구하는 상황이다. 하지만 재선정 시 기존에 선정된 업체들이 탈락할 수도 있다. 어떻게 할 것인가?

A. 시스템상 오류로 정당하게 받을 수 있는 혜택에서 누락된다는 것은 국민에게 피해를 주는 것이고 공정하지도 않다고 생각한다. 실수를 교정하지 않고 그대로 진행한다면 국민의 국정 신뢰도가 떨어지는 문제도 발생할 것이다. 먼저 기존 선정 업체를 대상으로 재선정 절차가 진행된다는 사실과 재선정 시 탈락할 수 있음을 미리 알린다. 그리고 시스템상 오류를 철저하게 교정하여 추후 문제가 발생하지 않도록 재선정 업무를 처리한다. 기존에 선정된 업체 중 재선정 절차로 인해 탈락된 업체에게는 탈락을 고지하고, 재선정 절차 및 그 과정에 대한 행정정보를 최대한 상세히 공개하여 정당하고 공정한 절차와 기준을 따라 재선정 절차가 진행된 것임을 알려 반발을 최소화한다. 재선정 이후에도 시스템 문제발생의 원인과 책임자를 명확히 하고, 추후 같은 문제가 발생하지 않도록 시스템을 개선하고 관리절차를 정비하여 신뢰도를 제고할 수 있도록 지속적으로 노력을 할 것이다.

> **Comment ㅣ** 이미 처리된 결정을 철회하거나 변경하는 것은 신중히 접근해야 한다. 함부로 결정을 번복한다면 부처 신뢰도에 문제가 생길 수 있기 때문이다. 그러나 결정 자체에 결정적인 과실이 있거나 위법한 결정으로 인해 권리를 침해하는 경우에는 결정을 번복하고 침해된 권리를 회복시켜주어야 한다. 그 과정을 이해당사자들에게 충분하게 고지하고 정보를 공개하여 반발을 최소화해야 한다.

Q. [검찰직/출입국관리직/교정직] 당신은 불법체류자 단속 공무원이다. 소상공인 농어민들은 불법체류자 고용이 어쩔 수 없는 상황이라 하고, 이를 단속할 경우 경영이 어려워져 단속하지 말 것을 요구하고 있다. 반면, 지역주민들과 청년들은 불법체류자로 인해 일자리를 뺏기고 사회범죄도 발생하고 있는 상황이라 단속을 요구하고 있다. 어떻게 대처하겠는가?

A. 불법체류자를 단속하는 공무원으로서 이를 단속해 불법체류자로 인한 주민들의 피해를 방지하는 것은 당연한 의무이지만, 공익을 우선시해야 하는 입장에서 소상공인과 농어민들의 어려움과 이로 인한 지역경제 침체 등의 문제점을 완전히 무시할 수는 없다. 우선 불법체류자를 대상으로 비자를 재발급 받는 등의 방법으로 불법체류자 신분을 벗을 수 있는 제도와 방법을 안내·홍보하고 계도기간을 마련한다. 또한 이러한 불법체류자를 고용하고 있는 소상공인과 농어민을 대상으로는 자진신고기간을 안내·홍보하여 범칙금을 감면받을 수 있도록 한다. 이러한 보완방안을 실시한 후에도 불법체류 신분으로 남아있는 외국인 노동자는 단속하여 강제 출국시키도록 한다. 이 결과 불법체류 중인 외국인 노동자 중 정상적인 합법체류자로 신분을 변환시킬 수 있는 외국인은 합법적인 체류 허가를 부여하여 부족한 노동현장의 인력을 충원할 수 있고, 정상적인 외국인으로 등록·관리될 경우라면 강력범죄의 위험성도 낮아질 것이다. 또한 비자를 발급받지 못한 불법체류자들은 강제 출국하게 되므로 이로 인해 새로 발생한 일자리를 활용하여 청년들의 일자리 부족 문제도 어느 정도 해결할 수 있을 것이다.

> **Comment ㅣ** 원칙을 지키면서도 융통성을 발휘해야 한다. 어떤 상황에서도 공무원에게 원칙을 준수하는 것은 매우 중요하므로 단속을 포기한다고 말하는 것은 적절한 답변이 아니다. 단속을 하되, 융통성을 발휘해서 피해를 최소할 필요가 있다. 평소 관련 제도를 잘 숙지해 두었다면 더 수월하게 답변할 수 있는 과제이다.

2. 자기기술서 예상문제

(1) 자기기술서 예상문제 1

\<자기기술서\>

응시번호: _____ 성명: _____

\<주의사항\>

O 다음에 제시된 질문에 대해 20분간 작성하세요.

O 최근 1~2년이나 학창시절에 있었던 경험을 구체적으로 기술하세요.

O 거짓을 적거나 과장하지 말고 진실되게 작성하세요.

\<질문\>

1. 조직이나 단체에서 리더십을 발휘하여 문제를 해결했던 경험에 대해서
   (1) 본인의 역할이나 임무
   (2) 본인이 문제 해결을 위해 어떻게 행동했는지와 그 결과를 자세히 쓰시오.

2. 당신은 A시 주무관이다. A시는 코로나19 사태 이후 감염병 전문 공공의료기관의 필요성이 커짐에 따라 B지역 공원의 일부 부지에 감염병 전문센터 설치를 추진해왔다. 그런데 지역주민들 사이에서 반대 여론이 확산되면서 사업이 제대로 진척되지 못하고 있다. 주민들은 공원 부지에 감염병 전문센터가 들어올 경우 공원이 축소·파괴될 것을 우려하고 있다. 또 감염병 전문센터가 유사 시 감염병 환자들이 몰려드는 '혐오시설'로 인근 부동산 가격을 끌어내릴 것이라는 걱정도 주민들 사이에서 퍼지고 있다. 해당 시가 사업을 추진하면서 주민들의 의견을 제대로 듣지 않다가 최근에야 주민 대상 공청회를 열었고, 주민들의 반발이 더욱 강해졌다. 당신은 주무관으로서 어떻게 이 상황을 해결할 것인가?

📝**MEMO**

(2) 자기기술서 예상문제 2

(3) 자기기술서 예상문제 3

<자기기술서>

응시번호: _____ 성명: _____

<주의사항>

○ 다음에 제시된 질문에 대해 20분간 작성하세요.

○ 최근 1~2년이나 학창시절에 있었던 경험을 구체적으로 기술하세요.

○ 거짓을 적거나 과장하지 말고 진실되게 작성하세요.

<질문>

1. 자신의 이익을 주장하며 반대하는 구성원 때문에 공동업무 수행이 곤란했던 경험이 있다면 구체적 상황을 제시하시오.

2. 당신은 A보호관찰소의 갈등관리 담당 주무관이다. A보호관찰소는 2006년 A보호관찰소의 관할구역 중 하나인 서울의 甲구에 건립된 후 10년 넘게 운영 중이었는데, 2018년 A보호관찰소 인근에 1,000세대의 대단지 아파트가 분양·입주되고 이에 따라 신설 초등학교가 설립되었다. 이후 아파트 주민들은 A보호관찰소에 출입하는 보호관찰 대상자들이 아파트 주민과 신설 초등학교 학생들의 안전에 위협이 되므로 A보호관찰소를 다른 관할 구역인 乙구나 丙구로 이전하라고 요구하며 시위를 하는 한편, 甲구의 국회의원 및 지방의원들에게도 민원을 제기하고 있는 상태이다. 이러할 경우 당신은 어떻게 대처하겠는가?

📝 **MEMO**

(4) 자기기술서 예상문제 4

<자기기술서>

응시번호: _____ 성명: _____

<주의사항>

○ 다음에 제시된 질문에 대해 20분간 작성하세요.

○ 최근 1~2년이나 학창시절에 있었던 경험을 구체적으로 기술하세요.

○ 거짓을 적거나 과장하지 말고 진실되게 작성하세요.

<질문>

1. 나와 의견이 맞지 않는 사람들과 협력하여 성과를 내야 했던 경험에 대해서
   (1) 본인의 상황과 맡았던 업무에 대해
   (2) 의견이 맞지 않아서 어려웠던 점은 무엇인지
   (3) 그 상황에서 본인의 해결방안과 그 결과에 대해 기술하시오.

2. 당신은 A도청의 홍보실 주무관이다. 당신은 A도청의 새로 만든 캐릭터 이름을 공모하는데, 참여도 저조하고 제출된 작품들의 수준이나 작품성도 떨어진다. 마감기간이 내일이라 공고기간을 연장하고 싶은데, 공고기간을 연장하게 되면 기공모자들의 반발이 예상된다. 이러한 상황이라면 어떻게 대처하겠는가?

📝**MEMO**

(5) 자기기술서 예상문제 5

> ### <자기기술서>
>
> 응시번호: _____ 성명: _____
>
> **<주의사항>**
>
> ○ 다음에 제시된 질문에 대해 20분간 작성하세요.
>
> ○ 최근 1~2년이나 학창시절에 있었던 경험을 구체적으로 기술하세요.
>
> ○ 거짓을 적거나 과장하지 말고 진실되게 작성하세요.
>
> ---
>
> **<질문>**
>
> 1. 최종 합격한다면 근무를 희망하는 부처 또는 부서와 그 부처·부서의 정책 중 관심 있는 정책을 쓰고, 그 부서에 배치받는 경우 활용할 수 있는 귀하의 역량을 구체적으로 기술하시오.
>   (1) 근무를 희망하는 부처·부서
>   (2) 관심 있는 정책
>   (3) 부서·부처에서 활용할 수 있는 역량
> 2. 본인이 가장 중요하다고 생각하는 공직가치와 그 이유, 그 공직가치를 구체적으로 실현할 수 있는 방안에 대해 기술하시오.

📝 **MEMO**

(6) 자기기술서 예상문제 6

<자기기술서>

응시번호: ＿＿＿＿＿＿＿＿＿＿ 성명: ＿＿＿＿＿＿＿＿＿

<주의사항>

○ 다음에 제시된 질문에 대해 20분간 작성하세요.

○ 최근 1~2년이나 학창시절에 있었던 경험을 구체적으로 기술하세요.

○ 거짓을 적거나 과장하지 말고 진실되게 작성하세요.

<질문>

1. 조직에서 구성원들 간에 오해가 있었던 경험과 오해를 해소하는 자신만의 방법이 있다면 기술하시오.
   - (1) 당시 상황과 오해의 원인
   - (2) 본인이 해결을 위해 어떻게 행동했는지와 그 결과
   - (3) 오해를 해소하는 자신만의 방법
2. 당신은 보상 담당 주무관이다. 보상 대상자 선정에서 탈락된 민원인이 관련 법령 기준이 모호하다며 재량권 발동을 요구하는 상황이다. 민원인은 이성적인 대화가 불가능한 상황이며, 격렬하게 민원을 제기하면서 기관장과의 만남을 요구한다. 이런 상황이라면 어떻게 할 것인가?

📝 **MEMO**

(7) 자기기술서 예상문제 7

<자기기술서>

응시번호: _____   성명: _____

<주의사항>

○ 다음에 제시된 질문에 대해 20분간 작성하세요.

○ 최근 1~2년이나 학창시절에 있었던 경험을 구체적으로 기술하세요.

○ 거짓을 적거나 과장하지 말고 진실되게 작성하세요.

<질문>

1. 조직이나 집단 내의 잘못된 관행을 바로잡았던 경험 또는 잘못된 관행임을 인지하였음에도 불구하고 따랐던 경험을 기술하시오.

2. 당신은 A시의 복지업무 담당 주무관이다. A시에는 충분히 자활이 가능한 기초수급자가 상당수 존재함에도 그들이 자활을 거부하고 있다.

　(1) 이들이 자활을 거부하는 원인을 분석하고

　(2) 자활에 성공하여 탈수급자가 될 수 있는 정책을 마련하시오.

📝 **MEMO**

Chapter 3 PT면접(5분 발표, 개인발표)

01 PT면접(5분 발표, 개인발표) 개요

1. PT면접의 개념 및 중요성

(1) 개념

PT면접은 면접장에서 문제와 자료가 주어지고, 이를 참고하여 발표문을 작성한 뒤 발표하는 면접형식이다. 발표 이후에는 발표내용에 대한 질의응답이 이어진다.

9급	• 간략한 메모를 1부 작성한다. 메모는 본인이 소지하고 발표에 활용할 수 있다. • 국가직 9급에서는 '5분 발표'라는 명칭으로 시행된다.
7급	• 보고서 형식의 발표문을 작성한다. 먹지 또는 복사용지에 작성하고 면접관 수에 맞추어 제출한다. 원본은 본인이 소지하고 발표에 활용할 수 있다. • 국가직 및 대구시 7급에서는 '개인발표', 서울시 7급에서는 '주제발표'라는 명칭으로 시행된다.

참고 서울시 9급에서도 5분 스피치가 시행되지만 5분 스피치의 과제는 자기기술서와 더 유사하다.

(2) 중요성

개별면접의 첫 번째 순서로 진행되는 PT면접은 '주제문과 자료를 분석'하고, '질문에서 요구하는 바를 논리적으로 구성'하여, '내용이 잘 전달되도록 발표'하는 방식이므로 개별 질문에 비해 월등한 변별력을 가진다고 볼 수 있다. PT면접을 통해 자료 이해 · 분석력, 적용 · 문제해결력, 보고 · 의사전달력 등 실무에서 필요한 직무능력에 대한 평가를 더욱 심도있게 진행한다.

2. PT면접의 유형 및 준비사항

(1) PT면접의 유형
① 대책형

ⓐ 공직사회의 개선방안, 사회문제나 정책 등에 대한 해결 · 개선방안 등을 제시하는 과제가 가장 많이 출제된다.

ⓑ 전문성이 요구되는 특수직렬의 경우 직렬 관련 문제와 대책이 출제되기도 한다.

ⓒ 9급에서는 정책 및 사회문제보다 공직사회 관련 주제가 더 자주 출제된다.

ⓓ 7급에서는 정책 및 사회문제 관련 주제가 주로 출제되어 왔다.

② 이슈형: 서로 다른 쟁점이 있는 사회적 이슈, 공직사회 이슈, 정책 이슈 등에 대한 자신의 생각을 밝히는 과제가 출제된다.

③ 공직형

    ㉠ 공직가치의 의미를 제시하거나 공직가치를 어떻게 실현 · 실천할 것인지 제시하는 과제이다.

    ㉡ 공직관 · 공직가치에 대한 준비가 필요하며, 주로 7급보다 9급에서 출제된다.

(2) PT면접 준비사항

① 공직가치, 공무원의 의무, 「공무원 행동강령」, 「국가공무원법」, 「공직자윤리법」, 헌법 등 공무원 관련 법과 제도를 숙지하고 공직사회 관련 이슈와 그에 대한 자신의 생각을 정리해 둔다.

② 시사 이슈 및 그와 관련된 정책을 숙지해 두어야 한다. 고용, 관광, 문화, 복지, 안전 등 여러 분야 중 어느 분야에서 출제될지 알 수 없기 때문에 특정 한 분야만 집중적으로 알아보기보다는 각 분야의 핵심 사업을 두루 정리하는 것이 좋다.

③ 이슈가 되고 있는 사회문제와 관련된 해외 정책의 성공사례 등을 정리해두면 이를 벤치마킹해서 대책으로 제시할 수 있다.

④ 실습을 여러 차례 수행한다. 스터디를 통해 목소리나 시선, 제스처 등에 대해 점검하고 지적을 받는다면 면접 준비과정에서 이를 지속적으로 개선할 필요가 있다.

3. PT면접 진행순서와 대응

(1) PT면접 진행순서(2019년 기준)

① 발표과제 검토 및 발표자료 작성	시간	• 국가직 9급: 10분 • 국가직 7급: 30분 • 서울시 7급: 20분
	과제문	• 국가직 9급: A4용지 1장 (메모공간 포함) • 국가직 7급: A4용지 3~5장 (작성용지 별도) • 서울시 7급: A4용지 1~2장 (작성용지 별도) 참고 참고자료는 볼 수 없음
② 본인 여부 확인 등		응시표, 신분증을 제출한 후 본인 여부 확인
③ 발표	9급	5분 내외
	7급	국가직은 8분 내외, 서울시는 5분 내외
④ 후속질문	9급	5분 내외
	7급	국가직은 7분 내외, 서울시는 5분 내외

① 발표과제 검토 및 발표자료 작성

ⓘ 발표 준비실에 입실하여 주어진 시간 동안 시험 당일 제시되는 발표과제문을 검토하고 발표문을 작성한다.

ⓛ 제시문이 주어지고 통계자료나 법령 등 발표과제문의 자료가 함께 주어지기도 한다.

② 본인 여부 확인 등: 준비시간 완료 후 담당 시험관리관에게 응시표 및 신분증을 제출하고 본인 여부를 확인받는다.

③ 발표: 면접실에 입실하면 우선 인사와 함께 간략한 자기소개를 한다. 평정표와 개인발표문 사본(서울시는 주제발표문 사본)을 제출한 뒤 대기하고, 면접관의 앉으라는 지시가 있는 경우 착석한다. 이후 면접관의 지시에 따라 발표를 시작한다.

④ 후속질문: 발표가 끝나면 발표내용에 대한 후속질문 · 답변이 이어진다.

(2) 진행순서에 따른 대응

① 발표과제 검토 및 발표자료 작성

ⓘ 주제 파악

• 문제를 우선 숙지한 후, 과제에서 요구하는 것을 체크하고 출제의도를 파악한다.

• 요구사항을 빠뜨리지 않도록 문제를 꼼꼼히 읽고 체크한다.

ⓛ 자료 분석

• 주제문에 주어진 자료를 분석하여 문제의 취지를 생각하고, 본론 전개의 방향을 설정한다.

• 주어진 자료에서 강조되는 부분을 중점적으로 본론을 전개해야 한다.

• 시간이 많지 않으므로 자료를 그냥 읽기보다는 발표 구성을 염두에 두고 분석하며 읽어나간다. 자료를 분석한 내용에 따라 구성을 짜고 수정한다. 또한 자료 중 발표에서 활용할 내용, 핵심문장, 통계수치 등에 표시를 해 둔다.

> **예시 자료 분석에 따른 본론 전개의 예**
> • 문제: 공무원 도덕적 해이의 원인 및 개선방안을 제시하는 문제
> • 자료: 공무원 사유별 징계현황
> • 본론 전개방향: 건수가 많거나 증가폭이 높은 징계사유를 주목하고, 해당 사유의 원인을 주로 제시해야 함

ⓒ 구성: 주제와 자료 분석을 바탕으로 서론, 본론, 결론에 들어갈 내용의 틀을 간략히 구성한다.

ⓔ 발표문 작성

• 서론은 주의 환기 역할을 하는 단락으로서 비교적 중요도가 낮으므로, 중요한 내용인 본론을 먼저 작성한 뒤 간략히 작성한다.

- 가장 중요한 본론을 제일 먼저 작성하고 가장 많은 시간을 할애해야 한다. 문제에서 요구하는 사항을 가장 우선적으로 작성하고 기타 본론에 해당하는 내용을 충실히 작성한다. 과제에 따라 차이가 있지만, 본론 중에서도 개선·해결방안 등이 핵심에 해당한다.
- 메모하는 시간뿐만 아니라 메모한 내용을 검토·수정하는 시간도 계산해 두어야 한다. 따라서 점검·보완할 시간 1~2분을 남겨놓는다.

9급	메모를 제출할 필요는 없지만 메모 작성과정에서 발표 구성을 짜임새 있게 정리할 수 있고, 중간에 생각이 나지 않거나 말이 막힐 때 참고할 수 있기 때문에 메모를 작성하는 것이 좋다. 주어지는 시간이 짧고 메모를 제출해야 하는 것도 아니므로, 자신이 알아볼 수 있을 정도로 간략하게 작성한다.
7급	발표도 중요하지만 발표문의 구성과 내용이 더 중요하다. 면접관은 발표를 접하기 전 발표문을 먼저 훑어본다. 따라서 한눈에 들어오도록 잘 정리된 발표문을 제출하면 보고받는 사람이 편하고, 발표내용을 이해하기도 쉽기 때문에 발표능력에서도 좋은 평가를 받을 수 있다.

< 7급 개인발표문 가독성 제고 >

1. 두괄식으로 작성한다. 즉, 결론·핵심내용을 먼저 적고 세부내용을 아랫줄에 덧붙인다.
2. 가독성을 높이기 위해 기호로 정리한다. 제목에는 로마자(Ⅰ, Ⅱ)를 사용하고 이하의 세부사항은 중점(•), – 순으로 정리해 전체 문장구조가 한눈에 들어오도록 작성한다.
3. 한 문장의 호흡이 너무 길지 않도록 1줄 정도로 정리한다. 긴 내용이 들어간다면 가능한 한 두 문장으로 나눈다.

---

② 이동 및 대기

㉠ 대기시간에 자신이 작성한 메모를 보면서 작은 목소리로, 혹은 속으로 발표를 연습하며 내용을 정리한다.

㉡ 반드시 머리 속으로 1회 이상 시뮬레이션을 진행한다. 시뮬레이션 과정에서 잘못되거나 모순된 점을 발견할 수 있으며, 연습 중 보완이 필요한 부분을 찾아 보완할 수 있다. 또한 발표내용에 따라 예상되는 후속질문도 생각해본다.

③ 발표

㉠ 발표요령

- 본격적인 발표에 앞서 발표의 주제를 먼저 안내한다. 발표내용이 복잡할 경우 발표의 순서를 미리 안내하는 것도 좋다.
- 두괄식으로 발표한다. 결론이나 핵심이 되는 내용을 먼저 이야기하고, 경험이나 사례를 덧붙인다. 결론을 먼저 제시하면 듣는 사람도 이해하기 쉽고, 발표자도 발표의 방향을 수월하게 잡을 수 있다.

- 주어진 발표시간을 넘지 않도록 한다. 장황한 설명은 피하고 핵심내용 위주로 요점만 간략히 발표한다. 만약 내용이 너무 길 것으로 예상된다면, 꼭 필요하지 않은 부연설명은 삭제하고 질의 · 응답으로 보충한다. 시계가 없을 수도 있으니 평소 실습에서 시간을 조절하는 연습을 많이 해야 한다. 내용이 충실하다면 시간이 다소 짧은 것은 상관없다.
- 단락에 따른 시간할당도 고려해야 한다. 들어가는 말이나 맺는 말이 너무 장황해지지 않도록 조절한다. 서론이나 배경설명 부분을 1분 내외로 짧게 하고, 본론에 해당하는 내용을 2~3분 발표한 뒤 결론이나 맺음말은 1분 내외로 짧게 덧붙인다.
- 발표를 마친 뒤, 감사 멘트와 마무리 발언을 하고 목례를 한다.

  예 이상으로 ~에 대한 발표를 마치겠습니다. 부족한 발표를 들어주셔서 감사합니다.

ⓒ 발표자세

어조	• 자신감 있는 어조로 발표하되, 연설이나 주장하듯이 너무 강한 어조로 발표하지 않는다. 상관에게 보고한다는 느낌으로 발표한다. • 목소리에 강약 변화를 주면서 강조하고 싶은 단어에 가볍게 강세를 준다.
볼륨	• 목소리의 톤은 높은 것보다 다소 낮은 것이 신뢰감을 줄 수 있다. 낮은 톤에서 목소리 볼륨만 크게 하는 연습이 필요하다. • 주위 면접장이 다소 시끄러울 경우 목소리를 키운다. 목소리가 작아서 들리지 않는 것보다는 큰 것이 좋다. 하지만 고함치듯 높은 톤이 되지 않도록 주의한다.
속도	• 천천히 말하면 여유가 있고 침착하다는 인상을 심어줄 수 있다. 문장과 문장 사이 간격에도 약간의 갭(Gap)을 둔다. • 긴장하고 마음이 급해 말이 너무 빨라지는 경우가 많은데, 말하는 속도가 빠르면 내용을 제대로 알아들을 수 없기 때문에 천천히 발표하는 것이 좋다.
발음	발음을 뭉개며 흘려 말하지 않도록 한 단어 한 단어 도장을 찍는다는 느낌으로 또박또박 말하는 연습을 한다.
시선	• 메모를 보는 것은 최소화하고 면접관을 골고루 보면서 발표한다. • 면접관과 눈을 마주치고 면접관의 반응을 살피면서 말의 빠르기, 목소리 크기 등을 조절한다.
동작	한손에 메모를 들고 다른 손으로 적절히 손짓해도 된다. 하지만 지나칠 경우 산만한 느낌을 주므로, 핵심사항을 설명할 때만 가볍게 사용한다. 만약 스터디 실습이나 평소 생활에서 너무 산만하게 손짓을 한다는 피드백을 받는다면, 차라리 손을 사용하지 않고 주먹을 쥐고 곧게 펴서 고정하는 연습을 한다.

④ 후속질문

㉠ 질문을 받을 때는 경청하는 자세로 질문하는 면접관을 바라보아야 한다.

ⓒ 질문을 한 면접관 외의 면접관들도 지원자를 평가하고 있다. 따라서 답변 시 면접관들을 골고루 쳐다보면서 대답해야 한다.

PT면접(5분 발표, 개인발표) 실습 체크리스트

※ 수행 정도에 따라 '평가란'에 O, △, × 표시하시오.

발표요령	평가란
발표의 주제를 사전에 안내했는가?	
중언부언하지 않고 핵심을 잘 전달하였는가?	
발표시간이 적절했는가?	
본론을 충분히 전개했는가?	
발표 후 인사를 했는가?	

기타 지적사항:

발표자세	평가란
목소리의 크기는 적절한가?	
말의 빠르기는 적절한가?	
발음은 정확한가?	
시선처리가 안정적인가? 면접관과 시선을 맞추는가?	
손짓이나 동작이 과하지 않은가?	

기타 지적사항:

발표내용	평가란
발표내용이 주제에서 벗어나지 않는가?	
내용이 논리적으로 잘 연결되도록 구성되어 있는가?	
발표내용에 구체성이 있는가?	
근거 없는 주장을 하지는 않는가?	

기타 지적사항:

02 PT면접(5분 발표, 개인발표) 실전

1. PT면접의 내용 작성

(1) PT면접 내용 작성 시 유의할 점

① 논리적으로 구성한다.

PT면접은 논리성을 평가하는 면접방식이므로, 논리적인 틀을 구성해 논리적인 사고를 보여주어야 한다. 잘 모르는 주제가 출제되더라도 짜임새 있게 구성하면 좋은 발표가 될 수 있다. 또한 틀을 체계적으로 구성해야 자신의 생각을 잘 정리하고 내용을 잊지 않으며 매끄럽게 발표할 수 있다.

② 서론, 본론, 결론의 형식을 갖추어야 한다.

공직에서의 업무·제안보고서와 비슷한 형식으로 작성하는 것이 좋다. 기본적으로 서론, 본론, 결론의 틀을 갖추어 서론에서 상황을 분석하고, 본론에서 문제를 해결하며, 결론에서 보완·정리하는 흐름으로 구성한다. 이때 앞단락의 내용이 뒷단락의 내용을 뒷받침해야 한다.

③ 요구하는 내용이 본론의 핵심이 되도록 구성한다.

문제가 원인·대책, 장·단점, 자신의 의견 등 특정 내용을 포함할 것을 요구하는 구체적인 문제일 경우, 해당 항목은 반드시 발표내용에 포함되어야 한다.

④ 경험과 사례를 활용한다.

직접경험, 간접경험, 배경지식, 소신 등을 자기 생각으로 연결한다. 직렬과 관련된 경험이나 일상경험, 기관을 방문한 경험 등을 미리 준비하고, 뉴스 등을 참고하여 정책·이슈 등을 숙지해 놓아야 활용할 수 있다.

⑤ 공무원의 입장에서 작성한다.

민간에서의 해결방안보다 공무원으로서 추진 가능한 정책, 제도적인 대책을 제시해야 한다. 또한 국가와 공익에 도움이 되는 방향으로 대책을 제시하고, 국가에 지나치게 부정적인 시각은 보이지 않아야 한다.

⑥ 범주화를 활용한다.

원인분석, 문제점, 대책, 기대효과 등 각 단계에서 범주화하는 것이 좋다(例 개인적·사회적 측면, 제도적·인식적 측면, 경제적·환경적 측면, 장기적·단기적 측면 등). 면접관들은 메모를 볼 수 없기 때문에 분류가 잘 되어있지 않으면 내용이 잘 정리되지 않는다. 반면, 범주화를 잘 한다면 면접관들이 더 편하게 발표내용을 받아들여 의사소통 능력에서 좋은 평가를 받을 가능성이 높아진다. 또한 원인이나 해결방안이 잘 생각이 나지 않을 때에도 범주화를 활용한다. 생각의 범위를 개인적·사회적 등으로 좁혀서 접근한다면 막연했던 원인이나 해결방안의 윤곽이 드러날 수 있다.

⑦ 극단적이거나 근거가 부족한 주장은 삼가야 한다.

'무조건, 반드시' 등의 극단적인 표현은 삼가고, 구체적인 근거 없이 자신의 주장이 100% 정답인 듯 단정적인 주장을 하지 않도록 주의해야 한다.

(2) PT면접 단락별 내용 작성

다음에 제시된 내용 중 주제나 문제 의도에 따라 적절하게 선택하여 구성한다.

① **서론(논의배경):** 본격적인 논의에 앞서 문제 제기를 하거나 주제의 의미를 되짚고, 본론 내용에 대한 대략적인 소개를 하는 단락이다. 서론에서는 면접관의 흥미를 유발하고 관심을 불러일으켜야 한다. 제시된 자료에 대한 분석도 필요하지만 그 문제가 발생한 배경에 대한 설명을 하는 것도 좋다. 배경을 추가로 제시하는 경우 해당 문제에 대해 잘 알고 있다는 인상을 줄 수 있다.

    ㉠ 자료 분석

- 통계자료가 제시되는 경우: 통계의 주제, 통계의 변수와 의미, 그에 대한 생각 등을 제시한다.
- 통계자료가 없고 텍스트자료만 제시되는 경우: 텍스트의 의미를 분석해서 제시한다.

plus+ 통계자료 분석순서

주제 파악	• 통계의 제목을 보고 주제가 무엇인지 먼저 파악한다. • 통계가 어떻게 구성되어 있는지 통계변수와 단위를 확인한다.
자료 분석	• 통계변수의 수치를 읽고 의미와 특징을 정리한다. • 수치가 높거나 증감 추세가 뚜렷한 수치에 주목하고, 그 원인을 생각해 본다.
평가	• 분석된 자료를 토대로 수치에 대한 생각이나 의견을 제시한다. • 해당 통계를 통해 도출할 수 있는 문제점, 부정적인 효과 등을 생각해 본다.

    ㉡ 정의

- 해당 주제와 관련된 주요 가치나 개념 및 중요성 등을 언급한다.
- 사전에 공직가치 등 주요 개념을 숙지해 두어야 한다.

    ㉢ 관련 규정

- 해당 주제와 관련된 법적 근거나 규정을 제시한다. 규정의 제정 배경이나 개정 등 변화과정을 알고 있다면 언급해도 좋다.
- 공무원 관련 규정은 활용도가 높으므로 헌법, 「국가공무원법」, 「공무원 행동강령」 등 공무원 관련 규정을 숙지해둔다.

    ㉣ 관련 사례 등

- 문제지에 사례·통계가 제시되는 경우가 많지만 제시된 내용 외에도 알고 있는 다른 사례나 통계 수치를 제시한다면, 해당 주제에 대한 관심도를 보여줄 수 있다.

- 평소 시사·이슈에 관심을 가지고 알아 두는 것이 필요하다. 언론에 보도된 사례, 직접 경험하거나 주위에서 보고 들은 사례 등을 평소 따로 정리해둔다면 이를 PT면접에서 활용할 수 있다.

② **본론**: 제기된 문제를 분석해 주제를 전개시키는 단락이다. 적절한 논거를 제시해 자신의 주장에 대한 타당성을 확보하여야 하며, 과제문에서 요구하는 내용을 가장 충실하게 작성하여야 한다. 또한 문제가 드러나는 주제인 경우 문제점의 부정적 측면이나 원인을 먼저 분석한 뒤, 이에 대한 대책을 제시하는 것이 가장 보편적이고 논리적으로도 잘 연결되는 구조이다. 하지만 과제의 주제나 요구사항에 따라 적절히 내용을 선택하여 구성해도 좋다.

㉠ 원인 분석
- 자료 분석을 토대로 본인의 생각과 배경지식을 동원하여 원인을 분석한다. 원인을 분석하라는 지문이 없고 대책이나 개선방안을 제시하라고 한다면 원인이 먼저 분석되어야 그에 대한 대책을 세울 수 있으므로, 원인 분석이 먼저 제시되는 것이 자연스럽다. 원인을 체계적으로 분석할 경우, 이와 연결된 대책의 방향을 설정하기가 수월해진다.
- 주제문에서 원인이 주어지는 경우 대책과 연결짓기 위해 주어진 원인을 범주화하여 간략히 정리한다.
- 대책마련에 앞서 원인을 먼저 분석하면 해결방향도 자연스럽게 그려지게 된다. 그러나 원인이 생각나지 않는다면 대책을 먼저 모색하고, 그 대책을 생각한 이유를 역추적하여 원인을 떠올리는 사고의 방법도 있다.

㉡ **문제점 분석**: 원인이 생각나지 않거나 잘 모르겠다면, 해당 상황이 불러올 수 있는 문제점이나 부정적 효과를 구체적으로 분석하여 제시한다.

㉢ 대책
- 발표에서 가장 핵심적인 부분이다. 대책이나 해결방안은 사전에 준비하지 않으면 생각하기 어려우므로 미리 준비해야 한다. 국내·외에서 이미 시행되었거나 시행되고 있는 다양한 사회문제에 대한 정책이나 대책을 다양하게 알아보고, 좋은 측면을 다른 분야에도 적용하여 아이디어를 구성한다.
- 현재 추진 중인 국가정책과 대책이 연결되면 정책에 대한 관심도를 보여줄 수 있다. 지방자치단체나 해외의 우수사례 등도 숙지해 두면 활용이 가능하다.
- 원인과 대책이 유기적으로 연결되어 있어야 한다. 원인과 관련 없는 대책을 제시하면 논리성이 떨어진다. 원인 대신 문제점을 제시했다면 문제점과 그 문제점을 해결하기 위한 대책이 잘 연결되도록 한다.
- 원론적이고 거창한 것보다는 작더라도 현실적이고 실현 가능한 대책을 마련한다. 허무맹랑한 대책을 제시하면 그 대책을 어떻게 실현할 것인지 추궁하는 압박질문에 직면하게 된다.

- 대책에는 구체성이 있어야 한다. 두루뭉술한 대책을 제시하는 경우 구체성을 요구하는 압박 질문을 받게 된다.
- 대책의 부족한 점도 고려하여 그 부족한 점을 보완할 방법을 함께 제시하는 것이 좋다. 즉, 대책을 실행하는 데 예상되는 장애요소, 실행 후의 문제점이나 부작용 등에 대해 보완할 방법을 제시한다.
- 여러 가지 해결책을 다양하게 생각하되, 너무 많은 대책을 나열하듯 제시하기보다는 가장 자신 있는 몇 개의 대책을 골라 구체적인 실행 계획과 함께 강조하여 제시하는 것이 좋다. 너무 많은 대책을 늘어놓으면 오히려 근거가 부족한 대책에 대해 압박질문을 받을 수 있다.

plus ＋ 대책에서 활용할 수 있는 용어

형용사	긍정적인 결과를 가져올 것이지만 당장 전면 시행이 불가능한 경우: 점진적 · 단계적 · 순차적
경제적 측면 대책	• 지원 확대: 국고지원, 지원금 · 보조금 제공 · 인상, 세제혜택 등 인센티브 지급 • 규제: 과태료 부과
제도적 측면 대책	• 제도 완화: 요건 완화, 규제 완화, 절차 간소화, 합법화 • 제도 강화: 요건 강화, 규제 강화, 제재 강화, 통제 강화, 검증 강화, 관리 · 감독 강화, 단속 강화, 감사 강화, 의무화 • 법 마련: 제정, 개정 • 제도 마련: 확립, 도입, 신설, 실시, 운영, 수립, 확립 • 제도 개선: 내실화, 정상화, 활성화, 현실화, 정비, 정착 • 행정낭비 축소: 절차 간소화
의식적 측면 대책	문화 · 분위기 · 인식 · 의식 · 기강의 개선, 정착: 교육, 운동, 홍보, 행사개최, 캠페인, 공감대 형성
국민적 합의를 위한 대책	• 간담회, 포럼, 공청회 개최 • 환경영향평가, 산업영향평가 • 주민참여 확대 • 설문조사
기타 다양한 분야	• 기구 · 기관 · 시설 · 조직 마련: 신설, 설치, 확충, 구성, 운영 • 기구 · 기관 · 시설 · 조직 개선: 개편, 재편 • 사업: 추진 • (전문)인력: 양성, 확충 • 시스템, 프로그램, 가이드라인, 플랫폼, 인프라, 네트워크: 구축 • 프로젝트, 계획: 수립 • 서비스: 제공, 개선 • 공공갈등: 참여 · 소통 통로 마련, 공청회, 박람회, 설명회, 여론수렴, 타협, 조정 • 기타 용어: 육성, 유도, 조성, 보급, 추진, 강화, 확대, 제고, 점검, 검토, 주요 선진국 정책사례 벤치마킹, 유관부처 간 협력 · 협업 · 공조

③ **결론**: 결론은 본론의 내용을 정리하는 단계로, 대책을 실행함으로써 얻을 수 있는 긍정적 효과, 향후 계획, 보완되어야 할 사항 등으로 구성한다. 느낀 점, 각오 등은 결론에 반드시 필요한 것은 아니지만 적극적인 지원자라는 인상이나 각오, 포부를 보여줄 수 있다. 특히 공직가치 관련 주제인 경우 느낀 점, 교훈, 마음가짐, 노력이나 앞으로의 계획 등을 메시지 형태로 제시하면 깔끔하게 발표를 마칠 수 있다.

㉠ **기대효과**

- 대책이나 발전방안 등을 통해 얻을 수 있는 긍정적인 효과를 제시한다.
- 기대효과는 대책의 최종 목표이므로, 기대효과가 잘 생각나지 않으면 어떠한 목표로 대책을 생각했는지에 대해 고려해 본다. 나아가 단기적·장기적 효과로 나누어 생각해 보는 것도 좋다.

㉡ **보완**: 제시한 방안에 따라 파생되는 문제발생을 최소화할 수 있는 방안 또는 대책의 부족한 부분을 보완할 수 있는 보완책 등을 제시한다.

㉢ **향후 과제**: 제시된 문제 외에도 관심을 가지고 개선해야 할 문제점이나 문제해결을 넘어선 발전과제 등을 제시할 수도 있다.

㉣ **각오**: 해당 주제와 관련하여 느낀 점, 교훈, 자신의 마음가짐, 노력이나 앞으로의 계획 등을 마지막에 간략히 언급할 수 있다.

📝 예시 5분 발표 답변 개요 작성례

1. 다음은 우리나라의 연도별 부패인식지수를 나타낸 표이다. 2010년까지의 부패인식지수는 0이 가장 부패한 수준이며, 10이 가장 청렴한 수준이고, 2014년부터의 부패인식지수는 0이 가장 부패한 수준이며, 100이 가장 청렴한 수준을 나타낸다. 다음 표를 근거로 공무원의 뇌물범죄, 공금횡령범죄 등 부패방지를 위한 방안을 자유롭게 제시하시오.

연도	조사대상 국가수	우리나라 순위(점수)	1위 국가(점수)
1995	41개국	27위(4.29)	뉴질랜드(9.55)
2000	90개국	48위(4.0)	핀란드(10.0)
2005	159개국	40위(5.0)	아일랜드(9.7)
2010	178개국	39위(5.4)	뉴질랜드·덴마크·싱가포르(9.3)
2014	174개국	43위(55)	덴마크(92)
2015	168개국	37위(56)	덴마크(91)
2016	176개국	52위(53)	덴마크(90)
2017	180개국	51위(54)	뉴질랜드(89)

Ⅰ. 배경

- 배경
  - 최근 김영란법(청탁금지법) 제정과 관련하여 공공부문의 부패척결에 대한 관심이 높아짐
  - 그러나 전(前) 대통령의 탄핵사태가 발생하면서 김영란법(청탁금지법)에 대한 관심은 줄어들고 시민들의 불신은 깊어짐
- 자료 분석
  - 2010년까지 꾸준히 상승하던 부패인식지수 순위가 하락하였으며, 덴마크 등 1위 국가와 비교해서 절대적 점수도 낮음
  - 한국의 세계경제순위가 11위인 것을 감안할 때 이에 비해 낮은 수준
  - 국가발전과 함께 높아져야 할 부패인식지수 순위가 하락하는 추세에 있다는 것은 개선의 필요성을 시사하는 것임

Ⅱ. 원인

- 개인적 측면
  - 공무원 개인의 청렴의식 부족
  - 김영란법(청탁금지법) 등 제도와 규정에 대한 이해 부족
- 제도적 측면
  - 청렴에 대한 인센티브 부족으로 동기부여가 되지 않음
  - 징계가 약해 부패예방 효과가 크지 않음

Ⅲ. 대책

- 개인적 측면
  - 청렴배지, 청렴컵 등을 배부해 일상 속에서 청렴의지 재확인
  - 청렴 OX퀴즈 대회 등을 개최해 부패방지를 위한 법규에 대한 이해 제고
- 제도적 측면
  - 청렴 마일리지 제도로 인센티브 부여
  - 행동강령 개선 및 징계기준 강화

Ⅳ. 기대효과 및 과제

- 기대효과
  - 국가신뢰도 상승 및 정책 순응도 제고
  - 국외적으로 외국 투자자들이 늘어나 국가경쟁력 향상
- 과제
  - 여러 가지 자정노력과 함께 이러한 노력을 적극적으로 홍보하여 공무원 이미지 개선
  - 국민들에게 신뢰를 줄 수 있는 청렴한 공무원이 되도록 자신을 돌아보고 조직 기강을 바로 세우는 데 기여하겠음

2. 제시 자료를 참고해 공공갈등 심화의 원인을 적고, 그에 대한 대책방안을 마련하시오.

'2017 서울시 공공갈등 인식'에 따르면 서울시민 10명 가운데 7명 이상은 우리나라가 갈등상황에 있다고 평가했다. 응답자의 54.7%는 "매우 갈등이 심한 편", 23.4%는 "약간 갈등이 있는 편"이라고 답해 총 응답자의 78%가 갈등이 있다고 답했다. 시민 64.4%는 서울시가 화장장, 오·폐수 처리시설, 임대주택 주민 기피시설 확충 시 인접지역의 주민들과 갈등이 있을 때 "지역주민의 피해가 있다면 계획을 재검토하고 충분한 대책을 마련한 후 추진해야 한다."고 답했다. 반면, "일부의 피해와 반발이 있어도 다수의 시민을 위해 추진해야 한다."는 의견은 33.6%에 그쳤다.

Ⅰ. 배경 및 문제점
- 배경: 사드배치, 영남권 신공항 문제, 고준위 방사성폐기물 후보지 선정 등 논란
- 문제점
  - 사업 지체로 인한 사회적 비용 증가
  - 공공에 대한 불신 확대

Ⅱ. 원인
- 과정적 측면
  - 정부·지방자치단체 주도의 권위주의적인 결정과정
  - 정부·지방자치단체의 소통노력 미흡
- 제도적 측면
  - 사회적 갈등기구 설치 등의 법제화 미흡
  - 독립적인 중재기구 부재: 갈등의 주체인 정부가 직접 갈등을 조정 → 중립성과 신뢰성의 문제 야기
- 인력 측면
  - 갈등조정 전문가 부족
  - 공무원의 갈등관리 전문성 부족

Ⅲ. 대책
- 과정적 측면
  - 주민들에게 정확한 정보를 제공하고 투명하게 공개하여 신뢰 확보
  - 주민설명회, 간담회, 공공토론회 등을 통해 충분한 의견수렴
- 제도적 측면
  - '갈등관리에 관한 기본법'과 관련 조례 제정 추진
  - 법에 근거한 독립적인 조정기구 설치(예 프랑스 국가공공토론위원회)
- 인력적 측면
  - 갈등조정 전문가 양성
  - 공무원 대상으로 공공갈등관리 역량강화 교육

Ⅳ. 향후 계획
- 갈등이 해소되고 난 뒤에도 정책 진행과정을 명확하게 공개하여 신뢰 유지
- 갈등관리에 관한 법령과 갈등조정기구가 기능을 원활히 수행하는지 지속적 모니터링
- 갈등관리 교육이 형식적 교육에 그치지 않도록 교육 프로그램을 내실화

2. 후속질문

(1) 후속질문 대응방법

발표 후 면접관들은 발표내용과 관련하여 생기는 궁금증과 발표의 미흡한 부분 지적, 보충설명 요구 등 후속질문을 한다. 따라서 발표가 끝났다 하더라도 바로 긴장을 풀고 흐트러진 모습을 보이면 안 된다. 후속질문에 잘 응답하는 것이 발표를 잘 하는 것보다 더 큰 임팩트를 줄 수도 있는 만큼 매우 중요한 단계이다. 또한 발표보다 발표 후 개별면접으로 이어지는 후속 질의 시간이 더 어렵게 느껴진다는 것이 많은 응시자들의 평가이므로, 발표 준비시간부터 후속질문을 예상하고 대비해야 수월하게 답할 수 있다.

① 추가질문이나 압박질문에 대처하기

　㉠ 동일한 사안에 대하여 계속해서 추가질문을 받는다면 자신의 답변에 오류나 모순이 있을 가능성이 높다. 그렇다면 면접관의 질문을 바탕으로 자신의 답변을 점검해 볼 필요가 있다. 예를 들어 "그 외에 다른 원인이 없는가?", "그 원인이 근본적인 원인이라고 생각하는가?" 등의 질문이 계속 들어온다면 원인 분석이 잘못되었다는 의미일 수 있으므로 다른 원인을 생각해 본다.

　㉡ 모르는 부분은 솔직하게 인정하고, 면접관이 지적한 사항에 대해서는 변명하지 말고 겸허히 수용하는 태도를 보여야 한다.

　㉢ 압박질문을 받는다고 당황하여 바로 자신의 입장을 철회하거나 바꾸게 되면 소신이 없고 문제해결에 대한 의지가 약하다는 인상을 준다. 문제가 있더라도 그 문제에 대한 다른 대책을 제시하는 등 적극적으로 해결하려는 자세를 보여주는 것이 좋다.

　㉣ 면접관의 질문 중간에 끼어들지 않도록 주의한다. 또한 면접관이 뜬금없거나 다른 면접관과 동일한 질문을 하는 등 다소 이상한 질문을 하더라도, 성실하게 최선을 다해 답변하는 모습을 보여주어야 한다.

② 면접관의 의견이나 국가 정책에 대한 지나친 비판은 삼가기

　㉠ 면접관이 반대의견을 내세우거나 과하게 압박해도 면접관에게 맞서지 않는다. '그 부분은 인정합니다. 다만~', '그 부분은 면접관님 말씀이 맞는 것 같습니다. 다만~' 등으로 면접관에게 동조한 뒤 자기 생각을 말한다.

　㉡ 면접관의 표정이 좋지 않더라도 주눅 들거나 당황하지 말고 침착한 태도를 유지한다.

　㉢ 국가 정책에 대한 비판은 금물이다. 지나친 비판보다는 "다소 아쉽다.", "국민 불만에 충분히 공감한다." 등의 완곡한 표현을 사용한다.

(2) 후속질문의 유형

유형	예시
개념 및 취지	• 해당 법의 주요 내용을 알고 있는가? • 해당 개념의 정확한 의미가 무엇인가? • 제시한 주제의 정책·제도가 왜 필요한가? • 왜 이 문제가 중요한가? 이 주제를 해결하지 않으면 어떤 문제가 발생하는가?
문제의 핵심	• 문제의 핵심은 무엇인가? • 문제의 근본적인 원인은 무엇인가? • 가장 주요한 원인이 무엇이라고 생각하는가? • 문제 당사자·이해관계자는 누구인가?
문제해결의 기준	• 그 대책을 제시한 이유는 무엇인가? • 가장 시급하게 해결해야 할 문제점은 어떤 것인가? • 그 대책을 시행함에 있어서 고려해야 할 점은 무엇인가? • 대책 중에서 어느 것이 중요한가? 그 기준은 무엇인가?
대책에 대한 구체적인 설명 요구	• 협의체 구성은 어떻게 할 것인가? • 홍보는 어떤 방식으로 할 것인가? • 예산·인력은 어떻게 확보할 것인가? • 추후 관리는 어떻게 할 것인가? • 해당 대책을 어떤 부처·기관에서 수행할 것인가? • 간담회 등을 주최한다면 참여 주체는 누구인가? • 환경영향평가·산업영향평가 등을 시행한다면 고려요소는 무엇인가?
다른 대책 요구	• 제시한 대책 외에 다른 측면의 해결방안이 있는가? • 더 근본적인 해결방안은 없는가? • 더 효과적인 대책은 없는가?
예상되는 부작용, 반발 등 문제제기	• 그 대책은 실효성이 있는가? • 다른 문제가 발생한다면 어떻게 해결할 것인가? • 장애요소가 있다면 어떻게 극복할 것인가? • 주민들이 반발한다면 어떻게 설득할 것인가? • 형평성·신뢰성 등에서 문제가 되지 않는가? • 그 대책을 시행하기에 앞서 해결해야 할 선결과제는 무엇인가? • 비슷한 정책이 이미 있는데 효과가 저조한 이유는 무엇인가?
다른 사례에 적용	• (비슷한 상황 제시) 이러한 경우 어떻게 할 것인가? • 비슷한 경험이 있는가?
문제해결 과정에서 본인의 역할	• 본인이 주무관으로서 할 수 있는 일은 무엇이 있는가? • 본인은 해당 문제를 해결하기 위해 어떤 노력을 할 것인가?
발표문의 구조와 문구 지적	• 구조가 매끄럽지 않은데? • 그 설명이 적절한가? 모순이지 않은가? • A와 B는 관계가 없지 않은가? • 특정 요소에 너무 치우친 대책 아닌가?

03 PT면접(5분 발표, 개인발표) 기출 및 예상문제

1. 5분 발표 기출문제(9급)

(1) 대책형

> ① 정책, 사회문제 개선
>
> **2019 서울 9급**
> - 노인의 지하철 무임승차에 따른 문제 해결
> - 서울시 인구감소의 원인과 문제점
>
> **2019 서울 9급 추가채용**
> 공유경제가 활성화되지 않은 원인과 공유경제 활성화를 위한 정부의 역할에 대한 본인의 견해
>
> **2019 경기 8급 – 사전조사서**
> [간호직] 의료 사각지대 해소를 위해 무엇을 개선해야 하는가?
>
> **2017 국가직 9급**
> CCTV의 범죄예방효과와 개인 사생활 침해의 측면을 절충하여 조화롭게 운영하는 방안
>
> **2016 국가직 9급**
> 스포츠, 역사 문제 등에는 강한 애국심을 발휘하는 반면, 국가의 현 상황에 대해서는 자조적이고 부정적인 인식을 가진 청년층의 인식차이 해소방안
>
> **2015 국가직 9급**
> - 내부고발자에 대한 국민인식이 부정적인 이유와 이를 개선하기 위한 방안 (자료 부정부패 고발자에 대한 국민인식 설문조사)
> - 우리나라 국가경쟁력 하락원인 및 향상방안 (자료 연도별 국가경쟁력 순위 추이)
> - 초·중학생에게 6.25 인지도가 낮은 이유 및 해결방안 (자료 세대별 6.25 발발연도 인식 설문조사)
> - 불필요한 재정 증가의 원인 및 대책 (자료 2014, 2015년도 재정수입·지출 및 재정적자)
> - 저출산 원인 분석 및 극복방안 (자료 출산율 추이)
> - 국가경쟁력 강화를 위한 규제개혁 방향 (자료 소방법 규제신설, 국민연금 규제완화 등 규제개혁의 방향성이 모호한 상황과 대형사고 발생으로 인한 국민들의 규제강화 요구 등의 배경)
> - [통계직] 정부 3.0 정보공개의 장단점 (자료 정보공개 자료 조회수 상위 5개 문서의 내용 및 조회수)
> - [통계직] 국민들의 공공데이터 이용 활성화 방안 (자료 공공데이터 포털 주요 자료 및 신청건수)
> - [선거직] 재보궐선거 발생 이유 및 세금낭비를 줄일 방안 (자료 4개 시 재보궐선거 사유 및 선거비용 현황)

- [선거직] 공무원 선거관여의 문제점 및 대응방안 (자료 공무원의 「공직선거법」 위반 사례 현황)
- [공업직] 공무원 문서유출의 원인 및 대책 (자료 기밀유출의 심각성 배경 제시)
- [공업직] 불법복제의 사회경제적 영향과 해결방안

② 공직사회 개선

2019 서울 9급

확증편향의 오류에 빠지지 않는 방법

2016 국가직 9급

- 공직자의 준법정신을 제고시킬 방법
- 청렴도가 낮아진 원인과 해결방안 (자료 부패방지법 제정에도 불구하고 청렴도 평가 하락)
- 공무원 부패 원인 및 청렴도 향상방안 (자료 공직청렴도 국민인식 설문조사)
- 우리나라 정부의 신뢰도가 낮은 원인과 해결방안 (자료 주요 7개국 정부신뢰도 점수)
- 공무원 도덕적 해이의 원인 및 개선방안 (자료 공무원 사유별 징계현황)
- 공무원 조직 확대의 문제점 및 해결방안 (자료 최근 8년간 국가공무원 증가현황)

(2) 이슈형

2019 서울 9급

- 음주운전 단속위치를 알려주는 어플리케이션 규제에 대한 자신의 견해
- 혐오표현 금지에 대한 생각: 강제수단을 동원해서 규제해야 함 VS 토론이나 차별금지 교육 등을 통해 개선하고 강제로 규제하면 안 됨

2019 서울 9급 추가채용

지방자치 강화에 대한 생각. 지방자치의 유용성과 지방자치가 시민의 삶에 어떤 영향을 미치는지

2017 국가직 9급 추가채용

- 대테러방지법에 대한 생각: 국가안보 VS 국민기본법
- 퇴직공무원 취업제한에 대한 생각: 직업의 자유 제한, 전문성과 경험의 활용 불가 VS 부패방지를 위해 필요 (자료 「공직자윤리법」 규정)
- 성과연봉제 확대 등 공무원 성과주의 확대에 대한 생각

2015 국가직 9급

경제 활성화가 시급한 시기에 복지예산이 증가하는 것에 대한 생각 (자료 2015 예상지출 분야별 비중 및 지난해 대비 증가 비율)

(3) 공직형

2019 국가직 9급

- 개방적인 인사제도를 통해 적임자를 임용한 사례를 보고 공직자가 가져야 할 공직가치에 대한 발표
- 공청회의 구성에 문제가 있다며 반대민원이 들어온 상황이다. 이 문제에서 중요하다고 생각하는 공직가치와 그것을 함양하기 위한 나의 자세에 대한 발표
- 스모키 린의 '어느 소방관의 기도'를 보고 유추할 수 있는 공직가치와 이를 실현하기 위한 공직자의 자세에 대한 발표
- 세종실록을 보고 도출할 수 있는 공직가치와 이를 실천하기 위한 공직자의 자세
- 박지원의 〈열하일기〉의 상황에서 아전/장교에게 부족한 공직가치는 무엇인지. 나라면 어떻게 해결할 것인가?

2018 국가직 9급

- [일반행정직] 이와 관련된 공직가치에 대한 발표
  - 정약용의 경세유표 중 재판(송사)할 때 공정하게 해라.
  - 뇌물 받지 마라.
- [임업직] 본인이 중요하다고 느끼는 제시문과 관련된 공직가치를 설명하고, 본인이 공직에 임한다면 이러한 공직가치를 어떻게 확대할 것인가 (자료 A부처에서 여성과 장애인과 같은 소외계층과 관련된 부서 신설에 관한 제시문)
- [세무직] 세상이 다양하게 변화하고, 우리나라도 다양한 문화가 공존한다. 이러한 상황에서 추구하여야 되는 공직가치와 이를 위하여 노력하여야 할 점은 무엇인지
- [우정직] 제시문의 내용과 관련하여 공무원이 지녀야 할 공직가치와 이를 함양하기 위해 어떻게 노력할 것인지 (자료 국민주권, 입헌주의와 관련된 내용의 제시문)

2017 국가직 9급 추가채용

헌법 전문에서 도출할 수 있는 가치와 이를 실현하기 위한 공직자로서 갖추어야 할 자세 (자료 헌법 전문)

2017 국가직 9급

- 공무원이 갖추어야 할 자세, 나만의 공무원 헌장을 만든다면 추가 · 수정하고 싶은 내용
- SNS를 이용한 의사소통이 증가하는 가운데 중요한 공직가치 및 해당 직렬에서 SNS 소통 활용방안
- 자료에서 도출할 수 있는 공직가치와 그 가치를 내재화하는 방안 (자료 독도 홍보와 동해 표기를 위해 애쓴 외교부 공무원)
- 기사에서 알 수 있는 공직가치와 본인이 속한 직렬에서 이 공직가치를 위한 노력 (자료 화재상황에서 시민을 구하려다 목숨을 잃은 9명의 소방관 기사)

- 국민신뢰 회복을 위한 소통방안 및 공직자로서의 자세 (자료 정부에 대한 국민신뢰도 조사; 낮음)
- 공무원에게 있어서 책임감의 의미 (자료 공직자에게 필요한 공직가치 관련 국민 설문조사; 책임감)
- 남성육아휴직 확대의 장단점을 공직가치와 연결 (자료 남성공무원 육아휴직사용 급증)
- 공무원에게 청렴성이 강조되는 이유 (자료 공무원 징계사례집 내용 일부)
- 안중근 애국심의 의미 및 공직자로서 애국을 실천할 방안
- 공직자에게 팔로워십의 의미 및 실천방안
- 상습 자살기도자를 구한 경찰의 미담 및 이에 담긴 공직가치 설명
- 공무원이 인공지능으로 대체될 수 없는 이유
- [세무직] 균공애민 정신을 바탕으로 국세공무원으로서 어떻게 공평과세를 실현할지 방안 (자료 14년 국세청장 취임사 일부)
- [세무직] 국세청이 향후 50년간 나아가야 할 방향과 청사진 (자료 국세청 50년간의 발전)

- 청렴한 공직사회를 위한 공무원의 역할 (자료 김영란법 시행)
- 『목민심서』 중 청렴정신 실천방안 (자료 『목민심서』 내용 일부)
- 정약용의 위민정신 및 목민관 실천방안 (자료 『목민심서』 내용 일부)

2. 5분 발표 예상문제(9급)

(1) 5분 발표 예상문제 1

<5분 발표 질문지>

응시번호: _____ 성명: _____

<주의사항>

○ 다음 내용을 읽고 10분간 준비한 뒤 면접위원 앞에서 5분간 발표하십시오.

○ 발표 후 질문지는 반드시 반납하십시오.

<문제>

최근 높은 청년실업이 사회적으로 문제되고 있다. 문재인 대통령은 대통령 직속 일자리위원회를 설치하고 '공공부문 일자리 충원 로드맵 수립' 등 청년취업의 애로를 해소하려는 정책을 지속적으로 추진하고 있으나, 여전히 많은 청년층들은 어려움을 겪고 있다. 이하는 이와 관련한 자료이다.

이를 바탕으로 청년실업문제를 해소하고 고용률을 제고하기 위한 효과적인 정책대안을 제시하시오.

<청년층(15~29세) 실업률 추이>

(단위: %)

2014년 8월	2015년 8월	2016년 8월	2017년 8월	2018년 8월
8.5	8.0	9.3	9.4	10.0

* 자료: 통계청

📝 **MEMO**

(2) 5분 발표 예상문제 2

<문제>

최근 '정의기억연대' 재단 사건 등 기부금 불법유용 사건이 연달아 발생하여 기부금, 후원금에 대한 불신이 팽배해졌다. 이로 인해 후원금이 끊기면 생계가 어려운 아동이나 가구가 피해자가 될 가능성이 크다. 기부단체들이 설립 인·허가만 받으면 자동적으로 세제혜택이 부여되는 경우가 대부분이고, 주무관청이나 기획재정부의 기부단체 지정과정에서도 요건이나 작성서류가 적절하게 구비되었는지 점검하는 데 그치는 현실이다. 또 기부금 정보를 공개해야 하는 의무를 지닌 단체도 일부에 불과하다. 공시의무가 있는 단체마저도 소관업무가 저마다 다른 정부부처가 각각 정보공시 시스템을 운용하기 때문에 기부하려는 단체가 어떤 법적 성격을 가졌는지 확인하기 위해서는 일일이 각 부처 시스템을 조회해야 한다.

기부금 불법유용 사건이 빈번하게 발생하는 원인 및 기부포비아를 극복하기 위한 정책방안을 제시하시오.

📝 **MEMO**

(3) 5분 발표 예상문제 3

<5분 발표 질문지>

응시번호: _____ 성명: _____

<주의사항>

○ 다음 내용을 읽고 10분간 준비한 뒤 면접위원 앞에서 5분간 발표하십시오.

○ 발표 후 질문지는 반드시 반납하십시오.

<문제>

1960년 이래 우리나라는 의료기술의 발달과 국민소득 상승, 보건위생의 발달로 인해 평균수명이 연장되면서 노인 인구는 증가하고 있다. UN에서 65세 이상의 인구 비율이 전체의 7% 이상을 차지하게 되면 고령화 사회라 칭하며, 14% 이상은 고령사회, 21% 이상은 초고령사회라고 정의하는데, 우리나라는 2000년도에 고령화 사회를 넘어 현재 2010년을 지나 고령사회로 향하고 있다.

이렇듯 노인 인구수는 갈수록 늘어가고 있으며, 자식이나 사회복지 시스템의 도움을 받지 못하고 스스로 생계를 이어가야 하는 노인의 수도 기하급수적으로 늘어나고 있다. 아래 자료는 노인실업의 증가현황이다. 노인실업이 증가하는 원인과 개선방안을 제시하시오.

<65세 이상 고용동향>

(단위: %)

구분	2015	2016	2017	2018
경제활동참가율	31.3	31.3	31.5	32.2
실업률	2.4	2.3	2.8	2.9

* 자료: 통계청

📝 **MEMO**

(4) 5분 발표 예상문제 4

<5분 발표 질문지>

응시번호: _____ 성명: _____

<주의사항>

○ 다음 내용을 읽고 10분간 준비한 뒤 면접위원 앞에서 5분간 발표하십시오.
○ 발표 후 질문지는 반드시 반납하십시오.

<문제>

최근 여론조사에 따르면 국민 절반 이상이 '양심적 병역거부' 대체복무제에 대해 반대하는 것으로 나타났다. 대체로 찬성하는 입장에서는 '인권'의 가치와 양심의 자유를, 반대하는 입장에서는 '안보' 현실에 방점을 두고 있다. 찬성하는 입장에서는 UN 인권위원회 등에서 병역거부권을 인정하였다는 점을 근거로 들고 있지만, 반대하는 입장에서는 반드시 지킬 필요가 없는 권고 수준이라며 국내 상황을 우선 고려해야 한다고 주장한다.

'양심적 병역거부' 대체복무제에 대한 자신의 생각을 발표하시오.

<'양심적 병역거부' 대체복무제에 대한 국민여론>

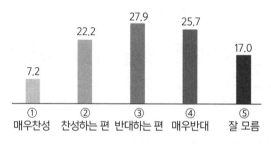

MEMO

(5) 5분 발표 예상문제 5

<5분 발표 질문지>

응시번호: _____ 성명: _____

<주의사항>

○ 다음 내용을 읽고 10분간 준비한 뒤 면접위원 앞에서 5분간 발표하십시오.

○ 발표 후 질문지는 반드시 반납하십시오.

<문제>

이른바 '몰카' 등 인터넷에서 유통되는 디지털 성범죄 영상물이 만연하게 되면서 방송통신위원회가 심의에 나서는 건수가 해마다 2배씩 늘어날 정도로 급증세에 있는 것으로 나타났다. 방송통신위원회는 지난해 4월 전담팀까지 신설하여 불법촬영물과 초상권 침해정보를 단속하고 있지만, 디지털 성범죄 피해 건수가 폭증하고, 문제의 사이트 대부분이 해외에 서버를 두고 있는 등 영상물 삭제에 대한 여러 한계로 인해 근절에는 어려움을 겪고 있다.

인터넷과 SNS의 발달로 음란물이 급속도로 확산되기 쉬워지면서 많은 사람들이 디지털 성범죄로 고통을 받고 있다. 지난해 말 「성폭력범죄의 처벌 등에 관한 특례법」의 개정으로 디지털 성범죄 가해자에 대한 처벌이 강화되었지만, 디지털 성범죄 영상물은 한번 유포되면 완전히 삭제하기가 어려운 특성을 가지고 있으므로 피해자들이 더 큰 고통을 받고 있는 상태이다.

이러한 상황에서 디지털 성범죄 영상물에 대한 수사와 처벌 강화 및 유통 차단 등 적절한 조치를 취해줄 것을 촉구하는 목소리가 높아지고 있다.

디지털 성범죄의 증가 원인을 분석하고 디지털 성범죄 근절 및 피해자 보호를 위한 대책방안을 제시하시오.

📝 **MEMO**

---

(6) 5분 발표 예상문제 6

<5분 발표 질문지>

응시번호: _____   성명: _____

<주의사항>

○ 다음 내용을 읽고 10분간 준비한 뒤 면접위원 앞에서 5분간 발표하십시오.

○ 발표 후 질문지는 반드시 반납하십시오.

<문제>

젠트리피케이션(gentrification)은 재개발·뉴딜정책 등의 도시 재생 사업을 통하여 낙후된 도심 지역이 개발되면서 자연스럽게 그 지역의 부동산 가치가 올라가게 되면서 나타나는 현상이다. 원래 젠트리피케이션은 낙후 지역에 외부인이 들어와 지역이 다시 활성화되는 긍정적인 의미로 쓰였지만, 최근에는 외부인이 유입되면서 본래 거주하던 원주민이 밀려나는 부정적인 의미로 많이 쓰이고 있다.

동네가 유명해지면서 임대료가 오르고, 이를 감당하기 힘든 원래 거주민들은 결국 다른 지역으로 쫓겨나듯 이주한다. 그 예로 서울의 서촌이나 망원동, 경리단길, 종로 한옥마을 등 곳곳에서 오랫동안 터를 잡고 살아오던 주민들과 상인들이 쫓겨나는 비극이 벌어지고 있다. 이 자리를 대형자본 프랜차이즈가 채우면서 지역의 몰개성을 초래하기도 한다.

이를 바탕으로 젠트리피케이션의 문제점을 분석하고 이를 방지할 대책을 마련하시오.

MEMO

3. 개인발표 기출문제(7급)

(1) 대책형

> ### ① 정책, 사회문제 개선
>
> 2019 국가직 7급
> - 청소년 사이버불링의 현황과 문제점을 분석하고, 적절한 해결방안을 도출하시오. (자료 사이버불링의 정의, 피해 사례 등)
> - 어린이 스쿨존 내의 교통사고 현황 및 문제점, 개선방안
>
> 2019 경기 9급 - 사전조사서
> 공무원의 입장에서 지방자치는 무엇인지. 민주적인 지방자치의 구현방법
>
> 2019 특허청 6급 경력채용
> 영유아의 스마트폰 등 과도한 전자매체 이용에 대한 문제점 및 해결방안 (자료 국내 영유아의 스마트폰 사용 및 활용비중과 지나친 전자매체 사용의 부정적 영향에 관한 기사문, 영유아 자녀가 있는 부부가 집안일·맞벌이 등을 하기 위해서 아이에게 스마트폰을 보게 한다는 인터뷰, 미국의 관련 규제 등에 대한 내용과 대만의 규제 내용)
>
> 2018 국가직 7급
> - 노인 기준 연령 상한에 대한 정책방안
> - 데이트폭력 현황과 대처방안
>
> 2017 국가직 7급 추가채용
> 1인가구 취약점과 정책지원방안
>
> 2017 국가직 7급
> - 인터넷 개인방송에 대한 현(現) 규제의 한계점 및 구체적인 개선방안
> - 공유경제 활성화 방안
>
> 2017 서울 7급
> 방관자효과와 관련된 사회적 이슈 또는 지원자의 경험 및 그에 대한 개선대책
>
> 2016 국가직 7급
> - 통일비용 마련 필요성과 통일정책 추진의 선결과제 및 대책 (자료 통일비용 마련의 필요성, 통일비용 호응도, 통일교육 만족도 낮음, 분단비용 개념 및 심각성)
> - 빅데이터의 개념 및 현황과 문제점, 빅데이터 이용 활성화 방안 (자료 빅데이터의 개념 및 현황, 빅데이터 활용의 문제점, 빅데이터 관련 정책 및 정책의 미흡한 점)
> - 개인정보 보호에 관한 현황 및 원인, 해결방안 (자료 개인정보 유출 현황, 개인정보 유출 원인, 개인정보 보호에 관한 해외정책)

- 청소년 애국심 함양방안 및 기대효과 (자료 청소년의 애국심 실태, 청소년 애국심 고취의 필요성, 애국심 교육 해외사례)
- K팝이나 드라마 등 새로운 한류 문화콘텐츠 수출 장려방안 (자료 한류 문화의 경제 기여도, 한류 수출 현황)
- 한글 우수성에 대한 국민인식 제고 및 한글 사용 활성화 방안 (자료 한글의 우수성, 국민의 한글 사용 실태, 한글 우수성에 대한 과학적 입증)

2015 서울 7급

- 노인빈곤 문제 해결방안
- [조경직] 가로수 관리방안
- [기계직] 건설기계 교체 활성화 방안

2014 국가직 7급

- 재정건전성 확보방안
- 노인빈곤 해결방안
- 간접광고 활성화 방안
- 전투로봇 도입에 따른 정책 대응방안
- 셰일가스 개발에 대한 바람직한 정책방향
- 정부 연구개발지원금의 대기업 편중 개선방안
- 공동주택 층간소음 문제의 대책방안
- 개발제한구역 규제완화의 대책방안
- [세무직] EITC와 CTC 동시 시행 시 예상문제 해결방안
- [세무직] 가업승계제도 활성화 방안
- [관세직] 중소기업 FTA 활용도 증가방안
- [관세직] 면세한도 상향 보완책 마련
- [교정직/검찰직/출관직] 현행 형사조정 절차에 대한 개선방안
- [교정직/검찰직/출관직] 재범율 하락을 위한 교정 · 교화 개선책 마련
- [공업직] 특허심사 품질 개선방안
- [공업직] 전력부족 해결을 위한 전력수요 대책

② 공직사회 개선

2019 국가직 7급

공공분야 갑질의 현황과 문제점 분석 및 적절한 해결방안 도출

2016 서울 7급

- 링겔만효과의 원인 및 무임승차를 방지하고 시너지효과를 창출하기 위한 방법
- 집단지성과 관련된 자신의 사례와 희망업무 · 직장에서의 적용방안

2014 국가직 7급

조선시대 인사제도의 문제점 및 현대 인사제도 개선방안 (자료 조선시대 현량과의 한계, 정약용의 「경세유표」 중 과거제도 폐단 내용, 인사혁신처의 인사혁신 추진)

(2) 이슈형

2015 서울 7급

설악산 국립공원 케이블카 설치에 대한 의견

2014 서울 7급

- 광역버스 입석금지에 대한 견해 및 해결방안
- 9시 등교에 대한 자신의 입장

(3) 공직형

2019 서울 7급 추가채용

- 집단지성
- 문왕과 무왕의 정치방식의 장단점 및 이에 대한 자신의 입장과 문왕과 무왕 둘 다 좋은 결과를 냈는데 왜 통치방식이 다른지에 대한 견해

4. 개인발표 예상문제(7급)

(1) 개인발표 예상문제 1

<개인발표 문제지>

응시번호: _____   성명: _____

<주의사항>

○ 다음 내용을 잘 읽고 30분간 개인발표문을 작성한 뒤 면접위원 앞에서 7분 이내로 발표하십시오.

○ 개인발표문 작성 시에 어떤 자료도 참고할 수 없습니다.

○ 제시된 자료에 없더라도 필요하다면 추론을 통해서 논거를 만드십시오.

○ 개인발표문 작성형식은 자유입니다.

○ 개인발표문 용지는 4묶음이며, 발표문 작성 시에 이를 분리하지 마십시오. 발표 시에 3장은 면접위원들에게 제출한 뒤 한 장은 본인이 들고 발표합니다.

○ 면접을 마친 뒤 발표용지는 반드시 반납하십시오.

<개인발표>

최근 전 사회적으로 '워라밸', '일·가 양립' 등 일과 삶, 가정의 조화를 추구하는 분위기가 널리 퍼지고 있고, 노동유연성에 대한 요청도 높아지고 있다. 이에 대한 대안으로 떠오른 것 중 하나는 유연근무제이다. 제시자료를 참고하여 유연근무제 정착의 장애물을 제시하고, 활성화 방안을 마련하시오.

---

1. 일·가정 양립 실태

OECD자료에 따르면 한국의 일·가정 양립지수는 5.0점으로 터키와 멕시코에 이어 세 번째로 낮은 것으로 나타났다.

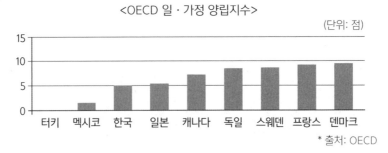

<OECD 일·가정 양립지수>

(단위: 점)

* 출처: OECD

고용노동부가 진행한 1,000개 기업 대상 일·가정 양립을 위한 필수정책 조사에서 21.7%가 장기간 근로 관행 개선을, 14.3%가 유연근무 확산을 필수정책으로 꼽았다. 또한 서울시 여성가족재단의 서울시 기혼여성 일·가정 양립 실태조사에서는 시간근무제를 이용한 여성의 87.7%가 이를 이용해 일·가정 양립에 큰 도움을 받았다고 응답했고, 유자녀 기혼여성 중 85.0%는 유연근무제 사용이 추가 자녀계획에 긍정적인 영향을 준다고 답변하였다. 조사 담당자는 '저출산 문제를 해결하려면, 전 사회적으로 다양한 유연근무제를 마련하고 이를 적극 활용하는 분위기가 마련되어야 할 것'이라고 강조했다.

2. 유연근무제

유연근무제란 일하는 시간이나 장소가 유연한 근무제도이다. 시차출퇴근제, 선택근무제, 재량근무제, 재택근무제 등 다양한 형태로 일을 하게 된다. 정부에서는 유연근무제 활성화를 지원하기 위해 유연근무제를 새로 도입하거나 확대하여 시행하는 중소 · 중견기업에게 1인당 연 최대 520만 원의 간접노무비를 지원하고 있다. 또한 재택 · 원격근무 도입 시 필요한 시스템, 설비 · 장비비용을 2,000만 원까지 지원한다.

- 시차출퇴근제: 주 5일 근무와 소정근로시간(1일 8시간, 주 40시간)을 준수하면서 출퇴근시간을 조정
- 선택근무제: 1개월 이내의 정산기간을 평균하여 1주 평균근로시간이 주 40시간을 초과하지 않는 범위에서 1주 또는 1일 근무시간을 자유롭게 조정
- 재량근무제: 업무특성상 업무수행방법을 근로자의 재량에 따라야 하는 경우 사용자와 근로자가 합의한 시간을 근로시간으로 보는 제도
- 재택근무제: 근로자가 회사에 출근하지 않고 집에서 근무
- 원격근무제: 주거지, 출장지 등과 인접한 원격근무용 사무실 또는 사무실이 아닌 장소에서 모바일기기를 이용하여 근무

3. 유연근무제 도입 효과 및 애로요인

<유연근무제 도입의 효과>

근로자 측면		기업 측면		
일 · 가정 양립	직무만족	생산성 향상	이직률 감소	우수 인재 확보
96.7%	96.0%	92.0%	92.0%	87.3%

* 자료: 대한상공회의소

<유연근무제 도입의 애로요인>

대체인력 채용에 따른 인건비 부담	24.7%
기존 근로자의 업무가중에 따른 불만	23.3%
근무조정, 평가 등 인사관리의 어려움	22.7%
적절한 대체인력을 뽑지 못하는 어려움	14.7%

* 자료: 대한상공회의소

4. 유연근무제 도입 실태

2016년 일 · 가정 양립 실태조사에서 1,000개 업체 중 유연근로제 도입 비율은 21.9%에 불과한 것으로 나타났다. 정부가 아무리 권장해도 최고경영자와 중간관리자의 의지가 없으면 유연근로제 도입이 쉽지 않다. 또한 대기업에 종사하는 A과장은 "주 5일제처럼 법으로 제정이 안 되니 여러 가지 한계가 있다."고 토로하기도 했다.

그리고 통계청 경제활동인구조사에서는 유연근무제를 활용하는 임금근로자가 전체 1,988만 3,000명 중 5.2%인 102만 9,000명에 그치는 등 유연근무제를 도입했지만 여전히 제도 사용이 어려운 경우가 많다는 문제도 제기되었다. 상공회의소의 조사에서는 유연근무제를 도입했지만 얼마 못가 사문화(死文化)된 사례가 조사되었다. 서울시의 조사에서는 유연근무제 사용의 장애요인으로 동료 및 직장상사의 눈치(31.4%), 회사 분위기상 사용하지 않는 것이 관례라서(20.1%), 승진이나 근무평가에 불이익을 받을 수 있어서(13.5%) 등이 원인으로 지적되어 유연근무제에 우호적인 사회적 분위기 조성의 필요성이 제기되고 있다.

5. 공공부문 유연근무제 활용 실태

정부는 2010년 획일화된 근무형태를 다양화해 공직사회의 생산성과 사기를 높이겠다는 취지로 공공부문에 유연근무제를 처음 도입했다. 그러나 유연근무제가 도입된 지 8년째에 접어들었지만 공무원 10명 중 6명 가량은 여전히 유연근무 경험이 없는 것으로 나타났다. 이 가운데 상사·동료의 부정적 시선이나 만성적인 야근 탓에 유연근무를 이용하지 않았다는 응답이 25.3%를 차지했다.

<유연근무제 이용 경험>

유연근무제 한 번 이상 이용	42.1%
유연근무제 이용 경험 없음	57.9%

<유연근무제 이용하지 않는 이유>

업무시간 변경 어려움	44.1%
상사와 동료의 부정적 인식	16.8%
제도 이용방법 모름	9.3%
만성적인 야근으로 이용 안함	8.5%
근무시간 기록 계산 번거로움	6.4%
제도가 있는지 몰라서	4.5%
기타	10.4%

* 자료: 인사혁신처
* 조사 대상: 52개 중앙부처 소속 공무원 5만 5,486명 대상

(2) 개인발표 예상문제 2

<개인발표 문제지>

응시번호: _____   성명: _____

<주의사항>

○ 다음 내용을 잘 읽고 30분간 개인발표문을 작성한 뒤 면접위원 앞에서 7분 이내로 발표하십시오.

○ 개인발표문 작성 시에 어떤 자료도 참고할 수 없습니다.

○ 제시된 자료에 없더라도 필요하다면 추론을 통해서 논거를 만드십시오.

○ 개인발표문 작성형식은 자유입니다.

○ 개인발표문 용지는 4묶음이며, 발표문 작성 시에 이를 분리하지 마십시오. 발표 시에 3장은 면접위원들에게 제출한 뒤 한 장은 본인이 들고 발표합니다.

○ 면접을 마친 뒤 발표용지는 반드시 반납하십시오.

<개인발표>

최근 청소년 범죄가 날로 지능적이고 흉악해지고 있다. 이에 소년법 폐지가 청와대 국민청원 게시판에 오르는 등 소년범죄에 대한 우려의 목소리가 높아지고 있다.

제시자료를 참고하여 소년법 개정방향을 제시하고 소년범죄에 대한 대책방안을 마련하시오.

---

1. 소년법 관련 논란

최근 미성년자들의 도를 넘는 범법행위가 연이어 보도되면서 사회적 파장을 일으키고 있다. 부산 여중생 집단폭행 사건, 무면허 여고생 사고 등이 대표적이다. 이로 인해 미성년자에 대한 처벌을 강화해야 한다는 목소리도 높아지고 있다.

현재 우리나라는 미성년자를 처벌할 때, 비교적 완화된 형을 집행해 건전한 성장기회를 제공한다는 취지의 '소년법'을 적용한다. 만 10~13세 소년은 '촉법소년'으로 분류되어 별다른 형사 책임을 받지 않은 채 보호처분만 내려지고, 만 18세 미만 소년에 대해선 사형이나 무기징역형으로 처해야 할 경우, 형량을 낮춰 징역 15년의 유기징역을 선고하도록 '형량 완화 특칙'을 두고 있다. 그러나 '인천 초등생 납치 살해 사건'과 '부산 여중생 집단폭행 사건' 등 성인 범죄를 능가하는 청소년 강력범죄가 잇따라 발생하자, 촉법소년의 연령을 낮추거나 일률적으로 적용되는 형량 완화 특칙을 세분화하는 방향 등으로 소년법을 개정해야 한다는 비판이 높다.

소년법에 대한 국민 여론도 악화되고 있다. 리얼미터가 전국 성인 514명을 대상으로 한 조사결과에 따르면, 소년법을 개정하거나 폐지해야 한다는 응답이 전체 90%에 달했다. 또한 응답자의 64.8%가 소년범의 처벌을 강화하는 방향으로 소년법을 개정해야 한다고 밝혔고, 폐지해서 성인 범죄자와 동일하게 취급해야 한다는 의견도 25.2%로 나타났다.

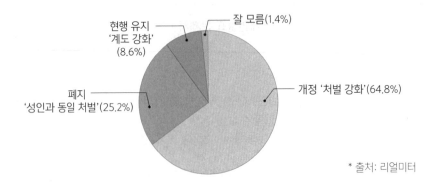

<소년법 국민여론 조사결과>

현행 유지 '계도 강화'(8.6%)
잘 모름(1.4%)
폐지 '성인과 동일 처벌'(25.2%)
개정 '처벌 강화'(64.8%)

* 출처: 리얼미터

소년법을 둘러싼 국민여론에 따라 국회에서도 이에 대한 개정안이 활발하게 발의되고 있다. 20대 국회에서 발의된 '소년법 개정안'은 총 17건으로 9월 1일 '부산 여중생 폭행사건' 이후 발의된 개정안만 8건이나 된다. 발의된 개정안 대부분은 보호대상인 소년의 연령을 낮추거나 처벌을 강화하는 내용이다. 하태경 바른미래당 의원이 대표 발의한 '소년법 일부개정법률안'은 현행법상 보호대상인 소년의 연령을 현행 만 19세에서 만 18세로 낮추고 사형이나 무기형의 죄를 범하는 경우 형의 완화를 15년에서 20년으로 강화하는 내용을 담고 있다. 장제원 자유한국당 의원이 대표 발의한 개정안은 '촉법소년'의 연령을 만 14세에서 만 12세로 낮추는 것을 골자로 한다. 김정우 더불어민주당 의원이 대표 발의한 개정안은 소년이 특정 강력범죄를 범했을 때 소년부의 보호사건으로 처리하지 않고 형사사건으로 처리하도록 하고, 사형 및 무기형에 처해진 경우 형벌의 완화를 30년 유기징역으로 확대하도록 하고 있다.

이와 반대로 법의 개정 및 폐지보다 현행 제도·시스템을 보다 실효성 있게 정비하는 방법으로 미성년자의 범죄를 예방할 수 있다는 주장도 만만치 않다. 미성년자들이 범죄에 빠지는 것이 그들만의 잘못이라기보다 사회 전반의 시스템이 제대로 작동하지 않은 탓이 더 큰 만큼 이를 회복시키는 것이 더 중요하다는 것이다.

2. 소년범 보호처분의 실태

현행 소년법 체계는 '보호처분'을 중심으로 이뤄진다. 보호처분이란 사회보호 및 특별예방적 목적으로 소년범 등에 대하여 그 환경의 조정과 성행의 교정을 위하여 가하는 보안처분의 일종이다. 보호자 감호위탁, 수강명령, 사회봉사명령, 보호관찰, 소년원 송치 등 10가지 처분 가운데 40% 가량은 '보호자 감호위탁' 처분이었다. 즉, 가장 많은 소년범에게 '부모에게 돌려보내는 처분'이 내려진다.

그러나 부모가 소년범을 지도할 수 있는 여력이 안 되는 경우가 많고 소년범 교화에 전문성을 갖추지 않은 부모가 적절한 지도를 할 수 있는지도 의문이다. 게다가 한국은 부모에게도 공동의 책임을 물어 부모교육 이수를 강제하는 법도 부재하다.

상대적으로 죄질이 낮은 2·3호 처분 소년범들에게 내려지는 수강명령 및 사회봉사 처분의 효과에 대해 의구심을 제기하는 목소리도 높다. 수강명령, 사회봉사의 경우 한정된 프로그램이 반복적으로 운영되고, 봉사시간이 최대 200시간으로 제한되어 있기 때문에 지속적인 활동을 통한 교화 효과를 보기 어렵다는 것이다. 수강명령도 일방적인 강의형식으로 진행되는 경우가 대부분이기 때문에 효과를 기대하기 힘들다.

3. 보호관찰제도

보호관찰제도는 유죄(有罪)가 확정된 범죄인 또는 비행성(非行性)이 인정된 소년을 교정시설에 수용하지 않고 사회 내에 둔 채로 교정·교화하여 사회에 복귀할 수 있도록 함으로써 재범을 방지하려는 사회 내 처우 제도의 하나이다. 부산 여중생 집단 폭행사건의 가해자들이 이미 보호관찰의 대상이었다는 것이 알려지면서 보호관찰제도가 본연의 역할을 잘 수행하고 있는지에 대한 논란이 뜨겁다.

법무부에 따르면 지난해 기준 보호관찰처분을 받은 소년범은 2만 5,000여 명에 이른다. 그러나 이들을 관찰하고 면담하고 지도해야 할 보호관찰관의 수는 190여 명으로 보호관찰관 1명이 무려 130명 이상의 소년범을 맡아야 한다. 즉, 인력 부족으로 보호관찰 업무가 제대로 이뤄질 수 없는 상황인 것이다. 사정이 이렇다 보니 지난해 소년 보호관찰 대상자의 재범률은 12.3%로 성인(5.6%)의 두 배가 넘는다.

인력 부족과 더불어 보호관찰제도가 형식적으로 운영되고 있다는 비판도 제기된다. 보호관찰관이 야외 외출금지명령을 내리면 그 시간대에 소년범의 위치를 확인하기 위해 전화를 건다. 이때 전화를 몇 번 이상 받지 않아도 대부분의 경우 사무적인 보고에 그치거나 소년범들이 외출금지 확인 전화가 오는 특정 시간대에만 집을 지키는 등 보호관찰제도가 유명무실한 제도가 됐다. 근본적으로 '보호'보다는 '관찰'에 초점을 두고 설계된 보호관찰제도 자체를 개선하고 보호관찰이 소년범들에게 실질적 도움을 줄 수 있도록 보호의 기능을 강화해야 한다는 목소리가 높다.

(3) 개인발표 예상문제 3

<개인발표 문제지>

응시번호: _____ 성명: _____

<주의사항>

○ 다음 내용을 잘 읽고 30분간 개인발표문을 작성한 뒤 면접위원 앞에서 7분 이내로 발표하십시오.

○ 개인발표문 작성 시에 어떤 자료도 참고할 수 없습니다.

○ 제시된 자료에 없더라도 필요하다면 추론을 통해서 논거를 만드십시오.

○ 개인발표문 작성형식은 자유입니다.

○ 개인발표문 용지는 4묶음이며, 발표문 작성 시에 이를 분리하지 마십시오. 발표 시에 3장은 면접위원들에게 제출한 뒤 한 장은 본인이 들고 발표합니다.

○ 면접을 마친 뒤 발표용지는 반드시 반납하십시오.

<개인발표>

청년고용과 청년실업에 대한 기사가 거의 하루도 빠지지 않고 보도되고, 청년고용 문제에 대한 토론회 및 공청회 개최를 어렵지 않게 찾아볼 수 있지만 청년실업의 실상은 크게 달라진 점이 없다.

다음 자료를 참고하여 청년실업 문제의 해결을 위한 선결과제를 제시한 뒤 청년고용 활성화 방안을 제시하시오.

1. 한국고용률 변화 추이

2017년에 들어 청년고용률은 증가추세에 있지만 여전히 전체 고용률에 크게 못 미치는 43.8%(2017년 7월 기준)를 기록하고 있으며, 청년실업률은 큰 개선의 여지를 보이지 못하고 있다.

청년층의 고용률을 세부 연령대별로 파악하면 다음과 같다. 15~19세의 연령대의 고용률은 증가추세를 보이고 있으나 8.0%로 매우 저조한 수준이다. 해외 국가의 경우, 선취업 후진학이 보편화되어 있고, 고용률이 상대적으로 높은 것과 대조적이다. 중간 연령대인 20~24세 연령대의 고용률은 2016년 46.0%로 전체 청년고용률을 약간 상회하는 수준이었지만, 이또한 전체 고용률에는 크게 못 미치는 수준이다. 청년들의 취업준비활동 증가 등으로 노동시장으로의 진입이 지연되는 추세로 보인다. 25~29세의 고용률은 2016년 69.6%로 세 연령대 중 가장 높은 고용률을 기록하고 있으나, 청년 일자리의 상당 비중이 저임금 · 비정규직 · 단시간 일자리로 채워져 있음을 고려해야 한다.

2. 청년층의 대학 이상 고등교육 이수율

지난해 기준 국내 청년층(25~34세)의 대학 이상 고등교육 이수율은 70%로, OECD(평균44%) 최고수준이었다. 국가진로교육연구본부장은 우리나라는 진로경로가 경직되어 어려서부터 너도나도 대학진학에 목을 매는 상황을 지적했다.

주요 선진국처럼 취업 후 대학 공부를 얼마든지 할 수 있고 취업 후 학위를 취득하더라도 기업에서 합당한 대우를 해주는 사회가 아니다 보니 여전히 많은 청소년들이 무작정 대학 진학에 올인하게 된다는 것이다. 전문가들에 따르면 정부의 많은 노력에도 불구하고 청년들이 고졸 취업을 꺼리는 가장 큰 이유는 임금격차와 고용안전성이다. 고졸취업자를 지원하는 정부의 '일-학습 병행제'나 '선취업 후진학' 정책이 효과를 내려면 임금 격차를 줄이는 것이 급선무이다.

3. OECD 교육지표 2018(2018.9.11. 교육부 발표)

<교육단계별 성인의 임금수준>

(단위: %)

• OECD 평균

구분	중학교 이하	전문대학	대학 이상	대학원(석박사)
2015	78	122	146	198
2016	78	123	144	191

• 한국

구분	중학교 이하	전문대학	대학 이상	대학원(석박사)
2015	72	115	145	190
2016	72	116	149	198

4. 청년층 첫 일자리 현황

한국의 청년들은 첫 일자리에 취직하기까지 졸업 후 11개월 정도가 걸리며, 졸업 후 6개월 이상의 기간이 소요되는 비중이 증가 추세에 있는 만큼 청년들의 노동시장 진입은 지속적으로 지연되고 있다고 볼 수 있다. 우리나라 청년들의 평균 첫 일자리 근속기간은 1년 6개월에 불과하며, 고졸 이하의 첫 일자리 근속기간이 특히 지속적인 하락 추세를 보이고 있다. 청년층의 첫 일자리 근속기간이 짧고 유지율이 낮은 원인에는 청년들의 일자리 근로조건 미스매치가 깊게 자리 잡고 있다. 이는 '근로여건 불만족'으로 인한 이직사유의 비중이 49%로 가장 높게 나타난 것으로 확인할 수 있다.

<청년층 첫 일자리 이직사유>

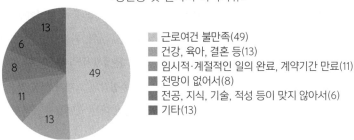

- 근로여건 불만족(49)
- 건강, 육아, 결혼 등(13)
- 임시적·계절적인 일의 완료, 계약기간 만료(11)
- 전망이 없어서(8)
- 전공, 지식, 기술, 적성 등이 맞지 않아서(6)
- 기타(13)

(4) 개인발표 예상문제 4

<개인발표 문제지>

응시번호: _____ 성명: _____

<주의사항>

○ 다음 내용을 잘 읽고 30분간 개인발표문을 작성한 뒤 면접위원 앞에서 7분 이내로 발표하십시오.

○ 개인발표문 작성 시에 어떤 자료도 참고할 수 없습니다.

○ 제시된 자료에 없더라도 필요하다면 추론을 통해서 논거를 만드십시오.

○ 개인발표문 작성형식은 자유입니다.

○ 개인발표문 용지는 4묶음이며, 발표문 작성 시에 이를 분리하지 마십시오. 발표 시에 3장은 면접위원들에게 제출한 뒤 한 장은 본인이 들고 발표합니다.

○ 면접을 마친 뒤 발표용지는 반드시 반납하십시오.

<개인발표>

오늘날 정보통신 분야에서의 화두는 단연 '빅데이터(big data)'이다. 빅데이터란 기존 데이터보다 방대하여 기존의 방법이나 도구로 수집하거나 저장, 분석 등이 어려운 정형 및 비정형 데이터를 의미한다. 공공부문에서도 빅데이터를 활용하여 다양한 정책을 실행하고 있다.

다음 자료를 참고하여 공공부문에서의 빅데이터 활용을 활성화하기 위한 선결과제를 제시한 뒤 구체적 활용방안을 마련하시오.

1. 빅데이터와 공공데이터

빅데이터는 초기에 단순히 방대한 데이터의 집합을 의미하였으나 최근에는 데이터 자체뿐만 아니라 데이터를 관리하기 위한 하드웨어, 이를 기반으로 하는 응용프로그램과 이용방법을 포함하는 개념으로 사용된다. 빅데이터는 기존의 데이터와 데이터의 양, 유형, 프로세스 및 기술에서 차이가 있다. 기존의 데이터가 정형화된 구조 위주인 반면에 빅데이터는 비정형화된 동영상, 사진데이터 등의 비중이 높다. 빅데이터는 거대한 데이터의 양(Volume), 빠른 데이터의 이용 속도(Velocity), 다양한 데이터의 종류(Variety) 등 3V로 규정된다.

정부 및 여러 지방자치단체들은 국민들의 편의를 위해 앞 다투어 각종 행정서비스에 빅데이터를 다양하게 활용하고 있다. 특히 사회·안전분야에서의 범죄발생 장소와 시간 예측을 통한 범죄발생의 최소화, 국가경제 분야에서의 다양한 경제 관련 데이터 분석 기반의 경제정책 수립 지원, 과학기술분야에서의 유전자·의료 관련 데이터 분석을 통한 국민건강 증진 등이 대표적인 공공부문에서의 빅데이터 활용 사례이다.

국정사업에 빅데이터를 활용하면 운영 효율성 또한 증대되어 비용절감의 효과가 있을 것으로 판단된다. 또한 기존 정책결정방식의 효율성을 증대시키고 취약점을 보완할 수 있다는 측면에서 공공부문의 빅데이터 활용이 더욱 활성화될 수 있다.

2. 공공부문 분야별 빅데이터 활용 현황

<분야별 빅데이터 활용 현황>

구분	공공행정	산업고용	문화관광	보건의료	재난안전	교통물류	과학기술	농축수산	환경기상	기타	총계
2014년	17	3	8	6	7	7	3	2	2	12	67
2015년	21	13	18	15	12	11	3	4	1	18	116
2016년	20	11	26	20	17	1	5	3	1	36	140
2017년	176	29	78	23	38	16	5	11	4	67	447
합계	236	57	131	67	74	35	18	20	8	136	782

3. 기관별 빅데이터 분석사업 추진 현황

최근 4년간 빅데이터 분석사업 추진 현황을 보면 2016년에 비해 2017년 지방자치단체의 빅데이터 분석사업 건수는 67건에서 329건으로 대폭 증가하였다. 이는 지방자치단체들이 빅데이터에 대한 관심이 커진데다 행정안전부에서 지방자치단체가 쉽게 빅데이터 분석을 할 수 있도록 표준분석모델을 적극 보급했기 때문이다.

<기관별 빅데이터 분석사업 추진 현황>

*( ): 기관 수

구분	중앙기관	지방자치단체	공공기관	총계
2014년	27(16)	25(23)	15(10)	67(49)
2015년	39(17)	47(29)	30(22)	116(68)
2016년	35(17)	67(47)	38(25)	140(89)
2017년	41(19)	329(105)	77(45)	447(169)
합계	146(72)	472(207)	164(104)	782(383)

배일권 행정안전부 공공데이터정책과장은 "국민의 관심이 높은 생활행정, 주민들의 수요가 많은 지방행정을 빅데이터 분석으로 해결하려는 노력이 활발하다."라며, "국민의 삶을 바꿀 수 있는 빅데이터 분석 우수 사례를 지속 발굴하고 일선행정에서 데이터 기반 행정이 정착될 수 있도록 최선을 다하겠다."라고 말했다.

4. 빅데이터 활용의 문제점

시민단체와 보안 전문가들은 빅데이터 활용 시 개인정보 침해의 문제를 제기한다. 정부의 관계부처에서 개인 식별요소의 전부 또는 일부를 삭제하여 개인을 알아볼 수 없도록 비식별 조치한 정보는 추가 동의 없이 활용할 수 있도록 했는데, 이러한 비식별 정보도 다른 정보와 결합하면 일부 재식별이 가능하다. 가이드라인은 재식별화가 가능한 정보는 즉시 폐기해야 한다고 명시하고 있지만 이미 홈플러스는 고객의 개인정보를 팔아 231억 원의 부당이익을 챙기고도 개인정보의 제3자 제공 동의를 받았다는 근거로 무죄 판결을 받았다. 개인정보에 대한 정의를 명확히 하고 비식별 정보 유통에 대한 법체계를 정비해야 한다는 지적이 등장하는 이유이다. 빅데이터 활용으로 인한 개인의 프라이버시 침해, 소비자 이익의 침해, 독점 강화와 공정경쟁 저해 등에 대한 우려는 희석되고, 마케팅 활용에만 관심을 가지는 가이드라인은 개인정보의 판매만 부추길 수 있으므로 빅데이터 활용 시 소비자 개인정보 보호를 위한 보다 실질적이고 강력한 대안이 필요하다.

Chapter 4 집단토의

01 집단토의 개요

1. 집단토의의 개념과 도입, 중요성

(1) 개념

집단토의는 면접 당일 주어진 논제에 대해 토의하고, 이를 통해 결론을 도출하는 면접방식이다. 토론이 찬반으로 나뉘어 상대방의 주장을 비판하고 평가하는 것이라면, 토의는 소통을 통해 참가자들의 의견을 하나로 모아가는 것이다. 따라서 자신의 주장을 논리적으로 잘 전달하는 것뿐만 아니라 상대방의 의견을 경청하는 것, 비판을 인정하고 대안을 제시하는 것, 합의된 의견을 도출하는 것이 중요한 요소이다.

(2) 도입

2015년부터 국가직 7급에 새롭게 도입된 집단토의는 국가직 7급 면접과 서울, 경기, 대구, 대전, 경북, 전남 등 지역의 7급 면접 전(全) 직렬에 걸쳐 실시되고 있다. 대구와 경북, 인천의 일부 구에서는 9급 면접에서도 토의를 도입했고, 대전 등 일부 지역에서도 9급 면접에 토의 면접 도입을 검토하고 있다. '토론'이라는 명칭으로 공고하는 지역도 있지만 실제로는 합의된 의견 도출을 요구하는 '토의' 형식인 경우가 많다.

(3) 중요성

주로 면접의 첫 순서로 집단토의가 진행되므로, 집단토의에서 남긴 인상이 이후 순서에도 영향을 미칠 수 있다. 면접관은 응시자들이 어떻게 토의를 이끌어 가는지, 각각의 지원자들이 어떤 역할을 하는지, 어떻게 의견을 모아 해결점을 이끌어내는지 등을 관찰하고, 논리력과 판단력, 표현력, 조직적응력, 창의력, 문제해결 능력 등을 종합적으로 평가한다.

2. 집단토의의 유형 및 평가요소

(1) 유형 및 논제

① 유형

   ⊙ **찬반형**: 찬성, 반대 두 쟁점으로 대립되는 주제가 주어진다. 이에 대한 자신의 입장을 주장하고 반대논리를 논박한 뒤 토의를 통해 합의를 도출한다. 가장 많이 출제되는 유형이다.

ⓒ 의견형: 다양한 의견이 존재할 수 있는 주제가 주어진다. 이에 대한 각자의 의견을 밝히고, 응시자들의 의견을 모아 합의에 이르는 토의유형이다.

② 논제: 사회이슈 또는 현재 시행되는 정책이슈에 대한 찬반 의견과 대책을 제시하는 논제가 출제되고 있다.

(2) 평가요소

① 논제에 대한 이해도: 논제를 명확하게 이해하여 논제에서 벗어나지 않도록 주의해야 한다.

② 주장의 논리성: 구체적인 근거 아래 자신의 의견을 명확하고 논리적으로 제시해야 한다.

③ 의사표현능력: 결론부터 간단하게 말하고 부연 설명을 덧붙이는 두괄식으로 전개해야 말의 요지가 명확해진다. 논제가 복잡하고 어려울수록 중요 사항부터 언급한다.

④ 조정능력: 논리적이고 타당한 주장을 하는 것도 중요하지만 결론에 이르기까지의 과정을 중재하고 조정하는 능력도 중요하다. 주장을 관철시키기 위해 논쟁으로 이끌기보다는 상대방을 설득한다는 생각으로 토의해야 한다. 양쪽이 극단으로 맞설 때는 '여러분들의 의견도 맞지만 제3의 의견으로 이런 것도 있으니 조정해 보자.'는 식으로 의견을 조정해가는 리더십을 보인다면 좋은 평가를 받을 수 있다.

⑤ 타인을 존중하는 태도: 다른 사람의 의견을 경청하고 공격적이거나 독선적인 발언은 삼가야 한다. 서로의 의견을 존중하고 상대방이 타당한 주장을 한 경우 자신의 의견을 수정할 수 있는 유연한 자세를 지녀야 한다. 단, 상대방의 주장에 무조건 동조하라는 것이 아니라, 본인 주장의 기조를 유지하되 상대방의 지적을 받아들여 보완점을 찾아가는 것이 바람직하다.

⑥ 창의성: 천편일률적인 주장보다는 참신한 논리로 주장을 하면 깊은 인상을 줄 수 있다. 평소에 신문 사설과 칼럼 등을 많이 보면서 여러 이슈에 대한 자신의 의견을 정리하고 해결방안을 고민해 보는 것이 좋다. 그러나 독창적이라고 해서 황당무계한 논리를 주장하면 오히려 역효과가 날 수 있으므로 주의한다.

⑦ 적절한 대책을 제시하는 능력: 구체적이고 현실성 있는 대안을 내놓아야 한다. 두루뭉술한 대책을 제시하거나 실효성이나 실현 가능성이 낮은 대책을 제시하지 않도록 주의한다.

⑧ 협동하는 태도: 정책방향 합의과정에서 자신의 주장만을 극단적으로 내세우기보다는 협동을 통해 수월한 문제해결이 이루어져야 한다.

3. 집단토의 진행방식

(1) 인원 및 시간

① 인원: 국가직과 대부분 지역에서는 조당 6~7명의 인원이 배정된다. 단, 경기도의 경우 조당 10명의 인원이 배정되었다.

② 시간: 먼저 논제를 검토할 시간이 7급은 10분, 9급은 5분 가량 주어진다.

    ⊙ 7급: 토의 진행시간은 국가직은 50분 내외, 서울시는 45분 내외, 인천시는 30분 내외 등으로 차이가 있다. 조별인원이 많았던 경기도는 면접시간이 60분 이상으로 다른 지역에 비해 길다.

    ⓒ 9급: 토의 진행시간은 대구시는 30분 내외, 경상북도는 20분 내외로 7급에 비해 짧다.

(2) 진행순서

① 논제 검토	• 당일 주어진 논제를 5~10분간 검토한다. • 제공되는 메모용 용지에 자신의 주장과 근거를 메모한다.
② 토의	• 검토가 끝나면 토의를 진행한다. • 사회자를 지정하는 경우도 있고, 사회자를 따로 지정하지 않는 자유토의방식으로 진행되는 경우도 있다. • 원활한 토의를 위해 면접관이 개입하기도 한다. 논의의 방향이 논제에서 벗어나는 경우, 양쪽 입장의 균형이 맞지 않는 경우, 토의시간을 조정해야 할 경우, 발언기회가 고르게 돌아가지 않을 경우 등의 상황에서는 면접관이 개입해 토의를 조정한다.
③ 합의 도출	• 서로 다른 견해에 대해 토의를 한 이후 의견을 하나로 모으고, 이를 바탕으로 구체적인 대책을 모색하는 단계이다. 토의에서 가장 중요한 결론점이라고 할 수 있다. • 토의과정에서 중점적으로 논의된 쟁점을 파악하고, 그에 대한 대책을 응시자들이 각각 제시한다. 제시된 방안을 검토한 후 최선의 대책을 제시한다.
④ 토의내용 정리	토의한 내용을 간략하게 정리하고 토의를 마무리한다.

02 집단토의 실전

1. 집단토의 순서에 따른 대응

(1) 논제 검토(약 10분, 논제에 대한 자신의 주장과 근거를 미리 메모한다)

① 논제를 이해하고, 이를 바탕으로 찬성과 반대 중 자신의 입장을 정한다.

    제시자료에서 배경 및 쟁점이 정리되어 있지만 주어진 자료 외에도 배경지식이 풍부할수록 토의에 수월하게 임할 수 있으므로 면접 준비과정에서 정책 · 이슈 · 쟁점 등을 숙지해 두어야 한다.

② 자신의 입장을 뒷받침할 근거를 생각한다.

    발언순서가 뒤일 경우, 앞사람이 내가 제시하려고 한 근거를 제시하는 경우가 많다. 이때 같은 근거를 제시하면 앞사람의 근거를 모방했다는 평가를 받을 수 있다. 그러므로 최대한 많은 근거를 생각해두면 다른 지원자가 발언한 근거 외에도 다른 근거를 제시할 수 있다.

③ 구체적인 근거를 생각한다.

구체적인 근거를 제시하면 훨씬 논리적인 주장이 된다. 그리고 자신의 순서에 앞서 다른 지원자가 비슷한 근거를 주장하더라도 구체적인 뒷받침을 하면서 발언기회를 잡을 수 있다.

④ 자신과 반대되는 입장도 어느 정도 정리하고 있어야 한다.

반대 입장의 지원자가 어떤 주장을 하고 나의 주장에 대해 어떤 반론을 할지 미리 생각해보면, 향후 상황에 수월하게 대처할 수 있다.

(2) 집단토의

① 모두발언

㉠ 토의가 시작되면 먼저 지정한 순서에 따라 한 명씩 3~5분간 자신의 입장과 근거를 밝힌다. 근거를 충분히 생각해 두었다 하더라도 논의의 방향과 맞지 않으면 발언기회를 잡기 어려우므로, 모두발언 단계에서 자신에게 유리하도록 논의의 방향을 제시하는 것이 좋다.

㉡ 자신의 발언순서가 뒤인데 앞선 지원자들이 내가 준비한 근거를 모두 제시했다면, 앞에서 제시된 근거에 동의하고 구체적인 내용을 덧붙이거나 더 깊이 논의할 내용을 제안하는 등 논의의 방향을 제시한다.

㉢ 찬성이나 반대 입장의 균형이 맞지 않고 어느 한 입장을 취하는 지원자가 절대다수라면 균형 있는 토의를 위해 면접관이 개입하기도 한다. 면접관은 "어느 입장에 서더라도 그 입장을 잘 이해하고 대변하는 모습을 보고 싶다." 등의 코멘트로 균형을 맞추도록 유도하거나 직접 나서서 지원자별로 취할 입장을 지정해 주기도 한다. 따라서 자신의 발언순서가 마지막인 상황에서 다수가 어느 한 입장으로 치우쳐 있다면 면접관이 개입하기 전에 자신이 먼저 "논의의 균형을 맞추기 위하여 소수의 입장에서 토의하겠다."고 발언하면 좋은 인상을 줄 수 있다.

② 토의

㉠ 모두발언에서 밝힌 자신의 찬반 입장에 따라 구체적인 주장과 근거를 제시한다.

> **✎ 예시** 근거로 활용할 수 있는 배경지식과 활용 예시
>
> • **법령**: A제도는 현재 규정된 B법과 충돌한다. A제도를 허용해서는 안 된다.
> • **통계수치**: A통계를 보면, 현재 시행 중인 B정책에 대한 국민들의 만족도가 높은 것으로 나타났다. 그러므로 B정책을 확대해야 한다.
> • **외국사례**: A국에서는 B정책과 유사한 정책을 시행하였으나 부정적인 효과가 발생했다. 한국에서도 B정책을 시행할 경우 비슷한 결과를 초래할 가능성이 크므로 신중한 검토가 필요하다.
> • **전문가의 분석**: A정책을 시행했을 경우 B부작용이 발생할 가능성이 크다는 것이 전문가들의 중론이다. 부작용을 최소화하는 방안의 수립을 우선으로 하고 점진적으로 추진해야 한다.

ⓛ 같은 입장의 다른 지원자보다 먼저 발언기회를 잡는 것이 유리하다. 앞서 다른 지원자들이 자신이 생각한 근거를 모두 발언한다면 정작 자신이 발언할 내용이 줄어들기 때문이다. 그렇다고 해서 다른 지원자의 발언 중 끼어들거나 준비가 부족한 상태에서 섣불리 발언할 경우, 오히려 좋지 않은 평가를 받을 수 있으므로 주의해야 한다.

ⓒ 혼자서 너무 많은 논거를 한꺼번에 말하지 않고, 한두 가지 논거를 발언한 후에 다음 기회를 기다린다. 한 사람이 너무 많은 논거를 제시할 경우, 다른 지원자는 발언할 내용이 없어지므로 타인을 배려하지 않는다는 인상을 줄 수 있다.

ⓔ 토의시간이 제한되어 있으므로 너무 길게 발언하는 것도 지양해야 한다. 발언시간이 길어지면 면접관이 개입해 발언시간을 제한하는 경우도 있다. 그러므로 2분 이내로 핵심만 간략하게 발언하고, 상대측의 반론이나 질문에 따라 보충한다.

ⓜ 처음에 취한 입장을 바꾸지 않고 일관된 논지를 유지해야 한다. 즉, 처음에 찬성의 입장에서 토의를 시작했다면 끝까지 찬성의 입장을 철회하지 않아야 한다는 것이다. 반대 측 주장에 따라 세부 내용을 수정하거나 보완할 점을 제시하는 것은 좋지만 논지 자체를 바꾸지는 않도록 한다.

ⓗ 각종 주장이 난립하거나 방향성이 모호해진다면 논의의 방향을 제시해 토의를 정리하는 태도를 보이면 좋은 평가를 받을 수 있다. 즉, 난립한 주장 중 중심이 되는 쟁점을 파악하여 하나의 주제로 정리한다. 다만, 지나치게 독선적으로 진행하려 할 경우 오히려 부정적인 평가를 받을 수 있으므로 부드러운 리더십을 발휘한다.

> 예 토론자 甲와 乙은 경제적 측면의 이점을 고려하는 반면, 토론자 丙과 丁은 환경적 측면에 대한 우려를 표하고 있습니다. 따라서 경제적 측면과 환경적 측면 중 어떤 측면을 더 고려해야 할지에 대해 토의해 보았으면 합니다.

ⓢ 토의에서 주장한 내용보다 어떤 역할을 하는가가 더 중요할 수 있다. 따라서 토의가 활성화되도록 공헌하는 역할을 해 본다. 구체적인 방법으로 질문을 활용하면 설득, 경청, 공감, 소통을 이끌어낼 수 있으며, 상대방의 주장을 명확히 파악할 수 있다.

> 예 甲토론자가 발언하지 못하는 경우 "甲토론자께서는 A정책에 찬성한다고 하셨는데, A정책으로 발생할 수 있는 B문제에 대해 어떻게 생각하시나요?" 등의 질문으로 발언을 이끌어낸다.

< 반론 내용으로 고려할 사항 >

1. 구체적인 근거를 제시했는가? 그 근거는 증명된 사실에 기반을 둔 것인가?
2. 그 주장이 실현 가능한가?
3. 비용 대비 효과는 충분한가?
4. 더 가치 있거나 효율적인 대안은 없는가?
5. 부작용이나 다른 문제 발생은 없는가?

(3) 합의 도출

① 토의를 통해 중심이 되는 문제점을 파악하고, 파악한 문제점을 토대로 참가자들이 각각 그에 대한 해결책을 제시한다. 이후 여러 방안을 검토하여 최선의 해결방안을 도출한다.

② 토의의 목적은 경쟁을 통해 상대를 이기는 것이 아니라 합의를 통해 적절한 대책을 모색하는 것이다. 즉, 합의에 도달하지 못한 토의는 실패한 토의이므로, 토의가 종료되기 전 반드시 합의에 도달해야 한다. 또한 토의에서 타인의 의견을 어떻게 수용하는지도 중요한 평가요소이므로, 치열하게 토의에 임하더라도 합의 도출 과정에서는 유연하게 협력하는 자세를 가져야 한다.

③ 타협이 원활하게 이루어지지 않는다면 제안을 통해 타협을 이끌어 내는 것도 좋은 방법이다.

④ 찬반 토의에서 어느 한쪽 입장이 더욱 풍부한 근거를 가지고 논리적으로 설득력 있게 주장한 경우, 정책방향의 원만한 합의를 위해서 다른 입장의 응시자들이 그 입장을 받아들여 합의를 이끌어 나가는 모습을 보여줄 필요가 있다. 상대방의 입장을 받아들이면서도 자신의 의견을 반영하여 보완하거나 고려해야 할 점 등을 제안한다.

⑤ 이루어진 합의를 바탕으로 향후 추진해야 할 대책을 모색한다. 토의에서 지적된 문제점을 해결할 수 있는 대책이 반드시 제시되어야 한다. 너무 많은 정책들을 잔뜩 나열하는 것보다 4~5가지 정도의 핵심적인 정책을 구체적으로 제시하는 것이 좋으며, 이때 제시된 정책 중 비슷한 정책은 하나로 정리한다.

(4) 토의내용 정리

순서에 따라 한 명씩 정리발언을 한다. 토의를 통해 자신의 생각이 어떻게 변화되었는지, 토의 주제와 관련하여 추후 고민해 보아야 할 문제는 무엇인지, 토의를 통해 느낀 점이나 다른 지원자에게서 배울 점 등을 발언하고, 마지막으로 인사를 한다.

2. 집단토의에서의 태도

(1) 지향해야 할 태도

① 주장·근거를 제시할 때에는 구체적인 사실을 제시해야 한다.

구체적 근거와 사례를 제시하면 발언의 신뢰성이 높아지고 전문성을 띠게 된다. 반대로 두루뭉술한 근거를 제시하는 경우 설득력이 약하고, 반론에 직면하기 쉽다.

> 예 2017 최저임금은 높지 않다. (×)
>
> 2017 실질 최저임금은 OECD 회원국 등 32개국 중 16위에 머물렀다. (○)

② 발언하는 내용이 논점을 벗어나지 않도록 한다.

논제와 연관성이 없거나 이미 지나간 주제에 대해서 발언하지 않도록 주의한다.

③ 두괄식으로 핵심만 간략히 말하고, 말하는 시간은 2분 이내로 한다.

불필요한 부연설명을 장황하게 늘어놓으면 듣는 사람은 그 발언의 핵심을 파악하기 어렵고, 의사표현력에서 독단적이라는 등 좋지 않은 평가를 받게 된다.

④ 상대방의 발언 중 끼어들지 않도록 주의한다.

두 사람이 동시에 말하려고 했을 때에는 상대방에게 양보한다. 먼저 양보를 받은 경우 감사인사를 한 뒤 발언한다.

⑤ 상대방의 좋은 의견이나 지적에 대해서는 받아들이도록 한다.

상대방의 주장과 근거가 옳다고 생각될 때에는 그것을 받아들이고, 자신의 주장을 수정하여 합리적으로 개선하려는 노력이 필요하다.

> **예** 공정위가 강제수사권을 가지고 있지 않아 사건을 조사에 어려움이 있다는 점은 인정합니다. 그에 대해서는 전속고발권을 폐지하기보다는 기소권을 가진 검사를 공정위에 파견해 공정위의 수사권을 확보하는 노력이 필요하다고 생각합니다.

⑥ 상대방이 주장할 때에는 경청하는 태도를 보여야 한다.

한눈을 팔거나 다른 생각을 하지 않도록 하고, 발언자를 보면서 고개를 끄떡이거나 메모하는 등의 리액션으로 경청하고 있다는 것을 보여줄 수 있다.

(2) 지양해야 할 태도

① 반론을 제시할 경우 공격적인 태도를 지양한다.

반론을 제시할 경우 공격적인 태도를 지양하고, 상대방의 주장에 일부 동의하면서 자신의 입장을 주장하는 완곡한 태도를 보이는 것이 좋다. 또한 비판이나 지적에 그치지 않고 문제해결에 기여할 수 있는 건설적인 입장을 포함하는 것이 좋다.

> **예** (A법령의 필요성에 대한 토의) 甲님께서 ○○을 위해 A법령이 필요하다고 말씀하셨는데 저도 그 부분은 인정합니다. 다만 A법령이 시행되면 □□ 부작용이 발생하여 말씀하신 ○○와 반대의 결과를 초래할 수 있습니다. 따라서 △△제도 등 □□ 부작용을 최소화할 수 있는 방안을 우선적으로 고려해야 한다고 생각합니다.

② 다른 사람의 의견을 무시하는 태도는 지양해야 한다.

감정이 격해져 상대방을 무시하는 발언을 하지 않도록 주의한다. 상대방의 지적에 대해 아무런 대응을 하지 않는 것도 상대방을 무시하는 태도로 보일 수 있으므로, 상대방의 주장이 타당하지 않다면 반론을 펼치고, 일리 있는 주장이라면 이를 인정하면서 자신의 주장을 보완·수정하는 모습을 보여야 한다.

③ 기타 지양해야 할 태도

ㄱ 객관적인 사실이 아닌 주관적인 감정을 토대로 이야기한다.

ㄴ 명확한 근거가 없는 추측성 발언을 한다.

© 불필요하게 장황한 설명을 늘어놓는다.

② 앞에서 한 말을 반복하거나 이미 지나간 주제에 대해서 다시 말한다.

⑩ 다른 이와 대립적인 견해에 놓였을 때 끝까지 본인의 발언만을 정답으로 밀어붙인다.

⑭ 다른 이가 발언할 때 말을 끊거나 끼어든다.

⑭ 잘 모르는 논제일 경우 침묵으로 일관한다.

⑥ 본인의 의견 없이 시종일관 다른 이의 의견에 동감한다고 말한다.

㉛ 불필요한 전문용어와 영어를 남발하여 아는 체를 한다.

03 집단토의 기출 및 예상문제

1. 집단토의 기출문제

(1) 찬반형

> **2019 국가직 7급**
> - 내국인 카지노 추가 설치 허가 여부에 대한 찬성 또는 반대 의견을 밝히고 토의하시오. (자료 정선 카지노의 폐해, 국내 카지노 17개소의 현황, 카지노 상습 출입자, 카지노 활성화 기대효과 등)
> - 공공기관 지역인재 채용할당제 유지에 대한 찬성 또는 반대 의견을 밝히고 토론 후 개선점·합의점을 도출하시오.
> - 고속도로 통행료 면제를 법정 공휴일(일요일 제외) 전반으로 확대하는 것에 대한 찬성 또는 반대 의견을 밝히고 토의하시오.
>
> **2019 국회직 8급**
> 국민연금 스튜어드십 행사(대한항공 총수 자격박탈 관련)에 대한 찬성 또는 반대의 입장을 밝히고 토의하시오.
>
> **2018 국가직 7급**
> - 규제 프리존 도입에 대한 찬성 또는 반대 의견을 밝히고 토의하시오.
> - 결혼공제제도의 악용을 막을 방안을 논의하시오.
> - 혼인세액공제제도 도입에 대한 찬성 또는 반대 의견을 밝히고, 그에 대한 악용을 막을 방안을 논의하시오.
> - 유전자 맞춤 아기에 대한 찬성 또는 반대 의견을 밝히고 토의하시오.

최저임금 인상이 적정한 수준인지, 그렇지 않은지에 대한 의견을 밝히고 토의하시오.

소년범죄에 따른 형사미성년자 연령 하향 또는 현행 유지에 대한 의견을 말하고 합의점을 도출하시오.

- 잊혀질 권리를 법제화하여야 하는지 아니면 현행을 보완하는 방향으로 할 것인지에 대하여 자신의 견해를 밝히고 합의점을 도출하시오.
- 몰카범죄 등 디지털성범죄를 막기 위해 카메라 무음 어플리케이션을 규제한다면 국가규제로 할 것인지 아니면 자율규제로 할 것인지에 대하여 자신의 견해를 밝히고 합의점을 도출하시오.

조직 내 다양성이 조직에 긍정적인지 아니면 부정적인지에 대한 의견을 밝히고 토의하시오.

공무원 정년 연장에 대한 찬성 또는 반대 의견을 밝히고 토의하시오.

- 자유학기제 전면 실시와 희망학교만 실시하는 것 중 무엇이 나은지 본인의 생각과 근거를 말하고 토의를 통해 그에 대한 대책과 개선방안을 마련하시오.
- 외국인 근로자 중 불법체류자에 대한 법적 처리 원칙을 고수하는 것과 수정하는 것 중 무엇이 나은지 토의하시오.
- 비만세(설탕세) 도입에 찬성하는지 또는 반대하는지 본인의 생각과 근거를 밝히고 토의하시오.

- 쓰레기 실명제 도입과 관련 찬성 또는 반대에 대해 논의하고 추후 방안을 마련하시오.
- 동물 화장장 설립과 관련 찬성 또는 반대에 대해 논의하고 조정 및 방안을 마련하시오.

자살은 개인의 선택으로 존중되어야 하는가?

악성민원인의 반복적인 전화를 응대해야 하는가?

(2) 의견형

2019 국회직 8급
국민참여예산의 긍정적 측면과 부정적 측면에 대해 논하고 이에 대한 본인의 생각을 이야기하시오.

2019 서울 7급 추가채용
고령자 운전면허 반납에 어떻게 인센티브를 부여할 것인지 토의하시오.

2018 대구 9급
대구광역시가 추진 중인 정책인 거버넌스 행정(담론, 소통, 협치)을 활성화시킬 수 있는 방안에 대해 토의하시오.

2017 인천 7급
구도심 중구의 발전방안에 대해 토의하시오.

2015 국가직 7급
- 국가 상징물 활용의 필요성 및 그 이유와 이를 위해 우선 고려해야 할 요소 및 그에 따른 활용방안에 대해 토의하시오.
- 이순신 장군의 사례를 통해 공무원 리더십 중 중요한 것은 무엇인가? 이를 함양하기 위해 고려해야 할 사항과 구체적인 방안은 무엇인가?
- 취업을 위한 과도한 스펙 쌓기의 문제점은 무엇인가? 이를 해소하기 위한 대책, 이를 위한 핵심요건은 무엇인가?
- 공공성을 제고하기 위해 중요한 덕목은 무엇인가? 21세기에 새롭게 강조될 공직가치와 덕목은 무엇인가?

2015 대구 9급
- 치맥페스티벌의 글로벌화 방안과 개선해야 할 사항에 대해 토의하시오.
- 공무원 성과급제 도입에 대한 의견을 밝히고 토의하시오.

2. 집단토의 예상주제

(1) 허위조작정보 규제

유튜브 등의 다양한 플랫폼이 등장하면서 가짜뉴스가 광범위하게 유통되고 있다. 이에 더불어민주당 허위조작정보대책특별위원회는 〈허위조작정보 종합대책〉을 발표하였다. 이 대책에는 허위조작정보가 유통되었을 경우 해당 정보를 유통하는 정보통신서비스 제공자가 이를 삭제한다는 내용, 허위정보에 대한 관리 내용을 담은 보고서를 분기별로 방송통신위원회에 제출한다는 내용, 위반했을 경우 과징금을 부과하는 것을 골자로 하는 '정보통신망 이용촉진 및 정보보호 등에 관한 법률 개정안'이 담겨 있다. 한 설문조사의 결과에 따르면 국민 3명 중 2명은 가짜뉴스 근절을 위한 입법을 반기지만, 약 27.7%는 표현의 자유를 침해한다며 반대하는 상황이다.

찬성	반대
• 언론보도 형식을 띤 정보의 경우 많은 사람들이 그 정보를 공신력 있는 정보로 신뢰하므로 규제가 필요하다. • 유튜브 등의 플랫폼은 이용자의 성향과 일치하는 정보를 추천해주는 시스템으로 운영되고, 가짜뉴스는 개인의 견해를 더욱 극단적인 성향으로 치닫게 하여 사회를 분열시킨다. • 현행법이 미비하여 가짜뉴스를 통제하기에 부족하다. • 표현의 자유는 무한대로 허용될 수 없으며, 다른 사람이나 공익에 피해를 입히는 경우 제한될 수 있다. • 허위조작정보가 혐오를 조장하고 소수자에 대한 차별과 폭력으로 이어질 위험이 있다. • 기존 「정보통신망 이용촉진 및 정보보호 등에 관한 법률」에 규정된 '9가지 불법정보'를 허위조작정보 기준으로 대체하고, 동법에 규정된 공공의 이익에 부합하는 경우 처벌하지 않는다는 내용을 추가하면 표현의 자유를 보호할 수 있다.	• 표현의 공간이 위축되고 표현의 자유가 억압되면서 민주주의의 발전을 가로막는다. • 사실과 의견, 진실과 거짓을 구별하는 것은 어렵고 어디까지가 허위조작정보인지 모호하여 규제를 받는 대상이 광범위해지며, 헌법상 명확성의 원칙이 위배되어 표현의 자유를 침해할 가능성이 높다. • 헌법에는 검열 금지가 규정되어 있는데, 이와 충돌하는 것으로 위헌의 소지가 있다. • 이미 「정보통신망 이용촉진 및 정보보호 등에 관한 법률」에 임시조치제도가 규정되어 있으므로 불법정보에 대한 삭제 또는 반박내용의 게재를 요청할 수 있으며, 임시조치제도조차 일부 권력집단에 의해 악용되고 있어 표현의 자유를 침해한다는 논란이 있다. • 해외 사업자는 국내법과 제도의 틀에서 벗어나 있는 상황으로, 해외 사업자와 국내 사업자를 차별하는 결과를 초래할 수 있다.

대책
• 미디어 리터러시 교육 강화, 독일의 네트워크 집행법*과 같이 소수자에 대한 차별과 폭력을 규제하는 차별금지법 마련한다. • 이용자의 선호와 반대되는 방향의 콘텐츠도 추천이 되도록 유튜브와 같은 플랫폼의 콘텐츠 추천 시스템을 개선한다.

＊독일의 네트워크 집행법: 허위성 여부와 관계없이 인종, 종교 등을 이유로 혐오를 선동하는 표현물을 규제하는 법

(2) 인터넷 실명제

최근 연예인들의 극단적 선택이 인터넷 댓글의 영향이라는 목소리가 나오자, 정치권에서도 이른바 '설리법(정보통신망 이용촉진 및 정보보호 등에 관한 법률 개정안)'이 발의되는 등 인터넷 실명제가 활발하게 논의되고 있다. 2016년에 이미 헌법재판소에서 '위헌' 결정이 났지만, 그 후에도 악플로 인한 사회문제가 끊이지 않자 다시 수면 위로 떠올라 찬반 논란이 일고 있다.

찬성	반대
• 익명성이 보장되면 심한 악플을 달아도 악플에 대한 책임을 느끼지 못하지만, 인터넷 실명제가 실시된다면 책임성이 강해지기 때문에 함부로 악플을 달지 않을 것이고 모욕과 명예훼손을 방지할 수 있다. • 국민여론의 70% 정도가 인터넷 실명제 찬성의 입장을 취하고 있다. • 혐오표현, 명예훼손 등의 표현에 대해서는 표현의 자유를 무제한으로 허용할 수 없다.	• 인터넷 실명제가 시행됐던 2007년부터 6년 간의 행적을 보면, 실명제를 이용할 때 사용되는 주민등록번호가 해커의 타깃이 되어 개인정보 유출로 인한 피해로 이어질 우려가 있다. • 표현의 자유가 위축될 수 있다. • 우리나라 법에는 이미 사이버명예훼손죄와 모욕죄가 규정되어 있으므로 제재가 가능하다.

대책
• 착한 댓글에 혜택을 주거나 악플에 패널티를 부여하고 필터링을 강화한다. • 미디어 리터러시 교육, 공감능력 교육 등을 통해 인식을 개선한다.

(3) 민식이법(특정범죄 가중처벌 법률 개정안)

2019년 9월 충남 아산의 한 초등학교 앞 스쿨존 내 횡단보도에서 9세 김민식 군이 차에 치여 숨지는 사고가 발생하자 그 이름을 딴 '민식이법'이 발의되었고, 20대 정기국회에서 통과되었다. 그러나 법안 통과 직후 가중처벌 조항에 대한 문제점을 지적하는 목소리가 나오고 있다. 스쿨존 내에서 발생한 사고로 아이가 사망 시 무기징역 또는 3년 이상의 징역, 상해 시 1년 이상 15년 이하의 징역 등이 내려지는데, 이는 고의가 아닌 과실일 경우 과잉처벌이라는 것이다.

찬성	반대
• 어린이를 교통사고로부터 보호하자는 취지의 법으로, 형량을 상향조정하는 것이 운전자에게 경각심을 주고 안전운전의 계기가 될 수 있다. • 법 제정의 취지에 따르면 스쿨존에서 제한 속도를 지켜 시속 30km 이하 저속으로 이동한다면 '안전 의무 소홀'을 이유로 처벌을 받기는 어려울 것이다. • 법을 강화하기 전에는 스쿨존 내에서 과속은 물론 신호위반도 적지 않았기 때문에 법을 강화해야 한다.	• 어린이보호구역에서 사고를 예방할 수 있는 현실적인 대책을 내놓지 않은 채 운전자만을 엄벌하는 것만이 능사는 아니다. • '무조건 3년 이상'의 실형을 내리는 규정은 형평성에 어긋난다. 과실의 정도를 따져 피해자의 과실이 큰 경우에는 사망사고일지라도 집행유예나 벌금형 등 여러 가지 선택의 길을 열어주어야 한다. • 고의성이 짙은 중범죄와 같은 형량으로 처벌하는 것은 고의와 과실범의 형평성을 고려하지 않은 것이므로 형벌체계와 어긋난다.

(4) 도서정가제 폐지

도서정가제는 2014년부터 2017년까지 3년 간 진행되는 한시적인 법안이었지만, 출판계와 서점, 소비자단체가 현행 제도를 3년 간 더 유지하기로 합의함에 따라 2020년 11월까지 연장하게 되었다. 2020년 시한 종료를 앞두고 청와대 국민청원 홈페이지에 도서정가제를 폐지해 달라는 청원이 게시되기도 하는 등 찬반 논란이 일고 있다. 도서정가제 폐지에 찬성하는 측은 뚜렷한 대안도 없이 동네서점을 살린다며 시행하는 도서정가제는 동네서점뿐만 아니라 소비자들에게까지 부담을 전가하는 실패한 정책이라고 목소리를 높였다. 반대로 도서정가제 폐지를 반대하는 측에서는 중고 책이 도서정가제에서 비켜서 있다고 지적하며, 전자책과 중고 책에도 도서정가제를 확대 시행하자는 논의까지 제기되고 있다.

찬성	반대
• 도서정가제로 인해 가격 혜택이 줄었고, 소비자의 선택권도 없어졌다. 외국에서는 오래된 책 할인, 저렴한 문고본 출간 등 이미 소비자들의 구매 부담을 덜어주기 위한 다양한 정책이 마련되어 있다. • 가격이 고정되면 소비자들이 굳이 동네서점을 찾기보다는 고객 서비스 등의 측면에서 강점을 가진 대형 서점이나 온라인 서점을 찾을 가능성이 높아 동네서점이 위축될 수 있다. • 소비자들이 가격이 높다고 판단하여 출판업 자체에 대한 거부감을 갖게 된다면 시장 전방위적으로 소비가 축소되어 출판시장 전체에 부정적인 영향을 끼칠 것이다. • 도서 정책의 기본 방향은 책 읽기를 권장하는 쪽이어야 하는데, 도서정가제는 도서 가격을 높여 국민들의 책에 대한 접근성을 떨어뜨린다.	• 최근 출판시장의 침체는 도서 가격 때문이 아니라, 시장에서 상당 비중을 차지하던 청소년 인구의 감소 때문이다. • 우리나라의 도서 가격은 다른 나라에 비해 비교적 저렴한 편이며, 도서정가제가 없었다면 다양한 출판물의 공급이 막혀 국내의 출판시장은 지금보다 더욱 침체됐을 것이다. • 작가들을 보호해야 더욱 훌륭한 저작물들이 나올 수 있는데, 과도한 도서 할인은 작가들의 권리를 훼손할 수 있다. • 도서 가격에 맞는 양질의 저작물로 보답한다면 소비자와 저작자 모두에게 유리할 수 있다.

(5) 풀러스(카풀 중개), 우버택시(운송차량 중개), 에어비앤비(숙박 공유) 등 공유경제의 규제

찬성	반대
• 공유경제의 사회적 후생을 증진시킨다. • 과잉생산 흡수, 다양한 신사업 모델 창출, 고용확대 등의 역할을 한다.	• 기존 사업자의 이익이 감소한다. • 제도적 기반이 미비해 안전 등 문제가 발생할 수 있고, 문제발생 시 보험처리나 법적 보호를 기대하기 어렵다.

대책
거래량 연동규제(KDI가 제시): 거래한도를 정하여 한도 이하로 거래하면 완화된 규제를 적용하고, 한도 이상으로 거래하면 전문적 · 상시적 사업자로 간주해 전통적인 공급자 규제를 적용한다.

(6) 타다 금지법

현행 「여객자동차 운수사업법」 제34조에는 누구든지 렌터카 사업자의 사업용 자동차를 빌린 사람에게 운전자를 알선해서는 안 된다고 규정되어 있다. 다만 시행령 제18조에 렌터카 사업자가 운전자를 알선할 수 있는 예외조항으로 11인승 이상 15인승 이하 승합차를 임차하는 경우를 명시하고 있다. 타다는 이 조항을 근거로 승객에게 11인승 이상의 승합차인 카니발을 단시간 대여해주고 운전자를 알선해주는 서비스를 제공하고 있다. 이에 택시업계가 '타다' 퇴출 집회에 나서는 등 거세게 반발하자, 최근 여객자동차 운수사업법 개정안(일명 '타다 금지법')이 국회를 통과하면서 논란이 되고 있다. 타다 금지법은 타다 등의 차량 대여사업자에게 운전자 알선 예외 규정을 엄격히 적용하고 플랫폼 운송사업자를 제도화하는 내용을 담고 있다. 이 개정안에 대해서 택시 산업을 보호하고 플랫폼 운송사업자를 제도권으로 포함시킬 수 있게 됐다는 주장과, 국민의 편의나 신산업 확산에 대한 고려 없이 택시 산업의 이익 보호에만 초점이 맞춰졌다는 비판이 엇갈리고 있다.

찬성	반대
• 「여객자동차 운수사업법」에 명시된 여객운송사업자의 면허 발급 의무, 대여한 사업용 자동차의 유상 운송 서비스 금지 등을 위반한 것이다. • 택시는 교통체증 예방, 대기오염 최소화, 물가인상 제어를 위해 면허제를 통해 지역별 운행 대수가 제한되고 택시 요금도 지방자치단체가 결정하는 등 각종 규제에 묶여있는데, 타다는 택시와 달리 이러한 규제를 받지 않는다. • 택시와 버스 등 운수사업에는 파견이 금지되고 기사에 대해 충분한 자격요건을 요구하고 있는 반면, 타다는 「여객자동차 운수사업법」의 예외규정을 악용하여 불법으로 규정된 파견을 사용하고 있고, 프리랜스 드라이버의 경우 1종 보통 면허 소지자라면 누구나 지원할 수 있도록 하고 있다.	• 소비자인 국민이 원하는 서비스를 차단하는 것은 소비자 권익을 해치는 것이다. 택시는 타다에 비해 승차거부, 난폭운전, 불친절 등 서비스의 질이 좋지 않으므로 소비자가 서비스를 선택할 권리를 보장해 주어야 한다. • 타다 드라이버로 활동하며 생계를 유지하는 1만 프리랜스 드라이버의 일자리가 없어진다. 프리랜스 드라이버들은 전업으로 일하는 것이 불가능한 경우도 많아, 기존 택시업계에서 제공하는 일자리와는 성격이 다르다. • 세계적으로 새로운 산업과 시장이 열리는 추세인데 우리나라는 그러한 기회를 막고 있다. • 공정거래위원회도 소비자의 편익과 경쟁 제고라는 경제적 효과를 감안해야 한다며, 반대의견을 제출한 바 있다.

(7) GMO(유전자 변형 농산물) 완전표시제

문재인 대통령은 GMO 표시제 강화와 GMO 없는 학교급식을 공약사항으로 내걸었으나, 법 개정이 이루어지지 않고 있다. 이에 시민단체를 중심으로 GMO 완전표시제 도입을 촉구하는 국민청원운동이 진행되고 있다.

찬성	반대
• GMO는 식품으로 개발된 지가 20년 정도에 불과해 장기적으로 섭취하였을 경우 안전한지, 세대를 거치면서 악영향을 주는지 여부에 대해 아직 확인되지 않았다. • GMO 식품의 안전성이 완전히 확인되지 않은 만큼 소비자의 알권리와 선택의 권리를 보장해야 한다. • 해마다 80% 이상의 시민이 GMO 완전표시제를 지지하는 것으로 나타났고, 문재인 대통령도 대선후보 시절 공약으로 내걸은 바 있다.	• 세계적으로 GMO의 안전성이 입증되었음에도 불구하고 부정적 인식이 강하다. • 생명공학에 대한 불안감을 증폭시켜 새로운 농업기술의 이용과 연구를 저해하고, 우리나라 농업 발전을 가로막을 수 있다. • 식용유 등 당과 지방질에는 DNA가 전혀 남아있지 않아 GMO 검사가 불가능하여 수입식품은 관리가 불가능하다. 따라서 수입품과 국산품의 역차별 문제가 발생할 수 있다. • 비(非) GMO 제품의 가격이 급등하고, GMO 원료를 사용하던 식품에 대해서도 식품회사가 Non-GMO 제품으로 대체하면서 식품가격 상승이 유발된다.

(8) 자율형 사립고 폐지

지난 2019년 11월 유은혜 교육부장관은 2025년까지 자율형 사립고와 특수목적고 등을 일반고로 일괄 전환하겠다는 내용을 담은 고교서열화 해소방안을 발표하였다. 이에 대해 교육격차 해소를 기대하며 자사고의 폐지를 반기는 시각과 풍선효과로 '강남 8학군'이 부활할 우려 등을 내비치는 시각이 충돌하고 있다. 정치권과 자사고 단체, 교원 단체, 학부모 등 다양한 집단 내에서 찬반 양론이 여전히 팽팽하게 맞서는 상황이다.

찬성	반대
• 자사고의 등록금은 일반고의 약 3배로, 연 4~500만 원의 등록금을 부담할 수 있는 가정의 학생에 한해 지원할 수 있다. 이는 결국 교육의 불평등과 연결되며, 나아가 사회 양극화를 가속화시킬 수 있다. • 학업성적이 우수한 학생들의 자사고 쏠림 현상으로 인해 일반계 고등학교의 슬럼화 현상이 가속화되고 있다. 실제로 일반계 고등학교 현장의 교사 및 학생들은 이미 면학분위기의 악화 및 수업지도의 어려움을 겪고 있다. • 최근 대부분의 자사고가 막대한 국가예산을 편법적 경로로 지원받아 온 사실이 드러났다. 이는 자사고의 도입 배경인 국가의 자사고에 대한 재정지원 최소화를 통한 일반고 재정지원 확대 취지에 어긋나는 것이다. • 고교평준화 제도로 인한 학업성취도의 하향평준화 간의 유의미한 상관관계가 거의 없다는 연구결과가 많다.	• 공교육 황폐화를 전체 고등학교의 2.7%인 자사고의 탓으로 몰고 가는 것은 지나친 비약이다. • 서울시 교육청 내부 자료와 국회예산정책처의 추계에 따르면 자사고 8개를 일반고로 전환하는 데 향후 5년간 총 1,253억 원이 소요되는 것으로 집계되었다. 따라서 교육예산의 적자와 이로 인한 일반고 투자 부족, 교육의 질 저하 등 심각한 문제가 유발될 수 있다. • 한국의 기형적인 입시제도 내에서 자사고를 폐지한다면 오히려 사교육 비대화·음성화 등의 부작용이 발생하기 쉽고, 이에 대한 구체적인 대책도 없다. • 공교육 정상화를 위해서는 다양한 교육의 단초가 될 수 있는 자사고의 일괄적 폐지가 아니라, 입시결과가 공교육의 성공 여부를 좌우하는 현재 교육 패러다임의 근본적인 변화가 필요하다.
대책	
• 일반고 교육과정에 대한 검토 및 개선이 필요하다. • 대학 입시시스템의 공정성을 제고해야 한다.	

(9) 선거권 연령 하향

2017년 19대 대선부터 이어진 선거권 연령을 만 19세에서 만 18세로 하향하는 문제에 대해 찬반 논란이 뜨겁다.

찬성	반대
• 18세는 충분한 인지능력을 갖추고 있어 소신 있는 정치 판단이 가능하고, 인터넷을 통한 정보습득으로 청소년들의 정치적 의식도 높아졌다. • OECD 34개 회원국 중 32개 국가가 18세부터 투표권을 가지고, 오스트리아는 16세부터 투표권이 주어진다. • 18세에는 운전면허 취득이나 혼인이 가능하고 병역 및 납세의무가 부과되기 때문에 책임과 권한의 형평성을 맞추어야 한다. • 학생들이 책임 있는 시민으로 성장하도록 하는 교육적 효과가 있어 민주주의 발전에 도움이 된다.	• 미성년자는 정치적, 신체적 자율성이 부족하고 학교에 다니고 있어 보호자나 교사 등에 의존할 가능성이 높다. • 현실적으로 18세의 상당수는 고3으로, 대학 입시공부에 집중해야 할 시기이기 때문에 부족한 정보에 의존한 형식적 투표가 이루어질 가능성이 높아 투표결과의 왜곡을 초래할 수 있다. • 헌법재판소에서도 선거연령 관련 헌법소원에 대해 6차례에 걸쳐 문제가 없다는 결정을 내린 바 있다. • 학생들이 많이 이용하는 인터넷에서 선동과 포퓰리즘 등이 난무할 가능성이 있다.

(10) 전동킥보드 규제완화

현행 「도로교통법」상 전동킥보드는 원동기 장치 자전거로 분류되어 관련 면허를 취득해야 하고 자동차가 다니는 도로로만 달릴 수 있다. 하지만 정부는 '개인형 이동수단 활성화'라는 세계적 추세에 맞게, 속력이 25km 미만인 킥보드에 한하여 면허취득을 제한하고 자전거도로를 이용할 수 있도록 법 개정을 추진 중이다. 이에 시민의 안전을 우려하는 반대 목소리와 공유경제의 혁신이라는 찬성의 목소리가 팽팽히 맞서고 있다.

찬성	반대
• 전동킥보드는 자동차에 비해 속도가 느려 일반도로 이용 시 사고 위험이 높다. 전동킥보드 이용자 및 차량 운전자의 안전 확보를 위해서 자전거도로를 이용할 수 있도록 해야 한다. • 개인형 이동수단의 활성화라는 세계적인 추세에 따라 유관산업 활성화를 위해 규제완화가 필요하다. • 이동수단 공유서비스 등 유관산업이 발달하면 교통정체 및 대기오염 해소에 도움이 될 것이다. • 시속 25km 미만인 전동킥보드에 한하여 면허취득을 면제하는 것이므로 위험성이 높지 않다.	• 국내 자전거도로의 77%가 인도에 설치되어 있어 인명사고의 위험을 키울 수 있다. • 속도제한이 있는 전동킥보드를 개조하여 더 빠른 속도로 달리는 경우가 많은데, 경찰이 전동킥보드의 속도를 일일이 체크하기에는 현실적으로 어려움이 있다. • 면허취득을 면제하면 적절한 훈련을 받지 않은 이용자가 많아져 사고가 급증할 것이고, 전동킥보드는 번호판이 없어서 뺑소니를 칠 경우 잡을 방법도 없다. • 면허취득을 면제하면 음주운전 가능성이 높아진다. 자전거의 경우도 음주운전 시 벌금을 부과하기는 하지만 면허증이 없어 벌점부과 등의 행정처분은 하지 않아 솜방망이 처분에 그치고 있다.

대책
개인형 이동수단에 대한 음주운전 처벌 규정 등이 새롭게 마련되어야 한다.

(11) 최저임금 인상

문재인 대통령은 대선 당시 '2020년까지 최저임금 1만 원'을 공약으로 내세웠고, 이러한 기조에서 최저임금은 가파르게 상승해왔다. 그러나 2020년의 최저임금은 8,590원으로, 2019년 최저임금 8,350원에서 소폭(2.9%) 인상되어 2018년도에 16.4%, 2019년에 10.9% 인상된 것에 비하면 비교적 낮은 인상률이다. 이것은 1988년 최저임금이 시행된 이후 3번째로 낮은 인상률이며, 1997년 IMF에 가까운 인상률이다. 정부가 최저임금 인상 속도 조절에 나서면서 사용자 측은 이를 반기는 입장이지만, 노동계는 반발하는 등 이에 대해 평이 갈리고 있는 상황이다.

찬성	반대
• 소득의 증가는 소비의 증가로 이어져, 내수경제가 활성화되고 일자리도 창출되는 선순환 경제구조를 만들 수 있다. • 최저임금 수준은 국내소득이 아니라 실질 구매력을 기준으로 비교해야 한다. 실질 구매력을 기준으로 보면 우리나라의 최저임금은 주요 선진국에 비하여 낮은 수준이다. • 현재 최저임금은 대통령을 비롯하여 주요 정당의 후보가 한 목소리로 약속한 1만 원에 크게 미치지 못하는 수준이다. • 현재 최저임금 8,590원은 월급으로 환산하면 약 180만 원 정도로 1인 가족의 평균 생계비 약 220만 원에 크게 못 미치며, 부양가족이 있는 경우에는 더욱 심각한 수준이다. • 소득 양극화를 개선할 수 있다. • 근로자의 사기를 진작하여 노동생산성의 향상으로 이어질 수 있다.	• 최저임금의 인상률은 연평균 8.6%대로 물가상승률과 임금상승률을 앞지른다. 또한 1인당 국민총소득(GNI) 대비 최저임금 수준은 OECD 21개국 중 8위로, 낮은 수준이 아니다. • 최저임금의 영향을 크게 받는 중소기업이나 자영업자들은 고용을 줄이거나 경영 자체가 어려워질 것이다. 300인 이하의 중소기업이 약 98%인 만큼 소상공인과 중소기업의 지불능력 고려해야 하며, 소상공인은 최저임금도 벌지 못하는 상황에 처할 수 있다. • 최저임금이 과도하게 인상되면 단순기능을 보유하면서 보조적, 주변적 업무를 수행하고 있는 학생, 주부, 노년층 등 최저임금 근로자들의 고용불안을 초래할 것이다. • 최저임금의 인상은 물가상승으로 이어질 수 있다. • 우리나라에는 주휴수당제도가 있으므로, 주휴수당을 합치면 최저임금이 이미 1만 원을 초과한다.

대책
• 사회가 최저임금 인상에 적응할 때까지, 일자리 안정자금 등 중소기업과 소상공인에 대한 지원 후속대책을 확대하는 방안을 마련한다. • 대기업과 중소기업 간 상생을 위한 제도를 마련한다. 중소기업 하도급 납품대금을 조정신청 하는 경우 개별 중소기업이나 소규모 사업자조합 등을 대신해 중소기업중앙회에서 조정협의를 할 수 있도록 하여 실효성을 제고하는 방안, 대기업과 중소기업 간 상생과 협력 활성화를 위한 펀드 조성 등이 대책으로 발표되었다.

(12) 주 52시간 근무제 유예

최근 정부가 2020년 1월부터 시행 예정이었던 중소기업에 대한 주 52시간 노동시간 단축제를 계도 기간을 설정하여 1년 연기하고, 경영상의 이유를 특별 연장근로 허용 사유에 포함시켰다. 리얼미터의 조사에 따르면 기업의 경영과 근로자의 수입을 고려한 조치인 만큼 찬성한다는 의견이 56.1%로 과반을 넘었고, 과도한 근로를 향후에도 인정하는 조치라며 반대하는 응답자는 28.2%로 나타났다.

전체 여론은 찬성하는 입장이 우세하지만, 노동계에서는 장시간 노동체제 유지를 선언한 것이라며 반발의 목소리가 높다.

찬성	반대
• 인력난이 심각한 50인 이상 300인 미만 사업장에서는 당장 주 52시간 근무제를 적용하기에는 여러 가지 준비가 미흡하여 보완책이 필요하다. • 근로시간이 줄어드는 만큼 근로자들의 소득도 일정 부분 감소하게 된다. • 평균적인 성수기 기간(5, 6개월)을 감안하여 탄력근로제의 단위기간을 3개월에서 6개월로 연장하는 등 유연근로제가 입법 보완되어야 한다. • 대한상회 조사 결과, 주 52시간 근무제를 시행 중인 중견기업이나 대기업에서도 예측하지 못한 돌방상황이 근로시간 운영에 있어 가장 큰 애로요인이라고 지적하고 있으므로 보완이 필요하다.	• 한국은 하루에 1명이 과로로 사망하고 있는 과로 사회로, 노동시간을 단축하는 방향으로 나아가야하는 상황에서 정책후퇴는 적절하지 않다. • 노동시간 단축으로 인해 생산성이 향상되면 임금 등 노동조건의 후퇴가 없는 노동시간 단축이 가능하다. • 유연근로제는 노동시간 장기화를 유도하는 정책이다. 유연근로제를 시행하는 유럽 국가들에 비해 연간 근로시간이 크게 많은 한국에서는 적절하지 않다. • 완화된 특별 연장근로 허용요건은 명확하지 않아 해석에 따라 장시간 노동을 유도할 수 있다.
대책	
• 외국인 고용 허용의 한도를 상향 조정한다. • 정부는 노동시간을 단축하는 사업장에 대해 일자리 안정자금, 고용보험 지원제도 등의 지원을 강화해야 한다.	

(13) 누진세 강화

우리나라의 소득 불평등이 악화되는 상황에서 고소득 근로자의 조세부담 증가율이 평균 근로자보다 낮아 초고소득자 · 초대기업에 대한 누진세를 강화해야 한다는 목소리가 나오고 있다.

찬성	반대
• 재정건전성을 확보해야 한다. • 고소득층에 대한 증세는 다른 방식의 증세보다 공평하고 경제에 미치는 부정적 영향도 작다. • 우리나라 소득분배의 불평등 수준이 심각하므로 세제를 통해 심화된 양극화를 조정해야 한다. • 소득이 많은 사람에게 높은 세율을 부과하고, 소득이 낮은 사람에게 낮은 세율을 부과하는 것이 형평의 원리에 부합된다. • '노블리스 오블리제'가 필요하며, 미국의 많은 부자들이 부유세 도입에 찬성하고 있다.	• 본인의 노력과 적절한 투자 등을 통해 합법적으로 많은 소득을 올린 경제주체에 대해 지나친 세금을 거두면 근로와 투자에 대한 유인이 사라진다. • 우리나라 근로자의 49%는 세금을 내지 않고 있다. 이를 그대로 두고, 지금도 상당한 세금을 내는 계층에 대해 추가로 세금을 걷는 것은 형평성에 위배된다. • 일하지 않은 자에게 복지혜택이 늘어나고, 이에 따라 일하는 계층의 부담이 계속 증가하는 구조는 불합리하다.
대책	
• 자산소득에 대한 과세를 우선적으로 강화한다. • 면세자를 축소시키고, 탈세를 감소시킨다.	

(14) 선택적 복지 VS 보편적 복지

선택적 복지	보편적 복지
• 복지가 필요한 사람에게 혜택을 집중시키는 것이 복지 정책의 효율성을 극대화 하는 것이다. 부유한 사람에게 복지혜택을 제공하는 것은 낭비이다. • 일부 정치인들이 선거에 이용하기 위한 포퓰리즘 정책으로 남발되는 경향이 있다. • 한번 복지수준이 정해지면 다시 되돌리기 어려우므로 처음부터 재정에 맞게 복지정책을 설계해야 한다. • 보편적 복지는 국가재정상 실현가능성이 떨어진다. • 무리한 보편적 복지는 결국 국민에게 세금부담으로 돌아온다.	• 전 국민을 상대로 하는 보편적 복지를 통해 계층격차를 사전에 줄이는 것이 사회적 갈등을 방지하는 최선의 방법이다. • 보편적 복지를 통해 국민의 삶의 질을 기본적으로 향상시켜야 한다. • 선택적 복지는 그 대상자를 가리기 위해 불필요한 행정비용과 인력이 낭비된다. • 선택적 복지하에서는 복지혜택을 받는 사람이 열등감을 가지거나 편견에 희생될 수 있다. • 복지 사각지대에 있는 사람들이 복지혜택을 받지 못하는 경우가 많다.

대책
• 세제 개편으로 재정을 확대시킨다. • 가능한 재정 안에서 가장 시급한 부분의 우선순위를 정하여 복지혜택을 확대시킨다.

(15) 교내 휴대전화 사용 금지

중학교 등에서 학생들의 휴대전화를 일괄수거하는 등 지나치게 자유를 침해해서는 안 된다는 국가인권위원회의 권고가 나오면서 이에 대한 찬반 논란이 일어났다. 일부 학교는 권고를 무시하고 기존 금지 규정을 고수하고 있다.

찬성	반대
• 휴대폰으로 인한 수업방해는 다른 학생들의 학습권과 교사의 수업권까지 훼손한다. 학생들이 교육받을 권리도 인권이다. • 청소년들의 스마트폰 중독이 심각하므로 규제할 필요가 있다. • 영국의 경우 전체 학교의 3분의 1이 교내 휴대전화 사용을 완전히 금지시켰다. 일본 문부성은 초·중학생이 휴대전화를 가지고 등교하지 못하도록 하는 지침을 내렸다. • 교내에서 선배 등에게 호출당하거나 메신저로 사이버폭력을 당하는 것을 막을 수 있어 학교폭력을 줄일 수 있다.	• 교내 휴대전화 사용을 강제적으로 금지하는 것은 헌법에서 보호하는 통신의 자유를 지나치게 침해하는 것이다. • 강제적인 규정보다 자율적으로 타인에게 피해를 끼치지 않아야 한다는 교육적인 계도로 스스로 문제를 해결하도록 해야 한다. • 학생들이 수업에 집중하지 않는 것이 휴대폰 때문은 아니다. 학습에 생각이 없는 학생들은 휴대폰을 빼앗겨도 다른 방법으로 학업에 참여하지 않을 것이다.

(16) 소년범 처벌 강화

'부산 여중생 집단 폭행사건' 등 소년범죄가 이슈화 된 이후 청와대 홈페이지에 소년법 폐지 청원이 쇄도하는 등 청소년 폭력사건에 대한 처벌강화 요구가 높아졌다.

찬성	반대
• 미성년자들의 범죄에 대한 형벌이 낮아 이들이 범죄에 대한 경각심이나 심각성을 잘 깨닫지 못하게 된다. 이로 인해 소년범죄가 흉포해지고 재범률도 증가한다. 따라서 재범률을 낮추기 위해 처벌 강화가 필요하다. • 1953년 이후 개정되지 않은 미성년자 규정에 비해 지금의 청소년들은 정신적·신체적 성장과 발달속도가 확연히 다르다. 인터넷 등을 통해 자신이 저지른 행위가 어떤 범죄이고 어떤 처벌을 받는지에 대한 정보를 습득한 뒤 범죄를 저지르는 등 소년법을 악용하는 행위도 적지 않다. • 소년범죄의 피해자 역시 청소년인 경우가 많은데, 피해자는 상처와 고통을 지우기 어렵고 2차 피해로 이어지는 경우도 많다.	• 미성년자 범죄가 고도화되는 이유는 형벌이 낮기 때문이 아니라 사회적 영향 때문이다. 인터넷, SNS 등 미디어에 노출되면서 다양한 범죄 유형을 익히는 것이다. 처벌을 강화한다면 교정시설에서 다른 범죄를 학습해 오히려 재범률이 더 높아질 수도 있다. • 청소년들은 자신의 행위가 어떤 결과를 가져오는지 추론하는 능력이 부족하다. 범죄를 저지른 미성년자가 정신적으로 성숙하지 않다는 점을 감안하여 처벌 수위가 낮아야 한다. • 소년법은 아직 어린 가해자가 죄를 뉘우치고 사회에 복귀할 수 있게 하는 것이 목적이다. 형사처벌 가능성을 높이면 이와 같은 효과가 사라지고 전과자를 양산하게 되므로 소년법 강화보다 보호, 예방, 재발방지에 초점을 두어야 한다.

(17) 모병제 도입

민주연구원이 최근 보고서에서, 인구절벽으로 인해 2025년부터 군 병력이 부족하여 징병제를 유지할 수 없다고 밝히면서 단계적 모병제 도입이 정치권의 이슈로 떠올랐다.

찬성	반대
• 모병제는 미국, 프랑스 등 여러 선진국에서도 채택하고 있다. • 병역차별과 병역비리 등 사회적 갈등을 해소할 수 있다. • 청년들에게 안정적인 일자리를 제공함으로써 청년실업을 해소할 수 있다. • 인구절벽 상황을 고려했을 때 단계적 모병제 도입은 불가피하다. • 첨단과학전 특성상 50만 병력이 필요하지 않다.	• 휴전국가인 우리나라는 여타 선진국과는 상황이 다르다. • 북한의 도발이 연일 이어지는 가운데 이에 대응하기 위해서는 징병제를 유지해야 한다. • 모병제에는 막대한 예산이 소요되며 군 입대를 앞둔 청년들의 환심을 사기 위한 포퓰리즘 정책에 불과하다. • 주로 중·하위계층이 모병제에 지원하면서 계층 간 위화감이 고조될 것이다. • 병력 감소로 인해 전력이 약화될 것이다.

(18) 노동이사제

문재인 정부가 2018년 안에 공공기관에 노동이사제*를 도입하겠다고 공약하면서 논의가 본격화되었다. 이미 서울시는 2016년부터 노동이사제를 도입하였고 광주광역시, 경기도, 인천시 등에서도 올해부터 시행하였다. 또한 사기업에서도 노조를 중심으로 노동이사제 추진의 움직임이 일어나고 있으며, 현재 국회에는 노동이사제 의무화를 담은 '상법 일부개정안'과 '공공기관의 운영에 관한 법률 일부개정안'이 계류 중이다(2020년 6월 기준).

* 노동이사제: 근로자 대표가 이사회에 들어가 발언권과 의결권을 행사하는 제도

찬성	반대
• 근로현장의 목소리를 경영에 반영하여 공기업의 고객인 국민들에게 좀 더 나은 서비스를 제공함으로써 사회적 책임을 강화할 수 있다. • 노동계의 경영참여는 노사협력의 길을 구현하고 경영자측의 우월적인 지위남용도 근절시킬 수 있는 좋은 보완책이 될 수 있다. • 한국경제 발전을 위해서는 참여, 협조, 상생의 노사관계가 구축되어 사회적 갈등 비용을 줄여야 한다. • 경영진이 놓칠 수 있는 근로자의 관점까지 반영하여 궁극적으로 생산성 향상에 기여한다. • 독일 등 유럽에서 이미 도입되어 그 효용을 인정받고 있다.	• 기업의 자율성과 경쟁력이라는 본질적 가치를 훼손할 가능성이 있다. 신속한 의사결정이 필요한 상황에서도 의사결정이 더디게 진행될 수 있다. • 경영정보가 노조로 유출되면 기밀유지에 어려움이 있고, 노사관계가 나빠질 경우 사측은 속수무책이 된다. • 노동이사제를 시행 중인 독일에서도 경영권 침해에 따른 폐해가 심각하게 지적되고 있다. • 수많은 기업의 이해관계자 중 노조만 경영에 참여하는 근거가 모호하다. • 공기업은 늘 구조개혁의 대상으로 지적되는데 노조대표는 구조조정 등 구조개혁과 반대의 길로 나아갈 가능성이 높다. • 이사회에 직접 참여하기보다 감시하고 감독하는 방안을 강화하는 것이 바람직하다.

(19) 연동형 비례대표제

정당별 득표율에 비례하여 국회의원 의석수를 배분하는 연동형 비례대표제 도입을 놓고 찬반 양론이 거세다. 현행 투표제는 가장 많이 득표한 후보가 당선되는 소선거구제와 정당득표율에 따라 배분되는 비례대표제가 함께 운용되고 있다. 유권자는 지역구 후보에게 1표, 정당에 1표를 던지고 비례대표 의석은 지역구 투표와 별개로 정당투표로 결정되는 병립형이다. 반면 연동형 비례대표제는 정당득표율에 의해 총 의석수가 할당된다. 할당된 의석수에서 지역구에서 당선된 수를 뺀 나머지가 비례대표로 채워진다. 즉, 지역구에서 많이 당선되더라도 정당득표율이 낮으면 의석을 많이 가져갈 수 없는 구조이다.

찬성	반대
• 지역구 의석을 줄이고 비례대표 의석을 늘리거나 전체 의석수를 늘리면 구현할 수 있다. • 사표발생을 줄이고 득표율이 의석수에 반영되므로 대표성이 강화된다. • 국민들의 다양한 의사를 반영하고 정당정치가 활성화된다.	• 현재의 비례대표 의석은 47석으로 연동형 비례대표제를 구현하기 어렵다. • 비례대표는 국민들이 직접 뽑은 것이 아니라서 대표성이 강화되지 않으며 오히려 공천비리 등이 발생하므로 비례대표 의석을 늘리는 것은 바람직하지 않다. • 군소정당이 난립하여 정국불안정을 초래할 우려가 있다.

(20) 주민청원

청와대 국민청원이 국민들의 뜨거운 관심을 받으면서 각 지방자치단체에서 이를 본떠 '주민청원'제도를 도입하였다(경기도, 성남시, 인천시, 화성시 등). 이는 각종 기대효과가 있지만 부작용이 발생하기도 하여 논쟁이 이어지고 있다.

찬성	반대
• 참여권이 확대되고 공론화의 장을 형성하여 민주주의 발전에 기여한다. • 여론이나 정당을 거치지 않아 정책과정에 신속한 접근이 가능하여 국민들의 만족도가 높다. • 집단지성 발휘로 불합리·부조리를 시정할 수 있다. • 주민들의 요구에 신속하고 민감하게 대응할 수 있다.	• 노령층이 이용하기 어려워 특정 계층의 여론만이 집중 반영될 수 있다. • 특정 이익집단이 조직적으로 참여하여 집단이기주의 장으로 변질될 우려가 있다. • 청원기관의 소관사항이 아닌 내용, 제도의 취지에 맞지 않는 내용 등이 남발되어 행정력이 낭비된다. • 사실이 확인되지 않은 정보가 게시되어 명예훼손 등 피해가 발생한다. • 온라인 방식의 특성상 중복참여를 완전히 막을 수 없어 여론조작의 가능성이 존재한다.

대책
• 특정 정치인의 지지·비방, 명예훼손 등 특정 개인이나 집안에 피해를 주는 내용, 특정 정치인을 지지·반대하는 내용, 개인정보를 침해하는 내용 등을 사전 점검 후 공개한다. • 청원이 게시되기 전 일정 수 이상의 참여자를 모집하는 경우 청원을 공개하는 등 무분별한 청원을 방지하기 위한 장치를 마련한다. • 해당 기관의 소관업무가 아닌 사항을 명확히 규정하고 안내·홍보한다. • 본인인증시스템을 강화하고, 중복참여 방지장치를 보완한다.

(21) 탈원전

2017년 말 정부가 발표한 8차 전력수급기본계획(2017~2031)은 2017년 대비 발전량 비중을 원자력은 30.3%에서 23.9%로, 석탄은 45.3%에서 36.1%로 축소하고, LNG는 16.9%에서 18.8%, 신재생에너지는 6.2%에서 20%로 확대하는 내용을 담고있다. 그러나 전력수요량이 당초 정부 예상보다 많아지면서 안정적인 전력수급이 어려워질 것이라는 우려의 목소리가 나오고 있다.

찬성	반대
• 대기오염 비용, 사고위험 비용 등을 고려하면 원자력 발전단가는 저렴한 것이 아니다. • 최근 우리나라에도 지진이 잦게 일어나고 있는데, 원전 사고가 일어난다면 국민의 생존과 안전이 위협받는다. • 원자력발전에 사용되는 우라늄 또한 150년 후 고갈되는데, 장기적으로 에너지 공급의 안정을 위한다면 무한한 자원을 이용하는 신재생에너지를 개발해야 한다. • 독일의 경우 원자력발전소를 없애고 신재생에너지 비율을 올리기로 결정하는 등 탈원전은 국제사회의 추세이다.	• 전기요금이 인상되고 에너지 자급률이 악화될 것이다. 일본도 원전사고 이후 원전제로(Zero) 방침을 세웠지만 에너지 자급률이 하락하고 전기요금이 급등하여 원전을 단계적으로 재가동했다. • 원전사업이 붕괴되고 원전 수출에 악영향을 줄 것이다. • 정부는 액화천연가스와 신재생에너지로 대체한다는 방침을 세웠지만 전문가들은 자연에 의존하는 신재생에너지는 수급이 불안정해 전력수급이 불안정해질 것이라는 입장이다. • 독일의 경우 주변국을 통해 부족한 전력수입이 가능하지만 우리나라는 3면이 바다로 둘러싸여 전력수입이 불가능하다. 오히려 핀란드, 아랍에미리트, 베트남 등에서도 원자력발전소 도입이 이루어지고 있다.

(22) 노인 기준 연령 상향

'육체노동 가동연한'은 타인의 불법행위로 사망하거나 신체상 장애를 입은 사람이 손해배상 소송에서 장래 얻을 수 있는 수입을 산정하는 기준이다. 육체노동의 가동연한을 기존 만 60세에서 65세로 인정할 수 있다는 취지의 판결이 있었다. 이는 장래 60세까지 수입을 얻을 수 있다고 산정하던 것을 65세까지 가능하다고 판결한 것이다. 이를 계기로 노인 기준 연령에 대한 사회적 논의도 속도가 붙게 되었다. 이후 박능후 보건복지부장관이 노인연령 기준을 만 65세에서 만 70세까지 단계적으로 올리는 방안을 추진하겠다고 밝히면서 갈등이 더 심화되었고 국민청원으로까지 번졌다. 현재 「노인복지법」은 65세 이상 고령자에게 복지혜택을 주고 있다. 이 법은 1981년 만들어졌으나 이후 기준이 변하지 않아 기준이 65세에 고정되어 있다.

찬성	반대
• 노인연령을 상향조정하면 생산가능인구가 424만 명 늘고 고령인구 비율은 8.4% 감소하는 효과를 낳는다는 연구결과가 있다. • 노인복지비용이 감소하여 젊은 층의 부담이 줄어든다. • 평균수명 증가에 따라 노인에 대한 인식이 달라졌다. • 노인연령 상향으로 오히려 일하고 싶은 노년층의 구직이 수월해질 수 있다.	• 노인일자리 대책이 제대로 세워지지 않은 상황에서 노인연령을 상향조정하면 만 66세부터 만 69세까지 복지 사각지대가 발생한다. • 정년 은퇴 후 노인빈곤 문제가 심화된다. • 우리나라는 정년이 잘 보장되지 않고 오히려 빨라지고 있어 복지혜택마저 사라지는 부작용을 초래한다. • 신중년의 재취업도 어려운 상황에서는 노인연령이 상향되어도 구직난은 해소되지 않는다.

대책
정년보장, 노후일자리 마련, 사회보장제도 등을 우선적으로 마련하면서 점진적으로 올리는 방안이 있다.

---

plus + 기타 집단토의 주제

1. 징벌적 손해배상제 도입
2. 기업분할명령제 도입
3. 인간배아연구 규제완화

3. 집단토의 예상문제

(1) 집단토의 예상문제 1

<안내>

다음 자료를 참고해 제시된 토의 주제에 대해 10분간 자기 입장을 정리하고, 본인이 주장할 논거를 마련하시오.

<자료>

피의자의 얼굴·성명·나이 등의 신상을 공개하는 것은 헌법상 무죄추정의 원칙 등에 따라 비공개가 원칙이지만, 「특정강력범죄의 처벌에 관한 특례법」(특강법)에 따라 살인·약취유인·인신매매·강간·강도·조직폭력 중 사회적 파장이 크고 국민적 관심이 집중된 사건에 대해서는 예외적으로 신상공개위원회의 판단에 따라 법원의 최종판결 전에도 피의자의 신상을 공개할 수 있다.

과거 여중생 딸의 친구를 살해한 '어금니아빠' 이영학, 최근의 청담동 주식부자 부모 살인사건 피의자 김다운 씨 등의 얼굴과 신상이 공개되었다. 이를 계기로 흉악범 신상공개에 대한 논쟁이 이슈가 되어 한 쪽에서는 국민의 알권리라는 주장을 내세우고, 다른 한 쪽에서는 분풀이를 위한 인민재판이라는 반론이 팽팽하게 맞서고 있다.

흉악범 신상공개에 찬성하는 입장은 국민의 알권리를 보장하는 것과 강력범죄의 피의자가 응당한 죗값을 치르는 것을 우선시한다. 또한 피의자의 재범방지 및 범죄예방 등의 효과와 공익을 위해서도 신상공개가 필요하다고 본다. 미국은 우리나라와 달리 '피의사실공표죄'가 없어 피의자를 체포한 시점부터 언론에 얼굴이 그대로 공개된다. 영국이나 일본도 강력범죄 피의자 신상을 대부분 공개하고 있으며, 국민의 '알권리'를 우선하는 입장이다.

반면 흉악범 신상공개의 부작용을 우려하는 목소리도 만만치 않다. 반대하는 입장에서는 국민의 알권리보다 피의자의 인권보호와 헌법상 무죄추정의 원칙을 더 중요하게 생각한다. 지난 2006년 제주도에서 살인·방화 사건 용의자로 경찰에 체포된 20대의 실명이 언론을 통해 공개됐지만 살인혐의에 대해 무죄판결을 받은 경우가 있었다. 또한 흉악범의 자녀 등 가족과 주변인들이 부차적인 피해를 입을 수도 있다는 우려에서 신중을 기해야 한다는 주장도 있다.

신상공개에 대한 일관된 기준이 없다는 비판의 목소리도 높다. 법에 규정된 강력범죄의 수준이 '잔인', '중대'하다는 것이 어느 정도인지 구체적인 기준이 없으므로 자의적인 해석이 가능하고, '공공의 이익을 위해서 필요'라는 부분도 피의자의 신상을 공개하는 것이 어느 정도 공익에 부합하는지에 대한 근거가 부족하다. 또한 '얼굴 공개 등을 할 수 있다'고 규정했을 뿐 '의무'로 두지 않았기 때문에 경찰의 자의적인 판단으로 진행될 수도 있다.

<토의 주제>

1. 「특정강력범죄의 처벌에 관한 특례법」상 흉악범 피의자 신상공개에 대한 본인의 생각과 근거를 말하고,
2. 토의를 통해 구체적인 개정방향에 대하여 전체적인 합의를 도출하시오.

(2) 집단토의 예상문제 2

<안내>

다음 자료를 참고해 제시된 토의 주제에 대해 10분간 자기 입장을 정리하고, 본인이 주장할 논거를 마련하시오.

<자료>

국내 외국인 근로자는 총 52만여 명이다. 이들은 「근로기준법」, 「최저임금법」 등의 국내 노동법을 내국인 근로자와 동일하게 적용받는다. 최저임금이 8,590원이므로 오르면 외국인 근로자의 한 달 급여는 179만 5,310원(주 40시간 기준)에 이른다. 이에 외국인 근로자에 대한 임금차별화 찬반논의가 가열되고 있다.

중소기업중앙회는 '외국인 근로자 최저임금 수습기간제'를 서면 건의하였다. 국회에서도 국적별 최저임금 차등적용 등을 골자로 한 '최저임금법 개정안'을 발의하는 등의 움직임을 보이고 있다.

기업 측은 상대적으로 숙련도와 생산성이 떨어지는 외국인 근로자에 대해서 임금을 차등지급해야 한다는 입장이다. 외국인 근로자들은 언어소통 애로 등으로 노동생산성이 내국인의 87.4%수준(중소기업중앙회 조사)에 불과한데, 단순노무업무에 투입된다는 이유로 최저임금 전액을 보장받는 것은 불합리하다는 주장이다. 또한 이들은 회사로부터 숙식비 등 정착비용을 지원받기도 하므로 외국인 근로자의 실질임금이 내국인 근로자에 비해서 지나치게 높게 지급되고 있는 현실을 같이 언급하였다. 언어 등 외국인 근로자에 대한 교육비용도 무시할 수 없어 그 부담이 가중되고 있다는 주장이다. 인건비가 크게 증가하면서 외국인 근로자를 고용하는 중소기업은 과도한 비용부담을 호소하고 있다. 최저임금 인상으로 인한 국내 산업·사업체의 보호를 위해서 최저임금의 차등지급이 필요하다며 관련 제도 도입을 촉구하였다.

고용노동부에서는 인종차별적 접근이 국제법은 물론 국내법과도 충돌한다며 조심스러운 반응을 보이고 있다. 우리나라는 지난 1998년 국제노동기구(ILO)협약 111호(내외국인 차별금지 조항)를 비준했다. 또한 「근로기준법」 제6조는 '국적·신앙 또는 사회적 신분을 이유로 근로조건에 대한 차별적 처우를 하지 못한다'고 정하고 있다. 이 주민센터 측은 해당 제도가 도입되면 기업들이 제도를 악용하여 외국인들을 조기에 해고할 가능성이 있으므로 결국 외국인 노동자들의 고용안정성이 크게 흔들릴 우려가 있다고 주장하였다. 또한 노동계는 내국인 근로자들의 역차별을 우려하며 임금차별화에 대한 반대 입장을 내비치고 있다. 외국인 근로자들이 임금을 적게 받게 되면 내국인 근로자들이 고용시장에서 외면받을 가능성이 더 높아진다는 것이다. 캐나다의 경우에도 외국인에게 15% 정도 낮은 임금을 주도록 하는 법안을 도입했다가 기업들이 외국인 근로자만 고용하면서 자국 근로자들이 오히려 일자리를 잃는 상황이 발생하면서 해당 법안을 철회하였다.

<토의 주제>

1. 외국인 근로자 임금차등 적용에 대한 본인의 생각과 근거를 말하고,
2. 토의를 통해 전체적인 합의를 도출하시오.

(3) 집단토의 예상문제 3

<안내>

다음 자료를 참고해 제시된 토의 주제에 대해 10분간 자기 입장을 정리하고, 본인이 주장할 논거를 마련하시오.

<자료>

최근 쇼핑몰이 단순한 쇼핑 공간에서 탈피해 먹고 마시고 즐기는 복합문화공간으로 변화하고 있다. '몰링' 문화 확산과 새로움을 추구하는 수요자들의 니즈에 맞춰 등장하기 시작한 복합문화공간은 하루를 온전히 소비하며 맛과 멋, 즐거움을 만끽할 수 있는 형태를 띠고 있다. 더 나아가 여성특화, 스몰 럭셔리 등 지역 특성에 맞춘 콘텐츠를 장착하면서 유통업계를 뛰어넘어 신개념 놀이문화를 선도하고 있다.

복합쇼핑몰이 어느 한 지역에 들어섰을 때 지역경제 활성화에 기여하는 바는 이루 말할 수 없을 정도이다. 일자리 창출, 지역 방문객 확보, 그 외에 수도권·도심에 집중된 인구를 교외로 분산시키는 효과도 기대해볼 수 있다. 그리고 모든 것을 한 곳에서 해결할 수 있다는 점에서 고객의 일상을 점유하기 때문에 이미 세계적인 추세가 백화점 같은 단순 매장에서 복합쇼핑몰 쪽으로 넘어갔다. 그러나 복합쇼핑몰 입점 시 5~10km 상권까지 부정적인 영향을 미치는 '빨대효과'가 발생하고 있다. 빨대효과란 컵의 음료를 빨대로 빨아들이듯이 주변 도시의 인구나 경제력을 흡수하는 이른바, 대도시 집중현상을 가리킨다.

'신세계 광주복합쇼핑몰 입점저지 대책위원회(이하 대책위)'는 "복합쇼핑몰 입점 시 인근 소상공인 점포 매출이 40~60% 감소하고, 광주지역 및 전남권 일부도 5~20%의 피해가 예상된다."고 주장하고 있다. 전통시장, 골목슈퍼가 피해 대상이었던 대형마트와는 달리, 복합쇼핑몰의 경우 영향권이 넓고, 대형 패션 매장·전문점 등도 타격이 불가피하다는 지적이다. 앞서 말한바 일자리 창출 및 경제적 효과에 반해 대책위는 "자영업 점포 약 2,560개가 사라지고, 1만 2,790명이 일자리를 잃거나 소득이 감소할 것"이라며 반대 주장을 펴고 있다.

복합쇼핑몰의 독점화를 우려하는 많은 주장들 가운데 '복합쇼핑몰 패키지 규제 법안'이 발의됐다. 대형마트나 기업형 슈퍼마켓(SSM)으로 규정한 월 2회 의무 휴업 대상을 복합쇼핑몰까지 확대하고, 대규모 유통 시설의 입지가 제한되는 '상업보호구역'을 신설하는 내용이다. 개정안이 국회를 통과하면 대기업(상호 출자 제한 기업 진단)이 운영하는 복합쇼핑몰은 매달 2회 의무적으로 문을 닫아야 한다. 나머지 복합쇼핑몰도 해당 지방자치단체와 인근 지방자치단체가 의무 휴업을 요청할 경우 매달 두 차례 영업을 중단해야 한다. 이전까지 연중무휴 영업을 했던 면세점도 월 2회 의무 휴업 대상에 포함됐다.

그러나 대형마트를 규제한 지 여러 해가 지났지만 골목상권이나 전통시장은 더욱 가라앉고 있다는 점에서 보면 복합쇼핑몰을 규제한다고 골목상권이 살아날 리 없다는 주장도 있다. 신용카드 데이터를 보면 대형마트 이용 고객 중 60% 이상이 당일 반경 1km 이내에 있는 음식점, 편의점, 슈퍼마켓 등을 이용한 것이 발견되었다. 이에 따라 대형마트 의무 휴업 이후 대형마트와 전통시장의 매출이 동반하락했다는 분석이다. 의무 휴업 규제 대상을 복합쇼핑몰로 확대할 경우 일자리 7,000여 개가 감소해 실업자가 증가할 것이라는 우려도 더해지고 있다. 더불어 골목상권 보호를 명분으로 했지만 외국인 관광객 매출까지 위협받을 수 있는 법안이라는 지적도 분분하다.

<토의 주제>

1. 복합쇼핑몰 의무 휴업 도입에 대한 본인의 생각과 근거를 밝히고,
2. 토의를 통해 발의된 법안에 대해 추가하거나 보완되어야 할 내용을 합의하여 도출하시오.

(4) 집단토의 예상문제 4

<안내>

다음 자료를 참고해 제시된 토의 주제에 대해 10분간 자기 입장을 정리하고, 본인이 주장할 논거를 마련하시오.

<자료>

경기도는 공공의료기관인 경기도의료원 안성병원에서 전국 최초로 운영 중인 '수술실 CCTV'를 전국으로 확대하기 위해 '국공립병원 수술실 CCTV 확대 설치 운영'에 관한 내용이 담긴 「의료법」 개정안을 보건복지부에 제출하였다. 해당 개정안에는 전국 의료기관 6만 7,600개소 중 종합병원 353개, 병원 1,465개 등 총 1,818개 병원급 이상 의료기관 수술실에 의무적으로 CCTV를 설치하도록 하는 내용이 담겼다. 특히 개정안 내에 '의료인, 환자 등 정보주체의 동의를 받은 경우 수술실 내 의료행위의 촬영이 가능하도록 조치해야 한다'는 조항을 신설하여 수술실 내에 CCTV를 의무적으로 설치하도록 하되, 영상 촬영은 의료인과 환자의 동의하에 실시하는 방안을 제시하였다.

경기도는 이에 대해 높은 찬성여론이 형성된 것은 수술실 의료행위에 대한 국민들의 불안을 이유로 꼽았다. 많은 응답자들이 본인이 마취수술을 받는 환자로 가정할 경우 의료사고, 환자 성희롱, 대리수술 등에 대한 불안감을 가지고 있기 때문이다. 환자단체연합회 측은 환자의 알권리 충족과 비자격자 수술행위 및 의료사고 예방을 이유로 찬성의사를 밝혔다. 또한 의료사고 발생 시 원인규명 및 분쟁해소, 의료사고 방지를 위한 경각심 고취 등의 이점을 가진 CCTV 필요성에 대해 경기도민들이 전폭적인 지지 의사를 밝히면서 공감대가 커지고 있다.

하지만 의사회는 의사를 잠재적 범죄자로 인식하도록 함으로써 상호 불신을 조장하는 것은 물론 진료권을 위축시키고 소극적 의료행위를 유발하는 등 부작용이 발생한다는 이유로 CCTV 설치를 반대하고 있다. CCTV 관리 소홀에 따른 수술영상 유출 및 개인정보 침해도 우려되는 대목이다.

<토의 주제>

1. 수술실 CCTV 설치에 대한 본인의 생각과 근거를 밝히고,
2. 토의를 통해 전체적인 합의를 도출하시오.

(5) 집단토의 예상문제 5

<안내>

다음 자료를 참고해 제시된 토의 주제에 대해 10분간 자기 입장을 정리하고, 본인이 주장할 논거를 마련하시오.

<자료>

문재인 정부가 불평등 해소와 경제활성화를 위해 소득주도 성장을 슬로건으로 내건 가운데 기본소득제가 다시 주목받고 있다. 자격심사가 없는 기본소득의 보장이 복지 사각지대를 해결하고 소비 또한 늘려 한국 경제의 지속가능한 성장을 주도할 수 있다는 이유다. 노동유인 감소 효과 등을 이유로 반대하고 있는 재계와 노동력의 탈상품화를 주장하는 노동계의 입장이 극명히 갈려 귀추가 주목된다.

문재인 대통령은 대선 과정에서 "기본소득의 의미를 적극 인정하고 주어진 재정 여건 속에 기본소득의 취지를 최대한 살릴 것"이라며 기본소득제와 결을 같이 하는 생애맞춤형 기본소득 보장제도의 도입을 주장한 바 있다. 구체적으로 ▲0~6세 아동수당 도입, ▲미취업 청년 1~2년간 약 30만 원 지급, ▲소득 하위 70% 노인 30만 원 균등지급 등이다. 경제계 일각에서는 문재인 대통령의 생애맞춤형 기본소득보장제도가 저성장 기조가 장기화되고 있는 국내경제에 돌파구가 될 수 있다고 지적한다.

실제 2008년 금융위기 이후 경제불황이 닥친 유럽 등에서는 기본소득제 도입 논의가 이미 활발히 이뤄지고 있다. 핀란드 정부는 올해 1월부터 2018년까지 실업자 2,000명을 대상으로 560유로의 기본소득을 제공하는 실험을 하고 있는 중이다. 캐나다 온타리오 주에서는 빈곤감소 정책의 하나로 기본소득 효과 파악에 나설 예정이다. 스위스는 지난해 6월 5일 기본소득에 대한 권리를 헌법에 규정할 것인지를 묻는 국민투표를 실시하였으나 77%가 반대해 부결된 바 있다.

기본소득제 도입에 대한 찬반 논란은 뜨겁다. 반대 측은 일하지 않는 사람에게까지 기본소득을 지급하는 것은 공정하지 않고 근로의욕 저하로 비경제활동인구가 증가해 오히려 경제성장을 발목잡을 수 있다고 지적한다. 기본소득 지급에 투입되는 재원마련이 현실적으로 불가능하고 이는 결국 대부분 국민에게 과도한 세금의 부담으로 돌아올 것이라는 우려도 있다. 더 효과적이고 실현가능한 세수조정이 우선이라며 빈곤층에게 집중하는 선별적 복지가 더 바람직하다는 주장이다.

그러나 찬성 측은 현재 노동시장이 비정규직 등으로 고용불안이 가중되고 있는 상황에서 기본소득이 노동력의 상품화에서 벗어나도록 하는 수단이 될 수 있다고 지적한다. 한계소비성향이 높은 가난한 사람들에게 소득이 이전되므로 소비가 증가하는 등 보통사람들의 소득 증가가 성장으로 이어지는 지속가능한 소득주도 성장이 가능하게 될 가능성이 높다는 전문가의 분석도 있다. 또 선별적 복지는 복지 사각지대를 해소할 수 없고 수혜자가 편견에 희생될 가능성도 있다며, 기본소득제가 보편적 복지의 해법이라며 세수조정에 비해 소득 재분배 효과도 더 클 것이라고 기대한다.

<토의 주제>

1. 기본소득제 도입에 대한 본인의 생각과 근거를 밝히고,
2. 토의를 통해 적절한 사회안전망 확보 방안을 합의하시오.

(6) 집단토의 예상문제 6

<안내>

다음 자료를 참고해 제시된 토의 주제에 대해 10분간 자기 입장을 정리하고, 본인이 주장할 논거를 마련하시오.

<자료>

2017년 9월부터 보행 중 흡연을 금지해 달라는 청와대 청원이 59만개에 달하면서 보행 중 흡연을 금지하는 법안이 발의되었다. 서울시는 2017년 이미 보행 중 흡연을 금지하는 내용의 정책제안을 검토한 바 있다. 당시 '함께서울 정책박람회'에서 시민들의 지지를 받은 5개의 정책제안 중 하나로 '보행 중 흡연금지'가 선정되었기 때문이다. 당시 시민들은 보행 중 흡연금지 조례제정을 놓고 의견이 분분하였다.

이에 찬성하는 시민들은 간접흡연의 피해가 감소하고 건강한 거리 환경을 조성할 수 있다는 입장이다. 2012년 금연거리로 지정된 강남대로에 실제로 흡연자가 크게 감소한 것을 보면 흡연금지 정책의 효과가 있다고 볼 수 있으므로, 법적인 제재를 가하여 보행 중 흡연금지를 실시하여야 한다고 주장하였다. 이에 대한 흡연자들의 반대는 쾌적한 흡연구역이 확충된다면 흡연자들의 권리도 침해하지 않는 것이라고 대응하였다.

반면 보행 중 흡연을 강제로 규제한다는 것은 개인의 자유를 지나치게 침해하는 것이라며 흡연자 스스로 자제하도록 캠페인을 펼치는 것이 최선이라는 입장도 있다. 금연구역의 확대에 따른 흡연구역의 확충도 제대로 이루어져야 한다는 의견도 있다. 또한 규제한다면 어디서부터 길거리인지, 집안에서 창밖으로 뿜는 담배연기도 규제할 것인지 기준이 모호하므로 혼란이 이어질 것이라고 본다. 또한 현행법상 공중이 이용하는 시설 중 법률이나 조례로 정한 금연구역 및 금연거리로 지정되지 않은 장소나 사유지에서의 흡연을 제재할 근거가 없다는 문제도 제기된다.

<토의 주제>

1. 보행 중 흡연금지에 대한 본인의 생각과 근거를 밝히고,
2. 토의를 통해 발의된 법안에 대해 추가하거나 보완되어야 할 내용을 합의하여 도출하시오.

Part 3

정책 이슈·상식

Chapter 1   정책 이슈

Chapter 2   상식

Chapter 1 정책 이슈

01 사회적 가치 실현

정부는 2020년부터 공무원 채용과 승진 과정에서 사회적 가치의 개념·사례·정책 등을 면접 과제와 질문에 포함하여 평가한다고 발표하였다.

1. 사회적 가치의 의의

(1) 의의

① 인권·안전·복지·노동 등에서 공공 이익과 공동체의 지속가능한 발전에 기여하는 핵심 가치. 건강하고 활기찬 사회구현, 사회문제 해결 등은 경제성장에 필수적인 요소이며 현 정부 국가비전엔 포용적 성장을 뒷받침함. 국제적으로도 경제적 효율성 위주 성장의 한계를 보완하기 위해 지속가능발전과 사회적 가치에 주목하고 있음

② 스웨덴(샬트셰바덴 협약)과 네덜란드(바세나르 협약)는 연대에 기반한 노동과 자본 간의 사회적 합의를 바탕으로 경제위기를 극복하였고, 이익집단이 정부와 함께 정책을 협의함

> **예** 임금조정 등으로 일자리 창출

③ EU, 영국 및 국제기구는 다양한 사회적 가치의 실현을 위해 노력하고 법제화·국제규범화하는 추세

> **예** EU 사회조달지침 및 비재무정보 공시, 영국 사회적 가치법 등

(2) 사회적 가치 기본법(안)

① 2017년 발의되어 기획재정위원회 계류 중인 공공기관의 사회적 가치 실현에 관한 기본법에서 우리 사회가 우선적으로 추구해야 하는 13개의 대표적 세부가치(인권, 안전, 복지, 노동, 사회통합, 상생, 일자리, 지역사회, 지역경제, CSR*, 환경, 참여, 공동체 등)를 제시함

> *CSR: 기업활동에 영향을 받거나 영향을 주는 직·간접적 이해관계자에 대한 기업의 사회적 책임

② 사회적 가치의 주요 의미

    ㉠ 인간의 존엄성을 유지하는 기본 권리로서 인권의 보호: 행복추구권, 평등권, 알권리, 직업의 자유, 안정적 주거생활 보장 등 헌법상 보장되는 기본권 보장

    ㉡ 재난과 사고로부터 안전한 근로, 생활환경의 유지: 시장에서 해결할 수 없는 국민의 안전을 지키기 위한 공공의 적극적 조치 필요

ⓒ **건강한 생활이 가능한 보건복지의 제공**: 인간다운 생활의 기본 조건으로서 건강한 생활을 영위할 수 있는 보건 · 의료서비스를 국가에 요구하고 국가는 이를 제공

ⓔ **노동권의 보장과 근로조건의 향상**: 생계를 유지하기 위해 일할 수 있는 권리보장, 노동3권, 안정적인 근로조건 유지, 고용안정 등

ⓜ **사회적 약자에 대한 기회제공과 사회통합**: 여성, 노인, 청소년 신체장애자, 기타 생활능력이 없는 국민도 인간으로서의 존엄과 가치를 보장받을 수 있는 사회보장 정책 추진

ⓗ **대기업 · 중소기업 간의 상생과 협력**: 시장의 지배와 경제력의 남용을 방지하고, 경제주체 간의 조화를 통한 경제의 민주화를 위하여 필요한 규제 · 조정

ⓢ **품위 있는 삶을 누릴 수 있는 양질의 일자리**: 민간 · 공공부문 일자리 창출, 노동시간 단축을 통한 일자리 나누기, 비정규직 축소 등 좋은 일자리 확대

ⓞ **지역사회 활성화와 공동체 복원**: 자치와 분권 원칙을 지역 공동체 차원에서 보장하는 지방자치 실현

ⓩ **경제활동을 통한 이익이 지역에 순환되는 지역경제 공헌**: 지역 간 균형 있는 발전을 위한 지역경제 육성, 수도권 과밀화로 인한 부작용 해소

ⓩ **윤리적 생산과 유통을 포함한 기업의 자발적인 사회적 책임 이행**: 사회적 존재로서 기업의 사회적 책임 이행. 인권, 노동권, 환경, 소비자 보호, 지역사회 공헌, 좋은 지배구조 형성

ⓣ **환경의 지속가능성 보전**: 국민이 쾌적한 환경에서 생활할 권리를 보장하기 위한 국가의 의무

ⓔ **시민적 권리로서 민주적 의사결정과 참여의 실현**: 민주적 의사결정과 시민 참여를 통한 국민주권 국가 실현을 위한 정부 운영방식 개선, 참여기제 확보, 참여수준 심화

ⓟ **그 밖에 공동체의 이익실현과 공공성 강화**: 경제적 양극화 등으로 파괴된 사회 공동체 회복 추구, 시민사회 등 제3섹터의 지원 및 육성

2. 사회적 가치 실현을 위한 공공부문의 추진전략 주요 내용

(1) 공공부문의 선도적 실현

① 조직 구조 · 문화 개선

㉠ 사회적 가치 실현 촉진을 위한 조직기반을 정비하기 위해 정부 운영에서 보강해야 할 사회적 가치의 구체적인 유형 등을 정부조직관리지침 등에 명문화하고, 각 기관별로 사회적 가치 전담 부서 · 책임관 등을 지정

㉡ 협업 · 참여 강화를 통한 조직의 유연성 제고를 위해 벤처형 조직, 협업정원 등의 운영을 활성화하고 공공기관별 특성과 여건을 고려하여 근로자의 이사회 참관 · 참여, 이사추천 등 노사 협력적 공공기관 운영을 위한 단계적 도입 추진

② 인사 단계별 사회적 가치 반영

    ⊙ 공무원 면접시험, 고위관리자 역량평가 등 채용과 승진 과정에 사회적 가치·책임 관련 평가를 강화하고 공공기관장 성과계약 시 국민·근로자보호, 일자리창출, 혁신성장 등 사회적 책무 명시

    ⓒ 채용비리 제재 강화, 균형인사 확산 등으로 공정하고 투명한 포용적 인사관리 도모

    ⓒ 교육·훈련기관 성과 진단 시 사회적 가치 교육 실적을 반영하는 등 사회적 가치 교육 확대 유도

③ 공공부문 평가체계 개선

    ⊙ 중앙행정기관의 재정사업 자율평가 시 사회적 가치 가점제도를 의무화하고, 정부업무평가 시 배점·가점을 확대, 지방자치단체 평가 시 사회적 가치 항목을 고려하여 합동평가 분과위원회를 재구성

    ⓒ 공공기관 평가 시 사회적 가치 평가지표·내용을 보완하고 관련 배점을 확대, 기금의 존치 타당성 평가기준에 사회적 가치를 신규 반영하고, 국가연구개발 성과평가에 가치 반영을 구체화

    ⓒ 기관별 평가지표 개발 지원을 위해 세부항목별 지표 Pool을 구축하고, 공공기관의 사회적 가치 역량 강화 등을 위한 권역별 순회 설명회 개최

④ 재정의 사회적 가치 실현

    ⊙ 사회적 약자 보호 등 핵심가치와 관련성 높은 사업 위주로 100개 내외의 사업을 선정해 적극 지원

    ⓒ 예산·기금 등 재정운용 전 과정에서 사회적 가치를 실현할 수 있도록 예산안 편서지침 등에 관련 내용을 포함하고, 지방자치단체·교육청 등 지역금고은행 지정 시 사회적 가치를 고려하도록 개선

    ⓒ 참여예산 내실화를 위해 집행 모니터링단을 정례화하고 공공조달 계약과정에서 사회적 가치가 적극 고려될 수 있도록 평가체계 등 조달제도를 개선

(2) 사회적 가치의 민간 확산 지원

① 기업·국민 등 민간의 사회적 가치 실현 촉진

    ⊙ DB, 중소기업 지원 플랫폼, 지속가능경영 지표개발 등 추진기반을 구축하고, 정책자금 지원대상 평가 시 사회적 가치 우수기업을 우대하는 등 인센티브를 제공, 글로벌 CSR 기준에 대한 기업의 선제적 대응 지원을 위해 지속가능경영 협의체를 산업별로 전문화하고 수준별 맞춤 컨설팅 제공

    ⓒ 민간의식 제고를 위해 지속가능경영 교재개발, 사회적 가치 우수사례집 발간을 추진하고 사회적 가치 인식조사 정례화, 박람회 개최 등을 통해 대국민 공감대 형성

② 공동체 역량 제고 및 민관 거버넌스 구축

    ⊙ 시민참여 활성화 위해 지수 개발, 우수기관 인증, 참여포인트제 도입 등으로 활성화 기반을 마련하고, 문제해결형 참여촉진을 위해 광화문 1번가의 정책숙의 기능과 참여예산과의 연계를 강화

© 지방자치단체와 지역 대학 간의 연계 강화, 주민자치회 확산, 주민참여제도 활성화 등 지역공동체 역량 강화 지원

© 민간전문가로 구성된 사회적 가치 T/F를 운영하고 정책의 연계·협력을 위한 부처협의회 및 중앙과 지방 간의 협력관계 구축

③ 사회적 경제 성장 가속화

㉠ 부처 소관 중간지원기관을 통합·연계하는 등 사회적 경제정책 추진체계 개선

© 새마을금고, 신협 등 조합형 사회적 금융기관 역할 강화, 협동조합 우선출자제도 도입 등 사회적 금융기반 고도화

© 사회적 기업 성장지원센터 확충, 협동조합 간의 연대를 통한 성장을 위해 이종연합회 설립 허용 등 스케일업 지원

3. 사회적 가치 실현 사례

(1) 춘천시 'ICT기술 기반 사회적 가치 창출을 위한 업무협약'

춘천시와 SK텔레콤이 인공지능 돌봄서비스로 홀몸 어르신을 케어하고, 행복코딩스쿨을 통해 특수학교 학생 교육을 실시하는 등 춘천시의 사회문제 해결을 위해 협력

(2) 고용노동부 '사회적기업에 대한 재능기부 활성화 업무 협약'

고용노동부, 대한변리사회, 대한변호사협회, 한국공인노무사회, 한국사회적기업진흥원의 협업. 사회적기업이 한 단계 도약하도록 특허, 법률, 노무 등 전문적 지식이 필요한 영역에서 전문가들이 재능을 기부하고, 고용노동부는 자문수요가 있는 사회적기업과 연결을 지원하고 우수재능 기부자에 대해 포상하는 등 종합적인 지원

(3) 서울 중구청 '동네 나눔밥집 MOU'

서울 중구청과 신한금융그룹이 협업하여 지역 내 식사 지원이 필요한 이들에게 쿠폰을 제공하고, 영세 자영업자가 운영하는 식당을 동네 나눔밥집으로 지정해 쿠폰을 사용하게 함으로써 실질적 매출 증대를 돕는 상생 프로젝트

(4) 김해시 '사회적기업 창업 BOOM-UP'

사회적기업 창업을 희망하는 사람들에게 초기 창업지원금부터 창업 필수교육, 전문멘토링, 사회적기업 성장까지 지원

02 문재인 정부 국정과제

문재인 정부 국정과제를 통해 현 정부 정책의 방향성을 파악하고, 이를 바탕으로 주요 정책의 추진현황을 확인하는 것이 좋다.

참고 대통령직속 정책기획위원회 http://www.pcpp.go.kr, 국무총리 정부업무평가위원회 http://www.evaluation.go.kr

1. 국민이 주인인 정부(4대 전략, 15개 과제)

(1) 전략 1 - 국민주권의 촛불민주주의 실현

① 적폐의 철저하고 완전한 청산 (법무부)

② 반부패 개혁으로 청렴한국 실현 (국민권익위원회 · 법무부)

③ 국민 눈높이에 맞는 과거사 문제 해결 (행정안전부)

④ 표현의 자유와 언론의 독립성 신장 (방송통신위원회)

(2) 전략 2 - 소통으로 통합하는 광화문 대통령

① 365일 국민과 소통하는 광화문 대통령 (행정안전부)

② 국민 인권을 우선하는 민주주의 회복과 강화 (법무부 · 행정안전부 · 국가인권위원회)

③ 국민주권적 개헌 및 국민참여 정치개혁 (국무조정실)

(3) 전략 3 - 투명하고 유능한 정부

① 열린 혁신 정부, 서비스하는 행정 (행정안전부)

② 적재적소, 공정한 인사로 신뢰받는 공직사회 구현 (인사혁신처)

③ 해외 체류 국민 보호 강화 및 재외동포 지원 확대 (외교부)

④ 국가를 위한 헌신을 잊지 않고 보답하는 나라 (국가보훈처)

⑤ 사회적 가치 실현을 선도하는 공공기관 (기획재정부)

(4) 전략 4 - 권력기관의 민주적 개혁

① 국민의, 국민을 위한 권력기관 개혁 (법무부 · 경찰청 · 감사원 · 국가정보원)

② 민생치안 역량 강화 및 사회적 약자 보호 (경찰청)

③ 과세형평 제고 및 납세자 친화적 세무행정 구축 (기획재정부)

2. 더불어 잘사는 경제(5대 전략, 26개 과제)

(1) 전략 1 – 소득 주도 성장을 위한 일자리경제

① 국민의 눈높이에 맞춘 좋은 일자리 창출 (고용노동부)

② 사회서비스 공공인프라 구축과 일자리 확충 (보건복지부)

③ 성별·연령별 맞춤형 일자리 지원 강화 (고용노동부)

④ 실직과 은퇴에 대비하는 일자리 안전망 강화 (고용노동부)

⑤ 좋은 일자리 창출을 위한 서비스 산업 혁신 (고용노동부)

⑥ 소득 주도 성장을 위한 가계부채 위험 해소 (기획재정부)

⑦ 금융산업 구조 선진화 (금융위원회)

(2) 전략 2 – 활력이 넘치는 공정경제

① 공정한 시장질서 확립 (공정거래위원회)

② 재벌 총수 일가 전횡 방지 및 소유·지배구조 개선 (공정거래위원회)

③ 공정거래 감시 역량 및 소비자 피해 구제 강화 (공정거래위원회)

④ 사회적 경제 활성화 (기획재정부)

⑤ 더불어 발전하는 대·중소기업 상생 협력 (중소벤처기업부)

(3) 전략 3 – 서민과 중산층을 위한 민생경제

① 소상공인·자영업자 역량 강화 (중소벤처기업부)

② 서민 재산형성 및 금융지원 강화 (금융위원회)

③ 민생과 혁신을 위한 규제 재설계 (국무조정실)

④ 교통·통신비 절감으로 국민 생활비 절감 (국토교통부·과학기술정보통신부)

⑤ 국가기간교통망 공공성 강화 및 국토교통산업 경쟁력 강화 (국토교통부)

(4) 전략 4 – 과학기술 발전이 선도하는 4차 산업혁명

① 소프트웨어 강국, ICT 르네상스로 4차 산업혁명 선도 기반 구축 (과학기술정보통신부)

② 고부가가치 창출 미래형 신산업 발굴·육성 (산업통상자원부·과학기술정보통신부·국토교통부·보건복지부)

③ 자율과 책임의 과학기술 혁신 생태계 조성 (과학기술정보통신부)

④ 청년과학자와 기초연구 지원으로 과학기술 미래역량 확충(과학기술정보통신부)

⑤ 친환경 미래 에너지 발굴·육성 (산업통상자원부)

⑥ 주력산업 경쟁력 제고로 산업경제의 활력 회복 (산업통상자원부)

(5) 전략 5 – 중소벤처가 주도하는 창업과 혁신성장

① 혁신을 응원하는 창업국가 조성 (중소벤처기업부)

② 중소기업의 튼튼한 성장 환경 구축 (중소벤처기업부)

③ 대ㆍ중소기업 임금 격차 축소 등을 통한 중소기업 인력난 해소 (중소벤처기업부)

3. 내 삶을 책임지는 국가(5대 전략, 32개 과제)

(1) 전략 1 – 모두가 누리는 포용적 복지국가

① 국민의 기본생활을 보장하는 맞춤형 사회보장 (보건복지부)

② 고령사회 대비, 건강하고 품위 있는 노후생활 보장 (보건복지부)

③ 건강보험 보장성 강화 및 예방 중심 건강관리 지원 (보건복지부)

④ 의료공공성 확보 및 환자 중심 의료서비스 제공 (보건복지부)

⑤ 서민이 안심하고 사는 주거 환경 조성 (국토교통부)

⑥ 청년과 신혼부부 주거 부담 경감 (국토교통부)

(2) 전략 2 – 국가가 책임지는 보육과 교육

① 미래세대 투자를 통한 저출산 극복 (보건복지부)

② 유아에서 대학까지 교육의 공공성 강화 (교육부)

③ 교실혁명을 통한 공교육 혁신 (교육부)

④ 교육의 희망사다리 복원 (교육부)

⑤ 고등교육의 질 제고 및 평생ㆍ직업교육 혁신 (교육부)

⑥ 아동ㆍ청소년의 안전하고 건강한 성장 지원 (여성가족부)

⑦ 미래 교육 환경 조성 및 안전한 학교 구현 (교육부)

(3) 전략 3 – 국민안전과 생명을 지키는 안심사회

① 안전사고 예방 및 재난 안전관리의 국가책임체제 구축 (행정안전부)

② 통합적 재난관리체계 구축 및 현장 즉시대응 역량 강화 (행정안전부)

③ 국민 건강을 지키는 생활안전 강화 (환경부ㆍ식품의약품안전처)

④ 미세먼지 걱정 없는 쾌적한 대기환경 조성 (환경부)

⑤ 지속가능한 국토환경 조성 (환경부)

⑥ 탈원전 정책으로 안전하고 깨끗한 에너지로 전환 (산업통상자원부ㆍ원자력안전위원회)

⑦ 신기후체제에 대한 견실한 이행체계 구축 (환경부)

⑧ 해양영토 수호와 해양안전 강화 (해양수산부)

(4) 전략 4 − 노동존중 · 성평등을 포함한 차별없는 공정사회

① 노동존중 사회 실현 (고용노동부)

② 차별 없는 좋은 일터 만들기 (고용노동부)

③ 다양한 가족의 안정적인 삶 지원 및 사회적 차별 해소 (여성가족부)

④ 실질적 성평등 사회 실현 (여성가족부)

(5) 전략 5 − 자유와 창의가 넘치는 문화국가

① 지역과 일상에서 문화를 누리는 생활문화 시대 (문화체육관광부)

② 창작 환경 개선과 복지 강화로 예술인의 창작권 보장 (문화체육관광부)

③ 공정한 문화산업 생태계 조성 및 세계 속 한류 확산 (문화체육관광부)

④ 미디어의 건강한 발전 (방송통신위원회)

⑤ 휴식 있는 삶을 위한 일 · 생활의 균형 실현 (고용노동부)

⑥ 모든 국민이 스포츠를 즐기는 활기찬 나라 (문화체육관광부)

⑦ 관광복지 확대와 관광산업 활성화 (문화체육관광부)

4. 고르게 발전하는 지역(3대 전략, 11개 과제)

(1) 전략 1 − 풀뿌리 민주주의를 실현하는 자치분권

① 획기적인 자치분권 추진과 주민 참여의 실질화 (행정안전부)

② 지방재정 자립을 위한 강력한 재정분권 (행정안전부 · 기획재정부)

③ 교육 민주주의 회복 및 교육자치 강화 (교육부)

④ 세종특별자치시 및 제주특별자치도 분권모델의 완성 (행정안전부)

(2) 전략 2 − 골고루 잘사는 균형발전

① 전 지역이 고르게 잘사는 국가균형발전 (산업통상자원부 · 국토교통부 · 행정안전부)

② 도시경쟁력 강화 및 삶의 질 개선을 위한 도시재생뉴딜 추진 (국토교통부)

③ 해운 · 조선 상생을 통한 해운강국 건설 (해양수산부)

(3) 전략 3 − 사람이 돌아오는 농산어촌

① 누구나 살고 싶은 복지 농산어촌 조성 (농림축산식품부)

② 농어업인 소득안전망의 촘촘한 확충 (농림축산식품부)

③ 지속가능한 농식품 산업 기반 조성 (농림축산식품부)

④ 깨끗한 바다, 풍요로운 어장 (해양수산부)

5. 평화와 번영의 한반도(3대 전략, 16개 과제)

(1) 전략 1 – 강한 안보와 책임국방

① 북핵 등 비대칭 위협 대응능력 강화 (국방부)

② 굳건한 한미동맹 기반 위에 전작권 조기 전환 (국방부)

③ 국방개혁 및 국방 문민화의 강력한 추진 (국방부)

④ 방산비리 척결과 4차 산업혁명 시대에 걸맞은 방위산업 육성 (국방부)

⑤ 장병 인권 보장 및 복무 여건의 획기적 개선 (국방부)

(2) 전략 2 – 남북 간 화해협력과 한반도 비핵화

① 한반도 신경제지도 구상 및 경제통일 구현 (통일부)

② 남북기본협정 체결 및 남북관계 재정립 (통일부)

③ 북한인권 개선과 이산가족 등 인도적 문제 해결 (통일부)

④ 남북교류 활성화를 통한 남북관계 발전 (통일부)

⑤ 통일 공감대 확산과 통일국민협약 추진 (통일부)

⑥ 북핵문제의 평화적 해결 및 평화체제 구축 (외교부)

(3) 전략 3 – 국제협력을 주도하는 당당한 외교

① 국민외교 및 공공외교를 통한 국익 증진 (외교부)

② 주변 4국과의 당당한 협력외교 추진 (외교부)

③ 동북아플러스 책임공동체 형성 (외교부)

④ 국익을 증진하는 경제외교 및 개발협력 강화 (외교부)

⑤ 보호무역주의 대응 및 전략적 경제협력 강화 (산업통상자원부)

03 문재인 정부 주요 정책

1. 저출산·고령화

(1) 저출산

① 원인: 주거비 부담으로 인한 주거불안정, 청년실업, 일·가정 양립 곤란으로 직장여성 육아 및 경력 단절 부담, 결혼관 및 자녀관 변화, 육아비·교육비 부담 등

② 5대 정책과제

ⓐ 건강한 성장지원

출생부터 부담 없이 지원	• 2020년부터 난임부부 시술비 1회 최대 110만 원 지원 • 출산급여 사각지대 해소: 특수고용직, 자영업자 등 고용보험 미적용 취업여성을 대상으로 90일간 월 50만 원의 출산지원금 지급 • 임산부 부담경감: 고위험 산모 비급여 입원진료비 지원 • 산모·신생아 건강관리 지원 확대: 산후조리원을 이용하지 않고 가정에서 건강관리를 할 수 있도록 산모·신생아 건강관리 서비스 지원대상 확대 • 1세 아동 의료비 제로화: 외래진료 건강보험 본인부담 경감 및 국민행복카드 지원확대
공백 없는 돌봄	• 국·공립 어린이집 및 유치원 확대: 국·공립 어린이집 매년 450개소 이상, 직장 매년 135개소 이상 확충, 유치원 5년(2018~2022년)간 국·공립 학급 2,600개소 이상 추가 신·증설, 어린이집 평가제 의무화(평가인증 → 평가제) 및 어린이집·유치원 공통평가 실시 • 가정·공동체 돌봄으로 사각지대 보완: 아이돌봄 서비스 지원대상 확대, 요금부담 완화, 돌보미 공급확대, 실시간 신청·대기 관리시스템 구축, 육아소통 공간 확대 및 은퇴교원 등을 활용한 돌봄공동체 조성, 아이돌봄 서비스 품질 및 신뢰도 제고를 위한 국가자격제도 도입 검토 등 • 학교 안팎 온종일 돌봄 확대: 학교 내 돌봄공간 확충 및 돌봄대상 전 학년으로 확대, 보편적 돌봄지원으로 범위확장, 지역공공시설을 활용한 '다함께 돌봄' 추진

ⓑ 다함께 워라밸

아이 함께	임금 삭감 없는 일 1시간 근로단축 추진(최대 2년간 허용)
아빠 함께	남성 육아휴직 활성화, '아빠 육아휴직 최소 1개월' 사용기업 확산, 배우자 출산휴가 확대, 육아휴직 부모 동시사용 가능, 소득대체율 상향(상한 200 → 250만 원)
중소기업 함께	중소기업 출산육아기 고용안정 지원금 인상, 일·생활균형 우수기업 육성, 워라밸 종합지원 서비스 구축, 근로감독 강화

ⓒ 모든 아동·가족 지원

한부모 지원	• 아이 낳고 키울 수 있는 여건 조성 • 한부모의 자립을 위한 아동양육비 현실화 • 지원대상 자녀연령 상향(14 → 18세) • 지원금액 인상(13 → 17만 원, 청소년 18 → 25만 원)
비혼출산 양육	• 동등하게 대우받는 여건 확립 • 제도정비: 혼인여부 등에 따른 차별 및 불합리한 제도 발굴 개선 • 문화개선: 일상 속 차별사례 발굴, 개선 캠페인, 반편견 교육 강화 • 통합지원: 비혼모·부 등을 대상으로 임신·출산·양육 관련 통합적인 문제해결을 위한 원스톱 상담창구 운영

ⓓ 청년의 평등한 출발지원

신혼부부 주거지원	• 공적임대주택 공급 확대: 매입·전세임대 공급 확대 및 육아여건 개선, 신혼부부 특화형 건설임대주택 공급, 공공지원주택 신혼부부 우선공급 도입 • 저렴한 내 집 마련 기회 확대: 신혼희망타운 세부 공급계획 마련, 분양주택 신혼부부 특별공급 확대 • 내 집·전셋집 마련 자금 지원: 구입자금대출 지원 강화, 전세자금대출 지원 강화, 신혼부부 전세금 안심대출보증 지원 강화 • 한부모가족 지원 강화: 공공주택 입주자격 확대, 주택도시기금 구입·전세자금 금리 우대
청년 주거지원	• 청년 맞춤형 임대주택 공급: 일자리연계형·셰어형 등 다양한 형태, 매입 – 전세임대 입주자격 확대, 집주인 임대사업 청년 우선 공급 • 기숙사형 청년주택 확충: 대학기숙사 5만 명 입주, 기숙사형 청년주택 1만 명 지원 • 희망상가 공급: 임대주택 단지 내 상가를 청년·소상공인·사회적기업에 저렴하게 임대 • 청년 주거·금융 지원 7대 상품: 청년우대형 청약통장 출시 및 가입대상 확대, 청년 전용 보증부 월세대출 출시, 청년 전용 버팀목전세대출 지원 확대, 고금리 2금융권 전세대출의 기금전세대출 전환 확대, 중기 취업 청년 임차보증금 저리 융자 사업 출시, 청년 전세금 안심대출 보증 지원 강화

ⓔ 건전한 재정, 효율적 전달

재정	• 워라밸 집중지원을 위한 재원확충 • 고용보험 기금의 안정성을 유지할 수 있도록 국고지원 확대
행정지원체계	• 조직·인력·신설·강화 및 지원체계 효율화 • 조직·인력: 지방노동관서 내 일·생활균형 전담조직 및 인력확충, 중앙·지방정부 간 거버넌스 강화 • 정보플랫폼: 결혼·임신·출산·육아 정부부터 고용·주거·교육 관련 정보통합 구축

③ 정책방향

    ⊙ **문재인 대통령:** 저출산고령사회위원회의 첫 간담회에서 출산장려를 넘어서 육아를 하면서도 여성의 삶, 일을 지킬 수 있도록 해 주는 것이 중요하다고 강조

    ⓒ **저출산고령사회위원회:** 결혼 자체를 주저하게 하는 주거비 부담과 일자리 문제를 완화하는 데 초점을 맞추고, 특히 여성들이 출산과 육아휴직 후 직장에 복귀하는 데 지장이 없도록 사회 전반적으로 '일과 생활'을 양립할 수 있게 하는 데 힘쓰겠다고 발표

---

plus + 「국가공무원 복무규정」 개정 (2018년)

1. 만 5세 이하 자녀를 둔 공무원의 근무시간 2시간 단축(인사혁신처)
2. 3명 이상 자녀를 둔 공무원의 자녀돌봄휴가 3일(인사혁신처)
3. 배우자 출산휴가 10일(인사혁신처)
4. 임산부, 육아휴직 복귀자 등 필수보직기간 미적용(인사혁신처)
5. 만 8세 이하의 자녀를 둔 공무원 10시 출근제 자동적용(교육부)

---

④ 사례

    ⊙ **전라북도 순창군:** 난임 부부를 위한 기초 검사비 지원, 임산부 산전 관리비 지원 및 고위험 임산부를 위한 의료지원, 산후 건강관리사 및 산후조리원 이용료 지원, 기저귀와 분유지원 및 축하선물 제공, 돌맞이 사진 촬영권, 공공장소 수유방 설치, 어린이집 친환경 쌀 공급, 민간어린이집 국공립 전환, 일하는 부모님을 위한 시간 연장형 어린이집 운영, 출산장려금 지급(첫째아 300만 원, 둘째아 460만 원, 셋째아 1,000만 원, 넷째아 이상 1,500만 원) 등

    ⓒ **전라북도 무주군:** 출산장려금 대폭 인상(첫째아와 둘째아 300만 원, 셋째아부터 1,000만 원), 미취학 아동 중 어린이집 등 육아시설을 이용하지 않는 가정에 가정양육수당 지원 등

    ⓒ **대만:** 지역사회 내 공공보육센터 수를 늘리고 베이비시터 적극 도입과 인력 확충, 출산휴가와 육아휴직 이외에도 유산·임신·산전검사 등 모성보호와 관련된 다양한 휴가제도 운영, 양성고용평등법에서 규정한 모성보호제도 위반기업에 벌금부과 및 회사명 공개

    ⓔ **싱가포르:** 외국인 육아도우미 수입(정부가 강력하게 관리·규제하는 체계적이고 신뢰성 있는 육아도우미 채용시스템), 그 결과 싱가포르 여성 경제참여율 60%로 증가함. 우리나라의 경우 가사도우미는 재외동포나 결혼이민자 등에 한해서만 고용할 수 있는 상황. 일각에서는 저출산과 여성의 경력단절이 큰 사회적 문제가 되고 있는 상황에서 가정의 육아 및 가사업무 부담을 줄여 출산율을 늘리고 여성의 경력단절을 방지하기 위해서 외국인 가사도우미를 폭넓게 허용해야 한다는 목소리가 나오고 있음

(2) 고령화

① 원인: 기대수명 증가, 베이비부머 은퇴 등

② 문제점: 노인빈곤, 노인자살, 고독사, 건강보험료 부담, 복지재정 파탄, 일자리 세대갈등 등

③ 관련 정책

㉠ 노노케어(老老Care)

• 건강한 노인이 병이나 다른 사유로 도움을 받고자 하는 노인을 돌보는 것

• 2명의 노인이 한 조가 되어 1명의 독거노인을 방문하여 말벗이 되어주고 독거노인의 안부확인과 생활 상태 점검 등 케어를 하며 소정의 활동비를 지급받음

㉡ 치매 국가 책임제

• 치매안심센터 설치: 맞춤형상담, 검진, 서비스 연결 등 치매 환자별 맞춤 관리

• 치매어르신 장기요양서비스 확대: 경증과 중증 치매환자 모두에게 맞춤형 요양서비스 제공

• 건강보험 보장성 강화: 중증 치매환자의 의료비 본인부담율을 기존 20~60%에서 10%로 인하

• 국가치매연구개발위원회 신설: 치매 원인 규명과 예방 관리 기술 연구

• 보건복지부 치매정책과 신설: 공립치매병원 확충 및 노인건강증진 방법 연구

㉢ 노인기초연금 인상: 만 65세 이상 소득하위 20% 이하는 2019년 4월부터 30만 원, 소득하위 20~40%에는 2020년부터 30만 원을 지급하고, 나머지는 2021년부터 30만 원으로 계획하고 있음

㉣ 노인 공공일자리 확대: 노인에게 다양한 일자리·사회활동 지원. 2019년 노인일자리 64만 개에서 2020년 74만 개로 10만 개를 추가 확대한다고 밝힘. 저임금의 질 낮은 일자리를 늘리는 것이어서 전체 일자리 수는 증가하지만, 노인빈곤 해소와 노인복지 향상을 위해서는 부족하다는 지적이 제기되고 있음

㉤ 고령자 고용지원금 연장 및 인상: 정년이 미설정 된 사업장에서 고용기간이 1년 이상인 60세 이상 근로자를 업종별지원기준 이상 고용한 경우 지원대상자 1인당 분기별 27만원 지원(2020년 12월 31일까지 지원)

㉥ 근로소득 공제액 상향

• 기초연금 대상자 선정에 적용되는 근로소득 공제액을 94만 원에서 96만 원으로 상향조정

• 일하는 노인이 최저임금 인상으로 기초연금 수급에서 불이익 받는 것을 방지하기 위한 정책

2. 가족형태 다변화

(1) 다문화

① **문제점**: 국민 인식 부족으로 차별 등 인권문제, 취업경쟁으로 인한 갈등, 일부 불법체류자들의 범죄, 체계적인 이민정책(외국인 정책 분야를 여러 부처에서 분산해 수행하면서 국가차원의 정책 수립 곤란) 및 이민청 부재 등

② **대책**: 국민인식 개선(다문화 교육 강화, 교사 · 학부모연수), 이민청 설치 추진, 다문화 가족 지원 정책(한국어 교육 등), 일자리 지원, 부처 간 포괄적이고 총괄적인 다문화 정책 수립 등

③ **사례**: 강원도 다문화 중점학교(다문화가정 학생의 조기 적응을 돕기 위한 학교), 「다문화가족지원법」 일부 개정(유치원 · 초중고 교원에 대한 다문화 이해교육 의무화, 2018년 6월 시행) 등

(2) 1인 가구

① **현황**: 1인 가구수는 561만 8,677가구로 증가 추세에 있음(우리나라 총 가구의 28.6%, 2018년 기준)

② **정책**

  ㉠ **정부**: 주거문제 해소

    한국토지주택공사 및 SH공사에서는 행복주택, 원룸형 임대주택, 청년협동조합 공공주택 희망하우징, 대학생 전세임대, 공공실버주택 등 1인 가구를 위한 주택을 공급 지원하고 있으며, 국민주택기금을 이용하여 전세자금 및 국민 보금자리 마련에 필요한 자금 대출을 지원하고 있음

  ㉡ **국회 여성가족위원회**: 복지사각지대 해소

    2018년 「건강가정기본법」이 '1인 가구 지원법'을 포함하도록 개정하여 가족 정책 미포함으로 복지 혜택을 받지 못했던 '1인 가구'를 가족 정책 대상으로 확대함. 이를 통해 '1인 가구'도 단독 생계를 유지하는 생활단위로 인정하고 정책 수요 발굴과 지원 대책 마련을 위한 법적 근거를 마련함

  ㉢ **서울시**(제1차 서울시 1인 가구 지원 기본계획)

    • 다양한 소통과 사회적 관계망 확대

      – 25개 자치구별 '1인 가구 지원센터' 구축: 가족상담사를 배치해 1인 가구 전문상담, 생애주기별 맞춤형 프로그램 제공

      – 1인 가구 온라인 플랫폼(홈페이지) 구축: 건강, 주거, 안전, 경제 등 각종 1인 가구 서비스 신청 · 이용 가능

      – 1인 가구 소셜다이닝(75개소) 등 여가문화 확산: 사회적 경제주체를 매개로 마을공동부엌, 마을콘서트, 반려식물 키우기 등 다양한 문화 콘텐츠 제공

      – 1인 가구 커뮤니티 공간 확충 및 활동지원: 상담 · 교육, 공동부엌, 코인세탁방 등의 공간 확충

- 상호 간의 나눔과 돌봄
  - 1인 가구 상호 나눔·돌봄 '시간은행': 1인 가구가 다른 1인 가구에게 나눔과 돌봄을 제공한 시간을 적립하고, 적립한 시간으로 자신이 필요한 서비스를 제공받을 수 있는 일종의 '시간화폐' 개념의 서비스
  - 취약 1인 가구를 위한 지역사회 지지체계 구축: 각 자치구별 실태조사 등을 통해 취약 1인 가구를 발굴하고, 지역 특성에 맞는 맞춤형 복지서비스 실행
- 안전하고 자립적인 삶 지원
  - 근로저소득 1인 가구 임차보증금 이차보전 지원: 내년부터 근로저소득 1인 가구를 대상으로 연 1%내외 저금리 이차보전을 지원
  - 전국 최초 1인 가구 사회성과보상사업 추진: 사회적 단절을 겪는 1인 가구를 대상으로 맞춤상담, 특화 프로그램을 진행하고 결과에 대한 성과를 보상
  - 여성 1인 가구 안전지원: 여성안심 홈 4종 키트 설치를 지원하는 '여성안심 홈' 확대, 경찰 신변보호 대상자용 '안심이' 앱 신규 개발
  - 1인 가구 영화제 등 다양한 가족존중 캠페인: 유튜브 동영상, 1인 가구 정책 포럼·세미나 등 테마별 공모전을 연중 전개하여 1인 가구에 대한 사회적 공감대 확산

3. 고용·노동

(1) 노동관련 지표

① 현황(2020년 5월 기준, 통계청, 경제활동인구조사)
  - ㉠ 경제활동참가율: 63%(여성: 53.2%, 남성: 73.2%)
  - ㉡ 고용률: 60.2%(여성: 50.8%, 남성: 69.9%)
  - ㉢ 실업률: 4.5%
  - ㉣ 시간당 노동생산성: 34.3달러. OECD 상위 50% 국가 노동생산성의 절반 수준에 불과
  - ㉤ 연간 근로시간: 1,993시간. 사상 처음으로 2,000시간 아래로 감소하였지만 OECD 회원국 중 멕시코에 이어 2위이며, OECD 평균인 1,734시간과 비교하면 259시간(14.9%) 초과

② 논의
  - ㉠ 경력단절여성 재취업 지원, 단시간 근로제 확산 등 여성의 경제활동 참여를 높여 양적 성장 도모
  - ㉡ 근무혁신을 통해 증가율이 둔화하는 노동생산성 수준을 제고하고, 연간 근로시간 경감 필요

(2) 일자리 정책

① 청년실업 정책

  ㉠ **중소기업 청년 추가고용 장려금**: 양질의 청년일자리 창출을 위하여 기업이 청년 정규직 신규채용 및 근로자수 증가 시 추가채용 장려금을 지급하는 사업. 중소기업의 인력난 해소와 청년의 구직난 해소를 위한 양방향 지원정책

  ㉡ **청년구직 활동지원금**: 졸업·중퇴 후(고등학교, 대학교, 대학원 포함) 2년 이내 만 18~34세 청년에게 청년구직 활동지원금으로 6개월간 50만 원을 지급하는 정책으로, 구직지원 프로그램과 연계하여 구직수당을 지급하는 프랑스 등 경제협력개발기구(OECD) 국가들의 사례를 벤치마킹한 것

  ㉢ **청년내일채움공제**: 중소기업에 정규직으로 취업한 만 15~34세 청년을 대상으로 자산형성을 지원하는 것으로 청년이 2년간 300~600만 원을 납입하면, 정부가 900~1,800만 원, 기업이 400~600만 원을 청년에게 지원하여 총 1,600~3,000만 원의 자산을 형성할 수 있음

  ㉣ **일부 지방자치단체의 청년수당, 청년두배 희망통장 등 청년 지원정책**: 정부의 구직촉진수당, 청년내일채움공제 등과 연계하고 중복 수급되지 않도록 추진

  ㉤ **K-MOVE**: 청년들의 해외취업·창업·인턴 등 해외진출을 지원하는 사업

② 기타 일자리 정책

  ㉠ **고용영향 평가 강화**: 일자리 창출효과가 큰 사업에 우선순위로 예산을 배정

  ㉡ **공공부문 일자리 확대**: 소방·경찰 등 직접고용 일자리, 공공기관의 계약직 근로자 일자리, 국공립병원 및 어린이집 등 공립시설 일자리 확충

  ㉢ **여성새로일하기 센터**: 출산과 육아, 가사 등으로 경력이 단절된 여성의 취업을 지원하는 종합 취업서비스 기관으로, 직업상담에서 직업교육, 취업연계, 취업 후 사후관리에 이르기까지 구직과 취업에 관련한 모든 서비스를 지원

  ㉣ **지역맞춤형 일자리창출 지원사업**

   • 지역의 고용창출 및 인적자원 개발을 위해 지방자치단체가 지역의 고용관련 비영리법인(단체)과 협업 네트워크를 구성하여 사업을 제안하고, 고용창출 등에 효과가 클 것으로 판단되는 사업을 선정하여 사업비를 보조, 관리, 감독하여 추진하는 사업

   • 구직자들에게 지역사회 일자리 안내 및 실습교육을 통해 실무인력을 양성하고 취업연계까지 지원하여 지역기업들의 구인난과 취업준비생들의 취직난, 각 지역경제 활성화를 모두 해결하는 것이 목적

(3) 노동존중

① 최저임금

    ㉠ 2020년 최저임금 8,590원으로 인상(2019년 대비 2.9% 소폭 인상)

    ㉡ 「최저임금법」 개정(2019년 1월 1일 시행): 최저임금 산입범위 확대(매월 1회 이상 정기적으로 지급하는 상여금과 통화로 지급하는 복리후생비의 일정 비율을 최저임금 산입범위에 포함)

    ㉢ 후속대책

- 일자리 안정자금: 상시 근로자 30인 미만 사업장에 근무하는 월급 215만 원 미만의 근로자 1명당 월 최대 11만 원의 일자리 안정자금을 지원. 2020년 최저임금 인상률이 낮은 수준에서 결정되어 하향조정된 것
- 두루누리 사업: 소규모 사업을 운영하는 사업주와 소속 근로자의 사회보험료 부담을 정부가 보조하는 사업으로, 근로자수 10명 미만 사업장에 고용된 월평균 보수 215만 원 미만 근로자와 그 사업자에게 사회보험료를 최대 90% 지원

② 「근로기준법」 개정(2018년)

    ㉠ 개정 내용

- 연장·휴일근로 포함 1주 최대 52시간: 법정근로시간 주 40시간과 연장근로 주 12시간 이내로 연장·휴일근로를 포함하여 1주 최대 근로시간을 52시간으로 단축함
- 무제한 근로가 가능하도록 한 특례업종을 축소하고, 11시간 연속 휴식시간을 보장함
- 휴일근로 가산수당 할증률을 명시하도록 함
- 관공서의 공휴일은 민간 사업장에서도 의무적으로 유급휴일로 적용하도록 함
- 18세 미만 연소근로자의 1주 최대 근로시간을 40시간으로 단축함

    ㉡ 후속조치

- 특례업종이 유지되는 5개 업종에 대해서도 노동자 보호방안 마련
- 영세중소기업에 대한 신규 채용 인건비 지원
- 기존 노동자의 임금 감소분 지원 또는 세제 감면

    ㉢ 부작용에 대한 우려

- 경영계: 인력난에 시달리는 중소기업의 생산량 감소 및 채용에 의한 인건비 증가. 공휴일을 법정 유급휴일로 규정하면 인력난 속 휴일근로가 불가피한 경우가 많은 영세기업의 부담이 가중됨
- 노동계: 근로시간 단축으로 인한 근로자들의 임금 감소, 특히 제조업 등 추가근로수당이 많은 직종은 타격이 큼

　　ⓔ 부작용 축소방안

　　　• 근로시간 단축의 연착륙을 위해 탄력적 근로시간제 등 유연근무제 활성화 필요

　　　• 산업안전과 특별한 비상상황에 불가피한 연장근로가 필요한 경우에 예외조항을 신설하는 등 보완입법 마련

　　ⓜ 경과

　　　• 고용노동부

　　　　– 2019년 말 특별연장근로 인가 사유 확대를 골자로 하는 「근로기준법 시행규칙」 일부 개정

　　　　– 기존 자연재해, 「재난 및 안전관리기본법」에 따른 재난이나 이에 준하는 사고에 인명보호와 안전확보, 시설·설비의 장애·고장 등에 대한 긴급대처, 통상적이지 않은 업무량 대폭 증가, 노동부가 국가 경쟁력 강화와 국민 경제 발전을 위해 필요하다고 인정하는 연구개발 등을 특별연장근로 인가 사유에 포함시킴

　　　• 노동계

　　　　– 통상적이지 않은 업무량의 대폭 증가와 같은 경영상의 사유를 추가하는 것은 제도의 취지에 배치될 뿐만 아니라 노동행정에 대한 신뢰보호의 원칙에 반함

　　　　– 재난이나 사고와 같은 특별한 인가 사유를 제외하고 주 최대 52시간 한도 내에서 장시간 노동을 엄격히 제한하여 노동자의 건강과 안전을 보호하고자 하는 「근로기준법」 취지에도 반하는 개정이라며 반발함

③ 「산업안전보건법」 개정(2018년): 고객응대근로자 보호를 위한 일명 '감정노동자보호법'으로, 사업주가 폭언 등을 예방하기 위해 필요한 조치(안내문구 설치 등)를 하고 폭언 등으로 근로자에게 건강장해가 발생하거나 발생할 현저한 우려가 있는 경우 업무의 일시적 중단 또는 전환 등 조치를 해야 하는 등의 내용을 담고 있음

(4) 일·생활 균형

① 일하는 문화개선: 업무생산성 향상을 위한 10대 제안 캠페인

　　㉠ 장시간 근무관행 바꾸기: 정시퇴근, 퇴근 후 업무연락 자제, 근무시간 중 사적 용무 자제

　　㉡ 일하는 방식 바꾸기: 꼭 필요한 회의만 간결하게 진행, 명확한 업무지시, 유연한 근무, 불필요한 대면보고 줄이고 영상보고 등 활용

　　㉢ 일하는 문화 바꾸기: 건전한 회식문화, 연가사용 활성화, 관리자부터 문화 바꾸기 실천

② 노동유연성 제고: 유연근무제, 시간선택제 등

③ 출산·양육 지원: 출산 및 육아 휴가·휴직 및 급여 지원, 임신·육아기 근로시간 단축, 아빠육아 지원 등

(5) 노동유연성

① 현황: 노동개혁 부진으로 노동유연성이 악화됨. 급격한 비정규직 사용 억제로 기업에게 과도한 인건비를 부담시키고, 고용경직성을 초래하여 일자리의 감소로 이어지고 기업의 경쟁력 약화를 부르는 등 악순환이 우려됨

② 노동유연성 제고방안

 ㉠ 근로시간저축 휴가제
- 휴일이나 야간 등 근무시간 외에 업무를 한 근로자가 그 시간만큼 나중에 휴가로 사용하거나 미리 휴가를 쓰고 나중에 근무시간 외 업무로 보충하는 제도
- 찬성 입장(경영계): 성수기에 적립한 초과근로를 비수기에 휴가로 쓰면 노동수요 변화에 기업이 유연하게 대처할 수 있고 비용절감 효과도 있음
- 반대 입장(노동계): 할증임금을 주지 않고 계속적인 초과근로를 시키다가 퇴직 직전에 다른 직장을 알아보라며 적립휴가를 쓰도록 하는 방식으로 사용자 중심으로 운용될 우려가 있음

 ㉡ 유연근무제
- 시차출퇴근제: 주 5일 근무와 소정의 근로시간을 준수하면서 출퇴근 시간을 조정할 수 있도록 하는 제도
- 선택근무제: 1개월 이내의 정산기간을 평균하여 1주 평균근로시간이 주 40시간을 초과하지 않는 범위에서 1주 또는 1일 근무시간을 자유롭게 조정할 수 있는 제도
- 재량근무제: 업무특성상 업무수행방법을 근로자의 재량에 따라야 하는 경우 사용자와 근로자가 합의한 시간을 근로시간으로 보는 제도
- 재택근무제: 근로자가 회사에 출근하지 않고 집에서 근무하는 제도
- 원격근무제: 주거지, 출장지 등과 인접한 원격근무용 사무실 또는 사무실이 아닌 장소에서 모바일 기기를 이용하여 근무하는 제도

 ㉢ 시간선택제
- 근로자가 근로시간과 업무 시작·종료 등 근로의 형태를 정할 수 있고, 임금과 복리후생 등에서 전일제 근로자와 차별이 없는 일자리
- 시간선택제를 도입한 기업의 75%가 피크타임 인력난 해소, 생산성 향상, 근로자 만족도 제고 효과를 경험함
- 육아, 퇴직준비, 건강, 학업 등을 위해 희망하는 근로자가 73.6%였음
- 주요 선진국에서 많이 활용되고 있지만 우리나라의 활용률은 OECD 평균 이하임

---

plus + 탄력근로제

1. **제도의 취지**: 「근로기준법」 개정에 따라 법정 노동시간이 52시간으로 제한되면서 특정 시기에 집중업무가 필요한 전자 · 건설 · 바이오 · 게임 업종의 운영이 곤란해졌다. 이에 대한 보완책으로 단위기간(3개월) 동안 주 52시간을 초과하는 대신 업무가 적을 때 근무시간을 줄여서 법정근로시간을 탄력적으로 맞추는 탄력적 근로시간제를 규정하였다(「근로기준법」 제51조).

2. **탄력근로제 확대 논의의 쟁점**
   ① **경영계**: 단위기간이 선진국의 1년보다 짧은 3개월이라 애로가 해소되기 어렵기 때문에 특정 기간에 일감이 몰리는 기업을 위해 단위기간 3개월을 1년으로 확대해야 한다고 주장하였다.
   ② **노동계**: 단위기간을 확대할 경우 주간 근무시간이 늘어나 노동자들의 건강권을 해치고 연장근로에 적용되는 가산수당을 받지 못하게 되므로 확대할 수 없다고 주장하였다.

3. **경과**: 민주노총은 주 52시간 근로제를 무력화하는 법안이라며 반대하는 상황에서 개정안은 국회 계류 중이다.

---

4. 교육

(1) 고교학점제

① **개념**: 문재인 대통령의 대선 핵심 교육 공약 중 하나로, 대학처럼 학생들이 교과를 선택하고 강의실을 다니며 수업을 듣는 방식인 '과목선택제'를 토대로 학점과 졸업을 연계하는 제도. 입시 부담을 덜고 진로를 탐색할 수 있도록 하자는 취지임

② **선결과제**
   ㉠ 교원 1인당 학생수가 OECD 평균보다 많고, 교원이 수업 및 수업준비 외에 행정업무에 많은 시간을 할애하므로 교원수급 확충이 필요함
   ㉡ 다양한 과목 개설을 위한 특화된 교사, 교실 수를 확충해야 함
   ㉢ 내신이나 입시에 유리한 과목에 편중되는 부작용을 해소해야 함
   ㉣ 농산어촌 학교의 교육격차 심화문제의 해소방안을 마련해야 함
   ㉤ 교원을 포함한 다양한 교육주체들과 협의가 필요함
   ㉥ 공정성 논란을 해소할 방안을 마련해야 함
   ㉦ 학교와 교사의 과목개설권 범위 등을 명확하게 지정해야 함

③ **현황**
   ㉠ 2018년～2021년 고교학점제 도입기반 마련
   • 고교학점제 연구, 선도학교 운영
   • 2019년 고1부터 '진로선택과목'은 석차등급 대신 성취도를 대입 전형자료로 제공

ⓒ 2022년~2024년 제도 부분적으로 도입

- 교육과정 일부를 개정하여 학점제로 전환
- 선택과목 개설과 학교 밖 이수과목 인정 기준 등을 마련

ⓓ 2025년부터 고교학점제의 본격 시행

- 과목 재구조화 등 교육과정을 전면적으로 개정
- 2025년 고1부터 모든 과목에서 성취도를 대입 전형자료로 제공

④ 우려

학생 측	• 교과목이 많아지면 학생 부담이 늘어나 사교육 의존도가 높아질 수 있음 • 내신 절대평가의 변별력이 떨어지면 수상 경력 등 기타 활동에 몰두하게 됨
교사 측	• 학교 실정에 맞게 과목을 개설할 수 있어야 함 • 과목에 따라 달라지는 교사 수급 문제에 대해 해결책 필요
학부모 측	• 다양한 수업 형태가 자녀 입시에 불리한 것은 아닌지 의문이 들 수 있음 • 학생이 학교 밖으로 수업을 들으러 이동할 때 안전 문제가 걱정이 됨

(2) 자유학기제 전면시행

① 자유학기제

⊙ 중학교 과정 중 한 학기 동안 학생 참여형 수업을 실시하고 다양한 체험활동을 중심으로 교육과
정을 운영하는 자유학기제를 한 학년(2학기) 동안 실시하는 것

ⓛ 자유학기제 기간 동안에는 자필고사를 실시하지 않으며, 입시에도 이 기간의 내신 성적을 반영하
지 않음. 즉, 시험부담에서 벗어나 진로와 적성을 탐색하라는 취지임

② 현황: 2018년 전국 약 1,500개 학교에서 자유학기제를 실시하였고, 2020년부터 전면시행됨

③ 효과

⊙ 설문조사 결과 학생들의 행복감이 대폭 상승했다는 평가를 받음

ⓛ 교과서 위주의 수업에서 벗어나 진로 결정에 도움을 준다는 긍정적인 의견이 있음

④ 우려

⊙ 자유학년제 이후 감당해야 할 학업부담이 증가할 수 있음

ⓛ 학교에서 학업을 소홀히 하고 방과 후에 공부를 위해 따로 학원에 가게 되는 상황이 발생할 수 있음

ⓒ 학력저하를 초래할 수 있음

ⓔ 교과수업은 그대로 진행되면서 자유학기 활동이 추가되어 오히려 부담이 가중될 수 있음

ⓜ 지역 간 인프라 차이로 지역격차가 발생할 수 있음

ⓗ 인프라 확충, 교사양성 등 선결과제가 우선되어야 함

(3) 아동학대

① 보육교사의 자질을 높이고 처우 개선, 컨트롤 타워의 재구성

② 보호시설에서 보호를 받다가 가정에 복귀한 아동학대 피해아동 일제점검

③ 2020년 10월부터 아동학대 대응체계 전면개편 방침

    ㉠ 아동학대 전담공무원과 아동보호 전담요원을 시 · 군 · 구에 3년간 단계적으로 배치하고, 피해아동이 가정복귀 시 배치된 인력 등이 지방자치단체 내 사례회의를 통해 가정복귀 여부를 결정하며 아동복지 심의위원회 산하에 법률, 의료 등 전문가 등이 참여하는 사례결정위원회를 설치

    ㉡ 아동학대 조사업무를 시 · 군 · 구로 이관하여 조사의 효과성을 높이고, 아동보호전문기관을 피해아동 및 아동학대 행위자를 대상으로 하는 '심층 상담 · 교육 · 치료 전담기관'으로 개편

    ㉢ 지방자치단체가 학대 피해아동의 가정복귀 여부를 결정하는데 중요한 역할을 하는 아동보호전문기관의 가정복귀 의견서 작성 절차 보강

(4) 학교 안팎 청소년 폭력 예방 대책

① 소년사법체계 기능개편(법무부)

    ㉠ 형사미성년자 연령은 현행 14세 미만에서 13세 미만으로 개정 검토

    ㉡ 특정강력범죄 소년, 소년부 송치 제한 및 형량 상향

    ㉢ 보호관찰관 1인당 관리인원을 OECD 주요국 1.5배 수준으로 확대

    ㉣ 소년원 시설 현대화, 의료소년원 신설, 교육 내실화

    ㉤ 여성청소년 사건의 현장 수사인력 확충, 중요 사건 수사전담반 설치로 초기수사 강화

    ㉥ 보호관찰소 단위별로 지역사회 소년사범 선도 지원체계 구축

    ㉦ 보호관찰소와 경찰 간 소년범 수사 및 보호관찰 대상자의 정보를 상호공유할 수 있도록 하는 형사사법정보시스템(KICS) 개편

② 제4차 학교폭력 예방 및 대책 기본계획(교육부)

    ㉠ 형사 미성년자 및 촉법소년의 연령 하향을 위한 법령 개정

    ㉡ 소년법이 적용되는 학교폭력의 경우 경찰서장이 직접 법원에 소년보호 사건으로 접수하는 '우범소년 송치제도'를 적극적으로 활용하고, 학교폭력 분야 전문수사관이나 청소년 학생 전담 보호관찰관 등 신규 전문인력을 운영

    ㉢ 경미한 수준의 학교폭력은 학교장이 해결하는 학교장 자체해결제 등의 안착을 돕는 한편, 교과 수업과 학교폭력 예방 교육을 연계하는 '교과 연계 어울림' 교육을 확대하고 학생 사이의 관계 회복을 돕는 '관계 회복 프로그램'을 개발해 보급

    ㉣ 학교폭력 피해 학생을 위한 지원기관 확대

1. **현황**: 현행 형법과 소년법에서 만 14세 미만은 범죄를 저질러도 처벌을 받지 않고 만 10~14세 미만은 보호관찰 등 보호 처분으로 처벌을 대신하고 있었으나, 청소년 강력 범죄가 잇따르고 이에 대한 비난 여론이 일면서 촉법 소년의 연령 기준을 낮춰야 한다는 주장이 제기되어 왔다.

2. **주요 쟁점**
   ① 교육부는 소년법 적용 사건 수준의 중대한 학교폭력에 대해서는 엄정하게 대처한다는 정부 기조에 따라 촉 법소년 연령을 14세에서 13세로 개정하겠다는 입장이다.
   ② 촉법소년 연령 하향에 별다른 실효성이 없고 국제적인 인권 기준에도 어긋난다는 반론이 적지 않다.
   ③ 국가인권위원회는 국회와 법무부에 연령 하향에 대한 반대 의견을 표명한 바 있다.

③ **학교 밖 청소년 지원체계 확충(여성가족부)**
   ㉠ **아웃리치 전문요원 확충**: 청소년쉼터에 있는 청소년 중 가출하거나 성매매 등 위험에 노출된 청소 년을 직접 찾아가 초기 상담을 도움
   ㉡ **청소년동반자 확충**: 청소년상담 전문가로, 가출, 자살징후, 우울증 등의 위험군 청소년에게 1 : 1로 찾아가는 맞춤형 상담 서비스를 제공하여 문제해결 및 위기요인을 개선할 수 있도록 도움
   ㉢ 위기청소년 긴급지원팀 구성
   ㉣ 학습경험인정제 확대, 내일이룸학교 등 직업훈련 강화
   ㉤ 청소년 비행 예방센터 추가신설
   ㉥ 지역사회 청소년 통합지원체계(CYS-Net) 운영 내실화

5. 혁신 · 성장

(1) 4차 산업혁명

① **개념**: 인공지능(AI), 사물인터넷(IoT), 클라우드컴퓨팅, 빅데이터, 모바일 등 지능정보기술이 기존경 제 · 산업 전반에 융합되어 혁신적인 변화가 나타나는 차세대 산업혁명으로, 초연결 · 초지능을 특징 으로 하기 때문에 기존 산업혁명에 비해 더 넓은 범위에 더 빠른 속도로 크게 영향을 끼침

② **13개 혁신성장동력(2017년 12월 발표)**
   ㉠ **지능화 인프라**: 빅데이터, 차세대통신[사물인터넷(IoT) 등], 인공지능(AI)
   ㉡ **스마트 이동체**: 자율주행차, 드론(무인기)
   ㉢ **융합서비스**: 맞춤형 헬스케어, 스마트시티, 가상증강현실(VR/AR), 지능형 로봇
   ㉣ **산업기반**: 지능형 반도체, 첨단소재, 혁신신약, 신재생에너지

③ 과학기술정보통신부 대응: 불필요한 규제 해소, 전문인력 양성, 연구개발 투자 확대

    ㉠ 민·관 4차 산업혁명위원회* 신설 및 4차 산업혁명 종합대책 수립

           * **4차 산업혁명위원회**: 4차 산업혁명 도래로 나타날 경제·사회 전반의 총체적인 변화에 대비하여 민관이 함께 논의해 국가 방향성을 제시하는 대통령 직속기구

    ㉡ ICT융합 신산업 분야 규제샌드박스* 도입

           * **규제샌드박스**: 새로운 제품이나 서비스가 출시될 때 일정 기간 동안 기존 규제를 면제·유예시켜주는 제도로, 문재인 정부에서도 규제개혁 방안 중 하나로 채택

    ㉢ 인공지능(AI) 등 기초·원천기술 연구개발(R&D) 투자 확대

    ㉣ 5G 통신망 및 사물인터넷(IoT) 네트워크 구축

    ㉤ 가상현실(VR)과 증강현실(AR) 등 융합콘텐츠 육성을 위한 지역성장거점 확충

(2) 빅데이터

① **개념**: 기존 데이터베이스 관리도구로 데이터를 수집·저장·관리·분석할 수 있는 역량을 넘어서는 대량의 정형 또는 비정형 데이터 집합 및 이러한 데이터로부터 가치를 추출하고 결과를 분석하는 기술로, 여러 분야에 유용하게 활용될 수 있음

② **정책**

    ㉠ **인터넷 진흥원 빅데이터센터 구축**: 인공지능 기반의 빅데이터센터를 구축, 빠르게 진화하는 사이버 위협 속에서 개인정보 침해사고에 능동적으로 대응할 수 있도록 역량 강화

    ㉡ 빅데이터 활성화를 위해 공공·민간 분야별 빅데이터 전문센터를 육성

    ㉢ 빅데이터 활성화를 위해 시민단체, 산업계 등과 논의를 거쳐 하반기 비식별조치 법제화를 추진

---

plus + 데이터 3법

1. **현황**: 개인과 기업이 수집·활용할 수 있는 개인정보 범위를 확대하여 빅데이터 산업을 활성화하는 내용의 '데이터 3법(개인정보 보호법·신용정보법·정보통신망법 개정안)'이 2020년 1월 9일 국회 본회의에서 통과되었고, 이에 대해 4차 산업혁명의 기반을 마련했다는 평가와 정보인권 침해를 우려하는 목소리가 엇갈리고 있다.

2. **주요 내용**
    ① **개인정보 보호법 개정안**: 비식별 정보*를 본인의 동의 없이 통계작성, 연구 등 목적으로 활용할 수 있도록 허용하고, 개인정보의 오남용·유출을 감독할 기구를 개인정보보호위원회로 일원화한다.
        * **비식별 정보**: 개인을 식별할 수 있는 요소를 전부 또는 일부 삭제하거나 대체하는 방법을 통해 특정 개인을 식별할 수 없도록 처리한 가명 정보
    ② **신용정보법 개정안**: 상업적 통계 작성, 연구, 공익적 기록 보존 등을 위해 가명 정보를 신용정보 주체의 동의 없이 이용하거나 제공할 수 있도록 허용한다.
    ③ **정보통신망법 개정안**: 개인정보 관련 내용을 모두 개인정보보호법으로 이관한다.

③ 쟁점: 빅데이터 활용을 위한 개인정보 규제완화에 대한 찬반 의견 대립

　㉠ 규제완화 찬성

　　• 현행법상 개인정보의 범위가 지나치게 넓어 웬만한 정보는 동의를 받지 않고는 수집·활용이 불가능함

　　• 글로벌 기업의 29%가 빅데이터를 활용했지만 한국의 도입률은 5% 수준으로, 각종 규제로 인해 세계적인 흐름에서 소외되어 있음. 따라서 산업발전을 위해 규제완화가 필요함

　㉡ 규제완화 반대

　　• 빅데이터 활용으로 인한 개인의 사생활 침해, 소비자 이익 침해, 독점 강화와 공정경쟁 저해가 우려됨

　　• 기업의 자유를 강조하면 과거 수차례 발생했던 개인정보 유출사건이 되풀이 될 수 있음

(3) 자율주행차

① 현황: 자율주행차 부품은 최첨단 고부가가치 부품으로, 2020년까지 자율주행차 상용화를 추진하고 있으나 해외 자율주행차 시장에 비해 우리나라 자율주행차 시장의 기술수준이 낮은 편임

② 선결과제

　㉠ 기업 간 MOU, 공동개발 등 국내업체 간 긴밀한 협력

　㉡ **상용화 전 테스트를 위한 시험장 마련**: 자율주행 실험도시(K-City)를 2018년 경기도 화성시에 완공, 2022년까지 지속적으로 고도화 추진

　㉢ **국민인식 개선**: 자율주행차에 대한 우려를 줄이고 긍정적 인식을 심어줄 수 있는 홍보 진행

　㉣ 사고 발생 시 책임 소재를 명확히 하는 법·제도 설계와 사회적 합의

(4) 문재인 정부의 규제개혁 로드맵

① 규제전환: 새로운 융합기술과 신산업의 속도를 따라가지 못하는 규제를 혁파하기 위해 신산업·신기술 선허용 후규제를 적용하는 '포괄적 네거티브'로 규제를 전환할 예정

　㉠ 사후 규제: 신산업과 신기술 분야에서 우선 허용 및 사후 규제

　㉡ 포괄 개념 정의: 신제품·서비스가 기존 법령에 저촉되지 않도록 개념을 넓게 정의

　㉢ 유연한 분류 체계: 신제품이 기존 분류 체계에 포함될 수 있도록 '혁신 카테고리' 신설

② 8대 선도사업 추진계획: 스마트공장, 바이오헬스, 핀테크, 미래자동차, 스마트시티, 스마트팜, 에너지신산업, 드론

　㉠ 스마트 공장: 5G기술을 도입한 스마트공장 실증기업 구축 및 인력양성을 위한 스마트랩 개소

　㉡ 바이오헬스: 규제샌드박스, 「생명윤리 및 안전에 관한 법률」 개정, 헬스케어 빅데이터 체계 구축, 신약 R&D 추진

ⓒ **핀테크**: 금융결제 인프라 혁신방안 및 금융규제 개선방안 마련, 규제샌드박스, 「신용정보의 이용 및 보호에 관한 법률」 개정, P2P금융 법제화, 인터넷 전문은행 추가 신규 인가

ⓔ **미래자동차**: 스마트카 기술개발·규제정비방안 마련, 전기·수소차 충전인프라 확대, 자율차 테스트베드(K-City) 고도화 추진, 자율차 도심주행을 위한 서울 테스트베드(C-ITS) 개방, 국산 자율셔틀 개발 및 대중교통 서비스 실증

ⓜ **스마트시티**: 시범도시(세종, 부산) 실시, 스마트시티형 도시재생사업(노후지역 스마트화 지원), 규제샌드박스

ⓗ **스마트팜**: 스마트팜 혁신밸리 추가 선정, 핵심기자재 국산화를 위한 다부처 패키지 연구개발, 축산분야 스마트화 확산, 스마트팜 청년창업보육과정 신설 및 보육생 선발

ⓢ **에너지신산업**: 신재생 에너지 보급 확대, 전력중개시장 개설(다수의 소규모 신재생에너지를 묶어 하나의 발전소처럼 운영·거래하는 시장), 에너지수요관리의 스마트화

ⓞ **드론**: 드론 상용화 지원 및 규제개선, 드론 전용시험비행장 준공, 드론 전용보험 마련, 성능·위험도 중심 분류체계 개편 및 자격제도 정비, 드론 교통관리체계 연구, 「드론 활용의 촉진 및 기반조성에 관한 법률」 제정(특별자유화구역 운용 등)

6. 복지

(1) 보편적 복지와 선별적 복지

국민 모두에게 복지서비스를 제공하는 보편적 복지는 형평성이 높은 반면 효율성이 낮고 비용이 많이 듦. 이에 비해 필요로 하는 사람에게만 복지서비스를 제공하는 선택적 복지는 형평성은 낮으나 효율성이 높고 비용이 적게 듦

(2) 복지 사각지대

① **개념**: 복지서비스를 잘 알지 못하거나 알고 있어도 요청하는 것을 몰라 복지서비스를 누리지 못하거나 제도상의 결함으로 인해 빈곤하면서도 기초생활보장 수급자가 되지 못하는 비수급 빈곤층 등

② **관련 정책**

ⓐ **기초생활보장 부양의무자 기준 완화**: 기초생활보장제도의 지원 대상으로 선정되기 위한 기준. 기초생활보장을 신청한 가구뿐만 아니라 그 가구에 속해 있는 모든 가구원을 기준으로 1촌 직계혈족(부모, 자녀)의 소득·재산 수준도 함께 고려함. 이에 본인은 기초생활보장제도의 생계급여 수급 대상이지만 1촌 직계혈족의 소득·재산 등이 일정 금액 이상으로 파악되면 지원을 받지 못하는 경우가 있어 2017년부터 지속적으로 기준이 완화됨

ⓛ **생계급여 탈락자 심의 의무화:** 보건복지부는 생계급여 탈락자에 대한 지방생활보장위원회 심의를 의무화하여 연간 10만 명을 추가적으로 보호하고, 전월세 상승 등에 대한 재산기준 개선 검토 및 기준 중위소득 산출방식 개편 등 적정 보장을 위한 제도 개선을 지속함

ⓒ **사례관리사 확대:** 보건복지부는 복지수혜대상자의 수요를 진단해 필요한 서비스를 맞춤형으로 지원하는 사례관리사를 현재 시·군·구에서 읍·면·동 단위로 확대하기로 함

ⓔ **읍면동 복지허브화:** 행정안전부와 보건복지부는 찾아가는 복지상담과 맞춤형 통합 복지서비스 제공 등을 통해 주민의 복지체감도를 제고하는 '읍면동 복지허브화' 추진을 통해 선도 지역 33개 읍면동 사무소 명칭을 '행정복지센터'로 전환함

③ **과제:** 복지사업을 수행하는 부처 간 정보공유가 원활하지 않아 사회보장급여의 중복수급 적발, 복지 사각지대 발굴이 어려우므로 통합관리 시스템이 구축되어야 함

(3) 건강보험 보장성 강화

① **목표:** 건강보험 보장률을 현행 63% 수준에서 2022년까지 70%로 상향

② **문제점:** 노인 인구의 증가와 비급여 항목의 급여화*에 따른 의료 수요 상승 등 환경요인을 고려할 때 정부가 예상한 규모 이상으로 폭발적인 지출 증가와 재정 적자가 우려됨

　　* 급여화: 의료치료에서 의료보험의 혜택을 받을 수 없는 치료를 의료보험의 혜택을 받도록 전환하는 것

③ **과제:** 건강보험 누적적립금 활용, 국고지원 현실화, 보험료 부과기반 확대 등 수입 확충, 건강보험 재정누수 방지대책 시행을 통한 지출 절감, 보장성 우선순위에 대한 사회적 합의 등

7. 주거·개발

(1) 주거복지 로드맵

① **청년**

　　㉠ **저렴한 소형임대주택 30만 실 공급:** 공공임대주택, 공공지원주택, 대학생 기숙사 등

　　㉡ **맞춤형 전월세자금 대출 지원 강화:** 1인 가구 전세대출 연령제한 완화, 월 대출한도 확대 등

　　㉢ **청년 우대형 청약통장 도입:** 일반 청약통장보다 높은 금리, 비과세 등 혜택

② **신혼부부**

　　㉠ **임대주택 등 공공지원 대상 대폭 확대:** 혼인 7년(이전 5년) 이내 유자녀(임신 포함)·예비부부 포함

　　㉡ **신혼부부 특별공급 확대:** 일반 청약자와 경쟁하지 않고 아파트를 우선 분양받을 수 있는 '신혼부부 특별공급' 물량 2배 확대

　　㉢ **신혼희망타운 10만 호 확대:** 신혼부부가 저렴하게 구입할 수 있는 주택인 '신혼희망타운' 확대

③ 고령

  ㉠ 노년층 복지서비스를 연계한 임대주택 5만 호 공급

  ㉡ **연금형 매입 임대주택**: LH나 주택금융공사가 고령자의 주택을 매입해 리모델링한 뒤 청년 등에게 임대하고, 매입대금을 집을 판 고령자에게 일정 기간 연금 형태로 나누어 지급

④ 저소득·취약계층

  ㉠ **공적 임대주택 41만 호 공급**: 5년간 공급되는 공적 임대주택 85만 호 중 41만 호는 저소득층을 대상으로 공급

  ㉡ 긴급지원주택 제공, 비주택 주거지원사업 활성화

(2) 공공지원 민간임대주택(구 뉴스테이)

① **개념**: 정부가 서민 주거 안정과 내수 활성화를 위해 도입한 사업으로, 연 5% 이내 임대료 인상을 제한하는 월세 임대주택이며 8년 거주를 보장함

② **공공지원 민간임대주택의 공공성 강화**

  ㉠ **입주자 자격요건 강화**: 유주택자들도 제약 없이 민간임대주택을 신청할 수 있어 재테크의 수단이 되었다는 지적이 있었음. 이에 무주택자들에게 우선 공급하고 신혼부부, 청년 1인 가구, 고령층 등 주거지원계층을 위해 전 가구의 20% 이상의 물량을 배정하는 등 입주자 자격요건을 강화

  ㉡ **초기 임대료 제한**: 주택도시기금이 출자 등의 방식으로 지원됐음에도 불구하고 초기 임대료 제한이 없어 기업 특혜라는 지적이 있었음. 이에 정책지원계층이 입주하는 특별공급물량의 초기 임대료는 시세의 70~85%를 적용하였음

(3) 도시재생 뉴딜

① **개념 및 현황**: 문재인 정부 공약으로서 5년간 50조 원을 투자해 전국 낙후지역 500곳을 정비하는 프로젝트로, 2017년 시범 사업 68곳 선정 이후 2018년 99곳의 뉴딜 사업지를 선정, 8월 사업에 본격적으로 착수했음

② **문제점 및 과제**

  ㉠ 주민, 지방자치단체, 지역단체 등 이해관계자의 의견이 엇갈리고 추진역량이 부족해 실현가능한 계획조차 마련하지 못하고 있음. 사회적 합의가 원활히 이뤄질 수 있는 기반을 마련해야 함

  ㉡ 중앙정부, 지방자치단체 등 공공이 주도함에 따라 기반시설 정비 위주로 예산이 사용되어 주민들은 그 효과를 체감하지 못했음. 따라서 각계각층의 의견을 충분히 수렴해야 함

  ㉢ 도시재생사업에 대한 국비 지원은 연간 약 1,500억 원 규모로 다소 부족하였음. 문재인 정부에서는 8,000억 원으로 확대됨

(4) 젠트리피케이션

① 개념: 재개발·뉴딜정책 등 도시 재생 사업으로 낙후됐던 구도심이 번성해 중산층 이상의 사람들이 몰리면서 임대료가 오르고 원주민이 내몰리는 현상. 임대료 상승으로 소규모의 상점이 내몰린 자리에 대형자본 프랜차이즈로 채워지면서 지역의 개성 있는 분위기가 사라지는 문화백화현상이 나타나기도 함

② 젠트리피케이션 방지 대책(서울시 성동구에서 추진한 대책)

　　㉠ 상생협약 체결: 구청과 건물주, 임차인 간 임대료 인상률 상한선을 준수할 것 등을 약속하는 상생협약을 체결하였음. 재산권 침해라는 반발이 많았지만 끈질긴 설득 끝에 건물주의 62%가 협약에 동참함(이러한 상생협약 제도를 법률에 명시해 전국적으로 확산하고자 마련된 「도시재생 활성화 및 지원에 관한 특별법」이 시행됨)

　　㉡ 인센티브 제시: 용적률 완화 등 인센티브 부여 방안을 마련

　　㉢ 상생교육 실시: 일부 부동산중개업자들이 건물주를 부추겨 임대료 상승을 불러일으키는 경우도 있다고 판단하여 관내 부동산중개업소를 대상으로 상생교육을 실시

　　㉣ '안심상가' 조성: 주변 시세의 60~70% 정도의 임대료를 내고 맘 편히 장사할 수 있는 구청 직영의 공공임대상가인 '안심상가'를 조성하는 중. 안심상가는 쫓겨난 상인들에게 의지할 곳이 되어주고, 주변 상가에 임대료 인상을 자제시키는 효과도 있을 것으로 기대됨

　　㉤ 대기업·프랜차이즈 상점 입점 제한 조치: 재산권 제한 논란에도 불구하고 프랜차이즈가 지역 임대료 상승의 주범 중 하나라고 판단하여 규제를 강행함

③ 「상가건물 임대차보호법」 개정

　　㉠ 권리금 회수 보호기간 확대

　　㉡ 계약갱신요구권 행사기간 연장

　　㉢ 권리금 보호 대상에 전통시장 포함

④ 「상가건물 임대차보호법 시행령」 개정

　　㉠ 주요상권 우선변제권·임대료 인상률 상한제 등 임차인을 보호하는 규정이 적용되는 보호범위를 상가임차인의 하위 90%에서 95%까지 확대되도록 「상가건물 임대차보호법 시행령」이 일부 개정됨

　　㉡ 임대차 관련 분쟁을 쉽고 저렴하게 해결해주는 조정위원회를 설치하는 사항을 포함함

8. 에너지 · 환경

(1) 탈원전

① 신고리 5 · 6호기 건설중단과 재개 과정

ㄱ 문재인 대통령이 2017년 6월 고리원전 1호기 영구정지 선포식에서 탈원전 선언을 한 후, 신고리 5 · 6호기는 3개월간의 건설 중단 공론화 결과 건설을 재개하였음

ㄴ 찬반 양론 전개

찬성	반대
• 국내 원전의 대부분이 경상도 해안가에 밀집하여 지진으로 인해 원전의 안전성이 불명확해지고 핵폐기물 등 환경문제가 발생 • 이탈리아, 벨기에, 독일, 스위스 등도 원전 전면 폐쇄를 결정하며 세계적으로 탈원전 추세를 보이고 있음 • 환경문제 · 에너지부족문제 등이 적게 발생하고 안전한 재생에너지로 대체 가능	• 공급이 불안정하고 전기요금이 인상됨 • 대안에너지가 부재하며, 한국의 재생에너지 전기 생산 비중은 1% 정도(세계 평균 25%)로 재생에너지를 생산하기에 적절한 환경이 아님 • 한국에서 원전을 거부한다면 원전 수출의 신뢰도에 문제가 발생할 수 있음 • 일본, 미국, 중국 등의 원전 유지 · 확대 정책 • 사업을 중도에 멈추면서 그동안의 투자비용이 매몰되고, 하청업체들이 초기 투자비용을 부담하게 됨
대안	
• 신고리 5 · 6호기의 수명을 단축하거나 발전용량을 줄여 건설함 • 기존 계획보다 훨씬 강화된 안전 규정을 적용하여 건설함	

ㄷ 정부는 2017년 6월 27일 문재인 대통령 주재 국무회의에서 신고리 5 · 6호기 공사를 일시 중단하고 공론화를 추진하였음

ㄹ 논란 속에서 신고리 5 · 6호기 공론화위원회가 출범하였고, 3개월간 공론화가 진행되었음

ㅁ 공론화위원회에서 신고리 5 · 6호기 건설을 재개하고 원자력발전의 정책은 원자력발전을 축소하는 방향으로 할 것을 권고하였고, 정부는 해당 권고를 존중하겠다고 화답하였음

ㅂ 신고리 5 · 6호기 공론화 과정이 백서「숙의와 경청, 그 여정의 기록」으로 발간되었음

② 공론화위원회 관련 논란

ㄱ 법에 근거하지 않은 '초법적' 결정임

ㄴ 비전문가가 원전이라는 크고 복잡한 정책방향을 결정하는 것은 부적절함(국민 의견 수렴에 3개월은 너무 짧은 기간이며, 공론화위원회의 공정성을 담보할 수 없음)

(2) 미세먼지 관리

① **미세먼지 현황:** 2018 환경성과지수 평가 결과 전세계 180개국 중 60위, 초미세먼지·이산화질소 노출도 세계 최하위권, 질소산화물 180위를 기록하였음

② **미세먼지 관리 종합대책(2022년까지 미세먼지 배출량 30% 감축 목표)**

   ㉠ 석탄발전소 4기 연료 전환 추진, 노후 석탄 발전소 임기 내 폐지

   ㉡ 노후 경유차 임기 내 77% 조기 폐차, 친환경차 보급 확대

   ㉢ 대기오염 총량 관리제 전국 확대

   ㉣ 2019년 2월 26일 한·중 환경장관회담 진행 및 미세먼지 문제 해결을 위한 범국가기구 설립 추진

③ **「미세먼지 저감 및 관리에 관한 특별법」 제정**

   ㉠ **미세먼지 컨트롤타워 전담조직 강화:** 국무총리 및 민간위원장이 공동위원장이며, 미세먼지정책을 의사결정하는 미세먼지특별대책위원회와 미세먼지개선기획단 운영, 국가미세먼지정보센터 설치

   ㉡ **고농도 미세먼지 비상저감조치:** 배출가스등급제 기반 자동차 운행 제한, 대기오염물질 배출시설 가동 조정, 어린이집·유치원·초중고교 휴업권고, 근로자의 재택근무, 시간제근무 등 탄력근무

   ㉢ 미세먼지 취약계층(어린이, 노인, 임산부, 호흡기질환자, 옥외근로자 등)의 보호대책 강화

   ㉣ **「재난 및 안전관리 기본법」 개정:** 미세먼지를 법적 재난으로 규정하고 「재난 및 안전관리 기본법」상 안전관리 대상임을 분명히 하여 국민의 건강권과 생명권을 보장

ⓗ 기타: 비상시 중앙재난안전대책본부 가동 의무화, 정부의 비상저감조치 이행 합동점검 강화, 미세먼지 피해자에 대한 지원 등

④ 향후 과제: 재생에너지 개발, 친환경차(전기차, LNG) 보급 등 신재생 친환경 미래산업에 대한 투자 확대

9. 경제 질서

(1) 공정거래위원회의 '가맹분야 불공정관행 근절대책'

① 내용

　ⓐ **가맹분야 옴부즈만제도 도입**: 가맹분야 옴부즈만은 전 · 현직 가맹점주 등으로 구성된 협의체로, 공정거래위원회와 핫라인으로 연결되어 가맹본부의 법 위반 혐의에 신속히 대응

　ⓑ **공정거래조정원과 협업체계 가동**: 공정거래조정원이 분쟁을 접수받고 조정하면서 그 결과를 빅데이터로 구축해 이를 공정거래위원회로 넘기면 공정거래위원회가 직권조사와 제도 개선에 활용

　ⓒ 「**가맹사업거래의 공정화에 관한 법률 시행령**」 개정: 가맹본부 필수물품 · 리베이트 · 특수관계인 등 3개 분야의 정보공개를 확대하고 점포리뉴얼 비용 분담절차를 간소화하며, 편의점 등의 영업시간 단축 허용요건을 완화

　ⓓ 정보공개 강화

　ⓔ 가맹점주 협상력 제고

　ⓕ 가맹점주 피해방지수단 확충

　ⓖ 가맹본부 불공정행위 감시 강화

　ⓗ 광역지방자치단체와 협업체계 마련

② 평가

　ⓐ 점포 리뉴얼 강요, 영업시간 구속 등 가맹 불공정 관행이 개선됨

　ⓑ 가맹점단체 가입 · 활동을 이유로 가맹본부가 불이익을 당하는 등 새로운 불공정행위가 등장함

(2) 공정거래위원회의 '하도급 거래 공정화 종합 대책'

① **대 · 중소기업 간 힘의 불균형 해소**: 대기업과의 협상 과정에서 중소기업이 전속거래 및 경영정보 제출 등 강요받는 것을 금지함

② **자율적 상생협력 모델의 수직적 · 수평적 확산**: 법과 제도만으로 해결하기 어려운 문제를 대 · 중 · 소기업 간 상생협력 모델을 통해 자발적으로 개선할 수 있도록 유도함

③ **법 집행 강화 및 피해구제 실효성 제고**: 공정거래위원회가 행정력을 동원하여 조사 및 제재를 강화함 (벌점, 과징금 등 상향, 징벌적 손해배상제 활성화, 분쟁조정제도 실효성 제고 등)

(3) 법무부의 '집단소송제' 일반 소비자 분야 도입 추진(국회 계류 중)

① 법무부는 증권분야에 한정됐던 집단소송제를 일반 소비자 분야에도 확대하여 도입하고 집단소송절차와 소송허가요건을 개선하는 내용을 담은 관련 법 개정안을 마련하고 입법 추진 중

② 기업 반발을 고려해 벤처·스타트업 등 중소기업은 법 적용 시행 후 3년간 유예하는 방안 포함

(4) 가계부채

① 현황 및 문제점

　　㉠ 가계부채가 1,500조 원을 넘어선 가운데 증가 속도 또한 빠른 편임

　　㉡ 저금리 장기화의 부작용으로 인하여 민간소비를 위축시키고 금융안정을 해칠 수 있는 잠재적 위험이 있음

② 가계부채 종합대책

　　㉠ 차주 특성별 세분화한 지원

　　　　• 정상적으로 상환 중이지만 애로가 발생한 경우: 대출금리 모니터링 강화, 중금리 사잇돌대출 공급 확대, 최대 3년 원금상환 유예

　　　　• 연체가 발생했을 경우: 연체부담 완화 및 신용 회복 지원

　　　　• 상환 불가능한 경우: 소액·장기연체 채권에 대한 적극적 채무재조정 실시, 개인회생·파산신청 비용 지원 및 절차 간소화

　　㉡ 자영업자 맞춤형 지원프로그램 신설

　　　　• 저신용 자영업자를 위해 정책자금 및 신용보증기금 대출보증을 통한 저리 대출 지원 확대

　　　　• 일시적으로 자금이 부족한 개인사업자의 채무상환부담을 완화하기 위해 개인사업자대출 119 프로그램 도입

　　㉢ 취약차주에 대한 금융상담 활성화

　　　　• 채무조정·재무상담·복지서비스 등을 연계 지원하는 금융복지상담센터의 전국 확산 및 서민 금융통합지원센터 확대 설치

　　　　• 서민금융통합지원센터와 고용복지플러스센터 간 연계 강화

　　㉣ 가계부채 연착륙 유도

　　　　• 신 DTI제도(Debt To Income): 금융부채 상환능력을 소득으로 따져 대출상환액이 소득의 일정비율을 넘지 않도록 대출한도를 제한하는 제도. 보다 소득을 잘 파악하도록 개선하여 심사 강화

　　　　• DSR 도입(Debt Service Ratio): 주택대출 원리금 외에 모든 신용대출 원리금을 포함한 총 대출 상환액이 연간 소득액에서 차지하는 비중으로, 대출 상환 능력을 심사하는 지표

ⓜ 가계부채 증가 취약부문 집중관리 – 안심전환대출 제2금융권 확대: 주택담보대출 중 변동금리와 일시상환 대출을 고정금리, 분할상환 대출로 변경할 수 있는 '안심전환대출'을 제2금융권으로 확대하여 금리변동에 따른 대출자의 부담을 덜어주고 원금 상환을 유도

ⓗ 가계소득 상환능력 제고: 양질의 일자리창출 및 혁신창업 활성화

(5) 조세

① 2018년 개정 세법: 재원은 주로 '부자증세'를 통해 충당하고, 재정지출은 경제적 취약층을 겨냥함으로써 세금을 늘려 복지재원을 확보하고 소득재분배와 양극화 해소 효과를 기대함

ⓐ 소득세: 과표(과세표준) 5억 원 초과구간에 적용되는 소득세 명목 최고세율을 42%로 인상, 40% 세율의 과표 3억~5억 원 구간 신설

ⓑ 법인세: 과표 3,000억 초과 구간 세율을 22%에서 25%로 인상, 대기업 세액공제 축소

ⓒ 근로장려금: 서민층과 취약계층은 근로장려금 10% 인상, 0~5세 대상 아동수당(월 10만 원) 신설

② 구글세

ⓐ 현황

• 특허료 등 막대한 이익을 올리고도 조세 조약이나 세법을 악용해 세금을 내지 않았던 다국적 기업에 부과하기 위한 세금으로, 유럽을 비롯한 세계 각국의 주요 과제로 떠오르고 있음

• 구글세 국내도입은 2014년부터 발의되어 2018년 11월 일부 통과, 2019년 7월부터 부가가치세 10%를 부과

• 디지털 서비스에 3% 추가 과세 논의 중

ⓑ 문제점

• 다국적 IT 기업의 데이터 독점, 빅데이터 수집, 정보주권 등 독과점 문제

• 다국적 기업들이 세율이 낮은 나라(조세회피지역)에 서버를 두면서 조세 회피

• 네이버, 카카오 등 국내 기업들에 대한 역차별이라는 주장

ⓒ 구글세 도입 논의

• 국가 간 조세협약은 이중과세 방지를 위해 사업장이 소재한 국가에만 세금을 내도록 하고 있음. 따라서 고정사업장이 필요 없고 특정 지역에 둔 서버를 통해 전세계에서 영업을 할 수 있는 IT 기업에 대한 과세가 불가능하며, 과세하려면 양자 혹은 다자 간 합의가 필요함

• 특정 서비스가 소비된다는 이유만으로 국내에 세금을 납부하게 하려면 우리나라 역시 국내 생산활동을 통해 전 세계에서 벌어들인 제조업 소득을 전세계에 배분해야 하는 딜레마에 빠짐

- 현재 OECD의 BEPS 프로젝트*에 합의하였으며, 기획재정부는 'BEPS 대응지원센터'를 설립하여 지원할 예정

    * **BEPS 프로젝트**: 다국적 기업이나 개인의 국제적인 탈세 기법을 이용해 법인세나 소득세를 회피함으로써 각국의 재정을 고갈시키는 소위 'BEPS 현상'을 막기 위해 각종 제도를 도입하기 위한 여러 국가들의 공동 프로젝트

  ㄹ 해외사례
    - 영국: 우회되는 이익의 25%를 과세하는 것을 골자로 하는 우회이익세 도입
    - OECD: BEPS 프로젝트를 진행하며 공동대응 중
    - 인도네시아, 영국, 이탈리아: 검찰조사와 세무조사 실시로 세금 압박

③ 역외탈세
  ㄱ 개념: 국내법인 혹은 개인이 조세피난처(법인의 실제 발생소득 전부 또는 상당부분에 대해 조세를 부과하지 않는 국가나 지역)에 가공의 회사를 설립한 뒤, 그 회사가 수출입 거래를 하거나 수익을 이룬 것처럼 조작해 세금을 내지 않거나 축소하는 것
  ㄴ 대응: 미신고 역외소득 자진신고제, 역외탈세 담당관 신설, 해외금융계좌 신고제 도입 등

(6) 양극화

① 소득분배지표
  ㄱ 소득주도성장특별위원회 – 2019 가계금융복지조사 결과 분석 보고서
    - 시장소득 증가율이 저소득층(1분위)일수록 높게 나타남. 정부 지원뿐만 아니라 저소득층이 시장에서 직접 벌어가는 몫이 커져 소득격차가 완화된 것
    - 소득주도성장 정책이 본격적으로 실시된 2018년 들어 5분위 배율, 지니계수 등 주요 소득분배지표들이 모두 개선됨
    - 가계금융복지조사를 이용한 소득분배지표가 공식통계이므로, 이 지표를 중심으로 파악하는 것이 타당함
  ㄴ 반론
    - 1분위 가구소득 증가를 견인한 것은 사적이전 소득인데, 정부는 실직한 자식과 노인에게 보내준 용돈이 증가한 것을 소득주도성장 정책의 효과라고 해석함
    - 통계청이 발표한 가계금융복지조사에 따르면 2018년 이후 소득분배상태가 급격히 악화되어 주요 소득분배지표인 5분위 배율이 매 분기마다 역대 최악을 기록함. 가계금융복지조사에서 소득분배지표가 개선된 것은 저소득층의 소득 증가가 아니라 고소득 자영업의 소득 감소로 인한 것임

② 임금격차

    ③ **현황**: 한국 상·하위 10% 임금격차 4.3배로 OECD 2위, 중위임금의 2/3 미만인 저임금근로자 비중도 23.5%로 최상위권, OECD 주요 선진국 중 남녀 임금격차 1위(2018년 8월 기준)

    ⑥ **원인**: 대기업·중소기업 간 임금격차, 경력단절 여성 임금문제 등

(7) 사회적 경제

① **개념**: 양극화 해소, 일자리 창출 등 공동이익과 사회적 가치의 실현을 위해 사회적 경제조직이 상호 협력과 사회연대를 바탕으로 사업체를 통해 수행하는 모든 경제적 활동을 말하며, 사회적 경제조직에는 사회적 기업, 협동조합, 마을기업, 자활기업, 농어촌공동체회사 등이 있음

② **현황**: 사회적 경제기업은 약 18,000개 이상으로 유럽 선진국에 비해 미흡함(2019년 3월 기준)

③ **정부의 사회적 경제 활성화 방안 발표**

    ③ **사회적 경제기업 창업·성장을 위한 금융인프라 강화**: 소셜벤처 전용 투자펀드 조성, 신용보증기금 내 사회적 경제기업 전용계정 신설 등

    ⑥ **성장 단계별 맞춤형 지원 강화 및 저변 확대**: TIPS(초기 단계 스타트업을 육성하기 위해 만든 민간 투자 주도형 기술 창업 지원 프로그램)를 통한 우수 소셜벤처 육성, '소셜캠퍼스 온(溫)'을 통한 청년 사회적 기업가 공모사업 확대, 금융·R&D지원 강화, 사회적 경제 교육강화와 전문인력 양성 시스템 구축 등

    ⑥ **사회책임조달 확산 등 공공기관의 사회적 경제기업 판로지원 선도**: 「국가를 당사자로 하는 계약에 관한 법률」을 개정하여 공공조달 시 낙찰기준에 사회적 가치 반영 원칙을 신설하는 등 사회책임조달 강화, 국가·지방자치단체 등 사회적 경제기업이 공급하는 물품·서비스 구매 의무화 등

10. 공공행정

(1) 적극행정

① **소극행정 처벌(복지부동 공무원 공직에서 퇴출)**: 종전 공무원의 비위 유형인 '직무태만'에 공무원이 직무상의 의무를 제대로 이행하지 않은 '부작위'를 추가하여, 소극행정에 대해서 징계를 감경할 수 없으며, 고의성이 있는 경우 최고 파면까지 가능하도록 징계 강도를 상향함. 인·허가 서류 방치, 법적 근거 없는 불허가 처분 등의 소극행정은 성, 금품, 음주운전 등의 비위와 동일하게 징계하며, 적극행정을 독려하기 위해 적극행정으로 포상을 받는 5급 이상 공무원이 소극행정 이외의 행위로 징계를 받을 때에는 징계수위를 낮추어 주기로 함

② **적극행정 유도(지방자치단체 사전 컨설팅 감사)**: 지방자치단체 사전 컨설팅 감사는 지방자치단체가 인허가에 앞서 업무의 적법성과 타당성을 감사실이 미리 검토해주는 제도로, 공무원의 복지부동 관행을 타파하기 위해 경기도가 2014년 4월 도입하였으며 타 지방자치단체로 확대되고 있음. 사전 컨설팅 감사를 받은 사안은 추후 정부합동감사와 시 · 도 감사 등에서 지적을 받지 않음. 지방자치단체 공무원이 복지부동하는 주원인은 감사 지적과 징계인데 미리 컨설팅 감사를 받은 사안은 감사에서 면책하는 근거를 만들면, 지방자치단체 공무원들이 더 적극적으로 규제를 풀도록 유인하는 효과가 있음

(2) 행정서비스 헌장제도

① **개념**: 행정기관이 국민에게 제공하는 행정서비스의 기준 및 내용과 서비스를 제공받을 수 있는 절차와 방법, 그리고 잘못된 서비스에 대한 시정 및 보상조치 등을 구체적으로 공표하고 실천을 국민에게 약속하는 제도

② **장점**

㉠ 종전에 정부와 국민의 암묵적 · 추상적 관계를 구체적 · 계약적 관계로 전환시켜 줌으로써 행정에 대한 주민들의 근접통제의 물리적 한계를 극복시켜주는 계기가 됨

㉡ 서비스 제공의 투명성과 책임성을 제고할 수 있음

㉢ 공공서비스 품질의 표준화와 구체화가 가능함

③ **단점**

㉠ 공공서비스의 무형성으로 인하여 행정서비스의 질을 구체화 · 객관화하기가 어려움

㉡ 모든 행정오류를 금전으로 연계시켜 보상하려는 편협한 경제적 논리임

㉢ 지나치게 서비스 기준을 표준화 · 구체화시켜 공무원의 창의성과 행정의 유연성을 저해함

(3) 행정서비스 민영화

① **필요성**: 행정기능의 적정화, 행정의 효율성 · 전문성 향상, 민간경제의 활성화, 행정서비스의 향상, 수익자 부담원칙에 충실 등

② **한계**: 행정책임 확보의 어려움, 공급가격의 상승, 정치권과의 결탁으로 특혜의혹 증폭, 서비스 공급의 공공성 무시, 정부부문의 국민에 대한 서비스 제공의 책임회피 수단화 등

(4) 다면평가제도

① **개념**: 인사의 공정성과 객관성을 확보하기 위해 평가주체를 다양화하는 인사평가제도로, 승진 임용뿐만 아니라 성과상여금 지급과 특별승급, 교육훈련, 보직관리 등 각종 인사관리에 다면평가 결과를 반영할 수 있음

② 장점

    ㉠ 관료조직의 권위적 권리 억제

    ㉡ 동료나 부하의 업적에 '무임승차'하려는 행태를 억제할 수 있음

    ㉢ 정실주의 차단

    ㉣ 지나친 연공서열 중시의 관행을 타파할 수 있음

    ㉤ 평가정보의 공정성, 정확성, 신뢰성을 제고하여 피평가자에 대한 정보 피드백 효과를 제고

③ 단점: 기준이 명확하지 않을 경우 인사의 공정성과 객관성이 담보되지 않음

11. 공직비리

(1) 관피아

① 개념: 관료와 마피아(이탈리아 범죄조직)의 합성어. 공직 퇴직자가 관련 기업에 재취업하거나 자신의 이익을 위해 학연·지연을 이용하여 마피아처럼 거대한 세력을 구축하는 행태를 비판하는 용어

② 현황(2020년 기준)

    ㉠ 「공직자윤리법」은 고위 퇴직 공무원이 퇴직 전 5년간 일했던 기관·부서의 업무와 관련이 있는 사기업체나 공기업, 로펌 등에 퇴직일로부터 3년간 재취업할 수 없도록 규정하고 있지만, 관할 공직자윤리위원회의 심사를 거쳐 승인을 받으면 재취업이 가능함

    ㉡ 공직자윤리위원회의 심사는 형식적으로 이루어져 심사통과율은 90% 이상으로 취업이 제한되는 경우는 많지 않으며, 취업제한 심사자료는 비공개되고 있음

    ㉢ 금융회사들은 금융위원회·금융감독원 출신자들을 로비 창구나 방패막이로 활용하고, 퇴직 공직자들은 금융회사에 재취업해 수억 원의 고액연봉과 안락한 노후를 보장받음. 따라서 업무 관련성에 대해 엄정하게 해석하고, 예외 적용은 최대한 배제하는 등 취업제한 심사제도의 개선이 필요함

③ 해외사례

    ㉠ 일본

        • 기업 및 기관을 여러 차례 옮겨다니는 '낙하산 갈아타기' 전면 금지

        • 퇴직 후 한 차례만 투명한 절차와 기준에 따라 허용

    ㉡ 미국

        • 직위 및 업무에 따라 상이한 제한기간(영구 제한 / 2년 제한 / 1년 제한 / 적용 제외)

        • 규정 위반 시 1년 또는 5년 이하의 징역 및 5만 달러 미만의 벌금

    ㉢ 독일

        • 퇴직 후 3년간 재취업 제한

        • 규정 위반 시 연금박탈, 삭감, 압류 등의 조치

        • 고위공무원의 퇴직 후 모든 영리활동 신고

ⓔ 프랑스

- 퇴직 후 3년간 재취업 제한
- 규정 위반 시 연금박탈, 삭감, 압류 등의 조치

ⓜ 영국

- 까다로운 공직자 재취업 사전 승인제 실시
- 예비 고용주와 퇴직관료의 재직 당시 업무 연관성 심사

(2) 공공기관 채용비리

① 현황: 공공기관 채용비리 전수조사(~ 2019년 1월) 결과 1,205개 조사기관 중 182곳에서 채용비리가 적발됨

② 대책

ⓐ '원스트라이크 아웃' 제도화: 채용비리 연루 임원 즉시 해임

ⓑ 부정합격자 5년간 공공기간 채용시험 응시자격 박탈

ⓒ 채용비리 임직원 이름 공개

(3) 공무원 성폭력

① 현황

ⓐ '미투(MeToo)운동' 확산으로 공무원·공직자의 성비위가 드러나면서 국민들의 질타가 이어짐

ⓑ 공공부문 내 '직장 내 성희롱·성폭력 특별신고센터'를 마련해 100일간 운영(비공개 게시판 형태)한 결과 1,280건이 접수됨

② 대책: 여성가족부, 기획재정부, 교육부, 행정안전부, 인사혁신처 등 관계부처 합동으로 '공공부문 성희롱·성폭력 근절 보완대책' 발표

ⓐ 성희롱·성폭력 사건을 관리자 등이 은폐·축소하거나 피해자 보호 의무를 소홀히 하는 등 적극적으로 대응하지 않는 경우 징계 가능하도록 공무원 징계령 시행규칙 개정

ⓑ 4,946개 기관을 대상으로 온·오프라인 특별점검 실시

ⓒ 성폭력 범죄로 300만 원 이상 벌금형을 선고받은 공무원은 당연퇴직으로 즉시 퇴출되도록 하고, 성희롱 등으로 징계를 받은 공무원은 실·국장 등 관리자 직위에 오르지 못하게 하는 방안 검토

ⓓ 피해자가 직급과 무관하게 중앙고충심사위원회에 심사를 청구할 수 있도록 「국가공무원법」 개정

ⓔ 외부전문가를 투입해 사건 조사·상담을 지원하는 '성희롱 고충처리 옴부즈만' 제도를 권고

ⓕ 피해자·신고자의 부당인사 등을 막기 위해 '인사불이익 종합신고센터' 구축

12. 국민건강·안전

(1) 흡연율 정책

① 현황

   ⊙ 담뱃값 인상에도 흡연율이 다시 반등하였고, 청소년·여성 흡연율이 증가함

   ⓒ 아직도 담뱃값이 선진국의 1/4 수준이고, OECD 37개국 중 하위권에 해당함

   ⓒ 당초 예산정책처에서 한 갑당 8,500원 이상일 경우, 흡연율 감소효과가 있다고 주장했으나 1년
간 감소추세이던 흡연율이 반등해 국민건강권에 초점이 맞추어지지 않고, 세수확보만 이루어져
'서민증세'라는 비판에 직면함

   ⓔ 흡연율이 감소하지 않고 있는데, 국민건강증진기금에서 금연정책 예산은 지속적으로 축소되고 있음

② 논의

   ⊙ 급격한 가격인상에 비해 금연교육과 캠페인, 금연광고, 금연프로그램 등의 운영이 소홀했다는 지
적이 있음

   ⓒ 호주처럼 담뱃값에 물가상승률을 연동하자는 주장이 있음

   ⓒ 담배광고, 판촉에 대한 규제를 강화하고, 금연지원서비스나 캠페인을 강화하자는 주장이 있음

   ⓔ 금연구역을 확대하자는 주장이 있음

③ 해외사례

   ⊙ 호주

     • 2000년 이후 출생한 사람에게는 담배판매를 금지하는 TFG(Tobacco Free Generation)정책
추진 중

     • 담배를 보이게 진열할 수 없도록 규제하고, 청소년에게 담배를 판매할 경우 1억 3천만 원에 달
하는 벌금을 부과하며, 담배포장을 통일함(흐린 올리브색 담배포장, 담배 브랜드를 표시하지 못
하며 광고성 문구나 눈에 띄는 이미지를 넣지 못하도록 규제)

     • 빅토리아 주 건강증진재단은 1987년 설립 당시 담뱃세에 5%를 추가 부과하던 목적세를 재원으
로 한 건강증진사업을 추진하고 1998년부터는 주 정부 통합예산에서 지원금을 받아 금연, 신체
활동증진, 영양개선, 정신건강증진, 절주 및 관련 연구를 진행 중

   ⓒ 태국: 건강증진재단은 담배 및 주류제품에 부과하는 소비세에 2%를 건강세로 부과해 금연, 절주,
성 건강, 영양, 신체활동증진, 교통안전, 정신건강증진 등의 사업을 시행 중

   ⓒ 뉴질랜드: 건강진흥원은 재무부 보건예산으로부터 정부지원금과 주류세를 재원으로 금연, 절주,
도박중독예방, 영양개선, 신체활동증진, 피부암예방관련 사업 및 연구를 추진

(2) 음주운전

① 현황: 음주운전 적발건수는 매년 20만 건을 초과하고 있으며, 도로 위의 살인자라고 불릴 만큼 국민 안전을 위협하고 있음

② 정부 대응

　㉠ 음주운전 처벌 강화(징역 3년 이상 최대 무기징역, 벌금 3,000만 원까지)

　㉡ 상습 음주운전자는 차량시동을 걸기 전 혈중알코올농도를 측정해 음주사실이 감지되면 시동을 제한하는 음주운전 방지장치 장착 의무화

③ 해외 사례

　㉠ 대만: 음주운전 재범자 자동차에 형광번호판을 부여해 모두가 알아볼 수 있도록 조치

　㉡ 태국: 음주운전 적발 시 영안실에서 봉사활동을 의무적으로 이행

　㉢ 호주: 지역신문에 음주운전자의 이름과 나이, 번호판 게시

　㉣ 미국, 유럽: 차량에 혈중알코올 농도 측정기계를 부착한 시동잠금장치 설치 의무화

(3) 살생물 물질 · 제품에 대한 사전승인제

가습기 살균제 사건의 재발 방지를 위해 「생활화학제품 및 살생물제의 안전관리에 관한 법률」이 제정되어 2019년 시행되었고, 「화학물질의 등록 및 평가 등에 관한 법률」이 개정되어 2020년 시행됨. 이에 따라 살생물 물질 제조 · 수입자는 해당 물질의 유해성 · 위해성 정보를 갖추어 환경부에 사전 승인을 신청하고, 또한 제품 겉면에 살생물 물질 목록 및 위험성 등을 표시해야 함

13. 정부조직 · 기관 개편

(1) 지방분권(분권형 개헌)

문재인 정부가 '연방제 수준 지방분권 강화'를 주요 공약사업으로 추진하고 있으며, 2018년 9월 '자치분권 종합계획'을 발표함

① 찬성

　㉠ 지나친 중앙집권의 전통은 초중앙집권의 폐해를 고착화함

　㉡ 지금과 같은 방식은 국가재정, 지방행정의 비효율과 낭비 등 각종 부작용을 불러옴

② 반대

　㉠ 우리나라는 전통적으로 중앙집권이 강했고, 지방자치 역사가 길지 않아 지방분권을 헌법으로 보장하기에는 아직 시기상조이며, 국토가 비교적 좁은 편임

ⓛ 재정분권을 했을 경우 도시와 농어촌, 산업기반이 탄탄한 지역과 그렇지 못한 지역 간 세원 격차로 국가 균형발전을 저해할 수 있음

(2) 권력기관 개편

① 고위공직자범죄수사처(공수처)

　　㉠ 고위공직자 및 그 가족의 비리를 중점적으로 수사 · 기소하는 독립기관

　　ⓛ 검찰이 독점하고 있는 고위공직자에 대한 수사권 · 기소권 · 공소유지권을 이양하여 검찰의 정치권력화를 막고 독립성을 제고하고자 하는 취지로 논의되었음

　　ⓒ 「고위공직자범죄수사처 설치 및 운영에 관한 법률」이 제정되어 2020년 7월에 시행됨

② 「고위공직자범죄수사처 설치 및 운영에 관한 법률」 주요 내용

　　㉠ 수사 대상: 대통령, 국회의장 및 국회의원, 대법원장 및 대법관, 헌법재판소장 및 헌법재판관, 국무총리와 국무총리 비서실 소속의 정무직공무원, 중앙선거관리위원회의 정무직공무원, 판사 및 검사, 경무관 이상 경찰공무원 등(경찰 · 검사 · 판사에 대해서는 공수처가 직접 기소)

　　ⓛ 공수처장은 다른 수사기관에서 같은 사건에 대한 중복 수사가 발생했을 경우 필요 시 해당 기관에 요청하여 사건을 이첩 받을 수 있음

　　ⓒ 대통령과 청와대가 공수처 업무에 관여할 수 없도록 함

　　ⓔ 검찰이나 경찰 등 다른 수사기관이 고위공직자의 범죄를 인지한 경우에는 공수처에 즉시 통보하도록 함

③ 검찰 · 경찰 수사권 조정 법안(2020년 2월)

　　㉠ 「형사소송법」 개정: 검찰과 경찰의 관계를 기존 수사 지휘 관계에서 '상호 협력 관계'로 설정(수사지휘권 폐지)하고, 경찰에게 1차 수사에 자율권을 부여(1차 수사권 및 수사 종결권). 경찰이 고소 · 고발 사건을 포함해 범죄를 수사한 결과 범죄 혐의가 없다고 인정되는 경우에도 그 이유를 명시한 서면과 함께 서류 · 증거물을 검사에게 송부하도록 했으며, 검사는 90일 이내 재수사 요청 여부를 검토하고 검찰이 재수사 요청을 하면 경찰은 재수사에 착수해야 함

　　ⓛ 「검찰청법」 개정: 검찰개혁 핵심 과제인 검찰 · 경찰 수사권 조정의 근거마련을 위한 법안으로, 검사가 수사를 개시할 수 있는 범위와 관련하여 범죄의 범주에 '대형 참사 관련 범죄'를 추가하고, 그 외 검사의 직접 수사 개시 범위를 대통령령으로 정하도록 함

Chapter 2 상식

01 지방행정 관련 상식

1. 지방자치의 기초

(1) 지방자치의 의의

① 일정한 지역의 주민들이 자주재원과 자기의 책임하에 스스로 또는 대표자를 통해 지역사무를 처리하는 제도

② 그 지역의 자치사무(주민자치적 요소)와 국가로부터 위임된 국가사무(단체자치적 요소)를 처리하는 요소가 혼재되어 있음

(2) 지방자치의 3요소

① 자치권(법적 구성요소)

② 주민(인적 구성요소)

③ 구역(공간적 구성요소)

(3) 지방자치의 필요성

정치적 가치	• 민주주의의 실천원리: 주민들의 참여와 토론을 통해 지역문제 해결 • 쿠데타, 혁명의 방지: 행정권의 강화에 따른 국정의 독재화 및 관료화의 위험에 대한 방파제 역할 • 평화적 사회개혁: 권력의 지방분산에 따른 점진적 · 평화적 사회개혁 가능 • 정국혼란의 방지: 일시적인 정치 · 사회혼란과 마비를 극복하고 지방행정의 안정성과 일관성 도모
행정적 가치	• 지역특성에 적합한 행정의 실현 • 행정의 기능적 분화를 통한 효율행정의 촉진 • 주민참여를 통한 행정통제와 민주화 구현 • 지역적 실험을 통한 다양한 정책경험 • 지방공무원의 사기진작과 능력발전
사회 · 경제적 가치	• 지역주민의 주체의식 함양 • 사회계층 간의 갈등해소 • 실질적인 사회 · 경제개발의 촉진: 지역주민의 이익도모와 그 지역 개발에 중점 • 지역문화의 육성 • 인적 · 물적 집중화 방지

2. 중앙집권과 지방분권

(1) 지방분권의 개념

지방행정에 대한 통치권과 의사결정권이 지방자치단체에 분산되어 지방자치단체의 자주성·독립성이 보장되어 있는 현상

(2) 중앙집권과 지방분권의 장점 비교

① 중앙집권의 장점

　　㉠ 행정의 통일성·일관성·안정성

　　㉡ 행정관리의 전문화

　　㉢ 비상사태나 위기발생 시 신속한 대처 가능

　　㉣ 경제적 능률성 제고

　　㉤ 전국적·광역적인 대규모 사업의 추진

　　㉥ 지역 간 재정력의 격차 조정 및 균형적인 지역발전 도모

　　㉦ 인적·물적 자원의 최적 활용과 예산의 절약

　　㉧ 공공서비스 공급의 형평성과 균질성 확보

② 지방분권의 장점

　　㉠ 지역실정과 특수성에 적합한 행정 수행

　　㉡ 다양한 정책경험

　　㉢ 행정에 대한 주민통제의 강화

　　㉣ 사회적 능률성, 행정의 책임성 제고

　　㉤ 지역경제 및 문화의 활성화

　　㉥ 신속한 행정처리

　　㉦ 주민참여의 확대와 행정의 민주화 구현

　　㉧ 지방공무원의 능력배양 및 사기진작

📝 **관련 질문**

- 지방자치제도에 대해서 아는 대로 말해보시오.
- 지방자치의 3요소를 말해보시오.
- 지방자치가 왜 필요하다고 생각하는가?
- 지방분권이란 무엇인가?
- 지방분권의 장·단점을 말해보시오.

3. 지방자치단체의 구조

(1) 지방자치단체의 의의
① 개념: 국가 내의 일정한 지역을 관할구역으로 하여 그 주민들에 의해 선출된 기관이 국가로부터 상대적으로 독립된 지위에서 주민의 복리에 관한 사무를 자주적으로 처리하는 법인격이 있는 공공단체
② 특성
ㄱ 국가와 독립된 법인
ㄴ 사법인인 사단법인이나 재단법인과는 구별되는 공법인
ㄷ 지역단체
ㄹ 통치기관
ㅁ 헌법상의 기관

(2) 지방자치단체의 종류
① 보통지방자치단체
ㄱ 광역(상급 · 2차) 자치단체: 특별시, 광역시(6개), 도(8개), 특별자치도, 특별자치시
ㄴ 기초(하급 · 1차) 자치단체: 시, 군, 자치구(광역시 · 특별시에 설치)
② 특별지방자치단체: 「지방자치법」상 지방자치단체조합, 「지방공기업법」상 지방공기업조합, 교육구

---

plus ＋ 광역자치단체와 기초자치단체 간의 관계

1. 헌법에 의해 독립된 법인격을 가진 공법인으로, 상하관계가 아니라 상호협력관계에 있다.
2. 다만, 여러 법령에서 예외적으로 사무처리(특히 위임사무)에 관한 지도 · 감독관계를 상하관계로 규정하고 있다.

---

4. 지방자치단체의 계층구조

(1) 단층제와 중층제
① 단층제: 하나의 구역 안에 단일의 일반자치단체만 있는 경우
② 중층제: 일반자치단체가 다른 일반자치단체의 구역 안에 포함되어 있는 경우
③ 우리나라는 다층구조로 인하여 행정비용이 증대되고 의사전달의 왜곡이 발생할 수 있다는 비판이 있음

(2) 중층제의 장·단점

① 장점

  ㉠ 기초자치단체와 광역자치단체 간 업무의 분업적 수행 가능

  ㉡ 국가의 감독기능 유지 가능

  ㉢ 중앙정부로부터 기초자치단체의 보호 가능

  ㉣ 자치단체에 대한 주민의 접근성과 대응성 제고

② 단점

  ㉠ 행정기능의 중복으로 인한 이중행정의 폐단, 지체와 낭비

  ㉡ 행정책임 모호

  ㉢ 지역의 개별성과 특수성 간과

  ㉣ 기초자치단체와 중앙정부 간 의사소통 왜곡

(3) 우리나라의 계층구조

① 자치계층은 광역자치단체와 기초자치단체로 이루어진 2층제를 원칙으로 하나, 세종특별자치시와 제주특별자치도는 단층제로 운영됨

② 행정계층은 3층제 또는 4층제로 운영되며, 읍은 2만 이상, 시는 5만 이상이라는 인구 기준을 사용함

③ 일반적으로 계층구조의 중복으로 인한 비효율성과 광역·기초 및 특별지방행정 기관 간 업무중복으로 인한 책임성 확보의 곤란성이 문제점으로 지적됨

5. 주민참여

(1) 주민참여의 기능

① 정치적 기능: 대의제 보완, 행정의 독선화 방지 및 책임성 확보, 주민교육기능과 일반대중의 참여, 지방자치의 실질적 구현, 소수인의 권리 보호 등

② 행정적 기능: 행정서비스의 개선, 행정에 대한 이해와 협력의 확보, 정책집행의 순응성 제고, 정보의 전달과 모집, 주민상호 간 이해조정과 분쟁해결 등

(2) 주민참여의 역기능

① 행정의 능률성·전문성 저하

② 참여의 대표성 문제

③ 대중조작의 가능성

(3) 우리나라의 주민참여제도

① 주민투표제: 지방자치단체의 장은 주민에게 과도한 부담을 주거나 중대한 영향을 미치는 지방자치단체의 주요 결정사항 등에 대하여 주민 또는 지방의회의 청구에 의하거나 직권에 의해 주민투표에 부칠 수 있음

② 주민소환제: 지역주민들이 선출직 공직자들의 임기 중간에 불신임하여 주민투표를 통해 공직에서 물러나게 하는 제도로, 가장 적극적이고 강력한 주민참여의 형태이자 주민통제수단임

    ㉠ 주민소환 투표대상은 지방자치단체장과 지방의원(비례대표 제외), 교육감임

    ㉡ 주민소환 투표결과 투표권자의 1/3 이상의 투표와 유효투표 총수의 과반수 찬성으로 확정되면 그 결과가 공표된 시점부터 그 직을 상실함

6. 자치입법권

구분	조례	규칙
의의	지방의회가 헌법과 법률의 범위 내에서 제정한 자치법규	지방자치단체장이 법령 또는 조례가 위임한 범위 내에서 그 권한에 속하는 사무에 관하여 제정하는 자치법규
제정권자	지방의회	지방자치단체장 기타 집행기관, 교육감
사무범위	• 자치사무와 단체위임사무에 대하여 규정이 가능함 • 기관위임사무는 원칙적으로 규정 못함	자치사무, 단체위임사무, 기관위임사무를 불문하고 지방자치단체의 장의 권한에 속하는 모든 사항에 관하여 제정이 가능함
제정범위	• 법령의 범위 내 • 벌칙에 대한 것은 법률의 위임 필요	• 법령과 조례가 위임한 범위 내 • 벌칙 규정 불가
양자 간 효력	• 효력상 대등 • 조례로 정할 사항을 규칙으로 정하거나, 규칙으로 정할 사항을 조례로 정하는 경우 무효(규율사항 구분이 불명확 시 조례와 규칙 중 어느 것으로도 규율 가능하지만, 양자에 공동으로 적용되는 사항이면 조례가 규칙보다 우선 적용되고 효력을 가짐)	

7. 정부 간 관계와 광역행정

(1) 지방통제의 필요성과 문제점

① 필요성: 통일성 유지, 국민적 최저수준의 확보

② 문제점: 주민들의 참여의지 약화, 지방자치의 본질 훼손, 지방정부의 개별성과 특수성 저해 등

(2) 중앙과 지방의 분쟁

① 행정적 조정: 중앙정부의 조정 및 감독

② 사법적 조정: 권한쟁의(헌법재판소)와 기관쟁의(대법원)

③ 제3자 조정: 국무총리 소속의 행정협의조정위원회

8. 지방자치단체의 재정

(1) 지방자치단체의 재정

① 지방재정의 원칙: 수지균형의 원칙, 공정의 원칙, 적정화의 원칙, 안정의 원칙, 효율화의 원칙, 재정 구조 탄력성 확보의 원칙, 행정 수준 향상의 원칙, 자주성의 원칙, 회계연도 독립의 원칙, 예산총계 주의의 원칙, 지방채무 및 채권제한의 원칙, 국가시책구현의 원칙 등

② 자주재원과 의존재원

  ㉠ 자주재원: 지방자치단체가 직접 징수하는 수입(지방세, 세외수입 등)

  ㉡ 의존재원: 국가나 광역자치단체로부터 제공받는 수입(지방교부세, 국고보조금 등)

③ 재정자립도: 자치단체의 세입구조를 지방세수입, 세외수입, 지방교부세, 보조금으로 구분하여 그 중 에서 자주재원(지방세수입과 세외수입)의 합계액이 세입 총액에서 점하는 비율

④ 지방자치단체의 재정력 강화 방안: 지방자치단체가 주체적으로 자주재원을 증대시키는 방안과 중앙정 부와 지방정부 간의 세원조정 및 재원조정을 통해 자치단체의 의존재원을 증대시키는 방안이 있음. 자주재원이 늘어나면 재정자립도가 높아지고, 의존재원이 늘어나면 재정력은 강화되나 재정자립도 는 낮아짐

  ㉠ 자주재원의 증대 방안: 지방세의 과표 현실화(지방세부담률 제고), 신세원의 개발, 지방세·비과 세·조세 감면의 합리적 조정, 조세 징수 노력의 증대, 세외수입 확대, 경영수익 사업 확대

  ㉡ 의존재원의 증대 방안: 국가와 지방 간 세원과 재원조정의 방안 강구, 특정세목의 이양, 지방재정 조정제도(지방교부세, 국고보조금)의 개선

(2) 지방세와 지방교부세

① 지방세

  ㉠ 지방세의 구조: 우리나라 지방세는 「지방세기본법」에 의해 특별시·광역시세, 도세, 시·군세, 자 치구세로 구성되어 있으며, 세분하면 보통세와 목적세로 구분되어 있음

  ㉡ 지방세의 원칙: 보편성의 원칙, 안정성의 원칙, 응익성의 원칙, 분담성의 원칙, 정착성의 원칙, 자 주성의 원칙 등

ⓒ 우리나라 지방세의 문제점: 세원의 빈약성, 지역 간 세원 편차가 큼, 지역적 특성을 고려함이 없이 획일적으로 세율 적용

② 지방교부세

    ㉠ 개념: 지방재정이 취약한 자치단체가 최소한의 행정 수준을 유지하는 데 필요한 재원을 보장하고, 경제발전의 지역적 불균형에서 오는 지역 간의 재정격차를 완화할 목적으로 국가가 지방자치단체에 내국세 총액의 일부를 교부하는 국고지출금을 의미함

    ㉡ 종류: 보통교부세, 특별교부세, 부동산교부세, 소방안전교부세

---

plus ➕ 지방재정 개혁

지방재정의 건전성과 책임성을 강화하기 위한 지방재정 개혁의 후속 조치로 지방보조금 부정사용을 신고하면 최대 1억 원의 신고포상금을 받을 수 있게 된다. 또한 재정위기단체가 재정건전화 계획을 3년간 이행하고도 재정지표가 위기단체 지정시점 대비 50% 이상 악화되면 긴급 재정관리인이 파견된다.

📝 **관련 질문**

- 지방자치단체에 대해서 아는 대로 말해보시오.
- 광역자치단체와 기초자치단체 간의 관계를 말해보시오.
- 우리나라 지방자치단체의 계층구조와 장·단점을 말해보시오.
- 주민참여의 효용을 설명해 보시오.
- 주민참여의 부정적 측면은 무엇이 있는가?
- 조례와 규칙에 대해서 설명해 보시오.
- 자주재원과 의존재원에는 어떤 것들이 있는가?
- 재정자립도의 제고방안을 말해보시오.
- 지방세의 원칙은 무엇인가?
- 우리나라 지방세의 문제점은 무엇인가?

02 기타 행정법·행정학 관련 상식

1. 행정법

(1) 고시와 공고
① 고시: 계속적 효력이 있는 사항을 알리는 경우, 구속력을 가지는 사항
② 공고: 일시적 또는 단기간의 일정한 사항을 알리는 경우, 구속력을 가지지 않는 사항

(2) 허가와 인가
① 허가: 자연인이나 법인이 일반적으로 자유롭게 활동할 수 있는 기본권리를 국가목적 또는 행정목적 달성의 필요에 따라 국가가 그 권리를 제한하고, 일정요건을 갖춘 자에게만 그 권리를 허가하여 주는 것
② 인가: 국민과 국민 간의 계약을 승인해주는 제도

(3) 손해배상과 손실보상
① 손해배상: 위법한 행정작용으로 인한 재산적·비재산적 손해 전보
② 손실보상: 적법한 행정작용으로 인한 재산적 손실 전보

(4) 법치행정: 행정은 법률에 근거하고 법률에 적합하도록 행해져야 한다는 행정법상 원리로, 법률의 법규창조력, 법률유보의 원칙, 법률우위의 원칙이 있음
① 법률의 법규창조력: 국민의 대표기관인 국회만이 국민을 구속하는 규범인 법률을 만들 수 있음
② 법률유보의 원칙: 국가행정은 법적 근거를 갖고서 이루어져야 함
③ 법률우위의 원칙: 국가행정은 합헌적 절차에 따라 제정된 법률에 위반되어서는 안 됨

(5) 행정심판과 행정소송의 차이점

구분	행정심판	행정소송
대상	위법·부당한 처분	위법한 처분
판단기관	행정부 소속의 행정심판위원회	법원
근거법률	「행정심판법」	「행정소송법」
심리절차상 원칙	서면·구술 심리 원칙, 비공개 원칙	구술 심리 원칙, 공개 원칙

(6) 행정행위 시 의도하지 않은 피해에 대한 배상: 경과실인 경우에는 국가가, 중과실인 경우에는 공무원 본인에게 책임이 있음

(7) 행정법상 무효와 취소

① **무효**: 행정행위의 하자가 중대·명백하여 처음부터 법률효과가 발생하지 않는 것으로, 효력의 취소 등 특정한 행위·주장이 필요하지 않고, 시간의 경과에 의해서도 효력이 없음

② **취소**: 일단 유효하게 성립한 행정행위의 성립에 하자가 있는 경우 효력을 소멸시키는 것으로, 취소 권자의 취소행위가 있어야 효력이 사라지고, 소멸시효가 완성되어 취소권이 소멸하면 그 행위는 효 력을 잃지 않는 것으로서 확정됨

(8) 행정법의 5가지 원칙

① **평등의 원칙**: 행정작용에 있어서 합리적인 사유가 없는 한 국민을 공평하게 대해야 함

② **비례의 원칙(과잉금지의 원칙)**: 행정주체가 구체적인 행정목적을 실현함에 있어서 그 목적실현과 수단 사이에는 합리적인 비례관계가 있어야 함

③ **신뢰보호의 원칙**: 행정청의 어떠한 언동의 정당성 또는 존속성에 대한 개인의 보호가치가 있는 신뢰 를 보호해야 함

④ **행정의 자기구속의 법리**: 행정청은 동종의 사안에 대해 이미 제3자에게 내린 결정의 기준에 구속되어 스스로 정하여 시행하고 있는 기준을 이탈할 수 없음

⑤ **부당결부금지의 원칙**: 행정작용을 행사할 때 그것과 실질적 관련이 없는 상대방의 반대급부와 결부시 켜서는 안 됨

(9) 통치행위: 국가적인 이해(利害)를 직접 대상으로 하는 고도의 정치성을 띤 국가행위를 말함. 쟁송(爭 訟) 대상으로 하기에는 부적당한 성질의 것으로 사법적 심사가 일반적으로 배제됨

(10) 재량행위와 기속행위

구분	재량행위	기속행위
개념	행정기관이 행정행위를 할 때 또는 행위의 내용을 결정할 때 그 기관에게 자유로운 재량이 인정되는 처분(법이 허용하는 범위 내에서 자유)	행정처분을 함에 있어서 행정청의 재량의 여지가 전혀 허용되지 않고 법규에 정한 그대로를 구체화시키는 처분(법규의 엄격한 구속)
부당한 처분	부당하다는 데 그치고, 위법의 문제까지 발생하지 않음. 단, 재량행위라 할지라도 행정기관이 재량권을 남용하거나 재량권의 한계를 넘어선 행위를 한 경우에는 위법한 행위가 될 수 있음	위법행위가 되어 행정소송의 대상이 됨

2. 행정학

(1) 관료제의 병리현상

① **파킨슨의 법칙**: 공무원 수는 업무량 증가와 관계없이 증가한다는 법칙

② **피터의 법칙**: 공무원은 무능력한 수준까지 승진한다는 법칙으로, 승진 한계를 한 단계 낮추거나 개방형 승진제 도입으로 해결 가능

③ **딜버트의 법칙**: 창의적이고 적극적인 시도를 하는 직원보다 무능력하고 비효율적인 직원이 중간단계를 거치지 않고 곧바로 승진한다는 법칙

④ **과두제의 철칙**: 권력이 상층부 소수인에게 집중됨

⑤ **수단의 목표화**: 목표가 아닌 수단인 규칙·절차에 지나치게 동조

⑥ **변동에 대한 저항**: 관료의 자기보존에 대한 위협·불안감으로 인해 변동하는 환경에 적응 곤란

⑦ **할거주의**: 관료가 자신이 속해있는 조직단위에만 관심이 있고, 타부서를 배려하지 않아 조정이나 협조가 어려움

⑧ **비인간성**: 관료제 구성원은 대규모 조직의 부속품처럼 기계화되어 인격적 관계 상실

⑨ **무사안일주의와 상급자 권위에 의존**: 문제해결에 적극적·쇄신적 태도를 취하지 않으려 하고, 상급자의 명령·지시에만 맹종

⑩ **행정의 독선화**: 국민에 대하여 직접 책임을 지지 않을 뿐만 아니라 전문성·권력성·과두제성 등으로 인하여 고질적인 독선관료주의를 가져와 민주행정에 역행

(2) 신공공서비스론

① **개념**: 정부에게 기업가를 닮으라며 지나치게 능률성 이념을 강조해 온 신공공관리론*적 사조에 대한 반작용의 결과로 등장한 패러다임

  * **신공공관리론**: 경영관리적 정부운영을 지양하고, 관료와 시민들의 참여와 민주적 방식에 의해 운영되어야 한다는 입장

② 지역공동체에 기초한 시민정신과 시민민주주의에 토대를 둔 담론들이 강조해 온 민주성이나 형평성에 기초하여 시민사회가 중심이 된 민주적 공동체를 구축하고자 하는 시대적 사조

③ 정부의 소유주인 시민의 권리를 회복시키고 지역공동체 의식을 복원하고자 하는 데 초점을 둔 연구 경향

(3) 한국 행정문화의 문제점

① 사인(私人)주의 · 가족주의: 혈연 · 지연 · 파벌의식이나 개인 간의 특별한 신임관계 등이 행정을 지배하게 되고, 공 · 사의 구별이 명확하지 않음. 이러한 문화는 정책결정 · 행정활동의 합리성 · 객관성의 확보와 행정의 조정을 저해함

② 관인지배주의 · 관직사유관: 관료는 국민에 대하여 지배자로서 특권적 지위가 부여되어 있다는 관인지배주의적 사고방식이 강하며, 관직을 사적 목적을 위하여 이용하거나 그 직무활동으로 얻게 되는 이익을 사용화할 수 있다는 관직사유관이 만연해 있음

③ 의식주의: 형식 · 절차 · 관습 · 선례 등에 지나치게 집착함. 법규만능주의를 초래하며, 사회변동에 대처할 수 있는 행정의 신축성 · 적극성을 저해함

(4) 지역이기주의

① 발생 원인: 전면적 지방자치의 실시, 입지 선정 방법상의 문제, 공업화의 진전과 시민 의식 미약, 국가 · 사회적 공동체 의식 약화, 행정에 대한 불신 풍조(비공개 행정), 비합리적 · 불공평한 정책 결정, 환경 문제의 관심 증대 등

② 극복 방안: 정책결정 과정에서 행정 정보의 공개, 합리적 보상 체계 정비, 갈등조정기구의 정비 및 활성화, 민주 의식 함양, 사업 추진 · 입지 선정 과정에 주민 참여 보장 및 유도 등

03 기타 상식

(1) 민주주의(Democracy)

① 개념: 'demo(국민)'와 'kratos(지배)'의 두 낱말이 합쳐진 것으로, '국민의 지배'를 의미

② 요건

  ㉠ 1인 1표의 보통선거권

  ㉡ 2개 이상의 정당

  ㉢ 출판 · 결사 · 언론의 자유 및 적법절차 없이 국민을 체포 · 구금불가 보장

  ㉣ 정부의 시책은 국민의 복리증진을 위한 것이어야 함

  ㉤ 국가에 대한 비판 보장

  ㉥ 평화적인 정권교체

(2) 법치주의

국가가 국민의 자유와 권리를 제한하거나 국민에게 의무를 부과할 때에는 반드시 국민의 대표기관인 의회에서 제정한 법률로써 해야 하고, 행정작용과 사법작용도 법률에 근거를 두어야 한다는 원칙으로, 국가의 자의적인 권력행사를 제한하여 국민의 자유와 권리를 보장하기 위한 것

(3) 국민주권

국가의 정치 형태와 구조를 최종적으로 결정하는 권력이 국민에게 있다는 원리. 즉, 민주정치는 국가의 주권이 국민에게 있고 국민의 의사에 따라 운용되는 정치형태를 말함. 대한민국 헌법은 제1장 제1조 제2절에 "대한민국의 주권은 국민에게 있고, 모든 권력은 국민으로부터 나온다."라고 명시하고 있음

(4) 국민의 권리와 의무

① 국민의 권리

  ㉠ 인간의 존엄과 가치, 행복추구권

  ㉡ **평등권**: 법 앞에서의 평등, 차별을 받지 아니할 권리 등

  ㉢ **자유권**: 신체의 자유, 언론 · 출판 · 집회 · 결사의 자유, 재산권 등

  ㉣ **참정권**: 선거권, 공무담임권 등

  ㉤ **청구권**: 청원권, 재판청구권, 국가배상청구권 등

  ㉥ **사회권**: 교육권, 근로3권, 환경권 등

② 국민의 의무: 교육의 의무, 근로의 의무, 납세의 의무, 국방의 의무, 재산권 행사의 공공복리 적합 의무, 환경보전의 의무 등

(5) 우리나라의 법체계: 헌법 → 법률 → 명령 → 조례 → 규칙

(6) 합헌 · 위헌 · 헌법불합치

① 합헌: 해당 법 조항이 헌법에 위배되지 않는다는 헌법재판소의 판단

② 위헌: 해당 법 조항이 헌법에 위배된다는 판단이며, 위헌 결정 즉시 그 법 조항은 효력이 상실됨

③ 헌법불합치: 위헌이기는 하지만 당장 위헌 결정을 내릴 경우, 법적 공백으로 사회적 혼란이 야기될 수 있다는 점에서 법 개정 혹은 대체 입법 이전까지 그 효력을 불가피하게 유지시키는 것

(7) 님비(NIMBY)현상

① 개념: 'Not In My Backyard'를 줄인 말로, 장애인 시설이나 쓰레기 처리장, 화장장, 교도소와 같이 지역 주민들이 싫어할 시설이나 땅값이 떨어질 우려가 있는 시설들이 자신이 살고 있는 지역에 들어서는 것을 반대하는 현상

② 대책

　㉠ 무턱대고 강행하기보다 행정정보 공개와 대화를 통한 설득 필요

　㉡ 부지 선정 절차에 주민을 적극적으로 참여시켜 신뢰 확보 가능

　㉢ 지역사회의 공익을 함께 고려하는 시민교육 필요

　㉣ 기피시설 설치 시 선호시설물을 설치하는 등의 보상 제공

　㉤ 전문성과 중립성을 갖춘 갈등조정기구 마련

③ BANANA현상: 'Build Absolutely Nothing Anywhere Near Anybody'를 줄인 말로 각종 환경오염시설들을 자기가 사는 지역권에는 설치하지 못한다는 지역이기주의 현상. 님비현상과 유사함

(8) 기부포비아

① 현황: '정의기억연대' 재단 사건 등 기부금 불법유용 사건이 연달아 발생하면서 기부금, 후원금에 대한 불신이 팽배해짐. 이로 인해 후원이 끊기면 생계가 어려운 아동 · 가구가 피해자가 될 수 있음

　㉠ 기부단체들이 설립 인 · 허가만 받으면 자동적으로 세제혜택이 부여되는 경우가 대부분이고, 주무관청이나 기획재정부의 기부단체 지정과정에서도 요건이나 작성 서류가 적절하게 구비되었는지 점검하는 데 그치는 현실임

　㉡ 기부금 정보를 공개해야 하는 의무를 지닌 단체도 일부에 불과하며, 공시의무가 있는 단체마저도 소관업무가 저마다 다른 정부부처가 각각 정보공시 시스템을 운용하기 때문에 기부하려는 단체가 어떤 법적 성격을 가졌는지 확인하기 위해서는 일일이 각 부처 시스템을 조회해야 함

③ 대책

　㉠ 정부가 모금단체의 공익성을 검증하고, 기부금 사용 내역을 면밀히 살펴보아야 함

　㉡ 공익기부단체의 신뢰 확보를 위해 기부금 모집액, 사용처를 의무적으로 공시해야 하는 단체 확대

ⓒ 기부자들이 자신들이 낸 기부금이 제대로 쓰이고 있는지 등 관련 정보를 손쉽게 확인할 수 있도록 통합정보시스템 구축

(9) 워라밸(Work and Life Balance)

① 개념: '일과 삶의 균형'을 뜻하는 영어 '워크 앤 라이프 밸런스(Work and Life Balance)'의 줄임말로, 대체로 잦은 야근과 장시간 노동에 시달리는 현실 속에서 취업준비생들이 일과 삶의 균형을 직장을 구하는 기준으로 삼는 형태를 뜻하기도 함

② 원인: 저성장과 개인주의 문화의 확산

③ 특징

ⓐ 이전 세대와는 달리 일 때문에 자기 삶을 희생하지 않음

ⓑ 많은 돈을 버는 것보다 스트레스가 없는 삶을 꿈꾸며, 삶의 만족도를 높이기 위한 다양한 대안을 모색하고, 남은 시간은 휴식과 여행, 취미, 자기계발 등 개인생활을 하는 데 사용함

(10) 사회적기업

① 개념: 취약계층에게 사회서비스 또는 일자리를 제공하여 지역주민의 삶의 질을 높이는 등의 사회적 목적을 추구하면서 재화 및 서비스의 생산과 판매 등 영업활동을 수행하는 기업

② 주요 특징

ⓐ 취약계층에 일자리 및 사회서비스 제공 등 사회적 목적 추구

ⓑ 영업활동 수행 및 수익의 사회적 목적 재투자, 민주적인 의사결정구조 구비

---

plus+ 기타 시사 용어 설명

1. **개미족**: 학력은 높지만 취업난으로 인하여 빈곤한 삶을 사는 이들을 칭하는 말이다.

2. **니트족**: 일하지 않고 일할 의지도 없는 청년 무직자를 뜻하는 신조어로, 고용환경이 악화되어 취업을 포기하는 청년실업자가 늘어나면서 니트족이 증가하여 사회불안을 유발한다.

3. **삼포세대**: 치솟는 물가, 등록금, 취업난, 집 값 등 경제적, 사회적 압박으로 인해 연애와 결혼을 포기하고, 출산을 기약없이 미루고 있는 2~30대 청년층 세대를 말한다. 최근에는 확장된 개념인 'N포 세대'라는 신조어도 등장했다. N포 세대는 집, 경력, 희망, 취미와 인간관계 등을 포기한 세대를 일컫는다.

4. **퍼플오션**: 치열한 경쟁 시장인 레드오션과 경쟁자가 없는 시장인 블루오션을 조합한 말로, 기존의 레드오션에서 발상의 전환을 통하여 새로운 가치의 시장을 만드는 경영전략을 말한다.

5. **기울어진 운동장**: 애초부터 공정한 경쟁을 할 수 없는 상황을 비유적으로 이르는 말로, 어느 한 쪽으로 기울어진 운동장에서는 아무리 뛰어난 사람이라도 경기에서 이길 수 없다는 데서 유래했다.

6. **프로슈머(prosumer)**: 생산자(producer)와 소비자(consumer)의 합성어로, 소비는 물론 제품의 생산과 판매에도 직접 관여해 해당 제품의 생산단계부터 유통까지 소비자 권리를 행사하는 '생산적 소비자'를 이르는 말이다.

Part 4

지역별 · 직렬별 면접 자료

01 지방직 면접 공통 기출주제

1. 지방분권의 현황과 선결과제

(1) 현황
① 문재인 대통령의 분권형 개헌에 대한 의지 천명
② 「지방자치분권 및 지방행정체제개편에 관한 특별법」 제정(2020년 1월 시행)
③ 행정안전부 자치분권 로드맵 완성과 '범정부 재정분권 TF' 구성 추진

(2) 선결과제
① 지방분권의 충실한 실현을 위한 자치분권기본법을 제정하거나 현재의 「지방자치법」 개정 필요
② 재정분권으로 인한 지방자치단체 간 빈부격차를 방지하기 위한 강력한 재정 조정제도 필요(국가균형발전 특별회계 지원 등)

2. 지역 균형 발전과 지방의 청년 인구 유출

(1) 지역 균형 발전
① 지역 균형 발전을 위한 법 제정(「국가균형발전 특별법」, 「혁신도시 조성 및 발전에 관한 특별법」)
② 인구증가율이 낮은 지역이 기업을 유치했을 경우 인센티브 지급
③ 지역특성에 맞는 사업을 발굴하여 지역특화 일자리 창출
④ 산업 클러스터 구축
⑤ 공공기관 이전

(2) 지방의 청년 인구 유출
① 원인: 수도권에 비해 양질의 일자리 부족
② 대안: 일자리 창출 및 지역 발전을 유도

plus + 지역맞춤형 일자리 창출 지원사업

1. **개념**: 지역의 고용 창출 및 인적자원 개발을 위해 지방자치단체가 지역의 고용 관련 비영리법인(단체)과 협업 네트워크를 구성하여 사업을 제안하고 고용 창출 등에 효과가 클 것으로 판단되는 사업을 선정하여 사업비를 보조, 관리·감독하여 추진하는 사업이다.
2. **목적**: 구직자들에게 지역사회 일자리 안내 및 실습교육을 통해 실무인력을 양성하고 취업연계까지 지원하여 지역기업들의 구인난과 취업준비생들의 취직난, 각 지역경제 활성화까지 모두 해결하는 것을 목적으로 한다.

3. 구도심 공동화의 원인과 대안

(1) 원인

열악한 주거환경, 상권 위축 등

(2) 대안

① 상권 활성화를 위해 위생적인 환경 조성

② 지역의 고유한 스토리 확보, 문화공간 마련

③ 규제완화 인센티브 제공

④ 창업 활성화를 통한 생태계 조성

4. 세계적인 도시가 되기 위한 방안

(1) 장소마케팅

① **의미**: 장소를 하나의 상품으로 인식하고, 지역의 자산을 매력적으로 보이게 하여 장소의 경제적 가치를 높이는 것

② **방법**: 랜드마크 등 상징적 이미지를 활용한 홍보, 지역축제·스포츠행사 등 개최, 역사적 건물과 장소 보존 등

(2) 지역브랜드

① **의미**: 지역 그 자체 또는 지역의 상품을 소비자에게 특별한 브랜드로 인식시키는 것

　예 서울 – 아이서울유(I·SEOUL·U)

② **과제**: 지역만의 차별화되는 경쟁력을 파악, 지역브랜드 개발 과정에서 지역주민들의 적극적·자발적인 참여 필요

(3) 지리적 표시제

상품의 품질 등이 근본적으로 해당 지역에서 비롯되는 경우 지역의 생산품임을 인증하고 표시하는 제도

　예 보성녹차

5. 자치분권 종합계획(2018.9.11.) 6대 전략 33개 과제

6대 전략	33개 과제
주민주권 구현	• 주민참여권 보장 • 숙의 기반의 주민참여 방식 도입 • 주민자치회 대표성 제고 및 활성화 • 조례 제·개정의 주민직접발안제도 도입 • 주민소환 및 주민감사청구 요건의 합리적 완화 • 주민투표 청구대상 확대 • 주민참여예산제도 확대
중앙권한의 획기적인 지방 이양	• 중앙─지방자치단체 간 사무 재배분 • 중앙권한의 기능 중심 포괄 이양 • 자치분권 법령 사전협의체 도입 • 특별지방행정기관 정비 • 대도시 특례 확대 • 광역단위 자치경찰제 도입 • 교육자치 강화 및 지방자치와의 연계·협력 활성화
재정분권의 강력한 추진	• 국세·지방세 구조 개선 • 지방세입 확충 기반 강화 • 고향사랑 기부제 도입 • 국고보조사업 개편 • 지방교부세 형평 기능 강화 • 지역상생발전기금 확대 및 합리적 개편
중앙─지방 및 자치단체 간의 협력 강화	• 중앙─지방 협력기구 설치·운영 • 자치단체 간 협력 활성화 지원 • 제주·세종형 자치분권 모델 구현
자치단체의 자율성과 책임성 확대	• 지방의회 인사권 독립 및 의정활동정보 공개 • 자치조직권 강화 및 책임성 확보 • 지방인사제도 자율성 및 투명성 확보 • 지방공무원 전문성 강화 • 지방재정 운영의 자율성 제고 • 지방재정정보 공개 및 접근성 확대 • 자치분권형 평가체계 구축 • 자치단체 형태 다양화
지방행정체제 개편과 지방선거제도 개선	• 지방행정체제 개편방안 모색 • 지방선거제도 개선방안 모색

6. 국세와 지방세 조정

(1) 현황

복지사업 강화 등 행정수요가 급증해 지방자치단체의 재정부담은 늘고 있으나 재정은 뒷받침되지 않아 재정여건이 열악함. 문재인 정부는 자치분권을 100대 국정과제의 핵심과제로 선정하고 위원회를 출범시켜 자치분권 업무를 총괄하도록 하고 있으나 재정자립도는 2017년 53.7%에서 2019년 51.4%로, 재정자주도는 76.5%에서 74.2%로 더 낮아지고 국세와 지방세 비율은 여전히 8:2 수준에 머무름

(2) 해외사례

① 독일: 연방정부와 주정부가 세수의 70% 이상 공유

② 스위스: 스위스 연방정부의 세수는 전체 세수의 35% 미만으로 지방정부가 전체 세수 65% 확보

③ 일본: 지방자치단체 세입 중 지방세 비중이 최고 44.5%이며, 개혁을 통해 국고보조금 규모를 대폭 축소하고 지방세 비중을 40% 이상으로 확대

(3) 정부의 국세와 지방세 조정 방향

① 국정과제: 재정자립을 위한 재정분권

　　㉠ 목표: 지방재정의 자율성과 책임성을 제고하기 위해 국가와 지방의 세입구조를 개선하고, 주민참여예산제 확대 등을 통해 지방재정의 건전성 확보

　　㉡ 주요 내용

　　　　• 국세−지방세 구조 개선: 국세와 지방세의 비율을 7:3을 거쳐 장기적으로 6:4 수준까지 개선, 지방소비세 비중 확대, 지방소득세 규모 확대, 국가와 지방 간 기능 재조정, 지방세 신세원 발굴, 지방세 비과세·감면율 15% 수준 관리

　　　　• 이전재원 조정 및 재정균형 달성: 지방자치단체 간 재정 격차 완화 및 균형발전 추진, 지방교부세율 상향 및 지역상생발전기금 확대, 국고보조사업 정비

　　　　• 지방재정의 건전성 강화: 지방세 및 지방세외수입 체납징수율 제고, 예산낭비사업 근절을 위한 제도 개선 추진, 고액·상습체납자 대상 징수 활동 강화, 지방세외수입 업무시스템 통합, 예산 낭비신고센터 및 국민감시단 활성화

　　　　• 고향사랑 기부제 활성화: 고향사랑 기부제법(가칭) 제정을 통한 지방재정 보완 및 지역경제 활성화, 재정이 열악한 지방자치단체에 기부할 경우 인센티브 제공, 투명하고 공정한 기부금 모집·활용을 위한 제도 개선 추진

　　　　• 주민참여예산제 확대: 지방자치단체의 핵심정책·사업까지 주민참여예산제 확대를 통해 주민에 의한 자율통제 강화

② 재정분권 추진방안

㉠ 기본 원칙

- 지방의 자율성 · 책임성을 제고하는 지방재정제도 개혁
- 재정분권을 통한 국가 균형발전 촉진 및 재정격차 완화
- 단계적 추진전략으로 조속한 성과 창출과 실효성 제고

㉡ 기대효과: 2022년까지 국세와 지방세 비율을 7 : 3까지 개선하고 지역 간 재정격차 완화

㉢ 1단계 재정분권(2019~2020년)

- 지방소비세 세율을 현재 국세인 부가가치세수의 11%에서 21%로 인상하고, 담배소비세의 20%를 차지하는 소방안전교부세의 세율을 45%까지 인상
- 기존 균형발전특별회계 중 3조 5천억 원을 지방으로 이양하면서 지역상생발전기금에 이양계정을 신설하고, 지방소비세 인상에 따른 지방교부세 감소분을 보전하지 않고 지방교부세의 법정교부세율을 19.24%로 유지하며, 지방교육재정교부금의 법정교부세율을 20.6%로 인상하여 교육재정 지원

㉣ 과제

- 재정분권에 대한 중앙정부와 지방자치단체 간의 지속적인 협의가 미흡하고 중앙정부 주도로 재정분권 정책을 추진하고 있다는 지적이 있음. 향후 재정분권과 관련한 거버넌스 구조를 확립하여 중앙정부 및 지방자치단체의 이해를 조정 · 협의하는 등 재정분권과 관련한 지방자치단체의 의견을 수렴 · 반영해야 함
- 지방세 비중을 획기적으로 확대해도 지역별 세원분포가 불균등하기 때문에, 지방세 비중이 확대되면 지방자치단체 간의 재정불균형이 심화될 우려가 있으므로 균형발전을 고려한 재정분권 추진이 필요함. 지방교부세의 법정교부세율 인상, 국고보조금제도 개편 등 지방재정 조정제도 등을 고민해야 함

③ 지방자치단체 간 공동세 도입

㉠ 공동세의 개념: 중앙정부와 지방자치단체, 또는 지방자치단체 간에 특정 세목을 지정해 공동세로 걷은 뒤 일정 비율로 나눠 쓰는 제도. 즉, 재정형편이 좋은 지방자치단체로부터 세금을 더 걷어 세수가 부족한 지방자치단체를 지원함

㉡ 기대효과: 재정이 열악한 지방자치단체의 재원 마련이 쉬워지고, 소득과 소비 변화에 따른 세수 확보도 용이해짐

㉢ 문제점: 재정 형편이 양호한 지방자치단체의 반발이 예상됨

02 지역별 기본 체크 사항

지역별 정보는 수시로 변동되므로 면접공고 시점에 공식 홈페이지, 공식 블로그 및 공식 SNS 등을 참조하여 현안사항을 반드시 체크하여야 한다.

< 지역별 기본 체크 사항 >

1. 기본적인 사항

본인이 면접을 볼 예정인 기관에 대해 기본적으로 다음과 같은 내용을 알아두어야 한다.

① 행정구역, 자치구 수, 면적

② 인구, 출산율, 노인비율, 공무원 수, 고용률 등 지표

③ 재정 · 부채규모

④ 비전(슬로건), 도/시/군정방침, 시정목표

⑤ 상징물(시화, 시목, 시조, 캐릭터 등)

⑥ 주요 관광지/유적지/문화재/특산물/축제, 관광 활성화 방안

⑦ 기타 자랑거리, 자매결연도시

⑧ 지역만의 차별화된 정책, 개선해야 할 정책

⑨ 현안, 직면한 문제점과 해결 방안, 시급한 과제

⑩ 지역발전 방안, 지역경제 활성화 방안

⑪ 주력사업

2. 교재 수록 순서

다음과 같은 순서로 지역별 기본 체크 사항을 정리하였다.

① 서울특별시	② 경기도
③ 인천광역시	④ 부산광역시
⑤ 울산광역시	⑥ 세종특별자치시
⑦ 대구광역시	⑧ 광주광역시
⑨ 대전광역시	⑩ 충청북도
⑪ 충청남도	⑫ 경상북도
⑬ 경상남도	⑭ 강원도
⑮ 전라북도	⑯ 전라남도
⑰ 제주특별자치도	

* 지역별 인구수의 경우, 지역마다 월별 · 분기별로 매번 업데이트됨

* 수록된 자료는 변경 가능성이 높으므로 반드시 최신 내용 확인 필요

1. 서울특별시(http://www.seoul.go.kr)

Ⅰ. 기본 정보

(1) 브랜드: Ⅰ · SEOUL · U

사람과 사람 사이 서울이 있다는 의미. 다양한 세대와 국적, 산과 강, 고궁과 마천루 등 이질적인 모든 것이 조화롭게 공존하는 도시를 표현

┌─────────────────────────────────────┐
│ **< 참조할만한 홈페이지 >**
│ • 내 손안에 서울(http://mediahub.seoul.go.kr)
│ • 소셜방송 라이브 서울(http://tv.seoul.go.kr)
│ • 서울사랑(http://love.seoul.go.kr)
└─────────────────────────────────────┘

(2) 슬로건: 함께서울

정파, 이념, 계층, 지역 등에 제한 없이 모두를 아우르며 함께 손잡고 시정을 구현해 나가겠다는 '통합'의 가치 철학을 내포, 시정 비전인 '사람이 중심인 서울, 시민이 행복한 서울'을 '함께' 만들어 나가겠다는 의미

(3) 시정비전 체계

① **시정비전**: 내 삶이 행복한 서울, 시민이 주인인 서울

② **시정목표**: 함께 성장하는 미래 서울, 쾌적하고 편리한 안전 서울, 민생을 책임지는 복지 서울, 고르게 발전하는 균형 서울, 시민이 주인되는 민주 서울

③ **시정기조**: 현장, 혁신, 형평

(4) 정책방향

① **서울이 직면한 문제 해결**

• 위험사회의 도래	• 재난 대응, 초미세먼지 줄이기
• 저출산 고령사회	• 찾아가는 복지, 돌봄의 사회적 책임
• 서울의 미래 먹거리 고민	• 창조경제, 관광산업
• 청년실업과 여성 경력단절	• 청년정책, 사회서비스 일자리
• 지역 간 격차 심화	• 도시재생과 균형발전
• 도시의 지속가능성	• 친환경 정책과 녹지 확충

② **혁신정책의 확대 · 발전**

ㄱ 도시공간 혁신

ㄴ 생활임금제 도입

ㄷ 공공의료 안전망 구축

ㄹ 도시마을 재생

ㅁ 가고 싶은 학교 화장실

(5) '서울시정 4개년 계획' 25개 핵심과제

서울시가 '경제살리기'를 최우선 과제로 삼고 2019년부터 4년 간의 '서울시정 4개년 계획'과 25개 핵심과제를 발표하였다.

시정목표	분야	과제명
함께 성장하는 미래 서울 (7개)	산업경제	4차 산업혁명의 메카, 6대 융합신산업단지 조성
		관광·MICE 산업 경쟁력 강화 및 클러스터 조성
	스마트도시	데이터 기반 스마트시티 서울 구현
	청년	청년 미래투자기금 조성
	노동	노동자 종합지원센터 설치를 통한 취약노동자 지원
	문화	글로벌 음악도시 서울 조성
	경제민주화	제로페이 등 소상공인·자영업자 지원 강화
쾌적하고 편리한 안전 서울 (4개)	안전	안전 사각지대 해소 및 취약계층 안전관리 강화
	환경	시민과 함께 만드는 미세먼지 걱정 없는 서울
	교통	보행친화도시 서울 본격 추진
		지역 간 조화롭고 균형적인 철도망 구축
민생을 책임지는 복지 서울 (4개)	복지	좋은 돌봄·좋은 일자리, 서울 사회서비스원 설치
	건강	지역 건강 포괄케어를 위한 보건의료체계 강화
	돌봄	돌봄특별시,「돌봄 SOS센터」설치
	교육	지역 간 교육격차 해소를 위한 학교 지원 강화
고르게 발전하는 균형 서울 (5개)	도시계획·산업재생	정부협력을 통한 혁신성장 기반 도시재생 확대
		지역특성 기반 서울 균형발전 종합정책 추진
	주택·주거재생	공공임대·공공지원주택 24만 호 공급
		주거재생사업을 통한 주택개량 및 주택공급
	사회적경제	상생과 균형발전을 위한 사회적경제 공동체자산 조성
시민이 주인되는 민주 서울 (5개)	성평등	성별임금격차 해소를 위한 성평등 노동정책 구현
	협치	선도적 민관거버넌스 '서울민주주의위원회' 설치
	자치	시예산 5% 시민숙의예산제 추진
	남북교류	서울−평양 간 도시교류를 통한 한반도 평화 정착 견인
	지역상생	지방과 서울이 함께 성장하는 지역상생

(6) 면적: 605.25km²(전국의 0.6%)

(7) 행정구역: 25개 자치구(행정동 425동, 법정동 467동, 2020년 기준)

종로구, 중구, 용산구, 성동구, 광진구, 동대문구, 중랑구, 성북구, 강북구, 도봉구, 노원구, 은평구, 서대문구, 마포구, 양천구, 강서구, 구로구, 금천구, 영등포구, 동작구, 관악구, 서초구, 강남구, 송파구, 강동구

(8) 인구 등

① 인구: 10,013,781명(감소 추세, 2020년 4월 기준)

② 고령화: 고령인구 1,403,011명, 노령화지수 130(고령인구가 유소년 인구 추월, 지속적 증가)

　　㉠ 노령화지수 높은 자치구: 중구, 종로구, 강북구

　　㉡ 노령화지수 낮은 자치구: 서초구, 양천구, 송파구, 강남구

③ 합계출산율: 0.836명 초저출산사회(가임여성 수는 전국 2위지만, 합계출산율은 전국 최하위)

④ 고용지표: 경제활동 참가율 61.8%, 실업률 5.1%, 고용률 58.7%, 청년실업률 10.1%(2019년 1월 기준)

(9) 재정

① 재정규모: 35조 2,808억 원(순계 기준, 2020년 기준)

② 재정자립도: 76.1%(2020년 기준)

③ 부채규모: 약 7조 9,074억 원(2018년 기준)

(10) 상징

① 시화 · 시목 · 시조: 개나리(협동) · 은행나무(무한한 발전) · 까치(길조)

② 휘장: 한글 '서울'을 서울의 산, 해, 한강으로 형상화(역사와 활력의 인간 도시. 자연과 인간의 조화 상징)

③ 캐릭터: 해치 – 상상의 동물 '해치'를 형상화(관광지 가이드맵, 쇼핑백, 해치 택시 등에 활용)

④ 상징색 · 기조색: 단청빨간색 · 한강은백색

(11) 시청 위치: 서울특별시 중구 세종대로 110 서울특별시청

(12) 명소

① 4대문: 동대문 – 홍인지문(보물 1호), 서대문 – 돈의문, 남대문 – 숭례문(국보 1호), 북대문 – 숙정문

② 5대궁: 경복궁, 경희궁, 창경궁, 창덕궁, 덕수궁

(13) 서울 시민의 날

서울 정도 600년이 되던 해인 1994년에 10월 28일로 제정(조선왕조실록에 기록되어 있는 한양 천도일)

(14) 서울시 소개

① 반만년 전통의 우리 민족의 중심지: 한반도의 서쪽 중심부에 위치하여 현대에는 첨단 기술을 보유한 벤처 기업의 43% 이상 집중됨. 서울에 있는 사업체 수만 해도 7백 3만 개 이상이며, 상업, 금융업, 첨단 로봇, 인공위성, 전자 산업, 의류 산업, 의약 산업 등이 발달한 글로벌 경제의 요충지

② 상업: 의류를 파는 남대문 시장, 동대문 시장, 평화 시장뿐만 아니라 전자 제품을 파는 용산 전자 상가, 한국 최대의 수산물 시장인 노량진 수산 시장, 종로 귀금속 시장 등 다양한 상업 지대 형성

③ 금융업: 우리나라 금융의 50% 이상이 서울에 집중됨. 서울시민이 내는 세금이 전체의 43% 차지. 국내총생산의 20% 이상 창출

④ 문화 · 예술: 각종 문화 · 의료 · 교육 · 매스미디어 시설과 기관들이 집중됨. 전문대학, 대학교 등 많은 교육 기관이 있고 이들 교육 기관은 전 세계 교육 기관과 연결되어 있으며, 각종 문화 행사와 축제가 열림

⑤ 스포츠: 올림픽 주경기장, 잠실 실내체육관, 잠실 · 고덕 야구장, 실내 스케이트장, 월드컵 경기장 등

⑥ 관광: 초고층 빌딩 숲 사이에 경복궁, 종묘, 덕수궁, 숭례문 등 유적지들이 있는 전통과 현대가 함께 공존하는 이색적인 도시

(15) 자매우호결연 체결지역(2019년 8월 기준)

① 대만 – 타이페이	② 터키 – 앙카라	③ 미국 – 호놀룰루, 샌프란시스코, 워싱턴D.C
④ 브라질 – 상파울로	⑤ 콜롬비아 – 보고타	⑥ 인도네시아 – 자카르타
⑦ 일본 – 도쿄	⑧ 러시아 – 모스크바	⑨ 호주 – 뉴사우스웨일즈
⑩ 프랑스 – 파리	⑪ 멕시코 – 멕시코시티	⑫ 중국 – 베이징
⑬ 몽골 – 울란바토르	⑭ 베트남 – 하노이	⑮ 폴란드 – 바르샤바
⑯ 이집트 – 카이로	⑰ 이탈리아 – 로마	⑱ 카자흐스탄 – 아스타나
⑲ 우즈베키스탄 – 타슈켄트	⑳ 그리스 – 아테네	㉑ 태국 – 방콕

(16) 대중교통 요금(2020년 7월 성인 요금 기준)

① 일반버스

　㉠ 간선 · 지선버스: 현금 1,300원, 카드 1,200원

　㉡ 광역버스: 현금 2,400원, 카드 2,300원

② 심야버스: 현금 2,250원, 카드 2,150원

③ 마을버스: 현금 1,000원, 카드 900원

④ 지하철: 현금 1,350원, 카드 1,250원

Ⅱ. 정책

(1) 안전

① 재난

    ㉠ 도시안전 중장기 종합계획인 '서울시 안전관리 기본계획' 수립

    ㉡ 풍수해 걱정 없는 선제적 침수방지시설 설치

    ㉢ 동공탐사 용역과 도로함몰지도 구축 용역

    ㉣ 계절 · 재난유형 · 생활별 시민행동요령 보급

    ㉤ 서울시와 자치구, 외부전문가 합동으로 재난취약시설 집중 안전점검 및 보수 보강

    ㉥ 352개 전통시장 6만 1,120개 전체 점포에 '1점포 1개 소화기' 설치를 추진하고 관할소방서와 협업하여 소방훈련 및 소화기 사용교육 병행 시행

    ㉦ 천재지변, 인명피해 등 갑작스러운 위기상황에서 자신은 물론 어려움에 처한 이웃을 돕도록 안전에 대한 기본소양을 갖춘 '시민안전파수꾼' 양성

② 범죄

    ㉠ 범죄예방디자인: 범죄 취약지역을 대상으로 디자인을 통해 범죄심리를 위축시켜 범죄발생을 예방하는 사업으로, 마포구 염리동에서 첫 시행(스파이더 범죄 취약지역에 형광페인트 도포, 스토리텔링 벽화, 안전마을 홍보 안내문 설치, 사각지대에 LED 가로등 · CCTV 설치 등)

        예 • **홍은1동**: 비상벨 · 의자 등 기능 갖춘 정(情)류장과 사랑방으로 범죄예방 및 생활안전

          • **양재시민의 숲**: 24시간 자치구 관제센터 연결 안전등대시스템 및 야간활성화

    ㉡ 안심이 앱: 서울 전역에 설치된 CCTV와 앱을 연계하여 위험상황을 실시간으로 모니터링하고 구조지원까지 할 수 있는 안심망

    ㉢ 안전보안관: 학교보안관, 여성안심보안관, 공원놀이터보안관 등이 범죄를 감시하고 범죄로부터 시민들을 보호

(2) 민생 · 복지

① 서울시민 복지기준 2.0: 소득, 주거, 돌봄, 건강, 교육 등 시민생활과 밀접한 5개 분야별로 서울시민이라면 누구나 차별 없이 누려야 할 복지기준으로, 향후 4년 간(2019~2022년) 서울시 복지정책의 대원칙

    ㉠ 소득: 서울시민이 보장받아야 할 소득의 최소 기준을 '인간다운 생활을 할 수 있는 소득수준'으로 단일화

    ㉡ 주거: '안정적인 주거생활'을 기준으로 정하고, 주거의 기준이 시민의 생활수준을 높일 수 있도록 함

ⓒ 돌봄: 지역사회에서 시민이 원하는 수준에 부합하는 시기와 상황에 끊김 없는 적절한 돌봄서비스 제공

ⓔ 건강: 시민의 건강권 보장을 위해 지역격차를 줄이고 건강수명을 늘리기 위해 생애과정에 적합한 보건의료서비스 제공

ⓜ 교육: '공평하게 학습할 권리 보장'을 기준으로 정하고, 지역적 격차와 기회의 차별이 발생하지 않도록 함

② 찾아가는 동주민센터: 기존에는 주민의 신청을 받아 복지를 제공했다면, 이제 '찾아가고 찾아오는 복지'로 방향을 전환하여 복지사각지대를 완전히 해소하기 위함

ⓐ 복지플래너, 방문간호사를 통해 '찾아가는 복지' 실현 및 복지사각지대 해소를 위해 70세 도래 어르신, 출산가정, 빈곤위기가정 대상 보편적 방문상담 · 서비스 제공

ⓑ 복지상담전문관 도입 및 동 단위 사례관리로 통합 복지서비스 제공

ⓒ 당사자의 복합적인 욕구 파악 및 지역자원 연계를 통한 원스톱 서비스 제공

③ 노인

ⓐ 노인돌봄종합서비스(노인돌보미): 방문서비스 및 주간보호서비스, 단기가사서비스 등 제공

ⓑ 돌봄 SOS센터: 갑작스러운 사고나 질병으로 긴급하게 가사 · 간병 서비스가 필요한 경우부터 병원 방문 동행, 형광등 교체 같은 일상적 도움이 필요한 시민에게 맞춤형 서비스 제공

ⓒ 치매요양 종합대책: 사회적 차원에서 치매 문제를 효과적으로 해결하기 위해 지역사회를 기반으로 하는 통합치매관리를 통해 환자와 가족의 정신적 · 육체적 · 경제적 부양 부담을 덜어주는 정책. 치매조기검진, 치매예방등록관리, 치매치료비지원, 치매지역사회자원강화 등이 있음

ⓓ 어르신 돌봄가족 휴가제 지원: 노인성 질환 어르신을 돌보는 가족을 대상으로 단체여행비 지원

ⓔ 50플러스센터: 어르신과 중장년의 안락하고 편안한 노후를 위한 인생 2막 지원. 인생재설계를 위한 상담과 교육을 통해 경력을 개발하고 일자리 제공

ⓕ 서울형 데이케어센터: 치매 등 중증 노인성 질환자 및 보호자의 경제적 · 정신적 고통을 덜어주기 위한 주 · 야간 보호시설

ⓖ 주거환경 개선: 미끄럼 방지매트 등 생활의 편의성 및 주거환경 개선

④ 장애인

ⓐ 뇌병변장애인 비전센터: 전국 최초로 중증 뇌병변장애인 특성에 맞는 맞춤형 교육과 돌봄, 건강 종합서비스를 원스톱으로 제공하는 평생교육센터

ⓑ 장애인 활동지원 서비스: 탈시설 장애인의 지역사회 자립 지원

ⓒ 발달장애인 평생교육센터: 발달장애인을 위한 맞춤형 평생교육과 가족상담 등 지원

(3) 청년

설자리	청년들의 사회참여 역량강화와 활력제고로 자립기반 구축	• 소셜벤처허브: 소셜벤처 창업을 꿈꾸는 청년들에게 창업의 전 과정을 원스톱 종합 지원하는 서울시 최초의 소셜벤처 전용 및 거점 공간 • 캠퍼스타운 조성사업: 대학생의 창업을 돕고 대학생 주변 경제를 활성화하는 사업 • 청년미래투자기금 조성: 청년 자산 형성의 토대가 될 자금을 지원 • 청년활동지원사업 • 대학생 공익인재분야 장학금 지원 • 대학생 학자금 대출이자 지원 • 청년수당
일자리	일자리로의 진입지원 확대 및 근로안전망 조성	• 취업날개: 청년 구직자들에게 면접정장 무료대여 • 청년 뉴딜일자리(일터기반학습) • 기술교육원 청년대상 직업훈련 확대 • 근로 빈곤 청년층에 대한 사회보험료 지원 • 청년 일자리센터 • 서울시 일자리카페
살자리	청년주거환경개선 및 생활안정 도모	• 역세권 청년임대주택: 청년 1인 가구 주거지원 • 희망두배 청년통장: 일하는 청년이 매월 일정액의 근로소득을 저축하면 근로장려금 지원 • 위기 청년의 건강한 금융생활 지원 • 희망하우징: 대학생들의 주거난 해소를 위해 기존 매입임대주택의 일부 및 공사에서 건축한 원룸을 저소득층 대학생에게 공급하는 사업 • 청년 임차보증금 융자 지원 • 전세금 지원형 공공주택: 신혼부부와 저소득층을 위해 입주 대상자에게 저렴한 가격에 재임대하는 방식의 공공임대주택 • 신혼부부 출발선: 신혼부부 금융지원 연 1만 7,000호 → 2만 5,000호
놀자리	청년활동생태계 조성 및 운영 활성화로 정책기반 강화	• 청년활력공간(청년청 · 무중력지대) • 청년허브, 서울청년네트워크 등

(4) 다문화

① 찾아가는 다문화 이동 상담: 주중에 센터 이용이 어려운 외국인 주민을 위하여 주말 및 공휴일에 전문가와 함께 외국인 주민 밀집지역 및 행사장을 찾아가 외국인 주민이 필요로 하는 기본적인 정보 및 생활상담 제공하고, 다양한 전문가의 현장상담을 통한 외국인 주민의 문제 해결 및 권리구제

② 외국인 주민 대표자회의: 서울에 거주하는 외국인 주민의 어려움을 해소하기 위하여 외국인 주민 관련 정책 형성 과정에 실질적으로 참여하는 상설 자문기구. 외국인 주민 정책 제안, 자문, 심의, 모니터링 등 업무를 수행

③ 다문화가족 의료 지원: 외국인 근로자 및 그 자녀의 진료비 등 의료 지원, 다문화 가족의 정신건강 상담 진행

④ 기타: 다문화가족 정신건강 상담(다문화정신건강클리닉), 다문화가족 장학금 지원, 다문화가족 종합 지원(다문화가족지원센터), 다문화가족·외국인 주민 자녀 방문학습 지원

(5) 취약계층

① 꿈나래 통장: 저소득 가구 자녀를 대상으로 3년·5년 간 매월 자녀교육자금 용도로 저축하는 금액을 소득수준에 따라 동일한 금액(생계·의료급여 수급자) 또는 1/2 금액(주거·교육급여 수급자 및 비수급자)을 시민의 후원금 등으로 지원

② 희망온돌 위기긴급기금: 갑작스러운 실직 등 어려운 생활로 인해 지원이 반드시 필요함에도 공적 지원기준에서 벗어나 도움을 받지 못하는 복지사각지대 긴급 위기가구에 생계비·주거비·의료비 등을 지원하는 서울형 긴급복지 지원제도

③ 서울시 사회서비스원: 공공이 책임지는 돌봄을 통해 서비스의 표준을 마련하여 시민에게 더 좋은 돌봄을 제공하기 위해 설립

(6) 노숙인

① 위기대응콜(1600-9582): 위기노숙인 신고접수·출동 및 전화상담

② 노숙인 응급대피소: 만성 노숙인 보호

③ 쉼터 및 보호시설 운영: 노숙인 무더위쉼터 16개소와 겨울철 노숙인 응급보호시설 13개소 운영

④ 일자리: 노숙인 일자리지원센터, 자활근로사업

⑤ 주거지원: 임시주거 및 공공임대주택 입주지원

(7) 보육

① 우리동네 키움센터: 공공시설, 아파트 유휴공간 등 접근성이 높고 개방되어 있는 안전한 시설을 리모델링하고 지역 내 다양한 인적자원을 활용하여, 돌봄이 필요한 초등학생에게 일시 긴급돌봄, 방과 후 프로그램 연계, 등원 및 하원 지원, 정보제공 등 다양한 돌봄서비스 제공

② 맞춤형 양육 지원: 서울의 건강한 양육 문화 조성을 위해 보육컨설팅, 교직원 상담 및 교육 등 어린이집 지원 기능과 부모에 대한 상담 및 교육, 일시보육서비스 제공 등 가정양육 지원 기능의 지역 내 One-stop 육아지원 서비스 제공

③ 서울시 보육비전 2020: 2020년까지 국·공립 어린이집 2,154개소를 목표로 확충하는 중이며, 2019년 12월 기준 1,642개소까지 확충하여 목표치의 76%를 달성

④ 다둥이 행복카드: 서울시에 거주하는 2자녀 이상의 가구를 대상으로 발급되는 카드로, 은행과 계약을 체결하여 다자녀가정에게 육아 · 레저 · 리빙 등 할인혜택 제공

⑤ 서울시 출산축하용품 지원: 서울시가 최초로 도입한 출산축하용품 지원 사업이 다른 지방자치단체로 확산됨. 2019년부터 정해진 품목을 제공하는 방식에서 포인트를 지급하고 포인트 한도 내에서 원하는 품목을 받을 수 있도록 개편됨

⑥ 시간제 보육서비스: 가정에서 아이를 돌보는 부모가 월요일에서 금요일 사이에 아이를 잠깐 맡겨야 하는 경우, 시간당 4천 원의 보육료를 지급하고 부모가 안심하고 이용할 수 있도록 하는 시간제 보육서비스

⑦ 보육포털서비스: 언제, 어디서나 어린이집에 대한 정보 검색과 각종 보육서비스 이용을 위한 실시간 조회 및 예약 서비스를 제공

⑧ 우리동네 열린 육아방 확대: 어린이집을 이용하지 않는 0~5세를 위한 공동육아 품앗이 공간으로, 서울 전역에 2022년까지 450곳을 설치할 예정

(8) 주거

① 임대주택 24만 호 공급: 저소득층의 주거안정을 위해 서울시와 민간이 함께 참여해 2020년까지 새로운 임대주택 24만 호를 공급

② 주거복지 지원센터: 보증금, 월세, 연료비 등 주거비 체납 등으로 강제퇴거 위기에 몰린 주거 취약계층 지원 등 주거취약계층의 주거안정을 위해 주거문제와 관련하여 주거복지종합서비스 제공. 공공임대주택 입주상담 · 전세자금 대출 · 주거급여 · 주택바우처 등 주거비 지원

③ 서울형 주택바우처: 주거 취약계층의 주거안정을 도모하고, 쪽방이나 시설 퇴거자와 같이 특히 주거비의 부담이 큰 사람들이 지역사회에 안정적으로 조속하게 정착할 수 있도록 돕기 위하여 주택바우처를 지원하는 사업

④ 한지붕 세대공감: 대학가 인근에 사시는 할아버지, 할머니가 대학생에게 저렴한 값에 남는 방을 세를 주는 것. 어르신에게는 방 1실당 100만 원 이내 환경개선공사, 생활상의 필요활동 분담을 제공하고 대학생에게는 무보증금으로 학교와 근접한 주거공간을 제공하는 정책

⑤ 서울형 도시재생: 서울의 오래된 주거지역, 개발이 부족한 지역을 대상으로 지역 주민의 터전은 그대로 보전하면서 주민이 주도하여 지역이 다시 살아날 수 있게 바꾸어 가는 도시재생정책. 과거 일률적인 전면철거 방식이 아니라 계획부터 실행에 이르는 전 과정에 주민이 주축이 되어 그 지역만의 정체성을 살릴 수 있도록 하드웨어(개발 · 정비 · 보존 등)와 소프트웨어(경제 · 문화 · 복지 등)를 적절히 결합한 맞춤형 정비방식

(9) 경제민주화

지방자치단체 최초로 노동존중, 상생, 공정, 협력의 가치를 실현하는 국 단위 경제민주화 전담조직 '노동민생정책관' 출범

① 상생의 동반성장 환경 구축	소상공인	• 골목상권 및 소상공인 자생력 강화 • 대형 유통기업과 골목상권의 상생협력 지원 강화 • 체납 영세사업자 및 시민의 경제적 재기 지원 • 중금리 보증상품을 통한 금융취약 소상공인 지원
	창업 · 중소기업	• 중소기업 적합 업종 보호 · 활성화 • 창업 · 중소기업 기술보호 및 지원 강화 • 서울시 산하 공기업 성과공유제 도입
	금융취약계층	금융취약계층의 사회 · 경제적 자립 지원
	청년	청년층의 건강한 금융활동 지원
② 공정한 거래질서 확립	근로자	불공정 하도급 관행 근절
	소상공인	프랜차이즈 불공정거래 피해구제 및 상생협력문화 정착
	문화예술인	문화 · 예술 불공정행위 피해구제 지원
	소비자	• 소비자 권익보호 및 피해구제 실효성 강화 • 특별사법경찰(특사경) 활동 확대를 통한 민생침해 근절 강화
	임차상인	• 임차상인 권익보호 및 피해구제 지원 • 공정한 상가임대제도 정착 • 도시재생에 따른 영세 임차상인 지원 · 관리
③ 노동의 존엄성 보장	근로자	• 자영업 근로자 사회보험 가입촉진을 통한 고용안정성 강화 • 투자 · 출연기관 근로자이사제 도입 • 생활임금제 내실화 및 확산 • 비정규직 정규직화 추진 • 아르바이트 임금체불 예방 및 피해구제 지원 • 건설근로자 적정임금제 지급 의무화

① 상생의 동반성장 환경 구축

   ⊙ **자영업 지원센터**: 소상공인 교육, 경영개선 컨설팅, 법률과 세무상담, 빅데이터를 활용한 창업 지원, 폐업절차 지원 등 소상공인을 위한 생애주기별 맞춤형 지원

   ⊙ **서울형 마이크로크레딧 특별보증**: 저신용 · 담보부족 등으로 제도금융권에서 소외된 취약계층과 소상공인을 대상으로 창업자금과 경영개선자금 대출을 지원하는 사업으로, 서울시가 대출이자 일부를 지원하고 창업교육, 컨설팅 등 체계적 사전 · 사후관리까지 지원

   ⊙ **제로페이**: 소상공인의 가맹점 수수료 부담을 줄이기 위해 정부, 서울시와 지방자치단체, 금융회사, 민간 간편결제 사업자가 협력하여 도입한 공동 QR코드 방식의 모바일 간편결제 서비스

ⓔ 서울 지식재산센터: 전문컨설턴트가 특허 · 실용신안 · 디자인 · 상표 등 지식재산권 관련하여 권리화 · 창출 · 보호 · 활용 등을 지원하여 서울 소재 중소기업의 지식재산 경쟁력을 높이는 사업

ⓜ 서울 금융복지상담센터: 재무상담 · 금융교육으로 가계부채 확대를 사전에 예방하고 개인파산 · 면책, 개인회생 등 공적 채무조정을 지원하여 가계부채 규모를 관리하고 기타 사회복지서비스와 연계하는 사업

② 공정한 거래질서 확립

ⓐ 불공정피해 상담센터: 가맹계약 체결 전 가맹계약 검토를 돕고 불공정피해 법률상담 및 법률서식 작성 지원

ⓑ 문화 · 예술 불공정피해 상담센터: 문화 · 예술활동 관련 계약으로 불공정피해를 입었거나 계약서 관련 자문을 원하는 문화 · 예술인들에게 무료 법률상담 제공

ⓒ 상가임대차 상담센터: 상가임대차에서 발생하는 문제를 전화 · 방문 · 온라인으로 상담하고 법령지식 제공

ⓓ 젠트리피케이션 해소: 서울시 상가임차인 보호를 위한 조례 제정, 임대료 인상 자제에 동참하는 상생협약, 장기안심상가, 전담법률지원단 운영

ⓔ 장기안심상가: 임차인이 10년 이상 임대료 인상 걱정 없이 안심하고 영업할 수 있는 '서울형 장기안심상가'를 선정하여 임대인에게 최대 3,000만 원의 리모델링 비용 지원

③ 노동의 존엄성 보장: 노동정책 추진을 위한 전담조직으로 2012년에 노동정책과를, 2016년에는 일자리노동정책관을 신설하여 서울시 노동행정 체계를 정립하고 노동정책 추진근거를 위해 생활임금 조례, 근로자권리보호증진 조례 등 각종 조례를 제정함

ⓐ 1인 자영업자 고용보험 가입 지원: 서울시 소재 영업장을 운영하는 1인 자영업자의 고용보험료 30%를 환급 지원

ⓑ 투자 · 출연기관 근로자이사제

- 소속 근로자를 이사회에서 의결권을 행사하는 비상임이사로 임명하여 노사 간 경영성과와 책임을 공유하는 제도
- 노동자가 기업이나 공공기관의 최고 의결기관인 이사회에 비상임이사로 참여하여 경영의 주요 사항을 함께 결정하고, 경영의 투명성과 공익성을 높임
- 서울시는 지난 2016년 「근로자이사제 운영에 관한 조례」를 제정하고, 2018년 정원 100인 이상인 투자 · 출연기관은 의무적으로 도입하게 하였으며, 16개 투자 · 출연기관에 총 22명의 근로자이사 임명을 완료함

ⓒ 서울형 생활임금제
- 근로자들이 인간다운 삶을 유지할 수 있도록 주거비와 교육비, 문화비, 물가수준 등을 임금에 반영하는 정책으로 최저임금보다 높은 수준으로 결정
- 공무원 보수체계를 적용받지 않는 서울시 21개 투자·출연기관 소속 직접고용 근로자, 민간 위탁기관 근로자, 뉴딜일자리 참여자 등에 적용되며, 2020년 기준 시급 10,523원으로 법정 최저임금 8,590원보다 높음

ⓔ 비정규직 정규직화: 시 투자·출연기관 무기계약직을 전면 정규직 전환하기 위해 기관별 노사합의를 거쳐 기존 정규직과 유사한 동종업무는 기존 직군으로 통합하고, 새로운 업무는 별도 직군·직렬을 신설하여 정원 통합

ⓜ 아르바이트 임금체불 신고센터: 임금체불 피해, 노동자 피해사례의 접수, 진정 또는 고소대행 등 법률 구제지원 전담서비스 제공

ⓗ 서울 노동권익센터, 노동자 종합지원센터: 상담 및 법률지원, 취약노동에 대한 연구조사 및 대안정책 제시, 권리교육 및 캠페인 등을 수행하는 기관

ⓢ 노동조사관 신설(2017년): 지방고용노동청의 근로감독기능을 보완하는 노동조사관을 전국 최초로 신설해 소규모 사업장 등 노동사각지대 근로자의 노동권 침해 방지

ⓞ '서울형 노동시간 단축모델' 추진(2018년): 시 투자·출연기관에서 주 40시간, 연 1,800시간의 노동시간 준수를 통해 노동자의 삶의 질을 높이고 일자리 700개 창출

ⓩ 서울시 감정노동 종사자 권리보호센터: 취약계층 노동자를 위한 밀착형 지원정책을 제공하기 위해 전국 최초로 개소

ⓩ 직장 내 괴롭힘 신고: 피해자 보호를 위하여 직장 내 괴롭힘 신고 상담 창구를 다양하게 운영
- 노동자 신고 창구: 노동정책담당관
- 공무원 신고 창구: 인사과, 행정포털
- 사업소, 투자·출연기관, 위탁기관 등: 해당 기관의 장(사업주)

(10) 미래성장동력

① 유망산업 성장거점 R&D 클러스터

㉠ 마곡 첨단융복합 R&D 단지 조성

㉡ 양재 R&D 혁신지구 육성

㉢ 홍릉 바이오·의료 클러스터 조성

㉣ 여의도·영등포 핀테크 듀얼 클러스터 조성

② 서울형 창조경제

  ㉠ 개포 디지털 혁신파크 조성

  ㉡ 동남권 국제교류 복합지구 조성

  ㉢ 상암 DMC 창조산업 거점 육성

③ 일자리 · 산업거점

  ㉠ G밸리 2단계 '비상' 프로젝트

  ㉡ 창동 · 상계 신경제중심지 조성

  ㉢ 세운상가군 재생사업 공공공간

④ 문화 · 생태 · 활력공간

  ㉠ 남산 애니타운 조성

  ㉡ 마포 문화비축기지 재생 및 공원조성

  ㉢ 서울역 7017 프로젝트

(11) 일자리

① 서울형 뉴딜일자리를 통해 일자리 제공: 시민들을 위한 공공서비스를 찾아내 일자리로 만들어 취업에 어려움을 겪는 취업 준비생, 경력 단절 여성 등에게 제공하고, 참여 기간 중에 직무교육 등을 진행하여 종료 후 민간 일자리에 취업할 수 있도록 도와주는 프로그램

② '서울형 노동시간 단축모델' 투자 · 출연기관 본격 추진: 주 40시간, 연 1,800시간 노동시간 준수를 통해 노동자의 삶의 질을 높이고 향후 일자리 700개 창출 목표

③ 서울 일자리센터: 2009년 1월 28일 서울특별시가 지방자치단체 최초로 개설한 취업전문기관으로, 현재 24명의 전문상담사가 계층별 전문상담과 취업알선 및 창업상담 진행

④ 서울시 일자리 카페: 취업상담, 멘토링, 취업특강부터 스터디룸 무료 대여까지 취업준비에 필요한 종합 서비스 무료 제공

⑤ 서울시 보람일자리: 50+세대(만 50~64세) 퇴직자가 전문성과 경력을 살려 사회참여와 성취감을 위해 사회공헌 활동을 하는 일자리 모델

⑥ 일자리 부르릉 서비스: 전문직업상담사와 취업설계사가 유동인구가 많은 현장으로 찾아가 취업을 희망하는 여성을 대상으로 취업 및 교육 관련 상담 등 제공

⑦ 장애인 일자리 통합지원센터: 장애인 직업재활의 전문성 · 통합성을 바탕으로 효율적인 장애인 취업지원 서비스를 제공

⑧ 서울시 어르신취업지원센터: 어르신이 보람 있는 일자리를 찾아 건강하고 활기차게 인생 후반전을 보내실 수 있도록 어르신의 욕구에 맞춘 취업훈련 및 알선상담 프로그램을 통해 어르신의 성공적인 취업을 지원함

⑨ 어르신 공공일자리 사업: 만 65세 이상 어르신에게 다양한 공공일자리를 제공하여 소득에 보탬이 되고 활력 있는 노후생활도 지원하는 서비스. 사업 참여자에게는 월 27만 원의 활동비가 지원됨(시장형 및 인력파견형은 사업단별 별도기준이 적용됨)

⑩ 50+인생이모작: 퇴직 전·후 장년세대의 사회 참여활동과 일자리 창출을 통해 성공적인 인생 후반기를 지원하는 정책

⑪ 50+보람일자리: 50+세대의 경험과 역량을 활용하여 사회에 기여하는 역할을 수행하고 새로운 커리어 탐색의 기회를 제공하는 일자리 사업. 만 50~67세의 서울시 거주자를 대상으로 참여자 활동비, 교육, 상해보험 등 지원

(12) 관광

① 공식 관광정보 웹사이트 'visit seoul(http://Korean.visitseoul.net)' 운영, 7개 국어 지원

② 관광 모바일 앱 '아이투어서울(iTourSeoul)' 출시

③ 의료관광 홈페이지 개설(http://medicaltourseoul.com)

④ 시티투어버스: 고궁, 청계천 등 매력적인 서울의 모습을 좀 더 편안하게 관광할 수 있도록 도입된 투어버스

⑤ 움직이는 관광안내소: 주요 관광지 주변에서 'i'자가 새겨진 빨간 옷을 입고 외국인 관광객에게 관광정보 및 교통 등 전반적인 관광안내를 제공하는 민간외교관

(13) 환경

① 대기오염

  ㉠ 에코마일리지: 에너지 사용량을 6개월 주기로 집계하여 절감율에 따라 마일리지가 적립되며, 해당 마일리지로 친환경제품 구매 등 저탄소 활동에 재투자 가능

  ㉡ 승용차 마일리지제: 5일 중 하루를 쉰다는 동일한 조건을 지켜 모두가 같은 혜택을 받는 승용차 요일제를 승용차 마일리지제로 일원화하여, 주행거리를 더 줄이는 사람이 더 많은 혜택을 받을 수 있도록 하는 탄력적 인센티브제 운영

  ㉢ 간접흡연제로(Zero) 서울

   • 「간접흡연 피해방지 조례」로 금연구역 확대(초·중·고등학교 절대정화구역, 가로변 버스정류소, 도시공원, 지하철역 입구 10m 이내)

   • 금연을 희망하는 시민을 대상으로 금연상담, 금연클리닉, 금연캠프, 금연보조제 지원 등

ⓔ 미세먼지 대책

- **서울형 미세먼지 안심구역 지정**: 서울시가 전국에서 가장 먼저 금천구·영등포구·동작구 등 3곳을 미세먼지 집중관리지역으로 지정함. 대기오염도 상시 측정, 살수차·진공청소차의 집중 운영, 어린이 통학차량 등의 친환경차 전환, 학교 등 공기정화시설 설치, 수목 식재 및 공원 조성 등 주민보호대책을 최우선적으로 추진

- **자동차 친환경 등급제 시행**: 상위등급 차량에는 인센티브를, 하위등급 차량에는 페널티를 제공, 전국 최초 1등급 자동차 표지부착 캠페인, 비상저감조치 요건에 해당될 경우 5등급 공해차량 운행 제한(『미세먼지 저감 및 관리에 관한 조례』)

- **예비저감조치 시행**: 모레 비상저감조치가 시행될 가능성이 높을 경우 미리 미세먼지를 감축하기 위해 오늘 예비저감조치를 발령하고 내일 예비저감조치를 실시하는 등 사전대응을 하여 비상저감조치 효과를 높이는 정책

  ㎖ 행정·공공기관 차량 2부제, 공공사업장·공사장 운영 단축·조정, 고압살수차, 진공청소차 등 도로청소 강화

- **민관협력 도시숲 조성**: 민간기업 및 시민단체와 협력하여 미세먼지 차단과 흡착률이 뛰어난 나무 2,332그루 식재

- **친환경 콘덴싱보일러 전환 인센티브 제공**: 보일러 6개사, BC카드와 함께 노후 보일러를 고효율 보일러로 교체 시 인센티브 제공

- **전기·수소차 보급사업**: 전기·수소차 보조금 신청 시 보조금 지급 및 세제감면, 공영주차장 할인, 충전요금 할인 등의 혜택 제공

- **'숨 서울(SUM Seoul)' 프로젝트**: 'Smart Urban air quality Management'의 머리글자를 딴 것으로 '숨 쉬기 편한 서울 만들기'를 뜻함. 학교 등 미세먼지 취약계층이 많이 이용하는 생활지역과 공사장, 인쇄소 등 대기오염물질 배출원 주변에 집중적으로 간이측정기를 설치해 미세먼지 배출원 관리를 강화하여 결과를 시민에게 공개하고, 미세먼지 노출 최소화를 위한 앱 개발 등에 활용할 계획

- **대중교통 공기질 개선**: 지하철·버스 등 대중교통에 미세먼지 필터, 공기청정기 등을 설치하여 공기질 개선

- **어린이 통학차량 LPG차 전환지원**: 미세먼지 취약계층인 어린이의 건강을 보호하고 대기질을 개선하기 위하여 노후된 어린이 통학차량을 폐차하고, 미세먼지의 발생이 적은 LPG 신차 구매 시 보조금 지원

② 에너지

    ㉠ 원전하나 줄이기: 에너지 절약과 신재생에너지 생산 확대를 통해 원자력 발전소 1기가 생산하는 만큼의 에너지를 대체해 나가겠다는 에너지 정책

      • 태양광 발전을 하는 햇빛도시 서울: 연료전지, 태양광 미니발전소, 태양광 펀드 등

      • 시민과 함께하는 에너지 절약: 에코마일리지, LED 보급, 건물 에너지 효율화 융자지원, 서울 에너지설계사 · 복지사, 착한가게, 서울 에너지수호천사 등

      • 에너지복지시민기금: 에너지 생산 · 절약된 이익을 에너지 취약계층에 지원

    ㉡ 에너지 살림도시, 서울: '원전하나 줄이기' 2단계 사업의 새로운 명칭으로 시민과 함께 깨끗한 에너지를 생산하고, 절약하며, 효율을 높이는 서울시의 에너지 정책

    ㉢ 에너지 자립: 에너지의 외부 의존도를 낮추고 에너지 책임도시로 전환, 안전하고 지속가능한 신재생 에너지를 생산하여 에너지 자립 과정을 통해 에너지 산업과 일자리를 확대함

    ㉣ 에너지 자립마을: 에너지 소비를 줄이고 생산을 늘려 에너지 자립도를 높여가는 마을공동체

      • 에너지컨설팅: 마을 특성에 적합한 에너지 절감 및 생산 방안 제시

      • 에너지절약: 가구별 에너지 절감목표 설정 및 절감실적 관리

      • 에너지효율화: 건물 에너지 효율화, LED 조명 교체, 카셰어링 등

      • 신재생에너지 설치

    ㉤ 에너지 나눔: 에너지 서비스를 누리는 시민이 자신의 자원을 취약계층에게 나누고, 미래세대와 공유함

    ㉥ 에너지 참여: 에너지 정책 수립 및 실천에 열린 에너지 거버넌스를 구축하고 에너지 정보와 정책에 대한 공개 · 자발적 참여 시스템을 마련함

    ㉦ 태양의 도시 서울

      • 미세먼지와 온실가스 문제를 완화하기 위하여 태양광을 보급하는 산업

      • 태양의 도시 7대 실행과제

        – 아파트, 주택, 건물 태양광을 100만 가구에 보급함(551MW)

        – 가용 공공건물 · 부지에 태양광을 100% 보급함

        – 시민이 설치하고, 이익을 공유하는 시민참여형 태양광 산업

        – 태양광 랜드마크를 조성함

        – 도시재생지역에 태양광 특화지구를 조성함

        – 서울에너지공사가 주도하여 태양광 지원센터 등 태양광 확산의 기반을 조성함

        – R&D, 벤처투바를 통한 태양광산업을 육성함

(14) 기타

① **조정교부금* 인상**: 자치구의 기준재정수요충족도 100%가 되도록 2016년부터 조정교부율을 21%에서 22.6%으로 인상하여 사회복지비를 충족시킬 수 있도록 함

> * 조정교부금: 자치구 간 재정 격차를 조정하고 자치구의 기본적인 재정수요를 실질적으로 지원하기 위해 교부하는 예산

② **봉사 활성화**

　㉠ **동행프로젝트**: '동생행복도우미'의 줄임말. 대학생들이 초중고 동생들에게 지식과 재능을 나눔으로써 동반 성장을 유도하고, 대학생 자원봉사 장려·촉진을 통한 대학생 자원봉사 전문 플랫폼

　㉡ **서울특별시 봉사상**: 밝고 건전한 사회기풍을 진작시키고 지역사회 발전을 위하여 봉사한 모범시민 및 단체 등을 선발하여 시상

③ **올빼미버스**: 심야·새벽 시간대 시민의 이동 편의 제공을 위한 심야 전용 시내버스, 도심(부도심)과 시계지역 간 9개 노선 운영

④ **공유경제**

　㉠ 공유단체·기업 지정 및 공유촉진 사업비 지원

　㉡ 주차장 공유, 자치구 공유촉진사업, 학교와 함께하는 공유한마당

　㉢ 공유경제 시작학교, 공유서울 박람회 등 홍보 및 네트워크 강화

　㉣ 시 보유 공영주차장 제공, 나눔카, 열린옷장 등

　㉤ 거주자우선주차장 공유, 공공시설 개방 서비스, 아이 옷 공유, 공구도서관 등

　㉥ 공유기업 투자유치 및 컨설팅 지원, 공유도시협의체, 공유경제 국제자문단 운영 등

　㉦ 공유경제 서비스 소개 페이지 '공유허브' 운영

　㉧ 차를 함께 나누어 사용한다는 의미의 서울시 승용차 공동이용 서비스 '공유서울 나눔카' 시행

⑤ **시민참여**

　㉠ **서울시 정보소통광장**(http://opengov.seoul.go.kr): 법령에서 정한 비공개 사항만 제외하고 모든 행정정보를 투명하게 공개

　㉡ **서울특별시 응답소**(http://eungdapso.seoul.go.kr): 서울시 모든 민원과 제안을 통합·관리하는 온라인 시스템. 인터넷, 모바일, SNS, 전화로 신청한 모든 민원과 제안을 업무분야와 상관 없이 접수하여 가장 빠른 방법으로 처리

　㉢ **서울천만인소**(http://petition.seoul.go.kr): 서울시정과 관련한 정책건의, 불합리한 점 등의 개선 요구를 통해 자유롭고 편리하게 서울시정에 참여할 수 있는 온라인 청원창구

ⓔ 민주주의 서울(http://democracy.seoul.go.kr): 자유롭게 정책을 제안하고 30일간 50명 이상 시민들에게 공감을 얻으면 실행 부서로 이관됨. 실행 부서에서는 실행 필요성, 효과성, 예산, 법령 적합성 등을 검토하고, 이를 토대로 최종 선택한 제안은 시민의 투표를 통해 채택 여부 결정. 시민의 투표를 통해 결정된 제안이 실행 부서에서 어떻게 실행되고 있는지 시민이 직접 확인할 수 있음

ⓜ 함께서울 정책박람회: 이슈토론회, 정책전시 및 체험, 시민시장실 등 다수의 프로그램 운영

ⓗ 협치서울 정책토론회: 정책 수립 및 시행 전, 시민의 의견을 듣고 민·관 협치를 통해 정책을 공동으로 창조하는 토론회

ⓢ 서울시민모니터: 정책소통평가단으로, 서울시 주요 정책 및 소통방안에 대해 시민의 눈으로 평가한 폭넓고 다양한 의견을 청취하고 개선 아이디어를 적극 수렴하여 시민과의 소통을 활성화하기 위해 만들어진 시민참여제도

ⓞ 서울시 여론조사: 시민의 목소리에 귀기울여 시민과 함께 만드는 시정을 구현하고자 시정 각 분야에 걸쳐 전화, 면접, 온라인, 좌담회(FGI) 등 다양한 방법으로 여론조사를 실시

ⓩ 120 다산콜센터: 서울시와 구청의 각종 안내번호를 하나의 안내번호로 통합하여 만든 민원시스템으로, 전문상담원이 24시간 시민의 문의사항을 정확하고 빠르게 상담

⑥ 공동주택 층간소음: 공동주택의 층간소음으로 인한 이웃 간의 갈등을 예방하고 문제를 해결하기 위한 대책

ⓐ 층간소음 분쟁해결을 위한 층간소음 전문 컨설팅단 운영

ⓑ 층간소음 이웃 간 분쟁을 스스로 해결할 수 있는 아파트 주민자율해결아파트 확대·운영

ⓒ 층간소음 상담실 운영

ⓓ 공공갈등 예방 및 관리체계 마련

⑦ 마을공동체: 주민들이 생활상의 필요에 대한 해소방안을 함께 해결하는 이웃들의 협력적 관계망으로, 서울시가 교육, 컨설팅, 유형별 공모사업까지 총괄 지원

ⓐ 공동체주택: 공동의 목적을 가진 사람들이 함께 거주하며 물건, 공간, 시간을 공유하는 공동체 생활을 통해 삶의 질을 높이는 주택. 보육주택, 노인돌봄주택, 사회초년생주택, 다문화주택, 예술인주택 등 거주하는 사람의 특징에 따라 특화되며 지속적으로 증가하는 추세

　　예 불광동 구름정원사람들, 일상예술창작센터, 예술인주택 따뜻한 남쪽 등

ⓑ 사회주택: 시민이 부담 가능한 임대료로 오랫동안 안심하고 살 수 있는 주택으로, 사회적 경제주체가 공급하고 운영하는 임대주택. 운영주체는 입주자들의 공동체성 회복을 지원하기 위해 토지임대부 사회주택, 리모델링형 사회주택 등 다양한 커뮤니티 프로그램 운영 및 지원

⑧ **서울시 평생학습포털**: 시민 누구나 다양한 사이버 학습강좌를 무료로 수강할 수 있으며, 가까운 곳에서 어떤 프로그램이 운영되는지 쉽게 찾아볼 수 있도록 평생교육 관련 강좌정보를 통합 제공하는 평생학습사이트. 다양한 분야의 온라인학습, 기관강좌, 서울시민대학 등 다양한 강좌와 강좌의 정보를 제공하고 지식공유 · 학습모임 등 커뮤니티 서비스 제공

⑨ **전통시장 활성화**: 상인 의식개선 교육, 전통시장 가는 날 지정, 지역특산물 특가판매, 공동 배송서비스 지원, 간편 카드결제시스템 구축, 전통시장 청년상인 육성, 전통시장 홍보 지원, 노후된 시장 시설 현대화 및 주차환경 개선, 고객쉼터 · 아케이드 등 편의시설 설치, 대규모 판촉 지원

> 📖 전통시장 제품 대규모 할인 판매전 전통시장별 대표 상품을 선정, 30% 이상 대폭 할인, 전통시장 판촉 이벤트로 5만 원 이상 물품구매 소비자에게 온누리 상품권(5천 원) 증정 등

⑩ **빅데이터 활용**

　㉠ **빅데이터 통합저장소 사업 추진**: 서울시가 보유한 방대한 양의 공공데이터를 한 곳에 저장하는 통합 저장소로, 수집된 공공데이터는 교통 · 안전 등 각종 서울시의 정책과 시민체감도가 높은 공공서비스 개발을 위한 과학적 자료가 되며 기업과 시민들에게도 데이터 활용의 길이 열릴 전망

　㉡ **심야노선의 최적경로 도출**: 심야 대중교통 이용자 분석으로 올빼미버스(심야버스) 노선 도출

　㉢ **교통사고 감소 정책지원 시스템 개발**: 어린이와 노인 등 교통사고 약자들의 교통사고 유발요인과 사고 다발지점 연관 분석을 통해 합리적으로 무단횡단 금지시설, 과속방지턱 등 설치

　㉣ 우리마을가게 상권분석 서비스

　㉤ 지능형 택시 매치메이킹 서비스

　㉥ 인생이모작 지원센터

⑪ **서울시 공공자전거 '따릉이'**: 서울시 공공자전거 무인 대여 시스템. 환경과 건강, 교통난 해소와 생활경제까지 모두 해결할 수 있는 대표적 친환경 녹색생활 교통수단인 자전거이용 활성화를 위해 따릉이를 구축 · 운영

　㉠ **서비스 확대**: 따릉이와 따릉이 대여소 수 확대. 2022년까지 서울 도심과 강남을 잇는 70km 길이의 자전거 전용도로(CRT; Cycle Rapid Transportation) 조성

　㉡ **서비스 개선**: 인증단계 간소화, 외국인의 이용편의를 위한 모바일웹 영문서비스, 청계천로 고산자교에 서울시 최초의 '자전거신호등' 시범 설치, 자전거체험 안전교육 확대, 간편결제 가능, 교통약자 따릉이 길찾기 서비스 개발

　㉢ **특화지구 조성**: 문정, 마곡, 종로에 따릉이만으로 출 · 퇴근, 통학, 쇼핑 같은 생활 이동이 가능한 '따릉이 특화지구'를 처음으로 조성

⑫ 서울시청 시민청: 서울시청 지하 1 · 2층에 마련된 시민청은 시민이 스스로 만들고 누리는 시민생활마당으로, 토론 · 전시 · 공연 · 강좌 · 놀이 등 각종 시민활동이 각각의 특성을 반영하여 펼쳐질 수 있도록 비움과 유연성을 강조하여 만들어진 공간

⑬ 아리수(서울시 수돗물 이름): 세계보건기구(WHO)가 권장하는 항목 163개보다 많은 170개 항목에 걸친 정밀검사 결과, 식수로 적합하다는 판정을 받음. 수질 개선, 고도정수처리시설 확대, 급수관 교체, 물탱크 관리 · 철거, 홍보 등 음용률을 높이기 위해 노력 중임

⑭ 아동학대 예방 인프라

　㉠ 가족보존 · 가정복귀 · 장기보호조치 프로그램

　㉡ 학대가 일어나는 가족을 위한 서비스

　㉢ 서울시 아동상담 치료센터

　㉣ 전문상담원과 서비스 제공자 간 협조하여 사례 관리

⑮ 학교보안관: 학교폭력 예방 등을 위해 배치한 전담 보안인력으로, 조례를 개정하여 국 · 공립 특수학교까지 학교보안관 배치를 확대

⑯ 임산부 배려석

　㉠ 문제점

　　• '배려석'이라는 표현으로 강제성이 없어 임산부석을 비워놓지 않는 경우가 많음

　　• 겉으로 표시가 나지 않는 초기 임산부의 경우 배려를 요구하기 곤란함

　　• 여성만 앉을 수 있는 좌석은 역차별이라는 논란

　　• 임산부가 아닌 여성이 이용하는 경우 구분하기 어려움

　㉡ 타 지방자치단체 사례 – 부산지하철 핑크라이트: 열쇠고리 모양의 발신기(비콘)를 소지한 임산부가 임산부 전용 좌석에 접근하면 '핑크라이트'가 점등되어 일반승객이 자연스럽게 자리를 양보하도록 유도하는 서비스

⑰ 사회적경제 지원센터: 우수기업 육성, 사회적경제 마케팅 지원, 사회적경제 클러스터형 공간 지원, 사회적경제 종합 홍보 등 지원 수행

⑱ 예산제도

　㉠ 서울특별시 시민참여예산: 「서울특별시 시민참여예산제 운영 조례」로 재정분야의 시민의 참여영역 확대

　㉡ 계약심사단 운영: 민자사업 및 서울시 주요 계약에 대한 법률 · 재정적 사전 검증 강화로 대규모 사업의 부실계약 방지

Ⅲ. 서울특별시 관련 기출질문

- 미세먼지 저감을 위해 서울시에서 할 수 있는 것은?
- 서울시의 전통보존 정책에 대해서 아는 것은? 중요한 원칙이 있다면?
- 서울시 정책에 대해 아는 것은? 개선하고 싶은 것은?
- 찾아가는 동사무소에 대해서 알고 있는가? 효율적인 방문을 위한 방안은?
- 중소기업 육성을 위해 서울시가 하고 있는 정책을 알고 있는가? 또 어떤 정책을 할 수 있을까?
- 임산부 배려석이 잘 운영되고 있다고 생각하는가?
- 임산부 배려석에 대한 생각은?
- 서울시 청년주택정책을 활성화할 방법은 무엇인가? 홍보방안은?
- 제로페이를 민간기업이 아닌 공공기관이 시행하는 것에 대해서 어떻게 생각하는가? 제로페이 이용방법을 알고 있는가? 제로페이 활성화 방안은?
- 서울시 음주운전 감소를 위한 방안은?

Ⅳ. 서울특별시 공무원 행동강령(박원순법)

(1) 공정한 직무수행(제2장)

제5조【직무수행의 기본자세】① 공무원의 직무수행 기본자세는 다음 각 호와 같다.

1. 부여된 업무처리 및 상급자 보고 등에 있어 정직하여야 한다.

2. 업무는 어느 누구에도 편파적이지 않도록 공정하게 처리하여야 한다.

3. 지연·혈연·학연·종교 등을 이유로 특정인에게 특혜를 주거나 특정인을 차별하여서는 아니 된다.

4. 업무 수행 중에 접촉하는 직원이나 서울특별시민을 존중하고 편견 없이 대하여야 한다.

5. 민원은 다른 업무에 우선하여 신속하고 친절하게 처리하여야 한다.

6. 시민의 인권과 정의를 실현하는데 앞장서야 한다.

② 공무원은 공직자로서 품위가 훼손되는 다음 각 호의 행위를 하여서는 아니 된다.

1. 성매매 또는 성희롱, 음주운전 등 사회적 책임이 따르는 법규위반 행위

2. 도박 등 사행성 오락 행위, 직무관련자와의 골프행위 등 직무수행의 공정성에 영향을 미칠 수 있는 행위

3. 근무시간 중 음주행위, 업무와 관련 없는 인터넷 이용, 불필요한 출장 및 무단 외출 등 직무수행의 능률을 저하시킬 수 있는 행위

③ 공무원은 직무를 수행함에 있어 시민의 권리를 보장하기 위하여 노력하여야 한다.

제6조【부정청탁의 금지 등】① 공무원은 본인 또는 다른 사람의 부당한 이익을 도모하기 위하여 공정한 직무수행을 현저히 저해하는 어떠한 지시나 부정청탁을 하거나 받아서는 아니 된다.

③ 공무원은 제1항에서 금지하는 부정청탁을 받고 그에 따라 위법·부당하게 그 직무를 수행해서는 아니 된다.

(2) 부당이익의 수수 금지 등(제3장)

제12조【금품 등의 수수 금지】① 공무원은 직무상의 관련여부 및 기부·후원 등 명목여하를 불문하고 어느 누구로부터도 일체의 금품 등을 받거나 요구 또는 약속해서는 아니 된다. 다만, 다음 각 호의 어느 하나에 해당하는 금품 등의 경우에는 그러하지 아니하다.

1. 사적 거래로 인한 채무의 이행 등 정당한 권원에 의하여 제공되는 금품 등

2. 원활한 직무수행을 위하여 공개적으로 제공되는 1인당 3만 원 이내의 음식물 또는 통신·교통비

3. 통상적인 사교·의례의 목적으로 제공되는 5만 원 이내의 음식물·경조사비·선물 등

4. 공직자의 4촌 이내의 친족이 부조의 목적으로 통상적인 범위 안에서 제공하는 경조 관련 금품, 치료비·주거비 또는 그 밖의 금품 등

5. 질병·재난 등으로 인하여 어려운 처지에 있는 공무원을 돕기 위하여 제공되는 금품 등

6. 직원 상조회에서 공개적으로 제공되는 금품 등

7. 불특정 다수인에게 배포를 위한 기념품 또는 홍보용 물품 등

8. 공무원 본인이 소속된 종교단체·친목단체 등에서 그 단체 정관·회칙이 정하는 바에 따라 제공되는 경조사 관련 금품 등

9. 상급 공무원이 하급 공무원에게 위로, 격려, 포상 등 사기를 높일 목적으로 제공하는 격려금 등

10. 그 밖에 법령 또는 사회상규에 따라 허용되는 것으로 인정되는 금품 등

② 공무원의 배우자 또는 공무원 본인·배우자의 직계존비속은 제1항에 의하여 공무원이 받는 것이 금지되는 금품 등을 받거나 요구 또는 약속해서는 아니 된다.

제13조【금지된 금품 등의 처리】① 공무원은 다음 각 호의 경우에는 금품 등을 제공자에게 즉시 반환하고 그 사실을 클린신고센터에 신고하여야 한다.

1. 공무원 자신이 제12조 제1항에 따라 수수 금지된 금품 등을 받은 경우

2. 본인의 배우자 또는 본인·배우자의 직계존비속이 제12조 제2항에 따라 수수 금지된 금품 등을 받은 사실을 알게 된 경우

3. 제18조 제2항의 기준을 초과한 대가를 수령한 경우 그 초과금액

② 공무원은 제1항에 따라 제공자에게 반환되어야 하는 금품 등이 다음 각 호의 어느 하나에 해당하여 제공자에게 반환하기 곤란한 경우에는 행동강령총책임관에게 그 금품 등을 인도하여야 한다.

1. 멸실 · 부패 · 변질 등의 우려가 있는 경우

2. 제공자를 알 수 없는 경우

3. 그 밖에 제공자에게 반환하기 어려운 사정이 있는 경우

(3) 인지된 부정행위에 대한 신고 및 보고 의무(제6장)

제20조 【부정행위의 신고 등】 ① 공무원은 부정행위를 인지한 때에는 별지 제7호 서식 또는 전화나 전자메일 등을 이용하여 행동강령총책임관, 해당 행동강령책임관 또는 공직자비리신고센터에 즉시 신고하여야 한다. 다만, 부정행위가 불분명할 경우 신고에 앞서 해당 행동강령책임관과 상담할 수 있다.

② 제1항에 따라 위반행위를 신고받은 행동강령총책임관 또는 행동강령책임관 등은 신고인이 신고에 따른 불이익을 받지 않도록 비밀을 유지하여야 한다.

2. 경기도(http://www.gg.go.kr)

Ⅰ. 기본 정보

(1) **브랜드**: Global Inspiration, 세계속의 경기도

(2) **슬로건**: 새로운 경기 공정한 세상의 시작입니다.

민선7기 도정 핵심가치인 '공정, 평화, 복지'를 기반으로 도민들이 원하는 새로운 경기도를 조성함으로써 '촛불혁명'을 통해 국민들이 이루고자 했던 '공정한 세상'을 만들어가겠다는 의미를 내포

(3) 5대 목표 16대 전략

① 도민이 주인인 더불어 경기도(자치 · 분권 · 평화)

　㉠ 자치분권과 직접민주주의 실현

　㉡ 공정 · 투명 · 정의로운 도정 실현

　㉢ 평화와 번영의 심장 경기도

② 삶의 기본을 보장하는 복지 경기도(복지)

  ㉠ 기본소득 · 3대 기본복지 실현

  ㉡ 보육 · 돌봄 · 공공의료서비스 강화

  ㉢ 누구도 차별받지 않는 경기도

③ 혁신이 넘치는 공정한 경제 경기도(경제)

  ㉠ 사람중심의 경제, 소상공인이 활력 있는 경기도

  ㉡ 혁신경제 · 좋은 일자리 창출

  ㉢ 농촌과 공유경제가 공존하는 경기도

④ 깨끗한 환경, 편리한 교통, 살고 싶은 우리동네 경기도(환경 · 교통 · 주거)

  ㉠ 안전하고, 빠르고, 편리한 교통

  ㉡ 안정된 주거환경 조성

  ㉢ 맑은 공기, 맑은 물, 깨끗한 환경

⑤ 안전하고 즐거운 경기도(안전 · 교육 · 문화체육)

  ㉠ 도민의 생명 · 재산을 지키는 안전한 경기도

  ㉡ 학교 안팎에서의 안심교육 실현

  ㉢ 일상에서 생활문화를 누리는 경기도

  ㉣ 건강과 즐거움이 함께하는 경기도

(4) **면적**: 10,109.5km²(2019년 12월 기준)

(5) **행정구역**: 28개 시, 3개 군, 17개 구, 543개 읍 · 면 · 동(2019년 12월 기준)

(6) **인구**: 2019년 12월 기준 – 13,239,666명(전국 1위, 전국의 25.5%), 65세 이상 157.7만 명(11.5%), 외국인 40.9만 명(3.0%), 경제활동인구 7,153천 명(전국 1위), 여성취업자 2,843천 명(전국 1위)

(7) **산업**: 벤처기업 수 11,364개(전국 1위, 전국의 30%), 2019년 수출액 누계 288억 불(전국 1위)

(8) **일반직공무원 1인당 주민 수(외국인 제외)**: 2018년 12월 기준 – 도 3,310명(전국 시 · 도 평균 975명), 시 · 군 302명(전국 평균 229명)

(9) **상징**

① **도화**: 개나리 – 대량으로 도내 자생하는 꽃. 번식이 용이하여 번영과 친근, 명랑 고귀한 빛 상징

② **도목**: 은행나무 – 번영 상징

③ **도조**: 비둘기 – 인류의 영원한 평화와 평화를 통한 조국 평화통일의 염원 상징

(10) 도청 위치: 경기도 수원시 팔달구 효원로 1

(11) 관광명소, 축제

① 광주: 팔당전망대(팔당물환경전시관), 남한산성, 화담숲

② 양평: 두물머리

③ 남양주: 정약용문화제

④ 부천: 부천 국제 판타스틱 영화제, 부천 국제애니메이션 페스티벌

⑤ 수원: 수원 화성 문화제, 경기인형극제 in 수원

⑥ 이천: 도자기축제, 산수유꽃축제, 복숭아축제, 쌀문화축제

⑦ 여주: 도자기축제

⑧ 고양: 국제꽃박람회

⑨ 양주: 송어축제, 눈꽃축제, 천일홍축제

⑩ 포천: 산정호수 썰매축제, 포천아트밸리, 허브아일랜드

⑪ 파주: 프로방스마을, 벽초지문화수목원, 파주출판도시 투어

⑫ 연천: 전곡리 선사유적지

⑬ 김포: 아라마리나

⑭ 안성: 팜랜드

⑮ 평택: 평택호 관광단지

⑯ 화성: 제부도

⑰ 의왕: 의왕레일파크

(12) 경기도지사 2020년 신년사

① 공정사회 완성

  ㉠ 건설업 분야의 하도급 부조리, 입찰 담합, 페이퍼컴퍼니 등 부동산 적폐 감시 강화

  ㉡ 불법 사금융, 유통기한 위·변조 등 민생 침해범죄 엄중 단속

  ㉢ 은닉세원 발굴, 복지 사각지대 해소, 조세 정의 실현을 위한 체납 관리단 확대

  ㉣ 하천과 계곡 정비 완료

  ㉤ 비정규직 노동자들 문화 향유권 보장, 이동·현장노동자 쉼터 설치 등 노동존중 사회 실현

② 한반도 평화시대 대비

  ㉠ 개성 관광 재개에 적극적 역할

  ㉡ 2019년 11월 정부로부터 지정된 대북지원사업자로서 독자적인 남북교류 협력사업을 추진

ⓒ 평화에 대한 공감대 확산, 통일경제특구 유치를 비롯한 평화경제 기반 조성

ⓔ 공공기관 3곳의 경기북부 이전을 차질 없이 추진하고 생활 SOC시설 확충 등 경기북부 지역 발전 도모

③ 도민복지권 보장

ⓐ 복지정책을 지역화폐와 결합하여 보다 직접적으로 지역경제 활성화에 기여하도록 설계하고, 가성비 높고 경제효과까지 지닌 복지정책들을 지속적으로 발굴

ⓑ 초등학생 치과주치의 제도, 청년 기본소득, 고등학교와 대안학교까지 무상교복 확대 등 경기도만의 차별화된 생애주기별 맞춤형 복지사업 정착과 더불어 청소년 교통비 지원, 농민 기본소득 등 보편 복지 실현

ⓒ 신규 설치되는 청년지원사업단을 통한 청년의 주도적인 정책참여를 기반으로 청년들의 권익 증진에 기여하고 구직 청년에게 청년 면접수당 지급

ⓓ 4차 산업혁명 시대의 필연적인 제도와 기본소득에 대한 사회적 공감대 확산

④ 상생하는 경제 선순환구조 확립

ⓐ 경기도 시장상권진흥원과 연계하여 소상공인 · 골목상권 · 전통시장 등 지역상권 활성화

ⓑ 지역화폐 빅데이터를 활용한 수익을 도민에게 환원

ⓒ 시군과 협력한 '일자리 정책마켓'으로 양질의 공공 일자리를 창출하고 민간기업 유치를 통한 일자리 창출과 창업하기 좋은 환경 조성

ⓓ 대기업의 중소기업 기술탈취에 대한 체계적인 예방 시스템 구축으로 기술보호를 강화하여 지식재산권 보호 · 육성

ⓔ 반도체 산업의 부품소재 국산화 지원, 반도체 산업 인력 양성으로 산업의 보호 · 육성, 특히 인공지능과 같은 미래 신산업 육성으로 경제의 패러다임 변화를 주도

⑤ 도민의 생활환경 개혁

ⓐ 공공임대주택을 확충하여 주거환경을 안정시키고, 경기도형 도시재생 사업으로 더 쾌적한 생활 도모

ⓑ 경유 차량 배출가스 저감, 영세사업장 오염 방지시설 설치 지원 등 지속적인 미세먼지 저감 노력

ⓒ 노선입찰제 방식의 경기도형 버스준공영제 시작, 철도와 도로 등 교통 인프라 확충, 대중교통의 서비스 개선

ⓓ 수술실을 비롯하여 신생아실 내부로 CCTV 설치사업 확대

Ⅱ. 정책

(1) 청년

① **경기 청년구직지원금**: 근로능력이 있는 저소득 청년층에게 월 50만 원씩 6개월 간 최대 300만 원까지 지원. 지원금 지급 기간 중 취업하면 남은 지원금은 성공수당으로 지급

② **스타트업캠퍼스**: 경기도, 경기도경제과학진흥원, 문화예술사회공헌네트워크가 함께 청년창업을 지원하는 민관협력사업

③ **청년노동자 지원사업**

   ㉠ **청년복지포인트**: 경기도에 거주하는 만 18~34세 청년 중에서 중소기업에서 일하는 청년에게 연간 최대 120만 원의 복지포인트 지원

   ㉡ **청년마이스터통장**: 경기도에 거주하는 만 18~34세 청년 중에서 중소 제조기업에서 일하는 청년에게 2년 간 월 30만 원의 근로장려금 지원

   ㉢ **청년노동자통장**: 경기도에 거주하는 저소득 근로청년이 매달 10만 원을 저축하면 3년 후 경기도 예산과 민간기부금 등으로 약 1,000만 원이 적립되는 통장으로, 일하는 청년의 근로의지와 취업의지를 고취하고 자산형성을 지원하기 위함

④ **경기도 기숙사**: 대학생과 청년들에게 민간 기숙사보다 저렴한 기숙사를 제공하고, 취업교육 등 다양한 프로그램 운영

⑤ **경기도 청년 면접수당 지원**: 만 18세 이상 34세 이하 미취업 청년을 대상으로 면접수당 및 취업지원 서비스 제공

(2) 환경

① **시화호 조력발전소**: 경기도 안산시 시화방조제에 지어진 세계 최대 규모의 조력발전소로, 친환경 에너지 생산

② **알프스 프로젝트**: 도 내 미세먼지 배출량을 2020년까지 1/3로 줄이는 프로젝트

   ㉠ **사업장 미세먼지 자율저감**: 드론을 활용하여 산업단지 미세먼지 발생량 측정, 대기오염 저감 시설 설치 지원

   ㉡ **친환경 교통기반 확대**: 노후한 경유차에 매연 저감장치 장착비용 전액 지원, 에코도로(가속페달을 밟지 않고 운행하는 무가속 운전기간) 운영, 전기차 보급 및 전기차 인프라 구축

   ㉢ **봄철 비상대응**: 고농도 미세먼지 비상조치 발동, 미세먼지 집중 발생기간 청소차량 운행 확대

   ㉣ **미세먼지 진단·고지**: 공기성분농도 분석시스템 설치, 측정소 확대, 전광판·문자안내서비스

   ㉤ **도민참여 증진**: 캠페인 실시, 도민 교육 등

③ 미세먼지 걱정 없는 새로운 경기: 2022년까지 미세먼지 농도 33% 개선

  ⊙ 정확한 미세먼지 진단 및 도민 알림서비스 강화: 성분측정소·미세먼지측정망 확충, 대기오염 진단 평가 시스템 구축, 미세먼지 신호등 시범설치

  ⓒ 전기차 및 수소차 타기 좋은 경기도: 전기차 및 수소차 확대, 전기·수소 충전 인프라 확대, 유료도로 통행료 및 도·시 공용주차장 요금 감면

  ⓒ 노후 경유차 운행제한: 2005년 이전 노후경유차 운행제한 시행(1차: 폐차유도, 2차: 저공해화사업, 3차: 운행제한 및 과태료 부과), 노후경유차, 건설기계 저공해화 추진, 어린이 통학차량 LPG 전환 지원, 경유시내버스 친환경버스로 전면 교체

  ⓔ 첨단 과학장비 등을 활용하여 미세먼지 배출원 강력 단속: 드론을 활용한 오염 사각지대 입체단속, TMS(원격감시시스템)를 통한 오염물질 배출사업장 실시간 감시, 대형 공사장 관리를 위한 건설업체와의 자발적 협약 추진

  ⓜ 생활주변 미세먼지 배출원 저감을 통한 도민 삶의 질 향상: 농업잔재물 불법소각 방지를 위한 처리방안 마련

  ⓗ 실내공기 질 관리 강화: 의료기관, 산후조리원, 노인요양시설, 어린이집 등 4개 취약계층이 이용하는 시설을 실내 어린이 놀이시설 관리대상에 추가하고, 대중교통 차량 측정 항목과 권고 기준을 초미세먼지 $50\mu\ell/m^3$로 강화

  ⓢ 미세먼지 거버넌스를 통한 미세먼지 문제 해결: 미세먼지 거버넌스 운영 및 지역사회와 함께하는 워크숍, 만민공동회 개최, 수도권 미세먼지 해결을 위한 '정책협의체' 운영 및 동아시아 지방정부 시민사회와 청정대기 네트워크 협약을 추진함. 경기환경전 개최. 중국발 미세먼지 저감을 위한 사막화 방지

(3) 주거

① 따복하우스: 대학생, 사회초년생, 신혼부부 등 청년의 주거비 부담을 경감시키기 위해 대중교통이 편리하며 직주근접이 가능한 부지를 활용하여 저렴하게 공급하는 경기도형 행복주택으로. 2020년까지 1만 호 공급 예정

② BABY 2+ 따복하우스: 청년층의 주거와 결혼, 저출산 극복을 위해 추진 중인 주거복지정책. 기존 행복주택에 임대보증금 이자 지원, 신혼가구 육아공간 확대, 공동체 활성화 등 경기도만의 특별한 지원을 추가

(4) 교육

① **지식캠퍼스 GSEEK**: 강사와 학습자 간 상호작용이 가능한 쌍방향 온라인 평생교육 포털. 개인이나 기업 등 이용자가 자신의 지식을 바탕으로 강좌를 구성해 온라인학습과정을 개설하고 운영하는 마이 플랫폼 서비스 제공

② **체인지업 캠퍼스**: 4차 산업혁명 시대에 걸맞은 인재 육성을 위해 이전 영어마을에서 전환된 브랜드. 영어교육을 넘어서 4차 산업혁명 시대에 맞는 창의교육, 과학멘토링, 진로체험 등 16개 프로그램 운영

(5) 산업 · 경제

① **경기북부 테크노밸리**: 고양시 일산구 일원에 약 58만m² 부지에 공유도시, 에너지자립형 친환경도시, 사물인터넷을 이용한 통합관리도시로 조성됨. 경기북부 테크노밸리가 조성되면 1조 6천억 원의 신규 투자유치, 1,900여 개의 기업유치, 1만 8천 명 이상의 고용이 유발되는 효과가 예상됨. 경기도는 방송 · 영상 · 문화 · IT 기반의 VR콘텐츠산업을 육성하여 경기북부 테크노밸리가 4차 산업혁명을 주도하도록 조성할 예정

② **북부 2차 테크노밸리 선정**: 양주시 남방동 · 마전동, 구리시 사노동, 남양주시 퇴계원리

    ㉠ **양주시**: 섬유 · 패션, 전기 · 전자 업종 중심의 첨단산업단지

    ㉡ **구리시, 남양주시**: 지식산업 및 주거복합시설

③ **판교 제로시티**: 세계적인 혁신클러스터 조성과 창조경제 랜드마크 육성을 목표로 조성하는 복합산업단지. 국내 자율주행차 시범단지 1호로 지정

④ **연천 BIX(은통산업단지)**: 경기북부에 조성 중인 산업단지. 100호 규모의 따복기숙사, 기업지원센터, 공동물류센터 등을 조성하여 쾌적한 근무여건과 복지, 입주기업의 원가절감 등에 주력

⑤ **일자리 우수기업 인증제**: 2009년부터 경기도가 전국 지방자치단체 최초로 시행한 제도. 고용 창출, 노동환경 및 노동자 복지향상을 위해 노력한 도 내 중소기업에 각종 인센티브를 제공하여 지속적인 일자리 창출을 유도

⑥ **Station-G(안산)**: 경기도와 안산시, 한국철도시설공단이 힘을 합쳐 안산 고잔역 철도 고가 하부의 유휴 국유지를 활용하여 만든 연면적 441m² 규모의 청년 스타트업 창업공간으로, '2019 국유재산 업무 유공' 기획재정부장관 기관표창 수상

⑦ **공유적 시장경제**

    ㉠ **행복카셰어**: 관공차 공유

    ㉡ **경기도주식회사**: 경기도와 경기지역 경제단체들이 공동출자하여 설립한 회사

⑧ 정부 도시재생 뉴딜사업에 8개 지역 선정(전국 최다): 기존 전면 철거방식과는 달리 도시의 기존 틀을 유지하면서 주거환경을 개선하는 정비사업. 도내 8개 구도심 지역이 전국 도시재생 뉴딜사업 대상지에 포함(고양시 원당동, 안양시 박달동, 안양시 명학동, 광명시 광명5동, 고양시 화전동, 수원시 매산동, 시흥시 정왕동, 남양주시 금곡동). 매년 10개소씩 2021년까지 도내 50곳 이상을 선정하여 도시재생 뉴딜사업을 추진하겠다면서 관련 조례안과 예산 등 광역 차원의 지원계획 마련

(6) 노인

① 전국 최초 노인문화 동아리 오디션 '9988 톡톡쇼': 노인의 문화참여 확대 및 여가 다양화를 위한 '어르신 문화 즐김'을 추진하기 위한 사업. 선발팀에 대해서는 공연 전문가의 특별 지도가 이루어지는 등 팀별 100만 원 상당의 컨설팅이 제공되고 '찾아가는 문화공연' 등을 통해 도가 직접 재능나눔 활동을 연계함

② 경기도 노인종합상담사업: 노인우울, 치매, 자살, 학대, 빈곤 등 다양한 노인문제 종합상담 및 보건 · 복지 연계

(7) 교통

① 청소년 교통비 지원: 도 13~23세의 청소년 버스 이용객에 대해 교통비 실사용액의 일부를 지역화폐로 환급

② 따복버스: 벽지 · 오지 및 산업단지 등 대중교통 취약지역을 대상으로, 요일 및 시간대에 따른 다양한 수요를 반영하여 운영하는 다목적 버스운행 서비스

(8) 안전: 경기 안전대동여지도 앱

재난 발생 감지 즉시 인근 주민들에게 실시간으로 알리는 알림서비스. 출동소방차 위치 및 도착 예정 시간 정보 실시간 제공, 위험지역 및 안전시설 정보 알림, 생활행정 및 불편정보 알림 등 서비스 제공

(9) 기타

① 경기 데이터드림: 경기도가 보유한 공공데이터를 체계화하고 통합 · 개방하여 도민과 공유하고 민간의 활용 촉진과 개발자 맞춤형 서비스를 제공하기 위해 구축된 공공데이터 개방 포털

② 사전컨설팅 감사: 2014년부터 경기도가 전국 최초로 시행한 것으로, 불명확한 유권해석이나 법령과 현실의 괴리 등으로 능동적인 업무추진을 하기 어려운 민원사항에 대해 적극적인 행정이 이루어질 수 있도록 관계 공무원을 대상으로 민원업무의 적법성 · 타당성에 대한 사전컨설팅을 실시하는 제도

3. 인천광역시(http://www.incheon.go.kr)

Ⅰ. 기본 정보

(1) **브랜드**: all ways INCHEON

대한민국의 길을 열고, 세상의 길을 잇고, 너와 나의 길이 되겠다는 의미

(2) **슬로건**: 살고 싶은 도시, 함께 만드는 인천

미래 최첨단 산업을 주도하고, 수준 높고 여유로운 복지를 누리며, 편리한 교통, 원도심과 신도시가 하나 되는 정책을 통해 '살고 싶은 도시'로 새롭게 태어남을 의미하는 슬로건. 시정의 중심에서 인천시민이 함께하고, 인천시민으로서 자부심을 갖고 다양한 의견을 제시하고, 참여하면서 살기 좋은 인천을 함께 만들어 감을 의미

(3) **시정목표와 시정전략**

시정목표	시정전략
시민과 함께하는 시정	• 시민과 소통하는 시장 • 시정에 참여하는 시민 • 열린 혁신, 데이터 기반 디지털 행정
더불어 잘사는 균형발전	• 원도심 경쟁력 강화를 위한 도시재생 • 교통인프라 확충을 통한 균형발전 • 활력 넘치는 해양친수도시
대한민국 성장동력 인천	• 더 많은, 더 좋은 일자리 창출 • 지속가능한 청년·창업 • 혁신성장을 위한 경제생태계 조성 • 소상공인, 농어민을 위한 민생경제 • 글로벌 물류 플랫폼
내 삶이 행복한 도시	• 부모와 아이가 행복한 보육·교육도시 • 소외 없이 누리는 맞춤형 복지 • 양성평등 구현과 노동존중 • 건강한 시민, 쾌적한 생활환경 • 365일 안전안심 도시 • 생활로 즐기는 문화와 여가
동북아 평화번영의 중심	• 서해평화협력시대 선도 • 평화를 위한 남북교류 활성화 • 평화 경제협력 인프라 조성

(4) 시정철학

① **정의**: 공정과 투명 – 행정과정 일체의 투명한 공개와 공정한 집행으로, 시민의 행정 만족도를 높이고 더 나아가 행정의 효율성 제고

② **소통**: 대화와 협력 – 불통과 독단을 경계하고 다양한 통로를 열어, 300만 시민 모두의 목소리에 응답하는 시민 중심의 시정 실현

③ **협치**: 참여와 자치 – 일방향이 아닌 양방향적 의사소통 체계를 구축하고, 시민의 의견을 단순히 참고하는 수준이 아닌 시민이 시정의 진정한 주인이 될 수 있도록 시민참여 확대

④ **혁신**: 도전과 창의 – 공무원 스스로가 '혁신을 이끄는 주체'로서 시민의 삶을 실질적으로 바꾸어 주는 혁신을 시행하기 위해 끊임없이 노력하는 행정 구현

(5) **핵심 가치**: First Ever – 최초를 넘어 최고가 되다.

대한민국의 시작을 열고, 새롭게 도전하는 역동적인 인천의 정신이며, 오늘의 대한민국을 있게 한 힘을 의미

① **지향 가치**: Global – 세계적인 도시가 추구하는 가치와 경쟁력

② **정서적 가치**: Open – 열려있는 도시에서 느껴지는 긍정적인 감각이나 기분

③ **기능적 가치**: Convergence – 융복합 도시의 기능을 통해 물리적으로 획득할 수 있는 효용

④ **도시 속성**: Dynamic – 역동적 도시의 공유한 특성 및 속성

(6) **면적**: 1,063.26km²(2020년 기준)

(7) **행정구역**: 2020년 1월 기준 – 8개 구('남구'가 '미추홀구'로 명칭 변경), 2개 군, 1개 읍, 19개 면, 134개 동

(8) **인구**: 총 3,029,258명, 외국인 72,232명(2020년 기준)

(9) **재정**

① **예산**: 11조 2,616억 원(2020년 기준)

② **재정자립도**: 60.3%(2019년 기준)

③ **재정자주도**: 68.7%(2019년 기준)

(10) **상징**

① **시화**: 장미 – 능동적이고 정렬적인 인천시민

② **시목**: 목백합 – 아름다운 기품, 빠른 성장, 한미수교조약 체결의 현장인 인천

③ **시조**: 두루미 – 두루미의 도래지인 인천

④ 캐릭터: 등대와 점박이물범 – 등대는 '대한민국 최초의 불빛'으로 팔미도 등대를 모티브로 삼아 첨단 산업도시 인천의 과거와 미래의 연결을 의미함. 점박이물범은 천연기념물이자 멸종위기 동물에 해당하는 백령도의 점박이물범이 모티브로서, 인천시의 자연 친화의 의미를 담고 있음

⑤ 상징색: 인천바다색, 인천하늘색, 정서진 석양색

(11) **시청 위치:** 인천광역시 남동구 정각로 29

(12) **관광명소, 축제**

① 랜드마크: 차이나타운, 을왕리 해수욕장, 송도센트럴파크, 장봉도, 신포국제시장, 인천공항, 인천대공원, 문학경기장, 인천대교(평창 성화봉송 첫 출발점)

② 유적: 강화 보문사 마애석불좌상, 이건창 묘·생가, 강화 전등사 대웅전, 강화도 고인돌 유적지(유네스코 세계문화유산)

③ 축제: 펜타포트 락페스티벌, 송도 세계문화관광축제(송도 맥주축제), 애인페스티벌(국내 최대 대중음악 축제), 섬마을밴드 음악축제(도서지역 음악 동호회들의 축제), 강화 빙어축제, 송도 불빛축제, 소래포구 축제, 코리아드론 챔피언십 등

(13) **발전**

① 인천항의 확장과 인천지하철의 개통

② 인천국제공항의 개항

③ 공유수면의 매립과 각종 산업·물류단지의 조성

④ 관광·레저단지와 새로운 주거단지의 건설

⑤ 고속화도로의 확대

⑥ 교육·문화시설의 증대

⑦ 송도신도시 개발과 경제자유구역청의 개청

⑧ 인천대교 개통

⑨ 청라·영종지구 개발 및 도시재생사업

⑩ 2014 아시안게임 성공 개최 등

(14) **2019년 주요 성과**

① 숙원 과제 결실

ㄱ 10년 간 방치되었던 월미바다열차 개통 및 투모로우시티 미래 창업 허브로 재탄생

ㄴ 부평미군기지 반환 및 제3보급단 등 군부대 이전 결정

ㄷ 송도 워터프런트 및 청라시티타워 착공

    ⓔ 20년 간 갈등을 빚던 중구~동구 연결도로 공사 재개

    ⓜ 수소연료 전지사업 민관합의

    ⓗ 검단신도시 100% 분양 완료

② 시민 행복이 중심되는 시정의 주춧돌

    ㉠ 지역화폐(인천e음 카드) 가입자 100만 명 육박, 발행액 1조 5천억 원 돌파

    ㉡ 시청 앞 '인천애뜰' 개장으로 시민들의 휴식공간 조성

    ㉢ 장기 미집행 부지를 활용한 도심공원 확대사업과 내항재생사업 선도적 추진

    ㉣ 전국 최초로 무상교복 및 무상급식 사업 동시 시작

    ㉤ 공동돌봄나눔터 '아이사랑꿈터' 개소

    ㉥ 시민안전보험, 닥터카 시행

    ㉦ 온라인시민청원, 공론화위원회, 시민참여예산, 주민자치회 등을 통해 시민들의 시정참여 증진

③ 미래로의 도약을 위한 디딤돌

    ㉠ GTX-B 노선 구축사업 확정

    ㉡ 영종발 서해 남북평화고속도로 1기 사업 확정

    ㉢ 제2경인선 건설사업 정부 예비타당성조사 사업 선정

    ㉣ 국립해양박물관 확정 및 국립세계문자박물관 착공

    ㉤ 동양 최대 규모의 크루즈 터미널 개장

(15) 2020년 신년 계획

① 완전한 해결, 든든한 시정

    ㉠ 수도권 매립지 종료와 대안 마련

    ㉡ 루원시티 행정복합타운 건립과 청라 국제업무단지 활성화 사업 성공적 완수

    ㉢ 인천 복지기준선 설정 및 시민복지 증진

② 굳건한 연결, 튼튼한 기본

    ㉠ 수도권 광역철도 신설·연결사업과 내분순환교통망 확장

    ㉡ 내항재생·해양친수공간 연결 등 바닷길 연결과 역사문화길 연결사업

③ 희망찬 숨결, 탄탄한 미래

    ㉠ 바이오 – 헬스, 스마트산단, 공항경제권, 관광산업활성화, 부품소재산업과 뿌리산업 등의 발전을 위한 기반과 협업체계 확립

    ㉡ 자원재생시스템 대전환 및 맑은 물·공기 프로젝트를 통한 환경 선진도시 조성

Ⅱ. 정책

(1) 일자리

① 다문화가족 one-stop 일자리 지원 사업: 검정고시 대비반(초·중·고졸) 운영, 수준별 한국어반 운영 등 일자리 지원 시스템 구축 예정

② 희망집(Job)아! 프로젝트: 지역자활센터 자활사업 참여자 중 취업·창업 성공자 대상으로 최대 150만 원의 성과보상금 지원

③ 패키지형 뿌리산업 평생일자리 창출 프로젝트 추진: 인천의 뿌리산업인 용접, 표면처리, 주조, 금형, 열처리, 소성가공 등 일자리의 미스매칭을 해소하고 고부가가치를 창출하기 위해 뿌리산업의 신규 채용자, 재직자, 기업에 대한 종합 지원사업을 추진함

(2) 경제활성화

① 인천개항창조도시 재생사업: 인천 중구 내항, 개항장, 월미도 및 동인천역 일대를 해양·문화·관광이 융합된 창조모델도시로 재생

② 중국 웨이하이시에 인천 경제무역대표처 운영: 중국 진출 교두보 확보를 위해 기업·상품홍보, 투자와 산업협력, 관광 및 문화교류 등 적극 지원

③ IFEZ 인천경제자유구역(Incheon Free Economic Zone): 국제적 경제 거점도시이자 전문 서비스업 중심지로 발돋움하기 위해 사업추진

④ 송도: 테크노파크·생물산업기술 실용화센터 등 미국의 실리콘밸리와 같은 첨단지식 산업단지, 신약 생물산업 등을 위한 첨단 바이오 산업단지, 60층 규모의 국제 무역센터와 컨벤션센터, 호텔·백화점·골프장·문화센터 등을 갖춘 국제 비즈니스센터를 조성하고 7,900세대가 상주할 수 있는 주거단지 조성

⑤ 영종: 인천국제공항과 밀접하게 연결된 주거·산업·물류·국제업무 등의 기능을 갖춘 복합도시, 항공물류 중심지로 육성하기 위한 물류산업단지, 호텔·콘도미니엄·해양수족관 등 각종 레저시설을 갖춘 국제적인 종합리조트

⑥ 청라: 초고층 업무빌딩과 금융기관, 외국인들이 거주할 수 있는 주거단지를 갖춘 국제 금융시설로, 국내외 관광객을 위한 대규모 화훼단지와 위락 및 스포츠시설, 3~4개의 골프장과 자동차경주장, 테마파크를 갖춘 레저스포츠단지를 갖춤. 외국인 투자 면세, 각종 규제 배제, 부지조성과 임대료 감면, 국공유재산의 사용·수익 허용 등 규제 완화

(3) 출산 · 보육

① I-MOM(아이맘) 출산 축하금 지원: 출산 축하금 100만 원 지원 및 탄생 축하카드 발송

② 공동육아 나눔터 및 가족품앗이: 부모와 자녀가 함께하는 공동육아 놀이공간을 제공하고 부모들 간의 육아정보 공유 및 가족품앗이 기능 강화를 통한 양육 친화적 지역사회 환경 조성

③ 도담도담 장난감월드: 영유아 발달에 적합한 장난감 · 도서 · 영상자료를 무료로 대여하여 가정의 육아 비용 경감

(4) 노인

① 두뇌톡톡! 뇌 건강학교: 치매에 걸릴 우려가 있는 사람을 대상으로 다양한 인지기능을 향상시킬 수 있는 프로그램 무료 제공

② 찾아가는 어르신 운전자 교통안전 교육: 노인운전자에 의한 교통사고의 심각성을 인식하여, 노인운전자의 교통사고를 예방하기 위해 도로교통공단과 협력하여 만 65세 이상 운전자를 대상으로 교통안전을 교육하는 것으로, 소외될 수 있는 도서 지역에 거주하여 교육의 기회가 상대적으로 적은 어르신들을 찾아가 실시

③ 고령사회 대응센터 운영: 예비 노인세대(50~64세)의 인생을 재설계, 장기요양종사자 처우개선 등 센터를 운영함

④ 노인보호 전문기관 개소: 학대받는 어르신에 대한 긴급상담, 현장조사, 쉼터 입소 등의 보호조치를 지원하고, 지역사회에서 노인 학대를 예방하는 상담기관을 운영함

(5) 청년

① 글로벌 청년스타트업캠퍼스: 인천 글로벌캠퍼스의 시설, 네트워크, 교육시스템 등 활용하여 청년창업 기업의 해외진출 지원

② 청년사회진출지원사업(청 · 사 · 진): 고용노동부의 취업성공패키지 사업에 참여하는 인천시 청년들에게 구직활동에 필요한 직접비용과 취업성공 시 성공수당 지원. 전국 최초의 중앙정부 협업사업으로 국가정책사업으로 확정됨

③ 인천 청년사랑 프로젝트: 중소 제조기업 청년근로자에게 연간 120만 원 이내의 복지비를 1회 지원

(6) 환경

① 인천기후환경연구센터(ICERC) 설립

② 기후 및 환경정책 연구 등을 총괄하여 미래 녹색도시 비전 실현, 미세먼지 등 시민건강 위해 요소에 전문적 대응

(7) 교통

① **수도권 제2순환고속도로(인천~김포) 개통**: 청라, 검단 등 인천 서북부 지역이 김포 및 경기 남부와 직접 연결하여 시민의 이동 편의를 도모하고 도로교통난을 점진적으로 해소

② **인천시 남·북측 광역도로 개통**: 인천 남·북측 교통망 구축으로 균형적인 지역발전 도모

③ **철도망 혁신**: 인천도시철도 1호선을 송도랜드마크시티까지 연장하고 인천발 KTX 개통 추진

④ **지하철 연장**: 서울 지하철 2호선과 5호선 인천 연장사업 추진

⑤ **청라국제도시 신교통(GRT) 국내 최초 도입**: 버스와 전철의 장점을 취합한 유도고속차량 GRT와 친환경 교통시스템 도입

⑥ **서부권광역급행철도(GTX-D)**: GTX-D 노선 기점의 인천 서북부권 유치를 통한 북부권의 교통혁명 실현 추진

⑦ **슈퍼간선급행버스(S-BRT)**: S-BRT 조성을 앞두고 정부와 서울시 등 유관기관 간 협의 필요

⑧ **트램**: 저비용·고효율 친환경 교통수단. 부평 미군기지 군용철로 및 중구 석탄부두 선로를 활용하여 부평과 인천 서구, 동인천, 연안부두를 잇는 원도심 트램노선 검토 중

⑨ **강화 해안순환도로**: 인천 강화~고성을 잇는 동서녹색평화고속도로 최북단 DMZ 구간 개통. 고성~강화 구간에 강화~영종 구간을 추가로 반영해 강원도와 인천공항이 있는 영종도를 연결하려는 계획

(8) 시민과의 소통

① 시민행복 정책자문단, 시민소통 분과위원회, 애인토론회 등

② **120 미추홀콜센터**: 시민들에게 시정, 교통, 복지 등 다양한 분야의 정보를 실시간으로 제공하는 민원창구. 전화, 문자, 트위터, 어플로도 쉽게 이용 가능

(9) 기타 복지

① **무상급식 확대**: 초등학생에서 고등학교까지 무상급식 지원 확대

② **통합문화이용권(문화누리카드) 지원금 확대**: 문화누리카드는 기초수급자 및 법정 차상위 계층을 대상으로 문화, 여행, 스포츠 분야 문화 혜택 제공

③ **SOS 복지안전벨트(인천형 긴급복지)**: 위기사유 발생으로 생계유지 등이 곤란한 가구에 생활비, 의료비, 주거비 지원

Ⅲ. 현안·과제

(1) 구도심 활성화

① **문제점**: 구도심에 인천 전체 인구의 76%가 거주하지만, 인구감소와 공동화로 사회·경제·물리적 쇠퇴가 빠르게 진행되고 있음

② 구도심 활성화 대책 – '원도심 부흥 5개년 계획' 수립(도시재생 뉴딜, 스테이, 맞춤형 주거재생사업 등)

    ㉠ 도시재생 지원센터에서 각종 도시재생사업 지원, 주민역량 강화 교육, 마을공동체 육성 등

    ㉡ 원도심 활성화 특별회계를 설치해 매년 안정적으로 2천억 원의 예산 투입

    ㉢ 경인고속도로 일반화 사업과 연계시킨 구도심 활성화 사업

    ㉣ 인천시가 직접 시행하는 영구주택 1만 호 건립

    ㉤ 정부의 구도심 뉴딜정책을 반영한 구도심 재생사업

    ㉥ 구도심 주택가 공용주차장 확충

(2) 인천 아시안게임 경기장

① 문제점: 국비 4,641억 원을 포함해 총 1조 5,144억 원이 소요된 인천 아시안게임 16개 경기장의 운영 적자가 최근 3년 간 330억 원 초과(2017년 기준)

② 경기장 활성화 대책: 한국예술 종합학교 유치, 관광단지 지정 및 특화 추진, 민간위탁 추진 중

(3) 드론 활용 공공서비스 지원

① 지방자치단체 최초로 공공서비스 영역에서 드론 상용화

② 불법조업 단속 및 건설현장 미세먼지 점검, 시 홍보영상 촬영 등에 드론을 적극 활용함으로써 행정 업무의 효율 제고

③ 국내 최초 드론인증센터와 드론 전용비행장 건설, 유인드론 개발 착수

(4) 경인 아라뱃길

① 사업 개요: 한강 하류에서 서해로 연결되는 대한민국 최초의 뱃길. 굴포천 방수로사업과 연계하여 갑문과 주운수로, 항만과 교량, 친수문화공간을 함께 건설함으로써 홍수조절, 물류혁신, 관광, 레저 기능을 겸비하여 지역경제 활성화에 기여할 것으로 기대

② 아라뱃길 주변 개발사업: 2015년 인천시와 한국수자원공사가 아라뱃길과 인접한 계양구와 서구 6개 지구 친수구역을 공동 개발하기로 했으나 사업시행자인 한국수자원공사가 경제성이 떨어진다며 사업 방치. 2018년 인천시가 자체사업으로 전환해 본격적인 개발사업 추진 중

(5) 기타 현안 · 과제

① 300만 인천시대에 걸맞은 국가기관 설치

② 300만 인천시민이 중심이 되는 교통체계 확충

③ 서해 5도 안전과 섬 관광 활성화

④ 원도심 활성화로 도시균형발전 도모

4. 부산광역시(http://www.busan.go.kr)

Ⅰ. 기본 정보

(1) 브랜드 슬로건: Dynamic BUSAN

개방 · 진취적인 부산시민의 기질 표현. 모든 분야에서 활기차게 역동적으로 발전한다는 긍정적인 메시지 내포

(2) 도시비전과 도시목표

① **도시비전**: 시민이 행복한 동북아 해양수도 부산

꿈을 발견하고, 꿈을 위해 노력하면 누구나 자신의 꿈을 마음껏 펼칠 수 있는 '세계의 꿈'이 모여드는 도시를 건설

② **도시목표**

　㉠ 일자리가 풍성한 경제혁신도시

　㉡ 청년의 미래를 여는 스마트도시

　㉢ 가족이 행복한 건강안전도시

　㉣ 시민이 주인인 시정참여도시

　㉤ 문화가 흐르는 글로벌품격도시

(3) 행정구역: 15개 구(중구, 서구, 동구, 영도구, 부산진구, 동래구, 남구, 북구, 해운대구, 사하구, 금정구, 강서구, 연제구, 수영구, 사상구), 1개 군(기장군)

(4) 인구: 총 3,458,506명(2020년 4월 기준)

(5) 상징

① 시화 · 시목 · 시조 · 시어

　㉠ **시화 · 시목**: 동백꽃 · 동백나무 – 푸른바다와 사랑이 많은 시민의 정신, 시민의 젊음과 의욕 상징

　㉡ **시조**: 갈매기 – 끈기있게 먼 뱃길을 따라 하늘을 나는 강인함이 부산 시민의 정신 상징

　㉢ **시어**: 고등어 – 태평양을 누비는 강한 힘으로 목표를 향해 끊임없이 도약하는 해양수산도시 부산 상징

② **마스코트**: 부비 – 부산바다에 떠오르는 밝고 희망찬 해를 이미지로 표현

(6) 시청 위치: 부산광역시 연제구 중앙대로 1001

(7) 부산시민의 날: 10월 5일(이순신 장군 부산포 해전 승전일)

Ⅱ. 정책 · 현안 · 과제

(1) 부산발전 2030

① 3대 목표: 행복한 공동체 도시, 편리한 스마트 도시, 매력적인 글로벌 도시

② 7대 전략과 10대 비전 사업

7대 전략	10대 비전 사업
선순환 일자리 창출로 활력 도시 만들기 (일자리 프로그램)	중산층 부활 프로젝트
사람이 모여드는 교육인재 도시 (교육인재 프로그램)	100만 청년인재 프로젝트
모든 시민이 행복한 공동체 복지망 구축 (복지망 프로그램)	부산형 평생 안심 프로젝트, 세자녀 프로젝트
스마트 도시경영을 통한 시민생활 업그레이드 (스마트 및 광역경제 프로그램)	스마트 3.0 프로젝트, Greater Busan 프로젝트
아시아 최대 창업생태계 조성 및 미래성장 동력육성 (창업 및 미래성장 프로그램)	3대 창업밸리 프로젝트, 3대 미래성장 프로젝트
사람 · 자본 · 상품을 유입하는 글로벌 문화 역량강화 (글로벌 문화도시 프로그램)	복합리조트 프로젝트
해양 허브 구축을 통한 글로벌 시장선도 (해양벨트 프로그램)	V-해양벨트 프로젝트

③ 2030년 7대 미래상

    ㉠ 중산층 주도 성장으로 좋은 일자리 창출

    ㉡ 청년 인재가 넘치는 역동적 도시

    ㉢ 최소생활보장 100세 안심 도시

    ㉣ 부산 대도시권 1천 만 경제공동체 구축

    ㉤ 아시아 제1창업도시로 1인당 5만 불 돌파

    ㉥ 문화 · 예술이 살아 숨쉬는 로망 도시, 부산

    ㉦ 글로벌 도시 30위, 세계해양도시 3위권 진입

(2) TNT 2030 플랜

① 비전: 글로벌 스마트 시티, 기회의 부산

② 목표: 좋은 일자리가 많은 기술기반 산업이 지속 성장되는 창조혁신 생태계 조성

③ 4대 전략과 20개 핵심과제

4대 전략	20개 핵심과제
과학기술기반 도시혁신 체계 구축	지역 연구개발 거버넌스 구축, 부산과학기술기획평가원 설립·운영, 미래혁신 지역 리더 양성, 자율 투자가능 기금형 재원 확보, 민간 연구개발 서비스업 육성
미래혁신기술 지속 창출	지역 미래 먹거리 지속 발굴, 지역 특화기술 연구기관 육성, 핵심기술 선도 프로젝트 유치, 개방형 혁신기술 도입 체계 형성, 미래 핵심 연구자 양성·유치
성과창출형 기술사업화 생태계 조성	기술창업 인재 양성·유입 촉진, 기술창업 거점 확대·운영 활성화, 대학연구단지 조성, 부산과학기술 지주회사 설립, 글로벌 엑셀러레이터 운영 지원
미래성장산업 전략적 육성	미래산업클러스터 조성 전략 체계화, 인재-기업 커넥트 지원·활성화, 산업수요 대응 대학 특성화 강화, 현장형 기술지원센터 지정·운영, 글로벌 부산펀드 확보

(3) 핵심프로젝트

① 부산항(북항) 재개발

  ㉠ **국제적 효과:** 대륙과 해양을 연계하는 유라시아 관문으로 도약, 국제적인 해양관광·문화도시의 거점 확보

  ㉡ **사회적 효과:** 쾌적한 시민휴식공간을 제공

  ㉢ **경제적 효과:** 침체된 부산 원도심의 중심상권을 회복하여 생산과 고용 증대효과, 부가가치 창출 등의 유발효과 기대

② **오시리아관광단지 조성:** 기장군 기장읍 대변리·사랑리 일원을 지속가능한 사계절 체류형 명품 복합 해양레저도시로 조성

③ 국제산업물류도시 조성

  ㉠ 부산의 고질적인 산업용지난을 근본적으로 해결

  ㉡ 글로벌 물류 허브를 조성하여 국가적 항만물류 경쟁력 강화에 기여

  ㉢ 부산 경제 중흥의 기틀 마련, 동남 광역경제권 재도약을 위한 기반 조성

  ㉣ 고용·생산 유발효과

④ **부산혁신도시:** 수도권 소재 공공기관의 지방이전 추진 계획에 따라 176개 공공기관을 12개 광역시·도로 분산 배치

  ㉠ **동삼혁신지구(해양·수산 기관):** 한국해양과학기술원, 한국해양수산개발원, 국립해양조사원, 국립수산물품질관리원

  ㉡ **센텀혁신지구(영화·영상 기관):** 영화진흥위원회, 영상물등급위원회, 게임물관리위원회

ⓒ 문현혁신지구(금융·기타 기관): 한국자산관리공사, 한국주택금융공사, 한국예탁결제원, 주택도시
　보증공사, 한국남부발전(주)

⑤ 산복도로 르네상스 프로젝트: 일제강점기부터 한국전쟁까지의 과정에서 형성된 근·현대사의 역사적
　산물인 원도심 산복도로 일원 주거지역의 역사·문화·자연경관 등의 기존 자원을 활용한 주민주도
　마을 종합재생 프로젝트

(4) 청년정책

① 일자리

ⓐ 청년 디딤돌 카드: 구직활동을 하는 청년층의 경제적 부담을 완화하여 취업을 위한 구직활동에 전
　념할 수 있도록 디딤돌 체크카드 지원

ⓑ 드림옷장: 구직활동에 어려움을 겪고 있는 청년들에게 면접정장 무료대여 서비스를 지원하여 취
　업부담 경감 및 성공적인 취업 지원

ⓒ 취업준비땅: 지역대학생 및 취업준비생의 진로탐색 및 설계지원 프로그램 앱을 통해 자기주도적
　취업역량 향상 및 일자리 미스매치 해소 완화

② 주거

ⓐ 머물자리론: 목돈 마련이 어려운 청년의 안정적인 주거지원을 위해 임차보증금 대출과 이자를 지
　원하여 청년의 주거생활 안정에 기여

ⓑ 청년 월세 지원: 부산시에 거주하는 청년들의 주거비 부담을 덜어줌으로써 청년들의 주거독립을
　지원하고 지역에서의 정주를 유도

ⓒ 햇살둥지: 빈집(공가)의 장기간 방치로 인한 폐가화를 사전에 방지하고, 공가를 새로운 주거공간으
　로 재창출하여 지방학생과 신혼부부 및 저소득 서민 등 취약계층의 주거비 부담을 경감

ⓓ 부산 드림아파트: 대중교통이 편리한 상업지역에 규제 완화를 통해, 사회초년생 등 청년층에게 저
　렴한 임대주택을 공급하여 주거문화 안정에 지원

ⓔ 부산청년 우리집: 공유경제 촉진사업의 일환으로서 부산지역의 대학생과 취업준비생의 안정적인
　주거생활을 지원하고, 나홀로 어르신에게는 새로운 가족관계의 형성과 임대수익을 통한 자립 강
　화를 도모

③ 생활안정

ⓐ 청년부비론: 학자금 및 생활비 대출로 인하여 채무불이행자로 전락하거나 사회진입에 어려움을 겪
　고 있는 청년들을 위한 저금리 융자로 신용회복 지원

ⓑ 청년희망날개통장: 저소득 근로청년을 대상으로 본인 저축액에 시 적립금을 지원하여 청년들의 근
　로의욕 고취와 자립기반 조성 지원

ⓒ **대학생 기숙사비 지원**: 수도권 대비 지역대학 경쟁력 약화에 따른 지역대학 역량강화 지원 및 우수 인재의 유치와 지역 정주환경 조성을 위하여 2017년 3월 개관한 '부산행복연합기숙사' 일부를 장기임대하여 입소자에게 기숙사비 지원

ⓔ **학자금대출 이자지원**: 수도권 대비 경쟁력이 약한 지역대학생들에게 재학기간 중 대출한 학자금에 대한 이자지원 대책 마련

(5) 출산 · 보육정책: 부산아이 다多가치키움(http://www.busan.go.kr/childcare)

① **임신 · 출산 O.K.**: 출산지원금(둘째 이상 출산 가정) 지원, 출산용품 지원, 핑크라이트(열쇠고리 모양의 발신기를 소지한 임산부가 지하철을 타면 임산부 배려석에 설치된 핑크라이트 수신기가 신호를 감지하여 자리양보 안내음성과 LED 불빛 점등, 부산시에서 최초 도입)

② **보육 · 돌봄 O.K.**: 어린이집 19시 30분까지 운영, 모든 아이 차액보육료(정부지원보육료와 부산시에서 정한 보육료 한도액의 차액 지급), 입학축하금(둘째 이후 자녀 초등학교 입학 시 20만 원 지급, 부산시에서 최초 도입), 공공형 키즈카페, 동네방네 나눔육아사업(찾아가는 장난감 · 도서 대여), 우리아이 보육맘사업(부모상담) 등

③ **국공립어린이집 O.K.**: 국가나 지방자치단체가 설치 및 운영하는 어린이집

④ **임산부 · 영유아 건강관리**: 임산부 · 신생아 · 영유아 건강관리 지원

⑤ **다자녀가정지원**: 가족사랑카드(세 자녀 이상 가정에 발급하는 카드로 교통혜택과 문화혜택 부여), 다자녀가정 우대차량 스티커(공영주차장 50% 감면, 광안대로 통행료 면제 등 혜택 부여) 등

(6) 현안 · 과제

① **국내 1호 국제관광도시 선정**: 방한 외국인 관광객을 지방으로 확산하고, 글로벌 수준의 관광 매력과 경쟁력을 갖춘 광역자치단체 규모의 도시로, 5년 간 정부로부터 500억 원을 지원받음. 오거돈 부산시장은 국제관광 도시사업을 2030 월드 엑스포 부산 유치를 위한 기회로 만들겠다는 포부를 밝힘

② **부산 대개조 프로젝트**: 우암부두 해양산업클러스터 등 북항 통합개발, 경부선 철도 지하화 등을 통해 원도심 부활의 초석을 마련하고 동 · 서 균형발전 실현

③ **지역혁신 플랫폼 구축**: 센텀, 문현, 동삼 혁신 클러스터를 중심으로 산업성장 생태계를 조성하고 지역대학을 주축으로 지역혁신을 위해 연계하고 협력할 수 있는 지역혁신 플랫폼 구축

④ **특구 육성**: 2019년 지정된 '블록체인 규제자유특구'를 체계적으로 육성하고 해양 신산업 분야의 규제자유특구 추가 지정 추진

⑤ **지역화폐 '동백전'**: 3천억 원 규모로 지역화폐 '동백전'을 발행하여 지역경제 선순환에 기여

5. 울산광역시(http://www.ulsan.go.kr)

Ⅰ. 기본 정보

(1) 브랜드 슬로건: ULSAN THE RISING CITY

새롭게 도약하는 울산, 비상하는 울산, 해오름의 도시 울산 상징

(2) 시정비전: 시민과 함께 다시 뛰는 울산

(3) 2020년 시정방향

① 중점방향

　　㉠ 좋은 일자리와 활기찬 지역경제

　　㉡ 과감한 혁신으로 산업위기 돌파

　　㉢ 재난 걱정 없는 안전한 울산

　　㉣ 시민을 위해 더 편리한 도시교통

　　㉤ 대한민국 일류 생태정원도시

　　㉥ 함께 키우고 돌보는 울산형 복지

　　㉦ 문화관광산업 생태계 활성화

　　㉧ 시민참여로 꽃 피우는 열린 시정

② 10대 핵심과제

　　㉠ 울산 청년 기(氣) 살리기

　　㉡ 울산형 산단 안전망 구축

　　㉢ 도시재생 및 소상공인 경쟁력 강화를 통한 골목경제 활성화

　　㉣ 수소도시 울산

　　㉤ 한국인 게놈 빅데이터 기반 바이오헬스산업 육성

　　㉥ 산업수도 재도약을 위한 울산경제자유구역 지정 추진

　　㉦ 미세먼지로부터 자유로운 청명한 대기환경 조성

　　㉧ 아이 낳고 키우기 좋은 행복도시 조성

　　㉨ 반구대암각화 보존 및 세계유산 등재

　　㉩ 국가균형발전 프로젝트 대상사업 신속 추진

(4) 울산비전 2040: 글로벌 창조 융합도시 울산(파워시티, 휴먼시티, 프레스티지시티, 콤팩트시티, 메가시티)

(5) **면적**: 1,062.0km²(2020년 3월 기준)

(6) **행정구역**: 4개 구(중구, 남구, 동구, 북구), 1개 군(울주군), 44개 행정동, 5개 읍, 7개 면

(7) **인구**: 총 1,151,301명, 외국인 20,058명(2020년 3월 기준)

(8) **상징**

① **시화 · 시목 · 시조**: 장미 · 대나무 · 백로

② **심벌마크**: 환태평양 시대를 맞이하여 선진 산업문화도시를 지향하는 울산의 진취적인 기상을 상징. 자연과 인간, 산업과 문화가 어우러진 미래지향적인 이미지를 용이 여의주를 물고 힘차게 비상하는 모습으로 형상화

③ **캐릭터**: 해울이 – '해'는 태양과 바다를 함께 의미하는 것으로 열정적인 도시 울산이 동해의 푸르고 힘찬 기상을 바탕으로 무한한 꿈을 펼쳐간다는 의미. 고래를 친숙한 캐릭터로 이미지화

(9) **관광명소**: 태화강 대공원과 십대리숲, 대왕암공원, 가지산 사계, 신불산 억새평원, 간절곶 일출, 반구대암각화와 천전리각석, 강동 · 주전 몽돌해변, 울산대공원, 울산대교, 장생포 고래문화마을, 외고산 옹기마을, 대운산 내원암 계곡 등

(10) **투자기반**

① **한국 최대의 산업클러스터**: 글로벌기업들이 집적되어 있으며 자동차 · 조선 · 석유화학산업과 연관된 사업이 발달되어 한국 최고의 산업클러스터 형성

② **잘 정비된 산업기반시설**

  ㉠ **대규모 산업단지**: 각종 기반시설 및 지원체제가 완비된 한국의 대표적인 국가산업단지 2개와 농공단지 4개가 있으며, 주력 산업 다각화를 위한 저렴한 산업용지를 적기 공급하기 위해 산업별 맞춤형 일반산업단지 13개를 조성 완료하였고, 2개 산업단지는 조성 중임(2019년 10월 기준)

  ㉡ **대한민국 최대의 산업항만시설**: 울산항은 한국에서 가장 많은 액체화물을 처리하는 최대의 산업 물류항으로 주요 산업단지와 인접하고 있어 산업단지 내 입주하고 있는 기업들이 국내외 시장으로 진출하는 관문 역할을 훌륭하게 수행하고 있음. 울산신항이 2020년 완공되면 울산항은 동북아 액체화물의 허브항이 될 것임

  ㉢ **발달된 교통인프라**: 초고속철도 KTX 울산역의 개통으로 서울과 2시간대로 가까워졌으며 경부고속도로와 5개의 국도가 울산을 관통하고 있어 한국의 주요 도시와 유기적으로 연결되어 있음. 산업단지 내부까지 철도가 부설되어 있어 물류수송이 원활하고 또한 도심 가까이에 위치한 울산공항과 1시간 거리에 있는 김해국제공항을 편리하게 이용할 수 있음

② 풍부한 산업유틸리티: 복합화력 및 원자력발전소를 통해 울산 및 인근지역까지 안정적으로 전기를 공급하고 있으며 공업용수, 하수처리, 폐기물처리, 산업용 도시가스 등 생산에 필수적인 산업 유틸리티를 충분히 갖추고 있음

⑩ 우수한 인적자원과 상생의 노사문화: 시민 평균연령 37.9세로 한국에서 가장 젊은 도시인 울산은 울산과학기술원과 울산대학교를 비롯해 인근지역 60여 개 대학에서 우수한 인재가 배출되고 있으며, 50년 공업도시 역사를 통해 숙련된 인적자원을 풍부하게 보유하고 있음. 또한 2005년부터 기업사랑운동을 전개하여 상생의 노사문화를 만들어가고 있음

⑭ 다양한 연구개발과 기술혁신을 위한 첨단 연구지원: 울산테크노파크, 한국화학연구원, 한국생산기술연구원, 한국에너지기술연구원 등 우수한 연구인력과 첨단연구시설을 갖추고 있으며 울산과학기술원을 비롯한 울산대학교, 기업부설연구소가 산-학-연 협력관계를 통해 기업의 연구개발 및 혁신능력 향상을 지원하고 있음

Ⅱ. 정책

(1) 일자리 · 창업

① 지역 중소기업 R&D 산업인턴 지원사업: 기업의 R&D 현장에서 4~6개월 간 장기 현장실습 수행 지원. 기업체와 학생 매칭 및 인턴실습비 · 멘토수당 지급

② 청년이 만드는 '우리울산' 프로젝트: 중소기업 취업 청년에게 주거비 부담을 줄이고 지역에 안정적으로 정착하도록 지원하여 청년 인구 유입 유도. 관내 중소기업에 취업 및 창업 후 전입한 청년에게 주거비 지급

③ 일자리 창출기업 청년일자리 지원사업: 중소기업에 청년 미취업자 정규직 채용에 대한 인건비를 지원하여 청년실업 해소

④ 울산글로벌스타트업허브 U-Hub: 글로벌 진출에 관심 있는 스타트업 육성. 울산 창업지원기관과 지역 대학의 글로벌 프로그램 연계, 글로벌 사업화 지원, 해외 전시 컨퍼런스 참가 지원, 글로벌 창업전문멘토 멘토링 지원, 글로벌 진출 전문 엑셀러레이터 매칭 및 투자사 연계 지원 등 추진

⑤ 1인 창조기업 지원센터 두드림: 사업공간 제공, 창업과 경영에 필요한 전문가의 밀착상담 및 전문교육을 통해 1인 창조기업의 창업 및 사회화 지원

(2) 출산

① 출산지원: 모든 출산가정을 대상으로 첫째 10만 원, 둘째 50만 원, 셋째 이상 100만 원 지급

② 다자녀사랑카드: 2자녀 이상 가정에 발급되는 카드로, 참여 업체에서 이용 시 다양하고 실질적인 할인혜택 제공

6. 세종특별자치시(http://www.sejong.go.kr)

Ⅰ. 기본 정보

(1) 시정방침
① 비전: 시민주권 특별자치시 행정수도 세종

② 시정가치: 시민중심 자치분권, 살기좋은 품격도시, 지속가능 혁신성장, 상생하는 균형발전

③ 7대 시정목표: 대한민국 행정수도 세종, 시민이 주인되는 주민자치, 모두가 행복한 사회책임 복지, 지속가능한 스마트 경제, 편리하고 쾌적한 대중교통, 안전하고 풍요로운 도시환경, 함께 잘 사는 도농상생

(2) 면적: 465km²

(3) 행정구역: 1읍 9면 9행정동 – 한솔동 관할 2개 법정동(가람동, 한솔동), 도담동 관할 2개 법정동(도담동, 어진동), 소담동 관할 2개 법정동(반곡동, 소담동), 새롬동 관할 3개 법정동(나성동, 새롬동, 다정동)

(4) 인구: 총 349,529명, 외국인 5,741명(2020년 2월 기준)

(5) 고용지표: 고용률 60.9%, 실업률 3.4%(2020년 2월 기준)

(6) 상징
① 시화 · 시목 · 시조: 복숭아꽃 · 소나무 · 파랑새

② 캐릭터: 새빛이 새날이 – 세종특별자치시가 대한민국에 새로운 빛이 되고 더 나은 새로운 날을 만들어 나가겠다는 비전을 표현

③ 시민헌장

　㉠ 우리는 상호 존중의 자세로 소통과 참여를 통해 언제나 함께하는 창조적인 미래도시를 만든다.

　㉡ 우리는 진취적인 자세로 국가 균형발전의 모범이 되는 세계적인 행정도시를 건설한다.

　㉢ 우리는 따뜻한 인정과 상부상조의 정신으로 이웃과 더불어 살아가는 행복한 복지도시를 이룬다.

　㉣ 우리는 전통문화의 바탕 위에서 학문과 예술과 교육이 융성한 창의적인 문화도시를 이룩한다.

　㉤ 우리는 생태환경을 보존하여 자손만대 자연과 조화를 이루며 사는 녹색 환경도시를 가꾼다.

(7) 관광명소: 세종호수공원, 방축천, 국립세종도서관, 세종 합강캠핑장, 금강자연휴양림, 베어트리파크, 뒤웅박고을, 3대벚꽃길, 우주측지관측센터, 고복자연공원, 밀마루전망대, 정부청사옥상정원, 비암사, 조세박물관, 대통령기록관, 영평사 등

Ⅱ. 정책

(1) 교통

① 세종시 공공자전거 어울링: 대여소에서 무인으로 대여와 반납이 이루어지는 녹색 교통수단

② 신도시 내부순환 BRT 완전 개통

(2) 출산 · 보육

① 더 해피모아 프로그램: 임산부 및 신생아 가정을 방문해 보건교육, 육아상담 등 맞춤형 서비스 제공

② 남부통합보건지소, 행복맘 통합지원센터: 새롬종합복지센터에 위치한 남부통합보건지소와, 전국 최초로 행복맘 통합지원센터를 개소하여 출산 맞춤형 서비스 제공 및 모자보건 프로그램 확대 운영

7. 대구광역시(http://www.daegu.go.kr)

Ⅰ. 기본 정보

(1) 브랜드 슬로건: Colorful DAEGU

젊고, 밝고, 멋지고, 화려하고, 활기찬 도시 이미지를 표현

(2) 시정방침: 행복한 시민, 자랑스러운 대구

① 행복한 시민: 시민의 삶 가까이에서 시민의 삶을 보듬고 살펴 대구시민 모두가 행복할 수 있는 따뜻한 공동체를 건설해 나감을 의미

② 자랑스러운 대구: 찬란한 대구의 문화와 정신을 계승하고, 산업구조 혁신을 통해 대구경제 재도약을 이룩하여 아이들과 청년들의 꿈을 실현시키고, 시민 모두가 자랑스러워 할 수 있는 도시를 구현해 나가겠다는 의지를 표현

(3) 시정목표: 기회의 도시, 따뜻한 도시, 쾌적한 도시, 즐거운 도시, 참여의 도시

(4) 시정홍보

① 대구 시정홍보관(http://info.daegu.go.kr/newshome): 시정홍보포털

② 달구벌미소: 대구광역시의 시정소식 및 각종 행사, 문화 · 관광, 복지, 교통 등 유용한 생활정보를 문자메시지로 안내해주는 서비스

(5) 면적: 883.56km²(전국의 0.9%)

(6) 행정구역: 7개 구(중구, 동구, 서구, 남구, 북구, 수성구, 달서구), 1개 군(달성군), 6개 읍, 3개 면, 130개 동

(7) **인구**: 총 2,431,523명(2020년 4월 기준), 경제활동인구 1,281천명(2019년 기준)

(8) **사회복지현황**: 기초생활보장수급자 105,209명, 모자가정 30,701명, 부자가정 2,303명, 조손가정 153명, 노인인구 362,934명, 등록장애인 123,070명, 고령인구비율 14.7%(전국 14.8%)

(9) **상징**

① 시화 · 시목 · 시조: 목련 · 전나무 · 독수리

② 심벌: 대구를 에워싸고 있는 팔공산과 낙동강의 이미지를 형상화. 미래지향적 진취성과 세계지향적 개방성을 추구하는 활기에 가득찬 도시적 이미지 표현

③ 캐릭터: 패션이 – 한국의 전통적인 비천상(飛天像) 문양 형상화. 21세기 세계적 섬유패션도시로 발전 하고자 하는 대구시의 이미지 상징

(10) **시청 위치**: 대구광역시 중구 공평로 88(동인동 1가)

Ⅱ. 정책 · 현안 · 과제

(1) **대구경제 119**(http://economy119.daegu.go.kr)

① 기업애로 119: 현장에서 느끼는 기업애로를 적극 발굴하여 기업맞춤형 지원서비스를 제공함으로써 기 업인이 만족할 수 있는 기업환경 조성

② 원스톱 일자리 지원센터: 대구광역시가 직접 운영하는 취업전문기관으로, 상담사가 구인구직을 희망 하는 시민에게 취업상담, 취업알선 및 동행면접, 사후관리까지 1 : 1 맞춤서비스 제공

③ 대구창업지원포털: 대구지역 창업지원기관의 정보를 통합하여 맞춤형 창업정보를 제공하고, 이를 기 반으로 한 온라인 · 오프라인 서비스를 통해 성공적인 창업 · 사업지원

(2) **대구 창조경제 혁신센터**

① 지역패션 및 의류, 지능형 기계, 자동차부품 등의 특화산업 분야의 스타트업 및 벤처기업과 중소 · 중견기업 육성 수행

② C-Fab: 입주기업 시제품 지원, Start Up 시제품 제작환경 제공, Start Up IDEA 고도화 지원, Maker의 IDEA 실현을 위한 기술 멘토링 제공 등 창업지원 수행

(3) **시민건강놀이터**: 대구시민의 장기적이고 통합적인 시민건강지원의 필요성에 의해 광역단위 최초로 건립된 시민건강지원센터. 세대별 맞춤 건강지원서비스, 건강콜서비스, IT기반 중장년층 SMART 건강 관리, 건강대구 파트너쉽, 건강관리 전문가 양성, 마음건강 프로그램 등 사업 운영

(4) 청년정책: 2020 청년희망 대구(http://www.daegu.go.kr/YouthPolicy)

① 3대 목표

　　㉠ 청년의 원활한 사회진입을 위한 일 경험 지원 및 역량강화

　　㉡ 청년문화 기반 구축 및 생애이행단계별 생활안정 추진

　　㉢ 청년이 주체가 되는 청년활동 지원 및 지역 자부심 고취

② 중점과제

　　㉠ 일자리가 있어 청년이 꿈을 키울 수 있는 '기회의 도시' 건설

　　㉡ 청년이 주체가 되는 '참여의 도시' 건설

　　㉢ 문화·교육·생활이 보장되어 청년이 살고 싶은 '즐거운 도시' 건설

③ 역점분야: 창업지원, 취업지원, 교육·주거·복지, 소통·생활안정, 문화예술

④ 분야별 정책

창업지원	• 대구창조경제혁신센터 창업지원 • 대구스타벤처 육성사업 • 대구청년 소셜리빙랩 운영 • 사회적 경제기업 창업인큐베이팅 지원 • 전통시장 창업 인큐베이팅 '누구나 가게' 운영 • 콘텐츠코리아랩 운영 • 청년 팝업 레스토랑 • 창업보육센터 지원사업 • 청년ICT창업성장센터 지원 • 창업카페 운영 • 청년벤처창업펀드 조성 C-Fund 2.0 • 벤처·스타트업 투자펀드 조성 • 동대구벤처밸리 기업성장지원센터 건립 • 청년아이디어 구현 플랫폼 운영 • 데이터기반 스타트업 육성사업 • BM 및 기술 멘토링 지원단계 이미지 • C-Seed 청년 스타트업 육성사업 • 업사이클아트 청년 창업프로젝트 • 청년 소셜벤처 육성사업 • 청년창업형 후계농업인 지원 • 의료창업 및 취업지원 사업

취업지원	• 대구형 청년내일채움공제 • 청년 일자리 디딤돌 사업 • 청년내일(my job & tomorrow) 학교 운영 • 청년사업장–청년잇기 예스매칭 • 청년 테마별 취업 지원사업 • 청년 Pre–job 지원사업 • 사회적경제 청년인턴 사업 • 기능기술인력 청년 취업 지원사업 추진 • 스타기업 히어로 양성사업 • 미래산업 맞춤형 로봇엔지니어 양성사업 • 기업애로해결 디자인코디네이터 양성사업 • 청해진대학 지원사업
교육 · 주거 · 복지	• 대학생 국내인턴사업 • 글로벌 지역인재양성(대학생 해외인턴사업) • 대학생 멘토링사업(꿈나무 멘토링) • 대학생 학자금대출 부담경감 지원 • 취업새내기 지원사업 • 지역대학협력 강화사업 • 청년행복주택 사업 • 청년매입임대주택 사업 • 청년희망키움통장 • 청년 마더박스 지급
소통 · 생활안정	• 대구청년정책네트워크 운영 • 대구청년센터 운영 • 대구청년NGO활동 확산사업 • 대구청년 도시탐험대 • 대구청년알바 돌봄사업 • 대구청년 응원기업 상생사업 • 4차 산업혁명 청년체험단 • 대구형 청년수당 • 청년희망적금 • 대구청년지역학교실 청년상화학교
문화예술	• 신진예술가 육성(Ten–Topic–Project) • 청년예술가 육성지원 • 차세대 문화예술기획자 양성 • 청춘 힙합페스티벌 개최 • 대구 청년주간 개최 • 청년문화특화거리

(5) **혁신도시**: 지식창조 혁신도시 BRAIN CITY

① 도시경관 구상: 초례봉 자락, 저수지 · 세천 보존, 대구시 동측 관문

② 생태환경 구상: 하천, 저수지 등 생물서식지, 팔공산 자락 생태 보존, 바람길 조성

③ 혁신클러스터 구상: 의료 R&D 특구 클러스터, 첨단의료복합 클러스터

(6) **첨단산업단지**

① 대구국가산업단지: 차세대 전자 · 통신, 첨단기계, 미래형 자동차 등

② 성서5차첨단산업단지: 기계 · 금속, 전기 · 전자 및 정보통신 등 첨단업종, 의료업

③ 대구테크노폴리스: 신재생에너지, 미래형 자동차, IT 융 · 복합 및 메카트로닉스 등의 첨단산업

④ 달성2차산업단지 외국인 투자지역: 차세대 전자 · 통신, 첨단기계, 미래형 자동차, 신재생에너지

⑤ 대구경북첨단의료복합단지: 신약, 첨단의료기기 연구개발 등

⑥ 대구연구개발특구: 의료 R&D 허브 구축 및 글로벌 의료산업 생태계 조성

(7) **현안 · 과제**

① 통합신공항 건설

② 5+1 미래혁신 선도 신산업 지속 육성

③ 영남권 물 문제 갈등 해결 및 시민이 안심할 수 있는 취수원 확보방안 마련

④ 서대구 역세권 대개발 미래비전

⑤ 대구도시철도 3호선 혁신도시 연장사업

⑥ 컬러풀페스티벌, 국제뮤지컬페스티벌, 치맥페스티벌, 국제오페라축제, 소원풍 등날리기 등 글로벌 축제 육성

⑦ 메디시티 대구 육성(5년 연속 국가브랜드 대상 수상), 스마트웰니스 규제자유특구 지정에 발맞춘 신산업 육성

8. 광주광역시(http://www.gwangju.go.kr)

Ⅰ. 기본 정보

(1) **시정비전**: 광주, 대한민국 미래로!

(2) **시정목표**: 정의롭고 풍요로운 광주

① 광주 공동체 회복과 광주정신 전국화 · 세계화로 정의로움 계승

② 좋은 일자리 창출과 광주다움의 브랜드화로 풍요로움 창출

(3) 3대 시정가치

① 광주의 미래를 위한 혁신

　㉠ 행정 서비스의 질 제고를 위한 전방위적 행정 혁신

　㉡ 시민 삶의 질 개선을 위한 예산편성 및 집행의 혁신

② 역량 결집을 위한 소통

　㉠ 새로운 협치를 통한 시민과 현장 중심 행정 강화

　㉡ 자치 분권시대를 맞아 지방자치단체 간 상시적 소통 · 협력 강화

③ 시민신뢰도 제고를 위한 청렴

　㉠ 청렴을 통해 행정의 공정성 · 투명성을 제고하고 시민의 신뢰 확보

　㉡ 공직자답지 못한 부조리 · 부패 근절 및 무관용 원칙 적용

(4) **정책방향**

① 4차 산업혁명을 선도하는 경제 광주

② 정의로운 의향 광주

③ 따뜻한 복지 광주

④ 품격있는 문화 광주

⑤ 시민이 안전한 광주

⑥ 변화하고 도전하는 혁신광주

(5) **정책수단**

① **광주다움의 회복**: 광주만의 고유함과 독특함을 브랜드화 · 산업화하여 먹거리, 볼거리, 일거리를 만들
　어내는 광주다움을 발굴하여 확산

② **좋은 일자리 창출**: 일자리 인프라를 구축하고 시정 전반을 일자리 중심으로 재편

(6) **면적**: 501.25km²

(7) **행정구역**: 5개 구(동구, 서구, 남구, 북구, 광산구), 95개 동

(8) **인구**: 총 1,455,533명(2020년 5월 기준)

(9) **고용지표**: 취업자 수 737천 명, 실업률 4.2%(2020년 4월 기준)

(10) **상징**

① 시화 · 시목 · 시조: 철쭉 · 은행나무 · 비둘기

② 심벌: 빛과 생명의 원천인 태양과 인간의 형상으로, 세계와 미래로 열린 빛고을 광주의 열망과 진취적 기상 표현

(11) 시청 위치: 광주광역시 서구 내방로 111

(12) 관광

① 관광명소: 무등산, 포충사, 구 도청앞 광장, 월드컵경기장, 중외공원, 사직공원, 잣고개, 월봉서원

② 축제: 광주비엔날레, 광주세계김치축제, 광주월드뮤직페스티벌

③ 광주의 5미: 송정떡갈비, 한정식, 무등산보리밥, 오리탕, 광주김치

(13) 산업

① 5대 주력산업

    ㉠ 가전산업

    ㉡ 금형산업

    ㉢ 디자인산업

    ㉣ 생체의료용산업

    ㉤ 초정밀가공산업

② 광주 · 전남 혁신도시 빛그린산단

    ㉠ 친환경차 안전연구원 설립 추진

    ㉡ 첨단지구에 자율주행차 부품단지 조성

    ㉢ 자동차 100만 대 생산도시 조성(자동차밸리)을 위해 해외 전기차 생산기업에 투자유치 요청 등

③ 광주 · 전남 혁신도시 빛가람: 광주 · 전남 혁신도시 스마트그리드 활성화

④ 광주 · 전남 상생, 의료관광 클러스터 조성 공모사업 유치

⑤ 광주 R&D 특구 추가 지정: 광기반 융 · 복합, 친환경 자동차부품, 스마트그리드, 디자인 문화콘텐츠, 바이오소재 분야

⑥ 3대 밸리

    ㉠ 친환경자동차

    ㉡ 에너지신산업

    ㉢ 문화콘텐츠융합

Ⅱ. 정책

(1) 복지

① 장애인임산부 건강관리 지원사업: 산전검진비, 산후 건강관리비 지원

② 건강하고 안전한 보육환경 조성: 어린이집 공기청정기 설치 지원, 통학차량 안전장치 설치 지원, 어린이집 냉 · 난방비 지원, 어린이집 취사부 지원

③ 출산축하금 인상: 2018년부터 출생축하금을 5만 원에서 10만 원으로 인상하고, 둘째아 20만 원, 셋째아 이상 60만 원을 지원하며 일부 구는 추가지원

(2) 일자리

① 광주형 일자리

　　㉠ 특정 기업에 평균보다 낮은 임금의 일자리를 만들고 이를 구직자들에게 제공하여, 실업난을 해소하고 인건비를 줄여 대기업 투자를 유인함으로써 양질의 일자리를 더 늘리는 선순환 고용구조를 만들기 위한 모델. 문재인 정부가 국정과제로 채택하면서 관심을 받음

　　㉡ 성과: 2015 노사민정협력 최우수상 수상 및 2016 노사민정협력 활성화 대상 수상

② 광주 일자리 One-Stop 지원센터: 전문상담사가 청년, 고령자 · 장애인, 중장년, 여성 등 계층별 소통창구를 마련하여 구인기업과 구직자의 일자리상담 운영

9. 대전광역시(http://www.daejeon.go.kr)

Ⅰ. 기본 정보

(1) 브랜드 슬로건: ItsDaejeon

'가장 살기 좋은 도시가 바로 대전이다'라는 감탄사적 의미로 Interesting(삶이 재미있고 풍요로운 도시), Traditon and Culture(전통과 다양한 문화의 도시), Science and Technology(과학의 도시, 미래의 도시)의 이니셜. 첨단과학기술의 중심지를 상징

(2) **시정구호**: 새로운 대전, 시민의 힘으로

(3) **시정방향**: 혁신과 포용, 소통과 참여, 공정과 신뢰

(4) **면적**: 539.5km²(전국의 0.5%, 2019년 12월 기준)

(5) **행정구역**: 5개 구(동구, 중구, 서구, 유성구, 대덕구), 79개 동

(6) **인구**: 총 1,471,915명(2020년 5월 기준)

(7) 고용지표: 고용률 59.7%, 실업률 5.1%(2020년 4월 기준)

(8) 예산: 5조 2,849억 원(2019년 12월 기준)

(9) 상징

① **시화**: 백목련 – 우아하고 품격 높은 시민정신

② **시목**: 겉씨식물 구과목 소나무과의 상록침엽 교목

③ **시조**: 까치 – 아침에 까치가 와서 울면 반가운 손님이 온다는 이야기가 전해지는 길조

④ **상징마크**: 초록 꽃잎 형태는 밭, 터전, 무궁화 꽃잎 등을 상징하고 대전의 큰 대(大)자와 역동적으로 뻗어나가는 발전의 이미지 상징. 쾌적한 삶의 터전인 대전이 국토, 교통, 행정, 과학, 문화, 유통의 중심지로 힘차게 도약하고 빛을 발하고자 하는 대전시민의 꿈과 이상 표현

⑤ **캐릭터**: 한꿈이(과학과 미래 상징), 꿈돌이(1993 대전엑스포 공식마스코트)

⑥ **시민헌장**

    ㉠ 우리는 법과 질서를 지키며 근면·성실한 노력으로 스스로 책임을 다하는 민주시민이 된다.

    ㉡ 우리는 상부상조하는 미풍양속을 이어받아 이웃과 더불어 사는 복된 시민 사회를 만든다.

    ㉢ 우리는 자연과 더불어 살아가는 슬기를 발휘하며 아름답고 쾌적한 환경을 가꾼다.

    ㉣ 우리는 다양한 가치를 존중하고 충절정신을 기리며 독창적인 향토문화를 꽃피운다.

    ㉤ 우리는 첨단과학기술의 중심도시를 만들어 후손에게 길이 잘 살 수 있는 미래를 열어준다.

(10) 관광명소: 장태산 자연휴양림, 오월드, 뿌리공원, 엑스포과학공원, 한밭수목원, 계족산황톳길, 대청호반, 대전둘레산길, 동춘당, 대전문화예술단지, 으능정이문화의거리, 유성온천 등

(11) 3대 하천: 대전천, 갑천, 유등천(현재 3대 하천을 복원지구, 보전지구, 친수지구로 나누어 생태하천 복원사업 추진)

(12) 대전사랑운동

① **3대 정신**: 창의정신, 화합정신, 개척정신

② **5대 과제**

    ㉠ 대전정신 세우기: 창의·화합·개척의 대전정신을 바탕으로 21세기 위대한 대전을 건설하고 더불어 사는 이웃사랑운동으로 시민이 하나되는 공동체의식을 높여 나감

    ㉡ 대전경제 키우기: 우리고장 상품을 애용하고, 우리지역 농산물을 구매하고, 지역개발에 우리고장 업체를 우선 참여시켜 지역기업을 키우고 세계를 무대로 하는 해외시장을 적극 개척해 나감

ⓒ 대전인재 키우기: 대전을 빛낸 자랑스런 대전인과 우리고장 인재를 찾아 미래의 주역으로 키우는
노력과 출향인사와 그 자녀들에 대하여 고향사랑 프로그램을 운영

ⓔ 대전문화 꽃 피우기: 전통·현재·미래가 함께하는 대전고유의 문화를 계승·발전시키면서 문
화·예술기반 시설확충과 수준 높은 이벤트 사업개발로 지역문화의 향기를 골고루 누리도록 함

ⓜ 밝고 아름다운 도시 만들기: 도심에 흐르는 3대 하천을 살리고 푸르름이 넘치는 생태·환경시범도
시를 만들며 질서·친절·청결의 생활화로 밝고 아름다운 생활환경을 조성해 나감

Ⅱ. 정책

(1) 청년

① 청년 주택임차보증금 지원 확대: 청년들의 주거안정을 위해 대전광역시에 주소를 두거나 대전광역시
소재 대학(원) 또는 직장에 재적·재직하는 청년을 대상으로 5천만 원 이내 주택임차보증금의 88%
범위 내에서 이자지원

② 대학생 학자금대출 이자지원: 대학생들의 학자금대출에 따른 이자부담을 덜어주기 위해 한국장학재단
에서 학자금대출을 받은 대학생을 대상으로 이자지원

(2) 일자리

① 일자리카페 '꿈터' 운영: 청년에게 취업정보 상시 제공, 취업상담, 진로·직무상담, 이력서·자기소개
서 클리닉, 멘토링, 현장면접, 특강 등을 통해 기업인과 만나는 기회 제공 등의 맞춤형 취업지원 프
로그램 무료 제공. 현재 꿈터는 우송대 앞 '커피니', 충남대 앞 '카이로스', 한남대 앞 '유앤아이', 한밭
대 앞 '데일리', 목원대 인근 '파스쿠찌' 등 7곳에서 운영 중

② 대전창조경제혁신센터 내 공공데이터 창업 지원 종합공간 '오픈스퀘어-D 대전' 개소: 오픈스퀘어-D는 공
공데이터를 활용한 원스톱 지원센터. 대전에는 과학기술 핵심 집적지인 대덕연구개발특구, 정부의
데이터센터인 국가정보자원관리원이 입지해 있고, 한국과학기술원(KAIST)을 포함한 지역 내 많은
대학에서 제4차 산업혁명을 선도해 나갈 우수한 과학기술인재가 배출되고 있어 '오픈스퀘어-D 대
전'을 중심으로 데이터 기반 창업 생태계가 조성될 수 있을 것으로 기대

(3) 출산

① 다자녀가정우대제: 저출산 문제에 대한 사회적 관심제고와 다자녀 가정에 혜택을 제공하기 위해 시와
지역업체 간에 협약을 체결하여 물품구입 및 시설이용 시 할인 등의 혜택을 부여하는 제도

② 꿈나무 사랑카드: 대전시 거주 13세 미만 자녀가 3명 이상인 가정을 대상으로 대전시에 주민등록이
되어있는 부모에게 발급되는 교통복지카드

10. 충청북도(http://www.chungbuk.go.kr)

(1) 브랜드 슬로건: 생명과 태양의 땅 충북

충북의 미래 성장 동력인 생명산업(바이오밸리 조성)과 태양광 산업(솔라밸리 조성)의 브랜드 가치를 창출하여 대한민국의 중심 당당한 충북으로 완성시켜 나가는 것

(2) 도정목표: 함께하는 도민 일등경제 충북

(3) 도정전략

① **젊음있는 혁신성장**: 대규모 투자유치와 신성장산업 육성, 제4차 산업혁명 과학기술선도, 청년일자리 창출 등을 통해 미래에 도전하고 역동적으로 발전하는 젊은 경제 실현

② **조화로운 균형발전**: 농촌에서도 도시의 생활수준을 누리게 하고, 저발전 지역에 투자를 확대하여 농촌과 도시, 비청주권과 청주권이 다 같이 살기 좋은 균형발전 촉진

③ **소외없는 평생복지**: 노인, 장애인, 청소년 등 사회적 약자를 위한 편의시설 확충과 다양한 지원사업 추진으로 도민 모두가 소외 없이 행복한 평생복지 실현

④ **향유하는 문화체육관광**: 지역특성에 맞는 문화, 예술, 관광, 체육 인프라를 구축하여 누구나 참여하고 즐길 수 있는 문화관광 구현

⑤ **사람중심 안심사회**: 전 도민이 안전보험을 가입하고, 미세먼지 저감대책을 추진하는 등 재해재난으로부터 도민을 보호하는 것은 물론 쾌적하고 근심 · 걱정 없는 편안한 생활환경 조성

(4) 2020년 도정운영방향

① 지속적인 투자유치로 미래먹거리 창출

② 강호축 추진으로 충북과 대한민국 미래 100년 준비

③ 4차 산업혁명 대응한 신성장사업 집중 육성

④ 어려운 이웃과 함께하는 따뜻한 복지충북 실현

⑤ 문화 · 체육 · 관광 인프라 확충 및 도민 행복지수 제고

⑥ 지역 · 계층 · 도농 간 균형발전 선도

⑦ 깨끗한 물과 공기공급 등 도민안전 최선

⑧ 미래를 짊어질 청년이 행복한 충북 실현

(5) 충북경제 4%시대 구현

① 비전: 새로운 꿈과 미래 희망이 있는 충북경제 4%시대 구현(창조경제 혁신 리더 충북의 경제 대도약)

② 발전목표

    ㉠ 투자유치 40조 달성: 성장 이익공유 도민 삶의 질 향상

    ㉡ 고용률 73% 달성: 도민 체감하는 수요자 중심 일자리 창출

    ㉢ 수출목표 250억 불 달성: 충북 수출 경제 영토 확장

③ 추진전략

    ㉠ 미래지향: 미래형 산업경제 구조로의 전환, 충북 6대 신성장동력산업 육성, 고부가 지식·관광서비스산업 육성

    ㉡ 성공지향: 산업발전 인프라 강화, 산업입지 경쟁력 강화, 투자유치 전략 확대

    ㉢ 신뢰지향: 기업지원정책 강화, 기업인 지원

    ㉣ 확대지향: 서민경제의 경쟁력 강화, 일자리 창출 강화, 수출 진흥 및 확대, 재정지출의 효율성 증대

    ㉤ 협력지향: 농업의 미래성장산업화, 충북경제 성장거점의 조기 육성, 충북 인구유치와 정주여건 개선전략 강화, 시군별 균형발전을 위한 전략사업 추진

(6) 행정구역: 3개 시(청주시, 충주시, 제천시), 8개 군(보은군, 옥천군, 영동군, 증평군, 진천군, 괴산군, 음성군, 단양군), 16개 읍, 86개 면, 51개 동

(7) 인구: 총 1,596,710명(2020년 5월 기준)

(8) 상징

① 도화·도목·도조: 백목련·느티나무·까치

② 마스코트: 고드미와 바르미 – 충북 전래의 선비정신과 기상

③ 도상표: 해품도 – 태양광산업(해)과 생명산업(품·잉태)에 매진하는 충북도의 줄임말

(9) 미래

① 철도망의 중심지: 전국 2시간대 접근 가능하며, 국내 유일의 고속철도 분기역

② 신수도권 중심공항, 세종시 관문공항: 중부권 거점공항으로, 전국 공항 중 이용객 증가율 전국 최고

③ 교통과 물류의 요충지: 남북 4축 동서 3축 고속도로 교차, 경부·중앙·태백·충북선 중부 내륙 고속철도

(10) 핵심성과

① 경제성장률 전국 1위, 도정 사상 첫 정부예산 6조 원 돌파, 지방자치단체 일자리 대상 2관왕, SK하이닉스 35조 원 투자 유치, 실업률(낮은순) 전국 6위, 고용률 전국 7위, 청년·여성·노인 실업률은 전국 평균보다 낮고 여성·노인 고용률은 전국 평균 상회(2019년 기준)

② 충주세계무예마스터십 성공 개최

③ 충청내륙고속화도로 마지막 구간 착공

④ 인구 174만 시대 개막

⑤ 청주 국제공항 거점항공사 유치

⑥ 6대 신성장 동력산업 정착기반 구축

    ㉠ 바이오산업: 오송바이오밸리

    ㉡ 태양광산업: 솔라밸리(청주~오창~증평~음성~충주 태양광산업 특구)

    ㉢ 화장품·뷰티산업: 오송 화장품·뷰티산업 엑스포

    ㉣ 항공MRO산업: 청주 국제공항

    ㉤ ICT융합사업

    ㉥ 유기농산업

⑦ 3대 미래 유망 산업 정착기반 구축

    ㉠ 기후·환경산업

    ㉡ 관광·스포츠산업

    ㉢ 첨단형 뿌리기술사업

        • 전국 제일의 생명농업 실현: 농산물 대기업 판매 플랫폼 구축, 농가부채 3년 연속 전국 최저 및 사상 최대 노인일자리 2만 개 창출

        • 「청년기본조례」 제정: 청년창업베이스캠프 운영, 청년상인 중심의 청년몰 조성

(11) 현안·이슈

① 충북선 고속화(예비타당성조사 면제)

② 중부고속도로 확장 및 공주~세종~청주 고속도로 건설

③ 2030년 세계 3대 바이오헬스 클러스터로 도약

④ 시멘트 지역자원시설세 신설 촉구

⑤ 충북미래해양과학관 건립 및 미래첨단 농업단지 조성

11. 충청남도(http://www.chungnam.go.kr)

Ⅰ. 기본 정보

(1) **도정비전**: 더 행복한 충남, 대한민국의 중심

(2) **도정목표**

① 따뜻하고 안전한 공동체

② 풍요롭고 쾌적한 삶

③ 활력이 넘치는 경제

④ 고르게 발전하는 터전

⑤ 도민이 주인 되는 지방정부

(3) **5대 목표**

① 계획의 목표

　㉠ 균형 있는 지역발전

　㉡ 내실 있는 산업경제

　㉢ 활력 있는 농어촌

　㉣ 함께하는 교육 · 복지

　㉤ 매력적인 문화 · 환경

② 추진전략

　㉠ 살기 좋은 도시 · 농촌 생활환경 조성

　　• 사람 중심의 혁신적 도시개발 및 정비

　　• 살기 좋은 농산어촌 육성

　㉡ 순환과 공생의 지역경제 육성

　　• 경쟁력 있는 농 · 림 · 축 · 수산업 육성

　　• 신성장동력산업 및 강소기업 육성

　　• 서비스업의 지식기반화를 통한 경쟁력 강화

　㉢ 역사와 문화가 흐르는 매력적인 지역문화 창달

　　• 창의적이고 특색 있는 문화기반 조성

　　• 편리한 관광기반시설 구축 및 지역특화자원 개발

    ⓔ 사통팔달의 교통 · 정보 인프라 구축

        • 전방위 교류 · 교역 활성화를 위한 입체적 교통체계 구축

        • 생산 · 물류 신중심권 구현을 위한 물류 · 유통기반 강화

        • 디지털복지사회를 위한 두루누리(유비쿼터스) 충남 구현

    ⓜ 근심없는 주거 · 복지 · 평생교육 실현

        • 안정적인 에너지 절약형 주거환경 조성

        • 지속적인 공공복지 · 의료 서비스체계 구축 및 확대

        • 창의적 인적자원 육성 및 평생교육체계 강화

    ⓗ 안정적 · 창조적인 지역자원의 활용 및 관리

        • 친환경적 토지이용과 관리

        • 지역특성을 따른 매력적 지역경관 형성과 관리

        • 안정적인 수자원 확보와 효율적 수요관리

        • 친환경 에너지 · 지하자원 개발 및 관리

    ⓢ 지속가능한 자연 및 생활환경 관리

        • 지역생태망 구축과 자연환경 보전 · 관리

        • 대기질 관리와 기후변화협약 대응체제 구축

        • 깨끗하고 안전한 친환경 물관리

        • 안정적인 폐기물 관리와 재활용기반 구축 및 지원

        • 재해에 강한 안전충남 조성

(4) 성과

① 친환경 무상급식 초 · 중학교 전면 실시

② 외자유치 비수도권 1위

③ 전국 최초, 셋째 이상 무상보육 시행

④ 자살예방 인프라 확충

⑤ 서해선 · 장항선 복선전철, 당진~천안 간 고속도로 등 서해안 발전 토대 마련

⑥ 유교문화권 개발, 유연전자산업, 동물약품 허브조성 등 신성장사업 추진기반 확보

(5) 면적: 8,226km²(전국의 8.2%)

(6) 행정구역: 8개 시(당진시, 서산시, 아산시, 천안시, 공주시, 보령시, 계룡시, 논산시), 7개 군(태안군, 예산군, 홍성군, 청양군, 부여군, 서천군, 금산군)

(7) **인구**: 총 2,118,510명(2020년 5월 기준)

세종특별자치시 분리로 급격히 줄었던 충청남도 주민등록인구가 내포신도시 영향으로 56개월 만에 210만 명을 다시 넘어섬. 홍성군은 전국 기초자치단체 92개 군 중 인구증가율 1위 기록(2017년)

(8) **상징**

① **도화 · 도목 · 도조**

   ⑦ **도화**: 국화 – 그윽한 향내음과 꾸밈새 없는 소박한 모습으로, 강인한 생명력은 지조와 고고한 성품을 자랑으로 여기는 충남인의 표상을 의미

   ⓒ **도목**: 소나무 – 사시사철 푸르름은 충절과 지조의 충남정신과 올곧은 마음을 가진 충남인을 닮음

   ⓒ **도조**: 참매 – 용맹스럽고 포기할 줄 모르는 끈질긴 성격은 충절의 고장인 충남인의 기개를 상징

② **마스코트**: 충청이(백제 금동대향로의 이미지를 조형화), 충나미(백제왕비의 금제관 이미지 활용)

③ **심벌마크**: 아름드리나무 – 이웃 간의 정과 예를 나누던 친숙한 장소로 화합과 공생, 풍요와 평안, 행복과 미래, 믿음과 소통을 상징. 나뭇잎은 충남도민의 대화를 의미하는 말풍선을 조형화한 것으로 소통 중심의 충남을, 나무줄기는 충남도민의 소리를 공평하게 받아들이고자 하는 충청남도의 의지를 표현

④ **도민헌장**

   ⑦ 우리는 충청남도 도민임을 긍지로 여긴다.

   ⓒ 우리는 성실과 근면봉사를 생활화한다.

   ⓒ 우리는 지역 발전을 위하여 서로 돕고 함께 일한다.

   ⓔ 우리는 문화유산과 자연 환경 보호에 앞장선다.

   ⓜ 우리는 창조정신으로 세계와 미래를 개척해 나간다.

(9) **관광**

① **축제**: 보령 머드축제, 태안 국제 모래조각 페스티벌, 태안 백합꽃축제

② **유적지**: 백제역사유적지구(유네스코 세계문화유산 등재)

(10) **3농 혁신**: 지속가능한 농어업, 살기좋은 농어촌, 행복한 농어업인

① **생산혁신**: 지속가능한 농어업, 신성장 농산업 육성

② **유통혁신**: 농산물 유통 선진체계 구축 및 융복합 산업화

③ **소비혁신**: 도시 · 농촌의 상생발전과 착한소비 정착 기반마련

④ **지역혁신**: 주민이 주도하는 살기 좋은 삶터 · 일터 가꾸기

⑤ **역량혁신**: 농어촌주민의 역량강화 및 협치농정체계 구축

Ⅱ. 정책 · 현안 · 과제

(1) 도정 8대 핵심과제

① 아이 키우기 좋은 충남: 행복키움수당 및 공공기관 아이키움 시간 확대, 어린이집 친환경 급식(식재료 현물 차액) 지원 등 출산 · 보육친화 환경 선도

② 어르신이 행복한 충남: 치매어르신 등 조기발견 시스템 구축, 75세 이상 도서민 여객운임 무료화 시행, 경로당 화장실에 안전손잡이 등 안전시설 설치

③ 더불어 잘 사는 충남: 양극화 대응기반 구축(가칭 포용성장위원회) 및 양극화 해소를 위해 '지역사회 협약모델' 도입 추진, 소상공 사회보험료 지원사업 보완 · 확대

④ 기업하기 좋은 충남: 일자리진흥원 출범, 창업마루 '나비' 중심 창업보육 · 지원, 'C-Station' 조성, 중소벤처육성 투자조합 결성 · 운용

⑤ 새롭게 성장하는 충남: 디스플레이 혁신공정플랫폼 본격 추진, 자율주행 · 미래차 산업 지원, 강소연구개발특구 지정, 마이크로바이옴 산업 추진 등 산업 활력 제고

⑥ 여유롭고 풍요로운 충남: 청산리 전투 100주년 기념 문화행사, 도립미술관 · 예술의 전당 등 문화시설 건립 본격화, 2020 계룡세계군문화엑스포 개최

⑦ 지속가능하고 쾌적한 충남: 미세먼지 감시단 운영, 5등급차량 운행제한, 대기오염물질 총량관리제 도입 등 미세먼지 체계적 대응, 전국 최초 수도 통합관리 추진

⑧ 고르게 발전하는 충남: 충청남도 지역균형발전사업 제1단계 사업의 성공적 마무리와 제2단계 사업의 내실 있는 준비

(2) 2020년 중점관리 현안사업

① 충남 혁신도시 지정: 국가균형발전특별법 20대 국회 통과

② 가로림만 국가해양정원 조성: 예비타당성조사 통과

③ 부남호 역간척: 예비타당성 대상산업 선정 추진

④ 서해선 복선전철 서울 직결: 서해선 서울 직결 대안사업 제4차 국가철도망 계획 반영

⑤ 평택~오송 복복선 건설사업, 천안아산 정차역 설치: 국토부 기본계획 수립 시 천안아산 정차역 반영

⑥ 독립기념관 수도권 전철 연장: 제4차 국가철도망 구축계획 '신규사업' 반영

⑦ 서산민항 유치: 제6차 공항개발 중장기 종합계획 '신규공항' 반영

⑧ 천안아산 KTX역세권 R&D 집적지구 조성

    ㉠ 지식산업센터 설계 완료, 공사 착공

    ㉡ 지식컨벤션센터 건립, 행정안전부 중앙투자 심사 대응

    ㉢ 충남과학기술진흥원 출범

⑨ 충남 스타트업파크 'C-station' 조성: 2020년 중소벤처기업부 스타트업파크 지원사업 선정

⑩ 충남 천안아산 강소연구개발특구 지정: 특구 지정 추진 및 세부 육성계획 수립

⑪ 규제자유특구 지정: 수소산업 등 신산업 분야 과제 발굴 및 규제자유특구 지정 추진

⑫ 미세먼지 저감

    ㉠ 자발적 감축 사업장 확대 운영

    ㉡ 소규모 사업장 청정연료 전환 및 친환경차 보급

    ㉢ 노후경유차 운행제한 단속시스템 구축

⑬ 화력발전 지역자원시설세 세율 인상 추진: 지역자원시설세 인상을 위한 지방세법 개정

⑭ 안면도관광지 개발사업 추진

⑮ 2020 계룡세계군문화엑스포 성공 개최

12. 경상북도(http://www.gb.go.kr)

Ⅰ. 기본 정보

(1) 도정방향

① 도정비전: 새바람 행복 경북!

② 2020 도정철학: 성장, 민생, 동행

③ 4대 목표

    ㉠ 일터 넘치는 부자 경북

    ㉡ 아이 행복한 젊은 경북

    ㉢ 세계로 열린 관광 경북

    ㉣ 이웃과 함께 복지 경북

(2) **면적**: 19,033km²(전국의 19.1%, 전국 1위)

(3) **행정구역**: 10개 시(포항시, 경주시, 김천시, 안동시, 구미시, 영주시, 영천시, 상주시, 문경시, 경산시), 13개 군(군위군, 의성군, 청송군, 영양군, 영덕군, 청도군, 고령군, 성주군, 칠곡군, 예천군, 봉화군, 울진군, 울릉군), 332개 읍·면·동

(4) **인구**: 총 2,662,508명(2020년 1월 기준)

(5) **고용지표**: 고용률 61.6%, 실업률 4.1%(2018년 기준)

(6) 재정

① 예산규모: 9조 6,355억 원(2020년 기준)

② 재정자립도: 33.3%(2018년 기준)

③ 재정자주도: 72.3%(2018년 기준)

(7) 상징

① 도목 · 도화 · 도조: 느티나무 · 백일홍 · 왜가리

② 심벌마크: 상단은 장쾌하게 뻗은 산, 오른쪽 가운데는 세계로 진출하는 동해바다, 왼쪽 하단은 풍요로운 들판, 가운데는 도조인 왜가리와 낙동강을 각각 상징

③ 캐릭터: 신나리 – '신나다'와 '나리(지체 높은 사람을 높여 부루던 말)'의 합성어로, 새로운 천년 희망찬 경북의 신나고 힘찬 미래를 열어가자는 뜻과 도정의 기(氣)를 살려 신명나는 경북을 이룩하자는 의미 내포

(8) 사람중심의 3대 현장혁명

① 경북형 일자리 혁명: 일자리 패러다임 대전환, 경북형 현장일자리

② 4차 산업혁명: 스마트 팩토리 육성, 첨단 가속기 기반 신약개발, 3대 경량 소재 벨트

③ 농업 6차 산업혁명

    ㉠ 일자리 창출: 강소 농식품기업 육성으로 농촌 신규고용 확대

    ㉡ 창농지원: 농과계 졸업생, 청년 귀농인 중심 창업지원

    ㉢ 청년 CEO 육성: 6차 산업혁명을 견인할 청년 CEO 양성

    ㉣ 다원적 가치: 치유, 문화, 환경 등 연계한 농업의 가치 재조명

    ㉤ 부가가치: ICT 접목을 통한 첨단 산업화

(9) 2020년 10대 역점시책

① 대구경북 신공항 건설: 대구에 위치한 K2군공항과 대구국제공항을 경북으로 통합 이전, 물류, 산업, 관광 등 대구경북 경제산업 발전의 획기적인 전기 마련

② 경북 소재부품 혁신 프로젝트: 지역 산업구조 혁신을 통한 한국 소재부품 기술제조 혁신 허브 구축, 소재부품 산업의 기술자립화 및 국가사업화 선도를 통한 지역산업 진흥

③ 혁신 원자력 연구단지 조성: 국내 최초 '연구 – 설계 – 운영 – 처분 – 매립'으로 이어지는 원자력산업 전 주기 지원, 세계적인 혁신 원자력 연구단지 조성으로 미래 신성장 동력 육성

④ 2020 대구경북 관광의 해 추진: 대구경북 문화관광 상생협력 및 동반성장 파트너십 구축, 대구경북 지역경제 활성화 및 미래한국관광 성장모델 제시

⑤ 이웃사촌 시범마을 본격화: 저출생·지방소멸 극복, 농촌 혁신성장 기반 조성, 일자리·주거·복지체계가 두루 갖추어진 새로운 청년 마을 조성

⑥ 신라왕경 핵심유적 복원·정비사업: 신라왕경 골격 복원을 통한 천년고도 경주의 정체성 회복, 경북 역사문화자원 가치 증진 및 관광 활성화 도모

⑦ 농촌 新활력 프로젝트: 농업의 고부가가치화로 농가소득 증대 및 일자리 창출 기여, 미래 농업 CEO 양성 및 첨단농업 육성을 통한 농촌활력 도모

⑧ 새마을운동 50주년 기념사업: 2020년은 새마을운동 제창 50주년, 세계화사업 추진 15년의 의미있는 해, 새마을운동 종주도(道)로서 새마을운동의 우수성 홍보 및 범국민적 공감대 확산

⑨ 영일만 횡단구간 고속도로 건설: 환동해권 유라시아 대륙을 연결하는 첫 횡단교 건설로 통일과 교역의 연결고리 역할 수행, 동해안 초광역 교통 인프라 구축으로 지역균형 발전 도모

⑩ 2020년 전국체육대회 개최: 대한체육 100년의 역사를 다시 여는 제101회 전국체육대회 개최, 스포츠 웅도 경북의 위상 제고 및 지역화합·경제활성화 도모

Ⅱ. 정책

(1) 일자리·경제·산업분야 10대 역점정책

① 양질의 일자리 창출

  ㉠ 지역주도형 청년일자리사업 추진: 전국 최다 국비(266억 원)를 확보하여 2,774명의 청년에게 양질의 일자리 제공

  ㉡ 도시청년시골파견제 확대: 청년들에게 창업관련 자금을 지원하여 청년의 도내 유입을 촉진하는 제도로 지난 2017년부터 자체 추진하여 2019년 국가사업화한 제도

  ㉢ 청년마을일자리 뉴딜사업 추진: 청년 80명에게 연간 1,500만 원을 지원하여 청년의 도내 안착 지원

  ㉣ 청년행복결혼 공제사업 시범 추진: 청년 50명에게 연간 1,200만 원의 결혼자금을 지급하여 청년들의 도내 정착 유도

  ㉤ 청년 문화예술인 일자리센터 조성: 도청 신도시 홍보관을 활용하여 청년 사회혁신가·문화활동가·창업가 등 50명을 양성

  ㉥ 시·군 주도형 지역혁신일자리 프로젝트 추진: 시·군 우수 일자리 제안사업 지원

② 소상공인 지원 확대 – 전통시장 화재공제사업 추진 및 소상공인지원센터 운영: 1,400개 소상공인 점포에 화재공제 보험료를 지원하고 소상공인에게 창업·경영개선 컨설팅 등을 제공하는 소상공인 지원센터 운영

③ 대외 통상 강화 – 신북방 · 남방정책과 연계한 통상 확대: 러시아 · CIS 등에 북방지역 통상전시사절단 파견 및 러시아에 도내 우수제품 전시 홍보관 운영, 아세안 · 인도시장에 한류 상품전 개최, 현지 대형마트 우수상품 입점 지원 및 수출상담회 개최 등

④ 4차 산업혁명 대비

    ㉠ 지역 혁신인재 양성 프로젝트 사업: 급변하는 미래 산업구조의 변화에 발 빠르게 대응하기 위한 대구광역시와의 상생협력 사업으로, 미래 산업 8대 분야의 혁신인재를 양성하여 미래 일자리 구조 변화에 대응

    ㉡ 경북 혁신벤처 엑셀러레이팅 프로그램: 민간 엑셀러레이터 2개사와 함께 4차 산업 연관 기술을 보유하고 있는 벤처 · 창업기업을 집중 육성

(2) 새마을운동

① 의의 및 목적: 자신이 몸담고 있는 생활공동체를 물질과 정신 양측면에서 나은 방향으로 발전시켜나감을 의미. 21세기 개인주의와 자본주의의 부작용을 치유하고 사회구성원 사이의 연대감과 공동체성을 회복하는 새로운 변화를 도모

② 새마을운동 세계화 사업

    ㉠ 새마을운동 성공경험을 국제사회와 공유. 세계 빈곤퇴치에 기여함으로써 인류 공동 번영의 보편적 인류애 실천

    ㉡ 외국인 초청 새마을연수, 새마을리더 봉사단 파견, 해외거점 민 · 관 · 연 거버넌스 구축, 새마을운동 포럼, 글로벌 새마을 청년봉사단 운영, 대학생 새마을 해외 봉사단 파견 등

③ 한옥건립지원사업: 도내 한옥의 실제 거주자를 대상으로 신축 · 증축 보조금, 융자금 지원

(3) 지역경제 성장기반

① 구미 하이테크밸리: 전자정보, 메카트로닉스, 신소재, 친환경 업종 유치

② 포항 영일만 4일반산업단지: 비금속 광물, 1차금속, 전자부품, 컴퓨터, 영상 · 음향, 의료 · 정밀 · 광학기기, 기타 기계 및 장비, 기타 운송장비 제조업 등 유치

③ 경산 지식산업지구: 건설기계 및 기계부품, 메디컬 신소재, 자동차 부품, 금속, 전자부품, 전기장비, 의료기기, 연구시설(R&D) 등 유치

④ 경제자유구역 대구 테크노폴리스 지구(DGFEZ): 국내 지식기반산업 및 지식기반서비스 인프라가 잘 갖추어진 대구경북 일원 8개 지구를 지정하여 국내 및 외국인 투자유치 활성화를 위해 최적의 경영환경을 지원하는 지역

⑤ 경북여성일자리 사관학교: 여성일자리 창출을 위한 교육프로그램 등 제공

13. 경상남도(http://www.gyeongnam.go.kr)

Ⅰ. 기본 정보

(1) 브랜드 슬로건: Bravo Gyeongnam

쾌적한 생활환경, 열정적인 도민, 미래 첨단산업, 깨끗한 자연환경을 갖춘 경상남도의 다양한 자산과 가능성을 축포가 터지는 모습으로 형상화

(2) 도정비전 및 향후모습

① 비전: 함께 만드는 완전히 새로운 경남

② 운영원리: 소통과 참여, 공정과 포용, 실용과 혁신

③ 3대 핵심과제

청년특별도	• 청년이 참여 주도하는 거버넌스 • 창조 · 가치 실현의 새로운 기회 부여 • 경남 청년의 어려움 해소와 삶의 안정 추진 • 청년에게 희망주는 지속가능한 좋은 일자리 창출 • 청년이 원하는 맞춤형 주거복지 확대 • 경남형 청년 문화특별도 육성 • 청년친화형 특화된 섬 가꾸기 사업 추진 • 청년 농 · 어업인 육성 및 정착 지원
교육인재특별도	• 경남형 아이돌봄 모델 개발 • 민관협업으로 아동 놀이공간 혁신사업 추진 • 에듀테크 기반 미래학교 모델 개발 • 미래교육에 대응하는 학교공간 혁신 추진 • 지자체–대학 협력기반 지역혁신 사업 • 경남혁신도시 지역인재 채용 확대 • 평생교육 활성화를 위한 혁신체계 구축 • 방문스포츠팀 유치지원센터 설립 · 운영
동남권 메가시티플랫폼	• 동남권 메가시티 플랫폼 구축 • 동남권 지진방재연구 클러스터 구축 • 동남권 수소경제권 구축 • 동남권 공동 산업육성체계 구축 • 동남권 먹거리 공동체 실현 • 동남권 물류 플랫폼 구축 • 동남권 광역교통체계 구축 • 동남권 광역관광 대응체계 구축 • 동남권 생태투어 기반 조성 • 동남권 대기환경청 설립

④ 2대 정책방향: 혁신과 성장, 체감하는 변화

⑤ 중점과제

  ㉠ 경제혁신 재원 1조 원 조성 및 제조업 르네상스

  ㉡ 사회적 가치 기반의 사회 · 행정혁신 시스템 구축과 운영

  ㉢ 서부경남 KTX 신성장 경제권 구축

  ㉣ R&D 체계 혁신으로 사업화 촉진

  ㉤ 먹거리 순환체계 구축으로 도농상생

  ㉥ 저출산 총력대응 및 공공의료 기반 구축

(3) **면적:** 10,540.12km²

(4) **행정구역:** 8개 시, 10개 군, 5개 행정구, 305개 읍 · 면 · 동

(5) **인구:** 총 3,438,676명, 외국인 76,123명(2019년 12월 기준)

(6) **고용지표:** 고용률 61.3%, 실업률 3.8%(2019년 기준)

(7) **재정:** 재정자립도 33.4%(2020년 기준), 예산 25조 7,980억 원(2020년 기준)

(8) **상징**

① 도화 · 도목 · 도조 · 도어: 장미 · 느티나무 · 백로 · 볼락

② 심벌마크: 전체적으로 경남의 빼어난 자연 경관과 경남인의 불굴의 기상이 서로 만나 태양처럼 희망찬 미래를 열어나간다는 의미. 태양 · 산 · 바다 · 대지 등 자연과 문화 · 사회 · 지식 · 기술 등 경남인의 역량이 서로 융합하여 동 · 서 · 남 · 북 경남을 고루 발전하게 한다는 화합의 정신 내포. 경남이 21세기 환태평양 시대 첨단산업과 문화 · 관광산업이 조화롭게 발전하여 세계 속의 경남으로 뻗어나간다는 것을 상징

③ 캐릭터: 경남이와 경이 – 도의 중점 육성 산업인 첨단 기계산업을 상징하는 톱니바퀴 의인화

④ 도민헌장

  ㉠ 우리는 언제나 경남도민으로서의 긍지를 지닌다.

  ㉡ 문화유산을 기리고 산과 바다, 강과 들을 푸르게 가꾼다.

  ㉢ 창의와 개성을 살려 삶의 질을 높인다.

  ㉣ 자율과 책임을 존중하는 신뢰받는 사회를 만든다.

  ㉤ 멀리 보는 슬기와 개척의 정신으로 세계의 중심에 선다.

Ⅱ. 정책

(1) 일자리

① 경남 IT엘리트 양성사업: IT시대에 부응하는 전문교육 기회 제공, 전문인력 양성으로 청년실업 해소, 교육수료 후 취업지원으로 기업의 인력난 해소 및 청년취업률 제고

② 설계 엔지니어 양성사업: 지역산업체 인력수요가 많은 분야의 기술습득 및 취업지원으로 청년실업 해소

③ 경남형 기업트랙, 협약 기업 인센티브 지원: 대학은 기업 맞춤형 교육 실시로 취업과 직접 연계하고 기업은 맞춤형 교육을 받은 인재를 공급받아 구인난을 해소하는 산·학·관 협약

④ 청년 소상공인 성공사다리 사업: 청년층 대상 창업교육 및 창업비용 이자 지원

⑤ 경남형 뉴딜 일자리사업

    ㉠ 청년에게 지역사회서비스 분야의 일 경험기회 제공

    ㉡ 일 경험에 대한 급여를 지원하고 일 경험 종료 후 민간일자리 진입 촉진시킴

    ㉢ 진로설계교육 및 취·창업 컨설팅 실시

    ㉣ 청년의 활발한 구직활동 및 지역정착 지원

    ㉤ 교통복지비용, 주거정착지원금 지원

    ㉥ 사업 참여를 위해 해당 시·군으로 전입한 경우 지역정착 지원

    ㉦ 청년의 원활한 일 경험터 적응 지원 및 민간으로의 취·창업 연계 촉진시킴

    ㉧ 전문매니저가 운영하고, 참여자 간 소통을 위한 네트워크 구축

(2) 출산

① 찾아가는 산부인과 운영: 도내 산부인과 병원이 없는 취약지역의 임산부 및 가임여성을 대상으로 보건소와 연계, 산전 기본진찰 등을 무료 실시

② 경남 아이 다누리카드: 경상남도 거주 2자녀 가정(막내나이 19세 미만)에 도내 가맹업체에서 할인 및 무료혜택을 부여하는 카드 발급

③ 분만취약지역 안심출산 서비스: 도내 취약지역 임산부를 대상으로 응급진료 이송예약, 응급의료상담, 의료진 긴급연락 등 서비스 제공

14. 강원도(http://www.provin.gangwon.kr)

Ⅰ. 기본 정보

(1) **도정비전**: 평화와 번영 강원시대

(2) **2020년 도정목표**

① 도정 핵심목표: 혁신성장 신산업 육성, 평화경제공동체 실현

② 핵심 추진전략

혁신성장 신산업 육성, 지역경제 활력 제고	• 전기차 양산 단계 진입, 액체수소 거점도시 인프라 조성, 데이터산업 기반 조성, 디지털 헬스케어 실증사업 구체화 • 신농정 · 신산림 · 일자리시책 · 혁신 등 민생경제 활력 제고
평화경제공동체 실현, 지역자립 성장기반 마련	• 남북교류협력 재개를 위한 자체시스템 완벽 준비 • 평화지역 안정, 금강산관광 재개 등 평화경제 가시화 • 대형 SOC 사업 조기착공, 생활 SOC 인프라 확충
신관광 · 문화가치 창출, 포스트올림픽 가속화	• 글로벌 관광거점도시 육성, 신관광 추진체계 대대적 혁신 • 영화제 · 음악제 등 대표 강원문화축제 브랜드 자산화 • 포스트올림픽 확산(2018 평창기념재단 활성화, 2024 동계청소년 올림픽 유치 등)
신북방경제협력 및 통상 · 수출 새동력화	• 관광융합 항공운송사업, 평화크루즈 · 페리산업 안정화 • 신북방 · 신남방 시장 개척, 강원수출전문기관 출범 및 안정화 • 신규 수출전략품목 발굴 · 지원 등 해외본부 역량강화
사회안전망 확충을 통한 강원공동체 기본권 실현	• '강원도사회서비스원' 설립 · 운영, 도민 건강행태 개선 추진 • 미세먼지 · 수질 · ASF 등 사회위험(RISK) 대응체계 강화 • 대형 · 복합재난 조기 대응체계 및 인재안전 확산

(3) **면적**: 총 면적은 20,569km²로, 이 가운데 휴전선 이남 면적은 82%인 16,827.9km²

(4) **행정구역**

① 7개 시: 춘천시, 원주시, 강릉시, 동해시, 태백시, 속초시, 삼척시

② 11개 군: 홍천군, 횡성군, 영월군, 평창군, 정선군, 철원군, 화천군, 양구군, 인제군, 고성군, 양양군

③ 미수복지역

　ㄱ 전 지역: 통천, 회양, 평강, 이천, 김화

　ㄴ 일부 지역: 철원, 양구, 인제, 고성

(5) **인구**: 총 1,538,639명(남녀 비율 1.01, 2020년 5월 기준)

(6) **고용지표**: 경제활동 참가율 65.0%, 고용률 62.6%, 실업률 3.7%(2020년 5월 기준)

(7) 상징

① 도화 · 도목 · 도조 · 도동물

　　㉠ **도화**: 철쭉 – 강원도 산지 자생

　　㉡ **도목**: 잣나무 – 도내에 자생하는 나무 중 으뜸

　　㉢ **도조**: 두루미 – 남북 강원도를 자유로이 왕래하는 평화의 상징

　　㉣ **도동물**: 반달곰 – 설악산 · 오대산 등에서 서식

② 도기

　　㉠ **청색 타원**: 안정된 마음의 고향인 대지

　　㉡ **녹색**: 깨끗하고 수려한 자연환경

　　㉢ **황색**: 유구한 역사적 문화환경

　　㉣ **나뭇잎**: 새로운 도약을 약속하는 도민의 마음

③ 캐릭터: 범이, 곰이 – 평창동계올림픽 개최지인 강원도의 역사적 의미를 계승하고, 세계인에게 사랑받고 친근한 강원도의 이미지를 대표함

(8) **도청 위치**: 강원도 춘천시 중앙로1

(9) **관광**(http://www.gangwon.to/tour)

① 관광명소: 춘천 남이섬, 춘천 강촌레일파크, 철원 한탄강래프팅, 동해 천곡동굴, 양양 낙산사, 평창 대관령 양떼목장, 강릉 경포해변, 속초 설악산 국립공원, 속초 대포항, 평창 오대산 월정사 등

② 강원도 시티투어 버스: 춘천시, 원주시, 태백시, 정선군, 화천군, 양구군, 삼척시에서 운영

③ 정동진 차이나 드림시티

(10) **강원도민의 날**: 7월 8일(태조 4년, 강원도가 처음 명명된 날)

Ⅱ. 정책

(1) **도민 사이버 배움터 운영**: 강원도민이면 누구나 외국어, 자격증 등 4개 분야 409개 과정의 다양한 강좌 무료 수강 가능

(2) **강원도형 사회보험료**: 최저임금 대폭상승에 따른 영세사업주의 경영부담 완화와 고용불안 해소를 위해 도내 10인 미만 사업체 3만 3천 명에 대하여 4대 보험료 418억 원 지원

(3) **강원상품권**: 도내 강원상품권 사용점에서 현금처럼 사용할 수 있는 상품권. 지역자금 역외유출 방지와 자금순환을 늘려 유통을 촉진함으로써 지역경제 활성화 도모

(4) 혁신도시 산업단지(조성 추진 중): 인제 자동차 튜닝 클러스터, 춘천 수열에너지 융복합 클러스터, 원주 디지털 헬스케어산업단지 조성, 철원 플라즈마 클러스터

(5) 첨단산업 고도화 FIVE 전략

① Future(성장동력): 자동차, 산림자원, 해양자원 활용 신규사업

② Innovation(혁신역량): 창조 R&D, 창조사업화, 기술거래 촉진, 인력양성 등

③ Value—up(상생발전): 특화자원 기반 6차 산업화 클러스터

④ Elevation(거점산업): 바이오, 의료기기, 신소재, ICT 고도화 및 융복합화

Ⅲ. 현안 · 과제

(1) 2020년 10대 중점 관리 과제

① 4대 혁신성장 신산업 육성(전기차, 액체수소, 수열에너지, 디지털헬스케어)

② 평화경제 비전 구현(금강산관광 재개 등)

③ 강원랜드 가족형 휴양리조트 조성

④ 지역관광거점도시 지정 및 육성

⑤ 국가철도망, 고속도로, 국도 · 국지도 건설 국가계획 반영(주요 노선 SOC 확충)

⑥ 2024 동계청소년올림픽대회 개최 준비

⑦ 강원도 농업인수당 도입

⑧ 대형 · 복합재난 선제 대응(산불, 태풍, 동물방역)

⑨ 레고랜드 코리아 성공적 조성

⑩ 강원경제활력 추진체계 출범(관광재단, 일자리재단, (주)강원수출, 사회서비스원)

(2) 기타 현안 · 과제

① 2018 평창 동계올림픽 시설 사후관리 방안 마련

② 금강산관강 재개, 설악~금강 연계사업

③ 철도 건설사업 추진 확정

  ㉠ 서울과 동해안을 잇는 최단 구축망으로 서울~속초 1시간 15분 이내 주파 가능

  ㉡ 낙후된 강원 북부지역의 접근성이 크게 개선되어 인적 · 물적교류가 활발해지고 관광 활성화 및 지역경제 발전에 기여

  ㉢ 관광, 스마트 헬스케어 산업 등과의 시너지 효과로 새로운 성장동력 창출

④ 문재인 대통령의 공약사항이었던 제천~삼척 간 ITX철도 건설 등 SOC 사업 추진

⑤ 동해안권 경제자유구역(EFEZ) 활성화 및 양양 국제공항 동남아 신규노선 개설 등 노선 다변화

15. 전라북도(http://www.jeonbuk.go.kr)

(1) 브랜드 슬로건: 천년의 비상 전라북도

전북의 이니셜 J를 형상화. 빨간색은 전북의 고유한 전통문화, 노란색은 전북의 맛, 청색은 첨단 신산업, 녹색은 전북의 친환경 녹색산업 및 이의 전진기지가 될 새만금을 의미

(2) 도정비전: 아름다운 생명 山河, 천년전북!

(3) 5대 도정목표

① 삼락농정 농생명산업: 보람찬 농업 · 농민, 스마트 농생명 산업, 사람 찾는 농산어촌

② 융복합 미래신산업: 지능형 신산업, 융 · 복합 부품소재산업, 금융 · 혁신 · 공유 · 창업 · 생태계

③ 여행체험 1번지: 여행 · 체험 산업, 문화 ICT 콘텐츠, 한국적인 생태 · 힐링, 알찬 주민문화

④ 새만금시대 세계잼버리: 새만금 연계 SOC 대동맥, 세계잼버리 준비, 친환경산업 전진기지

⑤ 안전 · 복지 · 환경 · 균형: 사람 중심 안전 · 건강, 포용적 맞춤복지, 차별화된 균형발전

(4) 면적: 8,069km²(전국의 8.04%)

(5) 행정구역: 6개 시(군산시, 익산시, 김제시, 전주시, 정읍시, 남원시), 8개 군(완주군, 무주군, 진안군, 장수군, 부안군, 임실군, 순창군, 고창군)

(6) 인구: 총 1,818,917명(2019년 12월 기준)

(7) 고용지표: 고용률 59.8%, 실업률 3.3%(2020년 5월 기준)

(8) 도화 · 도목 · 도조: 백일홍 · 은행나무 · 까치

(9) 관광명소

① 전주: 한옥마을, 전주덕진공원

② 군산: 군산근대문화도시

③ 남원: 광한루원

④ 김제: 벽골제

⑤ 익산: 왕궁보석테마 관광지

⑥ 정읍: 내장산국립공원

⑦ 완주: 삼례문화예술촌

⑧ 진안: 마이산

⑨ 무주: 반디랜드

⑩ 장수: 승마체험장

⑪ 임실: 치즈테마파크

⑫ 순창: 강천산군립공원

⑬ 고창: 고창읍성

⑭ 부안: 변산해수욕장

(10) 청년정책

① 핵심과제

부문	사업명	주요 내용
취업 · 고용	후계 농업경영인 육성	영농 창업 국비 융자금 지원
	청년농업인 영농정착지원금 지원	영농정착금 지원(3년 간 월 1백만 원)
	전북형 청년취업 지원사업	상시근로자 5인 이상 기업에 신규청년 채용 시 금액지원
	전북 청년내일채움공제 지원	청년 장기근속 유도 및 자산형성 지원을 위한 금액지원
	지역산업맞춤형 일자리창출 지원사업	취 · 창업지원(고용부공모)
	대학 산학관 커플링 사업	산학관 협력을 통한 전문인력 양성
창업	창업 선도대학 육성	기술창업 CEO 양성
	창업 드림스퀘어 조성	창업교육 및 공연 등 창업 풀패키지 지원
	세대융합 창업캠퍼스 운영	창업 숲단계 지원 및 창업기업 육성
	전북 창조경제혁신센터 운영	아이디어 사업화 교육 및 초기 창업자 발굴 · 지원
	사회적기업가 발굴 육성	청년 사회적기업가 육성
	청년상인 창업 지원(청년몰)	청년몰 확장지원사업 및 조성사업
문화 · 여가	전북상설공연 운영 지원	도내 청년예술인 상설공연 운영
	드림공연예술단 육성 지원	공연인력 인건비 지원
	문화예술교육사 인턴십 지원	문화예술교육사 취득자 배치 · 운영
	우수체육지도자 육성	지도자 채용 및 엘리트 선수 지도
	청년축제	청년의 주도적 프로그램 운영
복지 · 삶의 질	전라북도 장학숙 운영	장학숙 시설관리 및 학사운영
	청년희망키움통장 지원	청년생계수급자 근로소득장려금 지원
	청년 건강검진 지원	저소득층 20~30대 결과 이상 소견자 정밀검진 지원
	청년 주거임대 지원	전세임대주택 및 빈집활용 반값임대
	전북청년 탄탄대로수당 지원사업	사회적 가치 활동분야 청년수당 지급
거버넌스	글로벌 인재양성 해외연수	대학생 해외연수지원
	대학연계 지역대학 창의학교 운영	대학별 과목개설 및 팀프로젝트 운영
	청년 정책포럼 운영	도내 청년협의체
	청년 소통프로그램 지원	청년단체의 소통프로그램 지원

② 비전: 살 맛 나는 전북청년, 청년중심 전라북도 − 청년정책의 궁극적인 목적은 일자리, 창업, 문화 · 여가, 복지 · 삶의 질, 거버넌스 등 삶의 전 영역에서 청년 눈높이에 맞는 정책들이 진행되면서 청년들이 살 맛 나는 환경을 조성하고 전라북도가 청년중심으로 상생 발전

③ 기본 방향: 일자리뿐만 아니라 문화, 주거 등 사회 전반적인 측면으로 확대한 투자 개념으로, 인식전환과 통합 지원체계 구축을 위한 제도적 기반 조성

16. 전라남도(http://www.jeonnam.go.kr)

Ⅰ. 기본 정보

(1) **슬로건**: 생명의 땅 으뜸 전남

'생명의 땅 으뜸 전남'은 전남이 생명의 원천이자 지속가능한 발전을 담보하는 아껴놓은 땅이라는 의미이며, 전남을 풍요롭고 가장 살기 좋은 고장으로 탈바꿈시켜 도민이 행복한 시대를 열겠다는 의지를 담고 있음

(2) **도정목표, 도정방침**

① 도정목표: 내 삶이 바뀌는 전남 행복시대

② 도정방침: 활력있는 일자리 경제, 오감만족 문화관광, 살고싶은 농산어촌, 감동주는 맞춤복지, 소통하는 혁신도정

(3) **2020년 8대 중점시책**

① 전남 제2의 도약 위한 2020 6+3 플랜 추진

　㉠ 청정 전남 블루 이코노미 6대 프로젝트

　　• 에너지신산업의 수도 '블루 에너지'

　　• 세계인이 찾는 관광명소 '블루 투어'

　　• 바이오 메디컬 허브 '블루 바이오'

　　• 첨단 운송기기 산업의 중심 '블루 트랜스포트'

　　• 미래 생명산업의 메카 '블루 농수산'

　　• 신개념 스마트 도시 '블루 시티'

　㉡ 2020년 3대 핵심과제 유치

　㉢ 의과대학 설립, COP28 개최, 방사광가속기 구축

② 주력산업 경쟁력 제고 및 일자리 경제 정착

③ 관광 · 문화 기반 구축 및 생활체육 활성화

④ 농어민 소득 향상으로 살고 싶은 농어촌 조성

⑤ 지역 균형발전 기반시설(SOC) 조기 확충

⑥ 따뜻한 행복공동체 맞춤형 복지정책 강화

⑦ 안전하고 쾌적한 살기 좋은 전남 만들기

⑧ 소통과 상생 중심 적극 행정ㆍ열린 도정 실현

(4) 전남발전전략

① 비전: 동북아 물류ㆍ관광ㆍ미래산업 선도지역

② 기본 목표

    ㉠ 동북아 성장거점 조성을 위한 물류ㆍ교통ㆍ정보망 확충

    ㉡ 미래 신성장동력산업과 전통산업의 육성으로 지역경제 활성화

    ㉢ 환경산업 및 친환경생명복합농업 육성으로 저탄소 녹색성장 선도

    ㉣ 신 해양관광 중심지로서 동북아의 해양문화관광 거점 조성

    ㉤ 매력 있는 정주환경 및 선진 복지ㆍ교육 여건 구축

③ 발전방향

    ㉠ 지속가능한 지역개발을 위한 신성장동력 프로젝트 추진

    ㉡ 기술혁신과 일자리를 창출하는 미래형 신산업 육성

    ㉢ 전국 제일의 녹색산업 중심지 육성

    ㉣ 세계와 지역을 통합하는 글로벌 발전거점 및 광역교통망 확충

    ㉤ 동북아의 문화관광 허브 조성

    ㉥ 자원의 체계적 개발과 자연환경의 효율적 이용

    ㉦ 자연친화형 정주여건 조성 및 복지수준 향상

④ 4대 권역별 비전

    ㉠ 광주근교권: 신ㆍ재생에너지, 나노, 바이오, 헬스케어, 정보통신산업

    ㉡ 동부권: 생태관광, 우주항공, 신소재, 정밀화학, 신금속, 지능형 물류산업

    ㉢ 서남권: 해양관광, 조선, 세라믹, 신ㆍ재생에너지, 기능성 식품산업

    ㉣ 중남부권: 차세대 생명, 한방의료, 해양바이오산업, 친환경생명

(5) **면적**: 12,345.21km²(전국의 12.3%, 2019년 기준)

(6) **행정구역**: 5개 시(목포시, 여수시, 순천시, 나주시, 광양시), 17개 군(담양군, 곡성군, 구례군, 고흥군, 보성군, 화순군, 장흥군, 강진군, 해남군, 영암군, 무안군, 함평군, 영광군, 장성군, 완도군, 진도군, 신안군)

(7) **인구**: 2019년 12월 기준 - 총 1,903,383명, 외국인 34,638명, 65세 이상 고령인구 422,548명(22.6%)

(8) **상징**

① **도화 · 도목 · 도조 · 도어**: 동백 · 은행나무 · 산비둘기 · 참돔

② **심벌마크**: 전라남도 대표적 특징인 황금들판, 태양, 녹색자연, 푸른바다 형상화. 황금색을 주색으로 풍요로움을 강조하고 곡선은 전통 · 예술 속에 열림과 소통으로 정감 넘치는 전남인 정서 상징

③ **캐릭터**: 남도와 남이 - 한복을 입고 두 팔 벌려 누군가를 반기는 모습을 형상화. 전라남도의 문화와 전통을 이어가고, 도민과 소통하려는 열린 마음을 표현

④ **도민헌장**

　㉠ 사람의 도리를 다하고 법과 질서를 지키며 근면성실하게 살아간다.

　㉡ 깨끗한 환경을 가꾸고 찬란한 문화유산을 계승 · 발전시켜 후손에게 물려준다.

　㉢ 청소년을 올바르게 이끌고 훌륭한 인재를 길러 희망찬 미래를 가꾼다.

　㉣ 모든 사람이 서로를 존중하고 인정이 넘치는 사회를 만들어간다.

　㉤ 창의와 개척의 기상으로 활기차고 살기 좋은 고장 건설에 앞장선다.

(9) **관광명소**

① **섬**: 청산도(완도), 소록도(고흥), 돌산도(여수)

② **해안**: 명사십리해변(완도), 톱머리해변(무안), 돌머리해수욕장(함평)

③ **강**: 영산강(나주), 섬진강(광양), 황룡강(장성)

④ **생태**: 팔영산(고흥), 천관산 도립공원(장흥), 지리산 국립공원(구례)

⑤ **문화유산**: 월남사지 3층석탑(강진)

⑥ **대흥사 북미륵암 마애여래좌상(해남)**

⑦ **탑산사명 동종(해남)**

⑧ **기타**: 금릉경포대(강진), 금천계곡(광양), 백운산(광양)

Ⅱ. 정책 · 현안 · 이슈

(1) **지역고용혁신 프로젝트**

① **미션**: 청년이 돌아오는, 활기찬 전남 실현

② **비전**: 전남형 일자리 자립 생태계 조성 모델 구축

③ **사업전략**: 고용위기 업종의 해소를 위한 이 · 전직 서비스 지원 강화, 전략산업 중심의 고용창출 기반 구축, 기타 주력 산업에 대한 맞춤형(지역사업) 일자리 창출 지원, 청년에 대한 고용지원 확대

(2) **전남여성 정책**: 여성배움터, 전남여성인재은행, 성폭력 · 가정폭력 등 상담 운영

(3) **현안 · 이슈**

① 전남 대표 교통복지 모델 '100원 택시' 최우수 선정(2017년)

② KTX 무안공항 경유 합의

③ 한전공대 설립 국정과제로 추진

④ 여수 경도 등 해안 · 섬 대규모 투자유치 추진

⑤ 나눔 숲 조성 전국 최우수 선정(2017년)

⑥ 전라도 정도천년기념사업 본격화

⑦ 노인일자리 5년 연속 전국 1위(2017년)

⑧ 지역 고용혁신 프로젝트 3년 연속 전국 1위

17. 제주특별자치도(http://www.jeju.go.kr)

(1) **브랜드**: Only Jeju Island

생태도시, 관광 휴양도시, 국제 자유도시, 평화의 도시, 세계 지식자유중심도시 등의 수식어가 함축된 제주특별자치도 상징

(2) **도정비전**: 사람과 자연이 공존하는 청정제주

(3) **도정방침**

① 도민 중심의 소통과 협치(소통강화, 도민화합, 도정혁신)

   ⊙ 현장에서 도민의 의견을 경청하며 답을 찾는 열린 소통

   ⊙ 도지사의 권한을 도민과 함께 공유하는 수평적 협치

   ⊙ 다양한 경로로 도민의 뜻을 정책의 전 과정에 반영하는 소통과 협치

② 도민과 함께하는 새로운 성장(청년, 환경, 농축수산, 관광, 미래산업, 일자리/소상공인)

   ⊙ 도민자본을 키우고 성장의 과실이 도민에게 돌아가는 내생 · 포용적 성장

   ⊙ 전통산업의 부가가치를 높이고 4차 산업 혁명을 통한 창조적 성장

   ⊙ 청정한 환경과 제주다운 문화가치를 재창출하는 생태문화적 성장

③ 도민이 행복한 더 큰 제주(주거/생활환경, 교통, 보건복지/여성, 보육/교육, 문화예술체육)

   ⊙ 매력이 넘치는 도시환경과 체감형 생활복지로 삶의 질이 높아지는 제주

   ⊙ 제주의 미래를 도민이 계획하고 만들어가는 자치역량이 확대되는 제주

   ⊙ 제주인의 자긍심을 키우고 통합과 포용으로 세계를 품는 제주

(4) 2020년 도정목표: 새로운 10년, 더 큰 제주

(5) 2020년 도정운영 핵심과제

① 활기찬 민생경제, 더 나은 일자리

② 청정환경 가치, 보전과 확장

③ 농·어업인 소득 안정, 미래 경쟁력 확보

④ 따뜻한 복지, 안전한 제주

⑤ 편리한 교통·주거, 문화로 활기찬 도시

⑥ 더 큰 제주를 담아내는 기반 강화

⑦ 위기를 기회로, 코로나19 극복

(6) 면적: 1,850.1km²(제주시 978.7km², 서귀포시 871.4km²)

(7) 행정구역: 2개 시(제주시, 서귀포시)

(8) 인구: 총 696,553명, 외국인 25,804명(2020년 1월 기준)

(9) 상징

① 도화·도목·도조·도색: 참꽃·녹나무·제주큰오색딱따구리·파랑

② 심벌마크: 제주 현무암의 검은색을 기초로 강인한 제주, 전통을 지키고 발전시키는 제주인의 문화를
상징. 수평의 붓 터치는 평등가치의 제주정신, 제주의 자연을 표현하며, 녹색은 푸른 한라산과 자연
환경을, 청색은 청정한 제주의 바다를 상징하면서 생물권보전지역을, 주황색은 제주의 희망을 상징

③ 캐릭터: 돌이(돌하르방), 소리(해녀)

④ 품질인증마크: JQ(Jeju Quality)

⑤ 도민헌장

　㉠ 우리는 거친 풍파와 고난의 삶을 이겨낸 조상의 얼을 이어받아 복지 낙원을 이룩한다.

　㉡ 우리는 환경을 깨끗하게 보전하고 쾌적한 생활의 터전을 가꾸는 데 온 힘을 기울인다.

　㉢ 우리는 전통문화의 바탕 위에 향기로운 새 문화를 꽃피우기 위하여 정성을 다한다.

　㉣ 우리는 자립정신으로 공익 우선의 사회를 지향하고 제주인의 자존을 지켜나간다.

　㉤ 우리는 제주특별자치도가 아시아 문화권의 중심이 되고, 세계로 뻗는 평화의 섬으로 가꾼다.

(10) 자매도시(6개 도시): 미국 – 하와이, 인도네시아 – 발리, 러시아 – 사할린, 중국 – 하이난, 포르
투갈 – 마데이라, 일본 – 아오모리

(11) 자랑거리 등

① 세계평화의 섬 지정 추진

  ㉠ 평화의 창출

- 주요 정상회담을 바탕으로 제주를 동아시아 외교 중심지로 육성
- 제주평화포럼을 아태지역 대표 포럼으로 육성
- 정상 방문을 기념하는 전시 · 교육 공간으로 제주국제평화센터 건립
- 평화와 상생의 미래를 위한 제주 4 · 3 사건 해결

  ㉡ 평화의 확산

- 평화연구의 중심역할을 수행할 제주평화연구소 설립
- 남북관련 회담 및 민간교류 등 남북교류협력 활성화
- 다자간 경제협력체 유치 등 활발한 국제교류 활동 전개

  ㉢ 평화의 정착

- 국제적 분쟁과 갈등을 조정 · 해결하는 국제기구의 유치
- 환경, 인권, 빈곤 등 인류공동의 문제 해결을 위한 노력 강화

② 유네스코 3관왕: 세계 자연유산, 세계 지질공원, 생물권보전지역

③ 7대 자연경관: 2011년 세계 7대 자연경관으로 최종 확정

④ 특별자치도: 「제주특별자치도 설치 및 국제자유도시 조성을 위한 특별법」(제주특별법)을 기반으로 차별화된 제도 운영 및 이를 활용한 지역특화발전 산업모델 추진(제주 투자진흥지구 지정, 부동산투자이민제도 도입, 투자유치촉진조례 등)

(12) 청년정책(제주청년 일자리 3종 세트)

① 일하는 청년 취업지원 희망프로젝트 사업: 2년 간 미취업청년 신규 채용 시 1명당 인건비 월 50~70만 원 지원

② 일하는 청년 보금자리 지원사업: 2년 간 기업의 숙소 임차료 또는 기업의 주택 보조금의 80% 지원(월 30만 원 이내)

③ 일하는 청년 제주일자리 재형 저축(53+2 통장): 저축 가입 후 5년 장기 재직 시 3,000만 원＋이자 만기금 지급(근로자 10만 원＋사업주 15만 원＋도 25만 원)

Chapter 2 직렬별 면접 자료

01 국가직 · 지방직

1. 고용노동부

(1) 기본 정보

① 비전: 함께 일하는 나라, 행복한 국민

② 미션: 고용률 70% 달성, 일자리의 질 향상, 활력 있고 안전하며 든든한 일터 조성, 미래창조형 노사 관계 구축을 통하여 국가발전과 국민행복 달성

③ 주요 업무분야

㉠ 노사관계	㉡ 근로기준
㉢ 산업안전보건	㉣ 고용정책
㉤ 고용서비스	㉥ 직업능력정책
㉦ 고용평등	㉧ 국제협력

(2) 국정과제

더불어 잘사는 경제	소득 주도 성장을 위한 일자리 경제	• 국민의 눈높이에 맞는 좋은 일자리 창출(주관) • 성별 · 연령별 맞춤형 일자리 지원 강화(주관) • 실직과 은퇴에 대비하는 일자리 안전망 강화(주관)
	활력이 넘치는 공정경제	사회적 경제 활성화(협조)
	중소벤처가 주도하는 창업과 혁신성장	대 · 중소기업 임금격차 축소 등을 통한 중소기업 인력난 해소(협조)
내 삶을 책임지는 국가	모두가 누리는 복지국가	국민의 기본생활을 보장하는 맞춤형 사회보장(협조)
	국가가 책임지는 보육과 교육	• 미래세대 투자를 통한 저출산 극복(협조) • 교육의 희망사다리 복원(협조)
	노동존중, 성평등을 포함한 차별 없는 공정사회	• 노동존중 사회 실현(주관) • 차별 없는 좋은 일터 만들기(주관)
	자유와 창의가 넘치는 문화국가	휴식 있는 삶을 위한 일 · 생활의 균형 실현(주관)

(3) 2020년 고용노동부 주요 과제

① 고용안전망 사각지대 해소를 위한 국민취업지원제도 시행

　⊙ 중위소득의 50%(18~34세는 120%) 이하 구직자: 최대 6개월 간 월 50만 원의 구직촉진수당 지급

　⊙ 중위소득의 100%(18~34세는 소득무관) 이하 구직자: 진로상담, 직업훈련, 창업지원, 구직활동지원 등 취업지원 서비스 제공

② 개인 생애 맞춤형 능력개발 및 직업훈련 사각지대 해소를 위한 국민내일배움카드제 시행

　⊙ 특고, 자영업자 등 소외계층을 대상으로 내일배움카드 지원 대상 확대

　⊙ 실업자 · 재직자가 구분되어 있던 내일배움카드를 '국민내일배움카드'로 통합 추진하면서, 소외계층의 훈련참여 확대가 예상

③ 기업과 현장의 수요에 대응하는 맞춤형 직업훈련 강화: 현장수요에 기반한 인재양성을 위해 산업계 · 기업이 직접 참여하는 맞춤형 현장인재 양성사업 실시

　⊙ 대기업 인프라를 활용하여 협약기업 맞춤형 훈련을 제공하는 미래유망분야 맞춤형 훈련 확대

　⊙ 취업률 등 훈련성과가 우수한 민간 훈련기관을 선별해 기업 맞춤형 훈련과정을 설계 · 운영

④ 지역이 중심이 되는 고용안정 선제대응 패키지 지원: 고용안정 선제대응 패키지 공모사업을 신설하여, 급격한 고용위축이 예상되는 지역이 주도적 · 선제적으로 대응할 수 있도록 지원

　⊙ 주도적 대응: 광역─기초 컨소시엄 참여를 통해 지역의 산업정책과 연계하여 지역고용문제를 맞춤형으로 해결할 수 있도록 지원

　⊙ 선제적 대응: 현 고용위기지역 지정요건을 완화하여 '고용위기 前 단계' 지역에 대한 지원

　ⓒ 패키지 지원: 일자리 창출, 직업훈련, 고용서비스, 근로조건 · 고용환경개선 등을 패키지로 설계

⑤ 구직청년 및 청년채용기업 지속 지원: 청년과 중소기업 미스매치 해소를 위해 청년 3대 핵심사업 지속 지원

　⊙ 청년추가고용장려금: 20만 명(2019년) → 29만 명(2020년), 최소고용유지기간 설정 등

　⊙ 청년내일채움공제: 25만 명(2019년) → 35만 명(2020년), 임금상한 하향 등

　ⓒ 청년구직활동지원금: 국민취업지원제도로 통합하고 고용서비스 내실화

⑥ 육아휴직제도 등 개선으로 여성이 일하기 좋은 여건 조성

　⊙ 근로자: 부부 동시 육아휴직 허용, 사후지급제도 개선 및 한부모 근로자에 대해 육아휴직 첫 3개월 동안 임금의 100%(상한액 250만 원) 육아휴직 급여 지급

　⊙ 사업주: 육아휴직을 부여하거나 대체인력을 채용한 사업주에 대한 지원금의 사후지급방식 개선 및 중소기업 대체인력지원금 확대

⑦ 신중년 취업지원 강화 및 고령자 계속고용 지원

　　㉠ 40대: 일자리 미스매치 해소 등을 통한 취업지원 및 기업의 40대 고용 인센티브 확대

40대 대상 훈련 지원 강화	• 폴리텍 40대 이상 중장년 실업자 대상 특화 훈련 기회 확대 • 4차 산업혁명 선도인력 양성사업 훈련기관 선정심사 시 40대 선발 실적에 따른 가점 부여
일자리 미스매치 해소를 위한 상담 · 컨설팅 지원	• 고용센터 내 40대 대상 집단상담 프로그램 신설 • 중장년일자리희망센터 내 중장년 전담 컨설턴트 확대 • 제조업 생산직 및 서비스직 종사자 맞춤형 생애경력설계서비스 확대
40대 고용 인센티브 확대	고용촉진장려금 지원대상에 취업성공패키지Ⅱ 중장년층(35~69세) 반영 · 확대 등 기업의 40대 고용 인센티브 확대

　　㉡ 5~60대: 신중년 맞춤형 일자리를 확대하고, 고령자가 노동시장에서 더 오래 일할 수 있도록 지원

⑧ 주 52시간제 정착 및 근로시간 단축 확산

　　㉠ 50~299인 사업장의 주 52시간제 적용과 관련하여, 현장의 어려움을 해소하고 시장의 불확실성을 최소화하기 위해 잠정적 보완방안 마련

　　　　예 1년의 계도기간 부여, 통상적이지 않은 업무량의 대폭 증가 등 특별연장근로 인가사유 확대, 인력채용 지원 강화 및 외국인 고용한도 한시 상향 등

　　㉡ 근로시간 단축 확산을 위해 신규채용 인건 · 노무비 지원, 기존 재직자에 대한 임금보전 및 생산성 향상 지원 등

　　　　예 일자리 함께하기 지원, 일터혁신 지원, 노동시간단축 정착 지원 등

　　㉢ 탄력근로제 등 주 52시간제 보완입법 지속 추진

⑨ 직무 · 능력 중심 임금체계 개편 지속 추진

　　㉠ 직무 중심 인사관리체계 도입 컨설팅 신규 지원 및 지역상생형 일자리 참여기업 대상 직무 · 능력 중심 임금체계 도입 지원

　　㉡ 시장임금 정보제공, 직무평가 도구 개발 등 인프라 확대

　　㉢ 연공급제에서 직무 · 능력 중심 임금체계로 개편을 위한 점진적 방안 검토 및 사회적 대화(경제사회노동위원회)를 통한 공감대 확산

⑩ 산업재해 취약계층인 특수형태근로자에 대한 안전망 강화

　　㉠ 산재보험 특례를 적용하는 특수형태근로종사자 직종 확대

　　㉡ 고위험 · 저소득 직종(퀵서비스, 택배기사 등)에 종사하는 특수형태근로종사자 본인과 사업주에 대해 한시적 산재보험료 경감 추진

　　㉢ 공정계약관행 형성을 위해 직종별 표준계약서 도입 · 보완 및 확산

(4) 정책 · 이슈

① **재정지원을 통한 근로시간 단축과 청년 신규채용 연계**: 노동시간을 단축하고 노동자를 신규채용한 기업을 대상으로 인건비 지원

② **두루누리사업**: 소규모 사업장에 고용보험 · 국민연금 보험료 일부를 지원하는 사업

③ **중소기업 주 52시간제 보완 대책**(2020년 1월부터 주 52시간제 시행에 들어가는 50~299인 기업 대상)

   ⊙ **계도기간 1년 부여**: 주 52시간제 위반 단속대상에서 제외하고 법 위반 적발 시 최대 5개월의 시정기간 부여

   ⓛ **특별연장근로* 인가 범위 확대**: 기존 시행규칙은 특별연장근로 인가 요건을 재해 · 재난 및 이에 준하는 사고의 수습 · 예방을 위한 긴급조치로 제한했지만, 개정 규칙은 여기에 ⓐ 인명 보호 또는 안전 확보, ⓑ 시설 · 설비 고장 등 돌발상황 긴급대처, ⓒ 통상적이지 않은 업무량 폭증 대처, ⓓ 국가 경쟁력 강화를 위해 필요하다고 인정되는 연구개발 등을 추가

     * **특별연장근로**: 사용자가 특별한 사정이 있을 경우 일시적으로 노동자에게 법정 노동시간 한도인 주 52시간을 넘는 근무를 시킬 수 있도록 하는 제도

   ⓒ **건강권 보호조치**: 특별연장근로는 불가피한 최소한의 기간에 대해 인가하고 위 ⓒ, ⓓ 사유에 대해서는 사용자에게 근로자 건강권 보호를 위한 적절한 조치 지도

④ **아빠육아휴직 보너스제 '아빠의 달'**: 같은 자녀에 대해 아내가 육아휴직을 사용하다가 남편이 이어받아 사용할 경우, 남편의 첫 3개월 육아휴직 급여를 통상임금의 100%(월 상한액 250만 원)까지 지원

⑤ **개인형 퇴직연금제도(IRP)**

   ⊙ 근로자가 이직 · 퇴직할 때 받은 퇴직급여를 근로자 본인명의 계좌에 적립해 만 55세 이후 연금화할 수 있도록 하는 제도. 연간 1,800만 원 한도에서 자기 부담으로 추가 납입이 가능하며, 연간 최대 700만 원까지 세액공제 혜택과 연금개시 시점까지 세금유예 가능

   ⓛ 근로자뿐만 아니라 자영업자 등 소득이 있는 모든 취업자도 가입 가능

⑥ **내일배움카드**: 구직자(신규실업자, 전직실업자)에게 일정한 금액의 훈련비를 지원하여 그 범위 이내에서 직업능력 개발훈련에 참여할 수 있도록 하고, 훈련이력을 종합적으로 관리하는 제도

⑦ **청년취업 아카데미**: 기업, 사업주 단체, 대학 또는 민간 우수 훈련기관이 직접 산업현장에서 필요한 직업능력 및 인력 등을 반영하고 대학 등과 협력하여 청년 미취업자에게 연수과정 · 창조적 역량 인재과정을 실시한 후 취업 또는 창직 · 창업활동을 연계하는 사업

⑧ **일 · 학습 병행제**: 산업현장에서 요구하는 실무형 인재를 기르기 위해 기업이 취업을 원하는 청년 등을 학습근로자로 채용하여 기업현장에서 체계적인 맞춤형 교육을 제공하고, 교육훈련을 마친 자의 역량을 국가가 평가하여 자격을 인정하는 제도

(5) 기출 및 예상질문

① 개인신상 · 경험

- 고용노동부에 지원한 동기는 무엇인가?
- 고용노동부에 근무함에 있어서 가장 중요하게 생각하는 공직가치는 무엇인가?
- 노동청 · 고용센터 · 고용노동부 사이트 방문 경험이 있는가?
- 고용노동부 정책 중 아는 것을 말해보시오.
- 고용노동부의 업무를 알고 있는가?
  - → 노사관계 개선 · 근로기준법 · 산업안전보건 · 고용정책 · 고용서비스 · 직업능력정책 · 고용평등 · 국제협력 등(홈페이지 조직도에서 업무내용 참조)
- 고용노동부에서 하는 일 중 어떤 것이 가장 중요하다고 생각하는가?
- 전문성 계발은 어떻게 하겠는가?
  - → 「근로기준법」 제 · 개정사항 및 판례 숙지, 직업상담사 자격증 취득 등
- 고용노동부 업무가 힘든 편이고, 악성민원인이 많은 편이다. 잘 적응할 수 있겠는가?
- 근로자로서 부당한 대우를 받은 경험은? 그때 어떻게 대처했는가?
- 주위에 부당한 대우를 받는 사람을 본 경험이 있는가? 어떻게 대처했는가?

② 전공 · 직무

- 최저임금 산입범위는?
  - → 개정 전에는 기본급만 산입되었으나 개정 후에는 상여금 복리후생비 주휴수당 등이 산입됨
- 주 52시간근무제란 무엇인가? 계도기간 및 단속 유예기간을 늘리는 것에 대해 어떻게 생각하는가? 개선방안은?
- 최저임금 인상에 따른 문제와 후속대책에 대해 말해보시오.
  - → 예상되는 문제: 고용감소와 영세사업자 · 중소기업 경영난
  - → 후속대책: 최저임금 인상에 적응할 때까지 한시적으로 영세사업자와 중소기업에 고용안정화지원금 지급, 두루누리사업 등
- 중소기업을 기피하는 이유는 무엇인가?
  - → 복지혜택 열악, 「근로기준법」을 지키지 않는 경우가 많음 등
- 근로감독이란 무엇인가? 근로감독관에 대해 아는 대로 말해보시오.
  - → 근로감독관은 「근로기준법」에 규정된 근로조건의 실시 여부에 대한 감독업무를 담당하는 공무원으로, 노동관계법령을 위반한 범죄에 대하여는 「형사소송법」의 규정에 의한 사법경찰관의 직무를 행할 수 있음
- 근로감독관으로서 맡게 될 업무에는 어떠한 자세가 필요한가?
- 근로감독관으로서의 고충 또는 애로사항에는 어떤 것이 있다고 생각하는가?
- 사업장 근로환경 개선을 위하여 근로감독관으로서 할 수 있는 일은 무엇인가?

- 우리나라의 근로시간이 많은 것에 대해서 어떻게 생각하는가?
  - → 업무효율성을 높여야 한다는 방향으로 답변(일생활균형 홈페이지의 '일하는 문화개선 ▶ 근무혁신 10대 제안' 참조)
- 모든 기업의 근로 여건을 감독하는 것은 행정력 한계로 현실적으로 어려운 부분이 있다. 어떻게 생각하는가?
  - → 문재인 정부 일자리 추경을 통한 근로감독관 충원 및 업무 효율성 제고
- 임금체불의 원인과 해결방안을 말해보시오.
  - → 중소기업 자금난 · 일자리 안정자금, 중소기업 청년 추가고용 장려금 등 지원 확대 등
- 빅데이터를 활용한 고용노동부 정책을 말해보시오.
  - → 스마트근로감독: 기존 근로감독관의 업무는 사후 처리에 집중되어 있던 반면, 스마트근로감독 제도는 해당 업체의 고용보험 내역, 산재 내역, 퇴직금 지급 내역 등 다양한 정보를 취합하여 임금체불 가능성이 있는 사업장을 사전에 예고함
- 노동위원회에 대해서 아는 대로 말해보시오.
- 노동 3권의 제한 이유와 공무원으로서 노동조합 가입에 대해 어떻게 생각하는가?
- 노동조합에 대해 어떻게 생각하는가?
- 우리나라에서 노동조합을 바라보는 시선이 곱지 않은 이유는 무엇인가?
- 청년들을 취업시키기 위해서는 어떠한 방안이 필요한가?
- 고용노동부의 노인 일자리 확대 정책은 무엇인가?
- 노인 취업 활성화를 위한 방안을 말해보시오.
- 장애인이 단순 노무 외에 할 수 있는 일은 무엇인가?
- 취업 빙자 사기에 대한 대책을 말해보시오.
- 사회적 약자를 보호하기 위한 정책은 어떤 것이 있는가?
- 직장 내 갑질에 대한 개선방안을 말해보시오.
- 2020년 고용노동부 3대 핵심과제는 무엇인가?
- 부당노동행위가 무엇인가?
- 고용보험이 무엇인가?
- 탄력시간근로제란 무엇인가?

2. 세무직

(1) 기본 정보

① **국세청 비전 및 운영방향**

  ㉠ **국민이 공감하고 신뢰하는 국세행정**: 국민의 기대에 부응하여 국세청 본연의 임무를 내실 있게 수행하는 가운데, 국세행정 시스템 전반을 한층 더 혁신

  ㉡ 공평과세 실현, 세입예산 조달, 공정·투명 행정, 성실납세 지원, 민생경제 지원

② **국세청 인재상**: 국세청의 지속적인 성장발전과 개인의 자아실현을 함께 구현하는 반듯하고 유능한 실무형 미래관리자

③ **국세청 핵심가치 4C**

  ㉠ Confidence(신용): 법과 원칙을 공정하게 지키며 누구라도 믿고 의지할 수 있는 반듯한 사람

  ㉡ Courage(용기): 자신을 가다듬고 연마하며 열정을 가지고 항상 새로움에 도전하는 패기 넘치는 사람

  ㉢ Change(변화): 창의적인 생각으로 변화와 다양성을 수용할 줄 아는 열린 마음을 가진 사람

  ㉣ Cooperation(화합): 긍정적인 사고를 바탕으로 동료를 생각할 줄 아는 따뜻한 가슴을 가진 사람

④ 주요 업무

국세청	• 나라살림을 위한 세수확보: 국방, 사회간접자본, 복지 등에 필요한 세금 징수 • 성실한 납세를 위한 안내: 법령해석, 세금신고 안내, 세무상담 등 성실납세 지원 • 공평한 납세를 위한 분석: 세금신고, 체납액징수, 불성실납세자 분석 • 복지세정을 위한 노력: 근로장려금·자녀장려금 지급, 학자금 상환 업무 등 • 조세행정의 국제공조: 각 나라들과 협력하여 조세행정의 국제공조 선도
세무서	• 운영지원과: 세무서의 전반적인 행정 및 징세업무 • 개인납세과: 개인 및 개인사업자의 부가가치세 및 종합소득세 관련 업무 • 법인납세과: 법인세, 법인의 부가가치세, 종합부동산세, 원천징수 업무 • 재산세과: 개인의 재산과 관련된 세금 및 재산관련 세무조사 업무 • 조사과: 개인 및 법인의 세무조사 업무 • 납세자보호담당관: 납세자의 권익보호, 각종 민원관련 업무

⑤ 전문요원제도: 직무분야별 전문가 교육과정 및 전문요원 자격제도 운영

　㉠ 범칙·불공정탈세조사전문요원: 조세범칙분야 역량이 특화된 조사전문가

　㉡ 국제조사전문요원: 국제거래·역외탈세분야 역량이 특화된 국제조사전문가

　㉢ 포렌식조사전문요원: 디지털포렌식기법을 이용한 첨단탈세방지 전문가

　㉣ 정보전문요원: 세원정보수집 역량이 특화된 정보전문가

　㉤ 송무전문요원: 조세소송분야 역량이 특화된 소송전문가

(2) 전공 지식 관련 주제

① 회계학

• 기업회계기준	• 회계순환과정
• 재무제표	• 당좌차월
• 재무상태표와 손익계산서의 정의·차이	• 자기주식
• 자산과 부채	• 자본조정
• 자본의 종류	• 회계변경
• 자본등식	• 제조원가명세서
• 시산표 의미·작성목적·종류	• 수익과 비용, 수익비용 대응의 원칙
• 유동성배열법	• 이익과 손실
• 물가가 오를 때 기업에 유리한 재고자산 평가방법	• 접대비와 기부금의 차이
• 감가상각계산법의 종류	• 대차평균의 원리
• 수익적 지출과 자본적 지출	• 거래의 이중성
• 매몰원가, 기회비용	• 정산표
• 환율과 세금의 관계	• 분식회계의 예

② 세법

- 부과와 징수
- 탈세와 절세의 구체적인 예
- 사전적 구제제도와 사후적 구제제도
- 수정신고와 경정청구
- 제척기간과 소멸시효
- 「국세징수법」에서 징수의 절차
- 세무조사의 목적 · 절차
- 체납처분절차
- 결손처분
- 징수유예
- 무조건압류금지자산
- 조건부압류금지자산
- 부가가치세에서 신용카드 사용 시 공제액 및
  한도액
- 자녀세액공제
- 양도소득금액계산 시 장기보유특별공제
- 현금영수증의 혜택(사용자 · 발행자)
- 현금영수증 발행거부 시 국세청의 제재조치
- 명의 위장에 대한 벌칙 또는 불이익사항
- 실질과세원칙
- 과세 전 적부심사제도
- 결손금과 이월결손금의 차이
- 거주자와 비거주자에 대한 납세의무
- 주사업장총괄납부
- 재화의 공급의제
- 대손세액공제
- 의제매입세액공제
- 간이과세자
- 세무조정
- 종합부동산세의 납세의무자 · 납세절차 · 과세표준
- 체납처분비
- 국세의 종류
- 보통세와 목적세
- 원천징수
- 가산세와 가산금
- 연대납세의무자
- 제2차 납세의무자
- 세무공무원 재량의 한계
- 국세우선권
- 교부송달과 공시송달
- 증여세와 부담부증여
- 정부에서 세금을 부과할 수 있는 기간
- 직접세와 간접세의 종류
- 납기 전 징수
- 사해행위 취소
- 부당행위계산 부인
- 납세의무 성립과 확정
- 연말정산
- 소급과세금지
- 결정과 경정
- 매입자발행 세금계산서
- 내국법인과 외국법인
- 신고납세의 종류
- 전자세금계산서
- 부가가치세 간이과세의 과세최저한도
- 세금포인트 제도
- 간이과세제도의 문제점
- 공급가액과 공급대가
- 우리나라 과세체계의 문제점
- 세법과 회계학의 공통점 · 차이점

plus + 참고사항

1. 국세청 홈페이지(http://www.nts.go.kr)

① 국세청뉴스 ▶ 보도자료: 최신 정책 관련 보도자료 정리

② 국세청뉴스 ▶ 월간 '국세': 조세정보, 관련법 등 최신 홍보사항 정리

③ 국세정보 ▶ 국세조세정보 · 국세청발간책자 · 세무용어사전: 주요 세무관련 용어, 세법 등 숙지

④ 국세정보 ▶ 납세서비스: 납세자 권리헌장 숙지

⑤ 성실신고지원: 각종 세금 등 신고가 필요한 사항과 주요내용 확인

⑥ 국민소통 ▶ 국민참여 ▶ 정책토론: 논의 중인 현안과 토론결과 확인. 조세행정 개선방안 등 대책을 제시하는 질문에 활용

⑦ 국세청소개 ▶ 우리청안내 ▶ 국세행정 운영방향: 비전, 핵심가치, 운영방향, 추진과제 및 추진기반 숙지

⑧ 국세청소개 ▶ 우리청안내 ▶ 조직과 기능: 희망부서 · 업무 확인

⑨ 국세청소개 ▶ 우리청안내 ▶ 국세청에서 하는 일: 국세청 업무 숙지

2. 기타

① 홈택스(https://www.hometax.go.kr): 홈택스 서비스 내용 확인

② 국세법령정보시스템(https://txsi.hometax.go.kr/docs/main.jsp): 주요법령 확인

③ 국세공무원교육원(http://taxstudy.nts.go.kr): 자격시험, 교육일정 등을 참조하여 자기계발 계획에 활용

(3) 기출 및 예상질문

① 개인신상 · 경험

- 세무직에 지원한 동기는 무엇인가?
- 세무직의 업무를 알고 있는가?
- 세무서에서 자신이 하고 싶은 업무는 무엇인가?
- 일반공무원에 비해 세무공무원에게 더욱 필요한 덕목은 무엇이라고 생각하는가?
- 국세청에서 발간한 책자를 본 적이 있는가? 기억에 남는 책은 무엇인가?
- 세무서를 방문한 경험이 있는가? 느낀 점이나 개선할 점은?
- 국세청 홈페이지를 방문한 경험이 있는가? 좋은 점이나 개선할 점은?
- 세무서 내 업무분위기는 수직적이고 딱딱하다. 잘 적응할 수 있겠는가?

② 상황형

- 민원인들이 세무서를 방문하여 세금에 관련하여 질문했을 때 잘 모르는 것을 묻는다면 어떻게 응대할 것인가?
- 세금을 잘못 부과했다면 어떻게 하겠는가?
- 전임자가 세금을 부과하고 자리를 옮긴 후, 납세자가 부당하다고 찾아온다면 어떻게 할 것인가?

- 당신이 납세자보호관이라면 민원인의 불복신청을 어떻게 안내하겠는가?
- 세무조사를 나갔는데 납세자가 항의하면서 협조하지 않는다면 어떻게 하겠는가?
- 지인이 세무와 관련한 기밀정보를 원한다면 어떻게 대처하겠는가?

③ 전공 · 직무
- 과세전 적부심사를 설명해 보시오. 과세불복절차가 잘 마련되어 있는데, 과세전 적부심사까지 제도로 마련되어 있는 이유는 무엇인가?
- 홈택스에 대해서 아는가? 개선점은?
- 국세청 중점추진과제는 무엇인가?
- 법인세과에서 하는 업무는 무엇인가?
- 과세 전 · 후에 납세자가 자신의 불만을 해결할 수 있는 절차는?
- 세무서 조직은 어떻게 구성되어 있는가?
- 체납처분절차를 설명해 보시오.
- 근로장려세제란 무엇인가?
- 부과업무와 징수업무 일원화의 장단점을 설명해 보시오.
- 사업자들의 세금횡령 주요원인은 무엇인가?
- 세무회계의 궁극적인 목적은 무엇인가?
- 바른세금 지킴이란 무엇인가?
- 영세납세자 지원단이란 무엇인가?
- 국선세무대리인 제도를 설명해 보시오.
- 납세자보호담당관이란 무엇인가?
- 영세율과 면세율의 차이는 무엇인가?
- 현금영수증제도의 효과와 개선 방안은 무엇인가?
- 헌법에 납세의 의무가 명시되어 있는 이유는 무엇인가?
- 특수분개장의 의의와 종류를 말해보시오.
- 전표제도는 무엇인가?
- 5전표제는 무엇인가?
- 결산예비절차를 설명해보시오.
- 유가증권은 무엇인가?
- 부채 계상의 충족요건은 무엇인가?
- 처리전결손금의 보전 순서는 무엇인가?
- 직접재료비 원가의 계산은 어떻게 하는가?
- 원가배분이란 무엇인가?
- 개별원가 계산의 특징은 무엇인가?
- 실제 개별원가 계산의 문제점은 무엇인가?

- 제조간접비 배부차이는 무엇인가?
- 비례배분법은 무엇인가?
- 결합원가 계산을 설명해 보시오.
- 결합원가를 개별제품에 배분하는 목적은 무엇인가?
- 분리점에서 상대적 판매가치법의 장점과 단점을 이야기해 보시오.
- 전부원가 계산의 유용성과 한계점은 무엇인가?
- 손익분기점이란 무엇인가?
- 국세와 지방세는 어떻게 구분되는가?
- 국세와 지방세의 목적과 종류를 말해보시오.
- 내국세와 관세의 차이는 무엇인가?
- 국민이 신뢰하는 공정한 세정 구현을 위해 어떤 노력이 필요한가?
- 비정상 납세관행의 정상화로 조세 정의 확립을 위해 어떻게 노력할 것인가?
- 상습체납자 징수 방안을 말해보시오.
- 납세자가 주인이 되는 선진납세풍토 정착을 위해서 어떻게 해야 하는가?
- 부동산투기를 막기 위한 국세청의 정책 중 아는 것이 있는가?
- 부동산투기를 막기 위해 필요한 정책은 무엇인가?
- 세금을 내지 않으려는 이유는 무엇인가?
- 성실납세 인식제고를 위한 방안은 무엇인가?
- 사업자 소득을 양성화시키기 위한 방안은 무엇인가?
- 성실납세자 우대방안은 무엇인가?
- 국세청의 정책을 잘 홍보할 수 있는 방안은 무엇인가?
- 지하경제 양성화 방안은 무엇인가?
- 세금 편의점납부에 대한 생각을 말해보시오.
- 세원 발굴 · 증대 방안은 무엇인가?
  → 지하경제 양성화, 가상화폐 과세, 구글세, 블로거 무료식사 · 무료관람권 과세, 로봇세, 비만세 등
- 국세청 비리에 대한 생각과 개선방안을 말해보시오.
- 공직사회의 회계분야가 민간기업보다 뒤쳐지는데 이를 개선할 방법을 말해보시오.
- 종합부동산세의 취지 및 목적은 무엇인가?
- 종합부동산세가 이중과세라는 의견에 대한 생각을 말해보시오.
- 영세사업자 세금감면제도는 무엇인가? 이에 대한 생각을 말해보시오.

3. 출입국관리직

(1) 기본 정보

① 비전

    ㉠ **상생**: 국민이 공감하는 질서 있는 개방

    ㉡ **안전**: 국민과 이민자가 함께 만들어가는 안전한 사회

    ㉢ **협력**: 협력에 바탕한 미래 지향적 거버넌스

    ㉣ **인권**: 인권과 다양성이 존중되는 정의로운 사회

    ㉤ **통합**: 이민자의 자립과 사회참여로 통합되는 사회

② **출입국관리직의 역할**

    ㉠ 출입국 관리사무소에서 근무하며 내·외국인의 출입국심사 및 비자 발급, 국내에 체류 중인 외국인에 대한 체류허가 및 출입국사법 단속 등의 업무 담당

    ㉡ 최근에는 기존의 심사 및 관리업무 외에도 자국민과 외국인 간의 사회통합 업무, 테러예방 등을 위한 국경 관리 강화, 난민 인정업무 등 새로운 업무도 담당

③ **출입국관리직 공무원과 일반 공무원의 차이점**

    ㉠ 의사소통을 위한 외국어 능력이 필요함

    ㉡ 단속 등의 업무를 담당할 경우 사법경찰권을 부여받은 특별사법경찰임

④ **부서별 업무**

출입국기획과	• 출입국행정에 관한 종합계획의 수립·시행 • 출입국·외국인정책 관련 업무의 혁신 및 홍보에 관한 사항 • 출입국관리공무원의 배치·교육훈련 및 복무감독 • 출입국·외국인정책 관련 업무에 관한 예산의 편성 및 배정에 관한 자료 작성 • 출입국·외국인청, 출입국·외국인사무소, 외국인보호소의 조직 및 정원관리에 관한 자료 작성 • 출입국·외국인청, 출입국·외국인사무소, 외국인보호소에 대한 지도·감독 • 출입국·외국인청, 출입국·외국인사무소, 외국인보호소의 시설 및 장비에 관한 사항 • 외국의 출입국·외국인정책 담당기관과 협력 강화를 통한 재외국민의 출입국·체류 지원 • 출입국·외국인정책과 관련된 국제회의·행사 개최와 참가 및 지원 등에 관한 사항 • 출입국·외국인정책 관련 국제기구와의 국제협력에 관한 사항 • 그 밖에 본부 내 다른 과의 주관에 속하지 아니하는 사항

출입국심사과	• 내 · 외국인 출입국심사 및 남북왕래자의 출입심사에 관한 사항 • 입출항선박 등 검색 및 상륙허가에 관한 사항 • 출입국규제에 관한 사항 • 출입국관련 대테러 및 경호안전대책지원에 관한 사항 • 해상밀입국 등 불법입국의 방지에 관한 사항 • 국제행사의 안전관리 등 출입국관리의 지원에 관한 사항 • 외국인의 출입국 · 외국인정책 담당기관 등을 통한 관련 외국 정책 사례의 수집 · 교환 · 관리 • 불법체류외국인 송환 협정 등 출입국 · 외국인정책 관련 국제협약의 체결 · 개정협상의 참가 · 지원에 관한 사항 • 「대한민국과 아메리카합중국간의 상호방위조약 제4조에 의한 시설과 구역 및 대한민국에서 합중국군대의 지위에 관한 협정」(SOFA) 중 출입국분야에 관한 사항 • 국외주재관 업무연락 및 정기보고 · 평가에 관한 사항 • 주한 외국공관원과의 외국인정책 관련 업무 협조
체류관리과	• 외국인 체류관리정책에 관한 사항 • 사증 및 사증발급인정서의 발급심사에 관한 사항 • 사증면제협정 등에 관한 사항 • 산업체에서의 외국인 기술연수 지원에 관한 사항 • 외국인의 체류자격 부여 등 각종 체류허가에 관한 사항 • 외국인이 취업활동을 할 수 있는 체류자격 신설 · 변경 등에 관한 사항 • 재입국허가에 관한 사항 • 투자외국인의 체류관리에 관한 사항 • 「재외동포의 출입국과 법적 지위에 관한 법률」 제2조 제2호에 따른 외국국적동포의 입국 · 체류 · 취업자격 부여에 대한 정책수립 · 시행 및 총괄 · 조정 • 전자비자센터 업무의 개선 및 감독에 관한 사항
이민조사과	• 강제퇴거명령 또는 보호에 대한 이의신청에 관한 사항 • 출입국관리법령 위반조사에 관한 사항 • 고발과 통고처분 · 과태료부과 등에 관한 사항 • 외국인 동향조사 및 정 · 첩보 수집에 관한 사항 • 외국인의 활동범위의 제한 또는 준수사항의 결정과 활동의 중지명령에 관한 사항 • 외국인보호 및 보호외국인의 강제퇴거 등에 관한 사항 • 외국인보호소 및 보호실의 경비에 관한 사항
이민정보과	• 출입국 · 외국인정책 관련 업무에 관한 정보화기본계획의 수립 • 출입국관리정보시스템 등 출입국 · 외국인정책 관련 업무에 관한 정보시스템의 연구 · 개선 • 생체인식기술 등 국내외 첨단기술을 응용한 출입국 · 체류심사제도 연구 · 개선 • 출입국자 · 체류외국인 · 국적 등 외국인정책 수립에 필요한 통계 작성 및 분석 • 외국인 출입국, 조사, 보호 등과 관련하여 수집한 정보의 분석 • 여권 · 사증 등 문서의 위조 · 변조 감식 및 분석기법의 개선에 관한 사항 • 외국인등록에 관한 사항 • 외국인의 부동산등기용 등록번호 부여 및 관리 • 출입국에 관한 사실증명 등 제증명의 발급에 관한 사항

외국인정책과	• 외국인정책의 기본계획 및 시행계획의 수립 및 총괄 • 출입국 · 외국인정책본부 소관법령의 입안에 관한 사항 • 중앙부처 및 지방자치단체의 외국인정책에 관한 협의 · 조정 • 외국인정책의 총괄추진을 위한 관련 위원회의 구성 · 운영 등의 사무처리 • 외국인정책 추진 관련 부처 간 정보제공 등에 관한 사항의 총괄 • 외국인정책 평가기법의 개발 • 외국인정책에 관한 계획수립 및 추진실적의 점검 · 관리 • 외국인정책 관련 자료의 종합 분석 · 평가
국적과	• 귀화 · 국적회복 · 재취득 · 인지 등 국적취득 및 취소에 관한 사항 • 국적판정, 국적상실 등 이탈에 관한 사항 • 국적선택 등 복수국적자 관리에 관한 사항 • 우수인재 선정 등 국적심의위원회 운영 • 귀화민간면접관 관리 등 귀화적격심사에 관한 사항 • 국적법령 정비, 국적정책 수립 • 국적취득자 등에 대한 관보고 시 및 가족관계등록관서 통보에 관한 사항 • 그 밖의 국적업무에 관한 사항
이민통합과	• 「재한외국인 처우 기본법」에 따른 재한외국인의 사회적응을 위한 사회통합 정책의 총괄 • 다문화사회 전문가 양성, 이민정책 연구 · 개발 등을 위한 다문화 사회통합 거점대학 관리 및 운영에 관한 사항 • 세계인의 날 관련 행사, 다문화 교육 · 홍보 등 다문화 이해증진에 관한 사항 • 재한외국인 또는 그 자녀에 대한 불합리한 차별 방지 및 인권옹호를 위한 교육 · 홍보, 그 밖에 필요한 사항 • 사회통합프로그램(온라인 교육 포함)의 기획, 운영 등에 관한 사항 • 국제결혼 예정자 소양교육, 결혼이민자와 그 가족에 대한 실태조사 및 연구, 정착지원에 관한 사항 • 결혼이민자 등의 사증 · 체류 관리 및 정책에 관한 사항
난민과	• 난민정책 수립 및 총괄 • 난민인정심사 업무 및 출입국항 난민신청 회부심사 업무 관련 총괄 • 난민불인정결정 및 난민인정 취소에 대한 이의신청 심의기구인 • 난민위원회 운영에 관한 사항 • 재정착희망난민의 수용 및 국내 정착지원에 관한 사항 • 출입국 · 외국인지원센터 운영 및 관리에 관한 사항 • 난민신청자, 인도적 체류자, 난민인정자에 대한 체류관리에 대한 사항 • 난민신청자 생계비 지급 등 난민의 처우 개선 및 사회통합 등 정착 지원에 관한 사항 • 유엔난민기구(UNHCR) 등 국제기구, 관계기관 및 단체와의 협력에 관한 사항 • 난민여행증명서 등 그 밖에 난민 업무에 관한 사항

plus⁺ 출입국·외국인정책본부 홈페이지(http://www.immigration.go.kr) 참고사항

1. 업무안내: 업무내용을 숙지하고 관심 부서의 업무 내용 상세히 파악
2. 출입국·외국인 정책본부 소개 ▶ 비전 및 임무: 자신의 포부 등에 참조
3. 출입국·외국인 정책본부 소개 ▶ 연혁: 주요 법률·제도 등 제정·신설·변경내용 참조
4. 출입국·외국인 정책본부 소개 ▶ 조직과 기능: 부서별 업무내용 및 희망부서·업무 확인
5. 출입국·외국인 정책본부 소개 ▶ 소속기관: 희망 기관을 확인
6. 자료실 ▶ 출입국용어해설: 「출입국관리법」상 기본적인 용어의 정확한 의미 숙지
7. 자료실 ▶ 연구자료·간행물: 출입국 관련 현안 파악, 자신이 추진하고 싶은 정책 참조
8. 자료실 ▶ 법령: 「출입국관리법」 개정안, 「출입국관리법」 시행령 등 각종 법령의 변경내용 참조
9. 메인페이지 팝업: 최근 홍보 중인 제도 등의 주요 내용 숙지

(2) 기출 및 예상질문

① 개인신상·경험
- 출입국관리사무소 방문경험이 있는가?
  - → 출입국관리소 투어 등 경험이 있다면 답변
- 전문성을 계발하기 위한 계획이 있는가?
  - → 외국어 구사능력, 다양한 문화에 대한 이해, 해외 선진국들의 이민정책과 관련 제도·국제정세와 동향 파악, 단속 등을 대비한 체력관리·운동 등
- (여성의 경우) 불법체류자 단속 등 외부에서의 업무를 기피하는데 본인은 어떻게 할 것인가?
- 출입국관리직 특성상 교대근무를 하게 될 수도 있는데 잘 적응할 수 있는가? 지방근무가 가능한가?

② 상황형
- 불법체류자를 단속하는 경우 지역의 소상공인 경영이 어려워지고, 단속하지 않는 경우 지역의 주민이 사회범죄 등으로 불안이 많은 상황이라면 어떻게 대처할 것인가?
  - → 불법체류자 신분을 벗을 수 있는 제도와 방법을 안내·홍보하고 계도기간을 마련함. 소상공인을 대상으로 자진신고 기간을 안내·홍보하여 범칙금을 감면받을 수 있도록 함
  - → 계도기간 이후 불법체류 신분으로 남아있는 외국인 노동자는 단속하여 강제 출국시킴
- 나는 외국인 불법고용을 단속하는 주무관이다. 단속을 했는데 알고 보니 상관 A의 친척이 고용주 B였고, 상사 A는 B가 친척이고 사정이 딱하다며 단속을 모른 척하고 넘어가 줄 것을 요구했다. 이때 당신의 대처는? 그 이유는?
  - → 나의 역할이 외국인의 불법고용을 단속하는 주무관이므로 역할대로 규칙에 따라 공정히 단속할 것임. 상관께서도 규칙을 잘 아실 것이고, 이에 대해 양해를 구하고 설득하면 이해해 주실 것이라고 생각하여 추후 딱한 사정이 발생하지 않도록 '외국인 고용 및 취업 가능 여부 조회' 서비스 이용방법 등을 홍보할 것
- 사정이 딱한 불법체류자를 만난 경우 어떻게 대처할 것인가?

- 출입국에서 공항심사 업무를 처음 맡으면 트레이닝을 받는데, 업무가 익숙하지 않기 때문에 다른 곳에 비해서 심사가 늦어진다. 그래서 대기하는 사람이 항의를 한다면 어떻게 대처할 것인가?
- 단속에 적발된 외국인이 격하게 저항(폭행·흉기위협 등)하는 경우 어떻게 대처할 것인가?
  - → 적극적으로 대응하되, 무리하게 대처하기보다 안전을 최우선으로 하는 방향으로 답변. 또한 경찰의 협조를 구할 수 있음

③ 전공·직무
- 난민의 개념은 무엇인가? 난민 문제에 대한 생각을 말해보시오.
- 난민에 대해 어떻게 생각하는가? 본인 옆집에 난민이 이사를 왔다면 어떻겠는가?
- 출입국관리직 공무원의 역할은 무엇인가?
  - → 외국인 차별을 방지하고 문화다양성을 존중하는 사회를 만드는 것
  - → 외국인과 국민이 조화롭게 살아갈 수 있는 사회를 만드는 것
  - → 대한민국을 방문하는 외국인들을 가장 먼저 맞이하고, 우리나라에 대한 좋은 이미지를 심어줄 수 있도록 하는 것
  - → 외국인 체류자, 귀화자들이 한국의 법과 제도에 융화되도록 인도하는 것
  - → 부정한 입국을 시도하는 외국인 등을 차단하여 안전한 대한민국을 만드는 것
  - → 질서 있는 개방을 선도하고 국민과 외국인이 조화를 이루며 살아가는 성숙한 다문화 환경을 조성하여 안정적인 사회통합을 이루는 것
- 우수한 한국의 출입국관리 시스템·제도는 무엇인가?
  - → 사전승객정보분석시스템(APIS), 자동출입국심사서비스(SES), 외국인 지문 및 확인제도 등
- 출입국관리직 공무원은 국가 주권적 업무성격이 강한가, 아니면 대민서비스적 성격이 강한가?
- 출입국관리직 관련 정책 중 가장 관심 있게 본 것은 무엇인가?
- 자동출입국심사제도에 대해서 알고 있는가?
- 재외국민과 외국동포의 차이는 무엇인가?
- 귀화자와 영주권자의 차이는 무엇인가?
- 출입국관리직의 업무는 조사과, 심사과, 보호과, 체류과 등 여러 업무가 있다. 출입국관리직의 업무는 단속적 성격인가, 친교적 성격인가?
- 여권과 비자의 차이점은 무엇인가?
- 출입국관리를 영어로 말해보시오.
- 출입국관리직 공무원으로서 필요한 덕목은 무엇인가?
- 체류관리를 설명해 보시오.
- 출입국관리직과 WTO의 관계는 무엇인가?
- 외국어능력은 어떠한가?
- 사법경찰이 무엇인가?
- 불법체류자 현황(현재 불법체류자가 몇 명인지, 어느 나라 출신이 가장 많은지 등)을 말해보시오. 불법체류자를 줄이기 위한 해결방안은 무엇인가?

4. 관세직 기출 및 예상질문

① 개인신상 · 경험
- 관세직에 지원한 계기는 무엇인가?
- 관세법을 선택과목으로 선택하였는가?
- 세관의 경우 2~3교대 근무가 많은데 이러한 근무형태에 잘 적응할 수 있겠는가?
- 세관 방문경험이 있는가?
- 관세사 준비경험이 있는가?
- 관세사 공부를 했는가? 관세사 근무경험이 있는가? 어떤 업무를 담당했는가?
- 전공은? 무역 관련 자격증이 있는가?
- 전문성 · 업무능력 계발 계획은 어떻게 되는가?
    → 무역 관련 지식 또는 법규 공부, 회계학 공부(수입물품에 대한 가격 적정성 심사에 도움), 외국어 공부(무역영어 검정), 관세사 · 보세사 · 원산지관리사 · 외환전문역 · 국제무역사 등 자격 취득

② 상황형
- 관세직에서 주무관은 민원인과 윗선을 연결해주는 역할을 한다. 민원인과 의견이 다를 때 해결이 안 되는 경우 어떻게 대처할 것인가?
- 면세한도를 초과한 시계를 차고 입국하는 사람이 원래 자신의 것이라고 우길 경우 어떻게 할 것인가?
- 지인이 규정을 위반하여 외화 · 물품을 가지고 입국 시 어떻게 대처할 것인가?

③ 전공 · 직무
- 수출용원재료 환급을 해주는 이유는 무엇인가? 중계무역원자재 환급이 되는가?
- 신속통관제도에 대해서 설명해보시오.
- 수입신고수리전 사전세액심사대상물품은 무엇인가?
- 통관 시 제한되는 수입물품에 대해 알고 있는가?
- 불성실가산납부제도 아는가? 이 제도가 필요한 이유는? 이 제도에 대해 어떻게 생각하는가?
- FTA · AEO에 대해서 아는 대로 말해보시오.
    → FTA 포털(www.customs.go.kr/portallindex.html) 및 관세청 홈페이지 참조
- 세관이 하는 일은 무엇인가?
    → 수출입물품 통관, 납세심사, 환급심사, 각종 관세범죄 조사 등
- 개인통관 고유번호란 무엇인가?
    → 개인정보 유출을 방지하기 위하여 개인물품 수입신고 시 주민등록번호 대신 활용할 수 있도록 고유번호를 부여하는 제도
- 관세율과 관세 부과기준을 말해보시오.
    → 관세법령정보포털(https://unipass.customs.go.kr/clip) 참조
- FTA와 세관의 역할은 무엇인가?
    → 수출기업 지원, 수출애로 해소, 성실 · 우수기업 절차 간소화 등

- 출입국 시 외환신고제도에 대해서 아는 대로 말해보시오.
  - → 국민인 거주자가 일반해외여행경비로 미화 1만 불을 초과하는 지급수단(대외지급수단, 내국통화, 원화표시 자기앞수표)을 휴대 수출할 경우 관할세관장에게 신고하면 직접 가지고 출국 가능
  - → 신고가 필요 없는 경우: 거주자나 비거주자가 미화 1만 불 이하의 지급수단(대외지급수단, 내국통화, 원화표시 자기앞수표)을 수출하는 경우, 비거주자가 최근 입국 시 휴대하여 입국한 범위 내의 대외지급수단을 휴대 출국하는 경우, 해외에서 송금받거나 해외에서 발행된 신용카드로 인출 또는 대외계정에서 인출한 경우로서 외국환은행장의 확인을 받은 경우(확인증 지참)
- 관세의 목적은 무엇인가?
  - → 관세의 부과 · 징수 및 수출입물품의 통관을 적정하게 하고 관세수입을 확보함으로써 국민경제의 발전에 이바지함을 목적으로 함(「관세법」 제1조)
- 관세공무원으로서 세수확보를 위한 방안을 제시해 보시오.
  - → 세수점검단 발족, 조세회피 위험이 있는 고세율 품목에 대한 신고가격 등의 변동추이 실시간 모니터링, 원산지 조작 등 집중점검
- '관세', '세관'을 영어로 말해보시오. '외환'을 영어로 어떻게 표현하는가?
- 보세구역의 종류는 무엇인가? 보세창고란 무엇인가?
- 비관세 장벽이란 무엇인가?
- 관세청의 새로운 통관시스템의 브랜드네임은 무엇인가?
  - → UNI-PASS
- 전자 원산지 증명시스템의 브랜드네임은 무엇인가?
  - → CO-PASS
- 내국세와 관세의 다른 점은 무엇인가?
- 물품검사란 무엇인가?
  - → 수입신고된 물품 이외에 은닉된 물품이 있는지 여부, 수입신고내역과 실제 수입물품의 동일성, 원산지 표시, 지적재산권 침해 등 확인
- 면세한도는 얼마인가?
- 관세청에서 내국세를 징수하는 이유를 말해보시오.
- 면세제도와 면세제한 금액에 대한 생각을 말해보시오.
- 탄력관세제도의 의미와 종류를 말해보시오.
- 물품분류 문제로 관세 불복이 많은데 이를 어떻게 해결하겠는가?
- 면세점 관련이슈에 대해서 아는가? 면세점 개선점은 무엇인가?
- 자유무역에 대한 생각은 무엇인가?
- 자유무역으로 인한 농업 타격은 어떻게 해결하겠는가?
- 환율하락이 우리나라 경제에 미치는 영향은 무엇인가?
- 원화가치 상승과 수출과의 연관성은 무엇인가?

5. 우정사업본부 기출 및 예상질문

- 우정사업에 있어서 가장 중요한 것은 보편성(공익, 공공성)인가 수익성인가?
- 벽지산간 우편 배송에 상당한 비용이 드는데 대응방안은?
- 민간 택배업체에서는 우체국 택배에 대해 불공정 경쟁이라 비판하고 있는데 그 이유는?
- 우체국 수익성 제고방안은?
- 집배원들의 과로사가 문제가 되어 왔는데 어떤 해결책이 있는가?
- 우체국 회계에 대해 알고 있는가?
  → 특별회계
- 우정사업본부의 업무는 무엇인가? 그 중 가장 중요한 것은 무엇인가?
  → 우편, 금융, 보험업무 등
- 우정사업본부가 적자가 많이 나고 있는데, 우정사업본부의 수익성이 지속 가능하다고 생각하는가?
- 우정사업부의 비전은 무엇인가?
  → 우편사업 혁신: 물류 · 집배 혁신, 집배원 노동조건 개선, 우편사업 수익구조 개편
  → 스마트 국민금융: 스마트금융 역량 강화, 재무건전성 강화, 안정적 자금 운용
  → 4차 산업혁명 대응: 4차 산업혁명 기반기술 접목, 혁신성장 생태계 조성 지원, 미래대비 조직역량 강화
  → 지역 · 사회적 공헌 강화: 국정과제 수행 창구역할, 행복나눔 사회 공헌 확대, 고객만족경영 실현
- 예금의 종류는 무엇인가?
- 우체국 이용 경험이 있는가? 아쉬운 점은 무엇인가?
- 우편사업을 활성화시키는 방안은 무엇인가?
- 사설 택배업체에 비해 우체국택배의 부족한 점과 우수한 점을 말해보시오.
- 우체국에서는 고객에게 권유해야 할 것이 많은데 잘 적응할 수 있겠는가?

6. 보호직 기출 및 예상질문

- 법무부의 주요 정책 중 관심 있는 것에 대해 말해보시오.
- 신상정보 등록 제도로 인해 민원이 들어오면 등록대상자에게 어떻게 이야기 하겠는가?
- 소년원 근무는 교대근무도 하는데, 잘 적응할 수 있는가?
- 보호처분의 종류를 말해보시오.
- 보호관찰소가 혐오시설로 인식되고 있는데, 인식을 개선할 방안은 무엇인가?
- 주민들이 보호관찰소 설치 · 이전을 반대한다면 어떻게 대처할 것인가?
- 우리나라 보호관찰제도 개선이 필요한 점은 무엇이라고 생각하는가?
- 소년비행의 원인과 예방방안은 무엇인가? 학교 밖 청소년을 지원할 방법을 말해보시오.
- 소년법의 이념을 설명해보시오.
- 소년범 처벌강화에 대해 어떻게 생각하는가?

7. 교정직 기출 및 예상질문

- 교정이란 무엇인가? 교도관이란 어떤 사람인가?
- 도주사고 발생 시 조치사항을 말해보시오.
- 자살기도 시 조치사항을 말해보시오.
- 수용자가 자해 시 조치사항을 말해보시오.
- 화재발생 시 조치사항을 말해보시오.
- 응급환자 발생 시 조치사항을 말해보시오.
- 집단난동 시 조치사항을 말해보시오.
- 불순분자 침투 시 조치사항을 말해보시오.
- 깨진 유리창의 법칙이란 무엇인가?
- 수용자와 수형자의 차이는 무엇인가?
- 수용자는 격리대상인가, 교정교화의 대상인가?
- 계구사용의 요건은 무엇인가?
- 보호처분의 종류는 무엇인가?
- 엄중관리 대상자란 무엇인가?
- 보호장비는 무엇이 있는가?
- 처우상 독거수용과 계호상 독거수용의 차이는 무엇인가?
- 분류급의 종류 및 경비급에 대해 설명하시오.
- 교도관 직위를 순서대로 말해보시오. 본인은 진급을 어디까지 희망하는가?
- 지역사회교정이란 무엇인가?
- 다이버전이란 무엇인가?
- 교도관의 기본강령은 무엇인가?
- 민영교도소의 장점은 무엇인가?
- 수용자들의 사회복귀를 돕기 위한 제도에는 어떤 것이 있는가?
- 정복을 입고 외부로 나갈 수 있는가?
- 교정시설이 혐오시설로 인식되고 있는 상황에 대해 어떻게 생각하는가?
- 우리나라 전국에 교도소와 구치소가 몇 개 있는가?
- 우리나라 수형자 대 교도관 비율은? 선진국에 비해 어떠한가?
- 외국인 범죄의 현황은? 이에 대해 어떻게 생각하는가? 예방방안은?
- 수용자 인권에 대해서 어떻게 생각하는가? 어느 정도까지 보장해 주어야 한다고 생각하는가?
- 사형제 폐지에 대해 어떻게 생각하는가?
- 교도관의 의무는 무엇인가? 교도관으로서 가장 중요한 덕목을 말해보시오.
- 공안직은 야근 등 근무강도가 높은 것에 비해 보상이 작을 수 있다. 잘 근무할 수 있겠는가?
- 공안직은 비상근무 등으로 인해 사생활 침해가 있을 수 있다. 잘 적응할 수 있겠는가?

- 인권과 질서를 어떻게 조화시킬 수 있겠는가?
- 4교대인데 비근무 시간에는 어떻게 시간을 보낼 것인가?
- 동일한 조건의 수형자 두 명이 있을 때 본인의 재량권을 이용해서 한 명에게 특혜를 줄 수 있다. 그런데 특혜를 받지 못한 다른 한 수형자가 불만을 이야기한다면 어떻게 할 것인가?
- 면회시간 종료 후 노모가 먼 곳에서 아들을 면회하기 위해 방문했다면 어떻게 할 것인가?
- 수용자와 친해졌는데 금지된 것을 요구한다면 어떻게 할 것인가?
- 현장에서는 수형자의 장난과 욕설, 구타 등으로 떠나는 교도관이 많은데 이를 어떻게 대처할 것인가?
- 수용자가 직무를 방해하려는 목적으로 고소하거나 국가인권위원회에 진정하면서 업무에 어려움이 생긴 다면 어떻게 할 것인가?
- 수용자들의 다양한 요구에 어떻게 대처할 것인가?
- 주민들이 교도소 설치 · 이전을 반대하는 경우 어떻게 대처하겠는가?
- 벌금, 범칙금, 과태료의 차이는 무엇인가?
- 「형의 집행 및 수용자의 처우에 관한 법률」 제1조는 무엇인가?
- 용의자, 피의자, 피고인의 차이는 무엇인가?
- 고소와 고발의 차이는 무엇인가?

8. 병무청 기출 및 예상질문

- 병무청의 업무를 알고 있는가?
  → 징집 · 소집 그 밖에 병무행정에 관한 사무를 관장하기 위하여 국방부장관 소속으로 병무청을 둠(「정부조직법」 제33조 제3항)
- 여성의 군복무에 대한 생각을 말해보시오.
- 양심적 병역거부 대체복무제에 대한 생각을 말해보시오.
- 국군의 날은 언제인가?
  → 1950년 10월 1일 한국전쟁에서 북한 공산군을 반격하여 38선을 처음 돌파한 것을 기념하기 위하여 1956년 9월 14일 국무회의에서 국군의 날 기념일 제정안을 의결하고, 9월 21일 대통령령으로 10월 1 일이 국군의 날로 공식 발표됨
- 한국전쟁은 남침으로 발발하였는가, 북침으로 발발하였는가?
- 통일에 대해 어떻게 생각하는가?
- 병역제도의 유형은 무엇이 있는가?
- 젊은이들에게 군 입대에 대한 마음을 고취시킬 수 있는 방법은 무엇인가?
- 병역의무와 관련된 법률은 무엇인가?
- 의무병제와 모집병제의 장 · 단점을 비교하시오.
- 병역감면 대상을 설명해 보시오.

9. 검찰사무직

(1) 기본 정보

① 검찰수사관의 업무: 검찰수사관은 수사업무와 형 집행 업무, 검찰행정 업무를 담당하며 검찰의 주요 업무를 맡아 처리하는 검찰사무직 · 마약수사직 공무원

  ㉠ 수사: 사건관계인 조사, 압수수색, 자금추적, 통신자료 · 회계 · 압수물 분석 등 다양한 수사활동

  ㉡ 형 집행: 자유형 및 재산형의 재판이 확정되었을 때, 자유형 미집행자 검거 및 재산에 대한 강제 집행 등의 활동

  ㉢ 검찰행정: 사건접수, 영장관리, 피해자지원 등 형사사건 관련업무와 인사, 복무, 재무 등 검찰조직의 기초가 되는 업무

② 검찰 주요 부서: 검찰 수사관으로 처음 임용되면 주로 검찰행정 부서에서 근무하게 됨. 상황에 따라 바로 수사부서에서 근무하기도 하지만 검찰행정 업무도 검찰의 기반이 되는 중요한 업무이므로 임용 초반에 검찰행정 업무를 하며 수사관으로서의 역량을 쌓는 것도 중요함

수사	형사부	경제, 의료, 교통, 환경, 부동산 등의 분야에서 국민생활과 밀접한 사건 처리
	공판부	재판과 공소유지를 담당하는 부서로서, 형 집행, 상소, 범죄인 인도, 판례연구에 관한 사항 등 담당
	강력부	조직폭력 등 강력사건과 마약사건 전담. 불법사금융과 사해행위 등 민생침해사범에 대처
	공공수사부	공동체의 안녕과 사회질서를 수호하기 위해 대공, 선거, 노동관계 등 사건의 수사 및 공판수행에 관한 사항 전담
	반부패수사부	사회의 구조적 비리와 부정부패를 척결하기 위해 사회지도층 비리사건이나 국민의 관심이 집중된 대형사건 등을 수사
	검사직무대리	검찰수사관이 약식명령 등 일정 사건의 수사와 기소를 직접 담당(서기관, 사무관)
	수사과 · 조사과	검찰수사관이 범죄인지부터 사건송치까지 주체적으로 수사하며, 검사휘사건의 처리 및 범죄수익환수 업무 담당
행정 · 형 집행	총무과	임용, 복무, 교육, 징계 등 인사관리에 관한 사항과 재무, 행사 , 복지 등 주로 검차의 운영에 관한 업무 담당
	사건과	형사사건의 진정 · 내사 사건의 접수 및 처리, 영장 관리, 압수물 관리와 피해자 지원에 관한 업무 담당
	집행과	재산형의 집행에 관한 업무를 수행하는 부서로, 벌과금 징수 및 벌금미납자 검거, 유치집행 등의 업무 담당
	공판과	상소, 국가소송 등 재판에 관한 업무와 자유형의 집행에 관한 업무 담당
	민원실	국민들과 가장 가까운 곳에서 국민들의 이야기를 들으며 각종 법률서비스 지원

③ 검찰수사관의 개발지원

폭 넓은 교육 프로그램	• 국내외 교육기관 파견
	• 전문수요원 육성 프로그램
	  – 자금추적, 회계분석 전문가 양성과정
	  – 디지털포렌식(모바일 · 컴퓨터 분석) 전문가 양성과정

전문성 향상을 위한 제도 시행	공인전문수사관 인증제(전문수사관 지위 취득, 일정 혜택 제공)
각종 포상 기회	모범공무원상, 법무부장관 표창, 검찰총장 표창, 검사장 표창, 올해의 수사관상

(2) 기출 및 예상질문

- 마약수사직이 검찰에 따로 있는 것을 알고 있는가? 그 이유는 무엇인가?
- 진술거부권이란 무엇인가? 진술거부권은 왜 필요한가? 진술거부권이 정의와 상충되지는 않는가?
- 공소시효란 무엇인가? 공소시효는 왜 필요한가?
- 피의자가 수사에 협조하지 않고 묵비권을 행사하거나 거짓말을 하는 경우 어떻게 할 것인가?
- 검사가 부당한 일을 지시하면 어떻게 하겠는가?
- 추정과 간주를 비교하여 설명하시오.
- 사법보좌관에 대해 설명하시오.
- 지방검찰청에서 가장 높은 사람은 누구인가?
- 책임조각사유와 위법성조각사유에는 어떤 것이 있는가?
- 긴급피난과 정당방위를 비교하여 설명하시오.
- 구공판과 구약식을 설명해 보시오.
- 형의 종류를 말해보시오.
- 피고인과 피의자의 차이는 무엇인가?
- 검찰청의 종류를 말해보시오.
  - → 검찰청은 대검찰청, 고등검찰청 및 지방검찰청으로 함(「검찰청법」 제2조 제2항)
  - → 대검찰청은 대법원에, 고등검찰청은 고등법원에, 지방검찰청은 지방법원과 가정법원에 대응하여 각각 설치함(「검찰청법」 제3조 제1항)

---

plus + 마약수사직 기출질문

1. 마약수사직에 필요한 역량은 무엇인가?
2. 마약근절 정책에 관심 있거나 개선되어야 된다고 생각한 부분은 무엇인가?
3. 입직하게 되면 영어를 자주 사용하게 되는데 영어 실력은 구체적으로 어떠한가? 입직해서 외국인 마약사범을 수사 · 신문할 때 통역 없이 할 수 있는가?
4. 마약근절에 있어서 공급책을 검거하는 것과 치료재활을 하는 것 중 어떤 것이 더 중요하다고 생각하는가?

10. 교육행정직 기출 및 예상질문

① 상황형
- 교직원과 갈등 발생 시 어떻게 대처하겠는가?
- 방과후 수업이 늦게 끝나서 학부모에게 연락했더니 학부모가 화를 내는 경우 어떻게 대처하겠는가?

② 전공 · 직무
- 교육행정직 공무원의 직무를 알고있는가?
    → 시 · 도 교육청이나 공립 초 · 중 · 고등학교 행정실에서 근무하면서 교육제도 연구와 법령 입안 및 관리감독
- 3불 정책은 무엇인가?
    → 1999년 김대중 정부대에 도입되어 우리나라 대학입시 및 공교육 제도의 근간이 되어 온 본고사 · 고교등급제 · 기여입학제 3가지를 금지하는 사항
- 정부의 학자금 대출 정책의 문제점과 해결방안은 무엇인가?
- 학교폭력위원회의 구성과 역할, 기능은 무엇인가?
- 교육의 3요소는 무엇인가?
- 학교 회계원칙에 대해 설명해 보시오. 일반회계와 학교회계의 차이점은 무엇인가?
- 학교예산편성을 설명해 보시오.
- 지방교육재정교부금은 무엇인가?
    → 지방자치단체가 교육기관 및 교육행정기관을 설치 · 경영하는 데 필요한 재원(재원)의 전부 또는 일부를 국가가 교부하여 교육의 균형 있는 발전을 도모함을 목적으로 함(「지방교육재정교부금법」 제1조)
- 현행 교육과정(2015 개정 교육과정)에 대해 설명해 보시오.
- 일반조직과 학교조직의 차이점은 무엇인가?
- 절대정화구역과 상대정화구역의 차이점은 무엇인가?
- 진보주의와 항존주의의 차이점은 무엇인가?
- 평생교육과 평생학습계좌제를 연계해서 설명해 보시오.
- 스쿨존이 무엇인가?
- 대안학교는 무엇인가?
- 평생교육은 무엇인가?
- 교육위원의 임기 및 하는 일은 무엇인가?
- 학교에서 진행해야 할 안전교육은 어떤 것이 있는가?
- 피아제의 인지발달 순서를 설명해 보시오.
- 교육행정정보시스템(NEIS)에 대해 아는 것을 말해보시오.
- 인지부하이론을 설명해 보시오.
- 맥그리거 X,Y이론을 설명해 보시오.

- 저소득층 아이들 선정기준을 말해보시오.
- 교육이란 무엇인가? 유사개념과의 차이점은 무엇인가?
- 사교육비의 종류는 어떤 것이 있는가? 사교육 과열의 해결책은 무엇인가?
- 문화실조에 대해 설명해 보시오.
- 다문화 가정을 위해 학교에서 할 수 있는 일은 무엇이 있겠는가?
- 학교알리미에 대해 알고 있는 것을 말해보시오.
- 학교정보 공시제도가 필요한 이유를 말해보시오.
- 꿈나무 안심학교에 대해 알고 있는 것을 말해보시오.
- 사이버공간의 불법·유해정보로부터 청소년을 보호하기 위하여 강구할 수 있는 대책을 말해보시오.
- 일반행정과 교육행정의 차이점을 말해보시오.
- 학교와 교육청의 업무를 비교해 보시오.
- 창의인성교육이란 무엇인가?
- 스마트러닝이란 무엇인가?
- wee센터는 무엇인가?
- 위스타트운동은 무엇인가? 저소득층 학생들을 지원할 방안은 무엇인가?
- BBS운동은 무엇인가? 불량학생을 선도할 방안은 무엇인가?
- 교육자치제의 문제점은 무엇인가?

③ 정책·이슈
- 누리과정에 대해 아는 것을 말해보시오.
  → 만 3~5세 유아에게 공통적으로 제공하는 교육·보육과정으로, 2018년부터 전액 국고지원
- 청소년 폭력 종합대책에 대해 아는 것을 말해보시오. 학교폭력을 막을 방안은 무엇인가?
- 국공립 유치원 확대에 대해 아는 것을 말해보시오.
  → 현재 국공립 유치원 취학률 25%에서 2022년까지 40%로 확대하겠다는 정부 계획에 대한 반발로 사립유치원 집단휴업사태가 있었음
- 행복기숙사 사업에 대해 아는 것을 말해보시오.
  → 기존의 민자기숙사에 비해 기숙사비가 저렴, 소외계층 학생 우선입사 및 기숙사비 인하
- 계약직 교육공무원 무기계약 전환에 대해 아는가? 그에 대한 생각을 말해보시오.
  → 영양사, 보조교사 등 계약직 교육공무원 1만 2천 명을 무기계약으로 전환, 기간제교사·영어회화 전문강사·초등 스포츠강사 등은 형평성을 고려해 제외하였으나, 다만 성과상여금과 맞춤형 복지비 개선 ⇒ 노노갈등 촉발
- 혁신학교는 무엇인가? 혁신학교에서 근무하게 된다면 어떻겠는가?
  → 공교육의 획일적인 교육커리큘럼에서 벗어나 창의적이고 주도적인 학습능력을 배양하기 위해 학교운영과 교육과정 운영에서 자율성을 가지는 학교. 학업성취도가 낮다는 논란에도 확대를 추진 중
- 자사고 폐지에 대한 생각을 말해보시오.

- 고교학점제에 대해서 아는 것을 말해보시오. 고교학점제가 잘 정착하기 위한 선결과제는 무엇인가?
  - → 진로별 교과 선택·이수하고 누적학점에 따라 졸업 인정
- 2018 대입전형료 인하 계획에 대해 아는 것을 말해보시오.
  - → 대입전형료 인하가 시행되었지만 전형별 차이를 반영하지 않은 총 인하율을 기준으로 제시하면서 가장 많은 수험생이 몰리는 학종·논술 등 주요전형의 인하율은 낮아 수요자는 실질적으로 부담 경감을 체감하지 못했다는 지적이 있음
- 국가수준 학업성취도평가 폐지에 대한 생각을 말해보시오.
  - → 과도한 경쟁보다는 협력, 결과보다는 과정을 중시하는 교육개혁을 위한 조치. 기초학력 미달 학생 규모 파악, 부진학생의 진단이 불가하다는 지적이 있음
- 사교육·조기교육에 대한 생각과 공교육 정상화 방안에 대해 말해보시오.
  - → 「공교육 정상화 촉진 및 선행교육 규제에 관한 특별법」에 초·중·고교의 선행학습을 금지하는 내용을 담고 있음
- 역사교과서 국정화에 대한 생각을 말해보시오.
  - → 검찰은 역사교과서 국정화 여론조작 혐의로 교육부 수사 중임
- 학급당 학생수, 교사 1인당 학생수가 적절하다고 생각하는가?
  - → 학급당 학생수 및 교사 1인당 학생수는 OECD 평균 수준을 웃돌고 있음
- 교장공모제에 대한 생각을 말해보시오.
- 전교조에 대한 생각을 말해보시오.
- 의무무상교육(무상보육, 무상교육, 무상급식) 현황과 이에 대한 생각을 말해보시오.
- 9시 등교에 대한 생각을 말해보시오.
- 교내 성희롱 문제 해결방안을 말해보시오.

plus+ 참고사항

1. 교육부 홈페이지(http://www.moe.go.kr)
① 뉴스·홍보 ▶ 주요뉴스: 정책관련 뉴스 확인
② 뉴스·홍보 ▶ 홍보마당: 홍보자료, 행복한 교육 웹진 확인
③ 정책정보공표 ▶ 관심정책 챙겨보기
④ 교육부소개 ▶ 조직도·직원 및 연락처: 부서별 업무내용 및 희망부서·업무 확인

2. 기타
① 각 지역 교육청 홈페이지: 지방직은 교육청 홈페이지를 통해 각 지역 교육청슬로건·교육지표·역점과제 등 숙지
② 국가교육과정 정보센터(http://ncic.go.kr): 현 교육과정 주요내용 숙지
③ 교육 분야 대국민 온라인 소통 누리집 '온-교육'(http://moe.go.kr/onedu.do): 6대 국정과제 확인
④ 참고도서: 학교가는 공무원 – 교육행정직 공무원의 열정과 철학

11. 사회복지직 기출 및 예상질문

① 개인신상 · 경험

- 사회복지사라는 직업이 가지는 장점과 단점은 무엇인가?
- 실습하면서 가장 기억에 남았던 일에 대해 말해보시오.
- 봉사활동 경험은 있는가?
- 봉사 중 복지가 부족하다고 느낀 부분과 본인이 생각하는 개선방안에 대해 말해보시오.
- 사회복지직 공무원으로서 전문성을 갖추고 있는가?
- 전공이 무엇이었는가?
- 왜 사회복지를 전공하였는가?
- 가장 흥미 있게 들었던 전공수업은 무엇인가?
- 전공자가 아니라면 어떻게 전문성을 채울 것인지 계획이 있는가?
- 사회복지사 자격증은 어떻게 취득했는가?
- 실습기간과 실습 중 맡은 일은 무엇인가?
- 실습 중 가장 보람 있던 일은 무엇인가?
- 민간 사회복지기관 업무경험이 있는가?
- 왜 민간 사회복지사가 아닌 공무원으로 지원했는가?
- 민간 사회복지사와 사회복지 공무원의 차이점은 무엇인가?
- 사회복지업무를 할 때 필요한 마음가짐은 무엇이라고 생각하는가?
- 사회복지직 공무원의 힘든 점은 무엇인가?
- 사회복지직은 발로 찾아가는 업무가 많아 힘든데, 잘 감당할 수 있겠는가?

② 상황형

- 복지의 사각지대에 있어 수급자격이 안 되는 민원인이 수급자로 해달라고 조르는 경우 어떻게 대처할 것인가?
- 민원인 할머니가 차비가 없다며 만 원을 달라고 조른다면 어떻게 할 것인가?
- 독거노인의 집을 방문했는데, 공격적인 모습을 보이는 경우 어떻게 할 것인가?
- 행정직 공무원과 갈등이 있는 경우 어떻게 극복할 것인가?
- 장애인 복지시설을 설립하려는데 그 지역 주민들의 님비(NIMBY)현상이 발생했을 경우 어떻게 대처할 것인가?
- 시각장애인에게 시청을 소개한다면 어떻게 하겠는가?
- 업무를 하다보면 민간과 협력해야 하는 일이 많은데, 어떻게 협력할 것인가?

③ 전공 · 직무

[복지시설 · 복지서비스]

- 복지시설의 업무는 무엇인가?

- 노인 주간보호센터는 무엇인가?
- 꿈나무 안심학교란 무엇인가?
- 건강지원센터란 무엇인가?
- 다문화가정지원센터란 무엇인가?
- 통합가정지원센터란 무엇인가?
- 무한돌봄서비스란 무엇인가?
- 희망복지지원단이란 무엇인가?

[지식]
- 기초노령연금의 최고금액과 최저금액은 얼마인가?
- 1인 가구 최저 생계비는 얼마인가?
- 「생활보호법」과 「국민기초생활 보장법」을 비교해 보시오.
- 「긴급복지지원법」에 대해 설명해 보시오.
- 장애인 활동지원 제도에 대해 설명해 보시오.
- 「국민기초생활 보장법」이 무엇인가? 급여종류는?
- 공적 복지란 무엇인가?
- 공적 복지에 해당되지 않고 민간연계도 되지 않을 경우 지원방안은 무엇인가?
- 생산적 복지란 무엇인가?
- 부양의무자의 기준은?
- 부양의무제에 대한 의견을 말해보시오.
- 장애의 종류와 급수를 말해보시오.
- 가정위탁이란 무엇인가?
- 노인학대 콜센터 번호는? (1577-1389)
- 아동학대 콜센터 번호는? (1577-1391)
- 보건복지 콜센터 번호는? (129)

[직무 · 복지정책]
- 사회복지 정책 중 좋다, 혹은 개선이 필요하다고 생각하는 정책은 무엇인가?
- 한정된 예산에 한하여 노인과 장애인, 아동에게 도움을 줄 수 있다면 이들의 우선순위를 어떻게 매길 것인가?
- 복지 대상자가 중복이 되는 경우(노인인데 장애인이면서 노숙인인 경우 등) 어떤 부서에서 케어를 해야한다고 생각하는가?
- 부양의무자 폐지가 논란이 되고 있는데 이에 대해 어떻게 생각하는가?
- 아동학대 신고의무자에 대해서 알고 있는가?

- 자신이 생각하는 사회복지란 무엇인가?
- 사회복지직 공무원의 업무가 무엇인가?
- 복지수혜자가 아닌 복지제공자(사회복지직 공무원 등)의 인권을 위해서는 어떤 조치를 취할 수 있겠는가?
- 복지관련법 중 관심 있는 분야는 무엇인가?
- 복지사각지대를 어떻게 발견할 것인가?
- 부정수급자를 어떻게 적발할 것인가?
- 사회복지직 처우개선을 위해 가장 시급한 것은 무엇인가?
- 사회복지직 공무원으로서 어떤 프로그램 · 정책을 추진해 보고 싶은가?
- 선택적 · 잔여적 복지와 보편적 복지 중 어떤 복지를 지향해야 하는가?
- 무상급식과 무상보육에 대한 견해를 말해보시오.
- 노숙인 문제에 대한 생각을 말해보시오.
- 노숙인을 도울 수 있는 방법은 무엇인가?
- 독거노인을 도울 수 있는 정책은 무엇인가?
- 근로능력이 없는 중증장애인들을 위한 정책을 제시해 보시오.
- 자활을 거부하는 기초수급자에게 가장 필요한 복지는 무엇인가?
- 자활에 성공하여 탈수급자가 될 수 있도록 하기 위한 정책을 제시해 보시오.
- 노인에게 의욕이 생기게 하는 방법은 무엇인가?
- 기초수급자에게 가장 필요한 복지는 무엇인가?
- 송파 세모녀 사건에 대한 생각을 말해보시오. 필요한 정책은 무엇이라고 생각하는가?
- 유럽과 우리나라 복지정책의 차이는 무엇인가?
- 보건복지부에서 실시하는 드림스타트는 무엇인가?

[현황]
- 우리나라 전체 예산 중 복지예산이 차지하는 비중은 얼마인가?
- 우리나라 ○○시의 복지정책에 대해 아는 것을 말해보시오.
- 우리나라 ○○시의 복지예산은 얼마인가?
- ○○시의 장애인 복지시설의 종류와 수를 말해보시오.
- ○○시의 노인 인구는 몇 명인가?
- ○○시의 장애인 인구는 몇 명인가?
- ○○시의 기초수급자의 비율은 몇 %인가?

12. 보건직 기출 및 예상질문

① 개인신상 · 경험

- 경력, 자격증은 어떤 것이 있는가?
- 병원 실습 또는 근무하면서 느낀 점과 힘들었던 점은 무엇인가?
- 왜 병원이 아닌 보건직 공무원에 지원했는가?
- 직장에서 이직한 이유는 무엇인가?

② 상황형

- 검역소에서 고열증세를 보이는 대상자를 발견한다면 어떻게 할 것인가?
- 약국을 관리하는 사람으로서 환자가 두통약을 찾고 있다. 두통약은 약국에 없었고 약사는 환자에게 약이 없다고 말했으며 환자는 약국을 나간 상황이다. 이때 약국관리자로서 당신은 어떻게 행동할 것인가?
- 술 먹고 난동부리는 환자가 있을 때 어떻게 할 것인가?

③ 전공 · 직무

- 보건직 공무원이 갖추어야 할 역량은 무엇인가?
- 추진된 보건정책 중 관심 있는 정책과 추진하고 싶은 보건정책 · 사업은 무엇인가?
- 보건복지부 직제를 알고 있는가?
- 코로나19 사태의 원인은 무엇인가?
- 메르스는 무엇인가? 예방책은?
- 사스는 무엇인가? 예방책은?
- 로티바이러스는 무엇인가? 예방책은?
- 노로바이러스는 무엇인가? 예방책은?
- 에볼라는 무엇인가?
- 에볼라 특별검역 대상국은 어디인가?
- AIDS는 무엇에 대한 약자인가?
- 전염병(1군전염병, 2군전염병 종류)에 대해 말해보시오.
- 인수공통전염병에 대해 아는 대로 말해보시오.
- 예방접종의 대상이 되는 전염병은 무엇인가?
- 말라리아를 매개하는 모기는 무엇인가?
- 식중독의 정의 · 종류에는 어떤 것이 있는가?
- 가장 치명률이 높은 식중독은 무엇인가?
- 집단식중독의 기준과 식중독 발발 시 최초 신고대상 및 식중독 예방법은 무엇인가?
- 경구전염병과 식중독의 차이는 무엇인가?

- 수족구병이 유행할 시 해야 하는 일은 무엇인가?
- 전염병 환자가 있을 경우 역학조사를 하는 이유는 무엇인가?
- 마약의 종류는 무엇인가?
- 대사증후군이란 무엇인가?
- 지역보건수준을 나타내는 지표와 국가 간 보건수준을 알 수 있는 지표는 무엇인가?
- 응급의료기관의 종류를 말해보시오.
- 포괄수가제와 행위별수가제를 말해보시오.
- 의약분업의 문제점을 말해보시오.
- 선택진료가 무엇인가?
- 선택진료에 대한 생각을 말해보시오.
- 병원과 보건소의 차이는 무엇인가?
- 보건소, 보건지소, 보건진료소의 차이와 역할을 말해보시오.
- 사단법인과 재단법인 중 의료기관을 설립할 수 있는 자는 누구인가?
- 집단 급식소의 기준은 무엇인가?
- 세탁소와 당구장 중 위생업소는?
- 식당을 차린다면 어디에 신고해야 하는가?
- HACCP에 대해 설명해 보시오.
- 식품첨가물에 대해 설명해 보시오.
- 5대 영양소는 무엇인가?
- 영양플러스사업을 아는가?
- ppm은 무엇의 약자인가?
- 「국민건강증진법」에 대해 알고 있는 것을 말해보시오.
- WHO는 무엇의 약자인가?
- 의료취약지의 안정적인 공공보건 전문인력 확충방안은 무엇인가?
- 의료보험 보장성 강화에 대한 생각 및 재정적자를 막을 방안에 대해 말해보시오.
- 감염병이 증가하고 있는데, 감염병 확산을 막기 위한 보건직 공무원의 역할은 무엇인가?
- 증가하고 있는 바이러스에 대한 대비책은 무엇인가?
- 신생아 사망사건의 원인과 해결방안은 무엇인가?
- 질병관리본부가 감염병 컨트롤타워 역할을 수행하기 위한 개편방안을 말해보시오.
- 지구온난화와 식품의 연관성, 해결방안을 말해보시오.
- 국내 · 외의 의료관련 문제와 해결방안을 말해보시오.

Part 1
Part 2
Part 3
Part 4
부록

2020 해커스공무원 면접마스터

13. 토목직 기출 및 예상질문

① 개인신상 · 경험
- 공무원이 되어 공사감리감독관이 된다면 어떻게 업무를 수행할 것인가?
- 토목직 공무원으로서 자신의 전문과 강점은 무엇인가?
- 토목설계 관련 경험이 있는가?

② 상황형
- 기존에 있던 국도 옆에 아파트가 들어섰다. 주민들이 방음벽 설치를 요구하는 경우 어떻게 할 것인가?

③ 전공 · 직무
- 동바리 없이 교량을 설계하는 방법은 무엇인가?
- 태풍과 해일의 발생 원인은 무엇인가?
- 수돗물 정수과정에 대해서 설명해 보시오.
- 활용수 하수처리 과정에 대해서 설명해 보시오.
- 교량 종류와 공법에 대하여 설명해 보시오.
- 단수의 원인과 대책에 대해 설명해 보시오.
- 장마철 사면 안정 대책을 말해보시오.
- 유선망에 대해 설명해 보시오.
- 맨홀에 대해서 설명해 보시오.
- 관수로, 손실수 두 종류에 대해 말해보시오.
- 유토곡선의 목적과 특징을 설명해 보시오.
- 절토할 때 경암이 나왔을 때 구배는 어떻게 계산하는가? 비탈면의 구배는 어떻게 계산하는가?
- 교량에 작용하는 하중은 어떻게 계산하는가?
- 토공량 60M 이하에는 어떤 운반기계를 써야 하는가?
- 성수대교 붕괴의 원인은 무엇인가?
- 옹벽 방지대책은 무엇인가?
- 시공이음과 콜드조인트의 차이점은 무엇인가?
- 포장역청제 종류와 특징에 대해 말해보시오.
- 매스콘크리트의 특징과 수화열을 줄이는 방법은 무엇인가?
- 트러스의 성립조건에 대해 설명해 보시오.
- 침윤선에 대해서 설명해 보시오. 유선의 길이는 어떤 것이 좋은가? 그 이유는 무엇인가?
- 하천의 통수단면적 설계 시 고려사항은 무엇인가?
- 거가대교 공법을 말해보시오.
- 침매 공법이란 무엇인가?
- 힘의 평형 3가지는 무엇인가?
- 평판측량에서 중요한 요소 3가지는 무엇인가?

- 도로가 침하되는 원인과 대책은 무엇인가?
- 도로굴착의 절차에 대해 설명해 보시오.
- 도로의 가장 큰 문제점은 무엇인가?
- 포트홀의 원인은 무엇인가?
- 현장에 가면 구두를 신지 말라며 운동화를 줄 텐데 이 경우 그냥 신을 것인가?
- 국가 · 지방자치단체의 인프라 중 부족한 것은 무엇인가?
- 국가 · 지방자치단체 토목 구조물 관련 개선점은 무엇인가?
- 4대강 사업의 목적과 종류에 대해 말해보시오.
- 국토부는 '건설현장 사고 근본 원인을 찾아내 재발방지책을 마련'한다고 발표하였는데, 그 구체적인 방법에 대해 말해보시오.

  → 건설사고 조사위원회 구성, 기술적 측면과 더불어 산업구조적 문제까지 포괄적 조사
- 새만금사업 추진에는 재정적 · 제도적 지원이 뒷받침되어야 하는데, 이에 대해 설명해 보시오.

  → 새만금 개발청 공무원 보직기간 준수 필요, 전주~새만금 고속도로 건설 속도감 있게 추진 필요
- 주요 간선도로의 교통량이 포화상태인데 확장사업 필요성에 대해 말해보시오.
- 지하철 관련 안전문제에 대해 말해보시오.
- 향후 5년 간 7.5%씩 감축할 계획이라는 2018 정부예산안 SOC 예산삭감에 대한 의견을 말해보시오.
- 노후 인프라 안전사고 예방과 유지관리비용 최소화 문제에 대해 설명해 보시오.
- 민자도로의 공공성 강화를 위한 「유료도로법」 개정안 발의에 대한 의견을 말해보시오.
- 수서고속철도를 운영하는 SR과 한국철도공사 코레일 통합 논의에 대한 의견을 말해보시오.

14. 방재안전직

(1) 기본 정보

① **방재안전직의 업무**: 재난 및 안전관리 분야 제도 운영에 관한 사항(지방자치단체 재난안전 분야 자치 법규 운영), 재난의 예방 · 대비 · 대응 · 복구 대책의 수립 및 시행 전반에 관한 사항

  ㉠ 자연재해위험개선지구 정비, 소하천 정비 등 재해예방사업 추진

  ㉡ 사전재해영향성검토 협의, 풍수해저감종합계획 수립 등 재해예방 대책 수립

  ㉢ 재난대응안전한국훈련 등 재난을 대비한 각종 훈련계획 수립 및 시행

  ㉣ 재난 발생 시 재난안전대책본부 구성 및 운영 등 재난 수습에 관한 사항

  ㉤ 재난상황 종료 후 피해조사 및 재해복구계획 수립 및 시행에 관한 사항 등

② **목적**: 지방자치단체와 긴밀하게 협조할 수 있는 행정안전부가 안전업무까지 맡음으로써 재난재해가 발생했을 때 더 효과적으로 조율하는 역할을 수행함

(2) 정책·이슈

① 방재안전 전문인력 양성사업(http://hrpss.kw.ac.kr): 대학과 업무협약을 맺어 지진방재분야 전문인력 양성

② 행정안전부 지진방재 개선대책(포항 지진 이후 기존대책 개선 추진)

  ㉠ 지진정보 제공

  · 긴급재난문자 내용 개선 및 미수신 해소 대책 마련(대규모 지진에 대해 수신거부 시에도 긴급
    문자 강제전송, 긴급재난문자 미수신 단말기 LTE단말기로 교체 추진)

  · 긴급재난문자에 간단한 국민행동요령 포함

  · 재난별 시급성에 따라 긴급재난문자 수신음 차별

  · 외국어 재난문자 서비스 내실화를 위해 국제·국내표준 개정

  · 지진조기경보 발표시간을 15~25초 → 7~25초까지 단축

  ㉡ 내진보강 및 단층조사

  · 공공시설 내진보강 조기완료

  · 민간건출물에도 '지진안전 시설물 인증제' 실시 및 재정지원(2017년 10월~)

  · 필로티 등 지진취약시설물과 외장벽돌 설계·시공 감리 전 과정 관리·감독 강화

  · 활성단층 조사 조기완료

  ㉢ 지진대응 역량 강화

  · 지진대응 역량 강화(시설물 안전점검체계 개선, 지진대피 훈련 실시, 국민행동요령 보완 등)

  · 위험도평가 정확도 향상 및 정밀점검 연계방안 마련

  · 지진매뉴얼 보완으로 재난사각지대 최소화

  · 지진체험시설 확충 및 지진방재 특화 교육기관 확대

  ㉣ 이재민 구호 및 복구

  · 복구지원체계 개선(지원금 상향, 지원기준 완화 등)

  · 지진실내구호소 및 옥외대피소 확대 지정

  · 임시주거시설 운영지침 마련

  · 지진피해자 심리지원(국가트라우마센터 설치 등)

  · 특별재생지역 지정으로 지진피해지역 도시재생

(3) 기출 및 예상질문

- 우리나라(지방자치단체)의 안전도는 어느 정도 수준인가? 안전도를 높일 방안은 무엇인가?
- 재난, 안전, 사고의 개념과 차이점은 무엇인가?
- 국민들의 자율안전점검이 잘 이루어지고 있다고 생각하는가?
  - 잘 이루어지고 있다고 생각한다면 본인이나 주변이 평소에 어떻게 하고 있는가?
  - 잘 이루어지지 않고 있다고 생각한다면 그 이유는 무엇이라고 생각하는가?
  - 인식 및 실천 상황 개선을 위해 어떻게 하는 것이 좋겠는가?
- 업무특성상 야근이나 주말 당직, 새벽 출근 및 외근이 많은데 잘 적응할 수 있는가?
- 안전점검 중 사업주 등의 반발이나 항의를 어떻게 대처할 것인가?
- 재난 및 안전에 관한 법령을 아는 대로 말해보시오. 해당 법령의 도입 취지는 무엇인가?
- 안전문제에 대해 법적 규제와 자율규제 중 어떤 것이 더 바람직하다고 생각하는가?
- 부처별로 기업의 안전점검 횟수가 너무 과도하다는 지적이 있는데 이 문제를 어떻게 해결할 것인가?
- 생활안전사고 문제는 어떻게 개선하면 좋을지 말해보시오.
- 방재안전직 공무원으로서 요구되는 역량은 무엇인가?

15. 통계직

(1) 기본 정보

① **비전**: 열린 통계허브 구축을 통한 국가정책 선도, 국민미래 설계

② **미션**: 국가통계 발전을 선도하며, 신뢰받는 통계생산으로 각 경제주체에게 유용한 통계정보 제공

③ **핵심전략**

  ㉠ 통계생산기반 개선 및 제도정비로 국가 통계발전 선도

  ㉡ 데이터 허브 및 개방형 플랫폼을 통하여 통계 생산 · 활용 확대

  ㉢ 통계수요변화에 대응하는 통계를 생산하여 국가정책 뒷받침

  ㉣ 대내외 협력 · 협업체계 강화 및 통계 전문성 제고

④ 조직 및 업무

본청	기획조정관	• 주요 업무계획의 종합 · 수립 및 조정 • 청내 행정개선 업무에 대한 계획 수립 및 시행 • 양국 간 및 다자 간 국제통계협력에 관한 사항 • 성과관리 기본계획의 수립 및 총괄 · 조정
	통계정책국	• 중 · 장기 국가통계발전계획의 수립 및 운영 • 통계작성기관의 지정 및 지도 • 정책통계기반 평가제도의 운영계획 수립 및 시행 • 국가통계 품질관리계획의 수립 및 실시 • 각종 통계조사의 기준설정
	통계데이터허브국	• 정보화기본계획의 수립 및 시행 • 행정자료 데이터베이스시스템의 개발 및 운영 • 행정자료를 활용한 통계 생산의 기획 • 빅데이터를 활용한 통계의 기획 및 작성
	통계서비스정책관	• 국가통계포털 서비스 운영 • 통계데이터베이스시스템 개발 및 운영 • 홈페이지 및 국정모니터링시스템의 운영 • 통계전산처리시스템의 개발 및 운영 • 공간정보서비스 · 마이크로데이터서비스 기본계획의 수립 및 운영
	경제통계국	• 경제통계 전반에 관한 기본계획 수립 및 시행 • 경제총조사 및 전국사업체조사의 기획 및 실시 • 광업 · 제조업조사, 서비스업동향조사, 소비자물가조사의 기획 및 실시 • 지역 내 총생산 및 총지출의 추계와 분석
	경제동향통계심의관	• 산업활동 및 광업 · 제조업동향 분석 • 서비스 동향 및 서비스 생산지수 등 기획 및 실시 • 소비자 물가조사의 기획 및 실시
	사회통계국	• 사회통계 전반에 관한 기본계획 수립 및 시행 • 인구동태에 관한 통계의 작성 및 분석 • 경제활동인구조사, 가계동향조사, 농어업조사의 기획 및 실시
	조사관리국	• 현장조사 기획관리 및 환경개선 • 지역통계 기획 및 지원 • 인구주택총조사 · 농림어업총조사 · 등록센서스의 기획 및 실시 • 통계조사의 표본설계 및 관리 • 통계조사의 대행에 관한 기본계획 수립 및 시행
소속기관	통계교육원(대전)	통계전문가 양성을 위한 통계교육 및 통계인프라 확충
	통계개발원(대전)	신규통계 개발, 경제 · 사회통계 개선 등 국가통계 관련 연구업무 수행
	지방관서 (5청 1지청 34사무소)	• 통계청에서 생산하는 각종 통계 조사 • 관할지역통계 생산기반 조성 및 지원 · 분석 · 제공 등

⑤ 통계청 인재상

  ㉠ 국가통계발전을 선도하는 통계분야의 세계 최고의 전문인

  ㉡ 고품질 통계생산 및 통계시스템 구축으로 세계 일류 통계 선진국을 준비하는 개척인

  ㉢ 수요자 중심의 정확한 통계서비스로 고객으로부터 감동받는 신뢰인

⑥ 국가통계 기본원칙

  ㉠ 국가통계는 공익적 가치를 가진 공공재로서 중립성이 보장되어야 함

  ㉡ 국가통계는 객관적이고 과학적인 방법을 사용하여 정확하고 신뢰할 수 있도록 작성되어야 함

  ㉢ 국가통계 작성을 위한 비용, 응답 및 조사부담 등을 고려한 계획을 수립하여 효율적인 조사가 이루어지도록 함

  ㉣ 국가통계는 다른 통계와 비교하여 사용할 수 있도록 비교 가능한 개념, 분류, 방법 등을 사용하여야 함

  ㉤ 개인이나 법인 또는 단체 등의 비밀에 속하는 자료는 통계목적으로만 사용되어야 하고 엄격히 보호되어야 함

  ㉥ 국가통계 작성에 필요한 인력, 예산, 전산 장비 및 프로그램 등을 충분히 확보하여야 함

  ㉦ 국가통계의 실용성을 향상시키고, 공익적 가치를 극대화하기 위하여 이용자들을 효과적으로 참여시켜야 함

  ㉧ 국가통계는 모든 이용자들이 쉽고 편리하게 접근하여 활용할 수 있어야 함

(2) 기출 및 예상질문

┌───┐

① 개인신상 · 경험

  • 통계 관련 자격증을 보유하고 있는가?

    → 사회조사분석사 등

  • 통계학과를 나왔는가?

  • 교내에서 팀을 이루어 통계관련 활동을 한 경험이 있는가?

② 상황형

  • 현장조사를 직접 다니다보면 위험한 상황이 닥칠 수 있는데 어떻게 대처할 것인가?

  • 통계자료에 오류가 있는데 상사가 고치지 말라고 한다면 어떻게 하겠는가?

③ 정책 · 이슈

  • 외국 통계청이나 외국인에게 통계청만의 장점을 이야기 한다면 무엇을 꼽을 것인가?

  • 현재 통계청에서 하고 있는 업무 중 관심 있는 것은 무엇인가?

  • 통계청에 대한 국민들의 신뢰는 어떠한가? 신뢰를 높일 수 있는 방안은 무엇인가?

  • 통계청이 아쉬운 점은 무엇인가?

└───┘

- 공공데이터 활용방안은 무엇인가?
  - → 통계청이 보유한 공공데이터와 민간 빅데이터를 연계해야 함
  - → 영국의 데이터 전략 위원회: 데이터 공개와 공유 중심 정책 추진
  - → 미국 대통령실 내 과학기술정책실: 2억 달러 규모의 '빅데이터 연구개발 이니셔티브'를 발표해 빅데이터 업무 총괄
- 제7회 대한민국 SNS 대상에서 통계청이 중앙부처 최우수상을 수상하게 된 이유가 무엇이라고 생각하는가?
  - → 스토리텔링 컨텐츠: 다양한 통계를 쉽고 친근하게 전달하기 위해 스토리와 통계자료를 접목하고 다양한 방식으로 시각화
- 통계청이 국정감사에서 지적받은 사항에는 어떠한 것들이 있는가?
  - → 시의성이 떨어지는 통계 지적: 창업정보를 위한 통계지리정보서비스의 분석이 2014년 기준으로 정리됨. 창업에는 최신정보가 중요한 만큼 본 목적에 활용되기 어려움
  - → 청년실업률 지표와 현실과의 괴리: 체감실업률과 차이가 큼. 취업준비생과 비자발적 비정규직 등 청년고용의 특수성을 고려한 추가적인 고용지표를 개발해야 함
- 통계청에서 작성하고 있는 통계를 아는 대로 말해보시오.

---

plus + 참고사항

1. 통계청 홈페이지(http://kostat.go.kr)
① 통계청 소개 ▶ 비전 및 미션, 국가통계 기본원칙: 미션, 비전, 핵심전략 및 국가통계 기본원칙 숙지
② 통계청 소개 ▶ 조직안내: 희망부서 · 업무 확인
③ 민원과 참여 ▶ 참여 ▶ 전자공청회: 추진 중인 정책 숙지
④ 새소식 ▶ 정책뉴스: 통계청 정책 최신 뉴스 정리
⑤ 정책정보 ▶ 주요 업무계획: 2019년 주요 업무계획 확인

2. 기타
① 국가통계포털(https://kosis.kr): 국가통계포털 소개, 현황 등 참고 및 개선할 점 확인
② e-나라지표(http://www.index.go.kr): 중앙행정기관이 국가정책 수립 및 성과측정 등을 위해 선정한 지표, 모바일 홈페이지도 운영

3. 통계학과를 나오지 않은 경우 참고자료(통계청 제공, 공직박람회)
입직 후 통계전문가로 성장하길 원한다면 통계학 전공자가 아니더라도 본인의 노력정도에 따라 통계전문가로 발돋움 할 수 있는 길이 마련되어 있음. 통계교육원에서 체계적인 교육훈련을 받을 수 있고, 국내 · 외 훈련, 석사학위 과정 지원 등 다양한 교육프로그램을 통해 자기계발의 기회로 활용하여 본인에게 적합한 경력을 스스로 탐색 · 설계 · 심화 · 활용할 수 있도록 지원함

16. 감사직

(1) 기본 정보
① 감사원: 심계원(회계 감사)과 감찰위원회(공무원 감사)가 통합되어 설립
② 감사직 공무원: 헌법 제97조와 「감사원법」 제20조의 규정에 따라 국가의 세입·세출의 결산을 검사하고 국가기관과 법률이 정한 단체의 회계를 상시 검사·감독하여 그 집행에 적정을 기하며 행정기관의 사무와 공무원의 직무를 감찰하여 행정운영의 개선·향상을 도모하는 공무원

(2) 기출 및 예상질문

① 개인신상·경험
- 감사직에 지원한 이유는 무엇인가?
- 회사원 생활을 했었는데 왜 감사직 공무원에 도전했는가?
- 감사직은 출장이 매우 많은데 괜찮은가?
- 감사원에서 근무하고 싶은 부서는 어디인가?
- 만약 감사원이 아니라면 어디서 근무하고 싶은가?
- 지방에서 근무한다면 근무하고 싶은 지방은 어디인가?
- 정부 내에서 감사원의 역할은 무엇인가?
- 감사직 공무원으로서 높이 가져야 할 사회적 책임은 무엇인가?
- 어떤 공무원이 유능하다고 생각하는가?
- 민간에서 감사 관련 부서에서 근무한 경험이 있는가?
- 민간 직장 근무 당시의 경험 질문(노하우, 보람, 단점 등)
- 인사, 예산, 감사, 총무 업무와 관련된 경험이 있는가?
- 보유하고 있는 자격증이 있는가?
- 감사직 공무원으로서 자기계발을 한다면? 자기계발을 위해 한 활동은 무엇인가?

② 상황형
- 자신이 후배 감사직 공무원을 양성하는 입장이라면 어떻게 가르치고 싶은가?
- 평소 아주 친한 친구가 과거 피감기관에서 근무하였다. 감사 도중 친구가 각자 계산해도 되니 저녁을 먹자고 한다. 저녁을 먹겠는가?
- 본인은 감사원으로의 전입, 전출 담당 부감사관이다. 감사원으로 전입을 희망하는 친척이 인사혁신처에 전입하려면 어떠한 요소가 중요한지 질문을 한다. 당신은 평소 그 친척에게 여러 가지 도움을 많이 받았다. 어떻게 대답을 할 것인가?
- 감사원은 회계사, 변호사 등 경력채용 직원이 많고 이에 따른 갈등도 적지 않다. 경력채용 직원과 공채 직원과의 갈등 해소방안은?

- 국세청 감사를 나갔는데 국세청 직원의 아주 사소한 업무상 누락이 있었다. 그로 인한 피해는 미미했지만 당신은 감사원 직원으로서 실적을 올려야 하는 입장이라면 어떻게 할 것인가?
- 당신이 피감기관에 감사를 나갔는데 피감기관에서 자료를 제때 주지 않고 버티고 있다. 이러한 상황에 어떻게 대처할 것인가?
- 상사가 어떤 서류를 주며 어떤 사람의 징계를 명했는데, 아무리 보아도 자료 내용이 부족해 징계대상이 아니라고 판단된다면 어떻게 할 것인가?
- 피감기관에서 잘 따라주지 않을 경우 소리를 지르거나 욕설을 하는 선배가 있다면 어떻게 할 것인가?

③ 전공·직무
- 감사원과 권익위원회의 역할 차이는 무엇인가?
- 감사원 출범 시기는 언제인가?
- 기획재정부, 인사혁신처, 행정안전부 등의 부처를 무엇이라고 하는가?
- 감사원은 대통령 소속기관이다. 왜 그렇다고 생각하는가?
- 근무하고 싶은 공직을 만들기 위해 감사직 공무원의 역할은 무엇인가?
- 공직자가 무능력하고 보신주의에 빠졌다는 세간의 인식이 팽배한 이유는?
- 감사원의 역할은 무엇인가?
- 감사원 정책 중 알고 있는 것은?
- 회계감사와 직무감찰 업무를 감사원이 모두 담당하고 있다. 괜찮은 것인가?
- 과거 감사와 현재 감사의 차이는?
- 감사위원은 몇 명인가?
- 현 감사원장님의 성함은?
- 감사원 소속 부서에는 무엇이 있나?
- 고위공무원단 제도 도입시기는?
- 경영학은 어떻게 공부하였는가?
- 행정학의 인사행정론과 경영학의 인사관리론의 차이는 무엇인가?
- 정부조직 법정주의란 무엇인가?
- 감사원은 헌법상 기관이다. 감사원이 감사할 수 있는 대상과 감사할 수 없는 대상은 무엇인가?
- 직위분류제와 계급제의 차이는?
- 직업공무원제의 장단점은 무엇이 있나?
- 실적주의는 직업공무원제 도입의 필수 전제요건인가?
- 직무평가와 직무분석에 대하여 설명하라.
- 감사기관은 비독립형과 독립형이 있다. 무슨 차이인가?
- 인사기관은 위원회 형태로 운영되는 것이 바람직한가?
- 현재 우리나라의 부·처·청은 몇 개인가?
- 감사원의 독립성을 보장하기 위해서 필요한 조치는?

17. 전산직

(1) 전산직의 업무

① 시청 · 교육청 서버, 전산 운영 프로그램 및 예산관리

② 지방자치단체 시민들을 위한 무료교육

③ 행정기관 홈페이지 · 앱 등의 연구 · 평가 등 업무

(2) 전공 지식 관련 주제

• 전산용어 · 개념
• IT 융합 · IT 패킷
• 웜과 바이러스에 대한 설명, 그 종류
• 바이러스 1세대의 종류
• 해킹의 종류 · 해킹에 대한 대비책
• C언어 · JAVA언어
• 트위터와 페이스북의 차이점
• 클라우드 컴퓨팅의 장단점
• 스마트폰과 스마트워크의 차이점
• 웹과 어플리케이션의 차이점
• 임베디드 시스템
• RFID · RFID를 사용해 유비쿼터스 환경을 구축할 때의 문제점
• 엘루오 페이지
• 워터마크
• 넷PC

• 무어의 법칙
• 스트리밍
• 와이브로
• 유비쿼터스
• P2P
• UCC
• VDT 증후군
• DDoS
• ER 다이어그램 설계 시 문제점
• DB튜닝 시 주의할 점
• R-DBMS의 단점
• 엔티티(Entity)의 정의
• DB를 분산하기 위한 two phase 알고리즘
• 아이핀
• IT패킷

(3) 기출 및 예상질문

① 개인신상 · 경험

- 다룰 줄 아는 소프트웨어 · 소지 자격증 등 전문성 관련 질문 또는 전문성 제고를 위한 노력 · 자기계발 계획이 있는가?
  - → 컴퓨터 · 소프트웨어 · 보안 관련 자격증과 전자정부 및 정보화 관련 법률 및 규정 연구 등(C언어, JAVA언어, 「개인정보 보호법」, 「정보통신망 이용촉진 및 정보보호 등에 관한 법률」, 「정보통신기반 보호법」, 전산정보처리기사 자격 등)
- 전문성 관련 업무경험이 있는가?
- 봉사활동 계획이 있는가?
  - → 컴퓨터 무상수리 등

② 상황형

- 당신은 네트워크 담당자로서 네트워크가 고장 났는데 어떻게 대처하겠는가?
- 서버에 문제가 생겨 조회가 되지 않는 경우 어떻게 하겠는가?

③ 정책 · 이슈

- 「개인정보 보호법」에 대해 아는 대로 말해보시오.
- 「개인정보 보호법」에서 개선할 점은 무엇인가?
- 빅데이터란 무엇인가?
- 빅데이터 활용과 적용방안을 말해보시오.
- 빅데이터 활성화를 위한 선결과제 · 방안은 무엇인가?
- 정보개방정책(정부 3.0 등)에 대해 아는 대로 말해보시오.
- 정보개방정책의 활성화 방안은 무엇인가?
- 국가기관 홈페이지 또는 스마트폰 앱 이용 경험 및 개선방안은 무엇인가?
- 소프트웨어 불법복제의 영향과 근절방안은 무엇인가?
- 공직에서 앱 개발을 한다면 어떤 것이 좋겠는가?
- 국산 휴대폰을 분실했을 경우 GPS를 통해 자기 휴대폰이 어디에 있는지 위치를 추적할 수 있는 반면, 애플의 아이폰은 이를 악용하는 것을 막기 위해 휴대폰의 위치를 추적하지 못하도록 막아놓았다. 어떻게 생각하는가?
- 발신번호 조작 어플로 사기를 치는 경우에 발신자를 추적할 수 있는 방법은 무엇인가?

18. 건축직

(1) 건축직의 업무

① 시설공사 업무, 인허가 업무, 사업승인 업무, 도시계획 업무, 디자인 업무, 문화재 관련 업무

② 건축사업에 대한 조사 · 기획 · 설계 · 시공 · 준공 검사

③ 인허가: 일반건물과 공동주택에 대한 인허가 업무

④ 건축물의 관리: 불법건축물 단속과 건축물 대장 작성 및 관리

⑤ 건축법규 정비와 운용, 농어촌 주거환경 개선사업, 문화재 관리 등

(2) 정책 · 이슈

① 건축행정업무 전산화: 건축행정시스템 '세움터(http://www.eais.go.kr/)'에서 진행 가능

② 제로에너지 빌딩: 건물이 소비하는 에너지와 건물 내 신재생에너지 발전량을 합산해 최종 에너지 소비량이 '0(제로)'이 되는 건축물

    ㉠ 온실가스 감축 및 건물 에너지 효율화, 건축부문 신산업 창출 등을 위해 제로에너지 빌딩이 활성화되도록 국가 로드맵에 따라 관련 정책을 단계적으로 추진

    ㉡ 추진 단계: 기반구축(2014~2016년) → 상용화 촉진(2017~2019년) → 공공건물 신축에 의무화(2020년) → 민간건축에 의무화(2025년) → 모든 건축물에 의무화(2030년)

③ 「건축물의 분양에 관한 법률」 및 「건축물의 분양에 관한 법률 시행령」 개정

    ㉠ 목적: 투기수요 차단, 현장청약 문제 해소 등을 통해 실수요자 위주의 시장질서 확립

    ㉡ 내용: 전매제한 · 거주자우선분양 적용지역 확대, 오피스텔 등 건축물 분양 시 인터넷 청약 의무화, 허가권자(지방자치단체장)에게 조사 · 검사권한 부여 등

④ 국토교통부가 민간주도 '방치건축물 공사재개' 지원

⑤ 전국 민간건축물 5곳 중 4곳은 '지진 취약', 내진설계율 20% 수준

    ㉠ 내진설계 의무 대상을 강화

    ㉡ 내진설계 적용을 위해 취득세 · 재산세 감면 혜택 등을 제공하고 건폐율 · 용적률을 완화하는 혜택을 주고 있으나, 정부가 제공하는 인센티브는 실제 내진 설계 및 공사 비용보다 감면액이 크지 않아 실효성 없음

⑥ 아파트 후분양제 단계적 실시

⑦ 지진안전 시설물 인증제 시행

    ㉠ 목적: 지진안전 시설물을 쉽게 확인하고 민간건축물의 내진보강을 위함

    ㉡ 내용: 내진설계 및 시공 확인 시 인증된 건축물은 보험료 할인, 건폐율 · 용적률 완화 등 혜택 부여

⑧ **건축 인허가 개선 방안**: 효율적인 업무처리와 민원인의 편의를 위한 인허가 혁신

    ㉠ **인허가 정보시스템**: 스마트 인허가 시스템으로 효율적인 인허가 업무처리(남양주) 등

    ㉡ **조직개편**: 원스톱 허가과 신설(함평군) 등 효율적 조직개편

    ㉢ **안전관리 강화**: 인허가 단계에서 안전 심의 강화(서울시) 등

    ㉣ **민원인 편의**: 인허가 절차 매뉴얼, 도시계획정보서비스(UPIS)를 통한 인허가 신청(양평군) 등

    ㉤ **기타**: 지방자치단체별 상이한 인허가 처리기준 통일, 담당자 매뉴얼 배포 등

(3) 기출 및 예상질문

① 개인신상 · 경험

- 전공 관련 경력이 있는가?
- RFID를 사용해 본 경험이 있는가?
- 업무능력 및 전문성을 어떻게 개발할 것인가?
  - → 건축관련 법령 지속적으로 공부, 건축기사 등 자격증 취득, 건축 인허가 실무서 등 도서 참조, 외국방문(건축행정분야 교류), 타 지방자치단체 우수사례 현장학습, 건축물 구조전문가 · 건축사 · 현장 감리자 등 전문가와 연계한 전문성 교육
- 자신이 추진하고 싶은 건축정책을 제시해 보시오.

② 상황형

- 지인이나 친척이 불법건축물을 지어 민원이 들어오고 있다면 어떻게 할 것인가?
- 인허가 비리, 적발 무마 등 부정청탁 관련 업무상황에 어떻게 대처할 것인가?
- 아파트 분양 시 입주자들과 분양기업, 도시의 경관 중 우선순위는?

③ 전공 · 직무

- 4차 산업혁명시대에 건축과 신기술을 접목시킨 사례는?
- 건축물 에너지 저감방법은?
- 맞벽건축의 정의와 적용지역은 무엇인가?
  - → 상업지역과 특별자치도지사 또는 시장 · 군수 · 구청장이 도시미관 등을 위하여 건축조례로 정하는 구역에서 둘 이상의 건축물의 외벽을 대지경계선으로부터 50cm 이내로 건축하는 것
- 친환경 건축에 대한 생각을 말해보시오.
- 지역의 원도심 활성화 방안은 무엇인가?
- 연면적의 정의를 말해보시오.
- 「건축법」상 도로의 정의를 말해보시오.
  - → 보행과 자동차 통행이 가능한 너비 4m 이상의 도로(지형적으로 자동차 통행이 불가능한 경우와 막다른 도로의 경우에는 대통령령으로 정하는 구조와 너비의 도로)(「건축법」 제2조 제1항)
- ALC를 설명해 보시오.

19. 환경직

(1) 환경직의 업무

① 환경직 공무원: 환경오염으로부터 우리 국토를 보호하는 역할을 하는 공무원

② 건축물 인허가나 수질오염, 대기오염 방지 등의 업무 수행

(2) 정책·이슈

① 온실가스 배출권거래제: 기업들이 정부로부터 온실가스 배출허용량을 부여받고 그 범위 내에서 생산 활동 및 온실가스 감축을 하되, 각 기업이 감축을 많이 해서 허용량이 남을 경우는 다른 기업에게 남은 허용량을 판매할 수 있고, 반대로 기업이 감축을 적게 해서 허용량이 부족할 경우 다른 기업으로부터 부족한 허용량을 구입할 수 있도록 하는 제도

② 친환경 에너지타운: 기피·혐오시설에 에너지자립, 문화관광 등 주민 수익모델을 가미하여 주민수익 향상을 통해 환경시설의 자발적 설치를 유인함

③ 에너지 자립: 폐기물처리시설의 폐자원을 회수하여 활용하고, 태양광 등 재생에너지를 설치하여 에너지 자립률 제고

④ 문화관광: 혐오시설 유치 시 인프라 개선 지원사업을 주변 관광지, 문화유산 자원 등과 연계하여 주민수익 제고

> **예** 홍천 친환경 에너지타운 준공(가축분뇨시설, 매립지 등 기피·혐오시설에서 재생에너지를 생산하고 문화·관광 등 수익모델을 가미하여 주민수익을 창출)

(3) 기출 및 예상질문

> ① 개인신상·경험
> - 자신이 추진하고 싶은 환경 정책은 무엇인가?
> - 전공은 무엇인가?
> - 환경관련 전공인가?
>
> ② 상황형
> - 새벽에 악취가 난다는 민원이 들어왔을 때 어떻게 대처할 것인가?
> - 대규모 풍력사업 추진으로 인한 입지갈등 해소방안은 무엇인가?
> - 환경정보 네트워크 활성화 방안은 무엇인가?
>
> ③ 전공·직무
> - 신재생에너지사업을 설명해 보시오.
> - 위해성 평가에 대해 설명해 보시오.
> - 지속가능한 수자원 개발·이용체계를 설명해 보시오.

- 흙탕물 발생의 주 메커니즘과 저감대책은 무엇인가?
- 유조차가 전복되어 유류가 강으로 유출되었을 때의 조치는 무엇인가?
- 온난화로 인한 피해는 무엇인가?
- 기후변화에 대한 대책은 무엇인가?
- 온실가스를 감축할 방안은 무엇인가?
- 런던스모그와 LA스모그를 비교해 보시오.
- 탄소배출권제도에 대해 말해보시오.
- 탄소배출량을 강력하게 규제하는 경우 장 · 단점에 대해 말해보시오.
- 폐기물 불법투기는 밤에 행해지는데 그에 대한 대책은 무엇인가?
- 분뇨처리장, 하수처리장에서 발생한 악취를 없애기 위한 방안은 무엇인가?
- 음식물쓰레기 처리 단가를 줄이기 위한 대책은 무엇인가?
- 환경오염으로 인한 피해는 어떤 것들이 있는가?
- 녹조의 원인과 해결방안은 무엇인가?
- 환경기준과 배출허용기준은 무엇인가?
- 미세먼지와 초미세먼지의 차이는 무엇인가?
- 수질총량제란 무엇인가? 총량을 넘으면 어떤 규제를 받는가?

④ 정책 · 이슈
- ○○지역의 환경은 어떠한가?
- ○○지역 쓰레기 처리방법은 무엇인가?
- 현재 추진 중인 환경정책에 대해 아는 것은 무엇인가?
- ○○지역 개발에 있어서 환경적으로는 어떻게 대응해야 할까?
- 어린이활동공간 중 환경안전관리 대상은 무엇인가?
    → 2009년 이전에 설립된 어린이활동공간은 관리하지 않았으나, 2018년부터는 설립된 연도의 구분 없이 적용됨
- 현재 이슈가 되는 환경문제가 무엇인가?
- 미세먼지 감축을 위한 대중교통 무료 정책에 대해 어떻게 생각하는가?
- 세계적으로 문제가 되는 환경문제에는 어떤 것들이 있는가?
- 현재 ○○시에서 해결해야 하는 환경문제는 무엇인가?
- 탈원전에 대한 생각은 어떠한가?
- 새만금간척사업에서 환경면에서 어떤 문제가 생기겠는가?

20. 기계직

(1) 기계직의 업무

① 기계설비의 유지보수에 관한 현장감독 및 지시업무, 차량등록·기계운용부서의 기계관리 등의 업무를 주로 수행

② 자동차·철도차량·공작기계·산업기계·건설기계·농업기계와 냉난방·원동기·수도·위생설비·계량기 등 각종 기계가구 및 기계설비에 관한 기술업무, 철도동력차의 운전·기관차의 운용 등의 운전기술업무

(2) 기출 및 예상질문

① 개인신상·경험
- 기계직에 지원한 이유는?
- 기계직 등 기술직 공무원은 승진에서 불이익이 있다는 논란에 대해 어떻게 생각하는가?
- 부품 국산화에 대한 생각을 말해보시오.
  → 장비는 국산이지만 장비에 들어가는 주요 부품은 독일·일본산이 대부분, 부품 국산화를 위해 기초과학에 투자하여 기술격차 격감
- 노후화된 발전소 폐지에 대한 생각은 어떠한가?
- 기계직공무원으로서 전문성을 계발할 계획은 무엇인가?
  → 산업기사·기사·기능장 등 자격증 취득(공무원 기계직 가산자격증 참조), 기술발전속도가 빠르므로 끊임없는 전공지식 공부 필요
- 봉사활동
  → 주거 취약가구 대상으로 노후화된 냉난방, 수도 등 점검보수 등 기술 기부

② 상황형
- 하수처리장 인근 주민들이 냄새가 심하다고 민원을 제기한다. 어떻게 대응할 것인가?
- 엔진 교체기간의 공백 때문에 교체를 피하는 상황에서 건설 기계업체가 건설기계 노후화 엔진을 교체하기 위한 해결방안은?
- 기계설비가 노후화되어 내구 연한이 초과된 장비 사용 중 안전사고에 노출되어 보수가 필요하지만 예산이 부족한 경우 어떻게 대처하겠는가? 국비지원을 요청했으나 반영되지 않은 경우 어떻게 대처하겠는가?

③ 전공·직무
- 에어컨의 구조에 대하여 설명해보라.
- 냉동기의 종류는 무엇이 있는가?
- 소방설비에 대해 아는가?
- 미세먼지가 증가하고 있는 가장 주된 원인은?

- 미세먼지 저감 대책은?
- 미세먼지 저감 대책 중 비용을 절감할 수 있는 방법은?
- 상수도 사업소가 하는 일은 무엇인가?
- 주철 · 주강의 차이점은 무엇인가?
- 하중의 종류를 설명해 보시오.
- 베어링의 종류를 설명해 보시오.
- 베어링 기호가 6731일 때 60이 의미하는 바가 무엇인가?
- 베어링 기호 6204에서 베어링 안지름은?
- 베어링 윤활제의 구비조건은 무엇인가?
- 기어의 물림률을 설명해 보시오.
- 절삭가공을 설명해 보시오.
- 소성가공을 설명해 보시오.
- 자이로센서와 각속도센서의 역할은 무엇인가?
- 점검절차와 방안을 설명해 보시오.
- 방사성 동위원소의 종류는?
- 핵분열성 물질에 대해 설명해 보시오.
- 베셀펑션에 대해 설명해 보시오.
- 안전율의 정의 및 탄성설계와 탄소성설계의 차이점은?
- 열역학 법칙을 설명해 보시오.
- 피로 한도의 정의를 설명해 보시오.
- 크리프 한도의 정의를 설명해 보시오.
- 용접작업 후 발생될 수 있는 결함의 종류 및 이를 확인할 수 있는 검사방법은?
- 펌프에서 중요하게 고려해야 하는 요소를 설명해 보시오.
- 카너싸이클에 대해 설명해 보시오.
- 카스터빈에 대해 설명해 보시오.
- A, B, C, D급 화재 중 유류화재는 무엇인가?
- 송전탑은 가정용에 비해 특고압으로 송전하는데 그 이유는 무엇인가?
- 캐비테이션 현상 방지법을 설명해 보시오.
- 소금물, 물, 기름 중 담금질 냉각제로 가장 효과가 큰 것은?
- 기어의 치형의 종류를 설명해 보시오.
- 기어가 받는 하중에 대해 설명해 보시오.

21. 전기직 기출 및 예상질문

- 자동차의 구동 원리에 대해 설명해 보시오.
- 하이브리드 자동차와 일반 자동차의 다른 점은 무엇인가? 하이브리드 자동차의 원리는 무엇인가?
- 자기 집 위로 큰 고압선이 설치될 경우 어떻게 할 것인가?
- 특고압전선의 표피는 어떠한 재질로 이루어져 있는가?
- 전기 관련 직무경험이 있는가? 그 경험에서 배운 것을 어떻게 공직에 접목하겠는가?
- 1차 전지와 2차 전지에 대해 설명해 보시오.
- 전동기의 동기속도를 설명해 보시오.
- 역률은 무엇인가? 역률 개선방법은 무엇인가?
- 접지저항에 대해 설명해 보시오.
- AC와 DC를 설명해 보시오.
- 전기안전사고의 원인과 대책은 무엇인가?
- 블랙아웃이란 무엇인가? 원인은 무엇인가?
- 전기누진세를 설명해 보시오.
- 제동법을 설명해 보시오.
- 스마트그리드를 설명해 보시오.
- 맥스웰 방정식을 설명해 보시오.
- 플레밍 왼손 · 오른손 법칙을 설명해 보시오.
- 홀 · 제벡 · 펠티에 · 톰슨 · 표피효과를 설명해 보시오.
- 연가 · 코로나 · 페란티현상을 설명해 보시오.
- 유도장애대책을 설명해 보시오.
- 누전차단기 동작을 설명해 보시오.
- 전기자반작용이 무엇인가?
- 자기여자 방지법은 무엇인가?
- 변압기 · 발전기 병렬조건은 무엇인가?
- 전기분야 ○○시 전략사업은 무엇인가?
- 전력예비율이란 무엇인가? 우리나라의 전력예비율은 어떠한가? 전력예비율이 높을 때와 낮을 때 발생하는 문제는 무엇인가?
- 전기법칙 중 가장 중요하다고 생각하는 법칙은 무엇인가?
- 전동기 고장의 원인과 해결방안은 무엇인가?
- 태양광 발전과 풍력발전의 원리를 설명해 보시오.
- 소형 열병합발전은 어떤 것인가?

22. 화공직 기출 및 예상질문

- 일상에서 사용하는 화학용어와 단위에 대해 아는 대로 말해보시오.
- 화씨를 섭씨로 고치는 공식은 무엇인가?
- 온실 효과 유발물질은?
- MMG와 LOG를 설명해 보시오.
- LNG와 LPG의 성분은 무엇인가?
- BTX가 무엇의 약자인가?
- 환경친화 대체에너지란 무엇인가?
- 원유정제 시 석유 다음으로 나오는 것이 무엇인가?
- 산화, 환원이 무엇인가?
- 미래에 BOD와 COD 중 무엇이 더 유용한가?

23. 농업직

(1) 정책 · 이슈

① **김영란법 개정**: 김영란법(「부정청탁 및 금품 등 수수의 금지에 관한 법률」) 시행 이후 농업계가 피해를 입음. 이후 김영란법 개정으로 농수산물 선물 상한액이 10만 원으로 상향 조정됨

② **쌀 가격 안정**: '쌀 생산 조정제' 2018년 실시, 타작물로의 전환 유도

③ 2018년부터 신규 계란농가의 동물복지형 축사가 의무화되었으며 기존 농가는 2025년부터 시행

④ 2022년까지 농식품 관련 17만개 일자리 창출

    ㉠ **청년층 농업인 육성**: 청년농 1,200명을 선발하여 월 최대 100만 원의 생활안정자금 지급과 함께 자금 · 농지 · 교육 등 종합지원

    ㉡ **스마트팜 창업 생태계 구축**: 창업보육(100개소), 맞춤형 기술개발(R&D 바우처), 벤처펀드 지원, 식품 · 외식 창업희망자 대상 창업공간 제공

    ㉢ **신규시장 창출**: 반려동물 · 산림 · 밀산업 관련 각종 자격증 신설(애견행동교정, 나무의사 등), 간편가정식(HMR) · 바이오 · 고령친화식품 등 신규시장 창출

    ㉣ **신사업 일자리 창출**: 골든시드 프로젝트, 기능성소재 R&D, 곤충산업 클러스터 조성 등 종자 · 농생명소재 · 곤충 등 신산업 일자리 창출

⑤ 제2차 도시농업 육성 5개년 종합계획(2018~2022년)

   ⊙ **네트워크 강화와 교류 활성화**: 도시텃밭 분양, 도시농업관리사 자격정보, 귀농지원 연계 등 도시농업 및 귀농귀촌에 대한 종합상담이 가능한 도시농업상담센터 운영, 중앙단위 민관협의체를 통해 시민단체와의 협업파트너십 강화, 공동텃밭 농산물직거래장터, 도시민 대상 농촌체험프로그램 연계 등 도농교류사업 추진

   ⓒ **영역확장형 신서비스 창출**: 학교텃밭·복지텃밭 등 도시농업의 순기능 확산, 도시농업에 문화예술적 요소를 가미한 도시형 농부시장, 여가체험형 도시농업 공간 확충

   ⓒ **미래형 융복합모델 개발과 보급**: 인공지능형 식물재배관리시스템 개발, ICT활용 스마트정원 관리 기술 도입 등

   ⓔ **도시농업 활성화 기반조성**: 법과 제도 정비로 규제완화, 전문인력 양성기관 등 교육인프라 강화, 도시농업 종합정보시스템 고도화 및 자격관리 시스템 구축

(2) 기출 및 예상질문

① 전공·직무

- 농업의 3요소는?
- 작물생육 3요소를 각각 설명해 보시오.
- 우리나라 농업의 문제점은 무엇인가?
- 국가에서 농업을 중요시 해야 하는 이유에 대해 말해보시오.
- 4차 산업혁명 시대에 농업의 미래는 어떻다고 생각하는가? 4차 산업혁명 시대에 농업이 나아갈 방향은 무엇인가?
  - → 스마트 팜, 식량공장 등 해외사례
- 6차 산업이란 무엇인가? 6차 산업 활성화 방안를 위한 과제는 무엇인가?
  - → 농업의 주축은 고령자가 많아 서비스교육이 미흡하여, 고령자의 서비스교육과 청년층 농업인 육성이 필요함
- 귀농·귀촌이 농촌에 도움이 되는 점은 무엇인가? 귀농농가 정착을 도울 방안은 무엇인가?
- 농가 소득증대를 위해 필요한 것은 무엇인가?
- 농산물 유통구조 개선 방안은 무엇인가?
- 로컬푸드란 무엇인가?
- 쌀 관세화 유예 종료가 무엇인가?
- 쌀 산업 발전 대책은 무엇인가? 쌀 소비를 늘릴 방안은 무엇인가?
- 버널리제이션이 무엇인가?
- 키다리병은 무엇인가?

- 해거리는 무엇인가?
- 조생종, 중생종, 만생종을 각각 설명해 보시오.
- 병충해의 종류를 설명해 보시오.
- 식물 생장 호르몬을 말해보시오.
- 지구온난화가 농업 생산에 미치는 영향은 무엇인가?
- 생력 재배란 무엇인가?
- 풍해의 대책은 무엇인가?
- 친환경 농업의 목적은 무엇인가?
- 유기 농업의 의의는 무엇인가?
- 유기 농산물 인증 기준은 무엇인가?
- 유기 벼농사에서 지력 증진 방법은 무엇인가?
- 고랭지 농업이 발달하기 유리한 지형조건은 무엇인가?
- 지구온난화에 대응하여 우리나라 농업이 나아갈 방향은 무엇인가?
- 우리나라 1인 쌀 소비량은 얼마나 되는가?
- 쌀 소비를 늘릴 수 있는 방안은 무엇인가?
- 공익형 직불제는 무엇인가? 개편방안은 무엇인가?

② 지역 현황(지방직)
- [충남] 3농혁신에 대해서 알고 있는가?
- ○○지역의 특산물을 아는 대로 말해보시오.
- ○○지역의 농업특성은 무엇인가?
- ○○지역 농업이 나아갈 방향은 무엇인가?
- ○○지역 농촌관광 활성화 방안은 무엇인가?
- ○○지역의 토지 이용 현황은 무엇인가?

---

plus + 농림축산식품부 홈페이지(http://www.mafra.go.kr) 참고사항

1. 정보공개 ▶ 주요 추진내용
2. 농식품부소개 ▶ 농림축산식품부 소개
3. 농식품부소개 ▶ 조직 및 인원: 부서 및 산하기관 희망부서 · 업무 확인
4. 알림소식 ▶ 보도자료: 주요소식 확인
5. 정책홍보 ▶ 업무계획
6. 정책홍보 ▶ 분야별 정책

24. 임업직 기출 및 예상질문

① 개인신상 · 경험

- 임업직 공무원의 업무를 알고 있는가?
- 임업직을 선택한 이유는?
- 국가 · 지방자치단체의 숲을 어떻게 운영하고 싶은가?
- 나무를 직접 심어보았는가?
- 임업직 공무원은 11~3월에는 산불대기로 새벽에도 대기해야 하고 주말에 근무 외 수당을 받지 못하고 추가근무하는 경우가 잦은데 잘 적응할 수 있겠는가?
- 입업직 공무원은 술을 많이 마셔야 하고 현장업무와 야근도 많은데 잘 적응할 수 있겠는가?
- 체력이 좋은가? (특히 여성지원자에게 해당 업무가 가능한지 질문하는 경우가 많음)
- 산불 진화작업이 가능한가?
- 농약통을 메고 산에 올라가 방제작업이 가능하겠는가?
- 자신이 산림정책자라면 추진하고 싶은 정책은?
- ○○시의 산림자원을 어떻게 이용하면 좋겠는가?

② 상황형

- 수형은 나쁘지만 규격은 맞는 나무와 수형은 좋지만 규격이 맞지 않는 나무가 들어왔을 때 어떻게 할 것인가?
- 가로수 방제작업을 하는데 시민들이 약제 살포 시 냄새가 나고 벌레가 떨어져 상당히 불쾌하다며 야간이나 새벽에 해줄 것을 요구한다면 어떻게 할 것인가?

③ 전공 · 직무

- 내음성이 무엇인가?
- 내음성과 관례되는 인자는 무엇인가?
- 콩과 식물의 특징은?
- 임업경영의 3대 원칙은?
- 지속가능한 임업경영에 대해 말해보시오.
- 임업대리경영이란 무엇인가?
- 소반을 나누는 기준은 무엇인가?
- 산림의 공익적 기능을 설명해 보시오.
- 산림과 삼림의 차이를 말해보시오.
- 숲의 천이에서 극성상은 어떤 수정이 이루는가?
- 산림복지의 의미에 대해 설명해 보시오.
- 조림은 왜 한다고 생각하는가?
- 산에 조림을 한다면 무슨 나무를 심을 것인가?

- 도시지역 숲을 개발할 때 어떻게 할 것인가?
- 방풍림이란 무엇인가?
- 보안림의 종류는 무엇인가?
- 숲을 보존해야 하는지, 아니면 관광지로 바꾸어야 하는지?
- 삼림욕에 가장 좋은 시간, 시기, 장소 및 산림욕의 효과에 대해 말해보시오.
- 산림에서 낮과 밤에 산소와 탄소 중 어느 것을 배출하는가?
- 노천 매장법은 무엇인가?
- 회귀년이 무엇인가?
- 공해에 강한 나무는 어떤 것이 있는가?
- 소나무 재선충을 설명해 보시오. 매개충은 무엇인가?
- 피해목을 알 수 있는 방법은 무엇인가? 방제방법은 무엇인가?
- 잣이 열리지 않는 잣나무에는 어떤 것이 있는가?
- 솔잎혹파리의 발생시기와 발생부위, 침해부위를 말해보시오.
- 외국에서 들어온 소나무는 어떤 것인가?
- 비료목의 종류는 어떤 것이 있는가?
- 비료목 중에서 가로수로 쓰이는 것은?
- 참나무 종류는 어떤 것이 있는가?
- 산성에 강한 수목에는 어떤 것이 있는가?
- 나무의 호흡작용과 탄소동화작용에 대해 말해보시오.
- 조림을 많이 하는 수종은 무엇인가?
- 산에 심는 나무 3가지를 말해보시오.
- 가로수로 심는 나무와 가로수의 조건은 무엇인가?
- 100년 된 소나무를 이식하는 방법은?
- 가지치기의 효과는 어떤 것이 있는가?
- 미국흰불나방의 발생시기와 방제법은 무엇인가?
- 생태가 무엇인가?
- 생태도시를 설계할 시 주요 정책을 말해보시오.
- 비오톱이란 무엇인가?
- 산림재해종류에는 어떤 것이 있는가?
- 산불과 산사태의 정의는 무엇인가?
- 산불의 종류는?
- 산불 예방방법은? 산불이 난 경우 대책은 무엇인가?
- 산불 조심기간은 언제인가?
- 청사의 조경은 어떠한가?

- 센트럴파크는 어떤 공원형식을 따라한 것인가?
- 옥상정원이란 무엇인가? 경제적 측면에서 말해보시오.
- 일본정원과 한국정원의 차이에 대해 말해보시오.
- 도시녹화는 왜 필요한가?
- 도시에 가로수가 필요한 이유는 무엇인가?
- 도시에 숲을 늘리는 방안은 무엇인가?
- 백두대간에 대해 설명해 보시오.
- 임목재적을 측정하러 산림에 들어가는 경우 준비물은 무엇인가?
- 임목축적에 대해 아는 대로 말해보시오.
- 직경측정방법에는 어떤 것들이 있는가?
- 산림법의 종류에는 어떤 것이 있는가?
- 기타 내천과 도시의 연계 시 예상되는 모습은 무엇인가?
- 산림법에서 과실에 의해 타인소유의 산에 불을 냈을 경우 벌금은 얼마인가?
- 법정림의 4가지 조건은 무엇인가?

④ 정책 · 이슈

- ○○시 녹지정책에 대해 알고 있는 것은?
- 대한민국의 산림정책 발전과정에 대해 말해보시오.
- 산림청의 주력사업은 무엇인가?
    - → 산림자원 순환 경제 구축: 경제림 육성, 목재 · 임산물산업 경쟁력 강화, 산림탄소경영, 일자리 창출
    - → 숲을 국민의 쉼터로 재창조: 산림휴양 · 레포츠 · 등산, 산림교육 · 치유, 산림복지서비스 기반 강화
    - → 사람중심의 녹색공간 조성: 산촌 거점권역 육성, 도시 내 그린인프라 확충, 산지관리 패러다임 전환
    - → 산림재해 대응 및 생태계보전 강화: 산불 · 산사태 · 병해충 대응, 산림생태계 보호 · 관리, 생물다양성 보전
    - → 국제 산림협력 증진: AFoCO 등 다자협력, 사막화방지, 해외조림, 북한산림복구
    - → 국정과제 이행을 위한 산림행정 혁신: 일자리 지원, 불필요한 일버리기, 교육혁신, 소통강화, R&D 실효성 제고

⑤ 현황

- 우리나라의 산림면적은 얼마인가? 외국과 비교해서 어떠한가?
- ○○지역의 산림면적은 얼마인가? 전체의 몇 %를 차지하는가?
- ○○지역의 임목축적은 얼마인가?
- ○○지역의 임야면적은 얼마인가?
- 우리나라의 산림 녹화율은 얼마인가?

25. 선거행정직

(1) 기본 정보

① 선거관리위원회 주요 업무: 공직선거관리, 국민투표 · 주민투표 · 주민소환투표 · 위탁선거 및 당내 경선관리, 정당 · 정치자금 사무관리, 민주시민 정치교육, 선거 · 정치제도 연구 및 국제교류 · 협력, 투 · 개표시스템 선진화 및 전자선거시스템 연구

② 선거관리위원회 비전

 ㉠ 자유롭고 공정한 선진 민주선거 구현: 선거관리위원회는 자유롭고 공정한 선진 민주선거를 구현하기 위하여 항상 엄정하고 공정한 자세로 선거관리업무에 임하며, 민주정치 발전과 국민주권을 실현하는 역할을 수행

 ㉡ 세계민주주의 발전에 기여: 선거관리위원회는 2011년 10월 아시아선거관리협의회(AAEA)의 의장국으로 선출되었고, 세계 각국의 선거기관 협의체인 세계선거기관협의회(A-WEB) 창설을 주도하여 세계 속에서 대한민국의 위상을 높이고 있으며, 후발민주국가에 정치 · 선거제도를 전파하는 등 선거한류(K-Democracy)형성에도 기여하고 있음. 2013년 10월 서울, A-WEB 창립총회 개최 및 사무처 국내(인천시 송도) 유치

③ 선거관리위원회의 지위

 ㉠ 헌법상의 독립기관: 선거와 국민투표의 공정한 관리, 정당 및 정치자금에 관한 사무를 처리하기 위하여 헌법에 따라 설치된 국가기관으로, 국회 · 정부 · 법원 · 헌법재판소와 같이 독립된 지위를 가지고 있는 합의제 기관

 ㉡ 중립성과 공정성 보장: 선거관리위원회 위원은 정당에 가입하거나 정치관여가 금지되며, 헌법과 법률에 따라 임기와 신분이 보장되므로 외부로부터 간섭 또는 영향을 받지 않고 직무를 중립적으로 공정하게 처리

(2) 기출 및 예상질문

- 선거관리위원회에 지원한 이유는?
- 선거관리위원회가 하는 일은 무엇인가?
- 선거관리위원회가 헌법상의 독립기관인 이유는 무엇인가?
- 투표율을 높이기 위해서 어떻게 해야 하는가?
- 투표율을 높이기 위해서 본인이 추진하고 싶은 정책은?
- 재보궐 선거가 많은 이유에 대한 본인의 생각은?
- 공정한 선거문화를 만들기 위한 노력에는 어떠한 것들이 있는가?

- 선거직 공무원에게 중요한 공직가치는 무엇인가?
- 공무원의 정치참여와 선거운동에 대한 생각은? (전면금지 또는 일부허용)
- 재보궐선거 투표율 상향 방안은?
- 사전투표제도에 대해서 아는 것을 말해 보라.
- 사전투표제도의 장점은?
- 최근 투표율 하락에 대한 방안으로 제시되는 의무투표제도 도입에 관한 본인의 생각은?

26. 인사조직직 기출 및 예상질문

① 개인신상 · 경험
- 인사조직직에 지원한 이유는?
- 세종시에서 근무할 가능성이 높은데 괜찮은가?
- 인사혁신처에서 근무하고 싶은 부서는?
- 인사혁신처가 아니라면 어디서 근무하고 싶은가?
- 지방에서 근무한다면 근무하고 싶은 지방은?
- 정부 내에서 인사혁신처의 역할은?
- 인사조직직 공무원으로서 높이 가져야 할 사회적 책임은 무엇인가?
- 어떤 공무원이 유능하다고 생각하는가?
- 민간에서 인사 관련 부서에서 근무한 경험이 있는가?
- 민간 직장 근무 당시의 경험(노하우, 보람, 단점 등)
- 인사, 예산, 총무 업무와 관련된 경험이 있는가?
- 보유하고 있는 자격증은?
- 인사조직직 공무원으로서 자기계발을 한다면?
- 자기계발을 위해 한 활동은?

② 상황형
- 자신이 후배 인사조직직 공무원을 양성하는 입장이라면 어떻게 가르치고 싶은가?
- 인사부서에서 근무하고 있는데 평소 아주 친한 동료가 어느 순간부터 거의 매일 점심을 사려고 한다. 왜 그럴까?
- 본인은 인사혁신처 전입, 전출 담당 주무관이다. 인사혁신처로 전입을 희망하는 친척이 인사혁신처에 전입하려면 어떠한 요소가 중요한지 질문을 한다. 당신은 평소 그 친척에게 여러 가지 도움을 많이 받았다. 어떻게 대답을 할 것인가?

③ 전공 · 직무
- 인사혁신처와 행정안전부의 역할 차이는?

- 인사혁신처 출범 시기는?
- 기획재정부, 인사혁신처, 행정안전부 등의 부처를 무엇이라고 하는가?
- 인사혁신처장은 차관급이고 보훈처장은 장관급이다. 왜 그렇다고 생각하나?
- 근무하고 싶은 공직을 만들기 위해 인사혁신처 공무원으로서의 역할은 무엇인가?
- 공직자가 무능력하고 보신주의에 빠졌다는 세간의 인식이 팽배한 이유는?
- 국가공무원 인재개발원의 역할은 무엇인가?
- 현 정부의 인사정책 중 알고 있는 것은?
- 인사업무는 과거처럼 행정안전부의 조직업무와 함께 담당하는 것이 옳은가, 현재처럼 인사혁신처에서 별도로 담당하는 것이 옳은가?
- 공무원연금공단의 역할은?
- 국민연금과 공무원연금의 공통점과 차이점은?
- 연금 수령 개시 시기는?
- 현재 기여금은 몇 년을 납부하여야 하는가?
- 인사혁신처의 소속기관에는 무엇이 있나?
- 정부 부처가 서울, 세종, 과천, 대전 등에 산재해 있어서 비효율이 지적된다. 인사혁신처로서 어떠한 역할을 담당하여야 하는가?
- 고위공무원단제도의 도입 시기는?
- 유연근무제의 장단점을 설명해보라.
- 인사조직론은 어떻게 공부하였는가?
- 행정학의 인사행정론과 경영학의 인사관리론의 차이는 무엇인가?
- 정부조직 법정주의란 무엇인가?
- 개별 법률에 근거하여 설립된 청은 어디가 있는가?
- 직위분류제와 계급제의 차이는?
- 직업공무원제의 장단점은 무엇이 있는가?
- 실적주의는 직업공무원제 도입의 필수 전제요건인가?
- 직무평가와 직무분석에 대하여 설명하라.
- '인사가 만사다.'라는 이야기가 있는데 무슨 의미라고 생각하나?
- 인사기관은 비독립형과 독립형이 있다. 무슨 차이인가?
- 인사기관은 위원회 형태로 운영되는 것이 바람직한가?
- 현재 우리나라의 부, 처, 청은 몇 개인가?
- 조직관리란 무엇인가?

27. 사서직 기출 및 예상질문

① 개인신상 · 경험

- 사서직에 지원한 이유는?
- 도서관 근무 경력이 있는데 왜 그만두고 공무원에 도전했는가?
- 도서관 근무가 아닌 보직을 받아도 받아들일 수 있겠는가?
- 지방자치단체 도서관은 기획 업무가 많은데 잘 적응할 수 있겠는가?
- 도서관에서 근무하고 싶은 분야는?
- 도서관 중 근무하고 싶은 도서관은?
- 사서의 역할은 무엇인가?
- 자신은 어떤 역할을 하고 싶은가?
- 존경하는 사서가 있는가?
- 사서에게 가장 중요한 공직가치는 무엇인가?
- 어떤 사서가 유능하다고 생각하는가?
- 실 근무 경험이 얼마인가?
- 도서관 근무 당시의 경험 질문(노하우, 보람 등)
- 지방자치단체의 도서관의 호화 건축 논란에 대한 입장은?
- 사서 자격증 이외의 자격증은 무엇이 있나?
- 사서직 공무원으로서 자기계발을 한다면?
- 자기계발을 위해 한 활동은?

② 상황형

- 도서관에서 기획업무를 담당하게 된다면 무엇을 기획하고 싶은가?
- 도서관에서 소란을 피우는 어린이들 때문에 민원이 발생하였다. 어떻게 대처할 것인가?
- 폐관 시간이 지났는데 계속 나가지 않는 이용객들이 많은 경우 어떻게 하겠는가?
- 주말 도서관 근무를 항상 미루는 선배가 있다면 어떻게 대처하겠는가?

③ 전공 · 직무

- 대학 도서관과 공립 도서관의 차이는?
- 공립 도서관이 개선해야 할 점은?
- 일반적인 도서관의 부서는 어떻게 분류되는지 알고 있는가?
- 현재 사용 중인 도서 분류체계는 무엇인가?
- 해당 지방자치단체의 도서관에서 가장 잘 된 기획은 무엇이라고 생각하는가?
- 신청 도서의 수험서 편중 문제에 대한 해결방안은?
- 이동도서관 이용객 증대 방안은 무엇이 있나?
- 한 개의 공립 도서관이 감당할 수 있는 지역 주민 수는?

- 모 지방자치단체의 여성 전용 도서관에 대한 본인의 생각은?
- 사서들의 취업난 해결방안은?
- 지방자치단체에서 수익자 부담주의 원칙으로 수준 높은 도서관을 건립하고자 하는 것에 대한 본인의 생각은?
- 지역사회에서 도서관의 역할은?
- 지방자치단체 소속 도서관장은 사서직이 하는 것이 타당한가, 일반직이 하는 것이 타당한가?
- 사서에 대하여 정의하라.
- 사서에게 요구되는 업무 능력은 무엇이 있나?
- 현재 우리나라 1급 정사서, 2급 정사서, 준사서 자격증 보유 현황은?
- 사서교육원은 무엇인가?
- 대학 출신과 사서교육원 출신 사서의 평균적인 능력 차이가 존재한다고 생각하는가?
- 국회도서관과 국립중앙도서관의 역할 차이는?
- 도서 정가제에 대한 본인의 생각은 무엇인가?
- 문헌정보학이란 무엇인가?
- 전공 지식과 능력을 향상시키기 위한 본인의 노력은?
- 빅데이터 프로세싱에 대하여 설명하라.
- 정보리터러시란 무엇인가?
- 듀이십진분류법과 한국십진분류법의 차이는 무엇인가?
- 회색문헌이란 무엇인가?
- 우리나라는 저작권 보호에 대한 인식이 아직도 부족하다. 왜 그렇다고 생각하나?
- 저작권 보호 제고방안에는 무엇이 있나?

28. 시설관리직 기출 및 예상질문

① 개인신상 · 경험
- 시설관리직에 지원한 이유는?
- 시설관리직 공무원이 수행하는 업무를 알고 있는가?
- 타 직장 근무 경력이 있는데 왜 그만두고 공무원에 도전했는가?
- 시설관리 업무가 아닌 다른 업무를 추가로 하게 되어도 받아들일 수 있겠는가?
- 지방자치단체 시설관리직은 운전 업무 이외에도 다른 업무가 많은데 잘 적응할 수 있겠는가?
- 근무하고 싶은 부서는?
- 시설관리직 공무원으로서 서울시 소속 기관 중 근무하고 싶은 기관은?
- 시설관리직 공무원의 역할은?
- 시설관리직 공무원으로서 어떤 역할을 하고 싶은가?

- 시설관리직 공무원에게 가장 중요한 공직가치는 무엇인가?
- 어떤 시설관리직 공무원이 유능하다고 생각하는가?
- 관련 업무 경험이 얼마나 되는가?
- 이전 직장 근무 당시의 경험(노하우, 보람 등)
- 보유하고 있는 자격증의 종류는?
- 시설관리직 공무원으로서 자기계발을 한다면?
- 자기계발을 위해 한 활동은?
- 시설관리 공무원에게 가장 필요한 전문성은 무엇인가?
- 주변에 시설관리직 공무원이 있는가?

② 상황형
- 시설관리직 공무원으로서 거의 야간 근무를 하게 되는 보직을 맡게 되면 어떻게 하겠는가?
- 상당한 수준의 사고 위험이 예상되는 시설물을 발견하였다. 그런데 그 시설물은 최근 안전관리검사를 통과한 시설물이다. 어떻게 하겠는가?
- 서울시 소속기관의 시설관리 업무를 담당하고 있는 와중에 협력 민간업체로부터 저녁 식사를 함께 하자는 제안을 받았다. 어떻게 하겠는가?
- 세 명의 공무원으로 프로젝트 팀이 구성되었다. 팀원 중 본인이 업무경험도 가장 많고 업무수행 연차도 가장 높으며 직급은 7급으로 같은 상황인데, 상사가 행정직 공무원에게 프로젝트 팀장을 맡겼다. 수용할 수 있는가?

③ 전공·직무
- 시설관리직 공무원으로서 꼭 보유해야 하는 자격증은 무엇이 있는가?
- 시설관리직과 방호직의 차이는?
- 시설관리직과 방재직의 차이는?
- 시설관리란 무엇인가? 한마디로 정의해보라.
- 민간 기업에서 시설관리직과 유사한 업무는 무엇인가?
- 시설관리직 공무원이 수행하는 업무는 무엇이 있는가?
- 실제 시설물을 보수할 수 있는 능력이 있는가?
- 시설관리직 공무원은 승진에 한계가 존재한다. 어떻게 생각하는가?
- 시설관리직 공무원으로서의 능력과 관련 지식을 향상시키기 위한 본인의 노력은?
- 시설관리직 공무원이 주로 근무하게 되는 기관이나 부서를 알고 있나?
- 시설관리직 공무원은 근무기관이 다양하다. 각 근무기관별로 근무환경도 다른데 환경 변화에 빠르게 적응하는 편인가?
- 시설관리직 공무원에게 가장 중요한 공직가치는 무엇인가?
- 그러한 공직가치를 향상시키기 위한 본인의 노력은?

29. 의료기술직

(1) 식품의약처 의료기술직 주요 근무부서 및 주요 담당업무

① 의료기기안전국

 ㉠ 의료기기 정책의 종합계획 수립·조정

 ㉡ 의료기기의 제조·수입 및 품질관리기준의 운영

 ㉢ 의료기기 지정 및 등급 분류

 ㉣ 의료기기 수출국 제조업소 현지실사

② 지방청(서울, 부산, 경인, 대구, 광주, 대전)

 ㉠ 의료기기 제조(수입) 업소에 대한 허가·신고 수리

 ㉡ 의료기기 제조(유통) 업소의 지도 및 단속

 ㉢ 의료기기 제조 및 품질관리기준(GMP) 최초 심사지원

(2) 기출 및 예상질문

> ① 개인신상·경험
> - 의료기술직에 지원한 이유는?
> - 임상경력이 있는데 왜 그만두고 공무원에 도전했는가?
> - 의료기술직인데 의료기술과 전혀 무관한 행정업무 보직에 배치된다면 받아들일 수 있겠는가?
> - 공립병원은 지체장애나 정신건강의학과 관련 업무가 많은데 잘 적응할 수 있겠는가?
> - 근무하고 싶은 부서나 기관이 있나?
> - 공립병원 중 근무하고 싶은 병원은?
> - 의료기술직 공무원의 역할은?
> - 자신은 어떤 역할을 하고 싶은가?
> - 의료기술직 공무원이 다른 직업에 비해 높이 가져야 할 사회적 책임은?
> - 의료기술직 공무원에게 중요한 공직가치는 무엇인가?
> - 어떤 의료기술직 공무원이 유능한 공무원이라고 생각하는가?
> - 후배를 교육한 경험이 있는가?
> - 병원 근무 당시의 경험(노하우, 임상경험, 보람 등)
> - 헌혈 경험은? 느낀 점은?
> - 관련 자격증은 무엇이 있나?
> - 과거 실습 경험(느낀 점 등)
> - 의료기술직 공무원으로서 자기계발을 한다면?
> - 자기계발을 위해 한 활동은?

② 상황형

- 자신이 후배를 양성하는 입장이라면 어떻게 가르치고 싶은가?
- 공공기관 현장에서 근무 중 응급환자가 발생했는데 주변에 의료인이 아무도 없다. 119에 신고는 해 놓은 상황이지만 119가 도착할 때까지는 시간이 걸리는 상황이다. 어떻게 할 것인가?
- 태스크포스팀을 꾸리게 되었는데 팀장이 직급은 같지만, 자신보다 근무경력도 짧고 나이도 어린 행정직 공무원이다. 받아들일 수 있겠는가?
- 의료기술직 공무원과 타 직렬 공무원과의 예상되는 갈등은 무엇이 있나?

③ 전공 · 직무

- 민간병원과 공립병원의 차이는?
- 공립병원이나 보건소가 민간병원에 비해 부족한 점은? 개선해야 할 점은?
- 국가직 의료기술직 공무원과 지방직 의료기술직 공무원의 차이는 무엇인가?
- 해당 지방자치단체 보건소 현황(개수, 주요 업무, 관심 업무 등)을 말해보시오.
- 해당 지방자치단체의 보건소에서 가장 잘 된 사업은 무엇이라고 생각하는가?
- 홍역환자 확산 등 병원 내 전염사례가 끊이지 않는 원인은? 대처방안은?
- 보건소에서 시행 중인 방문간호사업 발전방안은?
- 도서지역은 의료혜택을 받기 어려운데 해결방안은?
- 원격의료시스템, 스마트 헬스케어 도입에 대한 생각은? 발전방안은?
- 정부 및 서울시에서 하고 있는 치매사업은?
- 의료관련 법률 중 개정되거나 개정 논의 중인 법에 대해서 알고 있는가?
- 공립 의료 보건 업무가 발전하기 위해 필요한 부분이 있다면?
- 영리병원에 대한 생각은?
- 지역사회 의료기술 업무에 대해 아는 것은?
- 지방자치단체 소속 보건소장은 의사가 하는 것이 타당한가, 일반직이 하는 것이 타당한가?
- 요붕증 아이 간호는 어떻게 할 것인가?
- 대사증후군이란?
- 노인들의 건강행태요인을 수정하는 것은 어려운데 해결방안은?
- 장기노인요양보험의 대상자와 급여종류는?
- 법정 감염병의 종류에는 무엇이 있나?
- 자살예방법에는 무엇이 있나?
- 우리나라 5대 사망원인은 무엇인가?
- 현대 사회에서 사망률이 가장 높은 질환은? 발병률이 가장 높은 질환은? 노인에게 가장 많은 질환은?
- 당이 높은 환자에게 어떻게 안내할 것인가?
- 5대 암 검진 종류는 무엇인가?
- 법정 예방접종에는 무엇이 있나?

30. 간호직 기출 및 예상질문

① 개인신상 · 경험

- 간호직에 지원한 이유는?
- 간호사로서 간호직 공무원을 지원하게 된 구체적인 사례는?
- 임상경력이 있는데 왜 그만두고 공무원에 도전했는지?
- 대학병원 신규 간호사 월급과 공무원 월급이 액수 차이가 큰데도 지원한 이유는?
- 간호사들이 병원의 3교대 근무가 싫어서 워라밸을 위해 공무원에 지원하는 경우가 많은데 본인은 어떠한가?
- 결핵병동에 배치된다면 받아들일 수 있겠는가?
- 공립병원은 지체장애나 정신건강의학과 관련 업무가 많은데 잘 적응할 수 있겠는가?
- 보건소에서 근무하고 싶은 부서는?
- 공립병원 중 근무하고 싶은 병원은?
- 보건간호사의 역할은? 자신은 어떤 역할을 하고 싶은가?
- 간호사 중 존경하는 인물은(나이팅게일 제외)?
- 간호사가 다른 직업에 비해 높이 가져야 할 사회적 책임은?
- 어떤 간호사가 유능하다고 생각하는가?
- 일하다 보면 스트레스를 많이 받을 텐데 취미는 무엇인가?
- 병원에서 어느 정도 근무를 하였는가? 종합병원에서 근무 하였는가?
- 병원 근무 당시의 경험(노하우, 보험심사, 임상경험, 보람 등)
- 후배를 교육한 경험은?
- 의료봉사 경험은?
- 헌혈을 해본 경험은? 느낀 점은?
- 관련 자격증이 있는가?
- 보건소 실습 경험(느낀 점 등)
- 간호직 공무원으로서 자기계발을 한다면? 자기계발을 위해 한 활동은?

② 상황형

- 자신이 후배를 양성하는 입장이라면 어떻게 가르치고 싶은가?
- 교도소 안에서 응급환자가 발생했을 경우 어떻게 대처할 것인가?
- 점심시간이 되었는데 대기환자들이 많은 경우 어떻게 하겠는가?
- 3교대 근무 시 다음 간호사가 늦게 출근한다면 어떻게 할 것인가?

③ 전공 · 직무

- 간호직 공무원이 하는 일이 무엇인지 아는가?
- 민간병원과 공립병원의 차이는?
- 공립병원이나 보건소가 민간병원에 비해 부족한 점은? 개선해야 할 점은?

- 보건소의 사업 중 가장 해보고 싶은 사업은?
- 해당 지방자치단체의 보건소 현황(개수, 주요 업무, 관심 업무 등)을 말해보시오.
- 해당 지방자치단체의 보건소에서 가장 잘 된 사업은 무엇이라고 생각하는가?
- 홍역환자 확산 등 병원 내 전염사례가 끊이지 않는 원인은? 대처방안은?
- 태움 문화를 겪어 본 적이 있는가? 태움 문화에 대한 생각은?
- 보건소에서 시행 중인 방문간호사업 발전방안은?
- 도서지역은 의료혜택을 받기 어려운데 해결방안은?
- 원격의료시스템, 스마트 헬스케어 도입에 대한 생각은? 발전방안은?
- 정부 및 서울시에서 하고 있는 치매사업은?
- 간호계에 개정되거나 개정 논의 중인 법에 대해서 알고 있는가?
- 간호계가 발전하기 위해 필요한 부분이 있다면?
- 호스피스 간호에 대한 생각은?
- 영리병원에 대한 생각은?
- 지역사회 간호계획에 대해서 아는 것은?
- 지방자치단체 소속 보건소장은 의사가 하는 것이 타당한가, 일반직이 하는 것이 타당한가?
- 요붕증 아이 간호는 어떻게 할 것인가?
- 대사증후군이란 무엇인가?
- 노인들의 건강행태 요인을 수정하는 것은 어려운데 해결방안은?
- 장기노인요양보험의 대상자와 급여종류는?
- 결핵의 종류 및 예방법은? 결핵환자를 어떻게 교육하겠는가?
- 법정 감염병의 종류에는 무엇이 있나?
- 근거기반실무란 무엇인가?
- 진드기의 종류와 예방법에 대해 말해보시오.
- 자살예방법에 대해 말해보시오.
- 응급약물에 대해 말해보시오.
- 1세대 약물의 종류와 부작용에 대해 말해보시오.
- 우리나라 5대 사망원인은 무엇인가?
- 사망률이 가장 높은 질환은? 발병률이 가장 높은 질환은?
- 노인에게 가장 많은 질환은?
- 당이 높은 환자에게 어떻게 안내할 것인가?
- 아동, 노령층, 장애인에 대한 간호방법은? 보건교육 사항은?
- 5대 암 검진 종류는 무엇인가?
- 법정 예방접종에는 무엇이 있나?
- 집단 식중독에 대해 말해보시오.

31. 외무영사직

(1) 기본 정보

① **외교**: 국가의 이익을 위해 평화적인 방법으로 외국과의 관계를 유지하고 발전시켜나가는 모든 활동으로, 외교부는 서울에 위치한 본부와 세계 각지에 있는 재외공관으로 구성됨. 본부는 세계 각지에 위치한 재외공관을 지휘하며 우리나라의 외교정책을 수립함

② **외교부의 업무**
 ⊙ 지속적인 전방위 외교를 통해 우호 · 협력 관계를 증진
 ⓛ 해외여행객 2,600만, 재외동포 740만 시대를 맞아 해외에서 우리 국민의 안전과 동포의 권익 보호 증진
 ⓒ 한반도와 동북아 내 평화와 안정을 추구하고 지역 및 다자 협력을 통해 국제 평화와 번영에 기여

③ **재외공관**: 외교관계를 맺은 나라에서 대한민국 외교관들이 공식적으로 일하는 곳으로 전 세계 150여 개 공관에서 1,200명의 우리나라 외교관들이 활동
 ⊙ **대사관**: 세계 각지에서 대한민국을 대표하여 경제협력, 국민보호, 문화홍보 등의 업무 수행
 ⓛ **총영사관**: 국외에 있는 국민을 보호하고 양국 간 우호관계 촉진에 기여
 ⓒ **대표부**: UN 뉴욕, OECD 파리, WTO 제네바 등 국제기구에서 우리나라를 대표

(2) 기출 및 예상질문

① 개인신상 · 경험
 • 외무영사직에 지원한 이유는?
 • 회사원 생활을 했었는데 왜 외무영사직 공무원에 도전했는가?
 • 이른바 제3세계로 발령을 받으면 받아들일 수 있겠는가?
 • 외무영사직은 보직에 따라 야근이 많을 수 있는데 잘 적응할 수 있겠는가?
 • 외교부에서 근무하고 싶은 부서는?
 • 타국에서 근무한다면 근무하고 싶은 국가는?
 • 외교관의 역할은 무엇인가?
 • 자신은 어떤 역할을 하고 싶은가?
 • 외교관 중 존경하는 인물은?
 • 외교관이 다른 직업에 비해 높이 가져야 할 사회적 책임은?
 • 어떤 외교관이 유능하다고 생각하는가?
 • 외국에 살아본 경험은?
 • 민간 직장 근무 당시의 경험(노하우, 보람, 단점 등)
 • 유학 경험은? 느낀 점은?

- 보유하고 있는 자격증은 있는가?
- 워킹홀리데이 경험(느낀 점 등)
- 외무영사직 공무원으로서 자기계발을 한다면?
- 자기계발을 위해 한 활동은?

② 상황형
- 자신이 후배 외교관을 양성하는 입장이라면 어떻게 가르치고 싶은가?
- 영사관에서 근무하는데 탈북자가 영사관 문을 두드리는 경우 어떻게 대처할 것인가?
- 해외 출장 중 한국인이 폭행당하는 것을 목격하면 어떻게 하겠는가?
- 영사관 근무 중 자신이 여권을 분실한 한국인이라고 주장하는 사람이 있는데, 신분을 확인할 수 있을 만한 신분증도 없고 주민등록번호도 대지 못하는 상황에서 횡설수설 한다. 이럴 경우 어떻게 대처하겠는가?

③ 전공·직무
- 영사관과 대사관의 차이는?
- 총영사관의 역할은?
- 한반도를 둘러싼 4강은?
- 대사, 영사, 공사의 차이에 대하여 설명하라.
- 한류 보급에 대하여 외무영사직 공무원으로서의 역할은 무엇인가?
- 젊은 층에 헬조선을 탈출해야만 한다는 인식이 팽배한 이유는?
- 국립 외교원의 역할은 무엇인가?
- 외교부 정책 중 알고 있는 것은?
- 통상 업무는 과거처럼 외교부에서 담당하는 것이 옳은가, 현재처럼 산업자원부에서 담당하는 것이 옳은가?
- UN의 역할은?
- 세계은행과 IMF 역할의 공통점과 차이점은?
- 미국의 수도는?
- 전 세계 국가는 몇 개인가?
- 보호무역에 대한 자신의 생각은?
- 조세지출예산제도가 통상교역국과 마찰을 일으키는 이유는 무엇인가?
- 외교관이 계급이 폐지된 이유는 무엇인가?
- 외무영사직이 하는 일을 세 문장으로 표현하면?
- 국제법을 한마디로 정의해보라.
- 국제정치에서 가장 중요한 가치는?
- 패권국가란 무엇인가?
- 패권주의란 무엇인가?
- 팍스 아메리카란 무엇인가?

- 국제경제법을 공부 하였는가?
- 전쟁과 평화의 법이란?
- EEZ는 무엇인가?
- 영해의 범위는 어떻게 되나?
- 남중국해에서 국제 분쟁이 끊이지 않는 이유는 무엇인가?
- 독도가 우리 영토라는 것을 주장할 수 있는 근거는 무엇인가?
- 공산주의가 몰락한 이유는 무엇인가?
- G2는 무엇인가?
- UN 안보리 상임 이사국은 어떻게 되나?
- UN 안보리의 현재 비상임 이사국은 어디인가?
- 속지주의와 속인주의에 대하여 설명해보라.
- 우리나라의 표준시가 도쿄가 기준인 이유는 무엇인가?

32. 방송통신직

(1) 설립목적

① 「방송통신위원회의 설치 및 운영에 관한 법률」에 의거하여 설립된 방송통신위원회는 방송과 통신에 관한 규제와 이용자 보호, 방송의 독립성 보장을 위하여 필요한 사항 등의 업무를 총괄함

② 디지털 기술의 발달에 따른 방송과 통신의 융합현상에 능동적으로 대응하면서 방송의 자유와 공공성 및 공익성을 보장하고, 방송과 통신의 균형 발전 및 국제 경쟁력을 강화하는 것 등을 설립목적으로 하며 대통령 직속 합의제 행정기구로 출범하였음

③ 방송통신위원회가 담당하는 주요 기능은 지상파방송 및 종편·보도PP 정책, 방송통신사업자의 금지행위 위반 시 조사·제재, 방송통신 이용자 보호정책 수립·시행, 개인정보보호정책 수립·시행 및 불법유해정보 유통방지, 방송광고, 편성 및 평가정책 수립·시행, 미디어다양성 정책 등에 관한 사항이 있음

(2) 주요 업무

① 방송통신사업자 간 불공정행위 규제 강화

② 방송서비스 활성화를 위한 기반 확충

③ 개인정보 침해사고 예방 및 인식 제고정책 수립·시행

④ 건전한 인터넷 이용환경 조성

⑤ 공정경쟁 및 이용자 보호를 위한 제도 수립ㆍ시행

⑥ 시청자 지원 인프라 구축ㆍ확대

(3) 정책목표 및 정책과제

① 방송의 공공성ㆍ공정성 강화로 국민의 신뢰 제고

 ㉠ 방송의 역할 재정립

 ㉡ 방송의 공정성ㆍ공익성 제고

 ㉢ 방송의 사회적 책임 제고

② 국민의 미디어 접근권 확대 및 이용자 권익 증진

 ㉠ 국민의 미디어 활용 역량 증진

 ㉡ 시청자 참여 및 소통 활성화

 ㉢ 소외계층의 미디어 접근권 향상

 ㉣ 지능정보사회의 이용자보호 강화

③ 방송통신시장의 공정경쟁 환경 조성

 ㉠ 방송통신 분야 상생환경 조성

 ㉡ 국내외 사업자 간 역차별 해소

 ㉢ 방송사업자 간 규제 형평성 제고

④ 고품질 한류 방송콘텐츠 제작ㆍ유통 기반 확충

 ㉠ 제작재원 확충을 위한 방송광고제도 개선

 ㉡ 방송콘텐츠 해외 진출 지원

 ㉢ 신규서비스 활성화 지원 및 제도 정비

 ㉣ 경쟁 활성화 및 데이터 개방 확대

⑤ 표현의 자유 신장 및 인터넷 역기능 대응 강화

 ㉠ 인터넷상 표현의 자유 증진

 ㉡ 인터넷 역기능 대응 강화

 ㉢ 청소년 보호 및 인터넷 윤리교육 강화

33. 운전직 기출 및 예상질문

① 개인신상 · 경험

- 운전직에 지원한 이유는? 운전직 공무원에 지원하게 된 동기를 가지게 된 경험은?
- 타 직장 근무 경력이 있는데 왜 그만두고 공무원에 도전했는지?
- 운전 업무가 아닌 다른 업무를 추가로 하게 되어도 받아들일 수 있겠는가?
- 지방자치단체 운전직은 운전 업무 이외에도 다른 업무가 많은데 잘 적응할 수 있겠는가?
- 운전직 공무원으로 일하면 새벽근무를 해야 하는 경우가 있는데 할 수 있겠는가? 낮에 일하는 사람이 부럽거나 불합리하다고 생각하지는 않는가?
- 운전직은 주말에 출근하거나 야근을 많이 할 수 있다. 스트레스를 받지 않겠는가?
- 근무하고 싶은 부서는?
- 운전직 공무원으로서 서울시 소속기관 중 근무하고 싶은 기관은?
- 운전직 공무원의 역할은?
- 운전직 공무원으로서 어떤 역할을 하고 싶은가? 운전으로 지방자치단체에 이로움을 줄 수 있다면 어떤 것이 있겠는가?
- 운전직 공무원에게 가장 중요한 공직가치는 무엇인가?
- 어떤 운전직 공무원이 유능하다고 생각하는가?
- 운전 경험이 얼마나 되는가?
- 이전 직장 근무 당시의 경험(노하우, 보람 등)
- 운전직 공무원으로서의 전문성을 기르기 위한 노력은?
- 보유하고 있는 운전면허증 및 운전관련 자격증의 종류는?
- 운전 면허증 이외의 자격증은 무엇이 있나?
- 운전직 공무원으로서 자기계발을 한다면? 공직 입직 후 자격증 취득 계획은?
- 직업으로 운전 업무를 수행한 경험은?
- 운전 업무 관련해서 형사 처벌을 받은 경험이 있는가?
- 음주단속에 적발된 경험이 있는가?
- 대인 사고, 대물 사고를 낸 경험이 있는가?
- 교통사고를 당한 경험이 있는가?

② 상황형

- 운전직 공무원으로서 거의 매일 새벽 출근과 야간 퇴근을 해야 하는 보직을 맡게 되면 어떻게 하겠는가?
- 전날 저녁의 음주로 출근하기 전에 술기운이 남아 있다고 느낀다면 어떻게 하겠는가?
- 장거리 운전 중인데, 도착시간이 촉박한 상황이다. 그런데 졸음이 쏟아진다. 어떻게 하겠는가?
- 주말 운전 근무를 항상 자신에게 부탁하는 선배가 있다. 어떻게 하겠는가?

- 직장 상사랑 외부에서 식사를 하는 중에 상사가 권해서 맥주를 딱 한 잔 마셨다. 사무실로 복귀 시 상사가 한 잔은 음주측정에도 걸리지 않는다고 운전을 하라고 지시한다. 어떻게 하겠는가?
- 세 명의 공무원으로 프로젝트팀이 구성되었다. 팀원 중 본인이 업무경험도 가장 많고 업무수행 연차도 가장 높으며 직급은 7급으로 같은 상황인데, 상사가 행정직 공무원에게 프로젝트 팀장을 맡겼다. 수용할 수 있는가?
- 버스기사를 폭행하는 기사나 뉴스가 많은데 본인이 버스기사라면 어떻게 대처하겠는가?

③ 전공 · 직무
- 운전직 공무원으로서 꼭 보유해야 하는 자격증은?
- 운전직 공무원이 수행하는 업무에는 무엇이 있는가?
- 간단한 자동차 정비 업무를 수행할 수 있나?
- 가솔린 엔진과 디젤 엔진의 차이는 무엇인가?
- 서울의 전기차 충전시설 현황은 어떻게 되나?
- 전기차 보급의 확대가 미세먼지 문제 해결에 도움이 된다고 생각하나?
- 전기차가 보급되는데 있어서 가장 큰 장애는 무엇인가?
- 자율주행 차량의 상용화는 언제쯤으로 예상하는가?
- 자율주행 차량이 사고 위기에 처했다. 운전자를 보호해야 하는가, 보행자를 보호해야 하는가?
- 현재 우리나라 운전 면허체계의 문제점과 개선방향은?
- 운전직 공무원과 타 직렬 공무원의 업무수행 능력에 차이가 존재한다고 생각하는가?
- 운전직 공무원은 승진에 한계가 존재한다. 어떻게 생각하는가?
- 운전능력 및 관련 지식을 향상시키기 위한 본인의 노력은?
- 운전에 있어서 가장 중요한 것은 무엇이라고 생각하는가?

34. 지적직 기출 및 예상질문

① 개인신상 · 경험
- 지적직에 지원한 이유는 무엇인가?
- 타 직장 근무 경력이 있는데 왜 그만두고 공무원에 도전했는가?
- 지적 업무와 무관한 아닌 보직을 받아도 받아들일 수 있겠는가?
- 지적직은 출장 업무가 많을 수 있는데 잘 적응할 수 있겠는가?
- 서울시에서 근무하고 싶은 분야는?
- 지적학을 전공하였는가?
- 지적직 공무원의 역할은? 자신은 어떤 역할을 하고 싶은가?
- 지적직 공무원에게 가장 중요한 공직가치는 무엇인가?

- 어떤 지적직 공무원이 유능하다고 생각하는가?
- 실제 지적업무 경험이 얼마인가?
- 전 직장 근무 당시의 경험(노하우, 보람 등)
- 지적 관련 자격증은 무엇이 있나?
- 지적직 공무원으로서 자기계발을 한다면? 자기계발을 위해 한 활동은?
- 지적직 공무원으로서 꼭 갖추어야 하는 역량은 무엇이 있나?
- 지적기사와 측지기사의 차이는 무엇인가?

② 상황형
- 출장업무가 근무시간 중 완료되었는데도 출장을 함께 간 동료가 청으로 복귀하지 않고 바로 퇴근하자고 한다. 어떻게 하겠는가?
- 출장업무 수행 중 공무 차량이 불법주차로 견인 되었다. 어떻게 대처할 것인가?
- 업무 수행 중 측량장비가 고장 났다. 업무를 급박하게 마무리해야 하는 시점이라면 어떻게 대처 하겠는가?
- 출장업무를 항상 미루는 동료가 있다면 어떻게 대처하겠는가?

③ 전공 · 직무
- 지적학과의 측량과 토목공학과의 측량의 차이는?
- 지적측량은 무엇인가?
- 지적측량과 소지측량에 대하여 설명해보라.
- 지적이란 무엇이고, 지적학이란 무엇인가?
- 측량에 대해 알기 쉽게 설명해보라.
- 한국국토정보공사에 대해 들어 보았는가? 무엇을 하는 기관인가?
- 지적에 대한 일반인의 인식이 많이 미흡하다. 왜 그렇다고 생각하는가?
- 적정 도시 규모는 어느 정도 된다고 생각하는가?
- 부동산학에 대하여 공부 하였는가?
- 공인중개사나 감정평가사 등 지적 관련 자격증을 보유하고 있는가?
- 토지공법과 토지사법의 차이는 무엇인가?
- 부동산 경매를 통해 부동산을 취득한 적이 있는가?
- 우리나라는 부동산 등기의 공신력을 인정하는가?
- 등기의 '공시'와 '공신'은 무엇인가?
- 우리나라 법률상 건물은 토지에 부속되어 있는가, 토지와 별도의 부동산인가?

02 국회사무직

(1) 기본 정보

① **국회사무처의 역할**: 국회의장의 지휘 및 감독을 받아 국회와 국회의원의 입법 활동을 지원하고 국회의 행정 업무를 수행

ㄱ **국민과의 약속을 지키는 국회**

- 미래를 준비하는 의정환경 조성
- 국민에게 신뢰받는 품격 있는 국회 실현
- 국민의 삶과 함께하는 민생국회 구현
- 국익창출을 위한 의회외교 전개

ㄴ 헌법정신을 구현하는 국회

ㄷ 국민에게 힘이 되는 국회

ㄹ 미래를 준비하는 국회

② 국회사무처 조직

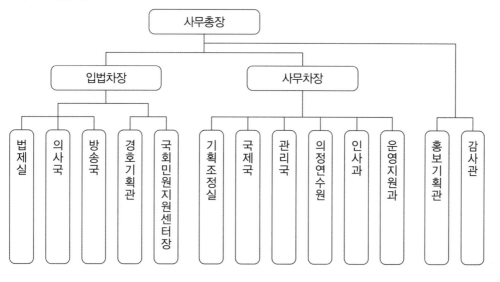

(2) 기출 및 예상질문

① 개인신상·경험

- 국회사무처에 지원하게 된 동기는 무엇인가?

② 전공·직무

- 국회 공무원의 장점과 단점을 말해보시오.
- 국회 공무원의 불편한 점은 무엇이라고 생각하는가?
- 행정부와 사법부를 비교했을 때 입법부의 역할은 무엇인가?
- 국회사무처가 하는 일은 무엇인가?
- 입법부의 역할은 무엇인가?
- 국정감사와 국정조사의 차이점은 무엇인가?
- 법률과 예산의 차이점은 무엇인가?
- 법률유보란 무엇인가?
- 교섭단체란 무엇인가? 교섭단체와 정당의 차이점은 무엇인가? 우리나라 교섭단체는 몇 개인가?
- '원내'의 뜻은 무엇인가?
- 불체포특권과 면책특권의 개념과 그러한 특권을 부여한 이유는 무엇인가?
- 3분의 2 이상 의원의 의결로 통과되는 것은 무엇인가?
- 국회의원 총원은 몇 명인지? 의장, 부의장은 누구인지?
- 현재 국회에 있는 정당이름과 대표의원은 누구인지?

---

plus + 국회사무직 면접절차

1. 국회사무처 9급

① 제출서류

- 자기소개서: 붙임양식, 전자메일로 송부
- 응시요건 자격증(사서, 전산 등) 사본과 가산대상 자격증 등 해당 서류는 면접일에 제출

② 면접방식: 3명의 면접관이 1명의 응시자에게 질문하는 방식(개별면접)

2. 국회사무처 8급

① 제출서류 – 자기소개서: 붙임양식, 전자메일로 송부

② 면접 방식

순서	시간
자기기술서 작성	15분
집단토론 문제 검토	20분
집단토론	조별 면접인원수 × 1인당 5분 내외
개별면접	20분 내외

03 법원행정직 기출 및 예상질문

① 상황형

- 친한 동기가 부정행위를 저지른 경우 어떻게 대처할 것인가?
- 민원인이 계속해서 자기주장만 고집하면서 규정에 맞지 않는 요구를 하거나 재량권 발동을 요청하는 경우 어떻게 대처할 것인가?
- 실무에서 의견충돌이 일어난 경우 어떻게 대처할 것인가?
- 적법성과 융통성 중 어느 것을 택할 것인가?

② 전공 · 직무

- 법원직(등기직)이 무슨 일을 하는지 아는가? 본인의 역량은?
- 법원직(등기직) 공무원으로서 가져야 할 가장 중요한 덕목은 무엇인가?
- 법원 공무원 노조에 대한 본인의 생각은 어떠한가?
- 공직사회 부정부패의 원인은 무엇인가?
- 법원(등기소)의 역할, 법원직(등기직) 공무원의 역할은 무엇인가?
  - → 법원사무직 공무원: 각급 법원의 재판에 참여하여 조서작성, 기록보관, 소송사항에 관한 증명서 발급, 송달 등의 사무를 담당하거나, 부동산등기 · 상업등기, 가족관계등록사무, 공탁업무 등 소송 외의 사무 처리
  - → 등기직 공무원: 상업등기, 부동산등기, 선박등기 등의 등기신청사건 처리, 등기사항 증명서의 발급, 인감증명업무를 하며, 그 밖의 일정한 사문서에 대한 확정일자 부여 등의 업무 수행. 등기신청 사건의 처리와 등기사항증명서발행 업무는 등기관의 독립된 직무(권한), 등기관 이외의 대부분 등기소직원은 등기사건처리와 등기사항증명서 발행업무 보조
- 소송 외 분쟁해결제도(ADR)에 대해 말해보시오.
- 상속회복청구권과 등기청구권에 각각 말해보시오.
- 국민참여재판제도와 미국 배심제의 차이점은 무엇인가?
- 파산과 면책 개념에 대해 말해보시오.
- 법률행위에 의한 물권변동과 법률의 규정에 의한 물권변동의 차이는 무엇인가?
- 매매와 증여의 차이는 무엇인가?
- 구속적부심과 보석의 차이점은 무엇인가?
- 「형사소송법」의 이념에 대해 말해보시오.
- 피상속인의 채권자가 상속인에게 취할 수 있는 조치는 무엇인가?
- 성년후견인제도의 신설 취지는 무엇인가?
- 재판생중계에 대한 의견을 말해보시오.
- 내부고발자 보호제도에 대해 말해보시오.
- 소년범 처벌 강화와 「소년법」 폐지에 대한 의견을 말해보시오.
- 안락사법에 대한 의견을 말해보시오.

gosi.Hackers.com

부록

아래 질문리스트는 교재 본문에 나온 질문들 중 주요 질문을 모아놓은 것입니다. 모의면접 시 이 질문리스트를 활용하여 질문하시기 바랍니다.

01 개인신상 · 인성

(1) 자기소개

- 자기소개를 해보시오.
- 본인의 장점은? 공무원 사회에 적합한 자질 · 성격 · 경력 · 경험이 있는가?
- 본인의 단점은? 어떻게 극복할 것인가?
- 본인의 전공은? 직렬 관련 전문성이 있는가?
- 취미는 무엇인가? 휴일은 어떻게 보내는가? 스트레스 해소방법은 무엇인가?
- 학교생활 · 과외활동 중 기억에 남는 경험이 있는가?
- 가족관계는 어떻게 되는가?
- 생활신조는 무엇인가?
- 대인관계는 어떠한가? 대인관계를 유지하는 자신만의 방법은 무엇인가?
- 갈등을 해소하거나 설득하는 자신만의 방법은 무엇인가?
- 다른 사람이 본인을 어떻게 평가하는가?
- 리더십 유형은? 주도하는 편인가 아니면 따르는 편인가?

(2) 지원동기

- 왜 공무원이 되려고 하는가?
- 사기업을 선택하지 않은 이유는? 박봉인데 괜찮은가?
- 국가직(지방직) 공무원에 지원한 이유는 무엇인가?
- 다른 직렬이 아닌 ○○직에 지원한 이유는 무엇인가?
- 공무원이 되고자 결정한 시기와 구체적인 동기는 무엇인가?

(3) 포부

- 공무원이 된다면 ○○시에 어떻게 기여하겠는가? 포부·각오는?

- 일하고 싶은 부처에서 하는 일과 당면 과제는 무엇인가?

- 담당하고 싶은 업무는? 그 업무와 관련된 전문성·역량은 무엇이 있는가?

- 10년 후 자신의 모습은?

- 공무원 직급체계를 아는가? 어디까지 진급을 희망하는가?

- 직무능력을 위해 계발하고 있는 것이나 계획하는 것이 있다면 말해보시오.

(4) 경험

① 조직적합성

- 갈등을 중재·해결한 경험을 말해보시오.

- 타인을 설득한 경험을 말해보시오.

- 스스로 나서 공동의 일을 해결한 경험을 말해보시오.

- 동료와 협동해 공동의 목표를 이룬 경험을 말해보시오.

- 충고·비판·조언을 받아들여 성공한 경험을 말해보시오.

- 리더십을 발휘한 경험을 말해보시오.

② 의지력

- 잘못을 인정하고 개선한 경험을 말해보시오.

- 가장 힘들었던 경험은? 그 어려움을 어떻게 극복했는가?

- 실패 후 극복하거나 보완한 경험 또는 실수를 만회한 경험을 말해보시오.

③ 준법정신

- 법규·원칙을 위반하거나 목격한 경험을 말해보시오. 어떻게 대처했는가?

- 손해를 감수하고 원칙을 지킨 경험을 말해보시오.

④ 후속질문

- 경험을 통해 느낀 점·교훈을 말해보시오.

- 해당 경험을 공직에서 어떻게 활용할 것인가?

02 공직관

(1) 공직가치

- 사기업과 공무원의 차이점을 말해보시오.

- 공복이라는 말의 의미를 말해보시오.

- 민간보다 공무원 범죄의 처벌이 엄한 이유를 말해보시오.

- 직업공무원제도의 취지를 말해보시오.

- 공무원으로서 가장 중요한 가치 · 덕목은 무엇인가?

  - 그 이유는? 다른 가치 · 덕목은 중요하지 않은가?

  - 그 가치 · 덕목을 함양하기 위해 어떤 노력을 할 것인가?

- 민원인을 상대함에 있어 갖추어야 할 덕목은? 국민들이 요구하는 공직가치는 무엇인가?

- 바람직한 공무원상은? 공무원 롤모델은? 본받고 싶은 공무원이 있다면 말해보시오.

- 공직문화 개선이 필요한 부분은? 개선 방안은 무엇인가?

(2) 공직상황 · 문제해결

① 윤리

- 상사가 불법 · 비리인 지시를 한다면 어떻게 하겠는가?

- 형편이 어려운 동료가 부정을 저지른다면 어떻게 하겠는가?

- 뇌물이나 청탁이 들어온다면 어떻게 하겠는가?

- 지인이 규정에 어긋나는 부탁을 한다면 어떻게 하겠는가?

- 본인 실수를 민원인과 상사를 비롯하여 아무도 모른다면 어떻게 하겠는가?

- 법규와 양심이 상충된다면 어떻게 하겠는가?

② 태도

- 희망하지 않는 부서로 간다면? 적성에 맞지 않는 업무를 맡는다면 어떻게 하겠는가?

- 공익과 사익의 관계는? 직장생활과 사생활이 겹친다면 어떻게 하겠는가?

③ 조직 융화 · 업무 처리

- 동료가 업무를 성실히 하지 않고 본인에게 떠넘긴다면? 비협조적인 동료 · 부하가 있다면 어떻게 하겠는가?

- 상사가 부당한 지시를 하다면 어떻게 하겠는가?

  - 부당한 지시의 기준은 무엇인가?

  - 자신이 옳다고 확신한다면 어떻게 하겠는가?

- 과장님과 국장님이 다른 지시를 한다면 어떻게 하겠는가?

- 조직에 불합리한 관행이 존재한다면 어떻게 하겠는가?

- 나이가 어린 상급자의 꾸중 · 심부름이 과하다면 어떻게 하겠는가?

- 동료와 갈등이 있다면 어떻게 하겠는가?

- 퇴근시간 후 업무가 없는데 상사가 남아있다면 어떻게 하겠는가?

- 유능하지만 괴팍한 상사와 무능하지만 친절한 상사 중 어느 편이 더 좋은가?

- 기일을 지켰지만 부실한 보고서와 기한을 하루 넘겼지만 충실한 보고서 중 어느 편이 더 좋은가?

- 급박하게 여러 가지 처리해야 하는 경우 어떻게 대처할 것인가?

- 상관과 업무상 의견이 대립하는 경우 어떻게 할 것인가?

- 상사의 지시와 민원업무 중 어느 것이 우선인가?

④ 민원

- 공공갈등의 해결방안은 무엇이 있겠는가?

- 반드시 도와야 하는 민원인이 있는데 법적 근거가 구체적으로 제정되지 않았다면 어떻게 하겠는가?

- 고질민원인(우기기, 폭언, 취객)이 방문한다면 어떻게 하겠는가?

- 민원인이 장시간 이야기로 업무에 지장이 있다면 어떻게 하겠는가?

- 민원인이 재량권 발동을 요구한다면 어떻게 하겠는가?

- 민원인이 작은 선물을 준다면 어떻게 하겠는가?

⑤ 공직사회 개선

- 공무원 비리에 대한 원인과 개선방안을 말해보시오.

- 공무원의 문제점과 변화되어야 할 점은 무엇인가?

- 공무원에 대한 인식 개선방향은 무엇인가?

- 공무원 연금개혁에 대한 생각은 무엇인가?

- 공무원 증원에 대한 생각은 무엇인가?

- 공무원 근무시간 단축 필요성에 대해 어떻게 생각하는가? 근무시간 단축의 구체적인 방안과 그렇게 결정한 기준은?

- 공무원은 노동3권이 보장되는가? 공무원노조 가입 제한 대상은 무엇인가?

(3) **공직규정**

- 김영란법에 대해서 아는 대로 설명해 보시오.

- 공무원 행동강령 중 아는 내용을 말해보시오.

- 내부고발자 제도에 대한 생각은? 순기능과 역기능은? 활성화 방안을 말해보시오.
- 관피아에 대한 생각은? 퇴직공무원 취업이 제한되어야 하는 이유는 무엇인가?
- 공무원으로서 하지 말아야 할 행동은 무엇인가?
- 공무원의 의무 중 중요하다고 생각하는 것은 무엇인가?
- 선물과 뇌물의 차이점은 무엇인가?

03 전문 지식

(1) 현업 · 현안

① 현업

- ○○직 공무원이 하는 업무와 역할은 무엇인가?
- ○○직 공무원으로서 필요한 역량 · 전문성은 무엇인가?

② 정책 · 현안

- 정부(○○시 · ○○부처)에서 추진하는 정책 중 관심 있는 정책은 무엇인가?
- 정부(○○시 · ○○부처)에서 추진하는 정책 중 잘 된 정책과 미흡한 정책은 무엇인가?
- 추진하고 싶은 정책과 구체적인 방법은 무엇인가?
- 현재 이슈가 되고 있는 정책은 무엇인가?
- 노령화와 저출산의 원인 · 문제점 · 해결방안은 무엇인가?
- 청년실업과 노령실업의 원인 · 문제점 · 해결방안은 무엇인가?
- 비정규직 노동자의 문제점 · 해결방안은 무엇인가?
- 복지 사각지대의 원인 · 해결방안은 무엇인가?
- 보편적 복지와 선택적 복지 중 어떤 것이 적절한가?
- 다문화사회 정책의 현황은? 개선이 필요한 것 · 개선방안은 무엇인가?
- 희망부서와 관련한 정책 · 현안은 무엇인가?
- 4차 산업혁명시대의 발전방안은 무엇인가?
- 빅데이터 활용방안은? 빅데이터를 활용한 정책을 개발한다면 무엇이 있겠는가?
- [세무직] 세원 발굴 방안은? 고액체납자 징수방안은 무엇이 있겠는가?

③ 지방직 관련 질문

- 지방분권의 필요성과 선결과제를 말해보시오.

- 지역균형발전을 위한 방안을 말해보시오.

- ○○지역 발전방안을 말해보시오.

- 지방에서 수도권으로의 청년 인구유출을 해결할 방안을 말해보시오.

- ○○지역의 지역브랜드와 관광객 수는? 관광 활성화 방안은? 관광상품을 개발한다면 무엇이 있겠는가?

(2) 상식

- 배상 · 보상, 조례 · 규칙의 차이는 무엇인가?

- 파킨슨의 법칙이란 무엇인가?

- 고위공무원단이란 무엇인가?

- 지역이기주의의 원인과 해결방안은 무엇인가?

- 고시와 공고, 허가와 인가의 차이는 무엇인가?

- 행정심판과 행정소송, 손해보상과 손해배상의 차이는 무엇인가?

- 행정법상 취소와 무효는 어떻게 다른가?

- 행정행위 시 의도하지 않은 피해에 대한 배상은 어떻게 하는가?

- 행정법의 5가지 원칙은 무엇인가?

- 빅데이터와 비식별정보에 대해 말해보시오.

- 사회적 경제란 무엇인가?

01 9급 면접후기

1. 2019 국가직 출입국관리직 / 20대 후반 / 여

지방에 살고 있지만 오전 조 2번에 배정되었습니다. 면접공고를 봤을 때 오전 조 비수도권 면접대상자는 저를 포함하여 2명이었습니다. 지역번호가 같아서 기억하고 있었는데 신기하게도 같은 조로 배정되었습니다. 의외로 남성 응시생들이 많았습니다. 오전 조 중 절반 정도로 기억합니다. 적어도 각 조에 한 명은 남자였고 오전 조 중에서는 저 혼자 여자였습니다. 사복 입은 사람은 전혀 없었고 여성 응시생들 중에는 세미정장도 심심찮게 보였습니다.

자기기술서를 작성하는 대기실은 소강당 느낌의 세미나실이었는데 의자 팔걸이에서 뽑아 쓰는 책상이라 필기하기가 불편했습니다. 하지만 대체적으로 과천인재개발원 시설은 좋았습니다. 특히 면접실은 부스가 아니라 룸으로 되어있어서 매우 아늑하고 조용했습니다.

면접장 앞에서 기다리는데 같은 조 1번 응시생이 10분이나 남기고 제일 빨리 나왔습니다. 그러자 인사혁신처 관계자로 보이는 사람이 황급히 들어갔습니다. 아마 너무 빨리 끝내지 말라는 것 같았습니다. 면접관은 50대 쯤으로 보이는 남성 두 분이 들어오셨습니다. 오전 두 번째 순서였지만 벌써 지쳐보이셨고, 빨리 끝내고 싶어 하는 느낌이 들었지만 나름 따스하게 대해주셨습니다. 서로 파트를 맡은 것 같다는 느낌을 받았습니다. 왼쪽 면접관(인사혁신처 혹은 타직렬로 추정됨)은 5분 발표부터 경험형 문제까지 질문하시고 오른쪽 면접관(출입국관리직)은 상황형부터 끝까지 질문하셨습니다. 각자 맡은 파트를 진행할 땐 개입이 아예 없었습니다. 대체적으로는 오른쪽 면접관이 주도하는 분위기였습니다. 긴장 풀라고 하시며 자기소개 없이 바로 5분 발표를 시작했습니다.

(1) 5분 발표

> 주제 세종실록에서 추론할 수 있는 공직가치와 이를 실천하기 위한 공직자의 자세는?
> - 사례 1 – 백성들이 이를 좋아하지 않으면 행할 수 없다. 정부, 육조와 각 관사, 수령, 여염에까지 가부를 물어야한다.
> - 사례 2 – 개정된 세법을 시행하기 위해 17만 호에 가부를 물었는데, 찬성 쪽이 많았음에도 불구하고 2만 여 호밖에 차이가 나지 않자 시행을 보류하고 각각의 의견을 검토하여 제도를 다시 보완하였고 이를 거쳐 연분 9등법, 전분 6등법이 시행되었다.

> **답변**
>
> 1. 공직가치
>   민주성, 다양성
> 2. 공직자의 자세
>   열린 마음으로 국민의 의견에 귀를 기울이는 자세가 필요함
> 3. 구체적 방안
>   - 정책 수립단계, 시행 전 단계에서 공청회를 실시함
>   - 외부 전문가를 초빙하여 여러 분야의 전문지식을 쌓고 실태, 현안 등을 살펴봄
>   - 국민정책발안제를 활용함
> 4. 결론
>   현대 민주주의 사회에서 민주성과 다양성은 더욱 강조되는 공직가치라고 생각함. 앞서 제안한 방안들을 활용한다면 국민들이 정말 필요로 하는 다채로운 정책들을 수립할 수 있다고 믿음

(약 3분 정도 발표한 것 같음. 발표를 들으시며 저를 거의 안보셨고, 책상에 놓인 시계를 보셨으나 짧게 했다고 뭐라고 하지는 않으셨음)

- **면접관**: 왜 민주성이라고 생각하는가?

- **본인**: 정부, 육조, 수령뿐만 아니라 일반 백성에게까지도 의견을 물었기 때문입니다.

- **면접관**: 처음 가부를 물었을 때 찬성 의견이 더 많았는데 왜 시행을 보류했다고 생각하는가?

- **본인**: 물론 찬성 쪽이 우세했지만 두 의견의 차이가 2만여 호로 그리 크지 않았기 때문입니다.

- **면접관**: 그래도 찬성 쪽이 많으니 그냥 시행해도 됐을 텐데?

- **본인**: 찬성 의견이 월등히 우세해야 정책을 성공적으로 시행할 수 있다고 생각합니다. 반면 두 의견의 수 차이가 그리 크지 않다면 정책을 한 방향으로 실시하기 힘들기 때문에 실패할 가능성이 큽니다. 따라서 세종도 성공적으로 공법을 실시하기 위해 일단 시행을 보류하고 각 의견을 수렴하여 보완책을 냈다고 생각합니다.

- **면접관**: 그렇다면 세종은 왜 이렇게 복잡한 방법을 거쳐 오랜 시간을 들여 정책을 시행했다고 생각하는가?

- **본인**: 백성을 사랑하는 마음이 컸기 때문이라고 생각합니다. 백성에게 실제로 도움이 되는 정책을 펼치고 싶지 않았을까 생각합니다.

- **면접관**: 애민사상이라는 건가?

- **본인**: 네, 그렇습니다.

- **면접관**: 공청회를 실시하면 의견이 너무 많아 정책을 실시하는 데 실효성이 떨어질 수도 있다. 어떻게 대처할 것인가?

- **본인**: 면접관님 말씀대로 각자 너무 다양한 의견을 한꺼번에 낸다면 과정이 너무 길고 복잡해질 수 있다고 생각합니다. (여기서 대처방안 생각이 안나 3초 정도 머뭇거림. 면접관님이 괜찮다며 천천히 생각해보라고 하셨음. 너무 길게 끌면 안 될 것 같아 일단 말함) 저는 가능하다면 조를 구성하여 의견을 모은 후 그 의견들을 토대로 공청회를 실시하겠습니다. 즉 의견을 취합하는 중간 과정을 만들 것 같습니다(하.. 정말 이것밖에 생각이 안났음).
- **면접관**: 만약 국민이 정말 좋은 정책안을 가지고 담당주무관인 응시자를 찾아왔는데 본인의 사익과 연결되어 있다. 어떻게 할 것인가?
- **본인**: 아무래도 제가 그대로 진행한다면 곤란한 상황이 발생할 가능성이 크다고 생각합니다. 따라서 다른 담당자에게 연결해 드리겠습니다.

(2) 자기기술서

① 경험형

주제 타인이 자신을 오해하여 곤란했던 경험. 대처방법과 그 결과는?

답변

1. 관련 경험

   교환학생 시절 작은 섬의 수족관으로 통역을 하러 간 적이 있습니다. 섬을 방문하는 한국인 관광객이 수족관에 오면 시설을 안내하고 수족관 관계자의 설명을 한국어로 통역하는 일이었습니다.

2. 오해해서 난처해진 상황

   당시 일본에 간 지 얼마 안 되었던 터라 일본어가 능숙하지 않아 초반에 버벅거리는 모습을 보였습니다. 이에 저를 답답하다고 생각하신 관계자는 저를 의도적으로 무시하기 시작했습니다. 제 말에 대꾸하지 않았고 저를 쳐다보지도 않았습니다.

3. 대처방법 그 결과

   당황스러웠지만 미숙한 모습을 보여 죄송했습니다. 일단 저를 무시하더라도 밝은 표정으로 다가가 말을 붙였고 바다거북 체험 시 필요한 준비물(미역, 상추, 수건)을 미리 준비해 일을 도와드렸습니다. 또한 시간이 지나며 통역업무도 익숙해져 처음보다 매끄러운 모습을 보였고 마음이 풀리신 건지 관계자도 저를 대하는 태도가 조금씩 달라지기 시작했습니다. 저에게 먼저 말을 걸지는 않았지만 답변은 했고 대화 시 저와 시선을 맞추기도 했습니다. 다행히 업무는 큰 무리 없이 마무리 되었고 놀랍게도 관계자에게 수고했다는 말을 들었습니다.

- **면접관**: 교환학생을 다녀온 것 같다.
- **본인**: 네, 일본으로 1년 간 다녀왔습니다.
- **면접관**: 그런데 경험이 제시문과 맞지 않는 것 같다. 기술한 경험은 타인이 본인을 안 좋게 생각한 사례이지 오해한 사례는 아니지 않나?

- 본인: 네, 저를 안 좋게 본 사례이지만 저를 무능하다고 오해한 경험이어서 적었습니다.

- 면접관: 아, 그렇군요. (이후 별다른 말씀 없이 계속 후속질문 진행함)

- 면접관: 그럼 이 관계자에 대해 어떻게 알게 되었는가?

- 본인: (통역업무를 어떻게 알게 되었는지 질문한 것으로 잘못 알아듣고) 제가 교환학생으로 있던 학교의 한국인 대학원생의 소개로 알게 되었습니다.

- 면접관: 아니 그게 아니라 이 관계자가 본인을 오해하는지 어떻게 알게 되었나?

- 본인: 아, 죄송합니다. 제가 질문을 잘못 이해했습니다. 일단 저를 대놓고 무시하셨습니다. 제가 질문을 해도 들은 척도 안하셨고 혼잣말로 "일본어도 제대로 못하는 주제에 저렇게 일 못하는 애가 왜 왔는지 모르겠네."라고 말하기까지 했습니다.

- 면접관: 그때 기분이 어땠는가?

- 본인: 우선 이런 일이 처음이라 당황스러웠습니다. 하지만 제가 완벽한 준비가 되어 있지 않았기 때문에 죄송했습니다.

- 면접관: 그런 인식을 바꾸기 위해 어떻게 노력했는가?

- 본인: 먼저 미숙한 모습을 보인 점을 최대한 정중히 사과드리고 밝은 표정으로 다가가 말을 붙였습니다. 한편 거북이에게 먹이를 주는 체험이 있었는데 먹이로 쓸 상추와 미역, 체험 후 손을 닦을 수건을 제가 미리 준비해 일손을 덜어드렸습니다(여기까지는 자기기술서에 쓴 대로 대답하는지를 보는 것 같았음).

- 면접관: 본인을 무시하는 데도 말을 계속 붙였는가?

- 본인: 그 분과 함께 일을 해야 했기에 저도 똑같이 행동하면 안 된다고 생각했습니다. 또한 다른 직원분께 살짝 상황을 설명드렸는데, 그 분 성격이 원래 까칠한 편이라며 대꾸하지 않더라도 일단 옆에서 말도 붙여가며 최선을 다하라는 조언을 받았습니다.

- 면접관: 수족관의 직원은 총 몇 명이었나?

- 본인: 제가 있던 사무실에는 총 다섯 분이 계셨습니다.

- 면접관: 그럼 다섯 명 모두에게 조언을 구한 건가?

- 본인: 그러지는 못했습니다. 상주해 계시는 두 분께만 조언을 구했습니다.

- 면접관: 갈등 상황 시 이 경험처럼 말을 붙여주는 것을 좋아하는 경우도 있지만 오히려 역효과가 날 수 있는 상황도 있다. 이때는 어떻게 할 것인가?

- 본인: (생각이 안나 잠시 머뭇거렸는데 시간을 달라고 말하기도 전에 면접관이 편하게 생각하라고 말씀하심) 그렇다면 앞의 상황처럼 계속 말을 걸면 안 된다고 생각합니다. 하지만 제 진심을 전하기 위해 노력할 것입니다.

- **면접관:** 진심을 어떻게 전할 것인가?

- **본인:** 계속 말을 거는 것은 아니지만 생각할 시간을 주면서도 제 진심을 전하기 위해 대화는 시도할 것입니다. 함께 일을 해야 할 상대이기 때문입니다(좋은 대답이 아니었던 것 같음).

- **면접관:** 그래도 싫어하면?

- **본인:** (정확히 기억이 나지 않지만 행동으로라도 보여주겠다는 식으로 횡설수설. 대화 시도는 포기하지 않을 것이라고 말함)

- **면접관:** 그러니까 말과 행동으로 본인의 진심을 전달하겠다는 거죠?

- **본인:** 네, 그렇습니다.

② **상황형**

> 주제 당신은 일반수사주무관인데 선임자 B와 열차를 타고 출장을 가던 도중 외국인 승객 C가 다른 승객과 시비가 붙은 것을 발견하고 이를 말리던 도중 C의 팔에서 주사자국과 흉터를 발견했다. 또한 C는 횡설수설하며 몸을 제대로 가누지 못하는 상황이다. 당신은 적극적으로 조치를 취하자는 입장이지만, 선임관은 단순 의심만으로는 수사를 진행할 수 없다며 이를 자제할 것을 지시했다. (민원, 소송제기, 부정적 언론보도의 가능성을 우려하여) 이 경우 어떻게 대처할 것인가?
>
> 답변
>
> 1. 상황판단
>
>   선임자와 열차를 타고 출장을 가던 도중 다른 승객과 시비가 붙은 외국인 승객 C를 말리다 마약투여 의심 정황을 포착함. 본인은 적극적으로 조치를 취하고 싶지만 선임자는 신중하자는 입장으로 의견이 대립되는 상황임
>
> 2. 대처
>   - 단순한 의심으로 적극적 조치를 취하기는 어렵기 때문에 일단 선임자의 지시에 따름
>   - 하지만 마약투약 정황을 포착한 이상 아무런 조치를 취하지 않을 수는 없음
>   - 일단 신원을 확보하여 수사기관에 전달함
>
> 3. 보완
>   - 신원을 확보한 후 마약 관련 범죄기록이 있다면 수사기관에 연결하여 넘김
>   - (기억이 안나지만 일반론적인 내용을 썼음)

- **면접관:** 상황을 설명해보라.

- **본인:** (상황판단에 쓴 대로 대답함)

- **면접관:** 이를 어떻게 대처할 것인가?

- **본인:** 선임자의 말대로 단순한 의심만으로 적극적인 조치를 취하는 것은 위험하다고 생각합니다. 하지만 다른 범죄도 아니고 마약투약이 의심되는 상황에서 C를 그냥 놓아줄 수는 없습니다. 따라서 신중을 기하되 신원을 일단 확보하여 수사기관과 연결하겠습니다.

- **면접관:** 마약범죄가 특히 위험하다고 생각하는 건가?

- **본인:** 그렇습니다. 마약범죄는 중대범죄로 사회적 파급력이 크기 때문입니다.

- **면접관:** (일반수사업무와 특별수사업무를 구분하여 다시 상황을 자세하게 설명함. 마약관련 범죄는 특별수사 전담이라 일반수사업무가 아닌 것을 강조함. 또한 일반수사업무를 수행하던 도중이 아니라 출장 중인 것을 강조함. 힌트를 주는 게 아닌가 싶음) 이러한 상황인데 출장 중인 일반수사주무관으로서 어떻게 해야겠나?

- **본인:** 그렇다면 일반수사관인 제가 적극적인 조치를 취할 경우 부서 간의 갈등이 벌어질 수 있을 것 같습니다. 또한 수사업무를 수행하던 중이 아니라 출장 중에 목격한 상황이므로 출장에 지장이 생기지 않도록 하는 것이 바람직할 것 같습니다. 특별수사부서에 연락하여 외국인 승객 C를 인도할 것입니다.

- **면접관:** 만약 본인이 선임자의 지시를 어기고 적극적인 조치를 취하여 불상사가 발생했다. 어떻게 대처하겠나?

- **본인:** 저의 잘못된 판단으로 벌어진 일인 만큼 책임을 질 것입니다.

- **면접관:** 반대로 아무런 조치를 취하지 않아 부정적인 언론보도가 이어지고 여론이 좋지 않은 상황이다. 어떻게 하겠는가?

- **본인:** 보도 자료를 통해 국민들께 사과드리고 추후 적극적으로 대응하는 모습을 보일 것을 약속드릴 것입니다.

- **면접관:** 마약 관련하여 수사를 하다보면 생명에 위협을 느끼는 순간이 있을 텐데 그러한 순간에 잘 대처할 수 있겠는가?

- **본인:** 돌발 상황에 대해서는 각오하고 있습니다. 하지만 최대한 위험을 줄이기 위해 항상 만전을 기하겠습니다.

(3) 개별질문

- **면접관:** 출입국관리직 관련 정책 중 가장 관심 있게 본 것은 무엇인가?

- **본인:** 저는 외국인 계절근로자 프로그램이 인상 깊었습니다. 현재 농어촌에서 일손 부족으로 외국인 노동자들을 많이 사용하지만 대다수가 불법체류자인 것으로 알고 있습니다. 그런데 이 프로그램을 통해 한시적이지만 비교적 쉬운 방법으로 외국인 노동자들을 합법적으로 고용할 수 있어 실질적인 정책이라는 생각을 했습니다.

- **면접관:** 해당 정책에 대해서 개선하고 싶은 점이 있나?

- **본인:** (없어서 당황) 현재 상·하반기를 합쳐 연 2회까지 가능한 것으로 알고 있는데, 횟수를 늘리면 어떨까 생각해봤습니다.

- **면접관:** (별로 좋은 방안은 아니었는지 계절근로자 프로그램을 설명하시며, 횟수를 늘린다고 실효성이 커지지 않을 것이라고 하심)
- **본인:** 죄송합니다. 제가 제대로 알고 있지 못했습니다.
- **면접관:** 자동출입국심사제도에 대해 아는가?
- **본인:** 네, 알고 있습니다. 따로 심사대를 거치지 않고 여권과 지문, 안면정보를 가지고 자동으로 출입국할 수 있는 시스템입니다.
- **면접관:** 재외국민과 외국동포의 차이는?
- **본인:** 재외국민은 외국에 거주하는 대한민국 국민이라면, 외국동포는 외국에 거주하지만 한국 국적을 가지지 않는 사람으로 혈통만 한국계입니다.
- **면접관:** 귀화자와 영주권자의 차이는?
- **본인:** 귀화자는 외국인이었지만 대한민국 국적을 취득한 사람이고, 영주권자는 아직 대한민국 국적을 취득하지 못했지만 한국에 거주하고 있는 사람을 말합니다.
- **면접관:** 입직 후 민원인이나 동료, 상사 간의 갈등으로 스트레스를 받을 수도 있다. 이를 어떻게 해결하고 스트레스를 어떻게 해소할 것인가?
- **본인:** 일단 갈등은 대화로 풀기 위해 노력할 것입니다. 스트레스는 운동으로 해소하겠습니다(여기서 다음 질문 넘어가려 하신 것 같았는데 계속 답변을 이어가버림). 출입국관리직 업무 중 특히 조사과와 심사과는 체력이 필수라고 알고 있는데 운동을 통해 스트레스도 해소하고 체력도 관리하면 좋을 것이라 생각합니다.
- **면접관:** 출입국관리직 공무원이 되기 위해 어떤 노력을 기울였는가? 본인 자랑을 해보라.
- **본인:** 일단 필기시험에 합격하기 위해 최선을 다했습니다. 또한 외국어 능력을 키우기 위해 영어와 일본어 공부도 했습니다.
- **면접관:** 현재 불법체류자가 얼마나 되는지 아는가?
- **본인:** 제가 찾아본 바에 따르면 35만 명 정도가 되는 것으로 알고 있습니다.
- **면접관:** 오! 그런데 조금 늘어서 36만 명이다. 그새 만 명이 늘었다. 그러면 불법체류자를 줄이기 위해서는 어떻게 해야 하나?
- **본인:** 합법적으로 체류할 수 있는 방법을 알려야 한다고 생각합니다. 불법체류자 중 태국인이 가장 많은데, 무사증협정 이후 관광비자로 입국하여 비자 만료 후에도 체류자격을 변경하지 않기 때문이라고 알고 있습니다. 따라서 변경해야 하는 것을 강조하면 불법체류자가 줄어들지 않을까 생각합니다.
- **면접관:** 태국이 무사증협약 후 불법체류자가 많아진 것은 맞지만 그 사람들이 몰라서 사증변경을 안 하는 것은 아니다(관련 설명해주심).

- **본인**: 죄송합니다. 제가 거기까진 숙지하지 못했습니다.

- **면접관**: 난민에 대해 어떻게 생각하는가?

- **본인**: 우리나라도 국제사회의 일원인 만큼 가능한 범위 내에서는 받아들여야 한다고 생각합니다.

- **면접관**: 응시자 옆집에 난민이 이사를 왔다면 어떻겠는가? 개인적인 생각을 말해보라.

- **본인**: 100퍼센트 아무 거리낌 없이 환영하는 마음은 아니겠지만 우리 사회의 구성원으로 받아들이고 반갑게 대할 것입니다.

- **면접관**: 출입국관리직의 업무는 조사과, 심사과, 보호과, 체류과 등 여러 업무가 있다. 출입국관리직의 업무는 단속적 성격으로 봐야하는가 친화적 성격으로 봐야하는가(정확한 단어는 생각나지 않지만 이런 뉘앙스였음)?

- **본인**: 어느 한 성격으로 단정 짓기는 힘들다고 생각합니다. 기본적으로는 단속적 성격을 띠는 업무가 많기는 하지만 그것을 실현하는 방식은 대민 서비스적 성격이 강하므로 친화적 성격을 띠고 있다고도 할 수 있을 것 같습니다.

(5분 남았다고 노크 하자마자 바로 보내 주셨음. 마지막으로 하고 싶은 말은 하지 않았고 감사인사를 하고 나왔음. 다른 조 응시자들이랑 동시에 나왔음. 대체적으로 응시자를 도와주려고 하는 분위기가 강했던 것 같음. 다른 응시자의 경우 정답인 공직가치를 말하지 못하면 면접관이 해당 공직가치는 중요하지 않냐며 물어봤다고 함. 1번이 남성인 조가 매우 많았고, 대체적으로 면접은 꽉 채우기 보다는 5분 정도 남기고 끝내는 듯함)

2. 2019 국가직 세무직 / 20대 후반 / 남

저는 면접 21조 1번 순서였습니다. 면접 공장 같은 곳으로 이동하여 부스에 들어가서 문이 없어서 노크는 하지 않고 인사만 하였습니다. 면접관들은 나이가 좀 있으신 두 분이 들어오셨습니다. 자기기술서에 관련해서 질문을 많이 하셨고 특히 상황형 문제 관련 질문이 많이 들어왔습니다. 종이 같은 것을 보고 질문을 하시는데, 그 종이에 질문해야 할 것들이 적혀있는 것 같았습니다. 세법, 회계와 관련된 문제는 마지막에 딱 1개 물어보셨습니다. 제 뒷 번호 지원자에게도 같은 문제 딱 1개 질문하셨다고 했습니다. 느낌상 5분 발표 : 자기기술서 : 직무관련 질문이 1.5 : 8 : 0.5로 출제된 것 같고, 본래 면접시간보다 약 1~2분 정도 일찍 마쳤습니다. 5분 발표에서 발표문 구성이 잘 기억나지 않아 30% 정도를 아주 많이 더듬으면서 했습니다. 중간에 죄송하다고 했는데 괜찮다고도 하셨습니다. 발표를 많이 못 했는데 잘했다고 해주실 정도로 아주 인자하신 면접관님들이었습니다.

(1) 5분 발표

> **제시문** 생명 보호와 동물 보호를 이유로 소위 캣맘들이 길고양이에게 음식을 주려고 하지만, 본인 시는 이에 반대하는 상황이다. 본인 시는 문제를 해결하기 위해 공청회를 실시하였으나, 공청회의 구성에 문제가 있다고 생각한 반대 민원이 들어온 상황이다. 이 문제에서 중요하다고 생각하는 공직가치와 그것을 함양하기 위한 나의 자세는?
>
> **답변**
>
> 1. 공직가치
>
> 제시문에서는 동물보호단체는 생명 보호를 이유로, 본인 시의 경우에는 위생을 이유로 들어 길고양이에게 먹이를 주는 문제에 대해 갈등이 발생했음. 하지만 공청회의 구성이 불공정하다는 이유로 민원이 들어온 상황임. 이러한 문제를 해결하기 위해서 공정성이 중요하다고 생각함
>
> 2. 공직가치 함양을 위한 자세
>
> 첫째, 사명감을 가지는 것임. 공무원은 아무래도 스스로 가치를 창출하거나 개척하기보다는 할당된 업무를 수행하기 마련임. 따라서 쳇바퀴 돌 듯 돌아가는 일상 속에서 스스로에게 동기부여를 하기 위해서는 사명감을 가지는 것이 중요하다고 생각함. 특히 저는 입직해서 세무직에서 요구되는 전문성을 함양하기 위해 적극적으로 회계와 세법을 공부할 것임. 이런 식으로 노력한다면 결국 조세행정의 효율성을 높일 수 있다고 생각함
>
> 둘째, 국민의 요구에 경청하는 것임. 국민들이 공무원에게 가지는 불만의 대부분이 불친절한 응대 때문인 것으로 알고 있음. 제가 입직해서는 귀찮다고 민원인의 요구를 건성으로 대하지 않겠음. 저는 일선에서 전체 세무행정 시스템의 얼굴과도 같기에 제가 잘한다면 국민들이 더 기꺼이 세금을 낼 것이고, 그러면 조세저항을 줄이는 동시에 실질과세의 원칙도 실현할 수 있다고 생각함.
>
> 3. 결론
>
> 국민들이 기꺼이 행정 서비스에 응대한다면 국가행정의 효율성이 증대될 것임. 그리고 이러한 효율성을 증대하는 수단이 바로 공정성임. 저는 일선에서 사명감을 가지고서 더 적극적으로 국민의 요구에 응답하겠음

- **면접관**: 불합리한 처우 등으로 인해 타인과 갈등을 경험한 적이 있었나?

- **본인**: (아무리 생각해도 기억이 너무 안 나서) 성격이 되도록 좋게 받아들이는 원만한 편이라서 불만 같은 것을 잘 안 가지기 때문에 남과 갈등 겪는 경우가 잘 없었던 것 같습니다.

- **면접관**: 본인만의 가치관 같은 게 있는지?

- **본인**: 성취하기는 어렵고 배우기는 더 어렵다. 역사에서 배워야 한다는 말이 무책임하다고 생각합니다. 역사에서 배우기 어렵다는 말을 빼먹었기 때문입니다. 저는 100을 성취하기 위해서는 120을 준비해야 하고, 100을 배우기 위해서는 200의 노력을 기울여야 한다고 생각합니다. 따라서 저는 입직해서 맡은 업무를 수행하기 위해 120, 200의 노력을 기울이겠습니다.

(2) 자기기술서

① 경험형

> **주제** 익숙하지 않은 일을 맡아서 수행하게 된 경험. 당시의 상황, 나의 행동 그리고 결과를 기술하시오.
>
> **답변** 처음으로 공모전 나간 이야기를 적음. 잘 몰라서 선배 말만 열심히 들었음. 물론 입상은 하지 못했고 갈등은 없었음

- **면접관**: 공모전을 할 때 선배와의 갈등은 없었나?
- **본인**: 저랑 친구가 열심히 배우려고 하고 선배가 시키는 말은 다 하다 보니 갈등이 있기보다는 오히려 아주 원만했던 것 같습니다.
- **면접관**: 당시 어떤 식으로 선배에게 가르침을 배웠나?
- **본인**: PPT 슬라이드를 어떻게 하면 멋지게 만드는지 어깨 너머로 보거나 혹은 슬라이드를 만들어 가면 퇴짜를 맞는 식으로 배웠습니다.
- **면접관**: 당시 경험이 나중에 도움이 어떤 식으로 되었는지?
- **본인**: 나중에 팀 프로젝트에서 도움이 많이 되었습니다. PPT가 아주 그 선배 느낌이 난다는 말도 들었습니다.
- **면접관**: 입직해서는 이러한 경험을 어떻게 활용할 것인가?
- **본인**: 나중에 선배가 저에게 해주었던 것처럼 저도 도움을 주겠습니다.

② 상황형

> **주제** 미성년자가 사업자등록을 신청함. 나는 미성년자 부모의 체납실적과 여러 정황 등을 토대로 사업자등록의 실질은 아버지가 사업하는 것이라 생각하여 등록증을 내주지 않으려고 함. 반면 상사는 사업계획서 등 형식적 요건을 갖추었으므로 사업자등록증을 내주어야 한다고 함
>
> **답변** 잘 모르고 경험이 부족하므로 상사의 말에 따르겠다고 함(판단의 기준 혹은 근거를 많이 제시하지 않아서 이쪽으로 압박질문이 들어옴)

- **면접관**: 내가 기존에 사업자등록을 내주지 않으려고 했던 판단 중 어떤 점이 잘못이라고 생각하는지?
- **본인**: 사업자등록 실질이 부모가 사업할 가능성 때문에 기본권을 제한하면 안 된다고 생각합니다.
- **면접관**: 이러한 상황에서 그냥 상사의 판단을 따르면 끝인가? 다른 후속 조치는 없는지?
- **본인**: 우선은 상사의 지시를 따르되, 이와 비슷한 사례들이 있을 것이므로 상사의 조언 등을 듣는 것 외에도 비슷한 사례들에서 어떤 식으로 처리했는지 사례들을 조사해 보겠습니다. 또한 내가 잘못 업무를 처리한 부분에 대해서 용서를 구하겠습니다. 또한 그 외에도 실제로 방문해보거나 하는 식으로 진짜로 사업을 하는지 확인해볼 수 있죠.

- **면접관**: 조사한 결과 아무리 봐도 내가 맞는 것 같은데 상사가 계속 등록증을 내주라고 하면 어떻게 할 것인가?
- **본인**: 우선 상사에게 제가 알아본 바를 얘기 드려보되, 상사가 계속 지시한다면 따르겠습니다.
- **면접관**: 이러한 업무에 있어서 판단기준은 무엇인가?
- **본인**: (생각해본 적이 없어서 대답하기 너무 난감했음. 잠시 생각하다가 공부와 경험 등으로 전문성을 길러서 공정하게 업무를 처리하려는 노력이 필요하다는 식으로 대충 둘러댔음)

(3) 개별질문

- **면접관**: 민원인들이 세무서를 방문해서 세금에 관련해 질문했을 때 잘 모르는 것을 물어보면 어떤 식으로 응대하겠는가?
- **본인**: 물론 당연히 제가 그러한 부분에 대해서 대답할 준비가 미리 잘 되어있어야 하지만, 만약 제가 잘 모른다면 상사에게 묻거나 제가 잘 공부한 다음에 민원인에게 알려드리겠습니다. 다만 그 액수가 너무 크다면 국세청 질의를 활용해보라고 말씀드리겠습니다.
- **면접관**: 국세청 질의가 무엇인가? 이러한 시스템은 결국 내가 들어가서 하게 되는 업무인데 업무를 떠넘기는 것이 아닌가?
- **본인**: 제가 알기로 국세청에 이메일 등 전자방식으로 세금에 대해 질문할 수 있는 것으로 알고 있습니다. 저는 소득세 등에서 세금이 미미한 경우에는 제가 성실히 답변을 드려야 하지만 법인세 등 그 세액이 너무 큰 경우에는 신의성실원칙이 적용될 수 있기 때문에 이용해보라는 취지였습니다. (나중에 알아보니까 질의회신도 공적인 견해표명이 아님)
- **면접관**: 동료가 응대하던 민원인이 고함을 치고 소란을 피우고 있다. 이때 어떻게 대응할 것인가?
- **본인**: (처음에 앞부분을 못 듣고) 제가 우선 최대한 참고 민원인의 사정을 들으며 화가 가라앉도록 노력해보겠지만 너무 크게 난동을 피운다면 청 내부의 방호팀이 있다면 그분들에게 연락하는 등으로 난동을 막겠습니다.
- **본인**: (동료가 응대하던 민원인이라고 정정해주심) 동료가 너무 당황해서 업무를 못 보는 상황이라면 제가 동료를 대신해서 해당 민원인을 응대하겠습니다.
- **면접관**: 국세와 지방세의 차이와 국세의 종류를 말해보아라.
- **본인**: 국세는 국세청에서 걷는 것이고, 지방세는 지방자치를 위한 재원을 마련하기 위해 지자체에서 자체적으로 걷는 것입니다. 국세에는 부가가치세, 소득세, 법인세, 양도세, 증여세 등이 있습니다(상속세인데 양도세로 잘못 말함).

3. 2019 우정사업본부 일반행정직 / 20대 후반 / 여

제일 먼저 면접관님이 면접은 어떻게 진행될지 설명해 주셨습니다. 면접관님 두 분 다 웃으시면서 긴장하지 말고 준비되면 시작하라고 친절하게 말씀해주셨습니다.

(1) 5분 발표

> **제시문** 스모키 린의 '어느 소방관의 기도'
> 제가 부름을 받을 때는 신이시여 아무리 강력한 화염 속에서도 한 생명을 구할 수 있는 힘을 제게 주소서.
> 너무 늦기 전에 어린 아이를 감싸 안을 수 있게 하시고 공포에 떨고 있는 노인을 구하게 하소서.
> 언제나 방심치 않게 하시어 가장 가냘픈 외침까지도 들을 수 있게 하시고 신속하고 효과적으로 화재를 진압하게 하소서.
> 제 사명을 충실히 수행케 하시고 최선을 다 할 수 있게 하시어 모든 이웃의 생명과 재산을 보호하고 지키게 하소서.
>
> **주제** 다음 제시문에서 유추할 수 있는 공직가치와 이를 실현하기 위한 공직자의 자세에 대해 발표하시오.
>
> **답변**

1. 공직가치

'강력한 화염 속에서도 한 생명을 구할 수 있는 힘을 제게 주소서'에서 그 힘이 전문성에서 나온다고 보았음. 또한 '너무 늦기 전에 어린 아이를 감싸 안을 수 있게 하시고 공포에 떨고 있는 노인을 구하게 하소서.'에서 공직자의 봉사성을 보았음. 어린 아이와 노인을 말한 점에서 약자와 소외계층을 보호하고 위하는 마음을 보았음. '언제나 방심치 않게 하시어 가장 가냘픈 외침까지도 들을 수 있게 하시고'에서는 국민의 작은 소리까지 놓치지 않겠다는 민주성을 보았음. '신속하고 효과적으로 화재를 진압하게 하소서.'에서는 전문성과 창의성이라고 생각했음. '제 사명을 충실히 수행케 하시고 최선을 다 할 수 있게 하시어 모든 이웃의 생명과 재산을 보호하고 지키게 하소서.'에서는 책임성이라고 생각했음

2. 이를 실현하기 위한 공직자의 자세

- 책임성이란 항상 국민을 생각하는 마음을 가지고 자신이 맡은 바 최선을 다하면 책임성을 다할 수 있다고 생각함
- 다음으로 봉사성은 우정사업본부에서 중시하는 가치임. 우정사업본부에서는 소외계층을 위한 봉사활동을 많이 하는데 그 예로 매년 '전국 휠체어 농구대회'를 열고, '김장 나눔 대축제'를 통해 소외계층에 김장을 나누어 줌. 또한 '우체국 작은 대학'을 열어 지역 전문가를 초빙해 시골에 계신 어르신들께 이메일을 작성하는 법도 알려드리고 건강검진도 해 드리는 등 많은 봉사활동을 하고 있음. 저 또한 우정사업본부에서 하는 이러한 봉사활동에 동참하고, 혹시 제가 생각하지 못했던 소외계층이 있나 생각하여서 봉사활동을 하도록 하겠음
- 마지막으로 말씀드릴 가치는 전문성과 창의성임. 전문성이란 자신의 일을 사랑하며, 끊임없이 자기계발을 하여 자신의 분야에 전문가가 되는 일이라고 생각함. 현재 우정사업본부에서는 4차 산업혁명에 대응하는 것이 중요한데, 이러한 전문성은 창의성에서 나온다고 생각함

- 이러한 창의성을 보여주기 위해서 3가지 정책을 생각해 보았음. 첫 번째로 기존의 '택배방'이라는 정책의 개선점을 생각해 보았음. 현재 중고시장이 성장추세에 있고, 개인이 택배를 보내는 일이 많음. 고객들은 접근성이 뛰어난 편의점 택배를 이용하는데, 이에 대적할 수 있는 택배방이라는 정책이 아주 좋다고 생각함. 하지만 택배방은 소상공인이 신청을 하면 받아주는 형식으로, 접근성이 뛰어날 만큼 분포되어 있지 않음. 이 점을 보완하기 위해 2018년 설립한 우정사업본부 빅데이터 센터를 이용하는 방법을 생각해 보았음. 데이터 분석을 통해 고객이 가깝다고 생각할만한 거리를 분석한 후, 최적 거리에 맞추어 택배방이 될 만한 상점을 선택하고, 신청을 받은 곳에만 택배방을 설치하는 것이 아니라 적극적으로 소상공인께 택배방이라는 제도가 있는데 한번 해보시는 게 어떤지 권유해 보는 것이 좋다고 생각함. 제가 생각한 정책이 배송대행지, 자취생패키지 등 두 가지가 더 있는데, 시간이 안 될 거 같아서 혹시 나중에 시간이 되면 꼭 말씀드리고 싶음

- **면접관:** 가장 중요하다고 생각하는 공직가치는?

- **본인:** 창의성입니다.

- **면접관:** 왜 창의성이 중요하다고 생각하나?

- **본인:** 현재 우정사업본부에서 중시하는 4차 산업혁명을 이끌어 가기 위해서는 앞으로 나올 새로운 기술을 받아들이고 이를 이용하는 것이 중요하다고 생각했습니다. 또한 현재 우정사업본부는 올해부터 현금수지 적자에 이르렀는데, 수익성을 높이기 위해서 창의적인 생각이 중요하다고 생각합니다.

- **면접관:** 창의성이 중요하다고 했는데, 창의성을 발휘해 본 경험이 있는가?

- **본인:** 네 있습니다. 자기기술서 경험형 문제에도 작성한 내용인데, 비오는 날 낭비되는 우산비닐을 보고 '우산 물기털이 기계'를 고안한 적이 있습니다. 우산 물기털이 기계는 우산을 펼쳐서 세차장에서 차를 닦듯이 천과 바람을 이용하는 방식과, 화장실에서 손에 물기를 털어주는 기계와 같이 바람과 열기를 이용하는 방식을 생각해 내었습니다.

(2) 자기기술서

① 경험형

> **주제** 조직이나 단체에서 기한엄수와 완결성의 문제가 충돌했던 경험. 당시 상황과 대처, 그에 따른 결과

- **면접관:** 그럼 경험형으로 넘어가 보도록 할까요? 간략히 설명해 보시겠어요?

- **본인:** 네, 제가 창의적 공학설계라는 팀프로젝트를 할 당시 우산 물기털이 기계를 만들었는데, 아이디어를 도출해내는 데 시간투자를 많이 하여서 기술적인 부분을 기한 내에 완전히 끝내지 못하는 상황이었습니다. 하지만 팀프로젝트 특성상 모든 팀이 주어진 기간 내에 끝내야 하기 때문에 기한 내에 제출하였고, 부족한 부분은 따로 보완하여 교수님께 제출하였습니다.

- **면접관**: 판단 근거는 뭐죠?

- **본인**: 네, 판단의 근거는 공정성입니다. 모든 팀이 공정하게 같은 조건에서 판단을 받아야 한다고 생각했습니다.

- **면접관**: 기술적인 부분이 어떻게 해서 시간이 부족했다는 거죠?

- **본인**: 네, 이 프로젝트는 아이디어가 가장 중요한 부분인데 아이디어를 창출해 내는 데 시간이 많이 걸렸습니다. 그래서 그 아이디어를 현실화시킬 수 있는 기술적인 부분을 찾는 데 시간이 부족하여 어려움을 겪었습니다.

- **면접관**: 그런 경우라면 본인이 나서서 더 자주 모인다든지 팀원들을 독려해서 더 빨리 아이디어를 도출할 수 있을 것 같은데 아이디어 도출하는 데 왜 그렇게 오래 걸렸죠?

- **본인**: 네, 저희도 돌아다녀 보면서 어떤 물건이 필요한지 계속 생각해보고 머리를 쥐어짰지만 계속 생각이 나지 않아 오래 걸렸던 것 같습니다.

- **면접관**: 그래도 더 자주 모이거나 하면 빨리 끝날 수 있지 않았을까요?

- **본인**: 네, 면접관님 말씀처럼 제가 팀원들에게 더 자주 모이자고 하고 적극적으로 의견을 이끌어냈어야 했는데 아쉬움이 남습니다.

- **면접관**: 팀 과제를 하면서 어려웠던 점은 무엇인가요?

- **본인**: 아이디어를 도출해 내는 것이 가장 어려웠습니다.

- **면접관**: 팀에서 본인이 어떤 일을 하였죠?

- **본인**: 네, 우산 물기털이 기계를 만들자는 아이디어를 생각해 냈습니다.

- **면접관**: 아이디어는 어떤 식으로 선정했죠?

- **본인**: 아이디어 토론을 통해 각자 아이디어를 내고, 가장 좋은 아이디어를 다수결을 통해 선정하였습니다.

- **면접관**: 그럼 본인은 아이디어만 생각하고 다른 일은 하지 않았나요?

- **본인**: 아닙니다. 도출된 아이디어를 바탕으로 기술적인 부분을 생각하고, 발표는 제가 하지 않았지만 파워포인트를 만드는 과정을 팀원들과 같이 하였습니다.

- **면접관**: 우산기술이 상용화 될 가능성이 있다고 보시나요?

- **본인**: 네, 현재 서울시에서 환경오염을 줄이기 위해 우산비닐 사용 대신 우산털이기계를 사용하고 있다고 알고 있습니다. 그 당시에 사람들의 환경에 대한 관심이 더 커서 기술을 지원해 줄 기업을 찾아 갔다면 충분히 상용화 되었을 것이라고 생각합니다.

② 상황형

> **주제** 귀하는 우체국 금융업무 주무관이다. 우체국이 타 은행과의 차별성을 두고자 우수고객전용상담실을 만들었다. 하지만 하루에 우수고객은 1~2명 정도 이를 이용한다. 일반 고객은 대기인원이 많아 불편함을 겪고 있는데, 일반고객이 우수고객전용상담실을 개방해 달라고 민원을 제기한 상태이다. 우수고객은 이를 반대한다. 당신은 어떻게 하겠는가?

- **면접관**: 해당 상황에서 어떻게 대처하시겠는지 간략히 설명해 보시겠어요?

- **본인**: 네, 우정사업본부에서는 국민을 위한 금융, 착한 금융을 목표로 한다고 알고 있습니다. 물론 차별화를 두기 위해서 우수고객전용실을 만들 수는 있다고 하지만 이는 국민들이 불편하지 않는 한도 내에서 이루어 질 수 있다고 생각합니다. 그래서 저는 우수고객전용실을 두되, 이를 개방하여 우수고객이 없을 때는 일반고객을 받아야 한다고 생각합니다.

- **면접관**: 아니다. 우체국은 수익성이 중요하다. 그래도 개방하겠는가?

- **본인**: 네, 개방하겠습니다. 하지만 수익성이 중요하다면 우수고객상담실은 그대로 두되, 우수고객이 없으면 우수고객상담실 전용으로 있던 계리직공무원이나 일반행정 공무원을 일반 고객 창구로 왔다 갔다 할 수 있게 배치하도록 하겠습니다. 우수고객이 하루에 1~2명이 오니 효율성 측면에서도 안 좋다고 생각합니다.

- **면접관**: 그럼 대기자가 50명이 있는 상태고, 그때 우수고객이 왔다. 그럼 이런 상황에는 어떻게 하겠는가?

- **본인**: 음.. 정말 어려운 문제 같습니다. 잠시 생각할 시간을 주시겠습니까?

- **면접관**: (끄덕)

- **본인**: 감사합니다. 음..

- **면접관**: 아니다 수익성이 중요하다(수익성을 계속 강조하심).

- **본인**: (진짜 수익성이 중요한 것인가 혼란이 옴) 제가 우정사업본부에 대해 알아 볼 당시 가장 많이 느꼈던 것은 국민을 위한 정책을 펼친다는 것이었습니다. 항상 국민만을 위해 일을 함을 느꼈습니다. 소외된 계층도 챙기고 국민을 위한 금융, 착한 금융을 한다고 알고 있습니다. 하지만 면접관님께서 수익성이 정말 중요하다고 하시니 조금 혼란스럽습니다(웃으면서 부드러운 분위기로 말했음).

- **면접관**: 본인도 전에 우정사업본부가 적자 상태라서 수익성이 중요하다고 했죠? (이 말을 들으면서 '공공성, 봉사성이 중요한데 수익성으로 압박을 했구나'라는 느낌이 들었음)

- **본인**: 네, 그렇습니다. 그래서 저는 우정사업본부의 본질인 국민을 위한 금융은 그대로 실시하되, 다른 부분에서 수익성을 높여야 한다고 생각합니다.

- **면접관**: 뭐가 있는가?

- 본인: 아까 말씀드린 택배방도 그렇고, 나머지 두 가지 정책도 수익성을 높이기 위한 정책입니다. 자취생 패키지에 대해 말씀드리겠습니다. 제가 원룸에 살 때 이삿짐센터를 부르거나 용달을 부르기에는 비용적인 면이 부담이 많이 돼서 박스에 짐을 포장해서 보낸 적이 있습니다. 튼튼하고 큰 박스를 찾던 중 우체국 6호 박스가 가장 적합하다고 생각하고 이를 이용해 제 짐을 보냈습니다. 여기서 아이디어를 얻었는데, 집배원님이 박스를 가져다주시고 다음 날에 박스를 수거해 가는 방법을 생각해 보았습니다. 이를 통해 자취생인 고객을 확보할 수 있습니다.

- 면접관: 또?

- 본인: 배송대행지 사업을 우체국이 하는 방법을 생각해 보았습니다. 제가 미국에 직구를 할 당시 미국 아마존이 한국까지 배달을 해주지 않아서 배송대행업체를 통해 그 주소로 배달을 시켜 배송대행업체가 저희 집까지 물품을 배달해주었습니다. 현재 한류열풍으로 해외에서 우리나라 물건에 대한 수요가 많은데, 이를 우체국에서 맡아 합배송을 도와주는 방식으로 배송대행서비스를 하는 것입니다.

- 면접관: 또 어떻게 수익성을 높일 수 있는가?

- 본인: 물류시스템 효율화를 통해 수익성을 높일 수 있다고 생각합니다. DHL이 지금 시행하고 있는 스마트 웨어하우스와 같이 사람이 하면 힘이 들 부분을 기계를 통해 효율적으로 움직이는 것입니다. 이런 방법으로 집배원분들의 초과근무 문제도 해결될 것이라 생각합니다.

- 면접관: 집배원들의 과로사가 문제가 되어 왔다. 이에 대해 해결책이 있는가?

- 본인: 현재 시행되고 있는 정책 말고 새로운 것을 말씀드려야 하나요?

- 면접관: 그렇다.

- 본인: 강성주 본부장님께서 '우문현답, 우체국 문제는 현장에 답이 있다'고 집배원 문제에 많은 관심을 가지시고, 이를 위해 2017년부터 계속 노력해 온 것으로 알고 있습니다. 저는 지금 시행되고 있는 정책만으로도 집배원 문제가 해결될 것이라고 생각해서 따로 생각나는 개선책이 없습니다.

- 면접관: 질문할 걸 다 말해서 질문할게 없네요. 그럼 마지막으로 우체국 회계에 대해 알고 있나요?

- 본인: 네, 우정사업본부는 특별회계로 운영됩니다. 즉 정부에서 주는 돈이 아닌 우리가 번 돈으로 집배원과 공무원들의 인건비를 충당합니다. 현금수지 적자가 되기 이전에는 남은 수익을 정부에 이전했다고 알고 있습니다.

(3) 개별질문

- 본인: 속옷 판매 아르바이트를 한 적이 있습니다. 행사기간이라 손님들이 많이 계셨는데, 두 고객이 한 속옷을 가지고 서로 가지려고 다투고 있는 것을 보았습니다. 그때 제가 똑같은 속옷을 찾아 드려 다툼을 해결했습니다.

- 면접관: 그럼 그 상황에서 만약 여분의 물건이 없었다면 어떻게 대처하겠어요?
- 본인: 네, 그럴 경우에는 고객이 다투고 있는 그 상품과 비슷한 상품을 찾아드리거나 아니면 제가 예쁘다고 생각하는 속옷을 추천 드리겠습니다.
- 면접관: 그렇게 해도 고객이 추천받은 물건이 싫다고 하고 계속 한 제품을 가지고 다툰다면 어떻게 행동할 건가요?
- 본인: (음..) 네, 그럴 경우에는 물건은 하나밖에 없고 설득도 되지 않으니 가장 공정하고 생각되는 방법인 가위바위보로 정하도록 하겠습니다.

4. 2019 국가직 보호직 / 30대 초반 / 여

남자 면접관 1명과 여자 면접관 2명이 들어오셨습니다. 긴장하지 말고 편안하게 마음을 가지라고 긴장을 풀어주셨습니다.

(1) 5분 발표

> 주제 다음 제시문에서 아전과 장교에게 부족한 공직가치는 무엇이며, 본인이 아전과 장교라면 어떻게 대응하겠는가?
>
> 제시문 박지원의 〈열하일기〉에 따르면 조선시대에 중국의 배가 들어오면 지방관에게 보고하게 되어있음. 그러나 아전과 장교는 멀리에서 닻을 내리는(떠나는) 날짜를 중국 배에 소리쳐 물어보고 그 배가 떠나는 날짜에 맞추어 수군절도사의 수영에 그때 알았다는 듯이 보고함
>
> 답변
> - 5분 발표의 제목을 '아전과 장교에게 부족한 책임성과 적극성'이라고 붙였음. 문제 상황은 중국의 배가 들어왔을 때 아전과 장교는 지방관에게 보고하도록 되어 있지만 보고하지 않고 있다가 떠나는 날짜에 맞추어 지방관에게 보고하였음. 이 문제의 원인은 아전과 장교에게 책임성과 적극성이 부족한 것이라고 생각함. 이들이 형식적으로 보고할 수밖에 없는 상황이 있다면 그 문제의 원인을 분석하고 해결하는 것이 필요하다고 생각함
> - 조선 후기 임진왜란이 일어났을 때에도 일본의 배가 들어왔을 때 사절단이 방문하는 것으로 알고 공격 대응을 전혀 하지 않았다고 함. 이 때문에 대응하지 못하고 부산진에서 초기 패전이 크게 일어났음. 이는 조선에만 국한되는 상황이 아님. 현대 사회의 의료계, 소방, 경찰, 기업, 공공영역 등 다양한 곳에서도 일어나고 있는 상황임. 골든타임을 놓쳤을 때에는 더욱 큰 피해가 발생함. 따라서 형식적인 절차에만 그치게 되어 초기 대응이 적절하게 이루어지지 못하는 곳을 찾아 바꾸고 잘 이루어지는지 꾸준히 지켜볼 필요가 있다고 생각함

- 면접관 1: 그럼 여기에서 책임성과 적극성이 필요하다고 했는데 본인은 공직에서 책임성과 적극성을 어떻게 활용하겠습니까?

- **본인**: 네, 적극성과 책임성이 중요하지만 저는 무엇보다도 적극성과 전문성을 갖추고 있다고 생각합니다. 전에 일하던 곳에서는 야근을 하는 팀장님에게 가서 일이 더 있는지 여쭤보고 도와드릴 수 있으면 도와드렸고 제가 할 수 없는 일은 도와드리지는 못했습니다만, 도와드릴 것이 있냐고 묻는 적극성이 있어 팀장님이 저를 예뻐하셨습니다. 또한 저는 정신건강사회복지사 2급 자격이 있습니다. 전문성을 갖추고 있어 업무를 잘 해낼 수 있다고 생각합니다(전문성에 대한 답을 했을 때 면접관 1이 종이에 무언가를 쓰는 듯이 보였고, 책임성을 물었는데 전문성으로 동문서답한 것에 대해 부정적으로 보고 적어둔 것 같음).
- **면접관 1**: 아전과 장교가 지방관에게 보고를 해야 했지만 현실과 이상은 다릅니다. 어떻게 맞출 수 있습니까?
- **본인**: 물론 현실과 이상은 다르기 때문에 배우는 것과 직접 하는 것에는 차이가 있다고 생각합니다. 선임들과 이야기를 나누어 보고 일처리를 해야 한다고 생각합니다.
- **면접관 1**: 만약 선임이 법대로 처리 안하면 어떻게 하나?
- **본인**: 저의 경험상으로는 큰 틀에서는 정해진 가이드라인이 제시한 대로 처리하되 미시적인 부분에서는 선임들이 가지고 있는 노하우를 배워 일처리를 했습니다.

(2) 자기기술서

① 경험형

> **주제** 자신이 속한 조직에서 동료의 실수를 본인이 해결한 경험

- **면접관 2**: 네, 자기기술서 내용 기억하시죠? 자기기술서 발표해 보세요.
- **본인**: 정신장애인 사회복귀시설에 근무했을 때 팀장님이 회계를 담당했습니다. 회계 담당직원은 해야 할 일처리가 많은데 국장님의 지시에 따라 팀장님이 공동모금회 사업보고서까지 맡았고, 제출 기한이 얼마 남지 않았다는 사실을 들었습니다. 아직 초안도 채 작성하지 못했다는 말을 듣고 팀장님과 상의하여 제가 자발적으로 나서서 공동모금회의 사업보고서를 쓰겠다고 했습니다. 입사한 지 1년도 채 되지 않은 신입 직원이 맡겠다고 하여 주변에서 우려를 했지만 결국 제가 맡게 되었고, 서적을 참고하며 제안서 쓰는 방법을 공부하여 정신장애인 직업재활 임파워먼트 프로그램 we can work it out이라는 제안서를 써서 제출했습니다. 그리고 공모에 당선되어 다음 해에 성공적으로 프로그램을 진행할 수 있었습니다.
- **면접관 1**: 1년도 안된 신입이 사업보고서를 쓴다고 해서 주변에서 우려가 컸다고 했는데, 그걸 어떻게 설득시켰어요?

- 본인: 사업보고서를 쓰게 되면 원래 있던 폼에서 조금씩 수정해서 쓰지 않습니까? 그동안 제가 센터에서 사업을 진행했을 때 가지고 있던 폼에서 일부 수정하여 쓰면서 새로운 내용을 덧붙여서 사업을 진행했었습니다. 새로운 내용을 만들어 썼을 때 그러한 부분들을 잘 해냈다고 설득해서 맡을 수 있었습니다.

- 면접관 1: 본인이 자발적으로 나서서 하겠다고 했는데, 왜 자발적으로 나섰습니까?

- 본인: 저는 당시 입사한 지 얼마 되지 않았을 때 배우고 싶다는 생각이 강했습니다. 이 보고서의 경우 있는 폼에서 수정해서 쓰는 것이 아닌 모든 것을 새롭게 작성해야 하는 보고서였습니다. 앞으로 2년 후 길게는 10년 후 제가 이런 일을 맡게 되는 만큼 하나하나 배워나가며 크게 되고 싶다는 생각이 강했습니다.

- 면접관 1: 본인의 앞으로의 발전 가능성을 생각하고 그랬다는 말이죠?

- 본인: 네, 그렇습니다.

- 면접관 2: we can work it out 펀딩 얼마나 받았어요?

- 본인: 아, 죄송합니다. 그것까지는 기억이 잘 나지 않습니다. 2011년에 쓰고 다음 해에 프로그램이 진행되었는데 저는 퇴사했습니다.

- 면접관 2: 펀딩 받아주고 퇴사했네요(웃음).

- 본인: 네(웃음).

- 면접관 2: 본인이 정신건강사회복지사 2급을 가지고 있다고 했는데 어떤 강점이 있을까요?

- 본인: 정신과 병원에서 수련 받을 때 과제로 정신과 환자와 심층 면담을 하여 저는 다양한 임상 경험이 있습니다. 또한 환자의 퇴원 계획을 세웁니다. 퇴원 계획에는 병원에서 퇴원한 후 어떻게 다시 사회에 가서 적응할지에 대해 환자와 논의하는 과정이 있습니다. 이러한 저의 경험은 보호직공무원과 업무 연관성이 크다고 생각합니다.

- 면접관 1: 본인이 원하지 않는 부서로 가게 될 수도 있을 텐데 어떻게 할 건가요?

- 본인: 원하지 않는 부서로 가게 되더라도 대상자를 사회에 복귀 시킨다는 점은 저의 경험과 비슷하기 때문에 경험을 살려서 일할 수 있습니다.

② 상황형

> 주제 본인은 전자발찌 집행 주무관이다. A는 자신의 딸인 B를 성폭행하여 10년의 징역을 받고 7년 째 보호관찰 중이다. A의 주거지 인근의 주민들은 이 상황을 알아 민원이 많이 들어온다. A는 ○○업체에 취업하여 일을 하는 중에 전자발찌로 인해 업무상으로 힘든 점이 많다며 전자발찌 가해제를 요청한다. 또한 A의 딸인 B도 A의 선처를 바라고 있다. 그러나 상급자는 재범 위험성을 들어 반대하는 상황이다. 재범 가능성이 없을 경우에 가해제 신청이 가능한 상황에서 당신은 어떻게 대처할 것인가?

- **면접관 2**: 2번 자기기술서 질문 드리겠습니다. 좀 까다로운 질문이 될 수 있겠는데요, 직장 상사와 주민들의 반대로 대상자의 전자발찌를 풀어주지 않아서 만일 대상자가 직장을 잃게 된다면 어떻게 하시겠어요?

- **본인**: 만일 직장을 잃기 직전이라면 사업주와의 면담을 먼저 신청하겠습니다. 저는 비슷한 경험이 과거에 있습니다. 정신장애인인 대상자가 직업재활로 사업장에 취업을 했는데 증상으로 인해 동료들과 부딪힌 적이 있습니다. 사업장 내에서 문제가 되어 사업주와의 면담을 통해 대상자의 작업장 배치를 바꿀 수 있는지 요청했고, 주변에 소음이 크기는 하지만 귀마개를 착용하고 일할 수 있는 곳으로 배치 받아 직장을 계속 유지할 수 있었습니다. 그러나 만약 사업주와의 면담으로도 해결이 되지 않아 대상자가 직장을 나가야 하는 상황이라면 고용노동부와 연계하여 새로운 직장을 찾을 수 있도록 지원하겠습니다.

- **면접관 2**: 정말 긍정적이시네요(웃음). 법무부의 주요 정책 중 관심이 있는 정책 한 가지만 이야기해 보세요.

- **본인**: 네, 법무부의 주요 정책은 6가지가 있는 것으로 알고 있습니다. 그 중 제가 가장 관심 있어 하는 정책은 명예보호관찰관제도입니다. 명예보호관찰관제도는 전문성 있는 민간의 여러 전문가들이 보호관찰관이 되어 활동하는 제도라고 알고 있습니다. 이미 현직에 훌륭한 보호관찰관이 계신 것을 알고 있지만 민간에서 다양하게 활동하는 전문가가 보호관찰관으로 활동한다면 더 다양하게 서비스가 제공될 것이라고 생각합니다.

- **면접관 2**: 법무부 주요 정책 중에 또 알고 있는 거 하나 더 이야기해 보세요.

- **본인**: 신상정보등록제도를 알고 있습니다.

- **면접관 2**: 그게 뭔지 알고 계세요?

- **본인**: (잠시 생각)

- **면접관 2**: 이거는 전자발찌 제도랑 비슷한 거니까 뭐..

- **본인**: 범죄를 저지른 사람의 정보를 20~30년 간 등록하여 가지고 있는 것으로 알고 있습니다.

- **면접관 2**: 사실 그거 때문에 민원이 많이 들어옵니다. 민원이 들어오면 어떻게 이야기하겠습니까?

- **본인**: 정보를 수집하여 가지고 있기는 하나 신상정보를 함부로 취급하지 않는 것을 말씀드리겠습니다. 신상정보를 가지고 있다는 사실만으로도 그들이 행동을 조심하게 되는 측면도 있을 것이라고 생각합니다.

- **면접관 2**: 보호직 쪽 업무를 하다보면 사람들과의 스트레스가 많습니다. 스트레스가 있으면 어떻게 풉니까?

- 본인: 저는 직장생활을 할 때와 수험생활을 할 때 헬스장에 다녔습니다. 특히 직장생활을 하다가 대상자로 인해 스트레스를 받는 경우에는 팀 내 동료들이나 팀장님과 '이런 대상자가 있는데 이래서 힘들다'고 이야기하며 공유했을 때 스트레스가 좀 풀렸습니다.

- 면접관 2: 저도 해봐야겠네요(웃음).

- 면접관 1: 더 하고 싶은 이야기 있습니까?

- 본인: (마지막으로 하고 싶은 이야기를 물어보는 줄 알았음) 보호관찰관과 소년원교사는 이 사회에서 꼭 필요한 존재들이라고 생각합니다. 저는 그 일원이 되고 싶습니다. 지금까지 들어주셔서 감사합니다.

- 면접관 2: 아직 질문 안 끝났는데요. 질문 하나만 더 할게요. 혹시 타지에 나가서 살아본 자취 경험은 있나요?

- 본인: 네, 저는 과천청사에서 일해보고 필리핀에 나가서 일해보기도 하고 정신장애인 사회복귀시설을 제외하고는 쭉 자취하며 나가 살았습니다.

- 면접관 1: 필리핀에서 일했었나요?

- 본인: 네.

- 면접관 1: 본인은 적응을 잘하는 편인가요?

- 본인: 네, 그렇습니다. (면접관 1은 제가 조금 더 이야기하길 원하셨던 것 같음. 필리핀에서의 경험을 말했어야 했던 것인지.. 초반에 동문서답 해놓은 것이 마음에 걸려 단답형으로 대답했는데, 필리핀에서 일했던 것을 말씀드렸어야 했나 싶음)

- 면접관 2: 과천청사에서는 무슨 일을 했나요?

- 본인: 보건복지부 콜센터에서 위기대응상담원으로 일했습니다.

- 면접관 2: 여러 부처가 있는 것을 봤을 텐데 왜 굳이 보호직을 썼나요?

- 본인: 보건복지부 콜센터는 전화만 받는 일이어서 다른 부처를 보기는 어려웠습니다만 제가 보호직에 관심을 둔 것은 대학생 때부터입니다. 대학교 3학년 때 사회복지실천론 교수님이 법무부 치료감호소 사회사업실의 실장님이었습니다. 법무부 보호관찰소에서 하는 일이나 치료감호소에서 하는 일, 치료감호소에는 조현병 환자가 제일 많다는 사실 등 범죄예방정책국에 대한 이야기를 해주셨습니다. 그때부터 관심을 두고 있었습니다.

- 면접관 1: 네, 그래요. 고생했습니다. 면접 끝났습니다. 나가보셔도 됩니다.

- 본인: 네, 감사합니다.

5. 2019 서울시 일반행정직 / 20대 후반 / 여

남자 면접관 2분, 여자 면접관 1분이 들어오셨고 5~60대로 보였습니다. 세 분 다 골고루 질문해주셨고 친절하셨습니다.

(1) 5분 발표

> 주제 노인 지하철 무임승차에 따른 문제 해결
>
> 답변
>
> 1. 정책에 대한 생각
>   - 정년 이후 무기력하게 하루하루를 보내실 어르신들께 좋은 복지정책이라고 생각함
>   - 노후대책이 마련되어 있지 않은 사람에게도 '늙음'에 대한 두려움을 어느 정도 줄여줄 수 있는 방안일 것임
> 2. 문제점
>   수익성 악화에 의한 서비스의 질적 하락이나, 에티켓을 지키지 않는 노인들에 의한 불편함으로 일상에서의 노인혐오가 격화됨
> 3. 해결책
>   - 양심요금제(재량껏 요금을 내게 하는 제도)
>   - 노인문화시설 운영으로 부족한 수익 충당
>   - 지하철 내 불만사항을 문자로 제보할 수 있는 방안 홍보
> 4. 마무리
>   - 노인연령 상한과 정년 이후 취업문제 해결이 뒤따라야 할 것임
>   - 고령사회 진입 후 노인이 복지 혜택을 받기만 해야 하는 존재라는 인식이 바뀌어야할 것임

(고개 끄덕이면서 들으셨고 참신한 방법이라고 얘기해 주셨음)

- **면접관**: 노인 연령을 어느 정도까지 올려야하는가?
- **본인**: 70세 정도가 적당하다고 생각합니다.
- **면접관**: (본인은 65세라고 생각했다며 참 어려운 문제라고 말씀하셨음) 코레일 말고 서울시가 운영하는 지하철은 노인 무임승차가 불가한 것을 알고 있었나? 불공평하다고 생각하지 않는가?
- **본인**: 9호선은 불가하다고 알고 있습니다. 이는 불공평한 실태라는 말씀에 공감하며 시정되어야 한다고 생각합니다.
- **면접관**: (다른 면접관의 추가질문) 이 점에 대해 알고 있었는가?
- **본인**: 들어본 적이 있는 것 같은데 면접관님 말씀을 들으니 생각이 났습니다(사실 전혀 몰랐고 불공평하지 않냐는 질문에 말려들어서 저렇게 대답했음. 찾아보니 9호선도 무임승차 가능함. 큰 실수한 것 같음).

- 면접관: 만약 양심요금제가 지켜지지 않는다면?
- 본인: 제 생각으로는 무조건적인 무료 혜택을 좋아하시는 분도 계시겠지만 본인의 경제적 능력을 무시한다고 여기거나 자존심에 상처를 받아 불쾌해 하시는 분도 있겠다고 생각했습니다. 그래서 말씀드렸던 건데 실효성이 없었다면 죄송합니다.
- 면접관: 죄송할 것 없고, 시행만 되면 괜찮은 방식인 것 같다.

(2) 개별질문

- 면접관: 팀워크가 굉장히 중요한 사회이다. 내 일이 과중한 상황에서 능력이 부족하다고 판단되는 팀원의 일을 도와주라고 상사가 지시하면 어떻게 할 것인가?
- 본인: 상사께서 업무분장을 해주실 때는 다 이유가 있으셨을 것입니다. 제 업무가 과중하다고 느끼는 것은 저의 개인적인 판단일 것이라 생각합니다. 따라서 제가 해야할 일을 다 마친 후에 팀원의 일을 돕겠습니다.
- 면접관: 일을 다 끝내고 돕는 것 말고 해결책은 없을까?
- 본인: 실무적인 문제라면 바로바로 옆에서 도울 수 있다고 생각합니다. 컴퓨터 지식이라든지 업무를 효율적으로 할 수 있는 방식을 알려주겠습니다. 능력의 문제라면 제가 하고 있는 자기계발 방식을 소개해주겠습니다.
- 면접관: 능력 부족 외에 그 사람의 문제가 있다면?
- 본인: 아까 말씀하셨던 대로 팀워크라면 팀 전체가 해내야 할 과제라고 생각합니다. 따라서 자기가 하지 않더라도 '누군가는 하겠지'하는 생각에 그렇게 행동하지 않을까 합니다. 그 경우 상사께 업무분장을 다시금 요청하거나 동료에게 책임을 다하도록 촉구하겠습니다.
- 면접관: 중소기업 육성을 위해 서울시가 하고 있는 정책 중 아는 것이 있나?
- 본인: 중소기업 근무자에 대한 인건비를 지원해주는 정책이 있다고 알고 있습니다. 이 외에는 제대로 조사해보지 못한 것 같습니다. 죄송합니다.
- 면접관: 그럼 서울시에서 할 수 있는 것은 무엇일까?
- 본인: 해당 분야와 관련이 있는 대학교 학과생들과 연계하여 프로젝트를 만드는 것입니다. 서울로 7017이나 도시재생산업처럼 대학생들의 아이디어를 반영하면 향후 그들의 취업 시 중소기업에 대한 인식이 좋아지고 이윤 창출도 가능할 것입니다.
- 면접관: 또 다른 건?
- 본인: 내수산업 활성화가 필요하다고 생각합니다. 중소기업에서도 생산할 수 있는 분야임에도 전문성 확보가 되지 않았다는 이유로 기업입찰에서 떨어진다고 알고 있습니다. 내수산업을 활성화함으로써 중소기업 육성에 도움이 될 것 같습니다.

- **면접관**: 내수산업 활성화를 어떻게 생각했나?

- **본인**: 요즘 한일관계가 불안해지면서 반도체 산업 관계 뉴스 보도를 많이 보았습니다. 한 중소기업 관계자가 나와서 본인들이 생산해 낸 물품이 품질이 뛰어남에도 전문성 확보가 부족하다는 이유로 입찰에 실패했다며 인터뷰한 것을 보고 말씀드렸습니다.

- **면접관**: 본인의 가장 큰 성과가 무엇인가?

- **본인**: 고등학교 때 학교에서 주최하는 창업경진대회를 준비했던 경험입니다. 대학입시에 집중해야 할 시기였기에 부모님과 선생님들의 만류에도 불구하고 친구들과 공부도 열심히 하고, 대회준비도 열심히 해서 3등을 차지했습니다. 높은 성적은 아니라고 할 수 있지만 제가 이룬 가장 큰 성과라고 생각합니다.

- **면접관**: 학교에서 주최? 대입준비 기간인데? 취업을 준비하는 학생이 있었나?

- **본인**: 네 맞습니다.

- **면접관**: 어떤 아이템이었는가?

- **본인**: 그 당시에 소셜 어플리케이션이 유행을 했던 시기라 심부름 대행 어플리케이션을 개발하는 것을 제시했습니다.

- **면접관**: (다른 면접관의 추가 질문) 그럼 그 사례들 말고 팀워크에 문제가 생겼을 때 일을 해결한 경험, 또는 그것에 실패한 경험을 말해보시오.

- **본인**: 반려동물 유기 사태 고발에 대한 발표과제에서 리더를 맡아 팀을 꾸렸습니다. 처음에는 공부를 잘하는, 또는 저와 친한 사람 위주로 구성했는데 자료 수집에는 문제가 없었으나 발표 방식을 정하는 과정에서 의견이 일치하지 않아 갈등이 있었습니다. 당시 팀원을 자유롭게 교체하거나 새롭게 영입할 수 있는 특수한 상황이어서 그림과 영상제작에 소질이 있는 사람을 데려와 플립북 형태의 애니메이션을 만들면 어떻겠냐는 아이디어를 냈고 다행히 모두 찬성해서 그렇게 발표를 해냈습니다. 발표 후 진행된 설문조사에서도 발표 효과가 좋았다는 평가를 받아서 저는 이 점이 분열된 팀워크를 이겨낸 경험이라고 생각합니다.

- **면접관**: 지하철 많이 타봤나?

- **본인**: 네 그렇습니다.

- **면접관**: 임산부 배려석이 잘 시행되고 있었나?

- **본인**: 제가 보기에는 열에 여덟 번 정도는 지켜지고 있었고 다른 분이 타고 계신다 할지라도 나이 드신 어머니나 할머니께서 앉아계셨습니다.

- **면접관**: 출퇴근시간에도?

- 본인: 그때는 남자분들도 앉아계신 분이 계시긴 했지만 시민들의 눈치로 금방 자리를 피하시기도 했습니다. 대부분 그 자리는 비워두고 서서 가자고 생각하시는 것 같았습니다.
- 면접관: 그 제도에 대해 어떻게 생각하는가?
- 본인: 배려석이기 때문에 꼭 비워둘 필요는 없는 것 같습니다. 하지만 아까 말씀드렸던 불만사항 제보 문자들이 최근 SNS상에서 확산이 되었는데, 이 때문에 그 자리에 앉는 일반인에 대한 시선들이 날카로워지지 않았나 생각합니다.
- 면접관: 다문화 가정 문제 해결을 위해 무엇이 필요할까?
- 본인: 우리나라에서 일을 하는 노동자를 바라보는 시선이, 다른 나라 사람이라는 생각보다 내 옆집에 사는 이웃으로 여기는 인식이 확산되어 바뀌어야 할 것 같습니다. 물론 그들의 문화에 대한 존중도 필요하지만 오히려 그런 것이 거리감을 만들어 함께 어울리기 힘들게 할 것 같습니다.
- 면접관: 시간이 조금 남았으니 마지막 멘트 들어봅시다.
- 본인: 면접을 준비하면서 서울시의 모토 중 '함께 성장하는 미래 서울'이라는 슬로건을 보았습니다. 서울시 공무원이 되면 이를 실현하기 위해 노력하여, 제 신념이 이상적이라며 걱정이 많으셨던 부모님께 제가 틀리지 않았음을 증명해 보이고 싶습니다.
- 면접관: 꼭 그 신념을 증명해 보이길 바라겠습니다. 수고하셨습니다.
- 본인: 감사합니다.

6. 2019 서울시 사회복지직 / 20대 후반 / 여

면접관 1은 남자, 면접관 2는 여자, 면접관 3은 남자였고, 면접관 3은 할아버지였는데 말을 끊지 않으려고 노력하셨습니다. 면접관 2가 분위기를 편안하게 해주고 면접을 주도했습니다.

(1) 5분 발표

> 주제 공유경제가 활성화되지 않은 원인과 공유경제 활성화를 위한 정부의 역할에 대한 본인의 견해
>
> 답변
>
> 1. 원인
>   - 개인의 사익 추구
>   - 공유경제에 대한 부족한 사회적 인식(운영 중인 공유경제 정책에 대한 혹은 공유경제의 필요성)
> 2. 정부의 역할에 대한 견해
>   양 이해관계자가 어느 정도 만족할 수 있는 정책을 마련하여 공유경제와 함께 운영 및 홍보

(2) 개별질문

- **면접관 2:** 네, 잘 들었구요. 자기소개 좀 해주세요.

- **본인:** 저는 4년 동안 사회복지를 전공하였고, 그 전공시간 동안 대학교 2학년 때는 다문화 아동과 한국 아동을 대상으로 다문화 이해를 돕는 멘토 봉사를, 대학교 4학년 때는 약 1년 동안 대학병원에서 이용객들을 대상으로 관련 기기 안내 설명 봉사를 하였습니다. 저의 이러한 전문성과 봉사경험을 바탕으로 한 봉사성을 입직하여 발휘하고 싶습니다.

- **면접관 3:** 왜 공직자가 되려고 하는지, 왜 그리고 하필 서울시 공무원인지?

- **본인:** 저는 서울에서 태어나고 자랐습니다. 어렸을 적 오빠와 보라매공원을 뛰놀았던 즐거운 유년시절을 보냈고, 이렇게 받은 즐거움을 다시 서울시에 보답하고자 서울시에 지원하게 되었습니다. 저는 복지정책 부분에도 기여를 하고 싶어서 공무원에 지원을 하였습니다.

- **면접관 3:** 조직에서 이제 일을 하게 될 텐데, 동료랑 본인이 같은 업무량을 받았어요. 근데 동료는 능력이 부족해서, 또 낮에는 딴 짓을 해서 야근을 엄청 합니다. 그래서 상사가 본인에게 더 많은 업무를 분장했어요. 이때 어떤 생각으로 임할 건가요?

- **본인:** 저는 상사께서 그렇게 업무분장을 한 데에는 그만한 이유가 있다고 생각을 하여 그 새로운 업무 분장대로 업무를 진행하겠습니다. 또 동료에게는 제가 어떤 도울 부분이 있는지 보고, 있다면 그 부분을 도와가면서 일을 하겠습니다.

- **면접관 3:** 민원인이 떼쓰고 우기는 경우가 있어요. 그럼 어떻게 할 거죠?

- **본인:** 저는 우선 민원인의 말을 끝까지 경청하겠습니다. 민원인이 본인의 요구를 본인의 방법대로 주장을 하는 것이기 때문에 그 부분을 존중해야 한다고 생각합니다. 끝까지 경청한 뒤에 그 분이 원하는 게 무엇인지 알아내고, 그것에 맞는 서비스를 연계해드리도록 하겠습니다.

(또 질문이 하나 있었는데 기억이 안남)

- **면접관 1:** 다문화 관련하여 봉사한 경험이 있다고 했는데, 봉사 중 부족했던 부분과 본인의 개선방안이 있다면 이야기해 주세요.

- **본인:** 저는 당시 아동들을 대상으로 활동을 했는데, 당시 봉사 사전교육 때는 프로그램의 목표, 그리고 아동을 대상으로 한다고만 알려주시고 아동의 특성에 대한 교육을 받지 못하였습니다. 그래서 제가 아동을 케어를 할 때 조금 아쉬움이 있었습니다. 제가 만약 입직을 하게 되어 자원봉사 인력을 활용하게 된다면, 저는 사전교육을 조금 더 철저히 하여, 봉사자가 실제 업무를 할 때 조금 더 효과적으로 할 수 있도록 하겠습니다.

- **면접관 1:** 요즘 님비현상이 심한데 이를 해결하기 위한 본인의 방법은?

- **본인:** 저는 주민들의 의견을 듣는 것이 중요하다고 생각합니다. 주민 공청회나 이해관계인으로 구성된 협의체를 만들어 모든 주민들의 의견을 듣도록 노력하겠습니다. 또 제 생각으로는 협의체를 구성할 때, 관련 유사 기관이 이미 설치되어 있는 타거주지의 주민들을 모셔오는 것도 좋다고 생각합니다. 해당 시설이 진짜로 설치가 된 이후의 삶은 어떤지, 시설에 대한 생각의 변화가 있었는지 등의 의견을 듣게 된다면, 조금 더 풍성하게(버벅), 반대하는 주민들을 설득하는 데에 도움이 될 것이라고 생각합니다.

- **면접자 1:** 복지 수혜자 말고 복지 제공자의 인권을 위해서는 어떤 조치를 취할 수 있을까요?

- **본인:** 서울시에서 2013년부터 서울시 어르신 돌봄 종사자 센터를 운영하는 것으로 알고 있습니다. 이용자들이 이 센터를 오아시스라고 할 만큼 센터 운영목표를 잘 이루고 있고, 또 평가도 좋은 것으로 알고 있습니다. 저는 이러한 센터를 전 사회복지사나 돌봄 종사자로 확대를 하여 종합 센터를 운영하는 것이 좋을 것이라 생각합니다.

- **면접자 1:** (언성을 높이고 짜증을 내며) 아니 그게 아니고, 복지 수혜자 말고요. 복지 제공자요. 복지 제공자가 인권을, 폭언 같은 거 듣고 해서 인권을 침해당했을 때 말이에요. 이런 인권 문제에 대해서 물어본 거예요.

- **본인:** 아, 죄송합니다. 그 부분은 우선 복지 수혜자의 인식을 바꾸는 것이 먼저라고 생각합니다. 복지 제공자 역시 개인이고 한 인간이기 때문에 존중이 필요하고, 사람 대 사람으로서 존중을 했을 때 더 질 좋은 사회복지 서비스가 제공된다는, 그런 선순환을 강조해야 할 것입니다(어르신 돌봄 종사자 센터가 복지 제공자를 위한 센터라서 답을 한 건데, 저 센터를 잘 모르시는 것 같았음. 센터에 대해 더 설명을 드려야 하나 했지만 기분이 더 상하실 수 있을 것 같아서 답을 바꾸었음).

- **면접자 1:** 요즘 복지 대상자가 중복이 되잖아요. 그럼 누가 케어를 하는 게 더 효과적일까요. 예를 들어서 노인인데, 장애인이고 노숙인이에요. 그럼 누가 케어를 해야 하죠?

- **본인:** 잠시 생각할 시간을 주시겠습니까? (잠시 생각 후) 저는 장애인 관련 부서가 맡아야 한다고 생각합니다. 장애라는 것이 조금 더 전문적인 지식이 필요하기 때문에 해당 부서가 케어를 한다면 더 효과적일 것이라 생각합니다.

- **면접자 1:** 본인이 관심 있는 복지 분야, 그 이유, 그리고 포부를 말해 주세요.

- **본인:** 저는 어르신 복지에 관심이 있습니다. 저는 어려서 할머니 손에 자랐기 때문에 어르신에 대한 관심과 애정이 다른 사람들보다 많습니다. 또 대학병원에서 봉사를 하면서, 많은 어르신들을 만났습니다. 그때 '아 어르신을 위해서 봉사를 한다면, 어르신들을 위한 정책을 만든다면 정말 좋겠다'라고 생각을 하였습니다. 제가 입직을 한 후에 어느 정도 경험과 연륜이 쌓인다면, 그것을 바탕으로 어르신들을 위한 정책을 마련해 드리고 싶습니다.

- **면접자 2**: 아까 사회복지 전공이라고 하셨는데, 왜 사회복지 전공을 하셨죠?
- **본인**: 저는 평소 주변 사람들에게 관심이 많았습니다. 그래서 주변 사람들이 필요로 하는 것을 쉽게 알아차릴 수 있었고, 또 제가 그 필요를 채울 수 있다면, 그 필요를 채우는 과정을 저는 좋아했습니다. 그래서 주변 사람과 환경을 돕는 일과 학문이 무엇이 있을까 찾아보다가 사회복지를 알게 되어 선택하게 되었습니다.
- **면접자 2**: 대학생활 중 했던 봉사 중에 힘들었던 경험은?
- **본인**: 앞서 말씀드린 대학병원 봉사활동 중의 일이었습니다. 저는 당시 무조건적인 도움이 좋다고 생각을 하고 있었습니다. 그래서 한 할아버지께서 도움을 요청하시기도 전에 제가 먼저 서비스를 해드린 적 있습니다. 그랬더니 그 할어버지께서는 화를 내며 '왜 해달라고 하지도 않았는데, 먼저 하느냐. 뭔데 참견이냐'라고 말씀하셨습니다. 그때 제가 이전까지 가지고 있었던 가치관과는 다른 경험이라 조금 힘들었던 기억이 있습니다.
- **면접자 2**: 그래서 어떻게 됐나요?
- **본인**: 저는 우선 할아버지께 "죄송합니다. 제가 그 부분까진 몰랐습니다. 다음부턴 이런 일이 없도록 하겠습니다."라고 진심어린 사과를 여러 번 드렸습니다. 그러자 할아버지께서는 알았다고 하시면서 당신의 볼 일을 보러 가셨습니다.
- **면접자 2**: 사회복지사는 뭐하는 사람이라고 생각해요?
- **본인**: 사회복지사 말씀이십니까?
- **면접자**: 네.
- **본인**: 제가 생각하는 사회복지사는 지역자원을 발굴하고 그 서비스를 필요로 하는 사람들에게 맞춤형으로 연계해주는 사람이라고 생각합니다.
- **면접자 2**: 그러면 사회복지사라는 직업이 가지는 장점과 단점 하나씩 얘기해 주세요.
- **본인**: 장점은 우선 그 지역에 대한 이해도가 높다는 점입니다. 지역자원을 발굴하기 위해 그 지역을 공부하고 조사하는 자리에 있기 때문에 다른 개인보다도 그 지역에 대한 이해가 깊을 것이라 생각합니다. 단점은 일선 현장에서 많은 사람들을 만나는 것으로 알고 있는데 이 분들이 복지 서비스를 격렬하게 요구하는 경우도 있는 것으로 알고 있습니다. 그때 면대 면으로 그 격한 감정을 가라앉히는 데 힘듦을 경험하는 것이 단점이라고 생각합니다.
- **면접자 2**: 사회복지 정책 중에 '이건 진짜 좋다. 잘 만들었다.'라고 생각하는 정책에는 뭐가 있는지 얘기해 주세요.
- **본인**: 저는 서울시 영등포구에서 실시하고 있는 빨간 우체통 사업이라고 생각합니다.

- 본인: 빨간 우체통 사업은 복지 사각지대를 발굴하기 위한 사업인데, 타 정책과 다른 점은 복지 사각지대에 있는 사람이 자발적으로 신고를 하는 시스템이라는 것입니다. 복지 사각지대는 사회복지 분야에서 중요한 문제지만, 공직자나 사회복지사가 일일이 발굴을 하기에는 인력상, 예산상 한계가 있습니다. 이 빨간 우체통 사업은 이러한 한계를 보완한 좋은 정책이라고 생각합니다.

- 면접자 2: 그러면 별로인 정책은요? '아 이건 왜 있는지 모르겠다.' 하는 정책

- 본인: 잠시 생각할 시간을 주시겠습니까? (잠시 생각 후) 죄송합니다. 지금 너무 긴장을 해서 생각나지 않습니다. 추후에 알아보고 고민해보도록 하겠습니다.

- 면접자 2: 어떤 개선이 필요하다 하는 정책도 없나요?

- 본인: 개선이 필요한 정책은 찾아가는 동 주민센터 사업이라고 생각합니다. 저는 이것을 앞서 말씀드린 빨간 우체통 사업과 병행하고 싶습니다. 찾아가는 동 주민센터 사업의 경우 복지 사각지대 발굴에 중요한 역할을 하고 있는 것으로 알고 있습니다. 하지만 발굴자 대부분이 기존의 수혜자라는 한계가 있습니다. 이러한 찾아가는 동 주민센터 사업을 빨간 우체통 사업과 함께 서울시 전역에서 시행한다면 더 긍정적인 효과가 나타날 것이라 생각합니다.

- 면접자 2: 마지막으로 하고 싶은 말 해주세요.

- 본인: 사회복지는 국민의 권리입니다. 모든 국민이 사회복지를 누릴 수 있도록 늘 힘쓰도록 하겠습니다. 감사합니다.

7. 2018 국가직 산림자원(임업직) / 20대 후반 / 남

명찰 배부 후 8시에 본 시험장 입장, 출석 확인 및 자기기술서 작성(20분), 자기기술서 제출 후 각 조의 1번부터 옆 부스로 이동하여 5분 발표문 작성(10분), 이후 면접관분들이 계시는 부스로 다시 이동, 잠깐 대기 후(10분 정도) 타종이 울리면 면접 부스에 들어가는 순서로 진행되었습니다.

총 40분 정도 면접을 보았고 5분 발표, 자기기술서, 질문 순서로 진행되었습니다. 대체로 시간을 보면서 순서를 지키며 면접을 진행하는 느낌이었습니다(중간 중간 끼어드는 질문도 가끔 있긴 했음).

면접관은 2명으로, 굉장히 편안한 분위기에서 진행되었고 중간에 제가 긴장했을 때도 편하게 하라고 분위기를 많이 풀어주셨습니다. 면접관분들은 면접을 진행하면서 처음부터 끝까지 제 말에 집중하고 계속해서 뭔가를 적으며 후속질문을 정말 많이 하셨고, 제가 답변을 하면 바로바로 질문을 하셨습니다. 질문을 하다가 갑자기 다른 주제에 대해서 물어보지는 않으셨습니다. 자기기술서나 5분 발표 내용을 토대로 제가 답변을 하면 그에 대해 궁금한 점 위주로 물어보셨습니다. 지식형 문제는 생각보다 적었고 지식형이어도 상황형 질문을 연계하는 것이 굉장히 많았습니다. 직접적인 사례나 본인의 경험을 물어보는 질문도 많았습니다.

(1) 5분 발표

> **제시문** A부처에서 여성과 장애인과 같은 소외계층과 관련된 부서를 신설하는데, 그 이유는 아직도 여성과 장애인들에 대한 인식이 변화되었다고 하지만 사회 전체적으로 그 비중이 크지 않은 것으로 파악되었기 때문
>
> **주제** 본인이 중요하다고 느끼는 제시문과 관련된 공직가치를 설명하고 본인이 공직에 임한다면 이러한 공직가치를 어떻게 확대할 것인지 말해보시오.
>
> **답변**
>
> 1. 공직가치
>
>   자료의 제시문은 여성, 장애인들과 같은 소외계층과 관련된 부서 설치와 관련된 제시문임. 그와 관련하여 제가 중요하게 느끼는 공직가치는 공평성임. 그 이유는 소외계층, 취약계층이라 느끼는 국민들에게도 공평한 복지서비스 등을 제공할 수 있는 기회를 마련할 수 있기 때문. 취약계층에 복지를 제공하는 것이 어떻게 공평한 것이냐고 되물으실 수 있겠지만 선천적 장애인분들이나 어렸을 때부터 가난한 분들은 본인이 원해서 그렇게 된 것이 아니기 때문에 그렇지 않은 분들과 똑같은 복지를 제공한다면 그것이야말로 진정한 의미의 공평성에서 어긋나는 것이라 생각함
>
> 2. 이러한 공평성의 가치를 어떻게 확대할지(3가지)
>
>   첫째, 사회취약계층과 관련하여 도울 점이 있는지 살펴보겠음. 좀전에 말씀드렸다시피 진정한 의미의 공평성을 실현하기 위해서임. 그와 관련된 임업직 관련 사례로서는 자연휴양림 무료입장 대상범위 확대가 있음. 기존의 6세 이하 65세 이상 국민, 장애인, 국가유공자(유족)들에게만 해당하는 것이 올해부터 의사자, 의상자, 고엽제환자까지 확대되었음. 저는 공직에 임하게 되면 이러한 점을 참고하여 사회취약계층이 좀 더 혜택을 받을 수 있는 것은 없을지 고민해보겠음
>
>   둘째, 민원 업무 처리에 있어서 공평성의 가치를 반드시 지키겠음. 예를 들어 두 분의 민원인이 있고, 두 분의 민원 모두 적법하지 않은 요구라고 가정해보겠음. 이때 한분은 계속해서 요구를 하였고 한분은 한두 번 말하고 말았다고 생각해보겠음. 계속해서 요구한다고 해서 계속해서 요구한 분의 민원은 받아들이고 한두 번 말하다 만 분의 민원은 받아들이지 않는 그런 공평성의 가치에 어긋나는 공무수행은 하지 않겠음
>
>   셋째, 공무원특별승진제도를 생각해보았음. 기존의 공직사회에서는 승진을 하는 게 어느 정도 한정적이었는데 특별승진제도를 통하여 성과가 충분하고 공직에 임하는 자세가 타의 모범이 된다면 검토를 통해 빠른 승진을 할 수 있다고 들었음. 이는 모든 이에게 공평한 기회를 제공함으로써 공평성의 가치를 실현한 것이라 생각함. 저 또한 임용이 된다면 열심히 노력하여 특별승진제도의 수혜자가 되고 싶음

- **면접관**: 해당 제시문을 보고 왜 공평성이라는 공직가치를 생각하였는지?
- **본인**: 사회취약계층에 관련된 부서를 신설한다는 점에서 그렇게 생각하였습니다.
- **면접관**: 취약계층과 관련하여 다양성의 공직가치는 생각하지 못했는지? 공평성보다는 다양성의 공직가치에 더 부합하지 않은가?

- **본인**: 제가 다양성의 가치는 다문화적인 입장에서만 생각을 하였던 것 같습니다. 면접관님께서 말씀하시는 다양성의 가치를 생각한다면 다양성의 공직가치도 이 사례에 부합할 수 있다고 생각합니다.
- **면접관**: 진정한 의미의 공평성을 말했는데, 사회취약계층을 도운 경험이 있는가?
- **본인**: 저는 직접적으로 도운 경험은 없지만 간접적으로 도운 경험은 있습니다. 제가 한 기부에 대해서 말씀드리고 싶습니다. 3년 정도 '국경 없는 의사회'라는 곳에 후원을 하였습니다. 아프리카나 가난한 국가의 굶어 죽어가는 아이들에게 의료혜택이나 식량, 물 등을 후원하는 곳입니다.
- **면접관**: 정기후원을 했다는 말인가? 얼마나 했는가? 지금도 하고 있는가?
- **본인**: 네, 정기후원을 하였고 3년 정도 한 달에 3만원씩 후원을 했었습니다. 그렇지만 작년에 경제사정이 어려워져서 안타깝게도 후원을 중단하였습니다. 만약 제가 공직에 입직을 한다면 다시 후원할 생각이 있습니다.

(2) 자기기술서

① 경험형

> 주제 조직이나 팀, 단체에서 독단적인 리더를 만난 경험을 서술하고 문제점이 발생하였으면 본인이 그것을 어떻게 극복하였는지 서술하시오.

- **면접관**: 자기기술서에 조별과제에서 독단적인 리더를 만났다고 하셨는데 어떠한 점에서 독단적이라고 느꼈는지?
- **본인**: 그 분은 조장이셨는데 팀원들에게 시간이 어느 정도 있는지, 바쁘지는 않은지, 몇 학점을 듣고 있는지 등을 물어보고는 시간의 여유에 따라 조별과제 임무를 부여하였습니다. 결과적으로 시간이 많은 사람은 많은 임무를 부여받게 되었고, 그 점에 있어 조원들 한 명 한 명의 동의를 딱히 구하지는 않았습니다.
- **면접관**: 본인은 조장이 독단적이라고 느꼈을지 몰라도 사람의 생각은 다양하기 때문에 본인의 생각이 무조건 맞다고 볼 수 없는 것 아닌가?
- **본인**: 네, 그럴 수도 있지만 이 상황에서 나머지 조원들이 전부 어느 정도의 불만이 있는 것을 회차가 진행되면서 이야기를 하다 보니 알게 되었습니다. 저는 서로 원하거나 잘하는 분야를 하는 것이 훨씬 효율적이라고 생각했고 조원들의 의견도 일치하였습니다.
- **면접관**: 공직가치에도 다양성의 가치가 있는데 의견이 다양할 수 있는 것 아닌가?
- **본인**: 물론 의견은 다양할 수 있습니다. 허나 조장분의 의견 말고도 다른 사람들의 의견도 고려해야 한다고 생각합니다. 팀 과제에서 본인만의 주장을 고집한다면 팀과제가 아니라 개별과제나 마찬가지일 것입니다.

- **면접관**: 조별과제에서 본인은 정확히 어떠한 역할을 수행했었는가? 위기 상황에서는 어떻게 극복을 했는가?

- **본인**: 저는 약간의 자료조사와 공동발표를 맡았습니다. 조장님과의 의견대립은 제가 가장 연장자이기 때문에 일단 조원들의 의견을 모아 조장에게 전달을 했습니다. 그래도 조장님이 의견을 굽히지 않자 다른 조별과제를 했던 제 경험을 이야기하며 시간여유에 따라 조별과제를 일방적으로 나누다 보면 나중에 분명이 뒤탈이 있을 것이라 했습니다. 그래서 각자가 잘할 수 있는 것을 하자고 하면서 PT자료를 잘 만드는 사람은 PT자료를 만들고 자료조사를 꼼꼼히 할 수 있는 사람은 자료조사를 꼼꼼히 하고 발표를 잘하는 사람은 발표를 하자고 했습니다.

- **면접관**: 본인이 조별과제를 통하여 위기를 극복한 점은 칭찬해 줄만하지만 만약에 공직에 임하였을 때 상사나 업무관련자와 비슷한 위기를 맞게 된다면 어떻게 할 것인가?

- **본인**: 먼저 저와 상사분의 방식을 비교해보고 정말로 현격한 차이가 있지 않는 이상 상사분의 의견에 따르겠습니다. 왜냐하면 저의 상사분은 제가 보지 못하는 측면을 볼 수 있고 해당 업무에 일종의 노하우가 있으실 것이기 때문입니다.

- **면접관**: 만약 본인의 방식이 옳다고 생각하고 본인이 말했다시피 현격한 차이가 발생하면 상사나 업무관련자는 조별과제 때 당신과 의견대립이 있었던 조장에게 말하는 것보다 어려움이 있을 것 같은데 문제해결이 쉽게 될까?

- **본인**: 일단 이러한 점을 동료들과도 이야기해보고 정말 합리적이라 생각되면 상관분께 조심스럽게 말씀드려 볼 것입니다. 일방적으로 이야기하는 것이 아닌 조심스럽게 제 의견을 개진하면 상관분께서도 기분 나쁘게 생각하시지 않을 것입니다.

- **면접관**: 조별과제를 하였던 강의 이름이 무엇이었는가? 주제는 무엇이었는가? 내용은 어떤 것이었는가? (경험형의 진위여부를 판별하려 하는 것 같았음. 내용도 구체적으로 정말 자세히 물어보셨음. 심지어 아이템 하나의 가격까지 물어보셨음)

- **본인**: 정확한 강의의 이름은 기억이 나지 않습니다. 다만 강의 내용이 취업과 관련한 강의였습니다. 주제는 각 조마다 하나의 기업을 구상하여 사업 아이템을 만들어보는 것이었습니다. 저희 조는 요즘 하루선식이나 하루도시락 등이 있듯이 하루과일이라는 컨셉으로 아침마다 과일을 배달하는 사업 아이템을 구상하였습니다.

② 사례형

> **주제** 어떤 농수산물이 있는데 주로 많이 생산되는 곳이 이상기후가 발생하여 그 농수산물의 값이 폭등하였다. 정부가 가격인하를 통한 시장개입을 하면 해당 농업인들이 피해를 볼 수 있는데 본인이 이 상황이라면 어떻게 해결하겠는가?

- **면접관**: 두 번째 자기기술서에서는 농수산물과 관련된 이야기를 사례를 들어서 작성해주셨는데 그럼 본인은 정부의 시장개입이 필요하다는 말씀인가요, 아닌가요?
- **본인**: 정부의 부분적인 시장개입은 필요하다고 생각합니다. 예를 들어 조류독감이 발생하였을 때 정부에서 수입 계란을 이용하여 공급량을 늘려서 가격이 폭등하는 것을 막았습니다. 다만, 직접적인 가격인하 정책은 농림축산업 종사자들에게 피해를 입힐 수 있으므로 지양해야 합니다.
- **면접관**: 조류독감이 발생했을 때 수입 계란의 사례를 말씀하셨는데 그 원산지가 다른 농수산물을 수입하게 된다면 확인되지 않은 문제나 안정성과 관련하여 문제가 생길 수 있는데, 그에 대해서는 어떻게 생각하시나요?
- **본인**: 당연히 수입을 하기 위해서는 필요한 사전 절차들을 충분히 거쳐야 합니다. 예를 들어 안전성 검사나 환경평가는 반드시 선행되어야 한다고 생각합니다. 말씀드렸던 조류독감 사례에서도 수입된 계란의 안전성 검사나 환경평가는 아주 철저히 진행되었다고 알고 있습니다.
- **면접관**: 이 자기기술서의 농수산물 문제와 관련해서 협의를 하는 주체는 누구누구로 구분되어질 수 있는지 얘기해 보세요.
- **본인**: 정부, 이상기후 때문에 가격이 폭등한 농수산물업자, 이 농수산물을 소비하는 국민, 즉 소비자로 구분될 수 있습니다.
- **면접관**: 그 협의 주체를 아우르는 협의체가 만들어진다면 어떠한 방식으로 진행되는 것이 맞다고 생각하나요?
- **본인**: 각각의 분야를 대표할 수 있는 대표들을 선정하는 것이 맞다고 봅니다. 어용 대표가 아닌 각 분야의 여러 명의 대표를 통해 협의체를 구성하고 끊임없는 대화와 공청회 등을 통해 최선의 방책 또는 절충안 등을 모색하는 것이 좋다고 생각합니다.
- **면접관**: 공청회를 말씀하셨는데 다른 관점에서 대화를 할 수 있는 건 어떤 것이 있을까요?
- **본인**: 잠시 생각할 시간을 주시겠습니까?... 말씀드리겠습니다. 공청회 같은 면대면 방식이 아닌 온라인 게시판도 병행하여 소통하면 훨씬 더 다양한 의견을 들을 수 있을 것입니다.

(3) 개별질문
- **면접관**: 산림자원직에 지원하셨는데 산림자원직과 관련된 정부부처가 어떤 것이 있죠?
- **본인**: 대표적으로 산림청이 있습니다.
- **면접관**: 산림청 산하에 어떠한 기관들이 있고 본인이 가고 싶은 곳은?
- **본인**: 국립산림과학원, 국립수목원, 산림교육원 등이 있지만 저는 지방산림청 산하의 국유림관리소에 들어가고 싶습니다.
- **면접관**: 그곳에 가고 싶은 이유는 무엇이죠?

- **본인**: 제가 대학교에서 산불방제나 산불 병해충 관련 전공과목들을 여러 과목 수강하여 해당 업무를 맡았을 때 좀 더 신속하게 업무숙지가 가능할 것이라 생각합니다.

- **면접관**: 산불과 병해충 쪽을 전공하고 관심이 많다고 하셨는데 산림청 정책 중에 그와 관련된 최근의 정책들을 알고 계신 것이 있으신가요?

- **본인**: 먼저 산불과 관련하여 정확한 명칭은 기억나지 않지만 소위 산불특수대기반이 있는 것으로 알고 있습니다. 이 대기반은 원래 200명으로 시범운영 되었으나 올해 330명으로 증원되었습니다. 산불 병해충과 관련해서는 재선충병 정책에 대해서 말씀드리겠습니다. 원래 재선충병은 재선충에만 효과가 있는 수간주사를 하였지만 올해부터는 재선충과 매개충 둘 다에 효과가 있는 수간주사를 하는 것으로 알고 있습니다.

- **면접관**: 산불이나 병해충 쪽에 관심이 많으신 것 같은데, 산림청이나 산하기관에서 그와 관련되어 미흡한 점이 있으면 어떤 점이 있는지, 본인이 공직에 입직하였을 시 고치고 싶거나 제안하고 싶은 것이 있다면 얘기해 보세요.

- **본인**: 산불과 관련하여 정책이나 법개정이 많이 되는 것으로 알고 있지만 아직도 현장에서는 미흡한 점이 다소 있는 것으로 알고 있습니다. 예를 들어 산불 진화를 함에 있어서 인력적으로나 장비확충 문제로 애로사항이 많은 것으로 알고 있습니다. 또한 야간에 산에 불이 났을 때 골든타임을 놓쳐버리는 경우가 꽤 있다고 들었습니다.

- **면접관**: 산불과 관련하여서 골든타임을 이야기 하셨는데 골든타임이 정확히 어떻게 되죠?

- **본인**: 30분 정도로 알고 있습니다.

- **면접관**: 산불과 관련하여 드론을 이용한다면 어떤 것을 할 수 있죠? 전체적으로 말하지 말고 구체적으로 설명해보세요.

- **본인**: 드론을 통해 산불 예찰이나 방제 등을 할 수 있습니다. 특히 예찰을 예로 들면 산불에 취약한 수목들, 토양조건을 인력으로 일일이 다 살펴볼 수 없기 때문에 드론을 이용하면 효율적으로 예찰할 수 있을 것이라 생각합니다.

- **면접관**: 상관이 부당한 명령을 한다면 어찌할 것인가?

- **본인**: 일단 부당한 명령이 적법한지 아닌지 따져볼 것입니다. 그리고 부당한 명령이 적법하지 않다면 따르지 않겠습니다.

8. 2018 국가직 세무직 / 30대 초반 / 여

면접관 두 분 모두 50대 후반 정도로 보이셨고, 그중 왼쪽에 계신 분이 세무직렬 면접관이신 것 같았습니다. 하지만 세무직렬 면접관께서는 저를 잘 보지 않고 주로 책상에 있는 자료를 보셨습니다. 그래서 오른쪽 면접관과 아이컨택하며 대답하면서도, 중간중간 시선이 한쪽으로 몰리지 않도록 노력했습니다. 저를 담당하신 면접관 두 분께서는 5분발표 면접시간 몇 분, 자기기술서 면접시간 몇 분, 나머지 면접시간 몇 분 이렇게 아예 각 면접시간을 상의해서 정해 놓으신 것 같았습니다. 그래서 그 시간이 다 되면 다른 것으로 넘어가는 식으로 면접을 진행하셨습니다. 저한테도 다음으로 넘어가겠다고 말씀해주셨습니다.

(1) 5분 발표

> **주제** 세상이 다양하게 변화하고 우리나라에도 다양한 문화가 공존한다. 이런 상황에서 추구할 공직가치와 이를 위해 노력해야 할 점은 무엇인가?
>
> **답변**
> 1. 배경
>   요즘은 길을 지나가다보면, 강남이나 종로와 같이 사람이 많은 곳이 아니더라도 외국인을 흔히 접할 수 있음
> 2. 추구해야 할 공직가치
>   - 다양성: 다문화가 공존하고 다변화하는 사회이기 때문에 공직자도 다양성에 대해 열린 마음을 가져야 함
>   - 투명성: 소통하는 과정이 분명 필요할 것인데, 그 과정에서의 정보나 절차에 대한 측면에서 투명성을 추구해야 함
> 3. 노력할 점
>   - 다양성 추구: 외국인에 대한 편견을 가지지 않도록 노력해야 함. 예를 들면 겉모습은 한국인이지만 국적은 대한민국이 아닌 경우도 있고, 겉모습은 외국인이지만 국적이 대한민국 사람인 경우도 많음. 인식 개선은 개인적으로는 해결하기 어렵기 때문에 국가적 차원에서 지속적으로 이와 관련한 공익광고를 하면 좋을 것임
>   - 투명성 추구: 다문화인 만큼 서로 생각하는 것이 다 다를 것임. 그 다른 서로의 생각을 알고 있는 것이 중요함. 당장 합의점은 찾지 못할지라도 서로 다르다는 사실을 인정하고 서로 다른 생각이 어떤 것인지를 알고 있으면, 추후 문제해결과정에서도 도움이 될 것임. 이때 소통하는 과정에서 정보는 개방하고, 과정도 충분히 공유해야 함(이런 방향으로 범주화해서 구체적 사례도 넣었음)

- **면접관**: 외국인과 직접 접해 일한 경험이 있어요?
- **본인**: 아니요. 외국인과 직접 접해 일한 경험은 없습니다.

- **면접관**: 그럼 다양성이 공존하는 사회에서 그런 직접 관련된 경험을 한 적이 있어요?
- **본인**: 길에서 외국인을 마주치면 무조건 영어로 말 걸지 않으려고 노력합니다. 왜냐하면 다큐멘터리 프로그램에서 먼저 영어로만 말거는 것도 또한 그 사람들에게 상처가 된다고 하는 인터뷰를 본 적이 있어서 그런 작은 노력은 하고 있습니다.
- **면접관**: 공직과 관련하여 다양성을 접한 구체적 사례가 있어요?
- **본인**: 구체적 사례는 생각이 나지 않습니다만… 아! 다양성을 접한 사례는 최근에 세무서에 방문한 적이 있습니다. 그때 한국어 안내문 옆에 외국어로 번역된 안내문이 있는 것을 봤습니다.

(2) 자기기술서

① 경험형(구체적으로 하나하나 질문하심)

> **주제** 조직에서 기존의 문화나 관행을 개선하려고 노력한 경험에 대해 서술하시오.
>
> **답변**
>
> 1. 상황
>   대학교 때 팀프로젝트를 한 경험이 있음. 그런데 대부분 발표하는 역할을 맡는 것을 꺼리고 4학년이 주로 발표를 하는 상황이라, 자연스럽게 4학년 선배가 발표를 맡는 분위기가 형성되었음
> 2. 노력한 점
>   그런데 그 선배는 제가 아는 선배여서, 발표자료를 PPT로 작성하는 것을 더 잘 한다는 사실을 제가 알고 있었음. 아무래도 그렇게 역할분담을 하는 것은 비효율적이라 생각해서 당시 2학년이었던 제가 발표자로 자원했음. 결국 제가 발표를 맡게 되었음. 발표 경험은 없었지만 실전연습을 20번 이상 한 끝에 발표를 무사히 마치고, 좋은 결과도 얻을 수 있었음

- **면접관**: 자신이 발표하는 것이 낫다고 생각했으니까 발표자로 지원했을 거 아녜요?
- **본인**: 네, 그렇습니다.
- **면접관**: 왜 선배보다 자신이 발표하는 것이 낫다고 판단했나요? 그렇게 판단한 근거가 있다면 얘기해 보세요.
- **본인**: 발표를 하기로 한 그 선배는 제가 아는 선배였는데, 발표도 잘 하지만 사실 PPT로 발표자료를 굉장히 잘 만드는 것을 제가 잘 알고 있었습니다. 그래서 단지 4학년이 발표하는 것이 당연한 분위기 때문에 그 선배가 발표를 맡는 것은 팀원 모두에게 효율적이지 않다고 생각해서 발표자로 자원했습니다.
- **면접관**: 그럼 팀원들의 의견을 어떻게 수렴했어요? 본인이 발표하겠다고 하더라도 반대하는 사람이 있었을 텐데?

- **본인:** 음.. 반대하는 사람은 없었습니다. 발표자 역할을 맡는 것을 다 꺼리는 상황이었기 때문입니다. 하지만 기존에 관행적으로 4학년이 발표하는 분위기가 있어서 2학년인 제가 발표하겠다고 하니, 말로 표현은 하지 않았지만 '과연 잘 할 수 있을까'하는 암묵적인 그런 눈초리는 있었습니다. 2학년이라 발표경험은 별로 없었지만 연습을 많이 해서 꼭 잘 해내겠다고 설득했습니다. 결국 제가 발표자를 맡게 되었습니다.

- **면접관:** 그럼 본인이 발표한다고 할 때, 4학년 선배가 내가 발표하겠다고 하지는 않았어요?

- **본인:** 네, 그러지는 않았습니다. 그 4학년 선배도 자신이 PPT를 이용해 발표자료를 더 잘 만들 수 있다고 생각하고 있었고, 그렇기 때문에 본인도 발표자료를 만드는 것을 더 편하게 생각했습니다. 그래서 따로 반대하지는 않았던 것 같습니다.

- **면접관:** 발표경험이 별로 없었는데 어떻게 노력해서 극복했어요? 자신에 의해서 팀원들 점수가 바뀔 수도 있고 그랬을 텐데?

- **본인:** 물론 경험이 별로 없었던 터라 저 때문에 팀에 해가 되지는 않을까 하는 부담감도 있었습니다. 그래서 도서관에서 실전연습을 약 20번 이상 했습니다. 그리고 수강하는 학생수가 100명이 넘는 강의여서 대형 강의실에서 진행을 했기 때문에 미리 마이크도 따로 준비해 두었습니다. 그래서 실전에서는 발표를 잘 마치고 박수도 받았습니다.

- **면접관:** 발표를 준비할 때 누구의 도움을 받거나 그런 건 없었어요?

- **본인:** 물론 있습니다. 제가 경험이 거의 없었기 때문에 원래 발표를 하려고 했던 4학년 선배에게 어떻게 하면 좋을지 조언을 구하기도 했습니다. 그리고 발표자는 마지막에 발표 자료를 넘겨받기 때문에 내용을 따로 숙지해야 했는데, 그 과정에서 내용이 자연스럽게 연결되지 않는 부분이 있으면 각 부분 작성자들에게 물어보며 발표를 준비했습니다.

② 상황형(세무직렬)

> 주제 당신은 세무서 주무관 A이다. 민원인 B가 근로장려금 신청기한(5월까지 신청, 9월에 지급)이 지나 추후신청(6.1~11.30)하게 된 상황이다. …(중간생략)… 추후신청할 경우에는 원래 지급액의 90%만 지급된다. 그런데 민원인 B가 세무서에서 제대로 공지해 주지 않아 원래 기한에 신청하지 못했다며, 원래의 지급액 100% 전부를 요구하는 상황이다. 어떻게 대처하겠는가?
>
> 답변
> - 먼저 민원인의 이야기를 진심으로 공감하며 듣겠음. 하지만 기한이 지나 신청한 것은 어쩔 수 없이 원래 지급액의 90%만큼의 금액만 지급이 가능하다는 점을 공손하지만 분명하게 말씀드리겠음. 마음은 진심으로 안타깝고 해드리고 싶지만, 원칙을 어겨 도움을 준다면 결국 그것은 다른 많은 사람들에게 또다시 공정성에 문제를 만드는 것이 됨

- 그래도 계속 요구한다면 저도 해드리고 싶지만 원칙상 그럴 수가 없음을 다시 한 번 말씀드리겠음. 그리고 다음에는 이런 일이 없도록 해당 절차를 다시 안내해 드리겠음
- 만약 그래도 계속 요구한다면 팀장님이나 과장님께 조언을 구하겠음. 저보다 경험이 훨씬 많으시기 때문에 제가 생각하지 못한 방법을 알고 계실 수 있기 때문임

- **면접관:** 세무서 민원이라면 어떻게 대처할 거예요?
- **본인:** 먼저 공감하며 충분히 듣고 안타까운 마음을 표현하겠습니다. 하지만 기한이 지난 상황이라 원칙적으로 90% 지급만 가능하다고 공손하지만 분명하게 말씀드리겠습니다. (자기기술서에 작성한 것 거의 그대로 이야기함)
- **면접관:** 말해도 안 되면 어떻게 설득할 거예요?
- **본인:** 민원인에게 안타까운 마음을 더욱 구체적으로 표현하며 '저희 부모님도 해드리고 싶지만 그럴 수가 없다' 이런 식으로 설득을 하겠습니다. 그러면 아무래도 민원인의 마음이 조금 더 누그러지시지 않을까 생각합니다.
- **면접관:** 팀장님이나 과장님과 같은 상사가 있을 거 아녜요? 그런데 상사가 보더니 아니라고, 100% 지급해도 된다고 하면 어떻게 할 거예요?
- **본인:** 음.. 먼저 이유를 여쭤보겠습니다. 왜냐하면 저보다 더 경험이 많으시기 때문에 제가 보지 못하는 어떤 부분을 보시고 그렇게 말씀하셨을 수 있기 때문입니다. 이유를 확인한 후 타당하다면 바로 시정조치할 것 같습니다.
- **면접관:** 민원인이 세무서 측에서 공지를 제대로 해주지 않아서 그런 것이라며 계속 100% 지급을 요구하면 어떻게 할 거예요?
- **본인:** 만약 홍보가 안 된 것이라면 그 부분에 대해 인정하고, 먼저 죄송하다고 말씀드리겠습니다. 하지만 기한이 지난 것은 어쩔 수 없음을 분명히 말씀드리고, 다음엔 이런 일이 없도록 해당 절차를 다시 한 번 안내해 드리겠습니다.
- **면접관:** 홍보나 공지가 제대로 되어 있을 수도 있잖아요. 그럼 어떻게 할래요?
- **본인:** 아, 제가 질문에서 홍보가 제대로 되지 않았다고 잘못 판단한 것 같습니다. (공손하게) 죄송합니다.
- **면접관:** 아니, 그렇게 생각할 수도 있지. 그럼 홍보나 공지가 제대로 된 경우라면 공지를 제때에 제대로 했다는 것을 민원인에게 어떻게 증명할 수 있을까요?
- **본인:** (잠시 생각) 아마 그 시기에 관련 공문이 위에서 내려왔을 것이라 추측합니다. 날짜가 적힌 그 공문과 실제 공지한 자료들을 보여드리며 이 시기에 이렇게 했다고 말씀드리겠습니다.

- 면접관: 실제로 홍보가 잘 되고 있다고 생각해요?

- 본인: 아무래도 공지를 확인 못하시는 분들도 꽤 있기 때문에 좀 더 홍보가 필요하다고 생각합니다.

- 면접관: 그럼 근로장려금 홍보방법으로 뭐가 좋을 것 같아요?

- 본인: 지금으로써는 파급력이 가장 센 SNS가 좋을 것 같습니다. 해당 대상자가 아니더라도, 예를 들어 해당 정책의 직접적인 대상이 아니고 좀 어리더라도 부모님께서 해당 정책의 대상이 된다면, 자녀가 보고 부모님께 해당 내용을 전달할 수도 있기 때문입니다.

- 면접관: 여기 자기기술서에 있는 문제가 면접문제에 적합하다고 생각하나요? 본인 생각에 어떤 것 같아요?

- 본인: 네, 적합하다고 생각합니다. 아직 일을 직접 해 본 것은 아니라서 실무에 대해 잘 모르지만, 그렇기 때문에 오히려 실제 있는 상황에서 어떻게 일을 해결할지 알아보는 측면에서 적합하다고 생각합니다.

- 면접관: 경험형 질문도?

- 본인: 네, 그것도 면접자의 적극성이나 자발성을 알아보는 측면에서 괜찮다고 생각합니다.

(3) 개별질문

- 면접관: 간이과세자의 개념이 무엇이고, 일반과세자와의 차이는 무엇인가?

- 본인: 간이과세자는 공급대가 4,800만 원 미만의 영세사업자를 말합니다. 그리고 공급대가 2,400만 원 미만인 경우에는 세금이 면제되는 것으로 알고 있습니다.

- 면접관: 그럼 일반과세자와의 차이는 뭐예요?

- 본인: 일반과세자보다 세금면제 혜택을 받는다고 생각합니다.

- 면접관: 설명을 다 한 거예요?

- 본인: (공손히) 네..

- 면접관: 세무직 공무원으로 일할 때 공직관 중에서 뭐가 제일 중요하다고 생각해요?

- 본인: 책임성이 가장 중요하다고 생각합니다. 책임성은 전문성을 기르고 소신을 지키는 것을 말합니다. 아무래도 돈 관련 업무이기 때문에 특히 주변에 의해 흔들리지 않는 소신이 있어야 한다고 생각합니다. 그리고 전문성은, 세금업무는 세법을 근거로 일을 처리해야 하고 그 내용을 민원인에게 설명하기도 해야 하기 때문에 전문적인 내용을 다 알고 있어야 하므로, 전문성을 기르는 것 또한 중요하다고 생각합니다. 솔직히 지금 저는 전문성은 전혀 없습니다. 하지만 지식적인 부분은 제 의지로 충분히 커버할 수 있다고 생각합니다. 연수원에 가서 뿐만 아니라, 연수원에 들어가기 전부터 공부하여 지식적으로 부족한 부분은 극복하겠습니다.

- 면접관: 원래 발표를 자원할 정도로 적극적인 편이에요?
- 본인: 네, 자발적인 편인 것 같습니다. 인턴을 한 경험이 있는데, 누가 시키지 않았지만 매일 아침저녁 꼬박꼬박 차장님께 인사드려, 차장님께서 혹시 "고향이 안동이냐?"하고 농담을 건네시기도 했고 그래서 '안동 집 자제'라는 별명을 얻은 적이 있습니다.
- 면접관: 일하고 싶은 부서가 있어요? 어디인가요?
- 본인: 개인납세과에서 일하고 싶습니다. 개인납세과는 민원인을 직접 대면하거나 직접 통화해야 할 일이 많은 것으로 알고 있습니다. 저는 모르는 사람에게도 말을 잘 걸고, 어른들을 대하는 것을 어려워하지 않는 편입니다. 일례로, 아버지와 어머니께서 부부동반 여행을 가시려다가 아버지께서 허리가 조금 안 좋으셔서 갑자기 못 가게 된 상황이 있었는데, 거리낌 없이 제가 아버지 대신 다녀온 적도 있습니다.
- 면접관: 모르는 사람에게 말도 잘 걸고 어른들을 대하는 것을 어려워하지 않는다고 했는데 그렇게 된 계기 같은 것이 있어요?
- 본인: 음... 그냥 원래의 성향이 그렇습니다. 그리고 수학 학원에서 일하면서 아이들의 학부모님들을 대하며 어른들을 대하는 것이 더 자연스러워진 것 같습니다.
- 면접관: 수학 학원에서 일했으면 수치 이런 것에 익숙하겠네. 아무래도 세무직렬이니까 일하면서도 그런 것이 관련 있을 거고. 그럼 혹시 일하면서 빅데이터를 활용한 경험이 있어요?
- 본인: 제가 일했던 곳은 작은 영세한 학원이라 빅데이터를 활용해 본 적은 없습니다. 하지만 아이들이 시험을 본 것을 그래프로 작성해 성적추이를 보고 아이마다 '어느 부분이 부족하구나'하고 판단에 활용한 적은 있습니다.
- 면접관: 그때 무슨 프로그램을 사용했나요?
- 본인: 작은 학원이라 전문화된 프로그램은 따로 없었고, 대신 제가 직접 엑셀로 그래프를 작성해 개략적 추이를 활용한 정도입니다.
- 면접관: 마지막으로 앞에 대답 못한 것 같다 싶은 거 있어요?
- 본인: 음... 아마 집에 가서 생각날 것 같습니다. (다 같이 하하하)
- 면접관: 네, 가셔도 돼요.
- 본인: 네, 들어주셔서 감사합니다. (착석한 채로 꾸벅)

(일어나서 다시 한 번 인사하고 퇴장)

9. 2018 국가직 검찰직 / 20대 중반 / 여

4번째 순서로 들어가니 면접관 한 분이(검찰직 면접관인 듯함) 저에게 늦게까지 기다렸는데 너무 긴장하지 말고 편하게 하라고 말씀하시면서 분위기를 풀어주셨습니다. 제가 워낙 긴장하고 얼굴도 빨개져서 그러셨던 것 같습니다.

(1) 5분 발표

주제 고위공직자 정보공개제도(긍정적 · 부정적 사례)를 통해서 볼 수 있는 공직가치와 이 공직가치와 충돌되는 가치는 무엇인지 설명하시오.

답변
- 고위공직자 정보공개제도 사례에서 살펴볼 수 있는 공직가치와 충돌되는 가치는 청렴성과 사적 이익추구, 즉 재산권이라고 생각함
- 먼저 청렴이란 공무원이 가져야 할 가장 중요한 덕목이자 의무임. 청렴성이 있어야만 공무원으로서 책임감을 가질 수 있음. 또한 국민에게 신뢰감을 주고 국정 운영을 원활히 할 수 있음. 현재 실시하고 있는 고위공직자 재산공개제도는 이러한 청렴성을 추구하기 위한 한 방법이라고 생각함. 공직자 스스로 자신의 재산을 공개함으로써 부정한 재산을 축적하는 것을 방지할 수 있고 사전에 이러한 것을 미리 주의할 수 있는 내적 통제장치 역할을 하기 때문. 또한 국민의 알권리를 충족하는 역할을 함
- 반면 충돌하는 가치는 사적 이익추구임. 자유민주주의 안에서 사적 이익추구는 개인이 가지는 권리이기에 매우 중요함. 공직자 역시 이러한 권리를 가지는데, 재산공개제도가 업무와 무관하게 생긴 재산까지 공개함으로써 개인이 가지는 자유를 침해할 수 있다고 생각함
- 하지만 공직자로서 공공의 이익을 위해 일하고 국민에게 헌신하기 위해서는 고위공직자 재산공개제도는 꼭 필요한 의무라고 생각함. 현재 알기로 4급 이상의 고위공직자 재산공개는 의무로 알고 있음. 국민을 위해 헌신하는 공직자에게는 이러한 내적 · 외적인 통제장치 역할을 하는 것이 필요함

(2) 자기기술서

① 경험형

주제 문제를 스스로 발견하고 상대방을 설득, 긍정적 결과를 도출한 경험
답변 아르바이트에서 같이 일했던 몽골인 알바생이 점심(한식위주)에 불만이 있다는 것을 세심히 관찰. 사장님께 다른 메뉴를 추가할 것을 설득하고 결과적으로 몽골인 알바생의 만족도가 높아지고 다른 외국인 친구를 데려와서 같이 일하게 됨

- **면접관**: 자기기술서 1번을 간단히 요약해서 말해 주겠습니까? 외국인 알바생의 고충이 있다는 것을 어떻게 판단했고 사장님을 어떻게 설득했습니까?

- 본인: 같이 밥을 먹을 때 이 친구 표정이 좋지 않고 밥을 잘 먹지도 않았습니다. 그리고 일을 하면서도 간식을 자주 꺼내먹었고 근무태도에도 좋지 않음을 느꼈습니다. 그래서 이 문제가 점심과 연관되어 있음이 느꼈습니다. 사장님께 이 문제에 대해 말하니 처음에는 지금 한식으로 다들 잘 먹고 있는데 굳이 왜 바꾸려고 하냐고 하셔서 제가 '이태원이라는 장소의 특수성으로 외국인 손님도 많이 오는데 몽골인 친구만큼 영어를 잘하는 친구가 없다. 지금 당장은 괜찮을지 모르지만 이 친구가 그만둔다면 장기적으로 보았을 때 많이 불편할 것'이라고 사장님을 설득하였습니다. 결국 사장님께서는 제 의견에 동의를 하셨습니다.

- 면접관: 따로 몽골인 친구와 그 부분에 대해서 소통했습니까? 점심문제가 아닌 거 아닌가요?

- 본인: 밥 문제라고 판단한 후 바로 그게 문제인지 물어봤습니다. 영어와 한국어를 동시에 사용하느라 소통에 어려움은 있었지만 그 부분에 대해 잘 소통하였고 점심에 대한 문제였다는 것을 알 수 있었습니다.

- 면접관: 자신의 이러한 점을 공직에 어떻게 적용할 것인가?

- 본인: 현재는 복합민원의 시대입니다. 민원인이 가지는 하나의 문제만 파악하는 데 그치는 것이 아니라 세심하게 관찰하여 민원인의 다양한 문제를 적극적으로 해결하는 게 중요합니다. 저의 이러한 관찰력이 민원인의 문제를 알아보고 해결하는 데 도움이 될 것이라고 생각합니다.

- 면접관: 그 외에 자신이 가진 검찰 공무원에 맞는 역량이 무엇이라고 생각하는가?

- 본인: 저는 남들이 기피하는 일을 먼저 하는 행동력을 가지고 있습니다. 사례를 들어도 되겠습니까? (면접관분이 끄덕이심) 역시 아르바이트 경험입니다. 편의점 알바를 할 때 노숙자 분이 매장에 실례를 하셔서 직원과 알바생들이 우왕좌왕 하고 있을 때 제가 이렇게 있으면 손님들에게 피해를 주겠다고 판단, 빨리 가서 매장 밖으로 모신 후 매장 바닥을 청소하고 환기를 했습니다. 스프레이 같은 것을 뿌려서 손님들에게 피해가 가지 않도록 조치했습니다. 저의 이러한 행동력이 세심한 관찰력과 결합하면 검찰 공무원으로서 좋은 역할을 할 것이라 생각합니다.

② 상황형(제일 어렵고 잘 모르는 부분에 대한 질문을 많이 하셨음)

> [주제] 현재 검찰 수사관 상황실 근무 중이다. 벌금 미납자로 온 사람이 눈동자도 풀리고 팔뚝에 주사자국도 보인다. 마약을 한 것으로 강력히 의심되지만 강제체포의 요건이 되는지는 고민이 필요한 상황이다. 현재 이 사람은 보호자의 도움으로 벌금 완납, 석방해야 되는 상황이라면 어떻게 행동할 것인가?
>
> [답변] 먼저 상관에게 보고해서 조언을 구하겠음. 체포하라고 하면 절차대로 체포하겠지만 아니라면 벌금을 완납했으므로 풀어주겠음. 하지만 마약은 재범률이 높은 범죄이니 전과를 조사해 전과가 있다면 수사기관에 주의가 필요하다고 말하겠음

(제 자기기술서가 많이 부족했는지 현재 상황에 대해 자세히 알려주셨음. 상황실은 당직 중인 것이라고 하시면서 정답은 없으니 지원자분의 생각을 말하면 된다고 하셨음)

- 면접관: 그래서 강제체포는 할 것인가요, 안 할 것인가요?

- 본인: 저는 강제체포는 인권침해의 소지가 있기에 하지 않겠습니다. 현재 심증만 있는 상태이고 확실한 물증이 없기에 벌금을 완납했다면 풀어주겠습니다. 그 후 전과를 조사하겠습니다.

- 면접관: 상황실에서 전과 조사는 바로 가능합니다.

- 본인: 죄송합니다. 제가 그 부분에 대해서 잘 몰랐던 것 같습니다.

- 면접관: 수사기관에 요청이라고 하셨는데, 현재 검찰은 수사관이지 않나 수사는 우리가 하는 것 아닌가? (검찰 내부에 대한 질문)

- 본인: 네, 검찰 공무원이 수사기관임을 알고 있습니다. 사법경찰관에게 따로 요청하는 것을 말하는 것이었습니다.

- 면접관: 마약수사는 검찰에 따로 있다는 것을 아시나요?

- 본인: (이 부분은 확실히 알고 있었는데 긴장해서) 죄송합니다.

(그 후 따로 질문하실 것이 없으셨는지 '~이 무엇인지 아시나요'라고 질문을 하셨는데 정말 생소한 것을 물어보셔서 '죄송합니다. 그 부분은 잘 모르겠습니다. 추후 부족함이 없도록 공부하겠습니다.'라고 대답했음)

(3) 개별질문

- 면접관: 직렬 전문성 영역에 대해 물어보겠습니다. 진술거부권이 무엇인지 아시나요?

- 본인: 네, 진술거부권은 피의자 자신에게 불리한 진술은 거부할 수 있는 권리를 말합니다.

- 면접관: 진술거부권이 왜 있다고 생각하나요?

- 본인: 피의자의 인권을 보호하고 방어권을 보장하기 위해 존재한다고 생각합니다.

- 면접관: 이 진술거부권이 정의와 상충된다고 생각하지 않나요?

- 본인: 물론 사건의 실체를 파악하는 것은 중요하지만 피의자의 인권을 보호하는 것 역시 정의의 중요한 부분이라고 생각합니다. 따라서 피의자에게 진술거부권을 주는 것 자체가 정의라고 생각합니다.

- 면접관: 공소시효란 무엇인가요?

- 본인: 공소시효는 검사가 공소를 제기할 수 있는 기간을 말합니다. 공소시효가 지나면 범죄사실을 인지하였다 하더라도 공소를 제기할 수 없습니다.

- 면접관: 이 공소시효는 왜 생긴 것이라 생각하나요?

- 본인: 현재 검사와 검찰조직의 업무가 과중한 것 역시 사실입니다. 하나의 사건을 계속 진행하는 것에 대한 비효율로 이 제도 생긴 것이라 생각합니다.

- **면접관**: 시간이 끝났습니다. 늦게까지 기다리셨는데 수고하셨습니다.
- **본인**: (따로 마지막 말 할 시간은 안 주셨지만) 늦은 시간 이렇게 저의 말을 잘 들어주셔서 감사합니다. 저의 부족한 부분이 무엇인지 잘 알고 있습니다. 이 부분은 제가 꼭 채워 넣을 수 있을 거라 자신합니다. 나중에 현직에서 저에게 많이 가르쳐주셨으면 좋겠습니다. 감사합니다.

10. 2018 국가직 전산직 / 20대 후반 / 남

킨텍스에서 면접을 진행했는데, 면접장이 파티션으로 구성된 상태이며 문이 없었기 때문에 출입구 옆에서 대기하다 입실 시각에 동시에 입실하는 형태로 순서가 진행되었습니다. 전반적으로 분위기는 부드러운 편이었습니다. 강한 압박은 특별히 없었습니다. 잠시 생각할 시간을 요청하거나 특정 부분에 대해 준비가 부족했음을 시인하고 사과드렸을 때에는 웃으시며 괜찮다고 말씀해주시기도 하셨습니다. 오히려 너무 온화하게 진행되어서 제가 제대로 소통을 하긴 한 것인지, 동문서답을 하거나 잘못 답변한 부분이 있는 건 아닌지 확인하기 어려운 부분도 있었습니다. 전공지식 관련 질문이 예상과는 달리 거의 나오지 않았습니다.

(1) 5분 발표

> **주제** A 부처에서 여성이나 장애인 등의 소외계층 교육과 채용 기회를 확대하게 됨(이 가운데 특정 부서나 부처에서는 여전히 성비 불균형 등이 관측되는 상황이며 정부에서는 앞으로 소외계층의 고위직 진출 기회 등을 확대할 것이라 밝힘). 여기서 도출할 수 있는 공직가치는? 임용 후 이 공직가치를 실천하기 위한 구체적 방안은?
>
> **답변**
> 1. 공직가치
>   다양성, 공평성
> 2. 근거
>   - 정보 사회: 다품종 소량 생산 – 다양한 정보를 수집하고 제공하는 것이 중요
>   - 다양한 계층의 참여: 여러 문제에 대한 정보 수집 및 맞춤형 해결책 제시에 기여 가능
>   - 소외 계층에 대한 기회 제공: 국민들의 사회 참여도를 증대시키며 다양한 의견 수렴 가능
> 3. 구체적 방안
>   - 여학생 대상 이공계 진로 탐색 장려 정책 시행: 체험학습 등을 통해 여학생들이 자발적으로 이공계로 진학하도록 유도
>   - 이공계 사회 문화 개선 사업 진행: 남성 중심적 분위기 탈피, 여성층의 참여 확대 장려
>   - 저소득층 등에 대한 소프트웨어 교육 사업 실시: 진로 등에 대한 정보 제공
> 4. 각오
>   다양성을 실천하여 다양한 가치를 수용하고 제공하는 데에 기여할 수 있도록 노력

- **면접관 1:** 공직가치로 다양성을 언급해주셨는데, 그 근거를 다시 한 번 자세하게 설명해 주실 수 있겠습니까?

- **본인:** (메모에 기록한 근거를 설명드림)

- **면접관 1:** 다양성에 치중하다 보면 다른 공직가치와 모순이 발생할 수 있습니다. 예를 들면 공평성과 같은 공직가치와 충돌할 수 있는데, 어떻게 생각하십니까?

- **본인:** 네, 면접관님 말씀이 맞습니다. 하지만 다양성과 공평성이 꼭 대립하는 것만은 아닙니다. 다양성은 다양한 계층의 의견을 존중함으로써 실현할 수 있다면, 공평성은 사회적 계층 중 어디에 속했느냐와 상관없이 능력과 적성을 갖추었다면 누구든 참여할 수 있도록 독려하는 형태로 실현할 수 있습니다.

- **면접관 1:** 그렇게 다양한 의견을 존중하면서, 채용 기회는 능력에 따라 주는 등의 형태로 다양성과 공평성을 조화시킬 수 있다는 말씀인가요?

- **본인:** 네, 그렇습니다.

- **면접관 2:** 여학생 대상 이공계 진로 탐색을 장려한다고 말씀하셨는데, 구체적으로 어떤 이야기인지 말씀해주실 수 있나요?

- **본인:** 제가 공과대학에서 학업을 이수하였는데, 현 시점에서도 성비 불균형이 큰 상태인 것으로 기억합니다. 중고등학교의 여학생들을 대상으로 체험학습을 실시하여 이공계에 대한 접근기회를 확대하고, 여학생들의 관심 분야와 이공계 진로 장려를 서로 접목할 수 있는 부분이 있으면 적극적으로 활용하도록 하겠습니다.

- **면접관 2:** 이공계 사회의 문화 개선 사업 진행도 같은 맥락으로 말씀하신 건가요?

- **본인:** 네, 그렇습니다. 이공계의 대학교나 기업 문화는 이전부터 남초 현상으로 인한 남성 중심적 문화가 상대적으로 더 강한 상태입니다. 여성의 참여를 장려함과 동시에 기존의 편향적인 이공계 사회 문화를 다양성을 수용하는 형태로 개선해 간다면, 다양한 계층이 참여하며 폭이 더 넓어지는 선순환이 일어날 수 있다고 생각합니다.

- **면접관 1:** 저소득층에 대한 소프트웨어 교육 사업을 실시하는 것에 대해 조금 더 자세히 말씀해 주시겠습니까?

- **본인:** 현재 저소득층에 대해 컴퓨터 지원 사업이 실시되고 있지만, 실제 정보 사업 진흥에 기여하기 위해서는 더 개선해야 할 여지가 있으며, 부작용 또한 나타났던 것으로 기억합니다(컴퓨터 게임 등 단순히 오락용으로만 사용되는 경향이 있으며, 이로 인해 성적 저하가 나타나기도 함). 해당 계층에 대해 환경 지원뿐 아니라 소프트웨어 교육 등의 지원 사업을 추가로 실시한다면, 실질적으로 소외계층에게 진로 탐색 등의 기회를 제공하는 데에 기여할 수 있을 것으로 생각합니다.

- **면접관 1:** 소외계층으로는 발표에서 언급한 계층 외에 장애인 계층도 있는데, 이들에 대한 구체적 지원 방안이 있습니까?
- **본인:** 잠시 생각할 시간을 주시겠습니까?
- **면접관 1:** 네, 천천히 하세요.
- **본인:** (잠시 생각한 후) 네, 말씀드리겠습니다. 제가 이 부분에 대해서는 더 깊게 생각하지 못한 부분이 있는데, 일단 현 시점에서는 장애인 계층이 실제로 사용하는 의수나 의족 등을 IT 분야와 접목하는 방안이나, 장애인의 삶과 실제로 연관된 부분에 대해 장애인 스스로 개선을 위한 의견 개진을 촉진하는 방안을 고려 가능하다고 말씀드릴 수 있겠습니다.
- **면접관 1:** 소외계층을 직접 만나서 도와드렸던 경험이 있습니까?
- **본인:** 제가 사회복무... 공익...근무...요원? 죄송합니다. 현재 정식 명칭을 헷갈렸습니다.
- **면접관 1:** 사회복무요원 말씀이신 거죠?
- **본인:** 네, 맞습니다. 사회복무요원으로 주민센터에서 복무하였는데, 주민센터의 규모가 작아서 여러 가지 일을 돌아가며 맡았습니다. 주민센터에 복지담당 주무관님이 계셨는데, 소외계층을 대상으로 한 무료 급식과 바우처 업무(도시락 배달, 급식쿠폰 정리를 맡은 경험이 있음) 등을 분담해서 맡았던 경험이 있습니다.
- **면접관 1:** 무료 급식 등의 업무를 진행하시면서 느낀 바가 있습니까?
- **본인:** 우선 세심히 살피지 않으면 신경 쓰기 어려운 문제가 있다는 사실을 알게 되었습니다. 또한 지원 사업뿐 아니라 단순히 말동무가 되어드리는 것만으로도 그 분들께는 큰 위로가 된다는 사실도 배울 수 있었습니다.
- **면접관 1:** 소외계층에 대한 지원에 대해 이야기하셨는데, 소외계층에 해당하지 않는 사람들의 반발도 충분히 일어날 수 있습니다. 이 부분에 대한 의견이 있습니까?
- **본인:** 네, 그 말씀에도 일리가 있습니다. 차상위 계층이나, 소위 복지 사각지대라 하여 소외계층에 대한 지원 사업 대상에 해당되지 못하는 사람들도 있는 것으로 압니다. 이런 부분에 대해서는 정책이나 법령 등에 대한 추가적인 검토를 거쳐서, 지원 범위를 더 넓혀 더 많은 사람들에게 기회가 돌아갈 수 있도록 하겠습니다.

(2) 자기기술서

① 경험형

> **주제** 독단적 리더와 함께 일한 경험. 리더의 업무 스타일은? 이에 나는 어떻게 대처하였는가?
>
> **답변**
>
> 1. 상황
>   - 조별과제 중 최종 코멘트를 편집할 때 조장님께서 개발 환경의 미흡함에 대하여 지적해야 한다고 주장하심
>   - 조장님이 조를 구성할 때부터 적극적으로 조장을 자처하여 맡으셨으며, 업무분장 등도 주도적으로 진행하심
>   - 이에 대해 저는 외부에 책임을 돌리는 이야기가 될 수 있다고 추가로 의견 제시
> 2. 대처
>   - 다행히 조장님께서 제 의견을 인정해주시고, 조원들과 토론하여 의견 조율을 진행
>   - 과제 진행 중 시간과 숙련도 등의 부분에서 부족한 점이 있었다고 코멘트를 달자고 합의
>   - 교수님께서도 최종 발표 후 이 부분을 이해해 주심
>   - 조원들 모두 B+ 이상의 최종 성적을 기록

- **면접관 2:** 독단적 리더와 함께 일한 경험에서 조별과제에 대해 작성하셨는데, 과목 이름이 무엇이었나요?

- **본인:** 프로그래밍 언어구조론이었습니다(4학년 2학기 때 수강하였으나 사실 2학년 때부터 수강이 가능한 과목).

- **면접관 2:** 조원은 총 몇 명이었나요?

- **본인:** 4명이었습니다.

- **면접관 2:** 조별과제 주제가 무엇이었나요?

- **본인:** IBM사에서 제공하는 클라우드 개발 환경인 Bluemix를 기반으로, Watson API를 이용한 대화형 서비스 제공 웹 어플리케이션을 개발하는 것이 주제였습니다.

- **면접관 2:** 당시 상황을 자세히 설명해주실 수 있나요?

- **본인:** 우선 조장님께서 최종 보고서와 ppt 작성 때 결론 란에 개발 환경에 미흡함이 있었다는 내용을 넣어야 한다고 주장을 하셨습니다. 조장님께서 과제 시작부터 조장 역할도 자발적으로 맡으셨고, 조원들에게 업무분장도 해주시는 등 굉장히 적극적으로 과제에 임하셨는데, 생각하셨던 대로 과제가 진행되지 못한 부분도 물론 있었습니다. 하지만 최종 결론에서 개발 환경을 직설적으로 지적했을 시 외부에 책임을 돌리는 이야기로 들릴 여지가 있고, 과제 점수에도 영향을 미칠 우려가 있어 제가 조심스럽게 조장님께 의견을 제시하게 되었습니다.

- **면접관 2**: 다른 조원들은 반응이 어땠나요?

- **본인**: 일단 Bluemix 환경이 서비스를 시작한지 얼마 안 된 태동기였던 것도 사실이고, 실제로 환경에 불완전한 부분이 있었던 것도 사실이었습니다. 이 부분에 대해서는 조원들도 조장님의 의견에 공감대가 형성되어 있었고, 저 또한 어느 정도는 수긍했습니다. 하지만 팀 전체의 차원에서 볼 때 직설적인 표현은 조정이 필요할 것이라 판단하여 말씀을 드리게 되었습니다.

- **면접관 2**: 조장님께서는 의견을 잘 들어주셨나요?

- **본인**: 네, 다행히 제가 의견을 제시했을 때 조장님께서 제 말도 일리가 있다고 말씀해주셨고, 모여서 이야기하며 조율해보자고 말씀하셔서 보완을 할 수 있게 되었습니다.

- **면접관 2**: ppt 작성도 조장께서 주도하셨나요?

- **본인**: 네, 조원들이 작업한 내용을 모아서 조장님께서 최종적으로 정리하셨습니다.

- **면접관 2**: 학년은 다들 같았나요?

- **본인**: 학년은... 아, 학년이 다른 조원도 있었습니다.

- **면접관 2**: 만약 조장께서 더 적극적으로 자기 의견을 반영해야 한다고 주장한다면 어떻게 하시겠습니까?

- **본인**: 우선 조장님의 의견을 조심스럽게 들어드리면서, 토론을 통해 더 좋은 방향으로 일을 진행할 수 있다고 말씀드리고 조율을 하도록 하겠습니다. 트러블이 생긴 부분이 있으면, 과제가 끝난 이후에 따로 만나서 풀어드릴 수 있도록 하겠습니다.

- **면접관 1**: 조별과제에서 조장이 일을 주도하였는데, 본인의 성과나 기여분까지 조장의 이름으로 돌아가지는 않았던가요?

- **본인**: 조장님께서 실제로 기여하신 부분이 크고, 아무래도 저 혼자가 아닌 팀 전체의 일이기 때문에 이런 부분은 충분히 감안할 수 있는 부분이라 생각합니다.

- **면접관 1**: 조원들이 시험에서 모두 B+ 이상의 성적을 기록하였다고 했는데, 조원들의 반응은 좋았습니까?

- **본인**: 네, 기말시험 이후 모두 수고하셨다고, 결과가 만족스럽게 나왔다고 서로 이야기를 해주었습니다.

② **상황형**

> **주제** 당신은 전산 담당 주무관으로서 노후 시스템을 대체할 새 시스템 개발을 상급자로부터 지시받았다. 그러나 이를 위한 예산이 70%밖에 확보되지 않은 상황이다. 이러한 상태로 개발을 진행할 경우(혹은 개발을 진행하여 시스템을 구현할 경우 시스템 완성도 등의 문제로 인해) 기존의 구성원들이 불편함과 어려움을 겪을 것으로 우려된다. 따라서 기존의 노후 시스템을 업그레이드하는 방안을 고려해보았으나, 기존 시스템 업그레이드를 진행할 시 외부 감사에서 문제가 될 수 있다는 상급자의 지적이 있었다. 당신은 어떻게 할 것인가?
>
> **답변**
>
> 1. 판단
>
>   상급자의 지시를 따름
>
> 2. 근거
>
>   • 기존 시스템 업그레이드 시 외부 감사에서 문제가 됨
>
>   → 기존 시스템은 이미 중대한 문제가 있는 상태
>
>   → 보안 등의 부분에서 중대한 문제가 발생했을 가능성이 있음
>
>   • 예산이 70%밖에 없는 상태지만, 개발 자체는 진행 가능
>
>   → 완성도가 부족한 부분은 개발 후 지속적인 유지보수를 통해 보완할 수 있음
>
> 3. 보완
>
>   • 기존 시스템에서 발생한 문제가 무엇이었는지 면밀히 파악, 이후 새로 개발하는 시스템에서 반드시 보완하도록 함
>
>   • 외부 감사가 언급되는 것으로 보아 국가적 차원에서 진행하는 큰 사업의 일환으로 판단됨. 관련 정책을 참고하고 상급자 및 선배와 의논하여 개발 사업의 진행 기준과 방향을 이에 맞추도록 함
>
>   • 부족한 예산은 예비비 등을 통해 추가로 확보하는 방안을 고려할 수 있음

• **면접관 2:** 기존의 시스템에 중대한 문제가 있다고 작성을 하셨는데, 중대한 문제가 무엇을 말하는 것인가요?

• **본인:** 보안 등과 같은 민감한 부분일 수도 있고, 또 시스템을 단순히 보수하는 정도가 아니라 전면적으로 재구축을 하는 것이 요구되는 문제라 판단하여 중대한 문제라 하였습니다.

• **면접관 2:** 기존 시스템을 업그레이드하는 방법도 있지 않은가요?

• **본인:** 상급자께서 외부 감사를 언급하실 정도면 국가 전체적인, 큰 틀에서 진행하는 사업과 연관이 되어 있을 것이라고 생각됩니다. 혹은 기존의 시스템을 유지하는 한도 내에서는 해결하기 어려운 문제라고 판단이 되기 때문에, 시스템의 전면적인 재개발이 여기서는 필요하다고 말씀을 드릴 수 있겠습니다.

• **면접관 2:** 시스템 교체를 위한 예산이 70%밖에 없는데 개발을 진행해도 괜찮을까요?

- **본인**: 예산이 부족하긴 하지만, 개발이 불가능하다는 이야기는 없었기 때문에 상급자의 지시에 우선 따르는 쪽으로 기술서를 작성하였습니다. 예산 문제에 대해선, 예산 부족을 대비해 정부 기관에서는 예비비를 확보해둔다고 들어서 알고 있습니다. 이를 이용하는 방안을 생각해볼 수 있겠습니다. 또한 소프트웨어는 개발이 끝이 아니고, 개발 후에 발생하는 버그나 오류 등을 개선하는 유지보수도 중요한 부분입니다. 개발 이후에 지속적인 유지보수를 위한 추가 예산을 요청하면서, 보다 완성도 높은 시스템을 만들어가도록 하겠습니다.

- **면접관 2**: 시스템 교체 시 내부 구성원들이나 타 부서에서 타 환경으로의 데이터 이전으로 인한 어려움을 호소할 수 있습니다. 어떻게 하시겠습니까?

- **본인**: 지속적으로 소통하면서 어떤 부분이 어려운지를 파악하고, 데이터의 호환성 등을 고려하면서 충분한 시간을 가지고 데이터를 이전할 수 있도록 하겠습니다.

- **면접관 2**: 시스템 교체 후 구성원들이 새 시스템에 익숙해지는 시간이 필요할 수 있는데, 이에 대해서는 어떻게 하실 건가요?

- **본인**: 시스템을 즉시 교체하는 것이 아니라, 일정한 중간 기간을 거치면서 비교적 덜 치명적인 부분부터 천천히 바꿔가도록 하고, 구성원들이 중간 기간 동안에 충분히 새 시스템을 숙지해갈 수 있도록 하겠습니다.

(답변에서 실수한 것 같음. 시스템의 안정성을 생각하다 보니 변질이 되어도 괜찮은 부분부터 교체한다는 취지로 답변을 했는데, 빨리 교체해야 하는 부분부터 먼저 교체를 하는 것이 맞는 것 같다는 생각이 들었음)

- **면접관 2**: 시스템을 교체하게 되면 불안정한 부분이 발견될 수 있는데, 교체하고 나서 발견되면 문제가 생길 수 있지 않을까요?

- **본인**: 교체 이전에 베타테스트 등을 거치며 문제를 미리 발견하고 고칠 수 있도록 하겠습니다.

- **면접관 2**: 시스템을 사용하는 내부 구성원뿐 아니라, 민원인들도 시스템을 갑자기 교체한다면 불편함을 호소할 수 있을 텐데, 이에 대해 어떻게 대비할 수 있을까요?

- **본인**: 시스템 교체 이전에 충분히 공지 기간을 가져서 민원인들이 시스템 교체를 인식하고 대비할 수 있도록 하겠습니다. 예를 들어 2020년에 시스템 교체를 한다면 2018년부터 시스템 교체 날짜를 미리 공지하고, 날짜와 함께 교체 이유와 교체될 시스템의 모습 등을 함께 제시하여 민원인들의 알 권리를 충족시키도록 하겠습니다.

- **면접관 2**: 새로운 시스템으로 바뀌면 기존 사용자들에게 익숙하지 못한 부분이 있을 텐데 이에 대해서는 어떻게 생각하시나요?

- 본인: 인터페이스와 같은 부분은 기존 시스템과 유사하게 구성해도 큰 무리가 없는 것으로 알고 있습니다. 시스템을 새로 개발하되 인터페이스는 기존 시스템을 참고해 유사하게 만들면 될 것으로 생각합니다.

- 면접관 2: 전산직 공무원은 여러 부처에 배치될 수 있는데, 혹시 정부나 관련 부처에서 제공하는 웹 서비스를 이용해본 경험이 있으신가요?

- 본인: 제가 이공계다 보니 과학기술정보통신부와 관련된 정보를 찾아본 경험이 있습니다. 그 과정에서 정부에서 공공데이터를 개방형으로 제공하는 사이트가 있음을 알게 되었고, 다른 조별과제에서 공공데이터를 사용하기 위해 해당 사이트를 이용하였던 경험이 있습니다.

- 면접관 2: 공공데이터를 받는 것 외에 다른 서비스를 요청하신 경험은 있으신가요?

- 본인: 현 시점에서는, 일단은 데이터를 받아보는 것만 경험하였습니다.

- 면접관 2: 정부에서 제공하고 있는 웹 서비스를 모바일과 연계하는 방안에 대해서 생각해보신 적이 있나요?

- 본인: 모바일...(안드로이드 등 모바일 앱 쪽은 자신이 없어서 갑자기 막힘) 죄송합니다. 제가 모바일 쪽에 대해서는 좀더 깊게 알아보지 못하였습니다.

- 면접관 1, 2: 괜찮습니다.

- 본인: 차후에 더 조사해보도록 하겠습니다.

- 면접관 2: 만약 상급자께서 시스템 업그레이드를 지시한다면 어떻게 하실 건가요?

- 본인: 위법이 아닌 한, 적법한 이유가 있다면 업그레이드를 하라는 지시에 응하겠습니다.

- 면접관 2: 독단적으로 내린 지시일 수도 있지 않을까요?

- 본인: 우선 적법한 이유가 있다면 상급자의 지시를 신뢰하고 따르는 것이 먼저라고 생각합니다. 그리고 앞서 1번 질문에서 말씀드렸듯이, 의문이 생기는 부분은 상급자의 지시를 경청함과 동시에 적극적으로 소통하고 의견을 개진하며 풀어가도록 하겠습니다.

- 면접관 1: (마지막 질문이었음) 시스템 업그레이드로 방향이 정해진 후 일을 진행하였는데 외부감사가 들어오게 된다면 어떻게 하시겠습니까?

- 본인: 외부 감사에서 시스템 업그레이드를 하는 방향으로 일을 진행한 데에 대해, 합당한 이유가 있어서 이와 같이 진행하게 되었음을 자세히 설명하도록 하고, 만약 개선해야 하는 부분을 지적받는다면 개선하도록 하겠습니다.

(사실 외부 감사에서 지적받는 순간 최소한 중징계 이상은 받게 될 것이라는 생각이 들었지만 부정적인 표현을 지양하다 보니 이와 같은 답변이 나옴)

11. 2017 서울시 일반행정직 / 20대 후반 / 남

처음 들어갔을 때 분위기 좋았습니다. 심호흡도 하라고 하고 긴장을 풀어주려고 많이 해주셨습니다. 언제 긴장이 풀리냐고 물어보셨을 때 "저의 이야기를 많이 해야 긴장이 풀린다."라고 말씀 드렸습니다.

(1) 5분 발표

> 주제 협동을 통해서 뭔가를 이룬 경험에 대해서 말하라.
>
> 답변
> - 군대에서 힘든 일을 겪었을 때 직원, 선임, 동료들이 많이 도와줬음. 이 부대에 보상을 하고 싶어서 평소 군생활 열심히 했음. 그러다가 신병들 부모님 초대해서 소대마다 공연할 기회가 왔음. 우리 소대는 연극을 했고 내가 주인공을 함. 각자 역할 충실히 하여 우승해서 특박을 따냄
> - 1,000명이 넘는 동호회의 팀장을 맡게 되어 1팀당 대략 20명을 이끌어야 했음. 다양한 성격의 사람을 이끌기 힘들 것 같아 거절했지만, 회장이 자꾸 부탁해서 팀장을 맡음. 부팀장과 상의해서 실력에 관한 부분은 부팀장이 담당하고 나는 성실하고 친화력 있게 다가가겠다고 함. 친화력 있는 모습을 보여주기 위해 아침마다 "여러분 다같이 외쳐볼까요? 굿모닝!"이라고 아침인사를 했으며 저녁인사도 꼬박꼬박 했음. 성실함을 보여주기 위해 4개월 동안 진행되는 모든 대회에 참여했고 나의 이런 성실함을 좋게 봐준 팀원들도 참가를 많이 해주어 참가점수와 시합점수를 비롯하여 단체전에서 1등을 할 수 있었음
> - 5분 스피치 주제를 통해 내가 힘들었을 때 주변이 사람이 많았다는 걸 알았으며 화합하면 뭐든지 이루어낼 수 있다는 것을 알 수 있는 좋은 시간이었고 서울시 공무원이 된다면 이걸 경험 삼아 열심히 일하겠음

- 면접관 1: 잘 들었습니다. 근데 팀을 이끌 때 반발하는 팀원들이 있지 않았나요?

- 본인: 아무래도 반발하는 팀원들이 있을까봐 팀원들과 친해지기 위해 노력을 많이 하였습니다. 아침저녁으로 인사를 많이 할 테니 카톡 알림음을 꺼달라는 부탁도 하였고 사람들에게 쉽게 다가가기 위해 저의 카톡 프로필 사진을 우스꽝스러운 걸로 바꾼 후 대화를 시도하였습니다.

- 면접관 2: 성실하게 팀을 이끌었다고 했는데... 성실은 뭐라고 생각하시죠?

- 본인: 성실이란 지위에 맞게 열심히 일하는 것이 성실이라 생각합니다. 저는 탁구 동호회 팀장으로서 책임감 있게 팀을 이끌어 가려 하였고 새로 오신 분들이 잘 적응할 수 있도록 친화력을 보이며 팀을 이끌어 갔습니다. 이걸 경험으로 삼아 공무원이 된다면 성실히 일하도록 하겠습니다.

- 면접관 2: 탁구동호회 팀장하면서 느낀 점을 나중에 어떻게 쓸 수 있을까요?

- 본인: 저도 나중에 리더를 맡을 날이 있을 거라 생각합니다. 탁구 동호회의 한 팀을 이끌면서 제가 리더가 됐을 때 어떻게 해야 팀원들을 잘 이끌어 나갈 수 있는지 좋은 경험을 해봤다고 생각합니다. 물론 탁구 동호회라는 조직 크기는 공무원 조직에 비하면 작기 때문에 자만하지 않고 열심히 주어지는 업무에 최선을 다하겠습니다.

- **면접관 2:** 5분 스피치를 들어보니 군생활도 재미있게 하신 것 같고 동호회 활동도 잘하시는 것 같군요. 근데 공무원에 지원하게 된 동기는 무엇이죠?

- **본인:** 저는 어렸을 때부터 "아버지 어디서 일하시니?"라는 질문을 들을 때마다 "시청에서 일하십니다."라고 말씀을 드릴 때 대단한 일을 하신다는 말을 듣는 게 너무 자랑스러웠습니다. 그리고 나이를 먹게 되어 아버지가 정확하게 어떤 일을 하시는지 알았을 때 자부심을 느꼈습니다. 그래서 저의 개인 홈페이지인 싸이월드에 아버지가 하셨던 일을 올리면서 친구들에게 자랑하기도 했습니다. 그러다가 서울 시민들과 서울시 공무원들의 친절함에 반했고, 제가 시민들의 고충을 해결해드리고 싶다는 생각이 들었습니다. 그리고 여기 공무원분들과 함께 일하고 싶다는 생각을 하여 이렇게 공무원을 지원하게 되었습니다.

- **면접관 1:** 정말 공무원에게 필요한 공직가치는 무엇이라고 생각합니까?

- **본인:** 저는 공무원에게 가장 중요한 공직가치는 청렴이라고 생각합니다. 공무원은 이제 사회적으로도 중요한 위치에 있고 뇌물을 받는 등 공무원이 실수를 한다면 그 공무원 개인뿐만 아니라 조직에도 악영향을 끼칠 수 있기 때문입니다.

- **면접관 일동:** (여기서 모두 조용하셔서 제가 더 이야기를 함)

- **본인:** 사실 제가 아까 5분 스피치에서 말씀드렸던 매우 안 좋은 경험이란, 제가 군생활을 하는 도중에 아버지가 돌아가셨던 경험입니다. 그래서 정말 후임들에게 잘해주었습니다. 후임들을 보면 후임들의 부모님이 떠올랐고 저는 항상 후임들에게 부모님께 전화 많이 하라고 하였습니다. 그러던 중 후임의 아버님께서 저에게 개인적으로 5만 원을 주신 적이 있습니다. 저는 이 돈을 받으면 후임들에게 공평하지 못할까 염려하였고 또 제가 돈을 받았다가 적발된다면 저만 처벌을 받을 뿐 아니라 조직에 안 좋은 영향을 끼칠 수 있을 것 같아, 후임을 불러서 "난 이런 돈 안줘도 너를 잘 챙겨줄 테니 같이 군생활 열심히 하자."라며 돈을 돌려주었습니다. 공무원 생활을 할 때도 제가 뇌물을 받다 적발이 된다면 저 뿐만이 아니라 선배님들이나 동료도 피해를 볼 수 있다고 생각합니다. 이런 사실을 항상 유념하며 성실히 업무에 임하겠습니다.

- **면접관 2:** 아까 소대에서 장기자랑을 해서 특별외박을 땄다고 했잖아요. 그때 어떠한 애로사항은 없었어요?

- **본인:** 애로사항이라기보다는 제가 주인공 역할을 맡아서 중간에 울어야 하는 역할이 있었는데 이걸 진지하게 진행해야 할지 우스꽝스럽게 진행해야 할지 고민했습니다. 그래서 우스꽝스럽게 우는 연기를 하기로 했고, 당시 와주셨던 부모님들이 모두 좋아해주셔서 만장일치로 특별외박을 따낼 수 있었습니다.

(2) 개별질문

- **면접관 3:** 그럼 이제 제가 질문 하겠습니다. 사회적 경제에 대해 아십니까?

- **본인:** 공유경제도 사회적 경제의 하나의 맥락이라고 알고 있습니다. 서울시에서는 이미 다양한 공유 정책을 하고 있습니다. 대표적으로 따릉이가 있습니다.

- **면접관 3:** 그럼 사회적 경제의 주체가 누구라고 생각합니까?

- **본인:** (약간 버벅대면서) 누구라도 사회적 경제의 주체가 될 수 있다고 생각합니다.

- **면접관 3:** 저출산 원인에 대해 아십니까?

- **본인:** 아무래도 첫째 아이를 낳는 나이가 늦어지다 보니 출산율이 낮은 것으로 알고 있습니다. 또 첫째 아이를 늦은 나이에 낳고 기르다 보니 경제적 이유라던가 보육 때문에 힘들어서 둘째를 낳기 싫어지기 때문에 저출산이 심각해지는 것 같습니다.

- **면접관 3:** 그럼 저출산을 어떻게 해결해야 할까요?

- **본인:** (당황) 음, 일단 첫째 아이를 낳고 싶게 만드는 게 중요하다고 생각합니다. 저는 아이를 낳고 잘 기르는 어머니들의 양육일기를 모아서 사람들이 많이 모이는 곳에 게시하여 이런 글을 노출시켜 그들로 하여금 아이를 낳게 만들고 싶게끔 하겠습니다. 그리고 첫째 아이를 낳은 어머니들에게는 이미 서울시에서 하고 있는 '품앗이 육아', '우리동네 육아반장' 같은 보육서비스를 알려주어 아이를 키우는 부담감을 덜어드리도록 하겠습니다.

- **면접관 3:** 저출산의 근본적인 원인은 뭐라고 생각하시죠?

- **본인:** 아무래도 가장 큰 원인은 높은 집값인 것 같습니다.

- **면접관 3:** 그럼 이 문제를 어떻게 해결해야 할까요?

- **본인:** 이미 서울시에서는 임대주택 8만 호를 공급하기로 했다고 알고 있습니다. 또한 빈집 8만 가구를 리모델링하여 공급하는 것으로 알고 있는데 이런 것을 확대했으면 좋겠습니다.

- **면접관 2:** 서울시민들의 행복지수를 측정하고 싶은데 어떤 검사목록을 넣을까요?

- **본인:** 검사 목록으로 여가시간이 얼마나 있는지와 취미를 즐기는 것이 있는지, 또 함께 할 친구들이 많은지에 대해서 목록을 넣으면 좋을 것 같습니다.

- **면접관 2:** 그럼 그 중 하나를 정책화시키려면 어떻게 해야 할까요?

- **본인:** 취미...

- **면접관 2:** 오, 그래그래 취미. 그럼 취미를 어떻게 정책화 해야 할까요?

- **본인:** 서울 시민들이 제가 좋아하는 운동인 탁구에 쉽게 접근하게 하기 위해서 제가 정책을 시행할 수 있는 그런 기회가 온다면 길거리 탁구를 시행하도록 하겠습니다. 이미 건강생활과에서는 칼로리 게시판이라 하여서 이걸 운영 중에 있습니다.

- 본인: 이걸 어떻게 운영하나 봤더니 서울시는 게시판을 지원 받고 게시판에는 지원한 중소기업을 홍보하게 하여 예산을 아끼는 걸 봤습니다. 이걸 바탕으로 저도 탁구대를 탁구장으로부터 보급받고, 지원한 탁구장의 이름을 새겨 넣어 홍보하게끔 하겠습니다.
- 면접관 2: 음... 그럼 이런 정책을 펼친다고 칠 때 어려운 난관이 있을 텐데 그게 뭘까요?
- 본인: 탁구에 관심이 있는 사람이 아니라면 아무리 길거리 탁구대를 설치한다고 해도 소용이 없을 것 같습니다. 그래서 저는 탁구의 장점을 알리면서 사람들을 모을 것 같습니다. 탁구의 큰 장점은 연령, 남녀노소를 가리지 않고 누구나 쉽게 접할 수 있는 스포츠라는 점인데 이런 점을 강조하도록 하겠습니다.
- 면접관 1: 방금 탁구대를 길거리에 설치하겠다고 했는데, 예산이 많이 들 수도 있는데요? 지원받는다고 해도 예산이 많이 들텐데요?
- 본인: 아, 저는 탁구장에 가면 놀고 있는 중고탁구대가 있는데 이런 걸 기증받자고 말씀드린 것입니다. 예를 들어 탁구장에서 광고를 하기 위해 플래카드를 쓸 때 3주일에 3만 원 정도 든다고 하였습니다. 그래서 저는 탁구대를 무료로 서울시에 주면 이런 광고를 하게 해주겠다는 식으로 하여 예산을 최대한 안 쓰고 탁구대를 기증받도록 하겠습니다.
- 면접관 1: 예산 절감이라는 거죠... 음 예산 절감이라... 근데 너무 탁구 이야기만 한 것 같네요. 탁구 말고 다른 생활체육은 보급할 것 없나요?
- 본인: 따릉이가 좋을 것 같습니다. 제가 따릉이를 타봤는데 정말 좋았습니다. 칼로리 소모 효과뿐만 아니라 탄소절감효과도 나와서 이중으로 동기부여를 주는 게 정말 좋았습니다. 다만, 제가 생각한 것은 이러한 따릉이가 더욱 보급됐으면 하는 생각이 들었습니다. 그러기 위해서는 겨울철에도 따릉이의 이용을 늘리기 위해 계절별 금액책정이라든지, 아니면 초보자들도 쉽게 따릉이를 탈 수 있도록 유동인구가 적은 경로를 알려준다든지, 따릉이 지수 같은 걸 만들어서 겨울에도 탈 수 있는 날에는 따릉이를 사용할 수 있게 만드는 것이 좋을 것 같습니다. 탁구뿐만 아니라 따릉이도 많이 퍼졌으면 좋겠습니다.
- 면접관 2: 자, 더 이상 질문할 거 없으시죠? 혹시 마지막으로 할 말 있어요?
- 본인: 저는 비록 필기점수는 100점이 나오질 않았습니다. 하지만 면접관님들이 절 뽑아주시고 제가 내년에 일을 할 수 있게 되었을 때, 다른 건 몰라도 노력 하나만큼은 100점 만점에 100점인 신입 공무원이 들어왔다는 훈훈한 덕담이 흘러나왔으면 좋겠습니다. 저의 부족한 이야기를 경청해 주셔서 감사합니다.

12. 2017 국가직 추가채용 관세직 / 20대 중반 / 여

(1) 5분 발표

1. 청렴성 · 공정성 정의
   - 청렴성: 직무와 관련이 있든 없든 어떠한 외부 청탁이나 사적 이익에 흔들리지 않는 자세
   - 공정성: 학연 · 지연 · 혈연 등에 따라 차별하지 않고 원칙과 규정을 준수하려는 마음자세
2. 부패의 문제(청렴성 · 공정성이 부족하다면)
   - 정부 신뢰도 하락, 정책수용성 하락
   - 공직사회는 사회의 기준 → 사회적 도덕불감증 야기
   - 부패로 번 돈은 쉽게 쓰임 → 장기적 국가경제 악영향
3. 청렴성 · 공정성 하락원인
   - 개인적
     - 규정과 법의 숙지 부족
     - 숙지했다 해도 막상 상황이 닥쳤을 때 대처능력 부족
   - 조직적: 조직 내 제 식구 감싸기 문화
4. 대책
   - 개인적
     - 부패방지교육 확대 실시하여 더 숙지하게 함
     - 역할 바꾸기 상황극 제안
   - 조직적
     - 부패방지 모니터링 강화
     - 내부고발자제도 활성화
5. 기대효과 및 각오
   - 결국은 개인의식의 문제라고 생각. 이러한 대책을 통해 충분히 규정을 숙지하고 인식하고 법과 제도가 뒷받침된다면 더욱 청렴하고 공정하게 업무를 수행할 수 있을 것이라고 기대
   - 입직하게 된다면 이러한 청렴성과 공정성을 마음에 새기고 업무를 수행하여 국민들께 신뢰를 드리는 공무원이 되겠음

(면접관 1−남성, 관세청 추정 / 면접관 2−여성, 인사혁신처 추정)

- **면접관 1**: 5분 발표 나누어서 잘 하셨고요. 대책을 보니 억제하는 쪽으로만 말씀하신 듯 한데 반대로 인센티브를 주는 방식도 있지 않습니까?

- **본인**: 네, 맞습니다. 면접관님 말씀대로 현재 청렴 문화제, 청렴 골든벨 등이 시행되고 있는 것으로 알고 있습니다. 따라서 청렴한 공무원에게 표창이나 인사상 · 경제상 인센티브를 준다면 보다 더 유연하게 정책을 수행할 수 있을 것입니다.

- **면접관 2:** 조직적 대책에서 내부고발 관련하여 이야기를 하셨는데 어떻게 활성화할 수 있을지 얘기해 보세요.

- **본인:** 네, 현재 권익위원회에 이러한 내부고발 관련 시스템이 있는 것으로 알고 있습니다. 내부고발제도를 보다 활성화하려면 보호시스템이 더욱 활성화되어야 한다고 생각합니다. 현재 부패방지위원회에 신변보호 등을 요청할 수 있는 것으로 알고 있습니다. 이러한 보호장치를 더 활성화하고 또 내부고발자라는 이름이 약간 부정적으로 들릴 수 있기 때문에 공익지킴이, 양심행동가 등으로 언어를 순화하면 더 활성화하는데 기여할 수 있지 않을까 생각합니다.

- **면접관 2:** 조직적 차원의 대책이 모니터링 말고 다른 것 더 없을까요?

- **본인:** (잠시 생각) 당장 마땅한 대책이 생각나진 않지만 아까 말씀드렸던 역할 바꾸기 상황극 등을 조직 차원에서 주기적으로 하는 것이 대책이 될 수 있을 것 같습니다.

(2) 자기기술서

① 경험형

> **주제** 조직이나 집단에서 희생을 해서 좋은 결과를 냈던 경험
> **답변** 과제 수행 시 의사소통이 어려운 중국인 학우의 몫을 대신한 경험

- **면접관 1:** 중국인 학우의 몫을 본인이 희생해서 대신하신 것 같은데 관세청에서 일을 하게 되면 동료가 이처럼 자기 몫을 다 하지 못할 때도 있을 텐데, 그러한 경우에도 본인이 다 떠맡는 쪽으로 해결하실 건가요?

- **본인:** 그것은 아닙니다. 제가 미처 다 적지는 못했지만 저 혼자 모든 부담을 진 것이 아닙니다. 자료조사는 조원들에게 사정을 말하고 각자 조금씩 나누어 분담하였고 저는 추가적으로 학우와 만나면서 같이 원고를 작성했습니다. 따라서 동료가 그러한 상황이라면 제가 동료의 몫까지 다 떠맡는 것은 단기적으로는 좋을지 몰라도 장기적으로는 그 동료에게도 좋지 않을 것이라고 생각합니다. 그래서 제가 도울 수 있는 부분은 최대한 돕겠지만 동료가 수행할 수 있는 부분은 최대한 동료가 수행하도록 유도하겠습니다.

- **면접관 1:** 희생을 하신 다른 경험은 없나요?

- **본인:** 제시된 문제처럼 조직이나 집단에서는 아니지만 개인적으로 희생했던 일화가 있습니다.

- **면접관 2:** 쓰신 것을 보니 주로 중간에서 조율하는 역할을 맡으신 것 같은데 갈등을 겪으신 경험이 있나요?

- **본인:** 네, 대학시절 상담동아리에서 활동을 할 때... (후략. 이하 축제 당시 갈등 경험 진술)

- **면접관 2:** 다른 부원들의 반발은 없었나요?

- **본인**: 일부 리더의 입장에 동조하는 부원들도 있었습니다. 그렇지만 결국 상담부스 쪽이 다수여서 다수의 의견을 따랐습니다.

- **면접관 2**: 그럼 그렇게 내린 결정대로 축제가 진행되었는데 그 결정의 좋았던 점과 아쉬웠던 점은 무엇이 있었나요?

- **본인**: 먼저 좋았던 점은 예상보다 상담부스에 대한 반응이 좋았습니다. 자기 이야기를 들어줘서 고맙다는 친구들의 반응이 좋아서 뿌듯했고, 아쉬웠던 점은 리더의 말대로 흥미로운 콘텐츠들을 더 많이 만들었다면 아무래도 수익적인 면에서는 더 좋았을 것 같은데 그것에 조금 미치지 못한 것이 아쉬웠습니다.

- **면접관 2**: 이 상황과는 반대로 본인이 일방적으로 도움을 받아야 하는 상황이라면 어떻게 도움을 요청하실 건가요?

- **본인**: (여기서 동문서답한 것 같음) 네, 말씀하신 것처럼 저도 타인의 도움을 받아 문제를 해결한 경험이 있습니다. (도움받았던 경험 말씀드림) 느낀 점은 타지에서 도움을 받으니 너무 고마웠고 저도 타인을 도울 기회가 생긴다면 제가 할 수 있는 선에서 최선을 다해 돕겠다고 다짐했습니다.

- **면접관 2**: (제가 동문서답해서 다시 물어보신 것 같음) 어떤 상대방에게 본인이 일방적으로 도움을 받아야만 하는 상황이에요. 그럼 어떻게 대처하실 건지?

- **본인**: 네, 제가 도움을 받아야 하는 상황이라면 먼저 제 어려움에 대해 자세히 설명을 드리겠습니다. 어떤 부분이 어려운데 혹시 도움을 주실 수 있겠는지 물어보고 또 저만 도움을 받는 것은 마음도 불편하고 옳지 않은 일이라고 생각합니다. 따라서 혹시 그 분의 업무 중 제가 도움을 드릴 수 있는 부분이 있는지 여쭤보고 있다면 저도 돕겠습니다. 그래서 최대한 서로 도와주는 쪽으로 일을 해결하겠습니다.

② **상황형**

> [주제] 기존에 관세율 5%를 적용하던 제품에 일부기능 추가로 새로운 관세율(10%)을 적용해야 한다고 판단했지만, 해당 제품을 수입하는 기업 측에서 관련규정이 불명확하다며 기존 관세율을 유지해야 한다고 주장하는 상황
>
> [답변] 기준을 잘 적용했는지 오류는 없었는지 재점검. 그 과정에서 확신이 부족하면 상급자와 동료의 조언 청취. 10%가 정확하다는 확신이 들면 기업에게 재통보

- **면접관 1**: 본인이 정확한 판단이라는 확신이 들면 기업에 10% 재통보 한다고 했는데 만약 점검해보니 5%가 정확한 거였으면 어떻게 대처하겠습니까?

- **본인**: 그러면 10% 부과했던 것을 취소하겠습니다.

- **면접관 1:** 그런데 상관이 10% 했다 5%로 바꾸는 것은 신뢰성에 문제가 생긴다며 그대로 하라고 한다면 어떻게 하시겠습니까?

- **본인:** 물론 상관께서 그러실 수도 있을 것 같습니다. 그렇지만 그렇게 되면 해당 기업은 위법한 규정으로 높은 관세를 내게 되는 것이기 때문에 이 경우에는 5%로 바꾸는 것이 맞는 것 같습니다. 상관을 다시 설득하겠습니다.

- **면접관 1:** 그런데도 상관이 10%를 부과하고 그 대신 기업에 혜택을 주자고 하는 상황이라면 어떻게 하실 건가요?

- **본인:** (당황) 그런 상황이라면... 우선 상관의 명령을 따른 후 기업에게... 음... 잠시 생각할 시간을 주시겠습니까? (잠시 생각. 규정에 어긋나는 지시를 내린 상황이라는 점에 착안) 죄송합니다. 제가 판단을 잘못한 것 같습니다. 다시 생각해 보아도 5%를 적용하는 것이 맞는 상황에 10%로 부과하면 기업은 위법한 규정을 적용받게 되는 것이기 때문에 옳지 않다고 생각합니다. 상관께 지금은 이렇게 지나갈 수 있을지 몰라도 장기적으로는 조직에 더 좋지 않은 영향을 끼치게 될 것이라고 다시 설득해보겠습니다.

- **면접관 2:** 그러면 5%로 다시 부과하는 것에 대한 문제점은 없을까요?

- **본인:** 5%가 맞는 것이고 적법하게 부과하는 것이기 때문에 지금은 어떠한 문제점이 생각이 나지 않습니다. 죄송합니다.

- **면접관 2:** 그 기업과 비슷한 사례로 5% 낸 기업도 있고 10% 낸 기업도 많이 있지 않겠어요? 그런 10%를 내는 기업들이 반발하지 않겠나요?

- **본인:** 네, 충분히 그럴 수 있을 것 같습니다. 우선 당장은 5%를 부과하겠지만 이후에 이런 사례가 재발하지 않도록 기준을 명확히 하여 홍보하는 것이 좋을 것 같습니다.

- **면접관 2:** 기준이 명확하지 않은 것이 포인트인 것 같은데, 그렇다면 어떻게 명확한 기준을 세우실 것인가요?

- **본인:** 네, 기업들이 납득할 수 있는 기준을 만들려면 실제로 그 기준에 의해 관세를 부과받는 기업들의 의견이 많이 반영되어야 할 것 같습니다. 따라서 기준의 개선점이 있는지 논의하는 과정에서 기업 관계자들을 상대로 설문조사를 한다든지 공청회를 열어 의견을 수렴하는 것이 가장 우선되어야 한다고 생각합니다. 그렇게 의견수렴 후 개선된 기준이면 기업들도 납득할 것이라고 생각합니다. 설문조사를 할 때 어떤 점에서 기준이 불명확하다고 느꼈는지 등을 상세히 물어보겠습니다.

(3) 개별면접

- **면접관 2:** 본인이 하고 싶은 업무가 있나요?

- **본인**: 네, 저는 입직하게 된다면 휴대품과에서 일을 해 보고 싶습니다. (면접관 1 웃으심) 휴대품과는 여행자 및 승무원 휴대품 관련 검사, 감정, 반송 업무 등을 담당하여 국민과 더 가까운 곳에서 보다 직접적인 영향을 미칠 수 있는 일이라고 생각해 흥미를 가지게 되었습니다.

- **면접관 1**: 휴대품과에서 일하게 되면 면세범위를 초과해서 들여오는 사람들이 많아서 갈등도 많고 민원도 많은데, 이러한 업무를 수행할 때 기여할 수 있는 본인만의 장점이 있나요?

- **본인**: 네, 면접관님께서 말씀하신 것처럼 휴대품과는 업무특성상 민원업무가 잦을 것으로 예상하고 있습니다. 저는 상담 동아리에서 활동을 오래 한 경험이 있기 때문에 경청의 중요성에 대해 누구보다 잘 이해하고 있습니다. 당시 전문가께 교육을 받았는데 그분께서 이런 말씀을 하셨습니다. 최고의 상담은 그저 상대방의 말을 들어주는 것이다. 이 말을 마음에 새기고 민원인들을 상대한다면 보다 더 기여할 수 있을 것 같습니다.

- **면접관 1**: 전문성은 어떻게 기르실 건가요?

- **본인**: 네, 우선 저는 회계학을 전공했습니다. 관세청에서 일하게 되면 어떤 수입물품의 가격 적정성 심사를 할 때 회계지식이 도움이 된다고 알고 있습니다. 그래서 제 전공인 회계지식을 열심히 공부하겠습니다. 또 무역 관련 지식과 외국어도 열심히 공부하겠습니다.

- **면접관 1**: 시간이 없어서 직렬전문 문제로 들어가겠습니다. 현재 관세청에서 면세점제도를 시행하고 있는 것을 알고 있나요?

- **본인**: 네, 알고 있습니다.

- **면접관 1**: 그렇다면 현재 면세점제도가 어떻게 개선되면 좋을지 개선방안이 있을까요?

- **본인**: 아, 죄송합니다만 제가 면세점제도를 시행 중인 것은 알지만 자세한 내용은 잘 알지 못해 섣불리 개선방안을 말씀드리기는 어려울 것 같습니다. 죄송합니다.

- **면접관 1**: 네 수고하셨고요 나가보셔도 됩니다.

- **본인**: 저 마지막으로 한 말씀 드려도 되겠습니까? (준비한 말, 인사하고 뒤돌아서 걸어 나오다가 문 열기 전에 다시 인사)

02 7급 면접 후기

1. 2019 국가직 일반행정직 / 20대 후반 / 남

(1) 집단토의
① 토의 주제: 카지노 추가 설치 허용 여부

② 토의 내용

- **본인(모두 발언):** 카지노 추가 설치에 대해 반대하는 입장입니다. 그 이유는 첫째, 사회적 비용 증가입니다. 카지노의 경우 주요 중독계층이 20~30대 청년층이라는 점과 중독자들에 대한 치료비용을 고려할 때 추가 설치에 따른 수익 증가를 상쇄할 것입니다. 둘째, 지역경제 활성화를 위한 방안 중 카지노 추가 설치만이 유일한 방법이 아니기 때문입니다. 카지노의 경우 가족 단위의 관광객 유치가 어렵다는 점에서 그 성장에 한계가 있습니다. 그렇기 때문에 카지노 이외의 관광 사업을 하여 지역경제 활성화에 기여할 필요가 있다고 생각합니다.
- **찬성 측:** 반대 측에서 카지노 업의 경우 그 성장에 한계가 있다고 말씀해주셨는데 실제 싱가포르 등의 국가에서는 복합 리조트 건설을 통해 상당한 수익을 내고 있는 것으로 나타나고 있습니다.
- **본인:** 네, 그 부분에 공감합니다. 그렇다면 복합 리조트를 임시적으로 허용하되, 관련 업계에서 자율규칙을 정해서 그 성과를 본 다음 허가를 내주는 방식은 어떤가요?
- **찬성 측:** 좋다고 생각합니다. 자조조직이나 위원회를 구성해서 그 경과를 지켜보는 것이 중요할 것 같습니다.
- **본인:** 네, 추가를 하자면 자율규칙을 정할 때 선언적 규정에 그치는 것이 아니라 구체적인 수치를 정해서 그 성과를 측정해야 할 것 같습니다. 동시에 감시단을 조직해서 중독자 예방이나 주변 지역 슬럼화 방지에 힘쓸 필요가 있습니다.
- **본인:** 감시단을 조직해서 예상되는 부작용에 대비해야한다는 점에 동감합니다. 조직 내부가 아닌 외부에 설치해서 감시의 실효성을 높이면 좋을 것 같습니다. 실제 옴부즈만 제도를 통한 외부감시로 효과를 본 사례를 본 적 있습니다.
- **찬성 측:** 네, 외부감시를 통해 관리를 보다 철저히 하는 방법도 좋다고 생각합니다. 그렇다면 조직을 구성하는데 있어서 누가 참여해야 하는지를 토의해보는 시간을 가지면 좋을 것 같습니다.
- **본인:** 중독자 예방 등의 관점에서 심리 또는 보건 분야의 전문가가 참여하면 좋다고 생각합니다.
- **본인(마지막 발언):** 저는 사실 도박이라는 단어가 주는 부정적 느낌 때문에 반대했던 부분도 있던 것 같습니다. 하지만 이번 토의를 통해 다양한 의견을 들어보니 지역경제 활성화를 위해 추가 설치를 하되 운영이 올바른 방향으로 이뤄지도록 관리를 강화하는 방법 역시 좋은 방법이라고 생각합니다.

(2) 개인발표

> **주제** 사이버불링의 현황과 문제점, 이를 해결하기 위한 정책방안

- **면접관:** (발표 시작 전) 많이 긴장되시죠? 긴장하지 말고 차분하게 발표하시면 됩니다. 그리고 질문에 대해서 생각할 시간이 필요하면 생각할 시간을 달라고 얘기한 다음 말씀하시면 됩니다. 그럼 발표 시작하세요.

- **면접관:** 대책방안을 여러 가지 써 주셨는데 대책방안 시행 시 예상되는 문제점이 있는지?

(발표는 문제점과 대책방안을 인식적, 제도적 측면으로 나눠 정리했음)

- **본인:** 네, 사이버불링 관련 정책을 시행하는 데 있어서 그 범위를 정하는 것에 문제가 있을 것이라고 생각합니다. 예를 들어 정책을 적용할 대상을 정할 때 학교 밖의 청소년들까지 포함할 것인지, 아니면 학교에 다니는 학생들만을 보호 대상으로 할 것인지 등을 정하는 것에 어려움이 있을 것 같다고 생각합니다.

- **면접관:** 사이버불링의 범위를 넓혀야 한다는 대책의 경우 법 개정이 필요할 것 같은데 법 제정 과정에서 예상되는 문제점이 있는지?

- **본인:** 잠시만 생각할 시간을 주시겠습니까? (잠시 생각 후 횡설수설함)

- **면접관:** 법 원칙과 관련해서..

- **본인:** 법 제정 과정에서 예상되는 문제점은 미처 생각하지 못해서 지금 당장은 생각이 나지 않습니다. 죄송합니다.

- **면접관:** 네, 처벌 대상 여부를 결정하는 데 있어서 그 요건을 명확히 해야 하기 때문에 명확성 원칙과 같은 법 원칙이 중요합니다. 사실 이 부분은 제 전공이기 때문에 궁금했던 부분이므로 너무 신경 쓰지 않으셔도 됩니다.

- **본인:** 감사합니다.

- **면접관:** 대책방안 중 학생들을 대상으로 한 역할학습 등을 그 사례로 적어주셨는데 왜 이런 방식이 효과가 있다고 생각하시는지?

- **본인:** 네, 사실 안전교육이나 학교폭력 예방교육 등은 1대 다수의 방식으로 이루어져서 학생들이 흥미를 갖기 어렵다고 알고 있습니다. 그렇기 때문에 이런 점을 보완하여 학생들이 상대방의 입장에서 문제의 상황을 경험해보거나 그 상황에서 적절한 문제해결 방법에 대해 학습한다면 효과가 있을 거라고 생각합니다.

- **면접관:** 혹시 다른 질문 있으신가요? 없으면 이만 마무리 하겠습니다.

(3) 자기기술서

① 경험형

> **주제** 친분이 적거나 없는 사람과 협력했던 경험에 대해 그 당시 상황과 협력과정, 결과를 상세히 기술하라.
>
> **답변**
>
> 1. 상황 및 협력과정
>   - 2018년 친분이 없는 1, 2학년 후배들과 함께 조모임을 한 경험이 있음
>   - 후배들에게 먼저 다가가 주 2회 모임을 진행하며, 후배들에게 구체적인 피드백을 제공함
>   - 심화지식이 요구되는 부분들은 내가 주도적으로 담당하되, 후배들이 해당 주제에 대한 흥미를 잃지 않도록 진행상황을 실시간으로 공유함
> 2. 결과
>   - 조모임에서 최고점을 받음
>   - 후배들의 신임을 얻어 이후 진행된 조모임에서도 조장을 맡게 됨

- **면접관**: 당시 상황에서 스트레스를 많이 받았을 것 같은데 어떻게 해결했는지 설명해 보세요.

- **본인**: 네, 사실 제가 4학년 선배로서 후배들에게 도움을 주는 부분이 당연하다고 생각합니다. 다만 그 당시 졸업을 앞두고 있었고, 시험도 준비 중인 상태라 마음의 여유가 없었던 것도 사실입니다. 저는 일의 우선순위를 정한 다음 매일 매일 계획을 세워 일이 진전되는 부분을 확인했습니다.

- **면접관**: 아~ 스트레스를 그런 식으로 해소했다는 말인가요?

- **본인**: (질문을 잘못 이해했음을 깨닫고) 네, 매일 일이 진행되는 것을 보며 작은 만족을 느꼈습니다.

- **면접관**: 스트레스를 해소하는 과정을 보니 상당히 긍정적인 것 같은데, 이를 공직에 어떻게 연결할 수 있을지 말해보세요.

- **본인**: (질문을 잘 듣지 못함) 죄송합니다. 제가 너무 긴장해서 질문을 잘 이해하지 못했는데..

- **면접관**: 제 질문이 그렇게 어려운 질문은 아닌데, 아까 일이 진전되는 부분을 보면서 스트레스를 해소했다고 답하셨잖아요? 그 부분을 공직과 연결해서 설명해보라는 말이었습니다.

- **본인**: 네, 공무원 조직은 유기체처럼 연결되어 있다고 알고 있습니다. 따라서 제가 쓴 경험처럼 친분이 없는 사람과 함께 일을 해야 하는 경우가 많을 것 같습니다. 이런 경우에도 팀워크 역시 업무의 연장선이라는 생각으로 항상 열심히 하겠습니다.

- **면접관**: 실제 동료가 친분이 없는 사람들과 일하는 과정에서 어려움을 호소한다면 어떤 조언을 할 수 있을지 말해보세요.

- **본인**: 제가 이 과정을 통해 느낀 점은 좋은 팀워크가 결과로 이어진다는 점입니다. 이 점을 들어 팀워크를 유지하는 것 역시 조직 목표에 기여하는 과정이라는 점을 들어 동료를 설득할 것 같습니다.

② 상황형

> 주제 10인 이하 기업에 세제 지원, 규제 상담 등의 '찾아가는 원스톱 서비스'를 제공 중이다. 기존 수혜기업은 만족도가 높아 해당 서비스가 계속되길 원하지만 비수혜기업은 불만을 제기하고 있다. 또한 유관부처는 사업 확대가 자신들의 성과와 무관하고 인력이 부족함을 들어 반대하는 상황인 가운데 귀하라면 어떻게 하겠는가?
>
> 답변
>
> 1. 상황판단
>   - 기업 선정 과정의 공정성에 대한 불만이 제기되는 상황임
>   - 유관부서와 업무 협조가 되지 않는 상황임
> 2. 대처방안
>   - 기업 선정과정을 투명하게 공개함과 동시에, 비수혜기업에 단계적 확대를 약속할 것임
>   - 부처 간 업무의 유사성으로 인해 예산이 중복되는 부분이 있는지 확인할 것이며, 그럼에도 불구하고 예산이 확보되지 않는다면 민간과의 협업을 통해 지원할 수 있는 부분이 있는지 확인할 것임 (세금 관련 멘토링 서비스 등)
>   - 유관부서를 대상으로 '협업 행정'을 평정 요소화 할 것을 제안함

- **면접관**: 지금 대상을 확대하기에는 예산이 부족한 상황인데, 이런 경우에 어떻게 대처할 것인지 말해보세요.
- **본인**: 네, 이런 경우에 먼저 예산 중복을 줄여 예산을 확보할 수 있는 부분이 있는지 확인해보겠습니다. 그 다음에 민간의 협력을 얻어 선정되지 못한 기업들을 대상으로 제공할 수 있는 서비스가 있는지 알아보겠습니다. 실제 사회적 기업들의 초기 정착을 돕기 위해 민간의 도움을 받아 다양한 서비스를 제공하는 것으로 알고 있습니다.
- **면접관**: 이런 정책의 경우 시민, 기업들을 대상으로 어떻게 홍보를 할 것인지?
- **본인**: 홍보는 결국 시민과 기업들의 참여를 높이기 위한 것이라고 생각합니다. 실제 몇몇 부처에서는 오픈채팅이나 SNS 등을 홍보에 적극적으로 이용하고 있는 것으로 알고 있습니다. 이러한 부분을 활용해서 시민들의 의견이 반영될 수 있는 창구를 마련하는 것이 중요하다고 생각합니다. 실제 서울시에서도 '천만상상오아시스'를 통해 시민들과의 소통창구를 마련하고 있다고 알고 있습니다. 또한 상대적으로 이용률이 적은 노년층을 대상으로는 버스 광고나 방문 홍보 등을 확대할 필요가 있다고 생각합니다.
- **면접관**: 시민들과 소통할 수 있는 창구를 마련해야 한다.. 그럼 정책 시행 과정에서 상관과 의견 충돌이 있다면 어떻게 해결할 것인지?

- **본인:** 네, 일단 상관께서는 저보다 많은 경험과 전문성이 있다고 생각합니다. 따라서 복종의 의무에 따라 상관의 명령을 따른 다음 추후에 제 생각을 조심스럽게 이야기 해보겠습니다.
- **면접관:** 사실 과장급 인사에게 직접 이야기할 기회가 많지 않을텐데..
- **본인:** (당황하여) 아! 그렇다면 사석에서 만나뵙게 된다면 그때 조심스럽게 저의 생각을 이야기 해보겠습니다.
- **면접관:** 만약 정책 시행과 관련하여 절차의 불공정성에 대한 기사가 실린다면 어떻게 대처할지 말해보세요.
- **본인:** 네, 일단 절차에 대해 투명하게 공개하겠습니다. 그 다음 사실이 아닌 부분에 대해서는 정정기사를 요구하겠습니다.

(4) 개별질문

- **면접관:** 그럼 일반적인 질문 하나 하겠습니다. 최근 국민청원 등이 활발히 이뤄지고 있습니다. 그런데 그 많은 의견을 정책으로 실현하는 데는 한계가 있는데, 이 부분을 효율적으로 운영하기 위해서 어떻게 해야 할지 한번 말해보세요.
- **본인:** 네, 일단 시민들이 정책과정에서 적극적으로 의견을 내는 현상은 바람직하다고 생각합니다. 다만 그 의견을 정책으로 실현하는 데는 한계가 있기 때문에 그 과정에서는 보완을 하는 것이 좋다고 생각합니다. 실제 '천만상상오아시스'나 '좋은제안선정대회' 등에서도 정책을 발굴함에 있어 시민들의 의견을 적극적으로 반영하면서도 그 선정과정에서는 전문가나 공무원들이 참여하고 있다고 알고 있습니다. 이런 부분을 고려해서 정책선정에서 전문가들의 의견을 일정 부분 반영한다면 좋다고 생각합니다.
- **면접관:** 시간이 애매하게 남았는데 마지막으로 하고 싶은 말 있으면 자유롭게 해보세요.
- **본인:** 네, 사실 필기시험을 준비하는 과정이 공무원으로서 전문성을 기르는 시간이었다면 면접을 준비하는 과정은 저에 대해 공부를 하는 시간이었던 것 같습니다. 실제 제가 공무원에 지원하게 된 동기를 진지하게 생각해보기도 하고, 제가 가진 역량 중 어떤 부분이 공직에서 잘 발현될 수 있을 지를 고민하면서 공직에 대한 열정이 더 커졌습니다. 이후 공무원이 된다면 항상 제가 부족한 부분을 보완하려 노력하는 그런 공무원이 되겠습니다. 감사합니다.
- **면접관:** 네~ 감사합니다.
- **본인:** (일어나서) 감사합니다.

2. 2019 국가직 일반행정직 / 20대 후반 / 여

(1) 집단토의

① **토의 주제:** 국내 내국인 카지노 추가 허가

② **토의 진행:** 조원은 7명. 저는 4번이었고 10분 동안 찬반 측 근거를 다 써놓긴 했지만 찬성을 하고 싶었습니다. 그런데 1~3번 분이 다 찬성을 하셔서 고민하다가 저도 그냥 찬성했는데 5, 6번 분도 다 찬성이었습니다. 7번 분도 찬성하는 것 같았는데 앞에서 다 찬성을 해버리니까 반대를 하셨습니다. 결국 찬성이 6명, 반대가 1명이었는데 인원 조정하지 않고 그냥 진행하라고 하셨습니다. 전부 입장이 비슷해서 반대 측이 질문하시면 찬성 측이 보완하는 방식으로 토론이 진행되었습니다. 10분쯤 남았을 때 합의안을 도출하면 좋겠다고 말하셨고, 2분쯤 남았을 때 마무리해달라, 얘기 못한 부분 있으면 새로 추가해도 좋다, 자유롭게 한 마디씩 하라고 하셔서 마무리 발언하고 집단토의는 종료됐습니다. 발언 횟수는 7번 분이 7번, 본인이 6번, 나머지 분들이 5번씩 골고루 했습니다.

(2) 개인발표

> **주제** 청소년 사이버불링의 문제점과 이에 대한 찬반
>
> **답변**
>
> 1. 문제점
>   - 가해자들의 죄책감 결여: 피해자의 고통을 인식하지 못함(제시문 수치 인용)
>   - 가해, 피해사실 파악 어려움: 아이디 도용, 익명 이메일, 미대응 피해자 퍼센트(신고해도 소용없을 것 같아서 응답 몇 퍼센트, 제시문 수치 인용)
>   - 법과 제도의 미비: 간접적 괴롭힘(채팅방 나가기, 와이파이셔틀 등)을 포괄하지 못하는 법체계 등
> 2. 정책방안
>   - 사이버불링 교육 강화
>   - 교내 프로그램 편성 의무화, 단계별 교육프로그램 진행
>   - 독일 사례 벤치마킹(제시문 인용)
>   - 피해자 대응체계 재정비
>   - 호주 프로그램: 피해 입었을 때 어떻게 대처하는지에 대한 교육(제시문 인용)
>   - 피해자들을 위한 24시간 핫라인 구축: 전문 인력(상담) 확충을 통한 심리 상담 강화
>   - 스마트~(제시문에 있는 내용인데 정확히 기억이 안남) 등 애플리케이션 활성화: 부모에게 알림
>   - 법 개정과 제도 관련
>   - 현행 법 개정: 더 넓은 범위 포함할 수 있도록
>   - 학교, 경찰 협력 강화와 체계적 시스템 구축: 유형분류를 통해(빅데이터)
>   - 사이버불링 전담 옴부즈만 도입: 신속하고 유연한 대응 가능

(8분 동안 발표하고 7분 동안 질의응답 하겠다고 하셨음. 마지막 법 개정 부분 발표하는데 이제 마무리 해달라고 하셔서 발표 마무리를 했음. 면접관 세 분 다 나이는 좀 있으셨는데, 남자 면접관 1은 안경 쓰고 완전 착하게 생긴 유하신 분이었고 집단토의도 제일 잘 들어주셨음. 남자 면접관 2는 날카롭게 생겼고 집단토의 때 고개를 한 번도 안 드셔서 무서웠고 현직 공무원으로 추정됨. 여자 면접관 3은 제일 무서웠음. 집단토의 때 고개는 안 드시는데 계속 지원자들이 말하는 것을 받아 적으셨고 현직 공무원으로 추정됨)

- **면접관 1:** 해결책 여러 개 써주셨는데 뭐가 제일 중요하다고 생각하나?

- **본인:** 우선 법 개정과 제도 정비가 필요할 것 같습니다. 왜냐하면..

- **면접관 1:** 피해자 대응이 더 중요하지 않을까?

- **본인:** 네, 물론 피해자 대응부분도 매우 중요할 것 같습니다. 다만 법과 제도의 재정비를 통해서 피해자들에게 도움을 줄 수 있다고 생각했습니다.

- **면접관 1:** 학교, 경찰 협력부분에 대해서.. 또 협력할 수 있는 단체가 없을까?

- **본인:** 잠시 생각해보겠습니다. (잠시 생각 후, 생각이 안나서 부모님과 옴부즈만에 민간 전문가 참여시킬 수 있을 것 같다고 답변했음)

- **면접관 1:** 민간이라고 했을 때 그런 집단도 있지만, 변호사협회 등의 집단도 있다. 이에 대해 어떻게 생각하나?

- **본인:** 제가 생각해보지 못한 부분인데, 알려주셔서 감사합니다. 말씀해주신 집단 중 변호사협회와 협력한다면 피해자 지원 면에서 도움이 될 것 같습니다.

- **면접관 1:** 교육프로그램은 그럼 학교에서 학생 대상으로만 한다는 것인가? 다른 대상도 혹시 생각해볼 수 있을까?

- **본인:** 부모님이나 교사에 대한 교육도 필요할 것 같습니다.

- **면접관 2:** 법 개정에 대해 써줬는데 너무 법에 의존하는 거 아닌가? 한계가 있을 듯하다. 공무원이라면 현장대응이 더 중요하지 않나?

- **본인:** (예상치 못해서 당황했지만 웃으면서) 면접관님이 지적해주신 부분에 동의합니다. 법 개정과 함께 공무원의 현장 대응 부분도 병행해야 할 것 같습니다. (이 부분에서 좋게 보신건지 갑자기 면접관님이 미소를 지으셨고, 그 때부터 긴장이 좀 풀렸음)

- **면접관 2:** 사이버불링 유형은 어떻게 분류할 건가?

- **본인:** 네, 제가 생각했던 방법은 지금까지 발생했던 사이버불링 사례들을 빅데이터를 활용해서 키워드별로 분류하는..

- **면접관 2:** 그렇게 분류된 유형들을 모두 법에 포함시킬 수 있을까?

- 본인: 네, 아무래도 교묘한 방식의 괴롭힘이나 간접적인 것들은 포함하기 어려울 것 같습니다.

- 면접관 2: 아까 교육면에서 부모에 대한 교육도 언급했는데, 피해자 부모에 대한 교육인가? 가해자 부모에 대한 교육인가? 뭐가 더 중요한가?

- 본인: 잠시 생각해보겠습니다. (잠시 생각) 제 생각에는 물론 둘 다 중요하지만 가해자 부모에 대한 교육이 더 중요하다고 생각합니다. 왜냐하면~(재발방지, 초기진압 등을 답했던 것 같음)

- 면접관 2: 가해자 부모들이 인정을 할까?

- 본인: (조금 버벅거렸으나 대답은 했음)

- 면접관 3: 피해자 미대응 부분에 있어서 결국 피해자 잘못이 크다는 건가? 그러니까 내말은..(약간 횡설수설 질문을 하셔서 본인이 웃으셨음. 그래서 저도 미소 지으면서 네, 네, 하면서 들으니까 분위기가 좋아졌음)

- 본인: 네, 제가 피해자 미대응 수치를 인용했고 피해자가 적극적으로 대응하지 못하는 것에 대해 발표해서 그렇게 생각하실 수도 있을 것 같습니다. 그 부분에 있어서 전달이 미흡했던 것 같습니다. 제가 생각한 것은 이러한 현황을 알고 피해자가 대응할 수 있는 환경을 만들어주는 것이 필요하다는 것이었습니다.

- 면접관 3: 독일이랑 호주 사례 써주셨는데 사실 이것들은 우수사례들이다. 그래서 유명한 거고.. 이런 애들을 도입한다고 해서 우리나라에서도 효과를 볼 수 있을까?

- 본인: 네, 물론 독일, 호주와 우리나라는 가정환경도 다르고 학교 분위기도 달라서 도입에 애로사항이 있을 수 있을 것 같습니다. 우리나라 실정에 맞게 적용하면 될 것 같습니다.

- 면접관 3: 그럼 써준 사례들을 오입했을 때 이 부분은 효과가 있을까? 좀 의구심이 드는 게 있나?

- 본인: 음.. 잠시 생각해보겠습니다.

- 면접관 2: 너무 깊게 생각하고 부담 갖지 말고 그냥 본인 생각 물어보는 거예요(웃음).

- 본인: 네, 제가 생각했을 때는 효과적인 대응방법교육 부분이 현재 피해자들이 신고해도 소용없어서 신고하지 않는 경우가 많은데 그러한 인식 하에서 대응방법을 교육한다고 피해자들이 그대로 행동할지는 조금 걱정이 됩니다.

- 면접관 3: 그럼 또 피해자 잘못이라는 거예요(농담식으로 질문함)?

- 본인: 아, 그런 의미는 절대 아닙니다. 다만 인식의 변화는 시간이 필요하다고 생각해서 장기적으로 접근해야 할 것 같습니다.

- 면접관 3: 어쨌든 여러 가지 정책들을 써줬는데 예상되는 반발이 있나?

- 본인: 우선 계속 말씀드렸듯이 점점 괴롭힘의 방식이 교묘해지고 다양해지고 있어서 가해자 측에서 본인은 괴롭히려는 의도가 아니었다라고 주장하는 등의 반발이 있을 수 있을 것 같습니다.

(잘 모르거나 당황스러워도 어떤 질문이든 다 웃으면서 대답하려고 노력했음. 압박하는 것 같아도 뭐라도 대답하려고 성의를 보이는 게 중요한 것 같음. 대답을 바로바로 못해도 다 기다려주셨음. 저도 면접관님 질문이 길어지더라도 계속 눈 마주치면서 적당히 끄덕끄덕 네, 네, 하면서 들었음)

(3) 자기기술서

① 경험형

> **주제** 친분이 적거나 없는 사람과 협력했던 경험에 대해 그 당시 상황과 협력과정, 결과를 상세히 기술하라
> **답변** 전공이 달라서 아예 모르는 사람들과 해야 했던 조별과제에 대해 적음

- **면접관 3:** 정확히 어떤 과제였는지 설명해줄 수 있나? 기업실패사례 조사?
- **본인:** 기업실패사례 조사였습니다.
- **면접관 3:** 본인이 맡은 역할은 뭐였나?
- **본인:** 그때 조장을 딱히 뽑지 않았기 때문에 제가 뭔가 중요한 역할을 맡았다고는 할 수 없지만 조원들이 동등하게 역할을 나눠서 과제를 수행했습니다.
- **면접관 3:** 그럼 조장이었던 것도 아니고 딱히 노력했다고 강조할 만한 것은 없는 건가?
- **본인:** (조금 당황해서 과제내용 더 자세히 말하고, 어떠한 노력을 했는지 대답했음)
- **면접관 3:** 친분 없다는 부분 빼고는 다른 갈등은 없었나? 조원이 몇 명이었나? 구체적으로 어떻게 진행을 한 것인가, 부분을 나눠서 했나 아니면 전체를 여러 번에 나누어서 매번 협동해서 했나? 사실 우리 세대에게는 뭔가 조별과제라는게 익숙하지 않다. 그렇게 힘이 들었나? 이 질문에 쓸 만큼 힘든 경험이었나?
- **본인:** 제가 처음 보는, 친분이 없는 사람들에게는 사실 낯을 좀 가리는 편이라 그러한 상황에서 성과를 내야했다는 점이 힘들었다고 생각합니다.
- **면접관 3:** 그럼 이 경험에서 배운 것이 무엇이냐? 이 경험 전후로 나뉘는 비포 애프터처럼 본인이 어떻게 달라졌는지 말해 달라. 공무원이 되면 잘 아는 사람들과 일을 할 때도 있지만 사실 모르는 사람들과 대면하는 상황이 더 많다. 본인이 친분이 없는 사람들과 일을 잘 할 수 있겠냐? 이 경험 이후 본인은 달라졌나? 극복했나?
- **본인:** 그 과제를 시행한 것이 사실 조금 오래 전이기 때문에, 그 경험만으로 극복했다고 볼 수는 없지만 그 이후로 아르바이트 등 많은 경험들을 통해 많이 달라졌다고 생각합니다. 여러 가지 경험들을 통해서 지금은 극복했기 때문에 공무원이 되어서 충분히 할 수 있을 거라고 생각합니다.
- **면접관 3:** 과제 진행 중에 상급자, 교수나 선배로부터 도움을 받진 않았나?
- **본인:** (잠시 생각해보겠다고 한 뒤, 없다고 답변했음)

- **면접관 3**: 그럼 이 과제에서 말고 다른 경험에서 상급자에게 뭐 조언을 구했거나, 의견을 내서 받아들여진 적이 있는지 이런 경험에 대해 말해 달라.
- **본인**: (아르바이트 관련 얘기를 했음)

② 상황형

> 주제 찾아가는 원스톱 서비스(중소기업 지원 서비스) 지원 중, 수혜기업들은 계속 지원받기를 원하고 비수혜기업들은 선정 기준에 불만이 있음. 사업을 확장하려고 하는데 협업하는 유관부처는 자신들이 얻는 것이 없으며 인력과 예산 면에서 반발하는 상황임. 이에 대한 대처방안은?
>
> 답변
> - 1단계(사실파악): 선정 기준에 불합리한 점이 있는지 검토 후 개선. 사업 확대 시 인력이나 예산이 얼마나 더 필요할지 확인
> - 2단계(소통): 부처 인식 개선이 가능하다는 점과 ~점(잘 기억이 나지 않음)을 들어 유관부처 설득과 협의를 통해 예산 확충 방안을 모색(환수, 사회적 기여금 고려)
> - 3단계(관리): 기업, 유관부처로부터 지속적 의견수렴 등

- **면접관 3**: 예산 확충 방안 또 없나?
- **본인**: 혹시 협력할 수 있는 다른 부처가 있다면 융합예산 방식으로..
- **면접관 3**: 아까 다른 부처와 협업할 수 있나 알아본다고 했는데, 주무관이라는 위치에서 가능할까?
- **본인**: 아, 그 부분에 있어서 제가 생각이 미흡했다고 생각합니다. 상관님께 말씀드리거나..
- **면접관 3**: 환수나 사회적 기여금 구체적으로?
- **본인**: 금전적 지원을 해준 경우에 사전에 지원할 때 미리 기업한테 말해주고 나중에 일정금액을 환수하거나 기여금 방식으로 내도록 하면 그 돈으로 또 다른 기업을 지원해줄 수 있는 선순환방식으로 운영이 가능할 것이라고 생각합니다.
- **면접관 3**: 만약에 상관은 이 사업 확대에 반대한다면?
- **본인**: 우선 상관님은 저보다 훨씬 경험이 많으실 것이기 때문에 어떤 이유로 반대하시는지 우선 정중히 여쭤보겠습니다. 해결할 수 있는 이유라면 해결하기 위해 노력할 것입니다.
- **면접관 3**: 그런데 상관이 반대하는 이유가 딱히 없고, 그냥 별 이유 없이 그런다면?
- **본인**: 동료들과 얘기해보고 상관님을 다시 설득해볼 수 있을 것 같습니다.
- **면접관 3**: 이제 시간이 다 돼서 짧게 하나만 물어보겠다. 요즘 공무원에 대한 인식이 안 좋은데 어떻게 개선해야 할까?
- **본인**: 우선 공무원 스스로 자정하고..(우수공무원과 적극행정 사례 발굴을 말하려고 했는데)
- **면접관 3**: 네, 잘 들었어요. 오늘 고생 많았습니다. 집에 가셔도 됩니다.

3. 2019 국가직 고용노동부 / 30대 초반 / 남

(1) 응시자 대기장 입장 및 응시자 교육

정부과천청사역 6번 출구에서 내리면 곳곳에 진행요원들 대기하고 진행요원들은 인재개발원까지 가는 셔틀버스를 향하고 있으니 길 잃을 일은 없습니다. 7시 20분에 건물을 개방하고 건물 안에 들어가면 사람들이 모여 있는 곳이 있습니다. 그곳에 이름과 수험번호, 몇 조인지, 순서까지 모두 나와 있습니다. 그 앞으로 다가가면 네임 택이 있고 펜은 구비되어 있으니 수험번호 네 자리와 조를 적으면 됩니다. 자신이 몇 번째 순서인지는 기억해야 합니다.

7시 40분쯤, 대기장으로 이동하라는 안내를 받았고, 8시 10분쯤 슬슬 시작할 준비를 하며 핸드폰을 걷어가니 화장실은 미리 다녀오는 것을 추천합니다. 2층 남자 화장실 기준으로 좌변기가 아닌 쪼그리고 앉아 쓰는 변기였습니다. 휴지는 항상 구비되어 있으나 불안하다면 가져가는 것을 추천합니다. 화장실 앞에서 보아하니 남자와 여자 모두 2:8 가르마가 아닌 앞머리를 내리고 왔습니다. 저는 조철현 선생님께서 말씀하신대로 이마를 드러냈지만 거의 대부분이 앞머리로 이마를 가린 형태의 머리 스타일을 하고 왔습니다. 간혹 정말로 정장이 아닌 옷을 입고 온 사람도 있었습니다. 정장은 거의 대부분이 다크네이비였습니다. 튀지 않으려면 다크네이비를 추천 드립니다. 의자는 길게 쭉 가로로 나 있습니다. 그곳에는 1번부터 7번까지 앉습니다. 핸드폰을 걷어간 후에는 면접자 교육이 있습니다. 들어가는 순서, 토의 방식, 토의 시 앉는 방향 등을 교육합니다.

(2) 개별면접과제 작성

면접자 교육에 이어서 경험형, 상황형 질문을 작성합니다. 스톱워치 사용이 가능하고 스크린에 시계를 크게 띄워주지만 초시계가 유용합니다. 자기기술서를 작성하고 자기기술서 제출 후 잠시 휴식시간이 있습니다. 저는 바로 수험표를 꺼내서 뒷장에 경험형, 상황형을 적었습니다. 나중에 후기를 적어야 할 때 필요한 것도 있습니다. 하지만 스터디 해보시면 아시다시피 시간이 지나면 자기가 무엇을 썼는지 기억이 안납니다. 그래서 이 작업이 가장 중요합니다. 면접관이 물어봤을 때 무엇을 적었는지 생각이 안나면 큰일나기 때문입니다. 이 작업 이후 화장실 앞에서 다른 직렬 친구들과 혹은 스터디원들과 의견을 공유하는 작업을 가집니다. 좋은 아이디어가 나올 수도 있습니다. 평이하게 적었다면 이러한 아이디어를 가지고 있다가 개별면접 시에 말합시다.

(3) 집단토의

GD(집단토의)를 위해 버스를 타고 토의장으로 이동합니다. 20초 정도 걸립니다. 웃고 떠드는 사람들이 종종 있는데 포커페이스를 유지합시다. 저는 땅만 보고 다녔습니다. 토의장 앞에서 교육을 합니다.

벨이 울리면 1번부터 순서대로 입실하면서 앞 쪽에 앉은 3명의 면접관에게 인사를 하며 들어갑니다. 할아버지 1명, 아저씨 1명, 아주머니 1명입니다. 방은 사면으로 막혀있고 책상은 디귿자 형태로 되어 있습니다. 가운데 앉은 면접관이 친절하게 설명해줍니다. 10분 정도 시간을 주고 문제지를 검토하도록 합니다. 다른 조는 10분 후에 문제지를 보지 못하도록 하는 조도 있었습니다. 이것은 면접관의 재량이라고 합니다. A4 용지 한 장을 주는데, 그 곳에다가 자신이 찬성 혹은 반대를 하는 것에 대해 기술해야 합니다. 삼색 펜이 유용하니(쓸 데 없는 말은 검은색, 좋았던 말은 빨간색, 합의점 도출은 파란색 등으로 표시함) 꼭 지참하시고 발언 횟수를 모두 적어두는 게 좋습니다.

토의를 시작했고 면접관에게 평정표는 없없습니다. 평정표는 오후 개별면접 때부터 우리가 직접 나누어 드리는 것이기 때문에 토의는 아무래도 발언자들의 인간성을 확인하는 작업 같았습니다. 저는 저희 조의 외모를 한 번 훑어보았는데, 저를 제외한 모두가 앞머리를 내리고 왔습니다.

① **토의 주제**: 고속도로, 공휴일 무료 전면 개방 찬성 반대

② **토의 진행**: 찬성 측은 1,000명의 고용 창출 효과가 있다는 입장이었고, 반대 측은 예산과 비용 낭비라는 입장이었습니다. 발언 횟수는 1번(찬성) 6회, 2번(반대) 7회, 3번(찬성) 7회, 4번(반대) 4회, 5번(찬성) 6회, 6번(찬성, 본인) 8회, 7번(반대) 6회 정도였습니다. 면접관님들은 토의에 두 번 정도 개입하셨습니다. 다른 조도 마찬가지겠지만 합의점은 원만하게 도출되는 편입니다. 그룹 토의는 우리가 평소에 연습하는 것과 별로 다를 바가 없습니다. 하지만 아무래도 적극성들이 떨어지는 편입니다. 10분 전에 다른 진행위원들이 돌아다니면서 문에 노크하고 후에 마무리가 되었습니다. 면접관들이 먼저 자리를 뜨기 전까지 자리에서 일어나지 않습니다. 면접관들이 돌아가고 난 후 같은 조원들끼리 평가를 하거나 떠듭니다.

③ **발언자의 태도**

- **1번 발언자**: 말을 버벅대며 말 끝을 흐리고 표정이 항시 굳어있음. 종이만 보고 얘기함 모두 발언 시 자료를 요약한 것을 그대로 서술했음. 고개를 끄덕이지 않고 아이컨택을 거의 안함. 손을 들고 얘기하지 않음

- **2번 발언자**: 웃으면서 발언하고 말을 잘 하는 편이며 아이컨택 잘함. 모두 발언 시 요약자료 말고 새로운 아이디어를 제시함. 다른 사람이 이야기할 때 웃으면서 초롱초롱하게 쳐다봄

- **4번 발언자**: 표정 딱딱하며 말을 거의 안하고, 눈에 띄지 않음. 끄덕 끄덕 하지 않음

- **5번 발언자**: 다른 사람들이 말 할 때마다 '아아'하는 추임새를 넣음. 그것 말고는 크게 잘 한다는 생각은 거의 안 들었음

- 6번 발언자(본인): 항시 웃으면서 천천히 말씀을 드림. 모두와 아이컨택을 하면서 이야기 함. 심지어 면접관님들에게도 눈빛을 보내며 나의 의견을 이야기 함. 다른 사람들의 이야기에 눈을 쳐다보고 미소를 지으면서 끄덕 끄덕을 많이 함. 의견을 말하기 전에 최초로 손을 들고 이야기를 시작하는 사람이 바로 나였음. 아무도 손을 들고 말하려고 하지 않기에 다른 사람의 의견에 대하여 '방금, 발언자님께서 말씀하신 것에 대해 저도 동의하는 바입니다. 하지만..' 식의 스킬을 사용함. 합의점을 도출하려고 노력. 목소리를 흐리거나 작지 않게 함. 발언을 제일 많이 하였지만 한꺼번에 쏘아댄 것이 아니고 처음, 중간, 끝에 적절하게 분산하였음. 나대려고 절대 하지 않았으나 아무도 말을 하지 않을 때 손을 드는 식으로 눈치를 보았고, 동시에 손을 들었을 때는 무조건 양보함. 발언을 할 때는 상대방의 입장을 깎아내리는 것이 아닌 어느 정도 수긍하되 합의점을 도출하려고 노력함. 상대방의 말을 절대로 끊지 않음. 다리 떨지 않음 (토론 이후 다른 조원들에게 칭찬받음)
- 7번 발언자: 한 번 상대방의 말을 끊음. 약간이나마 독선적인 느낌이 들었음. 표정이 굳어있음. 발언 수를 챙기기 위한 초조함이 느껴짐. 4번 발언자가 저에게 질문했을 때 7번 발언자가 대답하려 함. 하지만 면접관님께서 개입하여 그것을 막고, 저에게 기회를 돌려주심

(4) 개인발표

오후 12시가 되면 순서대로 개별면접을 하기 위해 떠납니다. 길게 쭉 가로로 난 의자에 1번부터 7번까지 앉고, 2번부터 7번까지는 1번이 떠나고 난 자리를 메우기 위해 왼쪽으로 밀착합니다. 저는 6번이었습니다. 1번은 바로 들어가야 하기 때문에 밥을 빨리 먹고 화장실도 빨리 다녀오고 준비한 자료도 빨리 봐야 합니다. 1번부터 7번까지는 먼 지역에서 서울 순으로 앉습니다. 즉 서울에서 집이 멀면 멀수록 1번이라는 것입니다.

저는 3시 50분까지 수험표에 적어놓았던 경험형, 상황형을 열심히 외웠습니다. 제가 쓴 것 말고도 가서 첨언을 할 만한 것들(평소 스터디 하면서 공책에 따로 적어 놓은 것들)을 검토하며 외웁니다. 저는 스터디원들, 조인트 그룹들과 평소에 GD, PT, 경험형, 상황형을 하면서 상대방들의 좋은 의견을 공책에 적어놓았습니다. 어차피 그 사람들이랑 같이 면접 보러 들어가는 게 아니므로, 좋은 소스는 압수해서 면접장에 가지고 가면 나의 무기가 됩니다.

개별면접장에는 거의 14명 정도가 한 방에 들어가서 PT를 작성합니다. 시간은 30분을 주게 됩니다. 저는 28분 만에 쓰고 나머지 2분은 맨 뒷장에 글씨를 덧칠하는 시간을 보냈습니다. 어차피 대기시간이 20분이기에 PT는 외우고도 남습니다.

주제 어린이 스쿨존 내의 교통사고 현황 및 문제점

답변

1. 현황 및 문제점
   - 인력과 예산안 확보에 대한 어려움
   - 법률제도 미비
   - 어린이들의 흥미를 끌지 못하는 교육 프로그램

2. 개선방안
   - CCTV에 보조 장치 부착(PT 자료 개선방안에 나와 있는 장치였음)
   - 인력과 장비를 위한 예산안 확보 방안(새로운 세목 개설)
   - 프로그램상 누수되고 있는 비용을 검토
   - 녹색 어머니 의무화(예비군 제도)
   - 스쿨 존 내 안전 건널목 설치(기찻길 건널목)
   - 흥미 위주의 어린이 교육 프로그램(토마스 기관차)

3. 향후 과제(칸 채우기 용도로 작성하였음)
   - 특별법 정비
   - PT 자료에 있는 개선방안 1
   - PT 자료에 있는 개선방안 2

4. 기대효과
   - 예산안과 인력난 해결
   - 어린이 보호구역 내 사고 최소화
   - 교육 프로그램 산업 활성화에 따른 세수 확보

(왼쪽에 면접관 1이 있고, 가운데에 앉은 면접관 2는 면접관 1보다는 젊어보였고, 면접관 3은 여자였는데 머플러를 착용했고 가장 질문을 많이 하셨음)

- **면접관 2:** CCTV에 장치를 부착함으로써 얻게 되는 효과가 무엇이 있나요?

- **본인:** 네, 답변 드리도록 하겠습니다. CCTV를 교체하는 게 아닌 장치를 닮으로써 비용을 절감할 수 있다고 생각합니다. 자료에서 보면 알 수 있듯 그리 비싸지 않은 장치를 CCTV에 부착하기만 했을 뿐인데 주정차 단속까지 가능하기 때문입니다.

- **면접관 3:** 예산안을 확보하기 위해 새로운 세목을 개설하겠다고 했는데 자세히 말해주세요.

- **본인:** 네, 저는 예산안을 확보하기 위해 유튜브세를 생각해보았습니다. 현재 유튜브세는 국세로 충당되지 않는 것으로 알고 있는 바입니다. 그리하여 유튜브 혹은 그와 비슷한 산업 사용자들에게 부가가치세법상 사업자 등록 신고를 하게 하여 부가가치세를 걷는 것이 좋을 것이라 생각하였습니다.

- **면접관 3:** 그러면 면세.. 아니 영세.. 아니..(면접관 1 2 3 웃음) 다시.. 그러면 그것에 대해서 반발이 많을 거라고 생각하는데 어떻게 생각하시나요?

- **본인:** 네, 면접관님 말씀에 저도 동의하는 바입니다. 하지만 국가적인 사업을 하는 데 있어서 예산이 확보되지 않는 시점에, 현재 세금을 제대로 내고 있지 않은 사람들로 하여금 예산을 확보한다는 것이 괜찮을 것이라 생각해 보았습니다.

- **면접관 3:** 다른 타당성이 높은 국가 사업들도 많이 있는데 이것을 걷어서 먼저 사용하자고 하면 가능할까요?

- **본인:** (당황) 네, 맞습니다. 하지만.. 예산은 국회의원들께서 조정하시는 것으로 알고 있습니다. 국회의원들 또한 부모이기에 잘 호소한다면 가능하지 않을까 생각해보았습니다. (면접관님들 허허 하시고 다음으로 넘어가심)

- **면접관 1:** 그럼 CCTV에 대해서 사람들이 불만을 표출하면 어떡하죠? 법적으로 문제가 생기면 어떻게 할 건가요?

- **본인:** 네, 면접관님 말씀에 저도 그럴 것이라고 생각합니다. 하지만 제가 알기로는 헌법재판소 판례에서 현재 CCTV 관련 판례는 모두 합헌인 것으로 알고 있습니다. 또한 헌법 제32조를 보면 기본권은 무한으로 보장하는 것이 아닌 국가 또는 공공의 이익이 사익보다 우선 된다면 사익을 제한할 수 있는 것으로 알고 있습니다.

- **면접관 2:** 녹색 어머니 제도가 뭐죠?

- **본인:** 네, 제가 초등학교에 다닐 때까지만 하더라도 매일 등굣길과 하굣길에 학부모님들이 나오셔서 아이들의 안전을 책임져 주셨습니다. 그분들을 녹색 어머니라고 불렀습니다. 저는 여기에 녹색 어머니라고 썼지만 사실상 이 제도는 어머니들뿐만 아니라 아버지들도 나와서 할 수 있는 것으로 생각하였습니다.

- **면접관 2:** 녹색 어머니를 의무화하면 워킹맘들이 반발이 심할 텐데?

- **본인:** 면접관님 말씀에 저도 동의하는 바입니다. 하지만 아이를 가진 사람들에게 예비군 제도처럼 나라에서 의무화를 한다면 어느 정도 실용성이 있을 것이라 생각해보았습니다.

- **면접관 3:** (이분이 거의 질문을 많이 하셨음. 눈빛이 초롱초롱하고 제 애기를 들으며 계속 고개를 끄덕여주셨음. 이분 외에 나머지 면접관님들은 땅만 보고 있으셨음) 그러면 교육프로그램에 대해서 자세하게 말해주세요.

- **본인:** 네, 말씀드리겠습니다. 제가 어렸을 때는 토마스 기관차라는 만화가 있었습니다. 기차 캐릭터들이 나와서 기차 운행을 하는 등의 만화였습니다. 정말 재미있었던 것으로 기억합니다. 이처럼 흥미 위주로 교육 프로그램을 개선한다면 어린이들이 조금 더 보게 될 것 같습니다.

(5) 자기기술서

① 경험형

> **주제** 자신의 일을 나태하게 했던 경험과 그 결과를 기술하시오.
>
> **답변** '나'는 군대에서 헬스장 관리병사였음. 일과 이후 선임과 후임들을 트레이닝 시키는 것이 나의 임무였음. 하지만 선임들과 동기들이 도망 다녀서 잡으러 다니는 것을 포기하고 그 사람들의 트레이닝도 포기했음. 어느 날 소대장께서 날 부르셨음. 본부대에서 진급측정을 직접 나오겠다고 하니, 소대장은 나에게 잘하라고 일침을 했음. 나는 선임들과 동기들을 한 군데 모아 놓고 운동을 시켰음. 원래는 일반 헬스를 통해 체력을 점차적으로 늘리려고 하였으나 격투기에서 훈련하는 방식으로 급속도로 끌어올렸음. 결과는 좋았고, 소대장은 흡족해 했음

- **면접관 2**: 네, 그럼 경험형 요약해주세요.

- **본인**: 네, 저는 군대에서 헬스장 관리병사였습니다. 제가 할 일은 일과 이후 선임과 후임들에게 운동을 시키는 것이었습니다. 하지만 그들은 저를 열심히 피해 다녔고 저도 마지못해 그들을 쫓지 않았습니다. 어느 날 소대장은 저를 불렀습니다. 대본부에서 진급 측정이 내려오니 잘 준비 하라고 말입니다. 그리하여 저는 동기와 후임들 그리고 선임들을 불러 모아 호소를 하며 운동을 시켰습니다. 결과는 좋았고 소대장께서는 흡족해하셨습니다.

- **면접관 2**: 동기와 선임들은 그렇다 치고 후임들은 강제로 시킨 것이 아닌가요?

- **본인**: 네, 면접관님 말씀에 그럴 수도 있다고 생각해보았습니다. 하지만 저는 후임들에게 정말 잘 대해주었습니다. 저희는 정말 친구처럼 지냈고 사적인 심부름 한 번 시킨 적이 없었습니다.

- **면접관 3**: 어떠한 운동을 시켰나요?

- **본인**: 다소 알지 못하실 수도 있는 방법인데, 면접관님께 말씀드려도 되겠습니까?

- **면접관 1, 2, 3**: (마지못해 끄덕)

- **본인**: 네, 버피테스트를 하거나 인터벌 트레이닝을 하게 하였습니다. 100미터는 전력질주를 하고 300미터는 천천히 뛰는 방식으로 체력을 급속도로 끌어 올렸습니다. 또한 흥미 위주의 운동을 하려고 노력하였습니다.

- **면접관 3**: 흥미 위주가 무엇이죠?

- **본인**: 네, 연병장을 뛸 때 구호를 외치면서 뛰는 것이 아닌 당시에 유행하는 걸그룹 노래를 부르면서 뛰는 것으로 흥미를 돋우었습니다.

- **면접관 2**: 운동을 시킨 것은 보상 때문에 한 것인가요?

- **본인**: 네, 처음에는 휴가를 준다기에 하였습니다. 하지만 시간이 지나고 휴가보다는 책임감이 앞섰던 것 같습니다.

(이후 면접관 1이 질문을 하셨으나 잘 알아듣지 못하고 저도 횡설수설 답변했음)

- **면접관 1**: 아니, 그게 아니고. 이거 말고 사회에서도..
- **본인**: (알아듣지 못하여 잠시 생각할 시간을 달라고 함. 아마 사회에서도 비슷한 경험 있었냐고 묻는 듯함. 당황하여) 답변 드리도록 하겠습니다. 저는 면접을 준비하면서 스터디 조장이었습니다. 처음에는 힘들었으나 모든 사람들의 인생이 달린 문제였다고 생각하였습니다. 저 혼자 스터디를 하기도 바쁜 와중에 모든 사람들의 스케줄과 생각들을 조정하려고 노력했습니다. 책임감 때문이었습니다. 그것이 가장 비슷한 경험인 것 같습니다.

② 상황형

주제 당신은 주무관 A이다. 현재 대형마트 격주 일요일 규제를 통해 시장 상인들의 반응이 우호적인 상태이다. 시장 상인들은 대형마트와 더불어 종합쇼핑몰 격주 일요일 규제를 요구하고 있다. 이와 반대로 지방자치단체와 종합쇼핑몰 측은 지역경제의 침체를 우려하며 반대하는 입장이다. 공생을 하기 위해서 당신은 어떻게 할 것인가?

답변

1. 판단

공생과 나는 '주무관'이라는 포인트에 집중하였음. 모두가 좋은 상태를 추구하여야 하고, 주무관으로서는 정책을 결정할 만한 힘이 없다고 판단했기 때문임

2. 대처방안
  - 공청회
    - 시장 상인들에게는 종합쇼핑몰 규제까지 해야 하는 타당성
    - 종합 쇼핑몰과 지자체에게는 왜 지역경제가 침체되는지 근거와 예시를 요구
    - 전문가 집단을 모셔서 의견을 취합
  - 해외의 사례 검토
    - 규제하였을 때와 규제하지 않았을 때를 비교
  - 시민들의 의견 수렴(최종 소비자는 시민들이기에 가장 중요할 것이라 생각함)
  - 의견 취합

- **면접관 2**: 네, 상황형 질문 하겠습니다. 상황형 질문 중에서 가장 중요하게 생각하는 대처방안을 말씀해보세요.
- **본인**: 네, 저는 시민들의 의견이 가장 중요하다고 생각하였습니다. 시민들의 생각이 결국 소비와 연결되기에 그것을 수렴하는 것이 가장 중요한 대처방안이라고 생각합니다.
- **면접관 1**: 그렇다면 대처방안들을 저렇게 쓴 이유가 무엇인가요? (이 면접관의 질문이 대체로 이해하기가 힘든 질문이었음)

- **본인**: 네, 저는 제가 주무관이라는 것과 현재 공생하여야 한다는 상황에 집중하였습니다. 저는 정책 결정권자가 아니었기에 최대한 공생하기 위해서는 모든 사람들의 의견을 수렴하여 상관에게 보고하는 것이 저의 임무라고 생각하였습니다. 하지만 만약 제가 정책결정권자였다면 생각이 달랐을 것입니다. 그것에 대하여 말씀드려도 되겠습니까?

- **면접관 1, 2, 3**: (끄덕)

- **본인**: 네, 감사합니다. 제가 만약 정책결정권자였다면 우선 방안을 두 가지로 생각해보겠습니다. 첫 번째는 규제를 시행하는 방향입니다. 어느 지역에 시범적으로 규제를 시행해보도록 하겠습니다. 지역 선정은 추천을 받거나 지정을 하는 것입니다. 그리하여 그 지역에서 규제가 실효성을 얻게 된다면 규제는 전국적으로 시행할 것입니다. 대신 선정된 지역에서 먼저 규제를 받은 대형마트는 후에 세금 감면 등으로 혜택을 줄 생각입니다.

- **면접관 3**: 두 번째는요?

- **본인**: 두 번째 방안을 말씀드리겠습니다. 만약 규제를 하지 않는다면 전통시장 내에서 가장 수입이 낮은 점포를 대형마트 안에 입점 시킬 생각입니다. 대형마트 안에는 전통시장 코너를 만들어서 대형마트 안에서 공생하는 것을 생각해 보았습니다.

- **면접관 1**: 본인은 둘 중에 어떤 것이 더 좋죠?

- **본인**: 저는 첫 번째 방안이라고 생각합니다.

- **면접관 2**: 이유는?

- **본인**: 그 또한 공생에 주목하였습니다. 전통시장 상인들보다 대형마트의 수입이 아무래도 더 높을 것이라는 이유 때문이었습니다. 저 또한 전통시장에 애정이 높기 때문에 전통시장을 더 살려주는 방향으로 생각해보았습니다. 대형마트의 직원들 또한 쉬는 날이 많아져서 근로환경이 더 좋아질 것이라고 생각하였습니다.

(6) 개별질문

- **면접관 3**: 네, 그래요. 이제 본인이 고용노동부이니까 고용노동 관련 질문을 해볼게요. 지금 현재 시행하고 있는 주 52시간제도에 대하여 어떻게 생각하고 있고, 개선방안이 무엇인지 말해보세요.

- **본인**: 지금 현재 주 52시간 근무에 대하여 저는 아주 긍정적으로 생각하고 있습니다. 그것은 근로조건의 개선에 직접적으로 영향을 미칠 것이라고 생각했기 때문입니다. 개선 방안으로써는 지금 현재 최저시급 인상과 맞물려 아주 좋은 시너지를 발생하고 있다고 생각하였습니다. 주 52시간 근무함에 따라 설문조사에서 50퍼센트의 근로자들이 전체 임금 하락에 불만을 표출하고 있었습니다. 그리하여 최저시급 인상과 함께라면 지금 현재 주 52시간제도는 실효성이 있을 것이라 생각하였습니다.

- **면접관 1**: 최저시급 인상을 지금 이것보다 더 하자고요?

- **본인**: 제가 면접관님께 잘못 말씀드린 것 같습니다. 저는 최저임금을 지금 여기서 더 인상하자는 말씀이 아니고, 지금이 딱 적당하다고 생각하였습니다.

- **면접관 3**: 그럼 모든 기업에서 최저임금에 대하여 부담을 느낄 텐데 그 개선방안은요?

- **본인**: 네, 제가 알고 있는 바로는 지금 현재 고용노동부에서는 영세사업자와 중소기업을 대상으로 1인당 13만 원씩을 지원해주고 있는 것으로 알고 있습니다.

- **면접관 2**: 그러한 지원들이 언제까지 계속 되어야 할까요? 너무 포퓰리즘이지 않을까요?

- **본인**: 네, 면접관님의 말씀에 동의하는 바입니다. 포퓰리즘이라고 생각하실 수도 있다고 생각합니다. 하지만 지금 현재 최저시급 인상에 따라 많은 기업들이 힘들어하고 있는 것이 실태라고 알고 있습니다. 어느 정도 적응할 때까지만 지원을 한다면 실효성이 있을 것이라 생각해보았습니다.

- **면접관 2**: 그래요. 그러면 다른 질문으로 넘어가죠. 요새 공무원들의 인식이 좋지 않은 것 같은데 인식개선 방법에 대하여 알고 있는 것이 있나요?

- **본인**: 네, 저는 공무원들의 인식이 좋지 않은 것은 언론의 역할 때문이라고 생각하는 바입니다. (조철현 선생님 감사합니다. 여의도에서 말씀해주셨던 거 그대로 써봤습니다.) 언론에서 공무원들에 대하여 부정적인 기사들만 다루기 때문입니다. 여론은 민감하기에 그러한 기사를 통해 공무원들의 인식을 부정적으로 펼쳐나갑니다. 저는 그리하여 공무원들이 적극 행정을 하거나, 이 달의 공무원상 같은 것들을 대대적으로 보도한다면 인식이 개선될 수 있다고 생각합니다.

- **면접관 3**: 공무원들의 적극 행정을 이끌어나가려면 어떤 식으로 해야 할까요?

- **본인**: 네, 저는 적극 행정 면책제도라는 것에 대하여 알고 있습니다. 정책을 추진한 공무원들이 후에 책임 소재가 생길 것을 우려하여 소극적으로 행정을 하고 있다고 알고 있습니다. 적극 행정 면책제도는 그러한 것들을 방지하기 위해, 적극적으로 일을 행한 공무원을 어느 정도 면책해주는 제도로 알고 있습니다.

- **면접관 2**: 네, 그래요. 그러면 적극 행정을 함에 있어서 문제가 있었던 행정은 어떤 것이 있었는지 아는 게 있나요?

- **본인**: 잠시 생각할 시간을 주시겠습니까? (잠시 생각 후) 답변 드리도록 하겠습니다. 제가 알고 있기로는 우정사업본부에서 시행하고 있었던 것으로 전기차 사업과 드론 사업을 말씀드리고 싶습니다. 전기차가 우편을 배달하는 것, 그리고 드론이 고층 건물에 우편을 배달하는 것입니다. 예산이 많이 들었고 실효성이 없었던 사업으로 알고 있습니다. (면접 이후 찾아보니 아직 시행이 안 된 사업이라고 함)

- **면접관 2**: 그것은 실패한 행정이 아닌가요? 적극 행정과 관련이 없지 않나요?

- 본인: 앗, 네, 죄송합니다. 저는 이것이 적극 행정에서 벌어진 문제점으로 알고 있어 그리 말씀을 드렸던 것입니다. 면접관님의 말씀이 맞는 것 같습니다

- 면접관 1, 2, 3: 박장대소

- 면접관 2: 네, 이로써 모든 면접은 끝이 났습니다. 혹시 준비해 온 멘트가 있었는데 하지 못했다, 지금 하고 싶다 하는 것이 있으면 말씀해주세요.

- 본인: 네, 면접관님. 우선 이 자리에 서 있게 해주셔서 감사합니다. 저는 너무 영광이라고 생각합니다. 저는 이 세상이 제 중심이라고 생각하지 않습니다. 저라는 존재는 잠시 머물다가 떠나는 것이라고 생각하였습니다. 저는 제가 이 세상을 떠나기 전에 더 나은 사회를 만들고 가는 것이 제 작은 목표입니다. 지금까지 제 말을 들어주셔서 감사합니다.

- 면접관 1, 2, 3: 네, 수고하셨어요.

- 본인: 네, 감사합니다. (인사를 하고 의자를 정리하는 척을 하며 뒷걸음으로 나감)

4. 2019 국가직 고용노동부 / 30대 후반 / 남

(1) 집단토의

① 토의 주제: 통행료 면제에 대한 찬반

② 토의 진행: 집단토의는 숟가락 얹기를 3번 정도 하고, 발언 횟수는 6번 정도였습니다. 6명이서 진행 되어서 꽤나 빨리 끝났습니다. 발언 횟수는 세 번째 정도였습니다.

③ 토의 내용

- 본인(모두 발언): 3번 발언자 모두 발언 시작하겠습니다. 광복 70주년을 맞아 2015년 통행료 면제 처음 시작, 2018년 추석 및 설날 통행료 면제 그리고 현재 법정공휴일 중 일요일을 제외한 통행료 면 제를 하자는 이야기가 뜨겁습니다. 하지만 저는 아직 시기상조라고 생각해서 반대하는 입장입니다.

- 4번 발언자: 4번 발언자 발언하겠습니다. 6번 발언자 분의 말을 듣고 보니 근로자의 고용만 생각했지, 휴식을 생각하지 못했는데 말을 듣고 배워서 정말 좋은 것 같습니다.

- 6번 발언자: 저도 4번 발언자의 말씀을 들으니 휴식만 생각했지, 고용률에 대해서는 생각을 해보지 못 했습니다. 제가 더 배운 것 같습니다. 감사합니다.

- 본인: 발언 하겠습니다. 저는 찬성자 분들께 질문을 드리고 싶습니다. 저는 통행료의 수익이 도로공사 로 간다고 생각합니다. 하지만 통행료 면제를 하면 노후시설은 그대로 방치되어 오히려 안전에도 문 제가 생길 수 있다고 생각하는데 이에 대해 찬성자 분들의 의견을 듣고 싶습니다.

(2) 개인발표

주제 어린이 스쿨존 내의 교통사고 현황 및 문제점

답변

1. 현황

- 스쿨존의 개념: 초등학교 유치원 어린이집 장이 시장에게 보호구역 지정 신청 시, 300m 이내 보호구역. 시속 30km 이내 제한
- 적지 않은 사고: 2018년 사고 ~건, 최근 5년 간 131명 사망, OECD국가 중 어린이 교통사고 발생률 3위
- 권장 안전교육 이수기관 적음: 권장시간 10시간 6~7시간 교육기관 제일 많음. 10시간 이수 기관 뒤에서 두 번째

2. 문제점

- 운전자의 문제: 평균 10명 중 7명이 스쿨존 속도위반, 스쿨존 정차 문제, 교통사고 속도위반 비율 가장 높음
- 안전시설의 문제: 횡단보도의 부재 17곳(1~2차선), 운전자용 신호등 설치 부재(49.4%), 보행자용 신호등 설치 부재(61.6%)
- 어린이의 문제: 무단횡단 비율 19%, 최근 스마트폰 사용으로 인한 사고율도 증가하고 있음

3. 개선방안

- 운전자 개선 측면
  - 스쿨존 내에서 사고 시 처벌 규정 강화(운전자 87%가 알면서도 과속을 함)
  - 내비게이션에 스쿨존 진입 시 스쿨존 관련 라디오 재생해 지속적 인식 강화
  - 스쿨존 내에서 장기간 안전 운전 시 '좋은 부모님' 인센티브 등 제공(외식비 등)
- 안전시설 및 인력개선 측면
  - 방범CCTV를 설치해 과속단속CCTV 설치 대체(방범CCTV 400만 원, 과속단속 2,500만 원)
  - 예산이 적게 드는 횡단보도부터 설치해 단계적으로 시설을 늘려감
  - 시민단체 및 민관들과 협력하여 '안전한 어른'들로 인력 충원(녹색어머니 등)
  - 중고등학생들에게 안전에 대해 조기교육 및 이수하여 봉사활동 시 어린아이들에게 도움이 될 수 있는 봉사활동 프로그램 추진
- 어린이 인식개선 측면
  - 어두운 날 및 비오는 날 아이들이 쉽게 신호등 볼 수 있게 신호등 커버 노란색 교체
  - VR을 활용한 어린이 사고 간접체험 및 대비교육 강화
  - 어린이들에게 안전교육 이수를 잘 지킨 선생님들에게 인센티브 제공(문화시설 쿠폰 등)
  - 어린이의 스마트폰 구입 시 기본 앱에 '또봇' 앱 등을 설치하여 친근하게 어린이들이 안전 교육 받을 환경 제공

- 면접관: 8분 딱 맞추셨네요. 연습 많이 하셨나 봐요?

- 본인: 감사합니다. 운이 정말 좋았던 것 같습니다. 감사합니다.

- 면접관: 네, 그래요. 정책을 많이 적어주셨는데 여기서 면접자가 성과를 내서 성과표를 작성해야 하는데 3개만 골라서 어떤 성과표를 작성해야 할지 말해 주실 수 있나요?

- 본인: (정말 예상치 못해서 당황하여) 네, 제가 성과표를 작성할 시 제출할 정책 3가지를 말씀드리겠습니다. 첫 번째 정책은 내비게이션에 스쿨존 진입 시 스쿨존 관련 라디오를 틀어서 지속적 인식 강화해, 그 결과 스쿨존에서 사고율이 낮아지고 있다는 것을 성과표로 작성하겠습니다. 두 번째로는 예산이 적게 드는 횡단보도부터 설치해 안전시설에 대한 부재율이 줄어들고 있다는 것을 성과표로 작성하겠습니다. 마지막 세 번째로는 VR을 활용한 어린이들 안전사고 간접체험으로 인해 어린이들이 어떤 교육을 받았는지 설문조사 작성표 작성하여 추합하고, 그 후 사고율이 줄어들고 있다는 것으로 성과표를 작성할 것 같습니다.

- 면접관: 면접자가 생각하기에 이러한 정책 중 단기와 장기로 나누어서 보아야 할 정책은 무엇일까요?

- 본인: 네, 말씀드리겠습니다. 첫 번째 제가 생각하는 단기적 정책은 VR을 통한 어린아이들에게 간접교육 활성화 정책 시행입니다. 그 이유는 현재 독일에서 VR을 활용해 어린이 문제, 노인 치매 문제 해결 등 다양한 프로그램을 진행하고 있다고 합니다. 이와 더불어 독일의 프로그램을 받아들여 우리나라가 시행한다면 빠르게 시행할 수 있을 것 같습니다. 반면에 장기적 정책은 스쿨존 내 사고 시 규정을 강화하는 것입니다. 아무래도 규정을 바꾸는 것은 국민의 합의를 도출해야하고 더 나아가서 어떤 것이 객관적이고 공정한 기준인지 정하는 데에 있어서 문제가 있을 것이라 생각하기 때문입니다.

- 면접관: 안전시설의 해결책을 많이 적어주셨는데, 이러한 것을 하는 데에 예산이 들 것 같은데 예산은 어떻게 확보 하는 게 좋을까요?

- 본인: 네, 저도 면접관님 말씀처럼 사실 제가 적은 정책을 시행하면 예산의 문제점이 생길 것이라고 생각합니다. 그렇기에 예산을 확보하는 것도 중요하다고 생각합니다. 저는 예산확보를 하는 데에 있어서는 현재 시행되고 있는 정책 중 결과가 부진한 것은 조정을 하고 또한 중복되는 것은 통 폐합을 시켜서 예산을 확보하는 것이 좋다고 생각합니다.

- 면접관: 면접자께서 적어주신 방범용 CCTV를 설치하는 데에 있어서 사회적 문제가 생길 수 있을 거 같은데.. 어떤 사회적 문제가 생길 것 같고, 해결방안은 무엇이라고 생각하나요?

- 본인: 네, 저도 면접관님 말씀처럼 CCTV 설치 수를 늘려 가면 분명히 사회적 문제가 있을 것이라 생각합니다. 그중 제가 생각하는 사회적 문제는 개인정보 보호 문제입니다. 그 이유는 CCTV 설치 시 주민들이 자신이 감시받고 있다는 느낌이 들 수 있기 때문입니다.

- 본인: 그래서 저는 이에 대한 해결책은 첫 번째로 스쿨존 방범CCTV 설치 시 국민들에게 국민들 감시 목적이 아닌 아이들 보호 측면에 사용이라는 것을 인식시켜 주는 것이 중요하다고 생각합니다. 그래도 더 문제가 생긴다면 국민이 자신의 정보 이용에 대해 불안함을 느낀다면, 우리 정부가 그런 목적으로 쓰지 않았다는 것을 불안한 국민에게 직접적으로 그러한 내용들을 보내주는 것도 필요하다고 생각합니다.

- 면접관: 면접자께서 중고등학생들 봉사활동에 안전교육 프로그램 이수 등을 실시한다고 하셨는데 중고등학생들이 시간이 없는데 실효성이 있을까요?

- 본인: 네, 저도 면접관님 말씀처럼 중고등학생들은 학업에만 열중하기도 바쁜데 봉사활동으로 안전교육 이수까지 하는 데에는 많은 어려움이 있을 것이라고 생각합니다. 그래서 저는 현재 고등학생들이 학생기록부 등으로 대학교를 많이 간다고 알고 있습니다. 이를 활용해 더 나아가서 지금은 확실치 않지만 제가 고등학교를 다녔을 시 사회봉사는 의무였던 것으로 기억하고 있습니다. 이 두 가지를 잘 활용한다면 실효성이 많이는 아니더라도 아주 조금이라도 나아질 것이라고 기대하고 말씀을 드렸습니다.

(3) 자기기술서

① 경험형

> **주제** 자신이 맡은 일을 소홀하게 처리하여 곤경에 처한 경험
>
> **답변**
>
> 1. 상황
>   - 해외봉사를 하던 중 아이들에게 교육봉사를 해주는 프로그램을 진행 함
>   - 교육 내용은 '스크래치 아트'로 본인은 재료를 준비하는 역할이었음
>   - 본래의 재료를 주어진 예산으로 구하기 어려웠기에 재료를 직접 만들어서 가야하는 상황이었음
> 2. 나의 행동
>   - 값싼 크레파스 등을 구입하여 스크래치 아트에 필요한 재료를 마련하려고 하였음
>   - 팀원들이 교육을 하는 도중 재료의 가격이 너무 쌌기에 교육을 진행하는 데에 어려움을 겪음
>   - 재료를 준비하는 데에 있어서 순서를 고려하지 않고 준비했기에 첫 수업 때 아이들이 원하는 작품이 나오지 않게 됨
>   - 첫 수업 후 숙소로 돌아가 룸메이트에게 도움을 청해 잠을 줄여 재료를 다시 준비하였음
> 3. 결과
>   - 다시 재료를 준비하여서 첫 번째 수업 때와는 다르게 두 번째 수업 때 아이들이 원하는 작품이 나오게 되었음
>   - 팀원들과 어떤 과제를 하는 데에 있어서 의견을 나누고 할 것을 약속 및 다짐함

- **면접관**: 이게 읽어보니 값싼 재료 구입이라고 하셨는데 어떠한 내용에서 자신이 맡은 일을 소홀히 한 것인가요?
- **본인**: 네, 말씀드리겠습니다. 면접관님 말씀처럼 제가 재료를 만드는 데 있어서 일단 비용이 저렴한 것으로 한 것, 더 나아가서 재료 준비하는 데에 있어서 순서를 신경 쓰지 않고 결과만 중요시 했던 것이 소홀히 한 것이라고 생각했습니다.
- **면접관**: 상황이 어떤 내용인거죠?
- **본인**: 네, 첫 번째로는 제가 경험형에 더 알아보기 쉽게 적지 못한 것에 대해서 죄송하다는 말씀 드리고 싶습니다. 상황 말씀 드리겠습니다. 제가 인도로 해외 봉사를 갔는데 그 안에서 교육봉사를 계획하는데 우리 한국에서만 할 수 있는 놀이인 스크래치 아트를 계획했습니다. 하지만 그 재료가 너무 비싸서 저희가 직접 만들기로 했습니다. 그중 제가 재료 담당이었는데, 그 재료를 만드는 데에 있어서 비용이 가장 싼 크레파스로 준비하고 더 나아가서 재료 만드는 순서를 신경 쓰지 않고 결과만 잘 나오면 된다고 생각해서 소홀히 일을 진행했던 일입니다.
- **면접관**: 상황이 이해가 가지 않아서 그런데 다시 설명해줄 수 있나요?
- **본인**: (내가 대답을 잘 못했나 싶었음) 네, 말씀 드리겠습니다. 앞이랑 똑 같은 내용..
- **면접관**: 좋은 크레파스로 할 수 있었는데 왜 값싼 크레파스로 했나?
- **본인**: 네, 저도 면접관님 말씀대로 사실 좋은 크레파스로 할 수 있는 비용은 있어서 좋은 걸로도 할 수 있었다고 생각합니다. 그때 저는 크레파스의 질을 따지지 않고 똑같은 크레파스라 생각해서 값싼 크레파스로 구입했습니다.
- **면접관**: 본인 혼자서 일을 맡은 것이냐, 팀 전체로 맡은 것이냐?
- **본인**: 처음 재료를 준비하는 데에 있어서는 저 혼자 일을 처리했습니다. 그 이유는 해외봉사이다 보니 언어도 다르고 계획도 구성해야 해서 서로 각자 맡은 분야가 나눠져 있었습니다. 그중 저는 재료 담당이었고 두 번째 준비는 하루 만에 해야 했기에 룸메이트에게 도움을 요청해 잠을 줄여서 준비를 했습니다.
- **면접관**: 그렇다면 혼자 준비한 것은 맞네요?
- **본인**: 네, 재료 준비는 저 혼자 준비했던 것 같습니다.
- **면접관**: 그럼 다시 인도에서 크레파스 등 재료를 사서 만든 것이냐?
- **본인**: 네, 말씀드리겠습니다. 저도 사실 면접관님 말씀처럼 다시 인도에서 재료를 사서 하고 싶었지만 인도에서는 불가능했습니다. 그래서 남아있는 크레파스를 가지고 재료를 다시 만들어서 두 번째 수업 때 제공했습니다.
- **면접관**: 순서가 뭐가 잘못된다는 것이냐?

- **본인:** 스크래치 아트가 여러 가지 색으로 칠한 후 그 위에 검은색을 덧칠, 다시 색칠 후 검은색 덧칠 이러한 순서로 이루어지는데, 저는 검은색 후 여러 가지 색 그 다음 색칠 덧칠 이렇게 했습니다. 그래서 순서가 변경이 되었습니다.

- **면접관:** 스크래치 아트가 검은색 긁으면 색 나오는 거 그거 말하는 거죠(웃음)?

- **본인:** 네, 맞습니다.

- **면접관:** 이러한 경험으로써 극복을 한 후 사회에서 다르게 행동한 경험이 있나요?

- **본인:** 네, 있습니다. 말씀 드려도 되겠습니까?

- **면접관:** (끄덕)

- **본인:** 저는 고용노동부에서 후원하는 J크리에이터라는 새로운 직업 만들기 공모전에 참여했습니다. 그때도 역할이 나눠있었지만 이번에는 일을 마친 후 주변 동료에게 의견을 구하고 피드백을 구한 후 저의 역할을 다하는 습관을 들이도록 노력했습니다.

② 상황형

주제 당신은 주무관 A이다. 현재 대형마트 격주 일요일 규제를 통해 시장 상인들의 반응이 우호적인 상태이다. 시장 상인들은 대형마트와 더불어 종합쇼핑몰 격주 일요일 규제를 요구하고 있다. 그와 반대로 지방자치단체와 종합쇼핑몰 측은 지역경제의 침체를 우려하며 반대하는 입장이다. 공생을 하기 위해서 당신은 어떻게 할 것인가?

답변

1. 주무관인 나의 대처
   - 현재 직접적인 대체관계가 없고, 지역경제가 침체될 우려가 있기 때문에 종합쇼핑몰을 규제를 하지 않겠음
   - 복합쇼핑몰에 전통코너를 신설하는 등 상생할 수 있는 방안 모색
   - 전통시장 수요가 줄지 않도록 전통시장도 활성화 할 수 있는 방안도 추진(바우처 지급)
   - 전통시장 주민 분들 대체관계 없고 지역경기 침체 우려로 설득 후, 어떤 것이 문제가 되는 것인지 설문조사 실시
2. 사후 대처
   - 복합쇼핑몰 전통코너 상생 잘할 시 인센티브
   - 시민들 우려 부분에 피해 입을 시 단계적으로 복합쇼핑몰 규제

- **면접관:** 규제하지 않는 것이 맞나?

- **본인:** 네, 맞습니다. 저는 복합쇼핑몰과 전통시장은 직접적 대체관계가 없고 지역경제가 침체될 것을 우려하여 규제를 하지 않되 상생하는 방법을 생각했습니다.

- **면접관:** 왜 대형마트를 규제해야 한다고 생각하는가?

- **본인**: 네, 말씀드리겠습니다. 저는 대형마트를 규제해야 하는 이유는 상황형 제시문에 적혀있듯이 전통시장이 대형마트가 규제가 되어서 활성화되고 근로자 측면에서도 좋은 영향을 끼쳤기에 규제를 해야 한다고 생각합니다.
- **면접관**: 복합쇼핑몰은 규제하는데 왜 대형마트는 규제하지 말아야한다고 하는가?
- **본인**: 네, 말씀드리겠습니다. 저는 대형마트는 롯데마트 같은 것으로 알고 있고 복합쇼핑몰은 신세계 백화점 같은 것으로 알고 있습니다. 그래서 저는 제시문에 나와 있듯이 대형마트는 규제하되 점포수가 늘어나는 복합쇼핑몰 규제는 직접적 대체관계가 없기에 규제를 안하는 방향으로 생각했습니다. 제가 작성지에 면접관님이 혼동하게 쓴 것 같아 정말 죄송합니다(이때 저를 의심했음).
- **면접관**: (문제를 읽으시더니) 아, 내가 잘못 봤구나. 면접자 말이 맞네요. (몇 초 간 정적) 그렇다면 복합쇼핑몰을 규제할 시 어떤 것을 기준으로 보아야 할까요?
- **본인**: 네, 말씀드리겠습니다. 저는 첫 번째로 규제할 시 봐야할 기준은 주변에 보호받을 상권이 있는지의 유무를 보아야할 거 같습니다. 그 이유는 대형마트 등에 규제 등을 실시할 때 주변 전통시장 등을 보호하는 이유로 한다고 알고 있습니다. 그렇기에 첫 번째로는 주변에 보호해야 할 상권이 있는지를 볼 것 같습니다. 두 번째로는 이러한 규제를 할 때 그 기간은 얼마정도로 할지 예를 들어 어느 요일에 몇 시간 정도를 규제하는지 봐야할 것 같습니다. (저는 첫 번째가 더 좋다고 생각했지만, 면접관님들이 기간을 이야기하니까 모두 고개를 끄덕이셨음)
- **면접관**: 복합쇼핑몰에게 면접자가 쓴 전통시장 코너 등을 추진하려면 설득도 해야 할 텐데 문제도 있을 거 같아요. 어떻게 할 것인가요?
- **본인**: 네, 저도 면접관님 말씀처럼 사실 복합쇼핑몰에 전통시장을 한다고 하면 복합쇼핑몰이 반기지 않을 걱정을 했습니다. 그렇기에 설득도 필요하다고 생각했습니다. 저는 복합쇼핑몰에는 지역의 주인은 지역 사람들인데 이러한 사람들의 소득이 없어지고 복합쇼핑몰에만 몰린다면 오히려 나중에는 악순환이 되어 전통시장 분들의 소득도 줄어들어 기업의 매출도 줄어들 것이라는 우려가 생길 수 있다고, 복합쇼핑몰에 전통시장 코너를 만들 것을 부탁할 것 같습니다.
- **면접관**: 여기서의 주무관 말고 근로감독관으로서 이러한 상황을 해결하려면 어떻게 할 것인가, 전통시장 상인들을 근로자라고 생각하고 말씀해주십시오.
- **본인**: 네, 말씀드리겠습니다. 저는 근로감독관은 근로자들을 보호해야 하는 것도 중요하지만 기업이 기업을 할 수 있는 환경을 만들어 주는 것도 근로감독관의 역할이라고 생각합니다. 그렇기 때문에 규제를 할 시 기업이 납득할 수 있는 기준을 만들어 실시하는 것이 중요하다고 생각합니다. 또한 상인들의 걱정이 무엇인지 듣고 설문조사를 하여 그것을 해결하는 것이 여기서의 근로감독관이 해야할 역할이라고 생각합니다.

- 면접관: 그렇다면 상사가 규제 하자고 하면 어떻게 할 것인가?

- 본인: 네, 말씀드리겠습니다. 저도 면접관님 말씀처럼 사실 일을 추진하는 데에 있어서 상사와의 마찰도 있을 것이라고 생각합니다. 하지만 저는 입직한지 얼마 되지 않은 사원이고 상사분이 추진하는 데에 그것이 이러한 상황에서 위법하고 비윤리적이라고 생각되지 않기 때문에, 저보다 더 경험이 많으신 그리고 더 객관적인 기준을 가지신 상사의 말을 따를 것입니다.

- 면접관: (웃음) 그렇다면 상사가 하자고 하면 무조건 하는 것인가요?

- 본인: 아닙니다.. 저도 무조건 수동적으로 따르는 것은 잘못된 것이라고 생각합니다. 하지만 이러한 규제는 위법이고 비윤리적인 것이 아니라고 생각해서 말씀드렸습니다. (이때 똑똑 소리가 들림)

(4) 개별질문

- 면접관: 네, 그럼 상황형 여기까지 하고 혹시 고용노동부니까 거기에 대해 질문을 하자면 주 52시간 근로에 대해 어떻게 생각해요? 그리고 그것을 어떻게 해결해야 할까요?

- 본인: 네, 말씀드리겠습니다. 혹시 근로자와 기업 두 가지 측면을 나누어서 말씀드려도 될까요?

- 면접관: (끄덕)

- 본인: 네, 감사합니다. 저는 주 52시간 근로제 시행을 하는 것은 근로자의 휴식권과 건강권 보장을 위해서 필요하다고 생각합니다. 하지만 근로자의 임금 감소가 가장 큰 문제라고 생각합니다. 그렇기에 정부가 청년에게는 내일채움공제, 기업에게는 고용장려금 등을 주어서 근로자들의 생활임금을 보전하면서 도와주고 더 나아가서 현재 임금을 50% 삭감하되 주거공간과 문화시설 마련을 요건으로 근로자를 모집하는 광주형 일자리를 진행했다고 알고 있습니다. 이렇게 임금감소에 대한 주거공과 문화시설도 마련해주는 것이 좋다고 생각합니다. 그리고 기업은 주 52시간 근로제를 실시했을 때 중소기업 같은 곳은 원청업체의 요구를 맞추기에 어려움이 있다고 생각합니다. 그래서 중소기업에 탄력근로제 기간 연장 더 나아가 중소기업의 생산성 향상을 위해 중소기업끼리 매칭 가능한 인프라를 지원해주는 것이 해결책이 될 수 있다고 생각합니다.

- 면접관: 네, 그래요. 이제 시간이 다 되어서 마지막으로 하고 싶은 말 있으면 하고 마무리 하는 것으로 할게요. 있으신가요?

- 본인: 네, 있습니다. 저는 건설현장에서 3개월 간 일하면서 근로감독관을 보았고 더 나아가 면접을 준비하며 근로감독 조장풍을 보며 '사람은 필요할 때 쓰고 단물이 빠지면 씹다 뱉는 껌이 아니다.'라는 말을 들었습니다. 이러한 것을 보며 노동이란 참 고귀하고 아름다운 것이라고 생각해 근로자를 도와주고 또 기업에게는 기업이 기업할 수 있는 환경을 만들어주는 근로감독관으로 성장하고 싶습니다. 지금까지 부족한 제 면접을 해주셔서 감사합니다.

5. 2019 국가직 세무직 / 20대 후반 / 여

(1) 응시자 대기장 입장 및 응시자 교육

7시 20분에 면접장에 도착했습니다. 인재개발원 삼거리에 도착하면 앞에 셔틀버스랑 안내해주시는 분계십니다. 그냥 따라서 타면 보람관 앞으로 바로 태워주십니다. 버스 안에서 보니까 걸어가시는 분들도 계시던데, 생각보다 멀고 길도 복잡하고 아침이라 추우니까 그냥 셔틀을 타는 게 나을 듯합니다.

7시 30분에 명찰작성을 합니다. 가면 앞에 조 명단이랑 순번 있기는 한데, 그냥 스마트폰으로 들어가서 보면 바로 다 뜹니다. 저는 핸드폰으로 확인했습니다. 27조였고 7번이었습니다. (필기시험을 지방에서 본 사람은 앞 순번이고, 서울에서 본 사람은 뒤 순번임. 우리 조의 경우에는 3번까지가 인천(?)이었고 4번부터 서울이었는데 그중 내가 왜 하필 7번이었는지는 모름) 그냥 명찰 집어서 조, 이름, 응시번호 뒷부분 적고 옷에 달아서 대기하면 됩니다. 대기하다가 시간되면 응시자 대기실로 안내해주십니다. 큰 강당에 조랑 번호가 적혀있고 자기 번호에 가서 앉으면 됩니다. 분위기는 생각보다 화기애애(?)합니다. 나빼고 다 아는 사람 있는 듯이 떠들고 수다 떨고 신나 보입니다. 오리엔테이션 시작하기 전에 먼저 핸드폰을 걷고 자기기술서를 나눠주시고 쓰기 시작합니다.

(2) 집단토의

개별면접과제를 다 쓰고 제출하면 오리엔테이션을 시작합니다. 이것저것 설명하고 나면 토론 면접장으로 이동하는데, 앞 조는 그 건물에서 했고 뒤의 조는 버스를 타고 이동해서 했습니다. 9시 45분에 집단토의로 이동합니다. 이동해서 대기하고 있으면 면접관님들이 오셔서 방으로 들어가시고 응시자들은 나중에 입실합니다. 자리는 순번대로 정해져있고 토론 자료는 면접관님들이 주십니다.

① 토의 주제: 공공기관 지역인재 채용할당제 유지 찬반 토론 후 개선점과 합의점 도출

② 토의 진행: 면접관님 세분 중 가운데 분이 설명을 해주시고 모두발언도 1번 응시자부터 진행하라고 말씀하셨습니다. 개입은 거의 없었습니다. 찬성(5명) 측은 수도권 집중 분화, 지역 청년들 취업 기회 등을 주장하였고, 반대(2명) 측은 역차별, 실효성, 기업특성 고려 못함 등의 입장이었습니다. 처음에 4번 응시자가 공격적으로 말을 혼자 많이 했더니 가운데 면접관님께서 1번 응시자도 말하라고 개입하셨습니다. 저는 찬성이었고 반대 측에 질문 몇 가지 했는데 아무도 대답을 해주지 않았습니다. 제가 반박을 해도 재반박도 안하고 자꾸 다른 소리를 많이 하셔서 답답했습니다. 토론하는데 시계가 주어지지 않아서 10분쯤 남았을 때 면접관님이 마무리 발언 하라고 하시고 마쳤습니다.

(3) 개인발표

주제 공공분야 갑질의 현황과 문제점을 분석하고, 적절한 해결방안을 도출하시오.

자료 공공분야 갑질 정의, 현황, 사례, 원인 설문조사, 해결사례

답변

1. 개요
   - 정의: 공공분야에서 자신의 우월한 지위를 이용하여 민간분야에 행하는 부당한 행위 일체
   - 인식: 공공분야 종사자 51%, 민간분야 종사자 25%가 공공분야 갑질이 심각하다고 인식함
   - 유형: 비도덕적 언행, 기관 및 공무원의 이익 추구 등

2. 문제점
   - 인식적 측면
     - 공공분야 인식 부족: 민간분야 종사자 38%가 인식부족을 갑질의 원인이라고 생각
     - 피해자의 우려: 2차 피해에 대한 우려로 갑질에 대한 적절한 대응 부족(미대응 81%)
   - 제도적 측면
     - 제재 미비: 갑질 피해신고 58건 중 징계 8건 → 공공분야 인식 부족으로 악순환
     - 대응 미비: 갑질 피해자 대응 방법 미비 → 정보측면에서도 열위

3. 해결방안
   - 인식적 측면
     - 공공기관 대상 갑질 예방교육 강화, 갑질 우수사례집
     - 민ㆍ관 업무 시 절차와 이유를 투명하게 하는 가이드라인 마련(기록)
   - 제도적 측면
     - 갑질 징계, 처벌 강화(유형별로 수위 조정)
     - 갑질 피해자 지원 서비스 → 절차를 투명하게 공개, 피해자 신상보호

4. 보완
   - 부작용: 갑질 처벌 강화로 을질 가능성 → 갑질 허위신고 제재안 마련
   - 추가방안: 갑질 근절 기관 인센티브 부여(표창, 상여금 등)

- **면접관 2:** 여기 뭐 통계수치를 많이 적어주셨는데 이게 숫자의 역설이거든요? 이러한 수치가 신빙성이 있다고 생각하시나요? 혹시 신빙성이 있으려면 대상이 몇 명 정도 되어야 한다고 생각하십니까?

- **본인:** 이 주제에 대한 설문에서 말씀이십니까?

- **면접관 2:** 아니 아니, 그냥 전체적으로

- **본인:** 제가 생각하기에는 설문과 통계의 특징에 따라 다른 것 같습니다. 전수조사가 불가능하기 때문에 저는 대상 집단의 숫자보다는 오차범위를 줄이는 것이 중요하다고 생각합니다. 구체적으로는 한.. 상하 5% 정도면 신뢰할 수 있을 것 같습니다.

- **면접관 3**: 이렇게 갑질에 대한 처벌을 강화하면 민간 분야뿐만 아니라 내부적으로는 문제가 없을까요?

- **본인**: 음.. 면접관님 말씀대로 내부적으로도 문제가 발생할 수 있다고 생각합니다. 내부적인 갑질이라든가 이러한 문제가 있을 것이라고 생각합니다.

- **면접관 1**: 내부적인 기관 내 갑질이라면 어떤 것들이 있을까요?

- **본인**: 예를 들자면.. 인사담당업무를 하는 기관의 갑질이라든가, 아니면 예산을 관리하는 기관의 갑질이 있을 것 같습니다.

- **면접관 1**: (고개를 끄덕이며) 그럼 만일 본인이 그런 갑질을 당한다면 어떻게 하실 건가요?

- **본인**: 일단 그 분께 찾아가서 넌지시 말씀드릴 것 같습니다. 제가 혹시 이렇게 느꼈는데 오해인지 조심스럽게 여쭙고 상담을 할 것입니다.

- **면접관 2**: 누구랑 상담을 한다는 겁니까?

- **본인**: 일단 그 갑질을 하신 본인과 상담을 해보고 그래도 해결되지 않을 시에는 내부적인 행동강령책임관과 같은 분들과 상담을 해볼 것 같습니다.

- **면접관 3**: 아니 그런 거 말고, 민원인 대응을 하는데 갑질 같은 것으로 불이익을 주면 민원업무를 안하겠다고 한다든가 그런 문제가 있을 것 같은데? (이런 답변을 원하고 질문을 하신 듯함. 면접관 3이랑이랑 면접 내내 스무고개를 한 것 같음)

- **본인**: 아, 네! 제가 그 부분까지는 생각을 미처 못 했는데 면접관님 말씀 들어보니 확실히 그런 문제도 생길 것 같습니다. 그렇다면 제가 보완책에 적어놓았듯이 갑질 근절 기관에 표창이나 상여금을 주는 등의 인센티브 제공이 좋을 것 같습니다.

(이때 면접관 3이 떨떠름한 듯이 다시 글 보시고, 나머지 분들은 살짝 고개 끄덕이셨음. 가이드라인에 대한 질문이랑 을질 질문도 해주셨는데, 질문이 너무 이해가 안돼서 동문서답하다가 끝남)

(4) 자기기술서

① 경험형

> **주제** 조직에서 나의 의견이 다수의 의견과 달랐던 경험과 그 때 본인의 행동을 쓰시오.
>
> **답변**
>
> 1. 경험
>   팀 프로젝트 진행 시 우리 팀의 주제가 다른 팀의 주제와 겹침. 나는 주제를 바꾸지 말자고 했고, 다른 조원들은 바꾸자고 해서 다수결로 주제를 변경하였음
> 2. 행동과 그 결과
>   일단 바꾸기로 결정했으니 팀원들의 사기가 떨어지지 않게 노력했고, 그 결과 잘 해냈음

- **면접관 2:** 그럼 이제 경험형으로 넘어가서 질문하겠습니다. 오늘 아침에 이걸 작성을 해서 주셨고, 주제는 조직에서 다수와 의견이 달라서 그걸 따라갔던 경험이었어요. 응시자께서는 대학시절 팀 프로젝트에서 주제를 바꿨던 이야기를 해주셨고, (약간 구구절절) 그렇다면 이 내용에 대해서 간단하게 말씀해 주세요.

- **본인:** (요약해서 답변함)

- **면접관 3:** 다른 조원들이 왜 주제를 바꾸자고 했다고 생각합니까?

- **본인:** 음.. 아무래도 저희 조가 발표가 더 늦었기 때문에 비교당할 가능성, 청중의 관심을 끌지 못할 가능성이 부담스러웠을 것이라고 생각합니다.

- **면접관 3:** 아니, 그게 아니고(이 말을 되게 많이 하셨음), 어차피 평가자는 똑같으니까 주제를 다 같은 것을 부여 받았을 것 아닙니까?

- **본인:** 아, 네.. 큰 주제는 같았지만 세부주제는 자유주제였기 때문에 다 다른 주제였습니다.

- **면접관 3:** (아직 이해 못하셨음) 같은 과젠데 왜 다른 거죠?

- **면접관 1:** 그러니까 이제 자유주제였는데 선택한 주제가 우연히 겹쳤다는 거죠?

- **본인:** 네, 그렇습니다.

- **면접관 3:** 그럼 그 다른 조보다 더 잘하면 된다고 생각하지 않으셨습니까? 오히려 더 잘한다면 더 좋은 기회였을 것 같은데?

- **본인:** 네, 저도 처음에는 면접관님처럼 생각을 했습니다. 그래서 조원들에게 주제를 바꾸지 말자고 설득했고, 더 잘할 자신도 있었습니다. 하지만 조원들 입장에서는 발표도 해야 하기 때문에 그 부담감이 더욱 심했던 것 같았습니다.

- **면접관 2:** 그럼 주제를 바꾼 이후에 힘들었을 것 같은데 어떻게 해결했죠?

- **본인:** 발표까지 일주일 정도밖에 안 남았기 때문에 자주 만나서 각자 역할을 나누고 최대한 많은 시간을 투자했습니다.

- **면접관 3:** 아니 아니, 본인은 뭘 했냐고

- **본인:** 아.. 죄송합니다. 저는 일단 주제를 바꿀 때도 팀원들의 사기와 의욕저하를 가장 우려했기 때문에 그런 부분들을 (더듬) 잘 이렇게.. 다독이고.. 하려고 했습니다.

- **면접관 2:** 만약 이런 상황이 입직 후에 본인에게 다시 주어졌다고 했을 때는 다시 이렇게 했을 것 같습니까?

- **본인:** 저는 이때 당시에는 조원들의 사기 저하와 짧은 시간을 우려해서 주제를 바꾸지 않아야한다고 생각했습니다(두괄식으로 말할 걸 후회됨). 그러나 현재는 이걸 잘 극복한 경험을 가지고 있기 때문에 다시 이런 상황이 생기면 조원들의 의견처럼 할 것 같습니다.

② **상황형**

> **주제** 본인은 A부처 주무관이다. 현재 고액체납자 명단을 A부처 홈페이지에 공개하고 있는데, 그 효과가 미흡하다는 지적이 많다. 이에 따라 A부처는 고액체납자 명단을 SNS와 대형 포털 등에 공개하는 정책을 도입하는 것을 고려중에 있다. 이에 B시민단체는 개인정보 유출과 마녀사냥 등 추가적인 피해를 우려하며 반대하고 있다. 반면 C시민단체는 고액체납자 명단공개의 실효성을 확보해야한다고 주장하며 찬성한다. 당신은 어떻게 할 것인가?
>
> **답변**
> - 공청회 개최(기관장, 시민단체, 전문가 등 다양한 분야 초청)
> - 다양한 자료를 바탕으로 실효성과 부작용에 대한 분석
> - SNS와 대형 포털에 공개 시, 그 요건을 이전보다 강화
> - 기존 A부처 홈페이지 접근성 강화(링크 등)

- **면접관 2:** 그럼 상황형으로 넘어가겠습니다.

- **면접관 3:** 여기 쭉 적어주셨는데, 그래서 본인은 하겠다는 거예요?

- **본인:** 네, 일단 저는 하는 것이 좋다고 생각하고 작성하였습니다.

- **면접관 3:** 그럼 시민단체의 반발은 어떻게 하실 겁니까?

- **본인:** 제가 거기 적어놓은 것처럼 기존 홈페이지에 공개하던 것은 그대로 둔 채, SNS 및 포털 공개 요건을 강화하겠습니다. 현행 명단공개의 대상은 1년 이상 2억 원 이상으로 알고 있습니다. 그러한 부분 이상의 요건으로 강화하여 체납액이 아주 심한 수준의 체납자만 명단을 공개하는 것이 좋을 것이라고 생각합니다.

- **면접관 3:** 근데 다 똑같은 체납잔데 2억이든 10억이든 뭐가 다른 게 있나? 솔직히 그냥 서민 천만 원이랑 대기업 간부 천만 원은 느낌이 다를 텐데?

- **본인:** 그래도 명단공개의 목적이 성실납세를 위한 것이니만큼, 현행 명단공개가 실효성이 부족하다면 그 부분은 꼭 시정해야한다고 생각했습니다(내가 생각해도 동문서답한 것 같음).

- **면접관 3:** 그럼 이렇게 SNS나 포털에 명단을 공개를 하면 실효성이 있다고 생각하나? 솔직히 원래 홈페이지에 명단이 공개되던 것도 신경 안 쓰고 체납하던 사람이었는데 포털에 공개한다고 해서 안 내던 돈을 낼까?

- **본인:** 저는 이 명단공개의 목적이 이 사람의 양심과 어떤 사회적 지위와 같은 것을 건드는 부분이라고 생각했습니다. 솔직히 포털이나 SNS와는 달리 일반 시민이 국세청 홈페이지까지 들어와 체납자 명단을 찾아보는 것은 흔치 않은 일이라고 생각합니다. 따라서 접근성이 좋은 포털 공개는 그 사회적 지위와 같은 부분을 조금 더 건든다고 생각하고, 이러한 부분이 성실납세를 유도할 것이라고 생각합니다.

- 면접관 3: 국민들의 반발이 심할 것 같은데? 저 국세청 공무원들은 자기들이 열심히 재산 찾고 압류하고 하면 될 걸 지들 편하자고 포털에 올리고 그런다고?

- 본인: 물론 공무원들은 재산 찾고 압류하고 열심히 일하는 모습도 보여드려야 할 것입니다. 그러나 그렇게 해도 못 걷게 되는 부분에 대해서 명단공개를 하여 사회적 지위를 이용한다고 이야기를 하면 충분히 공감하실 것이라고 생각합니다.

- 면접관 3: 그렇다면 이러한 정책으로 피해를 보는 사람은 없을까? 예를 들면 난 정말 세금을 내고 싶은데 사기를 당했다든가 사업이 망했다든가하는 사람들 쉽게 볼 수 있는데 억울하지 않을까? (면접관 1, 2가 면접관 3을 자꾸 쳐다보면서 웃음)

- 본인: 물론 면접관님 말씀처럼 그런 사람들도 있을 것 같습니다. 하지만 저는 현행 세법에서 회생, 파산 중에 있거나 체납세금을 열심히 갚고 있는 중인 사람은 명단공개에서 제외한다고 알고 있습니다. 따라서 그런 경우는 이런 창구확대를 통해 충분히 구제 가능하다고 생각합니다.

- 면접관 3: 그럼 시민단체는 어떤 식으로 설득할건가?

- 본인: 일단 포털 공개 요건 강화로 정말 나쁜 소수의 악질 체납자만 공개가 될 것이라고 이야기하면서 다른 선량한 시민들의 피해는 최소화 시킬 것이고, 그 실효성이 크게 나타날 것임을 강조하며 설득하겠습니다.

- 면접관 1: 그런데 SNS나 포털 입장에서 이러한 개인정보를 공개적으로 공개하는 것이 부담스러워서 거절할 수가 있습니다. 그러한 경우에는 어떻게 하실 건가요? (이 질문은 준비되어있던 것 같음. 다른 조 분들도 이 질문 받았다고 함)

- 본인: 일단 대화를 통하여 설득하고 협의점을 찾아가도록 하겠습니다. 그래도 협의점이 찾아지지 않을 때에는 제가 적어 놓았듯이 A부처 홈페이지의 링크만이라도 게재하는 등의 접근성 강화방식을 찾아가는 것이 좋을 것 같습니다.

(5) 개별질문

- 면접관 3: 공통질문을 본인만 안하는 건 공정성에 어긋나니까 하나만.. 월급 이거 말고.. 과세전적부심사에 대해서 아십니까? (공무원 월급에 관련된 질문이 준비되어 있었던 것 같음)

- 본인: 네, 알고 있습니다.

- 면접관 2: 한번 설명해 보세요.

- 본인: (버벅거리며) 과세예고통지나.. 그.. 세무조사에 대한 통지에 대해서 과세 전에 다시 이렇게 확인을 해달라고 과세기관에 신청하는 것으로 알고 있습니다.

- 면접관 3: 과세불복절차가 잘 마련되어있는데 굳이 과세전적부심사까지 제도로 마련되어 있는 이유는 무엇일까요? (진짜 이해가 가지 않게 질문하셨음)

- **본인**: 아무래도 과세가 된 이후에 심사청구나 심판청구를 하는 것은 법적으로 복잡하기도 하고 개인 납세자의 입장에서는 부담스럽기도 하다고 생각합니다. 따라서 과세 전에 바로 잡을 수 있는 것은 바로 잡는 것이 최선이라고 생각합니다.

- **면접관 2**: 그럼 마지막으로 못했던 말 해보세요.

- **본인**: 음.. 일단 저는 제가 여기 면접장까지 오게 된 것만 해도 큰 기회가 주어졌다고 생각합니다. 이렇게 늦은 시간까지 저의 이야기를 잘 들어주신 면접위원님들께 다시 한 번 감사드린다고 말씀드리고 싶습니다. 열심히 배우고 또 열심히 노력하는 국세공무원이 되도록 하겠습니다.

6. 2019 국가직 관세직 / 30대 초반 / 여

(1) 집단토의

① 토의 주제: 고속도로 통행료 면제 확대건(일요일을 제외한 법정공휴일)

② 토의 진행: 저희 조는 4명이었는데 1명이 결시해서 3명이서 50분 동안 토론을 진행하였습니다. (합의 도출 전 3분 간 쉬라고 하셔서, 면접관님 앞에서 3분 쉬었음) 찬성 측은 저 포함 2명, 반대 측은 1명이었습니다. 두 분이 말을 안 해서 정적이 흐르는 일이 많았습니다. 제가 견딜 수가 없어서, 반대 측이 말하면 반박도 했다가, 진행하는 것처럼 '이런 토론을 해보면 어떨까요?'와 같은 말도 많이 했는데 조금 오버한 것이 아닐까 걱정이 됩니다. 딱히 마무리발언은 하지 않았고, 합의도출 3분 전 쉬라고 하셨습니다. 중간에 반대 측이 저한테 자꾸 말려서 찬성 측에 끌려가는데, 반대 측 의견을 조금 더 개진하라고 하신 부분도 있습니다. 합의 사항은 저희가 매년 국민만족도를 조사하고, 순차적으로 확대하는 식의 이야기가 흘러가니까 면접관 가운데 분이 찬성은 하되 단계적으로 하자는 합의가 도출된 것 같다, 고생했다 하고 끝이었습니다. 최선을 다해서 팀플레이라고 생각하고 이끌어가려고 노력은 했습니다. 1번 응시생분이 혼날 때, 저 분을 어떻게든 이끌고 가야겠단 생각을 정말 많이 했습니다. 저라도 말하지 않으면 안 될 것 같았고 그래서 두 분보다 발언을 너무 많이 한 점이 이제 와서는 걱정이 됩니다.

③ 토의 내용

- **본인(모두 발언)**: 안녕하십니까. 2번 응시생입니다. 저는 고속도로 통행료 면제 확대에 찬성하는 입장입니다. 1번 응시생님과 같이 고용창출, 경제활성화 등의 장점과 함께, 현재 시행하는 고속도로 통행료 추석, 설 면제의 경우 국민만족도가 61%로 높습니다. 이는 저속도로라고 악명 높은 우리나라 고속도로에 대한 불만을 감소시키며 공공서비스 측에서 도움이 된다고 생각합니다. 두 번째로 독일, 미국과 같은 나라의 경우도 고속도로는 대다수가 무료로 운영된다는 점입니다. 이상입니다.

- **면접관**: 자유토론 하면 되고 합의를 도출해야 하며, 합의가 안 나오면 불이익 있을 수 있습니다.

- **3번 응시생:** (모두 발언에서 k도로공사에 적자에 대해서 말했음)
- **본인:** 3번 응시생님 k도로공사에 대한 적자 우려도 공감하는 바입니다. 하지만 k도로공사의 적자가 단순히 통행료 면제가 큰 이유인지 확인해봐야 할 것 같습니다.

(3번 응시생도 이 부분에 대해 동의한다는 식으로 토론이 흘러갔고, 세 명 모두 정적이 많이 흐르자 제가 합의를 도출하면서 보완하는 방향으로 진행하였음)

- **면접관:** 아직 합의를 도출하지 않아도 된다. 조금 더 논박을 개진한 후에 합의를 도출하라.

(다시 논박을 활발히 하려고 노력했고, 저와 3번 응시생이 주로 토론을 했음)

- **면접관:** (1번 응시생에게) 고속도로 이런 부분은 남자가 더 많이 관심가지고 알 텐데, 계속 적기만 하는 것은 안 좋다. 발언을 안 하는 것은 미덕이 아니다.

(그 이후에 1번 응시생이 두어 번 더 말했고, 제가 보기에도 발언이 너무 적어보여서 1번 응시생에게 같은 찬성이지만 제가 질문하는 쪽으로 진행했음)

- **1번 응시생:** (3번 응시생의 교통 혼잡에 대한 우려에 대해) 교통 혼잡은 우리나라 특성상 통행료 면제를 하나 안하나 동일합니다.
- **본인:** 제가 그 부분은 잘 몰라서 그러는데 1번 응시생님 구체적으로 어떤 특성 때문에 우리나라 혼잡이 있는지 더 알고 싶습니다. 혹시 우리나라의 경우는 지리적으로 산간지역이 많아서, 독일과 같이 평지인 나라들이 고속도로 제한속도 없이 달리는 그런 것을 못하는 것인가요?
- **1번 응시생:** 고속도로가 적고 우리나라 1인당 차량이 너무 많아서 그렇습니다.

(k도로공사 적자 문제에 대한 보완점 제시로 내용이 흘러감)

- **본인:** k도로공사의 적자의 경우, 고용창출 등으로 국가에서 청년지원금 등이 적게 나갈 것 같습니다. 그래서 그 일부를 k도로공사의 보조금 형식으로 지원해주면 좋을 것 같습니다. 혹시 모두 동의하신 다면, 보조금을 구체적으로 어떻게 나누어 주어야 할지 토의하고 싶습니다.
- **1, 3번 응시생:** (모두 동의한다고 대답 후 침묵)
- **본인:** 제가 생각하기에 적자 때문에 안전시설 교체 등의 문제가 있다고 3번 응시생이 우려하신 부분을 보완해야 되서, 그 안전시설 같은 경우에는 직접 보조금을 지원하고 k도로공사의 적자문제는 경영컨설팅을 지원해주는 방향이 좋을 것 같습니다. 그리고 법정공휴일을 삼일절, 부처님오신날 등 너무 많은데 한꺼번에 다하는 것은 3번 응시생의 반대 우려 의견이 일리가 있어 성급한 것 같습니다.
- **3번 응시생:** 순차적 확대는 동의합니다.
- **본인:** (1번 응시생이 너무 말이 없자, 1번 응시생에게) 1번 응시생님은 이 부분에 동의하시면 혹시 공휴일 중 어떤 날은 먼저 면제하는 게 좋을 것 같습니까?
- **1번 응시생:** 고속도로 통행량을 살펴서, 적은 날로 먼저 실시하는 게 좋다고 생각했습니다.

(2) 개인발표

> **주제** 어린이 스쿨존 사고현황 및 문제점, 개선방안
>
> **답변**
>
> 1. 어린이 스쿨존 추진배경 및 현황
>   - 추진배경: 어린이 스쿨존 사망사고가 너무 높고, 다른 나라에 비해서 많이 일어남
>   - 현황: 사고 순위 OECD 국가대비 3위, 5년 간 131명 사망
> 2. 문제점
>   - 운전자 측면
>   - 10대 중 7대 차량이 30km 제한속도를 알면서도 과속함
>   - 불법 주정차가 많음
>   - 정부관리 측면
>   - 지방자치단체에 어린이 스쿨존 전담인원이 없음
>   - 어린이 스쿨존 내에 안전시설 미비(횡단보도 · 신호기 부재)
>   - 전국 어린이 스쿨존 단속장치 설치비율 2%
>   - 어린이 측면: 교통안전의식 부재(보행 중 스마트폰 사용, 인도가 아닌 차로로 다님)
>   - 유치원 측면
>   - 교통안전교육 교재를 국가에서 배포하지만, 인터넷으로 다운로드 받아서 사용
>   - 해당 교재가 어린이 흥미를 끌지 못해서 효율성이 미비
> 3. 개선방안
>   - 운전자 측면
>   - 과태료, 범칙금 등 처벌 상향(특가법 현재 추진 중, 사망사고 시 징역 3년)
>   - 방범CCTV에 과속, 불법 주정차 기능 추가(신규설치는 2,500만 원이나 방범CCTV 활용하면 400만 원)
>   - 정부관리 측면
>   - 어린이 스쿨존 전담인원에 실버 일자리를 매칭하여 단속
>   - 정부에서 지방자치단체에 단속장치 보조금 지원
>   - 어린이스쿨존 안전시밀 미비 사항 일괄 조사 후 보완(횡단보도 설치 등)
>   - 어린이 측면: 유치원 내에 부모님과 어린이 연 1회 교통안전교육 강의 개설하여 경각심 제고
>   - 유치원 측면: 지방자치단체와 각 유치원이 협업하여 개별적인 교재 구성(유치원 내에 원생들이 좋아하는 캐릭터 삽입)
> 4. 기대효과
>   어린이 스쿨존 사고비율을 낮추고, 불법 주정차 과속을 방지하여 국가경쟁력 향상

(발표는 시간은 보지 못했지만, 7분 정도는 한 것 같음)

- **면접관 1**: 써주신 게 규제를 써주셨는데, 이런 규제를 할 때 설득하는 방안은?

- **본인**: 우리나라의 어린이 사망사고 비율이 다른 나라보다 스쿨존에 발생하는 비율이 높은 점에 대해서 말씀을 드리고, 경각심을 가지는 것이 필요하다고 말씀드리면서 규제를 높이는 것에 대해 설득하겠습니다.

- **면접관 3**: 3년 이하 징역도 있고 한데 미국처럼 과태료를 엄청 높이면 내 생각에는 많이 낮아진다. 본인 생각은 어떤가?

- **본인**: 네, 면접관님께서 말씀해주신 힌트를 보니까 저도 그 부분이 맞는 것 같습니다. 과태료를 많이 높이면 많이 줄 것 같습니다.

- **면접관 1**: 음.. 그러면 과태료 높이는 것에 동의하는 거구만. 그러면 과태료를 높이면 국민반발이 큰데, 어떻게 설득할건가?

- **본인**: 저도 일반 국민입장에서는 과태료를 높이면 기분은 나쁠 것 같습니다. 과태료를 높일 때 30km 제한속도인데, 30~40km는 실수로 넘을 수도 있다고 생각합니다. 이런 부분에 대해서는 과태료를 약하게 책정하되, 악의적으로 스쿨존에서 시속 60~70km로 달리며 제한속도를 지키지 않는 운전자에 대해서만 미국처럼 상향을 해서 원래 법을 잘 지키는 일반 국민들에게는 문제가 되지 않음을 설득하겠습니다.

- **면접관 1**: 그러면 이제 주무관 말고 당신이 이제 정책을 관리하는 위치까지 왔다고 가정하면 그럴 때는 어떻게 설득할 건가?

(면접 내내 설득방안에 대해서만 답변한 것 같음)

- **본인**: 어.. 제가 그런 위치까지 간다면 범죄자는 처벌로 가되, 법을 잘 지키는 일반시민에게는.. 인센티브, 예를 들어 범칙금 등으로 유류세를 지원해준다는 식의 방안으로 설득해볼 것 같습니다.

- **면접관 1**: 유류세는 뭐.. 다른 부처랑 협력해야 해서 현실적으로 어렵고.. (제 답변이 마음에 안 드신 것 같음)

- **본인**: 죄송합니다.

- **면접관 2**: CCTV를 설치한다고 했는데 CCTV 설치 국민설득방안은?

- **본인**: 음.. 제가 생각할 때 일반 국민들이 CCTV 설치를 가장 많이 반대하는 이유는 개인 사생활 보호 때문인 것 같습니다. 그래서 어린이 스쿨존 주변에만 설치하여서 개인사생활에는 문제가 없음을 말씀드리고, CCTV를 스쿨존에 설치하면 어린이 사고 비율도 낮출 수 있고 오히려 그 지역에 범죄 비율도 낮아질 수 있음을 말씀드리며 설득하겠습니다.

(3) 자기기술서

① 경험형

> **주제** 자신이 맡은 일에 소홀하게 처리하여 곤경에 처한 경험에 대해 당시 상황을 설명하고 행동과 결과를 말해보시오.
>
> **답변**
>
> 1. 상황
>
>   회사 내 FTA 상담인력 월상담비용을 회계처리를 하는 업무를 맡은 적이 있음. 그때, 30만 원을 3만 원으로 잘못 회계 송금처리 하였음
>
> 2. 행동
>
>   • 확인하자마자 회계 팀에 문의하여 상황설명 및 처리방법을 확인하였음.
>
>   • 상관께 잘못된 사실을 말씀드리고, 해당 관세사분께 전화 드려 며칠 내에 금액이 재입금 될 것이라고 말씀드렸음
>
> 3. 결과
>
>   다행히 당해 회계연도가 끝나지 않은 시점이라 무리 없이 추가금액 입금이 가능하였음
>
> 4. 공직에서 적용할 방안
>
>   공직에 입직해서 이 일을 상기해서 맡은 바 업무를 꼼꼼히 하겠음

• **면접관 1**: 이 실수는 어떻게 보면 굉장히 큰 실수예요. 공직에 와서도 3만 원이 아닌 3천만 원, 뭐 이렇게 될 수 있는데 어떻게 하실 건가요?

• **본인**: 네, 맞습니다. 저는 그래서 꼼꼼함을 요하는 업무를 할 때 세부적인 매뉴얼, 예를 들어 입금자가 누구인지 한번 확인, 입금액이 얼마인지 재확인 이런 식으로 하나 하나를 두 번에 걸쳐 확인 후 업무를 처리하겠습니다. 실제로 그 사건이 나고 저도 너무 놀랐고, 그 이후로 저렇게 하여 다시는 실수하지 않았습니다.

• **면접관 1**: (표정이 좋지 않음)

• **면접관 2**: (끄덕)

• **면접관 3**: 음 FTA 인력에 돈 송금업무를 했다고 했는데 그러면 본인도 그런 업무를 했나? 그 유관 학과를 나왔나?

• **본인**: 네, 맞습니다.

• **면접관 3**: (학과에 대해 재차 물으셨음)

• **본인**: 네, 맞습니다(국제통상학과라고 말을 해야 하나 고민하다가 그냥 맞다고만 대답했음).

② 상황형

1. 상황
- 난민들이 급증하여 국제협약에 따라 신청일부터 6개월이 지나도 심사가 종료되지 않으면 합법취업 가능
- 신청일부터 6개월 동안은 합법취업이 어려우므로 생계안정보조금 지원 입법화 추진 중
- 일부 시민단체와 국민들은 사회취약계층에 대한 역차별이라고 반발함

2. 난민 관련 주무관으로서 나의 대처
- 사실 확인: 시민단체와 국민들과 공청회를 시행하여, 어떤 부분에 대해서 반대를 하는지 확인
- 설득방안
  - 신청일 이후 6개월 이상이 걸린 심사자에 대한 예전 이력 체크 및 예상 인원을 체크하여 국민과 시민단체가 생각하는 것보다 많지 않을 것이라고 설득
  - 불필요한 심사지연 절차가 있는지 확인하여 불필요한 심사지연 절차 간소화 방안 마련 노력
- 보완: 사회취약계층지원금과 난민 생계안정지원자금 금액을 비교하여 생계안정지원자금 금액 변경
- 재발방지: 입법 전 여러 번에 공청회를 개최하여 의견을 수렴하고 갈등 최소화

- 면접관 3: 공청회를 해서 의견을 듣겠다고 쓰시고, 잘 쓰셨는데 가정을 하고 쓰신 것 같아요. 만약에 이 가정처럼 예상인원이 안 적다면 어떻게 하실 건가요?

- 본인: 네, 맞습니다. 제가 가정하고 쓴 것 같습니다. 만약 많다면 국민들께 난민이 우리나라에 들어와서 제대로 일을 하면 국가 세수가 확보되고, 그 부분은 다시 우리나라국민 복지에 돌아갈 수 있음을 설명 드리고 설득하겠습니다.

- 면접관 3: 현 정부가 난민에 대해서 뭐 인정해주고, 또 얼마 전 난민사건도 있다가 사그라들기는 했는데, 테러 뭐 이런 이야기도 나오고.. 난민에 대한 본인의 솔직한 생각은?

- 본인: 네, 솔직한 생각은 사실 제가 난민사건이 있었을 때 제주도에 놀러간 경험이 있습니다. 잘 몰랐을 때는 저도 난민테러(?)를 걱정하기도 했는데 제주도에 놀러가서 난민인지 아닌지 모르겠지만 다문화사람과 이야기해보면서 편견 없이 바라보면 다 똑같은 사람이구나 하고 느꼈습니다.

- 면접관 1: 나를 시민단체장이라고 생각하고 설득해보세요.

- 본인: (난민들이 인정되면 세수가 확보되고 우리나라 국민들에게 복지 돌아가고 국가경쟁력 확보할 수 있다는 식으로 다시 설명 드렸음)

- 면접관 1: 토론할 때 굉장히 인상 깊게 봤다. 일반적인(?) 사람은 아닌 것 같은데, 혹시 관세사같은 공부는 안했었나?

- 본인: 좋게 봐주셔서 감사합니다. 음.. 말씀 드려도 되겠습니까?

- 면접관 1: 내가 묻는 거에는 대답해도 괜찮다.

- **본인**: 네, 저는 관세사입니다. 관세사 합격하고 3~4년 근무한 경험이 있습니다.
- **면접관 1**: 굉장히 고무적이다. 내가 관세사 시험 출제를 많이 한 경험이 있다. 본인이 몇 회 시험을 봤는지는 모르겠지만 아마 내가 낸 시험을 봤을지도 모르겠다.
- **본인**: 감사합니다.
- **면접관 1**: 그러면 관세사 공부도 하고, 공무원 공부도 해서 시험도 친 건가?
- **본인**: 네, 맞습니다.
- **면접관 1**: 관세사면, 우리가 해야 되는 의무질문이 관세직 질문이 있는데 안할게요.
- **본인**: 감사합니다.
- **면접관 2**: 수출용원재료 환급 왜 해주는 것 같은가?
- **본인**: (당황) 수출을 지원하고자 환급을 해주고, 수출에 원자재를 우리나라 물품을 사용하게 만들려고 한 것 같습니다(답변이 이상했고 틀린 답변이었음).
- **면접관 2**: 그럼 중계무역원자재 환급 안되나?
- **본인**: 음.. 제가 너무 떨려서 잘 기억은 나지 않습니다만 되는 것 같습니다. 죄송합니다.
- **면접관 2**: (웃으면서 맞다고 하시며) 환급 업무는 해본 적 있나?
- **본인**: FTA 업무만 주로 해서 관세 환급 업무 경험은 없습니다.
- **면접관 2**: 신속통관제도 아는 거 설명해봐라.
- **본인**: 신속통관을 위해 전수검사를 안하고 우범국가, 우범물품 등을 선별해서 선별검사를 하는 것도 신속통관을 위해서입니다. 수입신고 수리 후 세액심사를 하는 것도 과세가격 결정은 오래 걸리므로 이 또한 신속통관을 위한 제도입니다(제도를 말했어야 하는 것 같은데, 저는 신속통관이 목적인 법령을 말하긴 했음).
- **면접관 2**: 수입신고 수리 전 사전세액심사대상 물품은?
- **본인**: 해당 물품은 기획재정부령에 기재되어있습니다. 관세청장이 인정한 불성실신고인이 신고한 물품, 체납자가 신고한 물품 등이 있습니다. 이때 체납자 중 체납액이 10만원 미만이거나 7일 이내인 경우는 제외됩니다. 또한, 감면의 경우도 대상이긴 하나, 세액심사는 후에 하고 감면 적용 대상만 사전에 합니다.
- **면접관 2**: 본인은 중심이 잘 잡혀있고, 생각도 정리가 되어 있는 것 같아서 좋아요. 좋은데, 7급 주무관은 허리역할이에요. 또 윗사람들은 그 주무관이 이야기하는 방향에 맞춰서 거의 동의를 해주거든요. 그니까 본인의 역할이 중요한 거죠. 그런데 개인적, 순전히 개인적인 제 생각으로는 가정을 항상하고 이야기하면, 민원인과 의견이 다를 때 해결이 잘 안될 때가 있어요. 그거에 대해서 어떻게 하실 건가요(길게 말씀하셨고, 본인의 개인적인 생각인 것을 강조하셨음)?

- **본인**: (아차 싶었음) 아.. 네.. 혹시 제 이전 회사 말씀을 드려서 설명을 드려도 되겠습니까?
- **면접관 2**: 네.
- **본인**: 혹시 회사명을 말씀 드려도 되겠습니까?
- **면접관 2**: 음.. 네. (이후 안된다고 고개를 저으심)
- **본인**: 관세청에서 업무위임을 받은 회사에서 FTA 원산지증명서 발급심사 업무를 한 경험이 있습니다.
- **면접관 2**: 아, 어딘지 알겠어.
- **본인**: 제가 심사할 때도 많은 민원인분들을 만났습니다. 그때 처음에는 법에 관련한 말씀만 드리면서 설명했더니 사실 민원인과 대화가 잘 안되었습니다. 그 이후로 민원인들의 의견을 먼저 다 듣고, 그들의 입장에 서서 설명 드렸습니다. 입직하면 최대한 민원인의 생각을 듣고 민원인과 정부 차원의 합의점을 모색하는 방향으로 가겠습니다(갑자기 정부 이야기를 해버려서 매우 당황했음).
- **면접관 3**: (정부 얘기를 듣고 갸우뚱 하셨음)
- **면접관 2**: 관세사인데 관세직에 지원한 어떤 계기가 있었나?
- **본인**: 네, 제가 FTA 원산지증명서 발급심사 업무를 하면서 서울세관 관세행정관님들과 많은 협업을 하였습니다. 그때 저희는 그냥 발급심사만 했었는데, 해당 수입국에서 원산지증명서가 원본이 아니라는 등의 통관애로가 발생할 때 관세행정관님들이 그러한 애로를 해결해주시는 것을 보고 저도 그런 업무를 하고 싶어 지원하게 되었습니다.

(4) 개별질문

- **면접관 2**: 상사가 자기한테 비윤리 지시를 한다면?
- **본인**: 저에게 비윤리 지시를 하신다면 상사께 따로 넌지시 완곡하게 문제가 될 수 있음을 말씀드리겠습니다.
- **면접관 2**: (웃으시며) 그래도 상사가 고집을 피운다면?
- **본인**: (한 숨 쉬며) 음.. 일단 곤란할 것 같습니다. 공무원은 행동강령책임관이 있다고 알고 있습니다. 그래서 상관께 다시 말씀드리면서 이 부분은 문제가 될 수 있고, 저는 행동강령책임관에게 고지할 수 있음을 말씀드리면서 다시 설득하겠습니다.
- **면접관 2**: 협박하겠다는 거구만(웃음). 될지 안 될지 모르겠지만 가고 싶은 부처는?
- **본인**: 인천본부세관 산하 수출입기업지원센터에 가고 싶습니다. 저도 제가 회사에 있을 때 통관애로를 도와주셨던 관세행정관님들처럼 지원센터에 가서 기업들 통관애로를 처리해주는 업무를 하고 싶습니다.
- **면접관 1**: 중요하게 생각하는 공무원으로서 공직가치는?

- 본인: 저는 관세직 공무원으로서 특히 청렴성이라고 생각합니다. 관세청이 청렴성에 대해서 많은 노력을 하고 있다고 알고 있습니다. 그런데 얼마 전 뇌물을 받고 지식재산권 침해 물품을 통관시켜 준 사례를 기사를 통해 읽었는데 그때 안 좋은 댓글들을 많이 봤습니다. 그래서 관세직 공무원이 곧 관세청이라는 인식 때문에 청렴성이 중요한 것 같습니다.
- 면접관 1: (표정이 별로 좋지는 않았음)
- 면접관 3: 음.. 청렴성이 진짜 중요해요. 그리고 관세청 청렴도 꽤 괜찮으니까 자부심을 가져도 돼요. 수고했어요.

7. 2019 우정사업본부 일반행정직 / 30대 초반 / 여

(1) 응시자 대기장 입장 및 응시자 교육

아침에 도착하면 곳곳에 진행요원 있어서 절대 길을 잃을 염려는 없고, 가라는 대로 가면 됩니다. 건물 안에 들어가면 네임 택에 이름, 면접 조, 수험번호를 직접 써서 착용합니다. 현장에 네임펜은 있습니다. 여자들 머리는 포니테일이 제일 많았고 간혹 단발이나 머리 망을 쓴 사람들도 있었습니다. 거의 다 검은 색 정장에 목에 주름 잡힌 블라우스 혹은 셔츠를 입고 왔고, 바지 정장도 3명 정도 본 것 같습니다. 들어가서 수험생 대기실에서 8시 10분까지 각자 공부하면서 대기합니다. 정문을 8시까지 통과하면 다 들여보내주는 것 같습니다. 이때 같은 조끼리 인사 방식, 합의 시점 등을 미리 얘기하기도 합니다. 수험자 교육 시간에는 들어가는 순서, 토의 시 앉는 방향 등을 중점적으로 숙지했고, 핸드폰은 지퍼백에 넣어서 반납합니다.

(2) 개별면접과제 작성

개별면접과제 작성 시 스톱워치를 사용해도 됩니다. 스크린에 시계를 크게 띄워주기는 하는데 아날로그시계입니다. 대체로 손목시계를 차고 오므로 스크린에 띄워주는 시계보다 초시계가 훨씬 유용합니다. 자기기술서 제출 후 잠시 휴식하는데 이때 자기가 쓴 경험형, 상황형을 메모합니다. 적극적인 사람들은 밖에 나와서 친구들과 미리 질문, 답변 연습하고 있었습니다.

(3) 집단토의

토의장으로 이동하는데, 버스를 타고 이동해야 되는 조도 있었습니다. 인솔자를 따라 가 줄 서서 대기하고, 벨이 울리면 1번부터 순서대로 입실했습니다. 칸막이를 쓰는 조는 없고 모두 사면이 막힌 방이었습니다. 문제지를 검토하는 동안 면접위원(친인척, 지인 등일 경우) 기피 신청을 할 수 있습니다. 진행하시는 면접관님 말씀을 잘 듣고 평소에 연습한 대로 토의를 진행했습니다. 스터디 했을 때보다 덜 치열하고 침묵 시간도 자주 찾아왔습니다.

① 토의 주제: 내국인 출입 카지노 허가 여부 찬반 토의

② 토의 진행: 1번, 4번, 5번 발언자는 반대 측 입장, 2번, 3번(본인), 6번 발언자는 찬성 측 입장이었습니다. 대체로 찬성 측은 세수확보, 일자리 확대 등 공리적 측면을 언급했고, 반대 측은 도박 위험, 범죄율 증가, 지역 슬럼화 현상을 지적했습니다. 끝나기 10분 전에 진행위원님들이 돌아다니시며 문에 노크를 하십니다. 평소에 스터디 할 때보다 말이 다들 적었지만, 동의 표시도 전원 다 잘했고 리액션도 좋았습니다. 특히 자기 발언하기 전에 상대 발언을 정리하면서 동의하는 건 모두 잘 했고, 다들 실력이 비슷한 것 같습니다. 토의가 끝나고 나면 벌써 같은 조 지원자끼리 많이 친해집니다. 점심 먹을 때 음식물 때문에 평정표가 오염되는 것에 주의해야 합니다. 빈자리에 한 데 모아 놓는 것 추천합니다. 1번 응시자는 밥을 조금 빨리 먹고 양치질도 미리 해놓는 것이 좋습니다.

③ 찬성 측 근거

- **지방자치단체:** 세수 확보, 인구소멸지역 활성화, 지역경제 활성화, 지방 재정 자립도 개선
- **중앙 정부:** 세수 확보, 지방에 들어가는 교부금 줄어듦
- **국민:** 소비자에게는 좋은 국내 관광지 생김, 지역 주민에게는 일자리가 창출됨

④ 토의 내용

- **3번 발언자:** (4번 발언자에게) 꼭 카지노 출입 허가가 아니더라도 지역 활성화가 가능하다고 하셨는데 현재 지역 관광 사업은 지역 특산품 판매, 인기 가수 섭외 행사 등 천편일률적이라는 비판이 있는 상황인데 혹시 지역 활성화 관련한 다른 대응책 생각한 게 있으신가요?

- **4번 발언자:** 전주 같은 경우 전통 한옥마을을 중심으로 지역 관광 사업 활성화, 그리고 영화제 등 다른 사업 개발로 지역경제가 활성화됩니다. 이러한 관광 사업 개발은 시간과 비용이 많이 들지만 장기적으로 지역 활성화에 도움이 될 것입니다.

(대체로 반대 측에서 중독 문제를 지적하고 찬성 측이 늘어난 세수로 중독을 예방 및 초기 대응할 수 있다고 반박함. 만약 늘어난 세수를 우선적으로 중독 문제 해결에 쓴다면 제한적으로 찬성하면 좋겠다는 쪽으로 합의가 모아지기 시작함. 한 30분쯤 지나고 반대 측이 찬성으로 의견을 수정함)

- **2번 발언자:** 내국인 출입 허가를 하되 제한적으로 업체를 지정해야할 것 같습니다. 허가 기준은 지역 재정 자립도, 업체 재정 건전성 등으로 엄격화해서 차후 문제를 예방해야 할 것입니다.

- **3번 발언자:** 처음에 한 2개소 정도 지정해 테스트베드로 활용하고, 효과가 좋으면 단계적으로 확대하는 것이 좋을 것 같습니다.

- **2번 발언자:** 도박 문제도 등한시 하면 안 됩니다. 따라서 허가를 하되 출입 기준을 강화해야 할 것입니다. 과거 정신 병력이 있는지 또는 해외 카지노에 상습적으로 출입한 기록이 있는지 등을 검토한 후 출입하도록 해야 합니다.

- 3번 발언자: 사후적으로 출입 기록 등을 데이터화해서 도박중독센터나 정신과 전문의와 연결해야 하고 심리상담사, 상담 교사 등을 해당 지역에 우선적으로 배치할 것입니다.
- 5번 발언자: 해당 지역을 특구로 지정해서 자치경찰을 활용하여 범죄 예방에 힘쓸 것입니다.
- 6번 발언자: 주민자치 조직을 형성해서 순찰에 도움을 주면 좋을 것 같습니다.
- 3번 발언자: 단계적으로 확대하는 방안이 좋은 것 같습니다. 차후에 생길 수 있는 부작용들을 최소화하기 위한 다양한 의견들 또한 좋았습니다. 지금까지의 의견을 간단하게 정리해보면 사전적으로 출입에 대한 기준을 강화하고, 사후적으로 출입 기록 등을 안전하게 관리하여 도박 중독을 예방할 필요성이 있다고 정리할 수 있을 것 같습니다. 그리고 사회적인 차원에서 수사기관이나 자조조직 등을 활용하여 범죄를 미연에 방지할 수 있다는 방안 역시 좋았습니다. 추가적으로 또 무슨 노력을 할 수 있는지 궁금합니다.
- 4번 발언자: 국가적 차원의 노력도 있어야 한다고 생각합니다.
- 3번 발언자: 그렇다면 정부 부처 내에 전담 팀이 생기면 더 효과적이고 신속하게 대응할 수 있을 것 같습니다.

(침묵)

- 6번 발언자: (마무리 발언을 하자고 제안함)

(4) 개인발표

12시부터 1번 응시자가 PT를 작성하러 이동합니다. 점심 먹고 나서 대기 시간 동안 의외로 긴장도 많이 풀리고 좀 산만해집니다. 자면서 체력을 보충하는 사람도 있고 잡담도 많이 합니다. 혹시 조용히 공부하고 싶다면 꼭 귀마개를 챙기는 것을 추천합니다. 본인 좌석이 문 가까이에 있다면 긴 대기 시간 동안 찬바람을 오래 쐴 수 있으니 주의해야 합니다. PT 작성 시간에도 스톱워치는 쓸 수 있고, 귀마개를 써도 되는지는 모르겠습니다. 작성 시간이 끝나고 손을 내리라는 지시 받는데, 손 내리고 나서도 계속 자기가 쓴 것을 검토할 수 있고 퇴장 시간도 오래 걸리며 대기 시간도 생각보다 길어서 계속 발표 연습을 할 수 있습니다. 그러나 발표 용지에 메모하거나 맨 아래장이 희미하다고 덧칠하는 것은 엄격하게 금지합니다. 즉 펜은 절대 사용하지 못하고 눈으로만 계속 읽을 수 있습니다. 3번 응시자는 발표 전에 면접위원 휴식 시간이 있기 때문에 조금 더 길게 볼 수 있습니다. 대기하면서 신분증, 응시표로 신분을 확인합니다. 방 앞에서 의자에 앉아 대기하다가 벨이 울리면 노크 후 입실합니다. 입실 후 인사를 하고 가운데 면접관께 발표용지와 평정표를 드리면 됩니다. 응시표를 가지고 있으므로 발표용지 아래 받쳐서 들면 발표용지가 펄럭거리거나 뒤로 휘어지는 문제는 없습니다.

주제 사이버불링의 현황과 문제점, 대응방안

답변

1. 사이버불링 개념과 현황
   - 개념: 사이버 공간에서 PC나 휴대전화 등으로 특정 주체를 지속적으로 괴롭히는 현상
   - 현황
     - 가해와 피해 경험률 증가
     - 사이버폭력은 전체 학교폭력에서 12.8%를 차지하는 작은 비중이지만 그 규모와 비중이 점점 증가 추세여서 문제가 됨
2. 문제점
   - 가해자의 죄의식 결여
     - 놀이문화라는 인식
     - 가해자 역시 가정과 학교폭력으로 정서적 학대를 받아 공감능력 결여
   - 법의 사각지대 존재(학교폭력예방 및 대책에 관한 법률)
     - 요건 미비: 친구 삭제, 채팅방 강퇴, 데이터 갈취 등 다양한 사건 포괄 못함
     - 가해자 범위 확대 필요: 또래 집단뿐만 아니라 교사, 교직원, 학부모, 졸업생 등 어른이 가해자가 되는 경우도 많음
   - 피해자와 가해자 특정 어렵고, 피해자가 신고를 꺼려함
3. 대응방안
   - 교육 프로그램 개발
     - 독일, 호주, 캐나다 사례
     - 우체국 작은 대학 내 가해자와 피해자 교육 프로그램 신설
   - 법적 개선
     - 학교 장 교육 의무화
     - 대응 매뉴얼 개발
     - (기억이 잘 안남)
   - 제도적 개선
     - 피해자 보호 핫라인 개설: 온라인 신고, 익명 우체통 신설
     - 자녀의 핸드폰에 욕설이나 혐오 발언 발송되면 부모님께 알림이 뜨는 어플 지원, 전국적 확대
4. 결론
   - 다양한 주체가 참여하여 사이버불링 대응 필요
   - 더 안전한 대한민국 기대

(발표할 때 대응방안에 일부러 우정사업본부 정책을 2개 넣어 설명도 길게 하였고, 현직자 면접관님도 웃으셨음)

- **면접관**: 우체국 작은 대학까지 적어주다니, 우정사업본부 정책에 관심이 많은 것 같네요. 아까 발표에서 말한 것처럼 피해자와 가해자를 특정하기 힘든데, 어떻게 피해자와 가해자를 식별하여 교육시킬 것인가?

- **본인**: 피해자와 가해자를 사전적으로 식별하기보다는 역할놀이를 하면 서로 처지를 공감할 수 있을 것 같습니다. 역할놀이를 함으로써 피해자의 심정이 어떤지, 가해자는 어떻게 스트레스를 분출하는지 느끼게 하는 것이 우선적으로 되어야 할 것 같습니다.

- **면접관**: 여러 방안을 제시해주었는데, 이 중에서 가장 우선시되는 정책은 무엇인가?

- **본인**: 꼭 적은 방안 중에만 답변해야 합니까?

- **면접관**: 방안을 많이 적었길래 당연히 이 중에서 답할 것이라고 생각했다. 다른 방안이 더 중요하다고 생각하면 그것을 말해라.

- **본인**: 발표문에는 쓰지 못하였지만 일단 재정의 뒷받침이 되어야 프로그램 개발도 하고 어플 기술도 지원할 수 있을 것 같습니다. 이에 현재 중소벤처기업부의 상생협력기금의 예를 생각해보았습니다. 현재 상생협력기금은 대기업이 기업홍보 차원에서 자금을 출연하고 중소벤처기업부가 이를 바탕으로 지원 사업을 하고 있는 것으로 알고 있습니다. 현 사안에서도 청소년 보호 기금 등을 마련하여 대기업 등이 투자하게 하고, 지역사회를 살피는 기업으로 홍보할 수 있게끔 하면 재원 마련에 도움이 될 것 같습니다.

- **면접관**: 그렇다면 써놓은 방안 중에서는 무엇을 제일 우선적으로 지원하고 싶나?

- **본인**: 스마트폰 어플을 지원하고 싶습니다. 국가적 차원에서 대응하는 데는 한계가 있다고 생각하여 개인의 대응성을 높이는 방안이 우선시 되어야 한다고 생각합니다.

- **면접관**: 사생활 문제는 어떻게 할 것인가? 요즘 애들이 자기 핸드폰에 오는 내용을 부모에게 보내는 것을 달가워할 것 같나?

- **본인**: 제가 문제 해결에만 급급하여 청소년들의 마음을 헤아리지 못하고 사생활 문제를 경시한 것 같습니다. 사생활 문제가 걱정된다면 먼저 수집된 정보를 활용할 수 있는 데 동의를 받는 절차가 필요할 것 같습니다.

- **면접관**: 동의만 받으면 다 해결되나?

- **본인**: 동의를 받되 수집된 정보는 부모와 수사기관 등만 활용할 수 있도록 하고, 동의를 받지 않는다고 하더라도 해당 어플 내 신고 메뉴를 넣는다든지 다양한 기능을 추가하면 사이버불링에 효과적으로 대응할 수 있을 것 같습니다.

- **면접관**: (답답해하는 표정을 지으심)

(5) 자기기술서

① 경험형

> **주제** 친분이 없거나 적은 사람과 협력한 경험. 당시 처한 상황과 상대방에 대해 기술. 나의 행동은?
>
> **답변**
>
> 1. 상황 및 상대방 설명
>   - 제2전공인 경제학 전공 수업 중 레포트 작성 및 발표 과제가 있었고, 외국인 유학생이 존재했음
>   - 성적이 중요하기 때문에 외국인 유학생을 제외하자는 경제학 주전공 선배가 있었음
> 2. 나의 행동
>   - 외국인 유학생을 포함해도 성과가 좋을 수 있다고 선배를 설득함
>   - 외국인 유학생에게 먼저 잘 할 수 있는 것이 무엇이냐고 물으니 파워포인트 작성이라고 답함
>   - 매일 그 날 한 과제 공유 및 커뮤니케이션 활발히 하여 좋은 결과가 있었음
> 3. 느낀 점
>   - 사람마다 장단점이 다르므로 업무 배분할 때 미리 신경을 쓰면 좋을 것이라고 생각함
>   - 소통을 강화하면 처음에는 친하지 않고 서먹하더라도 나중에 좋은 결과가 있음

- **면접관**: 상황 설명 좀 해주세요.
- **본인**: (횡설수설하며 설명했음)
- **면접관**: 본인의 노력을 구체적으로 설명해주세요.
- **본인**: 서로 오해를 풀고 소통하기 위해서 일주일에 두 번 정도 대면회의를 하고 매일 결과물을 공유하였습니다.
- **면접관**: 가장 힘들었던 점은?
- **본인**: 저 자신 역시 다른 수업에서 외국인 유학생이 과제수행 중 도망간 경험이 있어 불안한 마음이 가시지 않았습니다. 먼저 유학생을 믿어주자고 설득했지만 저 역시 완전하게 신뢰하기가 힘들었습니다.
- **면접관**: 본인이 맡은 역할은 무엇인가?
- **본인**: 일반 조원이었습니다. 오히려 외국인 유학생을 빼자고 말했던 게 조장이었습니다. 조장이 고학번이고 주전공자라 조언 및 설득을 하기가 힘들었습니다.
- **면접관**: 조장을 어떻게 설득하였는가?
- **본인**: 교수님께서 과제 결과물뿐만 아니라 과제를 하는 과정도 평가할 것이라고 설득하였습니다.
- **면접관**: 교수님께서 과정도 평가할 것이니 유학생을 제외하면 불이익이 있을 것을 경고하였는가?
- **본인**: 그에 추가하여 유학생이 있더라도 충분히 좋은 성과를 낼 수 있을 것이라고 설득하였습니다.
- **면접관**: 앞으로 입직하면 더 힘든 경험도 많을 것이고 설득하기 힘들 것이다. 이번 경험이 입직 후에 어떤 자양분이 될 것 같나?

- **본인**: 구성원 모두에게 장단점이 있기 때문에 이를 업무 분장 시 적극 고려하면 좋을 것 같습니다. 서로의 장점에 따라서 먼저 업무 배분을 하고 단점은 다른 사람들이 도와주게 하면 좋은 효과를 낼 수 있을 것이라고 생각합니다.

② 상황형

> 주제 귀하는 중소기업을 지원하는 원스톱 서비스 담당 주무관이다. 현재 지원을 받고 있는 기업들은 만족도가 높으며 지원에서 제외된 기업들은 선정 기준에 불만을 가지고 사업을 확대할 것을 요구하고 있다. 그러나 소속 부서는 자신들의 성과와 상관이 없고 예산과 인력이 부족하다며 협조를 하지 않고 있다. 귀하의 대처방안은?
>
> 답변
> 1. 문제점 검토
>   평가가 좋은 사업이지만 예산, 인력, 협조 부족
> 2. 해결방안
>   - 예산 확보방안
>   - 업무 재검토 후 예산 누수, 유휴 자원(업무 추진비 등) 있는지 검토
>   - 상관께 예산 확보 건의(입법, 기금, 펀드 활용 여부)
>   - 인력 확보방안
>   - 각 부서에서 우선순위 재설정하여 해당 사업을 우선적으로 처리해줄 것을 요청
>   - 휴가 쓰는 것을 미뤄줄 수 없냐고 설득
>   - 협조 확보방안: 각 부서에 연락 담당관, 조정 담당관 지정
> 3. 차후 노력
>   - 사업 효율화 위해서 기준 재설정
>   - 업무 일지 작성 및 공유

- **면접관**: 결국 사업을 진행하겠다는 것인가?
- **본인**: 네, 그렇습니다. 이미 지원받은 기업의 만족도도 높고 지원받지 못한 기업의 사업 확장 요구도 있기 때문입니다.
- **면접관**: 근데 부서 사람들의 요구를 들어주는 건 없는데?
- **본인**: (잘 기억은 안 나지만 횡설수설하거나 동문서답 한 것 같음)
- **면접관**: 업무 추진비가 뭔지는 알고 적은 것인가?
- **본인**: 잘 알지는 못하지만 옛날에는 판공비라고 불렀고 주로 외근 나갔을 때 식비로 사용하거나 부서 내 회식비로 사용하는 것으로 이해하고 적었습니다.
- **면접관**: (허탈하게 웃음)
- **본인**: 죄송합니다. 제가 잘 모르고 적었습니다.

- **면접관**: 아닙니다. 국민이 그렇게 평가한다면 할 수 없지요~ 예산 누수는 어디서 어떻게 찾을 것인가?
- **본인**: 제가 이번 사안에서는 어디서 예산 누수가 생기는지 알 수 없지만 유사한 사례가 있습니다. 한 회사에서 급하게 재정을 확보할 일이 있어서 업무를 A부터 Z까지 전면적으로 재검토한 결과 몇 년 전에 거래가 끊긴 회사에까지 책자와 달력 등을 보내고 있음을 발견했다고 합니다. 여기에 나가는 지출을 먼저 차단해서 예산을 확보한 사례로 알고 있습니다. 이번 사안 역시 이를 참고하면 예산 확보에 도움이 될 것 같습니다.
- **면접관**: (끄덕) 현재 상사가 계속 사업 축소 내지 중단하라고 지시한다면 어떻게 할 것인가?
- **본인**: 일단 상사께서 저보다 경험과 지식이 많으시기 때문에 그와 같은 지시를 한 이유가 있을 것이라고 생각합니다. 우선은 상사의 지시를 따르겠습니다. 다만 기업들의 요구가 많아질 경우 상사를 더 설득해보겠습니다.
- **면접관**: 어떻게 설득할 것인가?
- **본인**: 일단 이미 지원한 기업들이 지원 기간 중에 얼마나 매출이 뛰었는지, 그리고 지원을 기다리는 기업들은 어떤 부분에서 지원이 필요한지를 간략하게 정리하여 보고 드리도록 하겠습니다.
- **면접관**: 궁극적으로 지원 기준이 수정되어야 한다고 보는가?
- **본인**: 네, 이렇듯 인력과 예산이 많이 들기 때문에 배분의 효율성을 제고해야 할 것 같습니다.
- **면접관**: 어떻게 효율성을 제고할 것인가?
- **본인**: 우선적으로 기업들의 의견을 수렴해야 하므로 간담회를 여는 것이 어떨까 생각합니다.
- **면접관**: 그게 끝인가? 좀 더 구체적으로 설명해보라.
- **본인**: 분기별로 간담회를 열어서 수혜기업의 매출 증가율과 비수혜기업의 성장 가능성 등을 조사한 뒤 비교해보겠습니다.

(상황형 답변 중 문제 해결방안이나 PT 내용 중 해결방안, 대응방안을 쓸 때 후속질문에 대해 꼭 대비하면 좋을 것 같음. 특히 비용이 많이 드는 방안이나 사생활을 침해할 수 있는 방안 반드시 보완 점을 준비해야 함. 그리고 잘 모르는 개념은 조심해서 써야 함. 업무 추진비는 다시 생각해도 너무 아쉬움)

(6) 개별질문

- **면접관**: 우정사업에 있어서 가장 중요한 것은 보편성(공익, 공공성)인가 수익성인가?
- **본인**: 수익성이라고 생각합니다. 일단 재정이 확보가 되어야 보편적인 공익사업을 수행할 수 있을 것이기 때문입니다.
- **면접관**: 그렇다면 우리 우정사업본부가 독립채산제로 운영되는 것쯤은 아는 것 같다.
- **본인**: 네, 특별회계로 독립적으로 운영되고 있습니다.

- **면접관**: 그런데 국가 공무원이 국민 전체에 대한 보편적 서비스가 아닌 수익성을 먼저 생각해도 되는가?

- **본인**: 수익성을 바탕으로 탄탄한 재정이 뒷받침되어야 공익사업도 다양하게 시행할 수 있고, 그 혜택을 국민께 돌려드릴 수 있다고 생각합니다.

- **면접관**: 현재 산간, 벽지 이를테면 울릉도 같은 경우에 우편배송을 한다면 상당한 비용이 든다. 그렇다면 수익성의 관점에서 배송 서비스를 중단해야 하는가?

- **본인**: 그것은 업무 효율성을 달성하는 데에서 답을 찾을 수 있을 것 같습니다. 현재 2인 관서의 경우에는 그 업무 효율화를 위해서 오전 혹은 오후 근무만으로 시간을 단축하고 직원 4명이서 돌아가며 업무를 보게 하여 인건비를 절감하고 있다고 알고 있습니다. 이렇듯 업무 효율을 개선하고 인건비를 줄인다면, 특히 우편사업 같은 경우에는 비용의 80%가 인건비라고 알고 있는데 상당한 경제성 개선이 있을 것이라고 생각합니다. 이렇게 줄인 인건비를 다시 기술개발에 투자한다면 드론 배송 등을 활성화하여 울릉도에 배송서비스를 유지할 수 있을 것이라고 생각합니다.

- **면접관**: 현재 민간 택배업체에서는 우체국 택배에 대해 불공정 경쟁이라 비판하고 있다. 그 이유가 뭐라고 생각하는가?

- **본인**: 제가 거기까지는 생각을 해보지 못해 지금 급하게 생각한 바를 말씀드리겠습니다. 우체국 택배는 공공기관이라는 공신력에서 얻는 브랜드 가치가 있다고 생각합니다. 따라서 브랜드 홍보를 위해 많은 투자를 해야 하는 민간 택배에 비해 브랜드 우위에 있다고 생각합니다. 그렇기 때문에 민간에서 불공정 거래라고 생각하는 것이 아닌가 짐작이 됩니다. 그리고 현재 민간 택배 회사는 일요일까지 근무하면서 치열하게 경쟁하고 있으나 우체국 택배 같은 경우에는 토요일 근무만 하면서도 매출이 확보되기 때문에 이에 대한 불만이 생긴 것이 아닌가 추측됩니다.

- **면접관**: 시간이 거의 다 되었는데 마지막으로 하고 싶은 말 있는가? 아마 있을 것 같다(웃음).

- **본인**: 네, 있습니다. 저는 면접시험을 준비하면서 현장의 목소리를 듣기 위해 우체국을 방문하였습니다. 그때가 공휴일 다음 날이라 물량이 많이 밀려 바쁜 날이었음에도 불구하고 직원 분들이 친절하게 응대해주시고 면담까지 해주셨습니다. 그리고 마지막으로 일어날 때쯤에는 빈자리 하나를 가리키시며 "이 자리 지금 공석인데, 학생이 빨리 합격하고 와서 여기 앉아 줬으면 좋겠어."라고 감동적인 말씀까지 해주셨습니다. 저는 이렇게 마음이 따뜻한 선배님들을 모시고 우정사업을 수행할 수 있다면 저에게 있어 더할 나위 없는 영광이라고 여기겠습니다. 감사합니다. (다 같이 훈훈하게 웃음)

- **면접관**: 수고하셨습니다. 나가서 쉬시면 됩니다.

(이번 면접시험 때 직렬 질문 강화된 것 같음. 제가 받은 직렬 관련 질문들을 우정사업본부 지원자 모두 공통으로 받았다고 함)

8. 2018 국가직 기계직 / 20대 후반 / 남

(1) 개별면접과제 작성

과천 청사에서 진행하였습니다. 개별면접과제를 쓸 때 책상 면적이 작아 글씨를 쓰는 것이 조금 불편해서 글씨가 평소보다 엉망이었습니다. 개별면접과제를 작성할 때, 아무리 눌러써도 절대 4번째 먹지에는 쓰이지 않기 때문에 무조건 마지막 먹지를 자신이 가지고, 나머지 먹지들을 면접관들에게 제출하는 것이 좋습니다. 또한 볼펜은 3종류 정도 챙겨가서 이 중 가장 잘 쓰이는 볼펜을 면접 당일에 쭉 사용하시기 바랍니다.

(2) 집단토의(5명)

① 토의 주제: 규제프리존 도입

② 토의 진행: 토론은 자리에 착석한 후, '면접관의 안내설명 → 시험지와 이면지 배부 → 시작신호와 함께 자료분석 → 바로 앉은 그 자리에서 토론 시작' 순으로 진행되었습니다. 토론장에는 앞에 디지털 탁상시계가 있었고, ㄷ자 구조로 앉았습니다. 사회자를 두면 공정한 평가가 되지 않는다며 사회자 없이 진행하였고 면접관은 총 3분이셨습니다. 저 외 나머지 4분은 찬성 입장이었고, 저는 반대 입장이었습니다. 제가 반대 입장에 대한 근거를 들면서 찬성 입장 측에서는 어떻게 생각하는지 물었습니다. 그러면 나머지 네 분 각자 찬성에 대한 의견을 개진하였고 이러한 과정이 계속 반복되었습니다. 발언은 모두 6번씩 골고루 하였습니다. 10분 정도 남았을 때, 면접관님이 결론을 도출하라 하셨습니다. 이에 각각의 반대 근거마다 찬성 측 의견을 듣고 각각 합의도출을 하였기 때문에 이를 결론에서 정책으로 구체화시켜야겠다고 생각하여 정책에 대하여 제안하였습니다. 이후 마무리 발언은 따로 없었고, 다른 분들도 모두 결론을 도출하고 토론은 끝이 났습니다.

③ 반대 측 근거

• 거제도처럼 지역산업의 단순화로 인하여 불경기 때 급쇠퇴의 위험성이 있음
• 첨단산업을 유치하려는 지역 간의 싸움
• 자본이 큰 기업이 혜택을 독점할 우려
• 무분별한 규제완화가 걱정되며, 규제완화의 적정선은?
• 외국계 기업의 먹튀 우려(군산 지엠 사태)

④ 결론(정책 제안)

• 국가단위의 관리기구를 만들어 해외경제상황에 크게 영향받는 사업분야는 국가단위에서 관리할 것
• 지역주민들의 갈등 조정, 지역특화 산업정착 등 지역단위에서 관리기구를 설치할 것

(3) 개인발표

> **주제** 노인기준연령 상한에 대한 정책
>
> **답변**
>
> 1. 배경 및 필요성
>   - 인구 고령화와 저출산으로 2016년 이후 노인인구가 학령인구 역전, 그 추세가 심화될 것으로 예상
>   - 노인 복지, 의료서비스에 대한 정책지원이 늘어나면서 재정부담 및 재원부족에 대한 우려 확산
>   - 노인기준연령을 상향해야 한다는 여론이 우세
> 2. 문제점
>   - 재정적 측면
>   - 지하철요금 면제 등 노인복지 지원방식의 단순성(65세 이상이면 일괄적인 면제)
>   - 노인에 대한 직접적인 자금지원방식으로 인해 노인들의 지원금 의존도 심화
>   - 사회적 측면
>   - 은퇴연령(평균 53세) 이후 정부의 노인지원까지의 공백기가 더 길어짐
>   - 노인들의 건강상태가 과거와는 많이 달라짐(2002년 당시와는 신체지표가 달라짐)
> 3. 해결방안
>   - 단기적 방안
>   - 노인 복지, 의료서비스 지원의 지원비용 · 지원방식의 차등화(연령별 지원금액을 다르게 함)
>   - 은퇴 후 노인들의 자립을 유도하는 방향으로 정책 마련(경력활용, 재능기부)
>   - 장기적 방안
>   - 전 세대에 걸쳐 신체지표를 작성하여 향후 노인정책에 대한 기초 자료 확보
>   - 노인복지에 대해 개선된 정책을 홍보하여 세대 간의 갈등을 완화
> 4. 보완점
>   전체 국민의 건강관리 프로그램을 운영 · 관리하여 향후 노년층에 대한 의료비용 감소 효과를 얻을 것

- **면접관**: 보완점이 구체적으로 무슨 말이죠? 전국민 건강관리로 노년층 의료비용 감소?

- **본인**: 네, 전체 국민의 건강을 전반적으로 관리하면서 질병을 예방하고 건강을 개선시키는 것입니다. 그러면 지금의 중장년 · 청년 세대가 노년이 되었을 때 의료비용이 감소할 것이라고 생각합니다.

- **면접관**: 그러면 노인기준연령 상한과는 별도의 정책인가요?

- **본인**: 네, 노인기준연령 상한의 문제와 직접적으로 관련된 정책은 아니지만 노인복지 정책이 앞으로 증가할 것이고 다양화될 것인데, 미래의 비용을 줄이기 위해서는 현재부터 전체 국민의 건강을 관리해 미래 노인들의 질병을 예방할 수 있지 않을까 생각합니다. 또한 현재 노인들의 기대수명은 늘어나는데 경제적 빈곤, 건강의 악화 등으로 삶의 질은 좋지 못합니다. 그래서 미래의 노인이 될 세대에게 건강관리정책을 체계적으로 운영한다면, 건강한 삶을 살아 삶의 질이 높아질 것이라 생각합니다.

- **면접관**: 건강관리를 하면 질병발생도 줄어드니까 재정적으로는 의료비용이 줄어서 경제빈곤도 완화되고, 개인적으로는 신체건강으로 인해 더 행복한 일상생활을 누릴 수 있다. 이런 이야기인가요?

- **본인**: 네, 맞습니다.

- **면접관**: 70세로 기준연령 상향을 하게 된다면 예상되는 문제점은 무엇이죠?

- **본인**: 현행 65세의 노인기준을 70세로 상향하면, 특히 60~64세 연령의 노인들이 갑작스런 정책 변화로 인해 노후계획이 불안정해질 것이라 생각합니다. 그래서 노인 기준을 70세로 상향하되, 65세부터 1살 단위로 복지나 지원에 있어 단계적으로 차등을 둔다면 이러한 혼란이 완화되지 않을까 생각합니다.

- **면접관**: 방안을 장기와 단기적으로 구분한 기준은?

- **본인**: (무릎 위에 엎어두었던 발표문을 다시 펼쳐보며 잠시 살펴봄) 우선 제시해드린 장기적 방안은 당장의 노인정책에서 활용하기는 어렵다는 점이 있지만 이를 조사해 두면 미래에 노인정책을 만드는 데에 있어서, 참고할 수 있는 자료가 될 것이라 판단하였기 때문입니다. 또한 노인복지제도가 합리적으로 개선되었는데도 홍보가 되지 않으면 세대갈등이 계속 될 수 있습니다. 개선되었으나, 개선되지 않았다는 오해에서 세대갈등이 생길 텐데 노인정책에 대한 정확한 정보를 전달하여 사회적 인식을 바꾸는 데에 시간이 걸릴 것이라 생각하였습니다.

- **면접관**: (수긍한다는 뉘앙스로 고개를 한번 끄덕거림)

- **면접관**: 가장 중요하고 효과가 큰 방안은 무엇인가요?

- **본인**: (다시 발표문을 살펴보다가) 가장 중요한 것은 노인분들의 자립을 돕는 일이라 생각합니다. 현재 노인분들에게 직접적인, 어떤 돈의 형태로 지급을 하다 보니 어르신들이 그 지원금에 의존하기 쉽다고 생각합니다. 그렇다고 많은 돈을 드릴 수는 없고, 노인분들 역시 항상 지원금이 부족하시리라 생각합니다. 그래서 노인분들의 자립을 돕는 방식으로 지원한다면 적은 예산이라도 노인분들의 경제력이 좋아질 것이라 생각했습니다.

- **면접관**: 노인의 일자리를 어떻게 만들 수 있을까요?

- **본인**: 노인분들이 은퇴하면서 가지신 경험이나 경력을 바탕으로 일을 할 수 있게 한다면 좋을 것이라 생각합니다. 예를 들면, 기술이나 지식 아니면 요리교실과 같은 형태를 활용하면 좋을 것 같습니다. 대신 체력이 안 좋으신 만큼 시간 선택제 등으로 하루 4시간 정도로 해야 할 것 같습니다.

- **면접관**: 노인분들의 자립을 돕는 것은 좋습니다만, 방금 이야기하신 부분은 공공일자리 부분에서 주도적으로 해야 할 일들일 것 같습니다. 하지만 공공기관에서 주도하는 방식으로는 일자리의 양은 물론 업종 등에 한계가 있습니다. 결국은 민간에서 좀더 노인들의 일자리를 창출할 수 있는 방법이 있어야죠. 민간분야에서 노인들이 자립을 돕는다면 어떤 방안이 있을까요? 어떻게 접근해야 할까요?

- **본인**: (생각을 하면서 너무 침묵이 길어질까봐 말을 느릿 느릿 하면서 발언을 시작) 민간분야에서는 노인들이 사실… (이런 식으로 말을 늘이다가) 예를 들어, 회사원이 은퇴한 경우를 말씀드리겠습니다. 사실 은퇴를 하시는 노인들은 그 직장에서 실무경험도 많으시고 직장 내에서 아는 것도 많으십니다. 그래서 나이와 체력 부분 때문에 60세가 딱 되었다고 해서 바로 일을 놓는 것이 아깝게 느껴질 때도 있습니다. 회사에서 그분들을 어떤 재고용하는 형식으로 하여 신규직원들의 교육에 활용한다면 좋을 것 같습니다. 그러면 청년들이 회사에 적응도 빨리해서 좋을 것 같습니다. 다만, 체력적인 한계도 있으므로 4시간 근무처럼 적은 시간으로 일해야 한다고 생각합니다.
- **면접관**: 부처 간에 협업이 가능한 정책이 있을까요? 협업을 하면 좋을 것 같은 부처들도 함께 짚어서 얘기해주세요.
- **본인**: 제 생각에는 노인분들의 재능이나 경력을 살려야 하므로, 고용노동부나 문화체육관광부가 협업을 하면 좋을 거라 생각합니다. ('교육부로 할 걸 그랬나'라는 생각이 들면서 당황한 표정이 보였던 것 같음. 대답이 끝날 때까지 교육부가 머릿속에 놓여있었음. 그래서 말도 엄청 더듬었음) 노인들의 노하우나 재능을 활용해서 청년들의 취업프로그램이나, 그림그리기나 요리교실과 같은 여가활용 프로그램을 하려면 문화체육관광부와 고용노동부가 협업하면 좋지 않을까 생각합니다.

(4) 자기기술서

① 경험형

> **주제** 차별받은 경험과 본인의 대처

- **면접관**: 집이 가까워서 업무를 많이 처리하면서 느낀 점은? 쭉 긴급업무를 잘 맡아오다가 갑자기 어느 순간 차별이라고 생각한 이유는?
- **본인**: 처음에 직장이 집과 가까워서, 상사분께서 출퇴근 시간을 잘 지킬 것이라 생각하셨는지 좋아하셨습니다. 하지만 휴일에 장비고장이라든가 급한 일 처리를 저에게 부탁하곤 하셨습니다. 그러다 보니 할 줄 아는 게 많아져서 성장함을 느꼈습니다. 그런데 2년 정도 흐른 후 추석연휴에 가족계획이 있었는데 당직자로부터 긴급전화가 왔고 상사분은 또 저에게 부탁하셨습니다. 정말 중요한 약속이었는데… 다른 동료들보다 보상도 없었기에 차별이라 생각했습니다.
- **면접관**: 상사와 상담을 했다는데 차별은 구체적으로 어떻게 해소하였나요?
- **본인**: 추후에 상사분께 조심스럽게 이야기를 꺼내어 상담을 했습니다. 상사분께서는 그동안 저의 역할에 고마워하시면서 다행히 저의 고충을 이해해주셨고, 추가로 인원을 채용하여 어느 정도 해결이 되었습니다.
- **면접관**: 음…상담을 통해 해결했군요. 상담을 해도 인력을 지원할 여건이 안 된다면?

- **본인**: (고민을 좀 하면서 시간 소요) 다행히 그때는 추가인력으로 해결했으나, 우선 장비고장의 경우에는 당직자가 긴급조치라도 할 수 있도록, 긴급조치 매뉴얼을 만들어 두겠습니다. 누구라도 보면 할 수 있도록.. 그렇게 하면 되지 않을까 생각합니다.

- **면접관**: 어떤 걸 배웠나? 공직에 대입해보면?

- **본인**: 네, 비록 의도하지 않게 업무가 많았지만, 오히려 긴급한 일을 처리하는 경험을 통해서 개인적으로 업무처리 능력에 있어서 성장이 빨랐다고 생각합니다. 그래서 저의 역할도 늘었고 또한, 제가 동료들을 도와줄 수 있는 부분들도 많아서 동료들과 더 잘 친해질 수 있었습니다. 물론, 제가 동료들에게 도움을 받기도 하였습니다. 하지만 저 혼자서 할 수 있는 일들이 너무 많아지면, 만약 저의 일신상의 이유로 제가 잠시 며칠동안 일을 못하여 다른 대체인력이 없다면 그 또한 조직에도 위험이 있지 않나 생각합니다.

② **상황형**

> 주제 노후건물에 천장공사 중인데 분진이 발생하여 기관의 동료들이 항의함. 보강공사를 한다면 비용 및 시간이 증가함

- **면접관**: 이 상황에서 가장 먼저 해야 할 일은?

- **본인**: 우선 피해 상황과 범위를 파악해야 한다고 생각합니다. 분진 때문에 불편함을 알린 곳 말고도 다른 곳에도 그런 피해가 있는지 직접 찾아다니며 조사해야 할 것입니다. 또한 분진 말고도 다른 소음 같은 피해들이 있는지도 조사해야 한다고 생각합니다.

- **면접관**: 이런 문제를 사전에 예상하여 방지하지 못한 것은 공사계획에 문제가 있는 거 아니냐며 따진다면 어떻게 하겠나?

- **본인**: (말문이 조금 막혔다가) 계획단계에서 미리 예상하지 못한 부분이라는 지적에 공감을 하면서 계획단계에서 최대한 많은 것들을 고려했으나, 미처 공사를 진행하며 분진이 나오는 것을 예상하지 못했다며, 조치를 취하여 추후에 이런 일이 발생하지 않도록 할 것임을 말씀드리겠습니다.

- **면접관**: (적어놓으신 방안을 보신 듯) 분진의 유입경로를 가림막으로 차단했음에도 불구하고 분진이 계속 나온다면?

- **본인**: 네, 면접관님 말씀대로 가림막으로도 분진을 막을 수 없다면 우선 이중삼중으로 가림막을 설치하든가, 그래도 안 되면 휴일이나 주말에 공사를 집중적으로 할 수 있는지 알아보고 동료들의 업무 피해를 최소화하는 방향으로 해보겠습니다.

- **면접관**: 다른 방법이 없어서 보강공사를 해야 한다고 가정할 때, 시간과 비용이 반드시 증가하게 생겼는데 어떻게 할래요?

- 본인: (9급 현직에 일한지 얼마 안 되었으나 보고 들은 걸로 방안을 제시하기로 마음 속에서 결정) 보강공사에 따른 비용 부분은 우선, 현재 예산이 얼마나 남아있는지를 알아보고 추가집행에 대해 알아보겠습니다. 만약, 예산이 부족하다면 다른 예산에서 공사 관련 예산으로 가져올 수 있는지 알아보며 예산을 확보해보겠습니다. (시간도 답변한 거 같은데 기억이 잘 안 남)
- 면접관: 기술직 공무원으로서 이런 예상치 못한 하자, 공사 피해를 차후에 예방하려면 어떻게 해야 할까요?
- 본인: 네, 답변 드리겠습니다. 기술직 공무원으로서 일을 진행하다보면 예상치 못한 문제들이 있을 텐데 우선, 이번 사례에 대해 원인을 분석하여 사례를 정리하는 것이 중요하다고 생각합니다. 그리고 이전에 공사를 했던 것 중에 이런 예상치 못한 문제가 있었는지, 어떻게 대처했는지를 살펴보며 정리를 해둔다면 추후에 문제가 발생했을 때 빠르게 접근이 가능할 것이라 생각합니다.
- 면접관: 결국 추가 재원도 없어서 동료들이 분진 피해를 감수해야 하는 상황이라면, 그런데 못 참겠다고 항의하는 사람들이 있다면?
- 본인: (말문이 막히면서 고민하며) 그렇다면 예산이 없다면.. 어떻게든 분진을 해결해야 한다고 생각합니다. 공기청정기를 써보면 어떨까 생각합니다. 기존에 사용하던 공기청정기들이 있다면 그것을 분진이 유입되는 병목구간에 여러 대를 한 번에 모아놓고 틀어두면 되지 않을까 생각합니다.
- 면접관: 다른 방안 이야기 말구요, 그래도 항의하는 사람이 있으면?
- 본인: (초점이 잘못 잡혔구나 생각하며) 아, 네. 항의하는 사람들에게는 공사상에 정말 예상치 못한 문제라며 사과를 드리고 기관 건물 개선을 위해 하는 것이라며 양해를 구하겠습니다. 그래서 공사를 최대한 빨리 진행하여 피해기간을 단축하겠다고 말씀드리겠습니다.

(5) 개별질문

- 면접관: 여기에 지원한 이유는? ('여기'라고 표현하시기에 상당히 애매했음)
- 본인: 대학원을 진학하며 우연히 정부출연연구기관에서 계약직으로 태양전지에 대한 연구과제를 수행했습니다. 태양전지 효율이 1%, 2%씩 오를 때마다 우리나라에 설치될 태양전지의 효율이 높아지는 상상을 하면서 공익을 위해 일하는 보람을 깨우친 것 같습니다. 하지만 정규직 전환이 되지 못하고 계약만료로 퇴사했고 저의 지식과 경력을 사회에 기여할 수 있는 직업을 찾던 중 친구를 통해 기술직 공무원을 알았습니다. 제가 공부한 지식과 일했던 경험을 사회를 위해 활용하고자 지원했습니다.
- 면접관: 가고 싶은 부처는?
- 본인: 과학기술정보통신부나 특허청에서 일하고 싶습니다. 정부출연연구기관에서 일한 경험을 바탕으로 업무를 배우고 수행하는 데 더 기여할 수 있을 것이라 생각합니다.

- 면접관: 가고 싶은 부처에서 본인의 어떤 능력으로, 무슨 역할을 해서 기여할 수 있겠는가?
- 본인: 그래도 대학에서 배운 지식, 그동안 일하며 보고 들은 경험을 통해 과학기술 정책을 수립하고 추진하는 데에 더 잘 녹여낼 수 있을 것이라 생각합니다.
- 면접관: 정부출연연구기관에서 일한 경험이 있는데 공직생활에 어떤 영향이 있겠는가?
- 본인: 기술적인 내용을 이해하고 정책 내용을 파악하는 부분에서 더 잘 접근할 수 있지 않을까 생각합니다. 직접 특허를 쓰거나 그러지는 못했지만, 논문을 쓰거나 연구과제를 수행했던 경험으로 기여할 수 있는 부분이 있지 않을까 생각합니다.
- 면접관: 정부출연연구기관에 있었을 때 느꼈던 지원정책상에 아쉬운 부분은?
- 본인: (질문이 정말 어렵다고 생각하면서 막막한 가운데에) 실용기술 연구, 기초과학 연구 평가 등 선을 긋듯 평가하기 힘든 부분이 많습니다.

9. 2018 국가직 화공직 / 20대 후반 / 남

(1) 집단토의

① 토의 주제: 규제프리존 도입에 대한 찬반

② 토의 진행

면접관 3	면접관 2	면접관 1
2(나)		1
4		3
6		5

벨이 울리고 방으로 들어갔습니다. 들어가면서 간단한 목례를 했으나 뒤에 들어오시는 분들이 모두 "안녕하십니까"라고 인사하여 살짝 당황하였습니다. 저 포함 1, 2, 3, 4 지원자는 규제 프리존에 대해 찬성하는 입장이었고 5, 6 지원자는 반대하는 입장이었습니다. 사회자 없이 진행하였으나 3번 지원자님이 의견들을 정리하고 주로 토의를 이끌어나갔습니다.

모두 발언에서 '찬성 입장으로는 지역별 특색을 고려하여 지역적 산업을 해야 한다. 반대 입장으로는 지역별 격차가 커질 수 있고, 기존 대기업이 독점함으로써 중소기업의 진입 장벽이 높다.'의 의견을 중점적으로 발언하였습니다. 다른 지원자분들은 길게 말하였으나, 저는 생각나는 것이 없어 비교적 짧게 정리해서 말했습니다. 최종적으로 3번, 5번 지원자님은 대략 7번 정도 발언하였고 1번 지원자님과 저는 4번 정도 발언한 것 같습니다. 5번 지원자님이 반대입장으로 "정확한 가이드라인이 없다."고 말했습니다.

저는 이에 대해 "사업을 시작하기도 전에 완벽한 가이드라인을 마련하는 것은 불가능하다. 사업을 진행하면서 보완해나가는 쪽이 좋을 것 같다."라고 말했습니다. 여기에 3번 지원자님이 "외국의 실패 사례나 이런 것들을 참고하면 좋을 것 같다."고 하였습니다. 이에 5번 지원자님은 "이러한 사업이 간단한 사업이 아니고 국가에 사활이 걸린 사업이고 가이드라인 없이 뛰어들었을 때 위험부담이 크다."는 의견을 제시하였습니다. 이렇게 계속 토론하다가 2번 면접관님께서 10분 남았다고 하셔서 다들 마무리하고 정리하고 있는데 시간을 잘못 알았다며 이제 15분 남았다고 하셨습니다. 정적이 흐르는 상태에서 얼마 동안 이야기하다 다시 정적이 흐르자 3번 지원자님이 마무리 식으로 발언을 하였습니다. 마무리 발언을 하라고 면접관님께서 따로 말씀해주실 줄 알고 기다렸으나 토의가 끝났다면서 나가보라고 하셨습니다. 결국 3번 지원자님 빼고는 아무도 마무리 발언을 하지 못했습니다.

(2) 개인발표

> 주제 고령화 시대에서 노인기준연령 상향의 필요성과 문제점 대책방안
>
> 답변
>
> 1. 필요성
>   - 2016년에 65세 이상 노인이 0~14세 아동 인구 추월
>   - 이러한 추세라면 50년 후 65세 이상 인구가 전체 인구의 40%
>   - 증가하는 노인으로 인한 복지 비용 증가, 재정 문제 우려
> 2. 문제점
>   - 평균 은퇴연령과 연금 수급연령의 차이 커짐, 노인 빈곤 우려
>   - 세대 간 갈등 유발 우려
> 3. 대책방안
>   - 정년 연장, 노인 일자리 제공, 교육 등으로 빈곤 해결
>   - 세대 간 지속적인 의사소통을 위한 공청회 개최

	면접관 2		면접관 1
면접관 3			
	나		

2번째 순서였습니다. 약간 자리 배치가 독특했고 제가 앉은 자리 앞에 책상이 있어 다리 밑으로는 잘 안 보였을 것 같습니다. 문을 열고 들어가서 목례를 하고 작성한 것을 나누어드리기 전에 정식적인 인사를 하려고 했으나 타이밍을 놓쳤습니다. 개인발표과제 작성한 것에서는 가장 밑 부분을 제가 가지고 윗부분 3장을 면접관님들께 드렸습니다.

- 면접관 2: 앉으세요.

- 본인: 감사합니다.
- 면접관 2: 자 PT발표 시작하세요.
- 본인: PT발표 시작하겠습니다.

(PT발표 후)

- 면접관 2: 구체적으로 어떠한 부분으로 대책을 마련할 것이신지?
- 본인: 네, 정년을 연장시키고 은퇴한 노인분들에게 일자리를 제공하고 교육을 시키는 등 이러한 부분을 통해 노인 빈곤문제를 완화시킬 수 있다고 생각합니다.
- 면접관 3: 세대 간 갈등유발은 어떠한 것을 말하는 것인지?
- 본인: 네, 현재 지하철 무료 승차 연령이 65세인데 노인기준연령을 상향함으로 이러한 부분도 상향을 한다면 기존의 지하철 예산 부족 문제를 20~30% 완화시킬 수 있다는 자료를 보았습니다. 하지만 이러한 예산 부족 문제를 지하철 무료 승차에만 책임을 전가하여 이를 막기 위하여 기준연령을 상향한다면, 세대 간 갈등이 발생할 것 같습니다.
- 면접관 3: 그렇다면 노인기준연령을 70세로 상향한다면 다른 부분에서의 연령을 어떻게 하실 것인지? 일괄적으로 70세로 해야 한다고 생각하나요, 아니면 부분적으로 다르게 해야 한다고 생각하나요?
- 본인: 일괄적으로 올리는 것은 현실적으로 불가능하다고 생각합니다. 예를 들어, 의료 부분에서 건강 기준연령이 71세인 것을 고려했을 때 이러한 부분에서는 70세로 올린다면 예산을 절감할 수 있다고 생각합니다. 하지만 다른 부분에서는 그에 맞는 연령을 따로 정해야 한다고 생각합니다.

(3) 자기기술서

① 경험형

주제 조직에서 차별대우를 받은 경험

답변

1. 상황 및 배경
   - 대학교 1학년 시절 공과대학 체육대회를 함
   - 계주 선수를 뽑아야 하는 상황이지만 키가 작다는 이유로 나를 뽑지 않으려고 함
2. 행동 및 생각
   - 예전에 계주 선수로 뛰어 우승했던 경험과 키가 작아 더 빨리 움직일 수 있다는 것을 어필
   - 계주 후보 선수들과 달리기 시합해서 이긴 사람을 뽑자고 함
3. 결과
   계주 선수로 나가 계주 우승을 하고 체육대회 우승을 하게 됨
4. 느낀 점
   선입견을 가진 타인을 설득하기 위해서 직접 행동으로 보여줌

- **면접관 2**: 네, 그럼 개별면접과제로 넘어갈게요. 위원님들 질문해주세요.

- **면접관 3**: 키가 작다는 것을 차별 당했다고 썼는데 어떠한 부분에서?

- **본인**: 네, 저는 여러 차례 계주 경험이 있는데도 키가 작다는 이유로 후보에서 제외시킨다는 것은 키 큰 사람과 키 작은 사람을 차별했다고 생각해서 그 부분을 작성했습니다.

- **면접관 2**: 다른 부분에서는 차별당한 적이 별로 없나 봐요?

- **면접관 3**: 다른 팀프로젝트나 이러한 것을 수행하면서 차별당한 경험은 없는지?

- **본인**: 네, 딱히 차별을 당했다고 느낀 적은 없습니다.

- **면접관 3**: 차별을 당한 적이 없다고 하시는 걸 보니까 대인관계가 원만한 편인 것 같네요.

- **본인**: 네, 원만한 대인관계를 유지하고 있다고 생각합니다.

- **면접관 3**: 아까 화학공학부라고 하셨는데 본인의 전공과 관련해서 빅데이터 관련된 것을 배운 것이 있나요?

- **본인**: 죄송합니다. 빅데이터 관련해서는 배운 적이 아직은 없습니다.

- **면접관 1**: 빅데이터를 활용한 것을 경험한 적이 있나요?

- **본인**: 네, 빅데이터 활용사례로는 SNS를 예로 들 수 있을 것 같습니다. 페이스북 같은 경우에 사용자의 검색 기록이나 선호도 등을 분석하여 그에 관련되는 광고를 내보내는 그러한 것을 경험한 적이 있습니다.

② 상황형

주제 리모델링 담당 주무관이다. 천장 배관 공사를 위해 천장을 부수고 있는데 분진이 많이 난다며 직원들의 불만이 발생하는 상황이다. 공사 업체에 문의하였더니 공사 기간이 연장되고 추가적인 예산이 드는 상황이다.

답변

1. 상황판단
   - 발생하는 분진에 대한 직원들의 불만
   - 천장보강 공사 시 공사기간 연장 및 추가적인 예산
2. 문제해결의 기준
   직원들의 업무환경도 중요하지만 공사를 제 기간에 끝내지 못한다면 기관에 대한 신뢰도가 하락
3. 구체적인 행동
   직원들에게 마스크 배부

- **면접관 2**: 상황형으로 넘어갈게요. (상황형 문제 설명)

- **면접관 3**: 이러한 부분에서 가장 우선시되는 것은 무엇이라고 생각하나요. 예산? 건강?

- **본인:** 네, 물론 직원들의 건강이 가장 우선시되어야 한다고 생각합니다. 하지만 분진 발생치에 대해 검사를 해보았을 때 호흡기나 이러한 부분에 영향이 거의 없다는 결과가 나온다면 예산 문제도 고려하여야 한다고 생각합니다.

- **면접관 3:** 분진뿐만 아니라 소음, 냄새 이러한 문제들이 발생한다면?

- **본인:** 네, 그러한 복합적인 문제가 발생한다면 공사기간이 연장되고 예산이 더 필요하다고 하더라도 보강공사가 필요하다고 생각합니다.

- **면접관 1:** 분진이 호흡기에도 무해하지만 직원들이 불만이 계속 된다면?

- **본인:** 네, 직원들이 신뢰할 수 있는 자료가 필요하다고 생각합니다. 직원들 중 대표를 선정하여 분진이 신체에 끼치는 영향 등을 조사하고 이를 직원들에게 공유하도록 해야 합니다.

- **면접관 3:** 그런 것을 알지만 계속해서 불만이 나온다면?

- **본인:** 네, 그러한 부분에서는 더 진지한 논의가 필요할 것이라고 생각합니다.

- **면접관 3:** 점심시간에 공사를 진행하지 못하게 업체 측에 요청한다고 했는데 왜? 점심시간이면 직원들이 없지 않나?

- **본인:** 아, 구내식당에서 점심을 먹는다고 생각했습니다.

- **면접관 3:** 아까 오전 토의 때 발언을 많이 안하셨는데 이유가 있으신가요?

- **본인:** 아.... 제가 토의를 하면서 다른 참가자들 발언횟수를 한번 세보았습니다.

- **면접관 3:** 그걸 세보셨나요? (웃음)

- **본인:** 가장 많이 말씀한 분이 7번 발언하셨고, 제가 4번 정도 발언했습니다. 최대한 많은 발언을 하려고 했으나 제가 그 부분에 대해 지식이 많이 부족했고 이러한 상황에서 다른 사람의 의견을 듣는 것이 중요하다고 생각했습니다.

- **면접관 3:** 그럼 본인이 관심 있는 분야는 뭔가요? 노인 복지?

- **본인:** 죄송합니다. 지금 당장 생각나는 것은 없습니다.

(지식재산을 말하고 싶었으나 깊게 들어올 것 같아서 말 못함. 그럼에도 불구하고 면접관님 다들 표정 좋으심)

- **면접관 2:** 마지막으로 하실 말씀하시고 퇴장하세요.

- **본인:** 네, 제가 공직자가 된다면 항상 국민에 대해 봉사하는 마음가짐을 가지고 임할 것입니다. 제가 맡은 업무뿐 아니라 제가 도울 수 있는 모든 분야를 위해 힘쓸 것이며, 전문성을 기르기 위해 선임들 노하우를 습득하고 관련 책을 통하여 공부하며 필요한 자격증을 따는 등 적극적인 모습으로 노력하겠습니다. 감사합니다.

10. 2017 국가직 추가채용 일반행정직(고용노동부) / 20대 중반 / 남

(1) 집단토의

① 토의 주제: 형사미성년자 연령에 대해서 현행 유지할 것인지 하향할 것인지

② 토의 진행: 7명 중에 현행유지 1명과 하향 6명(본인 포함) 이렇게 되었습니다. 저는 주요 논거로 ㉠ 여론이 찬성하는 입장, ㉡ 인터넷의 이점도 있지만 나쁜 점도 있어 아이들이 이런 점에서 쉽게 접하기 때문에 범죄가 많이 발생한다는 점, ㉢ 시급성 측면에서 연 범죄율이 계속 높아지고 있으므로 빠른 시일 내에 조정해야 한다는 입장을 모두 발언 때 말했습니다. 중간에 면접관님이 많이 개입하셨고 한 분이 자꾸 다른 논점으로 빠지셔서 그것에 대해 곧바로 지적하셨습니다. 마무리 발언 없이 어느 정도 대안은 나온 것 같으니 이르지만 일찍 끝내주겠다고 하셨습니다.

(2) 개인발표

주제 1인가구 정책대안

답변

1. 추진배경 및 목표
   - 배경: 1인가구의 일자리, 주거환경 등 다양한 분야에서 어려움을 겪고 있음
   - 목표: 1인가구를 위한 정책대안을 마련하여 안정적인 사회생활 제고
2. 현황 및 문제점
   - 현황: 1990~2017까지 1인가구 수는 지속적 증가. 특히 청년층 노년층의 비율이 높음
   - 문제점: 1인가구(청년층, 노년층)의 일자리 부족으로 인한 소득 감소, 1인가구주들의 건강 상태 악화, 최저주거기준 미달로 인한 1인가구주의 불편함 초래
3. 개선방안
   - 연령별 맞춤형 일자리 제공을 위한 서비스 실시
     - 찾아가는 취업지원서비스(대학생, 복지센터 방문하여 직접 취업 지원)
     - 청년·노년층을 위한 전담 근로감독관 파견
   - 찾아가는 지역보건소 구축
     - 문자·전화 등으로 미리 알려 이동보건소차량 파견
     - 가족·지인에게 건강상태를 확인할 수 있도록 정보 제공
   - 최저주거기준을 충족하기 위한 전문가 파견
     - 화장실, 보일러 등 개선을 위해 업체와 직접적인 연락시스템 확립
     - '건강한 우리집(가칭)' 앱을 개발하여 간편하게 연결 가능
4. 세부추진계획 및 기대효과
   - 자원관리: 언론홍보를 이용하여 1인가구의 실태를 알려 예산 확보, 부처예비비 활용
   - 기대효과: 1인가구를 위한 정책을 마련하여 안정적인 사회 제고

(면접장은 칸막이가 아니라 독립적인 방으로 들어갔고 분임실로 기억함. 똑똑 문 두드리고 들어가서 가볍게 목례 후 바로 평정표랑 발표용지를 나눠드렸음. 긴장을 한 나머지 인사를 못 드리고 바로 평정표를 드렸음)

- **면접관 2:** 앉으세요.
- **본인:** 네, 감사합니다.
- **면접관 2:** 간단하게 자기소개를 하시고 발표를 시작하시면 됩니다. 발표시간은 7~8분 사이로 고지받으셨죠?
- **본인:** 네, 맞습니다.
- **면접관 2:** 시작하세요.
- **본인:** 안녕하십니까? 응시번호 ○○ ○○○입니다. (고개숙여 인사) 오랜 시간 동안 기다려주셔서 감사합니다. 그럼 지금부터 발표를 시작하도록 하겠습니다(발표지 읽으면서 현황에 구체적인 수치를 말씀드리고 첫 번째 개선방안에서 취업성공패키지, 청년내일채움공제, 노노케어 등을 추가적으로 언급하면서 설명드림).

(발표 중간에 아이컨택을 하는지 확인하려고 저를 보셨음. 다른 분들은 발표용지만 읽으셨고 가운데 면접관님은 첫 번째 정책대안에서 근로감독관 파견 이야기를 할 때 눈을 크게 뜨며 고개를 끄덕거리심. 두 번째 정책대안에서 이동보건소차량 파견 이야기를 할 때는 고개를 갸우뚱 거리셨음)

- **면접관 1:** 정책대안을 여러 개 작성하셨는데 이 중에서 가장 우선적으로 해야 하는 대안은 무엇인지 얘기해 주세요.
- **본인:** 저는 일자리 문제라고 생각합니다. 우선 소득이 있어야 개인의 건강도 챙길 수 있고 주거 문제도 해결할 수 있기 때문에 가장 첫 번째 대응방안으로 기술하였습니다.
- **면접관 3:** 첫 번째 대안에 찾아가는 취업지원 서비스를 한다고 했는데 우리사회의 미스매칭 현상의 원인이 뭐라고 생각해요?
- **본인:** 대기업...
- **면접관 3:** (말 끊고) 아니, 청년실업률은 높은데 기업들은 구직난을 겪고 있는 미스매칭 현상에 대해서 어떻게 생각해요?
- **본인:** 현재 중소기업에 인력이 굉장히 부족한 것으로 알고 있습니다. 현재 정부 중소기업 정책에 대한 취지와 내용은 굉장히 좋다고 생각합니다. 아까 말씀드린 취업성공패키지, 청년내일채움공제 등과 같이 정책은 좋다고 생각합니다. 하지만 이러한 좋은 정책임에도 중소기업에 지원하지 않는 이유는 적극적인 홍보가 부족하기 때문에 이러한 현상이 일어난다고 생각합니다.
- **면접관 3:** 그럼 홍보를 하기 위한 구체적인 방법으로는?

- 본인: 네, 연령별로 홍보방식을 다르게 해야 한다고 생각합니다. 청년들의 경우에는 스마트폰을 이용한 SNS의 방법을 이용하면 좋을 것이고, 노년층 같은 경우에는 복지회관 등 직접적으로 찾아가는 방식으로 팸플릿 등을 제공하면 좋을 것 같습니다.
- 면접관 3: 왜 대기업을 선호하고 중소기업을 기피할까요?
- 본인: 아무래도 복지적인 혜택도 대기업이 좋고 무엇보다 봉급에 있어서도 대기업이 좋기 때문이라고 생각합니다.
- 면접관 3: 직접 취업 지원이라 했는데 어떻게 직접 지원할 건지 구체적인 내용이 없네요?
- 본인: 현 정부에서 시행 중인 취업성공패키지 등을 이용하면 좋다고 생각합니다.
- 면접관 1: 일자리를 제공하는 정책에 있어서 예산문제가 발생할 텐데 만약에 예산이 지원이 안 된다면 방안이 있나요?
- 본인: 예산확보방안을 말씀하시는 것인가요?
- 면접관 1: 만약에 예산이 확보가 안 된다면 다른 정책 대안이 있는지 그것에 대해서 궁금합니다.
- 본인: 예산문제는 어느 정책이든 발생한다고 생각합니다. 제 생각으로는 예산지원 없이 기업이 스스로 청년들을 취업할 수 있도록 유도한다면 좋을 것 같습니다(예산이 없을 때 예산확보방안에 대해서 준비했는데 아예 다른 정책대안을 말하라고 해서 당황함).
- 면접관 2: 자, 이제 제가 질문을 한번 해 볼게요. 두 번째 대안에 이동보건소차량 파견, 이거 직접 본 적이 있나요?
- 본인: 아닙니다. 이동보건소차량에 대해서는 직접 본 적이 없습니다.
- 면접관 2: 음, 그럼 밑에 건강상태를 파악하기 위해 어떤 방식을 사용한다는 거예요?
- 본인: 저는 문자나 전화를 이용하여 알리도록 하겠습니다.
- 면접관 2: (고개를 갸우뚱) 아니, 이러한 건강상태를 파악하기 위해서 누가할 것인지 물어보고 싶네요 (pt작성 시 남은 칸 채우려고 급하게 적은 것인데 질문이 들어올 줄 몰랐습니다. 확실하게 대답할 수 있는 것만 작성하는 게 좋을 듯 싶음).
- 본인: 지역보건소에서 하는 것이 좋다고 생각합니다.
- 면접관 2: 음, 지역보건소? 서로 관계가 없는 것 같은데?
- 본인: 그렇다면 주민센터의 사회복지사가 하는 것이 좋을 것 같습니다.
- 면접관 2: 사회복지사가 시간이 있을까? 이것 말고도 업무량이 엄청 많은데?
- 본인: (당황) 죄송합니다. 그 부분에 대해서는 구체적으로 생각하지 못했습니다.
- 면접관 2: (다시 웃으면서) 참 어렵죠? 아이디어는 좋아요. 원론적으로는 좋은데, 누가 어떻게 할 것인지 설명이 안 되어 있어서 물어본 거예요.
- 본인: 네, 그 부분에 있어서는 차후에 논의를 해봐야 할 것 같습니다.

(3) 자기기술서

① 경험형

> **주제** 최근 가장 힘들었던 의사결정에 대해 기술하시오.
>
> **답변**
>
> 1. 상황
>   - 사물놀이 동아리 회장으로서 창립제 공연날짜를 정해야하는 상황
>   - 시험기간이 겹쳐 시험 전에 해야 할지, 후에 해야 할지 고민하는 상황
> 2. 과정
>   - 시험 전에 한다면 연습부족으로 힘들 가능성이 높음
>   - 시험 후에 한다면 부원들의 체력적인 어려움 예상
>   - 동아리 공동목표는 성공적인 공연이므로 시험 이후에 하기로 결정
> 3. 결과
>   - 실수 없이 공연을 마쳐 선배들의 칭찬 받음
>   - 공연 후 최대한 빠른 시일 내에 동아리 MT 주최

- **면접관 1**: 사물놀이 회장으로서 창립제 날짜를 결정해야 하는 상황이다 그런 거죠?

- **본인**: 네, 그렇습니다. 저는 현재 실력이 부족하니까 시험 뒤로 날짜를 미뤄서 성공적으로 공연을 해야 한다는 입장이었습니다.

- **면접관 1**: 반대하는 사람도 있었을 텐데?

- **본인**: 네, 반대하는 사람들은 빨리 끝내고 쉬고 싶다는 입장이었습니다. 저는 그것에 대해 결국 우리 동아리의 목표는 좋은 공연을 보여줌으로써 동아리 이미지를 높이는 것임을 말했고 그 부분에 대해 반대하는 사람도 동의를 하였습니다. 대신에 공연 끝나고 바로 MT를 가서 스트레스를 해소하자고 설득하였습니다.

- **면접관 1**: 개인적으로 결정한 건지 아니면 다른 사람의 조언을 통해서 한 건지?

- **본인**: 동아리 부원들을 모아놓고 반대하는 사람들의 입장도 들어보고 동아리 전체를 위해 시험 이후에 하자고 의견을 말했더니 모두 동의하였습니다.

- **면접관 3**: 이러한 의사결정을 하는 과정에서 스트레스를 많이 받았겠어요?

- **본인**: 네, 하지만 저는 스트레스를 많이 받는 성격이 아니라고 생각합니다. 항상 매사에 긍정적으로 생활하려고 노력하고 있습니다.

- **면접관 2**: 음, 사실 기술한 내용이 정말로 의사결정을 하기 힘든 상황이 아닌 것 같아요. 학생이라면 동아리에 신경 쓰는 것보다 공부를 잘해서 좋은 학점을 받아야하는 것이 맞는데, 당연히 시험 이후로 공연날짜를 미루지 않겠어요?

- **본인**: 네, 그 부분에 대해서 면접관님 의견이 맞다고 생각합니다.

- **면접관 2**: 그럼 혹시 오늘 기술한 것 말고 다른 사례 있어요?

- **본인**: 잠시 생각할 시간을 주시겠습니까?

- **면접관 2**: (씨익 웃으심)

② 상황형

> 주제 택시업계와 카풀서비스 대립. 서로 영업이익을 주장하는 상황 · 하지만 출퇴근 시간에 대한 규정이 없어 주무관으로서 출퇴근 시간 규제를 해야 하는지 기술하시오.
>
> 답변
> 1. 대처방안 및 근거
>   - 대처방안: 출퇴근 시간을 지정함
>   - 근거: 출퇴근 시간 규정을 하지 않는다면 지속적인 대립이 예상
> 2. 보완대책
>   - 교통량이 많은 시간을 분석해 요일별 출퇴근시간 규정
>   - 택시업계 – 카풀업계 간 간담회 개최
>   - 상상할 수 있는 방안 모색(예 택시업계 – 승객, 카풀업계 – 승객 간 연결 앱 개발 · 지원)
> 3. 공직에의 적용
>   문제를 해결하기 위해 상대방을 입장을 들어보고 업무를 수행하는 공직자가 되겠음

- **면접관 2**: 자, 그럼 상황형 질문으로 넘어갈게요. 출퇴근 시간 규정을 어떤 방식으로 하실 간가요?

- **본인**: 빅데이터를 이용하여 교통량이 많은 시간을 출퇴근 시간으로 규정하겠습니다.

- **면접관 2**: 음, 현재 유연근무제 등이 확산되어서 정확한 출퇴근 시간을 파악하기 어려울 텐데?

- **본인**: 네, 그렇게 생각합니다. 그 부분에 대해서는 진지한 논의가 필요하다고 생각합니다.

- **면접관 1**: 교통량을 파악해서 요일별로 카풀서비스를 규제하겠다. 이런거 맞죠?

- **본인**: 네, 맞습니다.

- **면접관 1**: 그러면 카풀서비스의 이익을 침해하면서 택시업계를 돕겠다?

- **본인**: 아닙니다. 주무관으로서 택시업계, 카풀서비스 업계가 모두 상생할 수 있는 방안을 마련해야 한다고 봅니다. 그러기 위해서 출퇴근 시간을 규정하여 추후에 문제가 발생하지 않도록 하되, 택시업계와 승객 간의 연결 앱을 개발하고 만약에 존재한다면 지원할 수 있는 방법을 모색하고 카풀서비스 같은 경우도 마찬가지로 실시하도록 하겠습니다.

- **면접관 2**: 밑에 간담회를 주최한다고 적으셨는데 누구를 초대할 건가요?

- **본인**: 저는 우선 카풀서비스 개발업자를 초대하도록 하겠습니다.

- **면접관 2**: 개발업자는 그냥 프로그램만 개발하는 사람 아닌가? 실제로 이용하는 사람이 아니잖아요?

- **본인:** 아, 그렇습니다. 그렇다면 실제로 이용하는 시민들을 초청하도록 하겠습니다.
- **면접관 2:** 택시 쪽은?
- **본인:** 택시업계를 대표할 수 있는 사장을 초청하겠습니다. 그리고 정부 쪽에서도 초청을 하도록 하겠습니다.
- **면접관 2:** 정부? 정부가 무슨 관계가 있나? 이것은 택시업계와 카풀서비스 사이의 문제인데?
- **본인:** 네, 그 부분에 있어서 정부는 간담회 자리 마련 및 행정적 지원을 위해 필요하다고 생각했습니다.
- **면접관 2:** 그 카풀서비스 시민을 초청하는데 과연 누가 올까? 이용하는 사람이 엄청 많은데 말이지.
- **본인:** 네, 맞습니다. 그 부분에 대해서는 직접 이용하는 시민들 중 신청을 받아서 하겠습니다. 분명 카풀서비스를 이용하면서 적극적으로 행동할 수 있는 시민이 있을 거라고 생각합니다.
- **면접관 1:** 카풀서비스의 문제점이 뭐라고 생각하세요?
- **본인:** 카풀서비스의 문제점은 안전이라고 생각합니다. 서로 모르는 사람과 동승하기 때문에 안전부분에 있어서 문제가 있을것이라고 생각합니다.
- **면접관 1:** 맞아요, 카풀이라는 것이 편하지만 안전의 문제가 발생할 소지가 있어요. 그 부분에 대해서 기술했으면 좋았을 텐데요.
- **본인:** 네, 맞습니다. 제가 많이 부족해서 그런 것 같습니다. 앞으로 주의하겠습니다.

(4) 개별질문

- **면접관 3:** 지원하신 고용노동부가 고용 측면, 노동 측면, 산업안전 측면에서 여러 일을 관할하고 있다. (자세하게 설명) 그럼 응시자분은 어떤 측면이 가장 중요하다고 생각해요?
- **본인:** 저는 모두 중요하다고 생각합니다. 다만, 제 생각은 노동부분이 중요하다고 생각합니다. 근로감독 분야 중 임금체불의 경우 노동자 개인적인 문제만이 아니라 그의 가족에게도 영향을 미치고 결과적으로 국가전체에 안 좋은 결과를 미치기 때문에 노동부분이 중요하다고 봅니다.
- **면접관 3:** 그럼 고용부분에서 일자리 문제와 노동부분에서 근로조건 문제, 어느 것이 중요하다고 봐요?
- **본인:** 고용부분의 일자리 문제가 중요하다고 생각합니다. 다만… (말문이 막혔음) 다시 말씀드리겠습니다. 일자리 문제와 근로조건 문제 모두 중요하다고 생각합니다. 사전적으로는 일자리를 해결하는 것이 중요하고 취업 후 사후적으로는 근로조건에 대해 감독하는 것이 중요하다고 생각합니다.
- **면접관 1:** 본인이 직장에서 상관하고 의견이 대립할 때 상관의 의견을 따르겠습니까? 아니면 본인의 의견을 관철시키겠습니까?
- **본인:** 저는 상관의 의견을 따르겠습니다. 먼저 공직에 입직하셨기 때문에 경험이 많으시고 이 상황에서 더 좋은 해결방안을 아실 것이기 때문에 상관의 의견을 따르겠습니다.
- **면접관 1:** 그럼 본인의 의견 없이 무조건 따를 건가요?

- 본인: 그 부분에 있어서는 사적인 자리에서 제 의견을 한 번 말씀드려보겠습니다.

- 면접관 1: 상관이 부당하거나 다른 사람의 사적 이익 충족을 위해 업무를 지시하면 어떻게 할 건가요?

- 본인: 사적 이익의 부분에 대해서는 옳지 못하기 때문에 공직관련 담당자와 상담을 하겠습니다.

- 면접관 1: 다른 사람의 조언을 구한다?

- 본인: 네, 그렇습니다.

- 면접관 2: 마지막으로 하나만 물어볼게요. 본인이 중요하게 생각하는 공직가치는?

- 본인: 네, 저는 우선 책임성과 청렴성 그리고 나라를 위한 애국심이 중요하다고 생각합니다.

- 면접관 2: 네, 알겠습니다. 나가셔도 좋습니다.

- 본인: 네, 감사합니다(일어서서 인사 후 문 앞에서 다시 인사 후 나갔음).

11. 2017 경기도 일반행정직 / 30대 초반/ 여

(1) 집단토의

① 토의 주제: 공무원 정년 연장 찬성 반대

② 토의 진행: 토의는 60분 정도 진행되었고 사회자가 있었습니다. 면접관님은 개입 처음과 끝에 시간 때문에 개입하셨습니다. 처음에 찬반 입장을 지정해주시고 돌아가면서 발언하라고 하셨고, 끝에 사회자가 토의 방향을 바꾸려고 할 때, 시간이 얼마 없으니 마무리 발언을 하자고 하셨습니다. 저는 반대 입장이었는데, 원래 찬성이었기 때문에 말하기가 조금 어려웠습니다. 토의는 한명씩 찬반 입장 밝히고 인사 → 한 명씩 모두 발언 → 자유토론 → 마지막 발언 순으로 진행되었습니다.

③ 반대 측 근거(모두 발언)

- 정년 연장을 하면 내부 임용 형태이기 때문에, 경력경쟁채용을 해서 전문성을 높이고자 하는 최근의 인사흐름과 배치되고 공무원 사회의 적체가 우려된다.

- 정년과 연금수령 나이의 차이는 재무교육이나 일자리 개선 등으로 하면 된다.

④ 토의 내용: 중간에 청년취업난, 고령화 사회가 계속 반복되었습니다. 중간에 신규임용으로 창의성을 제고해야 한다고 반대 측에서 한 말을 찬성 측에서 반박을 했습니다. 그래서 저는 나이가 든다고 창의성이 떨어지는 것은 아니나 같은 사회에 있던 사람이기 때문에 창의성이 상대적으로 떨어질 수 있다고 했습니다. 어떤 분이 정년 연장과 청년 일자리 축소와 관계없다는 연구결과가 있다고 했습니다. 그래서 그런 연구결과가 타당할 수 있으나 공무원 채용을 할 때, 능력을 기준으로 더 필요한 능력을 채용하는 개념이 아닌 단순히 사람 인원 수로 계산하는 경우가 많기 때문에 지금 시점에서는 청년에게 일자리를 주는 것을 무시할 수 없다고 했습니다. 또 청년 일자리 해소와 함께 진행한다는 말이 있어서 청년 일자리 문제는 쉽게 해결되지 않아 몇 년 간 고전을 겪고 있습니다.

그렇기에 이런 악순환을 생각해봐서 신중하게 접근해야 한다고 했습니다. 또 시간선택제나 임금피크제로 재정난, 일자리 문제 해결을 도모하자는 의견이 있어서 시간선택제를 하면서까지 공무원이 정년연장을 하고 싶은지 의문이고 내부의 얘기를 더 들어봐야 한다고 했습니다. 마지막 발언으로 '이 얘기는 고령화, 청년실업 문제가 배경에 있습니다. 정년연장은 고령화 사회의 문제의 해결점 중 하나가 될 수 있습니다. 다만, 우려되는 점이 있어 이러한 점을 개선해나가면 좋은 대안이 될 수도 있습니다. 추후에 공무원이 되면 여러 대안을 고려해서 좋은 정책을 만들고 싶습니다. 수고하셨습니다.'라고 하였습니다.

(2) 자기기술서

> 주제 자신이 노력한 것을 타인의 공로로 돌린 경험
> 답변 자기기술서에 대한 질문 없었음. 해당 경험 없어서 3명이서 팀으로 수행하는 봉사활동에서 한 명이 바빠서 거의 참여를 안 해서 내가 대신 한 경험 기재. 그리고 봉사활동의 취지에 맞게 모두의 공로로 했다는 식으로 정리

(3) 개별질문

(면접 순서는 1번이었고 10명이서 한 조였음. 노크하고 "수험번호 몇 번 ○○○입니다."라고 하려고 했는데 앉으라고 해서 앉았음. 면접관은 2명이고 남자, 여자 한 분씩이었음)

- **면접관 여:** 경기도 공무원 시험에 응시해주셔서 감사합니다. 질문의 취지를 잘 생각해서 대답해주시고 자기소개 먼저 간단히 해주세요.
- **본인:** (준비한 자기소개를 함)
- **면접관 남:** 최근 반려견 관련 사고가 많습니다. 경기도에서 15kg 이상 입마개, 목줄 2m 이하 이런 식으로 조례를 만들려고 하는데, 주민들 반발이 심할 건데 어떻게 하겠습니까?
- **본인:** 저는 동물을 무서워하는 사람 중 한 명입니다. (이 말 후회함) 하지만 동물과 인간의 상생은 필요할 것 같습니다. 그러기 위해서는 그러한 조례가 필요합니다. 우선, 동물권리에 대한 보호가 활발한 선진국들의 규정을 참고한다면 설득이 용이할 것 같습니다.
- **면접관 남:** 위 수치는 하나의 예시다. 이러한 규정을 설득해야 하는데 선진국 규정으로 접근해도 설득이 안 된다면?
- **본인:** (아, 주민 설득 문제였구나. 이때 파악됨) 주민참여제도를 이용해서 합의할 수 있는 기회를 만들겠습니다.
- **면접관 남:** 버스 준공영제에 대해 알고 있습니까? 이 제도를 설명하고, 왜 하려고 하는지 설명해보세요.

- 본인: 버스 준공영제는 운영은 버스회사의 자율에 맡기고 재정 등을 지방자치단체에서(지방자치단체라고 했는지 뭔지 기억 안남) 담당해서 버스 운전자의 처우 개선을 하여 주민들의 안전하고 편리한 교통을 위한 제도입니다.

- 면접관 남: 그래서 이 제도를 왜 하려고 하는지? 반대하고 있는 지방자치단체도 있는데 이건 왜 그런가? 그리고 어떻게 설득할 것인가?

- 본인: 경기도는 서울로 출퇴근하는 사람이 많기 때문에 교통이 매우 중요합니다. 그리고 최근 버스 운전 사고가 많은데 이런 것을 개선하려고 하는 제도입니다. (이런 내용이 들어가게 말 했는데, 이렇게 말 했는지는 모르겠음) 다만, 예산이 잘 못 쓰여서 버스회사 배불리기 식이 될까 우려하는 시선이 있습니다. 이러한 점은 분기별로라도 예산이 어떻게 쓰이는지 투명하게 공개해서 설득해야 할 것 같습니다.

- 면접관 여: 질문 끝나셨나요?

- 면접관 남: 저는 다 된 것 같습니다. (아... 좋은 뜻인가? 나쁜 뜻인가?)

- 면접관 여: (자기소개에 교생실습경험을 얘기해서 후속질문) 교생실습을 나간 적이 있다고 했는데 왜 선생님은 안했나요?

- 본인: 교직이수를 해서 교생실습을 나갔는데, 그 당시 진로에 대한 길을 열어두고자 교직이수를 했습니다. 저는 임용고시를 본 적이 없습니다. ('교육학 등을 공부한 경험을 대신 공무원이 돼서 활용하고 싶다.'라고 말을 했으면 더 좋았을 것 같음)

- 면접관 여: 그러면 왜 경기도 9급이 아니고 7급 공무원을 지원했나요? (질문이 길었음. 단순히 숫자 때문인지 뭔지 등등 이유에 대한 예시를 들어주심)

- 본인: 저는 공무원이 된 이유가 고용 문제 등 사회문제를 정책적으로 해결하기 위함입니다. 9급보다는 7급이 정책적으로 일을 직접 할 수 있다고 판단해서 지원했습니다.

- 면접관 여: 그렇다면 경기도에서 하는 정책 중 관심 있는 정책이 있습니까?

- 본인: 저는 창업을 지원하는 업무를 하고 싶습니다. 실제 경기도에서도 스타트업 캠퍼스라고 창업을 지원하는 정책을 운영하고 있습니다. 이는 현재 고용문제 해결에도 도움이 될 것 같습니다. 제가 이공계 출신이라서 과학 쪽 발전을 이끄는 창업 관련 업무를 하고 싶습니다.

- 면접관 여: 본인은 설득을 잘 하는 편인가요? 잘 당하는 편인가요? (나중에 생각해보니 인성검사를 바탕으로 한 것 같다는 생각도 들었음)

- 본인: 잘 하는 편입니다. (이후에 사례를 이야기 했어야 했는데, 다른 소리를 함) 하지만 가족들은 설득하기 어렵다고 생각합니다.

- **면접관 여**: 가족들은 오히려 잘 들어줄 것 같은데 왜인가요?

- **본인**: 동생 같은 경우는 제가 생각하는 가치관에 대해서 반대 의견을 많이 개진하고 그래서 어렵습니다. (이보다 더 비논리적이고 비형식적으로 대답했음. 이게 제일 마음에 걸림. 후속질문 할만도 한데 더 안하셨음)

- **면접관 여**: 토론면접과 개별면접 중 뭐가 더 본인에게 유리한 것 같나요?

- **본인**: 개별면접이 더 유리한 것 같습니다. 토론면접은 다른 사람들의 의견을 향상시켜서 말을 해야 해서 신중히 해야 하는데, 개별면접은 좀 더 진솔하게 얘기할 수 있기 때문입니다.

- **면접관 여**: 토의 면접 때는 발언 횟수가 별로 없었습니다. 그래서 한 번 물어봤습니다. (집에 갈 때 까지 이 멘트만 생각남. 분명히 눈동자가 흔들리든지 표정에서 드러났을 것 같음)

- **면접관 여**: 공무원으로서의 롤모델이 있습니까?

- **본인**: 조선시대 인물을 이야기해도 되겠습니까?

- **면접관 여**: 이야기해 보세요.

- **본인**: 저는 구암 허준 선생님을 존경합니다. 허준 선생님은 의술이라는 자신의 능력으로만 자신의 신분적 한계를 깬 인물이기 때문입니다.

- **면접관 여**: 그렇다면 본인은 어떠한 능력이 있는가? 왜 경기도에서 본인을 뽑아야 하는지 자질을 말해주세요.

- **본인**: 제가 아까 창업지원 업무를 하고 싶다고 했었는데 창업을 지원할 때는 특허나 디자인 같은 법률적인 접근도 필요합니다.

- **본인**: 저는 지식재산에 대한 관심이 많아서 한국발명진흥회에서 주최하는 지식재산능력시험을 본 적이 있습니다. 실제로 대학생부문 성적우수상을 받은 적도 있습니다. ('이러한 지식으로 어떻게 기여하고 싶습니다.'라고 했으면 더 좋았을 것 같음)

(면접관 남의 시계가 울리고)

- **면접관 여**: 시간이 얼마 없네요. 마지막으로 하고 싶은 말 20초간 해주세요.

- **본인**: (원래 준비한 게 있는데 20초라고 해서 진짜 이상하게 함) 교장 선생님 훈화 말씀 중 기억나는 게 있습니다. 세상에는 3가지 종류의 사람이 있는데 저는 그 중 제가 꼭 필요한 사람인지 있으나마나 한 사람인지 늘 고민을 하며 살아왔습니다. 경기도 공무원이 된다면 꼭 필요한 공무원이 되겠습니다.

- **면접관 분들**: 수고하셨습니다.

- **본인**: 감사합니다. 안녕히 계세요. (의자 집어넣고 인사하고 나옴)

2020 해커스공무원 면접 마스터

개정 3판 1쇄 발행 2020년 7월 14일

지은이	조철현
펴낸곳	해커스패스
펴낸이	박규명

주소	서울특별시 강남구 강남대로 428 해커스공무원
고객센터	02-598-5000
교재 관련 문의	gosi@hackerspass.com
	해커스공무원 사이트(gosi.Hackers.com) 교재 Q&A 게시판
학원 강의 및 동영상강의	gosi.Hackers.com

ISBN	979-11-6454-499-8 (13320)
Serial Number	03-01-01

**최단기 합격 공무원학원 1위
해커스공무원(gosi.Hackers.com)**

해커스 공무원

· 해커스공무원 면접 **온라인 단과강의** (교재 내 인강 할인쿠폰 수록)
· 면접 **무료특강**